CFA INSTITUTE INVESTMENT SERIES

EQUITY ASSET VALUATION

주식가치평가

Third Edition

배연주 옮김

도서출판 탐진

Jerald E. Pinto, CFA • Elaine Henry, CFA
Thomas R. Robinson, CFA • John D. Stowe, CFA

Foreword by Paul F. Miller, Jr., CFA

CFA Institute: is the premier association for investment professionals around the world, with over 130,000 members in 151 countries and territories. Since 1963 the organization has developed and administered the renowned Chartered Financial Analyst® Program. With a rich history of leading the investment profession, CFA Institute has set the highest standards in ethics, education, and professional excellence within the global investment community and is the foremost authority on investment profession conduct and practice. Each book in the CFA Institute Investment Series is geared toward industry practitioners along with graduate-level finance students and covers the most important topics in the industry. The authors of these cutting-edge books are themselves industry professionals and academics and bring their wealth of knowledge and expertise to this series.

주식가치평가

Equity Asset Valuation

Third Edition

탐진

주식가치평가 (제3판)

Equity Asset Valuation (Third Edition)

초판 발행 : 2008년 6월 20일
3판 1쇄 발행 : 2017년 5월 18일
3판 2쇄 발행 : 2019년 4월 22일

지은이 : Jerald E. Pinto, Elaine Henry, Thomas R. Robinson, John D. Stowe
옮긴이 : 배연주
발행인 : 최재범
발행처 : 도서출판 탐진

등 록 : 등록1－996호(倫). 1990. 1. 12.
주 소 : 서울시 마포구 현석동 10-3
전 화 : (02) 715-1092 ~ 3
팩 스 : (02) 701-6391
E-mail : tamjin1990@hanmail.net
홈페이지 : www.tamjin.co.kr

ISBN 978-89-5540-502-6 93320

값 40,000원

Published by John Wiley & Sons, Inc., Hoboken, New Jersey.
Published simultaneously in Canada.

CONTENTS

역자서문

이 책은 CFA 프로그램을 주관하는 CFA Institute가 CFA 시험의 준비 교재로 발간한 “CFA Institute Investment Series”의 하나인 “주식가치평가(Equity Asset Valuation)” 3판의 번역서이다. 역자도 과거 CFA 시험에 합격하고 수년간 주식가치평가 활동을 해오면서 이 분야의 좋은 전문서가 부족하다는 것을 피부로 느낀바 있었다. 그러다 지난 2007년 이 책을 접한 후 이 책이야말로 주식가치평가 분야에서 실무자와 연구자를 연결하는 중요한 가교역할을 하는데 더 없이 좋은 전문서라는 확신을 가졌다. 역자는 국내에서 주식가치평가 분야에 종사하는 실무자와 CFA 수험생들의 편의를 위하여 이 책을 우리말로 번역하는 것이 필요하다는 데에 공감해 초판의 번역서를 출판한지도 벌써 상당한 세월이 흘렀다. 2판과 3판을 거치면서 이 책의 내용도 풍부해졌고 구성과 체계의 완성도도 훨씬 높아졌다. 특히 금번 3판은 기업 및 산업분석을 가치평가모형에 접목하면서 주식가치평가 실무에 응용력과 시사점을 제공한다. 이는 다른 교과서나 교재에게 찾아보기 힘든 장점이며, 이러한 장점은 3판을 번역하는 직접적인 계기가 되었다.

이미 잘 알려진 바와 같이 CFA 자격시험은 학부 수준을 넘어선 대학원 수준의 교과과정을 벤치마킹하여 실무에 응용할 수 있도록 실무중심으로 디자인되어 있다. 학술적 지식과 이를 실무에 응용할 수 있는 기법을 조화롭게 결합하여 실용적인 균형을 맞추고 있는 것이다.

역자는 과거 CFA 자격을 취득하기 위해 3차에 걸친 시험을 치르는 과정에서 재무분석 분야의 다양한 이론을 체계적으로 정리할 수 있었던 것은 매우 유익한 경험이었다. 그러나 역자는 CFA 시험을 준비하는 과정에서 CFA라는 국제적으로 공인된 자격에 도전하는 것 이상의 또 다른 풍성한 수확을 얻었다. 즉, 과학적 이론을 토대로 한 현실적용 능력의 계발을 자연스럽게 경험하게 된 것이다. 일반적으로 대학원 과정에서 다루는 내용들은 이론에 치우쳐 있어 진부하다는 느낌마저 드는 것이 사실이다. 따라서 학생들로서는 교재나 강의실에서 학습한 내용을 어떻게 현실적 문제 해결에 적용해야 하는지에 대해서는 적절한 해답을 찾기가 어렵다. CFA 시험은 이러한 전통적 교육의 문제점을 탈피하여, 과학적이지만 이론에 그치기 쉬운 지식이 어떻게 현실문제의 해결에 효과적으로 응용될 수 있는지를 강조한다. 또 아직 이론이 미처 개발되지 않은 분야에서는 실무적 접근법이 어떻게 시행착오를 겪으면서 시도되어 발전되고 있는지를 학습할 수 있도록 도와준다.

이러한 CFA만의 차별성은 다소 추상적인 가정을 이용한 전통적 교과서에 익숙해져 있던 학습자들에게 시험 준비 과정을 통해 실무세계를 간접적으로 경험할 수 있게 하는 신선한 자극제로 작용한다. 이미 관련분야에서 다년간의 경험을 쌓았던 역자에게도 CFA 시험을 준비하는 과정에서 매우 다양한 형태로 등장하는 이들 현실적 문제들과 씨름한 경험은 현장에서 실무적 문제를 직접 해결하는 데에 큰 밑천이 되어주었다.

이 책의 특징은 CFA 자격을 가지고 학계와 실무에서 주식가치평가의 교육과 실무를 다년간 경험한 저자들에 의하여 저술되었다는 점이다. 따라서 이 책은 각 저자의 분야별 전문성이 잘 반영되고 있으면서도 여러 접근방법을 통일된 형태로 체계적으로 설명하고 있다. 여러 저자가 참여하여 저술함으로써 다양한 기법과 관점이 담겨 있다. 이 책의 세부목차를 보면 알 수 있듯이 주식평가 시 필요한 항목들이 빠짐없이 담겨 있어 CFA 시험을 준비하는 수험생뿐 아니라 애널리스트 또는 관련 업무에 종사하는 프랙티셔너들에게 백과사전식 참고문헌의 역할도 기대해 볼 수 있다. 또한 저자들이 교육과 실무를 동시에 경험한 것이 이 책의 내용에 잘 용해되어 있어 이 책을 학습하는 과정에서 가치평가와 관련된 중요 항목의 선정과 함께 적절한 기법의 적용훈련이 저절로 이루어진다는 장점도 가지고 있다.

이 책의 또 다른 특징은 실제상황을 그대로 재현한 풍부한 사례가 담겨 있다는 점이다. 실제 사례를 중심으로 비교적 상세한 정보를 제시하여 독자가 애널리스트의 업무를 직접 수행하면서 부딪히는 문제들을 단계별로 학습할 수 있도록 현장감을 제공한다. 바로 이것이 CFA 시험의 매력이기도 하다. 또한 이 책에는 각 기법의 배경이 되는 이론적 논평과 함께 실무 적용 시 주의사항도 상세히 설명되어 있어 무작정 특정 모형을 선정하여 변수 값만 대입하여 주식가치를 산정하는 맹목적인 적용을 탈피하도록 인도한다. 최근의 연구결과와 흐름도 비교적 상세히 설명하여 독자들이 각 방법이 갖고 있는 한계점 등에 대한 인식도 할 수 있도록 유도한다. CFA 시험문제가 갖고 있는 실무적 현장감이 고스란히 이 책의 사례에 담겨 있다는 점이 이 책을 읽는 독자들에게 큰 도움이 될 것이다.

이 책은 CFA 자격시험을 준비하는 수험생뿐 아니라 현재 애널리스트로서 주식가치평가 업무를 하고 있는 실무 전문가들에게도 매우 좋은 길잡이가 될 것으로 생각한다. 더욱 넓게는 건전한 주식투자를 통해 소위 “재무적 웰빙”을 추구하는 일반인에게도 좋은 안내서가 될 것으로 생각한다. 대부분의 예가 미국인 독자를 가정하였다는 점이 국내 독자들에게 약간 생소함을 줄 수 있지만 글로벌화하는 금융환경의 변화에 비추어 볼 때 미국 투자자의 입장을 이해할 수 있도록 해주는 이점도 있을 것이다.

역자는 이 책의 번역과정에서 원서가 갖고 있는 한계점을 보완하기 위해 노력했다. 여러 명의 저자가 다양한 관점을 제시하고 풍부한 사례를 제시한 것은 원서의 강점임엔 틀림없지만 책 전체적으로 일관된 형태와 서술방법을 잘 유지하여 통일성을 확보하는 데는 아쉬운 점이 있었다. 통일된 용어 선택이나 정교한 메시지 전달에도 일부 한계가 있을 수밖에 없었다. 역자는 이러한 문제를 잘 인지하고 가능한 범위에서 독자들의 이해를 돕기 위해 용어와 개념 선택의 통일성 유지에 노력했다. 원서가 가진 다양성의 장점을 유지하면서도 통일성 확보에 노력한 것은 이 번역서의 독자와 원서를 위한 특별한 기여라고 생각한다. 아무쪼록 이 책이 실무와 이론이 겸비된 좋은 참고서로서 넓은 층의 독자들의 지적 갈증을 해소해 줄 수 있으리라 기대해 본다. 아울러 CFA 시험을 준비하는 국내 수험생들에게도 이 책이 다소나마 도움이 될 수 있기를 희망하며 수험생들에게 좋은 성과가 있기를 바란다.

마지막으로 이 책을 번역하는데 있어서도 늘 그렇듯 응원해주고 조언을 아끼지 않은 김현아 박사와 우리 집의 사랑스럽고 귀여운 봉곤이 수예, 찬우와도 출간의 기쁨을 함께 하고자 한다. 지금 조금 멀어져 있지만 언제나 칭찬과 격려를 아끼지 않으시는 이재성 박사님과 김광남 사장님께도 감사의 마음을 전한다. 그리고 마지막으로 조영철 부사장께도 이 기회를 빌려 배려에 감사의 말씀을 전하고 싶다.

2017. 04.
북촌을 바라보며
배 연 주

저자서문

Security analysis, for whatever purpose, is incomplete without a valuation of the asset being analyzed. So, studying the economics and finances of a business is simply preparation for that valuation.

When I entered the investment business in 1952, I was handed the task of analyzing and valuing about a dozen common stocks. My business school education had prepared me to analyze the economics and finances of a business, but it came up short on the elements of valuation techniques.

In those days, valuation thinking was still influenced by the Great Depression. Ridiculous as it may sound today, we tried to estimate what a company's earnings might be in the event of a recession in GDP in the range of 10 to 15 percent, with the next step being placing a multiplier on those depressed earnings. The result was what we called "sound value." Of course, the resulting values did not materialize in the bull market of the following years.

The art of security analysis has evolved significantly since then. What fascinates me is how and why the valuation techniques have evolved. The main cause, in my opinion, lies in the accumulating evidence that U.S. and world economies have become significantly more resilient to major declines. Today, for economically sensitive businesses, valuations tend to use normalizing techniques rather than attempting to estimate cyclical peaks and troughs.

The valuation methods explored in this book can be applied by different types of investors, in different market environments, and for different types of transactions. When reading Wall Street research reports or listening to financial TV programs, it is rare to see or hear a well-designed valuation. Usually, the valuation process consists of attaching an earnings multiple to an estimated earnings growth rate. This book provides an excellent review of the fundamentals and techniques used to value equity assets.

No single valuation technique suits all investors in all types of transactions, and this book adequately recognizes that fact. No matter your level of financial sophistication, you can benefit from reading it.

Paul F. Miller, Jr., CFA

전 문

We are pleased to bring you *Equity Asset Valuation, Third Edition*. We believe this book serves as a particularly important resource for anyone involved in estimating the value of securities and understanding security pricing.

The content was developed in partnership by a team of distinguished academics and practitioners, chosen for their acknowledged expertise in the field, and guided by CFA Institute. It is written specifically with the investment practitioner in mind and is replete with examples and practice problems that reinforce the learning outcomes and demonstrate real-world applicability.

The CFA Program Curriculum, from which the content of this book was drawn, is subjected to a rigorous review process to assure that it is:

- Faithful to the findings of our ongoing industry practice analysis
- Valuable to members, employers, and investors
- Globally relevant
- Generalist (as opposed to specialist) in nature
- Replete with sufficient examples and practice opportunities
- Pedagogically sound

The accompanying workbook is a useful reference that provides Learning Outcome Statements, which describe exactly what readers will learn and be able to demonstrate after mastering the accompanying material. Additionally, the workbook has summary overviews and practice problems for each chapter.

We hope you will find this and other books in the CFA Institute Investment Series helpful in your efforts to grow your investment knowledge, whether you are a relatively new entrant or an experienced veteran striving to keep up to date in the ever-changing market environment. CFA Institute, as a long-term committed participant in the investment profession and a not-for-profit global membership association, is pleased to provide you with this opportunity.

THE CFA PROGRAM

If the subject matter of this book interests you and you are not already a CFA Charterholder, we hope you will consider registering for the CFA Program and starting progress toward earning the Chartered Financial Analyst designation. The CFA designation is a globally recognized standard of excellence for measuring the competence and integrity of investment professionals. To earn the CFA charter, candidates must successfully complete the CFA Program, a global graduate-level self-study program that combines a broad curriculum with professional conduct requirements as preparation for a career as an investment professional.

Anchored by a practice-based curriculum, the CFA Program Body of Knowledge reflects the knowledge, skills, and abilities identified by professionals as essential to the investment decision-making process. This body of knowledge maintains its relevance through a regular, extensive survey of practicing CFA charterholders across the globe. The curriculum covers 10 general topic areas, ranging from equity and fixed-income analysis to portfolio management to corporate finance-all with a heavy emphasis on the application of ethics in professional practice. Known for its rigor and breadth, the CFA Program curriculum highlights principles common to every market so that professionals who earn the CFA designation have a thoroughly global investment perspective and a profound understanding of the global marketplace.

CFA INSTITUTE

CFA Institute is the premier association for investment professionals around the world, with over 130,000 members in 151 countries and territories. Since 1963, the organization has developed and administered the renowned Chartered Financial Analyst® Program. With a rich history of leading the investment profession, CFA Institute has set the highest standards in ethics, education, and professional excellence within the global investment community and is the foremost authority on investment profession conduct and practice. Each book in the CFA Institute Investment Series is geared toward industry practitioners along with graduate-level finance students and covers the most important topics in the industry.

ABOUT THE CFA INSTITUTE INVESTMENT SERIES

CFA Institute is pleased to provide you with the CFA Institute Investment Series, which covers major areas in the field of investments. We provide this best-in-class series for the same reason we have been chartering investment professionals for more than 50 years: to lead the investment profession globally by setting the highest standards of ethics, education, and professional excellence.

The books in the CFA Institute Investment Series contain practical, globally relevant material. They are intended both for those contemplating entry into the extremely competitive field of investment management as well as for those seeking a means of keeping their knowledge fresh and up to date. This series was designed to be user friendly and highly relevant.

We hope you find this series helpful in your efforts to grow your investment knowledge, whether you are a relatively new entrant or an experienced veteran ethically bound to keep up to date in the ever-changing market environment. As a long-term, committed participant in the investment profession and a not-for-profit global membership association, CFA Institute is pleased to provide you with this opportunity.

THE TEXTS

Corporate Finance: A Practical Approach is a solid foundation for those looking to achieve lasting business growth. In today's competitive business environment, companies must find innovative ways to enable rapid and sustainable growth. This text equips readers with the foundational knowledge and tools for making smart business decisions and formulating strategies to maximize company value. It covers everything from managing relationships between stakeholders to evaluating merger and acquisition bids, as well as the companies behind them. Through extensive use of real-world examples, readers will gain critical perspective into interpreting corporate financial data, evaluating projects, and allocating funds in ways that increase corporate value. Readers will gain insights into the tools and strategies used in modern corporate financial management.

Fixed Income Analysis has been at the forefront of new concepts in recent years, and this particular text offers some of the most recent material for the seasoned professional who is not a fixed-income specialist. The application of option and derivative technology to the once staid province of fixed income has helped contribute to an explosion of thought in this area. Professionals have been challenged to stay up to speed with credit derivatives, swaptions, collateralized mortgage securities, mortgage-backed securities, and other vehicles, and this explosion of products has strained the world's financial markets and tested central banks to provide sufficient oversight. Armed with a thorough grasp of the new exposures, the professional investor is much better able to anticipate and understand the challenges our central bankers and markets face.

International Financial Statement Analysis is designed to address the ever-increasing need for investment professionals and students to think about financial statement analysis from a global perspective. The text is a practically oriented introduction to financial statement analysis that is distinguished by its combination of a true international orientation, a structured presentation style, and abundant illustrations and tools covering concepts as they are introduced in the text. The authors cover this discipline comprehensively and with an eye to ensuring the reader's success at all levels in the complex world of financial statement analysis.

Investments: Principles of Portfolio and Equity Analysis provides an accessible yet rigorous introduction to portfolio and equity analysis. Portfolio planning and portfolio management are presented within a context of up-to-date, global coverage of security markets, trading, and market-related concepts and products. The essentials of equity analysis and valuation are explained in detail and profusely illustrated. The book includes coverage of practitioner-important but often neglected topics, such as industry analysis. Throughout, the focus is on the practical application of key concepts with examples drawn from both emerging and developed markets. Each chapter affords the reader many opportunities to self-check his or her understanding of topics.

One of the most prominent texts over the years in the investment management industry has been *Maginn and Tuttle's Managing Investment Portfolios:* A Dynamic Process. The third edition updates key concepts from the 1990 second edition. Some of the more experienced members of our community own the prior two editions and will add the third edition to their libraries. Not only does this seminal work take the concepts from the other readings and put them in a portfolio context, but it also updates the concepts of alternative investments, performance presentation standards, portfolio execution, and, very importantly, individual investor portfolio management. Focusing attention away from institutional portfolios and toward the individual investor makes this edition an important and timely work.

Quantitative Investment Analysis focuses on some key tools that are needed by today's professional investor. In addition to classic time value of money, discounted cash flow applications, and probability material, there are two aspects that can be of value over traditional thinking.

The New Wealth Management: The Financial Advisor's Guide to Managing and Investing

Client Assets is an updated version of Harold Evensky's mainstay reference guide for wealth managers. Harold Evensky, Stephen Horan, and Thomas Robinson have updated the core text of the 1997 first edition and added an abundance of new material to fully reflect today's investment challenges. The text provides authoritative coverage across the full spectrum of wealth management and serves as a comprehensive guide for financial advisors. The book expertly blends investment theory and real-world applications and is written in the same thorough but highly accessible style as the first edition. The first involves the chapters dealing with correlation and regression that ultimately figure into the formation of hypotheses for purposes of testing. This gets to a critical skill that challenges many professionals: the ability to distinguish useful information from the overwhelming quantity of available data. Second, the final chapter of Quantitative Investment Analysis covers portfolio concepts and takes the reader beyond the traditional capital asset pricing model (CAPM) type of tools and into the more practical world of multifactor models and arbitrage pricing theory.

All books in the CFA Institute Investment Series are available through all major booksellers. And, all titles are available on the Wiley Custom Select platform at http://customselect.wiley.com/ where individual chapters for all the books may be mixed and matched to create custom textbooks for the classroom.

주식가치평가

Equity Asset Valuation

CHAPTER 1

주식가치평가의 활용과 절차

1. 서 론

투자자, 펀드매니저, 규제 당국자, 연구자 등 수 많은 투자업계 종사자들은 매일 공통적이고 때론 당황스러운 질문에 봉착한다. 이 질문은 바로 "자산의 가치란 무엇인가"라는 것이다. 이 질문에 대한 대답은 투자목적 달성에 성패를 결정한다. 이 질문과 그에 대한 대답은 투자업계 종사자들 중에서도 주식 애널리스트에게 특히 중요한데, 주식가치를 평가하는 것이 이들의 주된 업무이기 때문이다. **가치평가(valuation)**란 미래 투자수익률을 결정한다고 예상되는 변수들 혹은 유사한 자산과의 비교, 경우에 따라서는 청산을 통해 즉시 회수할 수 있는 가치를 근거로 특정 자산의 가치를 추정하는 절차를 말한다.

우리도 이 장에서 가치평가에 관한 몇 가지 중요한 질문에 답하고자 한다. 가치의 정의는 무엇인지, 가치평가의 사용자는 누구인지, 산업지식이 왜 가치평가에 중요한지, 분석결과의 효과적 커뮤니케이션 방안은 무엇인지가 이런 질문의 주요 주제이다. 우리는 이런 질문에 답함으로써 이후에 다룰 가치평가의 세부 사항에 대한 기초를 다지고자 한다.

이 장은 다음과 같이 구성된다. 2절에서는 "가치"란 무엇인지 정의하고 가치평가가 어떻게 활용되는지 살펴본다. 3절은 가치평가의 절차를 살펴보고, 애널리스트의 역할과 책임에 대해 생각해본다. 4절은 평가결과의 효과적인 커뮤니케이션 방안과 리서치 보고서의 형식과 내용에 대한 가이드라인을 제공한다. 마지막에는 전체 내용을 요약하고 연습문제를 풀어보기로 한다.

2. 가치의 정의와 가치평가의 활용

가치평가를 어디에 활용하는지 살펴보기 전에 "가치"가 의미하는 것이 무엇인지 그리고 그 의미가 맥락에 따라 달라질 수 있다는 것을 이해하는 것이 중요하다. 이는 가치평가의 목적과 맥락에 따라 적절한 가치의 정의가 달라지며, 애널리스트의 가치평가접근법에도 영향을 미치기 때문이다.

2.1. 가치의 정의

가치(value)에 대한 다양한 관점이 애널리스트에게 다양한 가치평가모형이 존재하는 이유이다. 내재가치가 가치 개념의 기본 출발점이지만, 계속기업가치 · 청산가치 · 공정가치 등도 중요한 가치의 개념이다.

2.1.1. 내재가치

상장주식을 평가할 때 핵심 가정은 주식의 시장가격(market price)이 내재가치와 차이가 날 수 있다는 것이다. 자산의 **내재가치(intrinsic value)**란 자산에 대한 투자 차원의 성격을 가상적이지만 완전히 이해한다는 가정에 따른 자산의 가치를 말한다. 특정 투자자에게 있어 내재가치 추정치는 자산의 진정한 혹은 실질적 가치에 대한 관점을 반영한다. 누군가 주식의 시장가치가 내재가치의 반영이라고 본다면 가치평가는 단순히 현재의 시장가격을 살펴보는 것이 된다. 넓게 보면 이런 관점은 자산의 시장가격이 내재가치의 최적 추정치라는 전통적인 효율적 시장가설을 지지한다.

그로스먼-스티글리츠 역설(Grossman-Stiglitz paradox)은 시장가격이 내재가치라는 관점에 중요한 반대 논거를 제시한다. 만일 비용을 지불하지 않고 얻을 수 있는 시장가격이 주식의 내재가치를 정확히 반영한다면, 합리적 투자자는 굳이 정보 획득과 분석에 비용을 치르려 하지 않을 것이다. 하지만 모든 투자자가 주식분석에 비용을 지불하려 하지 않는다면, 시장가격이 주식의 내재가치를 반영할 수 없다고 볼 수 있다. **합리적인 효율적 시장 형성(rational efficient markets formulation)**은 투자자가 비용을 지불하지 않고 시장가격을 수용하는 것보다 높은 수익을 보상받지 못하면 정보획득에 비용을 지불하지 않는다고 한다(Grossman and Stiglitz, 1980). 또한 현대 연구자들은 보통주식의 경우 내재가치를 결정하기 어렵고 거래비용이 존재하기 때문에 시장가격과 내재가치 간의 괴리는 더 커질 수 있다고 본다(Lee, Myers, and Swaminathan, 1999).

이런 이유로 애널리스트들은 시장가격을 존중하면서도 이를 항상 의심하게 된다. 이들은 동시에 시장가격이 궁극적으로 내재가치에 수렴할 것으로 생각하기 때문에 가격괴리를 찾으려 노력한다. 애널리스트들은 거래시장과 시장의 관심도(가령 애널리스트에게 관심종목이나 소외종목인지)에 따라서도 **시장효율성(market efficiency)**의 정도에 차이가 있다고 생각한다. 종합해보면 상장주식의 가치평가는 본질적으로 가격괴리의 가능성을 인정하는 것이다. 그래서 이 책에서도 시장가격인 P와 내재가치(혹은 가치)인 V를 구분해 사용하고 있다.

액티브 펀드매니저가 투자에 수반된 위험에 상응하는 수익을 초과하는 추가적인 투자수익, 즉 양의 위험조정수익을 얻고자 할 때 가치평가는 불가피한 활동이다. 위험조정 초과수익은 **비정상초과수익률(abnormal return)** 혹은 **알파(alpha)**라고 한다. (수익률의 개념은 뒤에서 보다 자세히 살펴보기로 한다.) 액티브 펀드매니저는 내재가치를 추정하려는 노력을 통해 양의 알파를 포착하려 한다. 펀드매니저가 평가한 내재가치 추정치와 시장가격의 차이(즉 어떤 자산의 내재가치 추정치와 시장가격의 차이)가 인지된 **가격괴리(mispricing)**이다.

인지된 가격괴리는 다음의 수식과 같이 두 원천으로 설명될 수 있다.[1)]

$$V_E - P = (V - P) + (V_E - V)$$

V_E = 내재가치 추정치
P = 시장가격
V = 내재가치

이 수식은 내재가치 추정치와 시장가격의 차이를 두 부분으로 구분한다. 첫 번째 부분은 진정한 가격괴리를 나타내는데, 진정한 내재가치이지만 관측되지 않는 V와 관측된 시장가격인 P의 차이이다. (이 차이가 비정상수익이다.) 두 번째 부분은 추정된 내재가치와 관측되지 않는 진정한 내재가치의 차이이며, 내재가치 추정치의 추정오차이다.

애널리스트가 유용한 내재가치 추정치를 도출하기 위해서는 정확한 전망치를 적절한 가치평가모형에 적용해야 한다. 애널리스트 추정치의 품질, 특히 가치평가모형에 사용되는 투입값의 품질은 성공적인 투자를 위한 핵심 요소이다. 액티브 투자에서 지속적으로 종목선정에 성공하기 위해서는 펀드매니저가 추정한 내재가치가 시장 컨센서스와 차이가 있어야 하며, 동시에 자신의 추정치가 평균적으로 정확해야 한다.

주식의 가치평가에는 언제나 불확실성이 존재한다. 어떤 누구의 확신도 현실적으로는 불완전하다. 어떤 평가방법을 사용하더라도 애널리스트가 자산의 가격에 반영된 모든 위험의 원천을 설명할 수는 없다. 언제나 대안이 되는 평가모형이 존재하기 때문에 이러한 고민을 해결할 수 있는 확실하면서도 최종적인 해결책이란 존재하지 않는 것이다. 시장상황도 투자자가 가격괴리로부터 수혜를 보는 것을 방해한다. 투자자의 투자기간 동안 시장가격이 인지된 내재가치로 수렴하지 않을 수 있기 때문이다. 이로 인해 액티브 투자자는 단순히 가격괴리를 파악하는데 그치지 않고 시장이 회사에 대한 기대를 재평가하게 만드는 시장사건(market event)이나 기업사건(corporate event) 같은 **촉매(catalyst)**를 파악하려 부단히 노력하게 된다.

2.1.2. 계속기업가치와 청산가치

일반적으로 기업은 두 가지 가치를 갖는다. 하나는 기업을 즉시 청산하는 경우의 가치이고 또 하나는 영업활동을 지속할 때의 가치이다. 가치 추정에 있어 **계속기업 가정(going-concern assumption)**이란 기업이 예측할 수 있는 상당한 기간 동안 영업활동을 지속할 것이라는 가정이다. 다시 말해 기업은 제품과 서비스를 계속해서 공급하고, 적절한 경제적 타임 프레임 동

1) 이 수식은 $V_E - P = V_E - P + V - V = (V - P) + (V_E - V)$와 같이 유도된다.

안 자신의 자산을 가치 극대화에 사용하며, 자금조달에 최적 수단을 동원한다는 것이다. **계속기업가치(going-concern value)**는 계속기업 가정에 따른 가치이다. 당연히 계속기업가치를 추정하는 모형이 이 책에서도 주된 관심사가 된다.

하지만 재무적으로 곤경한 기업에는 계속기업 가정이 적합하지 않을 수 있다. 기업이 청산되거나 개별자산으로 매각된다면 **청산가치(liquidation value)**가 계속기업가치의 대안이 되어야 한다. (계속적으로 손실을 내는 기업이라면 청산가치가 존속가치보다 클 수 있지만) 일반적으로는 물적자본과 이를 관리하는 인적자본의 결합이 창출하는 부가가치가 계속기업가치를 청산가치보다 크게 만든다. 자산의 결합 혹은 관리 스킬의 기여에 따른 부가가치는 별개로 하더라도 회사의 자산가치는 청산에 어느 정도의 시간이 주어지느냐에 따라서도 크게 달라진다. 예를 들어 가치훼손을 최소화하기 위해 즉시 청산이 필요한 보존 기한부 재고자산의 가치는 장기간에 걸쳐 판매될 수 있는 재고자산의 가치보다 낮게 평가되는 것이 일반적이다. 그래서 **순위청산가치(orderly liquidation value)**와 같은 개념이 별도로 구분되기도 한다.

2.1.3. 공정시장가치와 내재가치

상장주식 애널리스트에게 가장 적합한 가치의 개념은 내재가치이다. 그러나 분석의 맥락에 따라서는 가치의 정의를 달리하는 것이 적절할 수 있다. 예를 들어 비상장기업의 경영권 거래를 소유주 간에 합의하는 경우에는 매수자와 매도자 사이의 공정한 대우가 주된 관심사가 된다. 이 경우 적절한 가치는 공정시장가치이다. **공정시장가치(fair market value)**란 매수자와 매도자가 모두 외부의 압력이 없는 상태에서 자발적인 의사에 따라 자산이나 부채를 이전하는 가격을 말한다. 공정시장가치의 개념은 매도자와 매수자 모두 이전되는 자산에 대한 중요 사항을 완전하게 이해하고 있다는 가정을 전제로 한다. 공정시장가치는 종종 세금 부과와 관련된 가치평가에도 사용된다. (손상검사를 위해 자산의 가치를 평가할 때와 같이) 재무회계에서는 (정확히 동일하지는 않지만) 관련된 개념으로 **공정가치(fair value)**라는 용어가 사용된다.[2)]

회사 경영진이 소유주의 이익을 위해 최선을 다한다는 확신을 시장이 가진다면 시장가격은 장기적으로 공정시장가치를 반영해야 한다. 그러나 어떤 이유로 (예를 들면 잠재적인 영업상 시너지로 인해) 같은 자산이라도 특정 인수자에게 시장가격 이상의 가치를 갖기도 한다. 이와 같이 잠재적 시너지를 기대하는 인수자나 투자자의 요구사항과 기대에 부합하는 가치의 개념이 **투자가치(investment value)**이다.

---

2) 회계기준은 공정가치를 명확히 정의하고 있다. 공정가치란 자산거래, 채무정산, 증권양도에 있어 적격의 지식을 가지고 있는 자발적인 당사자 간에 이루어진 제3자 거래가격(arm's length transaction)을 말한다.

2.1.4. 가치의 정의: 요약

애널리스트는 자산의 가치를 평가하기에 앞서 어떤 가치의 정의가 평가에 적합한지 파악해야 한다. 상장주식의 가치평가에는 내재가치가 적절한 가치의 정의가 된다. 계속기업 가정에 따른 내재가치는 이 책을 포함해 주식가치평가를 다루는 대부분의 책에서 주된 관심사가 된다.

2.2. 주식가치평가의 활용

투자 애널리스트는 다양한 조직에서 여러 직무에 종사한다. 결과적으로 이들은 다양한 실무적 문제를 설명하는데 가치평가기법을 활용한다. 애널리스트는 주로 다음과 같은 목적으로 가치평가의 개념과 모형을 자신의 업무에 활용한다.

- **종목선정**. 종목선정은 이 책에 소개하는 평가기법의 가장 중요한 용도이다. 주식 애널리스트는 현재 혹은 잠재적 포트폴리오 구성 종목이나 자신의 담당 종목에 대하여 동일한 질문에 반복적으로 답하게 된다. 즉 평가대상 주식의 가격이 내재가치 추정치나 비교대상 증권의 가격에 비추어 공정하게 평가되었는지 아니면 고평가 혹은 저평가 되었는지를 밝히려는 것이다.
- **시장기대의 추론**. 주식의 시장가격은 기업의 미래성과에 대한 투자자의 기대치를 반영한다. 이와 관련하여 애널리스트는 회사의 미래성과에 관한 기대치가 해당 주식의 현재 주가에 부합하는지, 회사의 펀더멘털에 대한 가정이 시장가격을 정당화할 수 있는지에 관심을 가진다. **펀더멘털(fundamentals)**이란 회사의 수익성, 재무건전성, 위험에 관한 특성을 말한다. 이런 관심은 아래와 같은 이유로 애널리스트에게 유용한 질문이 될 수 있다.
  - 애널리스트는 자신의 기대치와 시장에 내재된 기대치를 비교함으로써 시장가격에 내재된 기대치가 합리적인지를 평가할 수 있다.
  - 어떤 기업의 펀더멘털 특성에 대한 시장 기대치는 동일한 특성을 가진 다른 기업의 가치평가에 벤치마크나 비교 가치로 유용하게 활용될 수 있다.

  펀더멘털에 대한 시장기대를 추론하거나 역설계하기 위해 애널리스트는 먼저 주식의 특성에 부합하고 내재가치와 펀더멘털을 연결시키는 적절한 가치평가모형을 선택한다. 그리고 관심의 대상인 펀더멘털을 제외한 나머지 펀더멘털 값을 추정한다. 마지막으로 시장가격을 내재가치의 모형값에 대입하고 추정된 나머지 펀더멘털 값들을 모형에 적용하면 구하고자 하는 펀더멘털의 값을 얻게 된다.
- **기업사건의 가치평가**. 인베스트먼트 뱅커, 기업분석가, 투자 애널리스트는 합병 · 인수 · 기업분할 · 분사 · 상장폐지 같은 기업사건의 영향을 분석하는데 가치평가기법을 사용한다.

합병(merger)이란 두 회사 간 결합을 통칭하는 용어이다. **인수**(acquisition)는 두 회사의 결합이지만, 인수자인 한 회사가 피인수자인 다른 회사를 인수하는 형식의 결합을 말한다. **기업분할**(divestiture)은 회사가 자신이 보유한 주요 사업을 매각하는 것을 말한다. **분사**(spin-off)는 회사가 사업의 일부를 분리하여 자신의 주주에게 분할된 사업(회사)의 경영권을 매각하는 것을 말한다. **차입매수**(leveraged buyout)란 상당한 레버리지를 사용하는 인수거래로, 종종 인수된 회사의 자산이 담보로 제공된다. 이러한 사건은 모두 회사의 미래 현금흐름에 영향을 미치기 때문에 결국 회사의 주식가치에 영향을 끼친다. 경우에 따라서는 인수합병에 인수기업의 주식이 인수대가로 사용되기도 한다. 이 경우 투자자는 주식의 가치가 정당하게 평가되었는지에 관심을 갖는다.

- **공정성 평가의견 작성**. M&A 당사자들은 투자은행과 같은 제3자로부터 공정성 평가의견(fairness opinion)을 요구하는데, 가치평가는 공정성 평가의견에 핵심이 된다.
- **사업전략과 비즈니스 모델 평가**. 주주가치 극대화에 관심을 갖는 기업은 대안적인 전략들이 주식가치에 어떤 영향을 미치는지 평가하게 된다.
- **이해관계자간 커뮤니케이션 촉진**. 가치평가의 개념은 기업가치에 영향을 미치는 회사의 다양한 이슈에 대한 경영진, 주주, 애널리스트 사이의 소통과 논의를 촉진한다.
- **비상장기업 평가**. 비상장주식 가치평가는 거래상의 필요(예: 비상장기업이 인수되거나 소유주의 사망이나 은퇴로 지분을 매각하기 위한 주식양수도계약의 체결)나 세무보고(예: 부동산 거래에 대한 과세)에도 중요하다. 이런 경우에도 기본적인 가치평가모형은 상장기업과 공유하게 되지만, 시장가격이 존재하지 않음으로 인해 독특한 특성이 수반된다. **기업공개**(initial public offering, IPO)란 과거에는 비상장 사기업, 공기업, 신생기업이었던 회사가 공개시장에서의 거래를 위해 등록한 주식을 최초로 발행하는 것을 말한다.
- **주가연계 보상**. 양도제한주식그랜트와 같이 보상을 주가와 연계시키는 것은 통상 경영진과 임원 보상에 활용된다. 이 경우 보상의 가치는 주식가치평가 기법에 의존하게 된다.

EXAMPLE 1 시장기대의 추론

2000년 9월 21일 Intel Corporation(NASDAQ-GS: INTC)[3]은 언론을 통해 회사의 2000년 3분기 매출성장률 전망을 공개했다. 공개된 성장률 전망치는 회사가 제시한 당초의 성장률 전망치보다

3) 이 책에서 실제 존재하는 회사의 주식에 대해서는 상장된 증권거래소나 전자시장에서 사용되는 약칭과 종목코드 또는 공식 약어를 회사 이름에 병기한다. 예를 들어 NASDAQ-GS는 NASDAQ Global Selection Market을 나타내며, INTC는 Intel Corporation의 NASDAQ-GS 종목코드를 나타낸다. (현재 많은 주식이 여러 증권거래소에 동시 상장되어 있어 일부 주식은 하나 이상의 종목코드를 가지기도 한다. 우리는 보통의 경우 대표적인 거래소 하나와 해당 거래소가 사용하는 종목코드 하나만 병기하도록 한다.)

2~4% 포인트 낮은 것이고, 애널리스트 전망치보다는 3~7% 포인트나 낮은 수준이었다. 이 발표로 인해 Intel의 주가는 5영업일 간 $61.50에서 $43.31로 거의 30% 가까이 급락했다. Intel의 발표에 담긴 정보가 이 같은 대규모 가치 손실을 충분히 설명할 수 있는지 평가하기 위해 Cornell(2000)은 미래에 기대되는 영업활동 현금흐름에서 회사의 성장을 유지하는데 필요한 자본적 지출을 차감한 현금흐름의 현재가치를 통해 이 회사 주식의 가치를 추정했다. (잉여현금흐름모형에 대해서는 뒤에서 자세히 다루기로 한다.)

보수적으로 낮은 할인율을 적용할 때 Cornell은 발표 전 Intel의 주가($61.50)는 향후 10년간 20%, 그 이후는 6%의 연간 매출성장률 추정치에 부합한다고 보았다. 반면 발표 후 Intel의 주가($43.31)는 향후 10년간 성장률이 연간 15% 이하로 하락한다는 추정에 부합하는 수준이라고 평가했다. 낮아진 성장률 추정치에 따르면 추정기간 마지막 해인 2009년의 추정 매출은 발표 전 주가에 따른 추정 매출보다 $50억 줄어들게 된다. 보도가 Intel의 장기적인 비즈니스 환경에 어떤 변화가 있을지 제시하지 않았기 때문에 (Intel은 분기 매출성장률 하락을 유럽의 경기순환적 수요둔화로 설명하고 있다.) Cornell은 상세분석 결과 주식시장의 반응을 펀더멘털 변화로 설명하기 어렵다는 회의론을 제기했다.

Cornell의 방법론이 합리적이라면, 이런 현상을 설명할 수 있는 하나의 해석은 언론보도에 대한 투자자들의 반응을 비합리적이라고 보는 것이다. 또 다른 해석은 언론 발표 전 Intel의 주가가 이미 고평가되어 있었고, 언론 발표가 비록 이러한 주가 변동을 정당화하는데 충분한 장기적인 가치평가 정보를 담고 있지는 못했더라도 주가를 보다 합리적인 가격으로 움직이게 하는 일종의 촉매로 작용했다고 보는 것이다. 이러한 두 가지 해석을 어떻게 평가하는지 답하라.

Solution

Intel의 발표에 대한 시장 반응이 비합리적인지 아니면 이전에 고평가된 가격이 합리적으로 하락한 것인지 평가하기 위해서는 발표 전 주가에 암묵적으로 내재된 20%의 기대성장률을 벤치마크와 비교해 볼 수 있다. 벤치마크로는 회사나 산업의 최근 성장률이나 경제 전체 혹은 산업의 성장률 추정치를 활용할 수 있다. 주가에 내재된 성장률을 파악하는 것은 가치평가모형에 회사의 현재 주가를 적용해 시장의 기대를 추론해보는 한 예이다.

[참고] Cornell(2001)은 발표 전 주가에 내재된 20%의 매출성장률이 규모가 훨씬 작았던 과거 5년간 Intel의 평균성장률보다도 훨씬 높다고 파악했다. 그는 Intel 주식이 언론 발표 이전에 고평가된 상태였다고 결론 내렸다.

이 사례는 가치평가에서 기대의 역할과 그에 대한 다양한 해석이 가능한 전형적 상황을 설명하고 있다. 이 사례는 또한 시장가격과 내재가치 간에 급격한 차이가 생길 수 있고, 이는 영리한 펀드매니저가 알파를 창출할 기회가 된다는 것을 보여준다.

3. 가치평가의 절차

일반적으로 가치평가는 다음과 같이 5단계의 절차를 따른다.

1. **사업의 이해**. 재무제표와 공시에 대한 분석과 함께 산업과 경쟁분석은 회사의 경영성과 추정에 기초를 제공한다.
2. **경영성과 예측**. 매출·이익·배당·재무상태 추정치는 대부분의 가치평가모형에서 투입값으로 사용된다.
3. **최적 평가모형 선택**. 회사의 특성과 가치평가의 맥락 및 목적에 따라 특정 가치평가모형이 다른 모형에 비해 더 적합할 수 있다.
4. **추정치의 가치평가 전환**. 기계적으로 가치평가모형의 산출물을 얻는 것에 그치지 않고 가치평가에는 판단이 수반된다.
5. **평가 결론의 활용**. 목적에 따라 애널리스트는 특정 주식에 대한 투자의견 제시, 거래가격에 대한 적정성 판단, 잠재적인 전략적 투자의 경제적 합리성 평가에 가치평가의 결론을 활용한다.

각 단계에 대한 자세한 설명은 뒤에서 다루기로 한다. 따라서 여기서는 각각의 개요만 설명하기로 한다.

3.1. 사업의 이해

투자가치 결정에 기초가 되는 기업의 재무성과를 추정하기 위해서는 기업을 둘러싼 경제적·산업적 환경과 맥락, 회사의 전략, 기존 재무성과 등을 충분히 이해할 필요가 있다. 회사의 재무제표를 분석하는 것과 함께 산업과 경쟁에 대한 분석도 회사의 성과 예측에 기초가 된다.

3.1.1. 산업 및 경쟁분석

동일한 경제적·기술적 요인은 산업 내 모든 회사에 비슷한 영향을 미치기 때문에 산업에 대한 지식은 애널리스트가 회사와 산업의 이코노믹스를 이해하는데 도움을 준다. 항공사 애널리스트는 인건비와 연료비가 항공사의 양대 비용 요소이며, 항공 시장에서는 연료비 인상을 항공운임에 전가하기 어렵다는 것을 알고 있다. 이런 지식을 바탕으로 애널리스트는 항공사별 항공유의 가격위험 헤지 능력을 평가할 수 있다. 이런 정보를 확보한 애널리스트는 위험의 평가와 미래 현금흐름 추정에 보다 능숙해진다. 또한 애널리스트는 민감도 분석으로 항공유 가격 변동이 항공사의 가치평가에 어떤 영향을 미치는지 파악할 수 있다.

산업 및 경쟁분석에는 다양한 프레임워크가 존재한다. 이러한 프레임워크의 일차적 유용성은 산업지식이 애널리스트가 회사와 회사가 속한 시장의 이코노믹스와 기본 특성을 이해하는데 도움을 준다는 것이다. 다시 말해 산업구조나 기업전략을 설명하는 공식적인 프레임워크를 만드는 것 자체가 목적이 아니라, 산업에 대한 생각들을 효율적으로 구조화하고 산업 내 경쟁자와의 생존경쟁을 더 잘 전망하는 것이 프레임워크를 사용하는 목적이다. 다만, 프레임워크가 평가에 템플릿을 제공할 수는 있어도, 분명한 것은 애널리스트에 의해 채워진 콘텐츠가 가치평가에 적합한 프레임워크를 만든다는 것이다. 궁극적으로 산업 및 경쟁분석은 어떤 사업적 측면이 회사의 가장 큰 위협과 기회를 만드는지를 조명하는 것이며, 추가 검토나 보다 광범위한 **민감도 분석(sensitivity analysis)**이 필요한지 파악하게 한다. (민감도 분석은 가정한 투입값의 변화가 분석 결과에 어떤 영향을 미치는지를 파악하는 분석 기법이다.) 프레임워크는 애널리스트가 비즈니스를 이해하는데 적절한 질문에 집중할 수 있게 한다는 점에서도 유용하다.

- **지속가능한 수익성의 관점에서 회사가 속한 산업은 얼마나 매력적인가?**

산업의 수익성은 산업에 속해 있는 개별 기업의 수익성을 결정하는 주요 요인이다. 애널리스트는 산업에 근간이 되는 경제적·기술적 특성인 **산업구조(industry structure)**와 이런 변화에 영향을 미치는 트렌드를 이해해야 한다. 기본적 경제요인(수요와 공급)을 이해하는 것은 산업을 이해하는 기본 프레임워크를 제공한다.

Porter(1985, 1998, 2008)의 5요인 경쟁분석은 아래와 같은 요인들이 산업의 수익성에 어떠한 영향을 미치는지 잘 설명하고 있다.

ⅰ. **산업 내 경쟁**(*intra-industry rivalry*). 시장 참여자들 사이에 경쟁강도가 낮으면 산업의 수익성은 높아진다. 대표적으로 경쟁자의 수가 적고 빠르게 성장하는 산업과 브랜드 정체성이 중요한 산업이 이에 해당한다.

ⅱ. **시장 신규 진입자**(*new entrants*). 정부 규제 등으로 진입장벽이 있거나 진입장벽은 없지만 진입비용이 큰 경우에는 신규 참여가 어려워 산업의 수익성은 개선된다.

ⅲ. **대체재 위협**(*substitutes*). 대체재가 별로 없거나 대체재로의 전환비용이 큰 경우에는 시장 참여자들이 가격 인상에 제약을 덜 받고, 결과적으로 산업의 수익성은 개선된다.

ⅳ. **공급자 협상력**(*supplier power*). 산업 참여자가 필요로 하는 물품의 공급자가 많을수록 공급자의 가격인상 협상력이 제약을 받기 때문에 산업의 수익성은 하방 압력을 덜 받는다.

ⅴ. **구매자 협상력**(*buyer power*). 산업이 생산하는 제품에 대한 수요가 많으면 고객의 가격인하 협상력이 제약을 받기 때문에 산업의 수익성은 하방 압력을 덜 받는다.

애널리스트는 회사가 속한 산업에 관한 사건과 뉴스(경영·기술·재무에 관한 최신 동향)에 항상 관심을 가져야 한다. 인구통계적 트렌드와 같이 산업의 장기적인 수익성과 성장 전망에 영향을 미치는 요인도 매우 중요하다.

- **산업 내 회사의 상대적인 경쟁지위는 어떠하며, 회사의 경쟁전략은 무엇인가?**

현재의 시장점유율과 그 추세는 산업 내 회사의 경쟁지위를 나타낸다. 일반적으로 경쟁자보다 더 많은 경쟁우위를 만들고 이를 유지하는 만큼 기업가치는 높아진다. Poter는 평균 이상의 경영성과를 달성하기 위한 세 가지 주요 경쟁전략을 소개했다.

i. **원가우위**(*cost leadership*) **전략**. 경쟁자에 필적하는 제품을 가장 낮은 원가에 생산할 수 있는 생산자가 되겠다는 전략으로, 제품의 가격은 산업 평균가격 수준에서 책정된다.
ii. **차별화**(*differentiation*) **전략**. 소비자에게 여러 측면(속성)에서 가치를 제공할 수 있는 차별화된 제품과 서비스를 공급하는 전략이며, 이런 기업은 고가정책을 추구한다.
iii. **집중**(*focus*) **전략**. 원가우위나 차별화를 통해 산업 내 목표 시장이나 목표 세그먼트에서 경쟁우위를 추구하는 전략이다.

“비즈니스 모델(business model)”이란 용어는 일반적으로 회사가 이익을 창출하는 방식을 말한다. 즉 목표 고객이 누구인지, 고객에게 팔고자 하는 제품이나 서비스가 무엇인지, 제품과 서비스를 어떻게 전달하는지 등을 말한다. 이 용어는 광범위하게 사용되는데, 경우에 따라서는 기술한 전형적인 경쟁전략의 특성을 가리키기도 한다. 예를 들어 원가우위를 구사하는 항공사는 저비용 항공사의 비즈니스 모델을 추구할 가능성이 높다. 저비용 항공사는 교육훈련비와 정비비용을 최소화하기 위해 단일 좌석 서비스를 제공하고 비행기도 단일 기종을 운영한다.

- **회사가 전략을 얼마나 잘 실행하고 있으며, 미래의 전략실행 전망은 어떠한가?**

경쟁에서 승리하기 위해서는 적절한 전략의 선택과 함께 능숙한 전략의 실행이 요구된다. 과거 재무보고를 분석하면 전략목표에 대비해 회사의 경영성과를 평가하고 미래 성과를 예측할 수 있는 기초를 얻을 수 있다. 역사적 분석은 단순히 과거 (예를 들어 10년간) 재무제표에 나타난 경영실적을 점검하는 것 이상의 의미를 갖는다. 이는 경우에 따라 최근 10년이 될 수도 있고 5년 아니면 2년의 재무보고를 살펴보는 것을 의미할 수 있다. 왜 그럴까? 과거 기간의 재무성과를 살펴보는 것은 회사의 경영진이 역사적으로 어떠한 도전을 받았으며 도전에 어떻게 대처했는지에 관한 유용한 시사점을 얻는데 목적이 있기 때문이다. (일반적으로 대부분의 상장회사 IR 사이트는 최소한 가장 최근 기간의 애뉴얼 리포트를 제공하고 있다.)

애널리스트는 회사의 재무와 영업전략 실행의 효율성을 살펴볼 때 두 가지 점에 유의해야 한다. 첫째, 정성적 요소인 질적 측면의 중요성을 고려해야 한다. 이런 정성적 요인에는 회사의 지배구조, 지적·물적 자산, 라이센스와 프랜차이즈 계약 같은 무형자산, 법적 분쟁의 전망, 기타의 우발채무 등이 포함된다. 둘째, 단순히 과거의 영업실적 추세를 통해 미래 성과를 예상하는 것을 피해야 한다. 일반적으로 경제적 요인과 기술적 요인은 성과의 평균 회귀를 유발한다. 특히 성공한 기업의 출현은 해당 산업에서 경쟁자의 유입을 유인하기 때문에 과거 평균 이상의 이익을 창출했던 기업의 수익성은 하방 압력을 받기 마련이다. 반대로 실적이 부진한 기업은 장기적인 성과 개선을 위해 구조조정에 들어가게 된다. 이런 이유로 기업의 이익과 수익에 대한 장기적인 성장 전망(예를 들어 10년 이후의 추정치)을 추정하는 애널리스트는 기업의 성장률이 기업이 속한 경제 단위의 평균 성장률에 수렴할 것을 가정하기도 한다.

3.1.2. 재무보고 분석

회사의 전략 실행이 성공적인지 여부를 판단하게 하는 재무보고상 요소는 회사나 산업에 따라 달라진다. 설립된 회사의 경우 재무비율분석이 유용하다. 머천다이징 회사나 제조업체의 주요 수익성 동인은 이들이 표방하는 전략적 목표에 비추어 평가될 수 있다. 예를 들어 강력한 브랜드 인지도를 구축함으로써 지속가능한 경쟁우위를 기대하는 제조업체는 광고에 상당한 비용을 지출하며, 제품가격은 고가정책을 택할 것으로 예상할 수 있다. 원가우위를 추구하는 회사와 비교할 때 프리미엄 브랜드 기업은 매출총이익률은 높지만 동시에 매출에 대한 판촉비 비중도 높을 것으로 예상할 수 있다.

EXAMPLE 2 경쟁분석

2012년 매출액 기준 6대 유전개발 서비스업체는 다음과 같다.

	매출액	순이익
Schlumberger Ltd.(NYSE: SLB)	\$42.1십억	\$5.5십억
Halliburton(NYSE: HAL)	\$28.5십억	\$2.6십억
Baker Hughes Inc.(NYSE: BHI)	\$21.4십억	\$1.3십억
National Oilwell Varco Inc.(NYSE: NOV)	\$20.0십억	\$2.5십억
Weatherford International Ltd.(NYSE: WFT)	\$15.2십억	−\$778백만
Cameron(NYSE: CAM)	\$8.5십억	\$751백만

이들 기업은 오일 메이저와 유전개발 업체에 고도의 전문적인 장비와 서비스를 공급하고 있다.

1. 유전개발 서비스 업체가 공급하는 서비스 수요에 영향을 미치는 경제적 요인에 대해 논하고, 이들 기업의 매출분석과 예측을 위한 이론적 프레임워크를 설명하라.
2. 이들 기업의 순이익률(= 순이익/매출액)을 종업원당 매출액 및 그 트렌드와 어떻게 비교하는 것이 피어그룹에서 어느 회사가 원가우위를 가지는지 분석하는데 도움이 되는지 설명하라.

Solution 1

이들 기업의 제품과 서비스는 석유 · 가스의 탐사와 생산에 관계된 것으로, 석유 · 가스의 탐사 및 생산 활동 수준은 이들이 제공하는 서비스의 수요를 결정하는 주요 요인이다. 또한 천연가스와 원유 가격 역시 탐사와 생산 활동에 중요하다. 결국 애널리스트는 천연가스와 원유의 수급 · 가격과 관련된 다음의 경제적 요인에 대한 리서치가 필요하다.

- 천연가스 재고량과 같은 천연가스 공급요인
- 가계와 산업의 천연가스 소비량과 천연가스 발전설비 증설 규모 등 천년가스 수요요인
- OPEC과 산유국의 생산능력과 생산량, 해상유전 개발, 육상 매장량 등 원유 공급요인
- 가계와 산업의 석유 수요와 석유를 주된 연료로 사용하는 발전설비 증설 규모 등 원유 수요요인
- 원유와 천연가스 공히 수요 측면에서는 경제성장률 전망, 공급 측면에서는 고갈 전망

Solution 2

순이익률은 비용구조를 반영한다. 하지만 순이익률을 해석할 때 애널리스트는 가격 통제력을 통해 순이익률에 영향의 미칠 수 있는 회사의 역량 차이를 평가해야 한다. 성공적으로 실행된 원가우위 전략은 원가를 낮추고 순이익률을 개선한다. 모든 조건이 동일하다면 원가우위 전략에서는 종업원당 매출액이 많을 것으로 기대하는데, 이는 인적자원 활용이 효율적이라는 것을 반영한다.

[참고] 에너지 애널리스트는 International Energy Agency(IEA), European Petroleum Industry Association(EUROPIA), Energy Information Administration(EIA), American Gas Association(AGA), American Petroleum Institute(API) 같은 에너지 수급 정보 소스에 정통해야 한다.

한편, 신생 회사나 신제품과 신시장을 개척 중인 회사의 경우에는 비재무지표가 회사의 미래 청사진을 얻는데 보다 효과적일 수 있다. 예를 들어 신약업체의 임상실험 결과나 인터넷 기업의 1일 홈페이지 방문객 수 같은 정보는 이들 기업의 미래 매출을 평가하는데 유용한 정보를 제공한다.

3.1.3. 정보의 원천

산업이나 경쟁상황에 대한 중요 정보는 규제당국이 요구하는 공시자료 · 신고서류 · 언론보도 · IR자료 · 임직원 인터뷰 등 다양한 방법으로 얻을 수 있다. 애널리스트는 회사로부터 직접 제시받은 정보와 자신의 리서치 결과를 비교해 보기도 한다.

공시나 신고에 관한 법적 요건은 국제적으로 큰 차이가 있다. 캐나다와 미국 등은 신고서류에 경영진이 산업과 경쟁정보를 의무적으로 제공하도록 하고, 인터넷 공시시스템(캐나다 www.sedar.com, 미국 www.sec.gov)을 통해서 신고서류를 누구나 자유롭게 열람할 수 있게 하고 있다. 미국에서는 Securities and Exchange Commission(증권거래위원회)이 요구하는 바에 따라 미국 기업은 Form 10-K 서식, 외국 기업은 Form 20-F 서식으로 연간 공시를 실행하는데, 회사는 사업 설명 부분과 경영진의 경영진단 및 분석의견서(MD&A)에 산업과 경쟁정보를 담게 된다. 중간보고서(즉, 미국 기업의 분기보고서는 Form 10-Q, 외국 기업의 분기보고서는 Form-6K)는 중간 재무제표를 제공하지만, 산업과 경쟁상황에 대해서는 개략적으로만 기술한다.

애널리스트와 경영진 간 접촉에 우려가 있는 만큼 애널리스트는 관련 규정(미국의 경우 Regulation FD)에 따라 일반에 공개되지 않은 미공개 중요정보를 회사가 자신에게 사전에 공개하는 것이 금지된다는 것을 인식해야 한다.[4] 하지만 공개정보를 바탕으로 경영진이 제공하는 시사점도 여전이 애널리스트에게 유용하기 때문에 많은 애널리스트들이 회사를 이해하는데 경영진 면담을 적극 활용하고 있다.

CFA Institute의 Code of Ethics(윤리규정)와 Standards of Professional Conduct(전문가행동준칙)는 중요 내부정보의 이용을 엄격히 금지하며, Regulation FD와 여러 나라의 비슷한 규정은 회사가 이러한 정보를 선택적으로 제공하는 것을 금지한다. 이러한 윤리적 · 법적 규제는 애널리스트가 자신의 역할과 목적을 명확히 하도록 하는 제도적 기반이 되고 있다.

공시자료와 함께 회사가 제공한 정보원천에는 보도자료와 IR자료가 있다. 애널리스트가 가장 유용하게 활용하는 보도자료는 실적 발표를 위해 정기적으로 제공하는 언론 배포자료이다. 회사는 통상 회계기간 종료 후 수주 내, 재무제표를 공시 수주 전 잠정실적을 발표한다. 실적발표에는 해당 기간 회사의 성과를 요약하고, 성과의 세부적 설명과 요약 재무제표가 포함되는 것이 일반적이다. 실적발표 이후 많은 회사들은 컨퍼런스 콜을 통해 보고된 성과에 대해 추가적인 설명을 하고 애널리스트의 질문에 답하는 시간을 갖는다. 홈페이지를 통해서도 많은 회사들이 컨퍼런스 콜의 녹음파일과 녹취록 그리고 제공된 프레젠테이션 자료를 다운로드 받을 있도록 서비스한다. 이런 자료는 회사 보고서에 접근할 수 있는 창구가

4) 미국의 Form-8과 같이 회사의 중요 경영사항을 공시하는 특별 신고서가 있을 수 있다.

될 뿐 아니라 애널리스트의 질문과 회사의 답변을 확인할 수 있는 기회가 된다.

애널리스트는 회사가 제공한 정보 이외에도 산업협회, 규제기관, 상업적 시장정보 서비스 업체와 같은 제3의 원천으로부터도 정보를 획득한다.

3.1.4. 회계정보 사용의 고려사항

회사의 역사적 성과를 평가하고 미래 성과를 추정할 때 애널리스트는 회사의 회계정보와 재무공시에 크게 의존하게 된다. 회사의 보고된 성과는 그 지속성, 즉 같은 보고된 성과라도 지속가능성 측면에서는 큰 차이가 있을 수 있다. 또한 회사가 공개하는 정보도 보고된 회계 결과의 정확성 측면에서 보면 경제적 실질에 있어 상당한 차이가 있을 수 있다.

이익의 질 분석(quality of earnings analysis)은 회사 경영성과의 지속가능성과 보고된 정보의 정확한 경제적 실질 반영 여부를 평가하기 위해 대차대조표를 포함해 재무제표를 검토하는 활동이다. 주식 애널리스트가 회사 이익의 질을 평가할 수 있는 역량을 키우면 회사에 대한 시각을 확장할 수 있고 추정의 정확도를 높일 수 있다. 성과의 지속가능성 측면에서 애널리스트는 회사가 보고한 성과에서 다시 발생할 가능성 낮은 성과 부분을 파악하는데 주력한다. 예를 들어 회사의 보고된 이익에서 법적 분쟁의 우호적 해결이나 비영업자산의 매각 차익과 같이 일회성 이벤트의 영향이 큰 경우는 보고된 이익이 대부분이 핵심적인 영업활동에서 나오는 경우에 비추어 이익의 질이 낮은 것으로 간주된다.

일회성 이벤트를 파악하는 것과 함께 애널리스트는 보고된 이익에서 지속될 가능성이 낮은 이익이 얼마나 되는지를 파악하는데도 노력한다. 이런 이익의 질 분석에 유용한 출발점은 회사의 순이익과 영업현금흐름을 비교해보는 것이다. 단순한 가상의 사례로 모든 매출이 외상이고 매출채권을 아직 수금하지 못해 매출과 당기순이익은 실현하지만 영업현금흐름은 창출하지 못하는 회사를 생각해 볼 수 있다. 순이익과 영업현금흐름을 비교하는 체계적인 방법 중 하나는 순이익을 (영업과 투자현금흐름을 합친) 현금분과 (순이익에서 현금분을 제외한) 외상분으로 분해해 보는 것이다. 관련 자본시장 연구에 따르면 상대적으로 외상분 순이익의 비중이 높은 기업은 미래의 총자산이익률(ROA)이 낮으며, 현금분 순이익이 외상분 순이익보다 지속성이 높다고 한다(Sloan 1996). 지속성이 높다는 것은 외상분과 비교할 때 현재 현금분 순이익이 미래 순이익을 보다 잘 예측한다는 것을 말한다. 외상분의 비중이 상대적으로 높다는 것은 이익의 질이 낮은 것으로 간주될 수 있다.

특정 기업에 대한 이익의 질 분석은 재무제표, 주석, 기타의 관련 공시 등에 대한 면밀한 검토를 요하는 작업이다. 이익의 질과 회계적 위험 요소에 관한 연구에는 Mulford and Comiskey(2005), Schilit and Perler(2010), American Institute of Certified Public Accountants의 *Consideration of Fraud in a Financial Statement Audit*(28 February 2002), International

Federation of Accountants의 International Standards on Auditing 240, *The Auditor's Responsibility to Consider Fraud and Error in an Audit of Financial Statements*(2008) 등이 있다. [표 1]은 회사의 이익의 질에 대한 잠재적 문제점을 의심해 볼 수 있는 주요 징후들을 정리하고 있다.

[표 1] 이익의 질에 대한 의심 징후

구 분	관찰 내용	잠재적 해석
매출과 수익	매출의 조기인식 • 빌앤드홀드매출 • 고객에게 설치 또는 임대 전 장비나 소프트웨어의 매출 인식	조기 매출인식은 보고된 이익을 증가시켜, 부진한 영업성과를 과장하려는 것일 수 있음.
	영업외이익이나 수익을 영업이익으로 분류	이익이나 수익이 일회성이고 본질적 영업성과와 관계없는 것일 수 있어, 부진한 영업성과를 과장하려는 것일 수 있음.
비용과 손실	당해 연도 충당금 과대 · 과소 인식 • 구조조정충당금 • 대손충당금 • 이연법인세자산에 대한 평가성충당금	미래 이익을 축소하는 대가로 현재 이익을 늘리거나, 반대로 미래의 이익을 부풀리기 위해 현재 이익을 축소하려는 것일 수 있음.
	비용의 자본화를 통한 비용 인식 이연 • 고객확보비용 • 제품개발비용	미래 이익을 축소하는 대가로 현재 이익을 늘릴 수 있음. 근본적인 영업성과와 관련된 문제를 과장하려는 것일 수 있음.
	공격적인 추정치와 가정의 사용 • 자산손상 • 장기의 내용연수 적용 • 장기의 무형자산상각연수 • 연금부채에 높은 할인율 가정 • 연금부채에 낮은 기대 보상증가율 가정 • 연금자산에 과도한 예상수익률 가정	공격적인 추정은 보고된 이익을 부풀리기 위한 것일 수 있음. 가정의 변경은 성과와 관련된 문제를 위장하기 위한 시도일 가능성이 있음.
대차대조표 관련 이슈(이익에도 영향을 미칠 수 있음)	자산 리스나 매출채권 유동화와 같이 대차대조표에 반영되지 않는 차입인 **부외부채(off-balance sheet financing)**의 사용	자산과 부채가 대차대조표에 적절하게 반영되지 않았을 수 있음.
영업현금흐름	당좌차월 증가를 영업현금흐름 개선으로 표시	영업현금흐름이 인위적으로 부풀려졌을 수 있음.

다음 사례는 회계관행이 보고된 재무결과에 중요한 영향을 미친다는 것과 가치평가모형

적용에 애널리스트의 판단이 얼마나 중요한지를 설명하고 있다.

EXAMPLE 3 이익의 질에 관한 경고 신호: 공격적 추정

Warren Buffett은 2007년 "Fanciful Figures-How Public Companies Juice Earnings"라는 제목으로 자신의 회사인 Berkshire Hathaway의 주주들에게 보낸 서신에서 그는 투자수익률(확정급여형 연금의 현재와 미래의 기대수익률) 가정과 관련하여 다음과 같이 언급했다.

> "Decades of option-accounting nonsense have now been put to rest, but other accounting choices remain－important among these [is] the investment return assumption a company uses in calculating pension expense. I will come as no surprise that many companies continue to choose an assumption that all them to report less-than-solid 'earnings.' For the 363 companies in the S&P that have pension plans, this assumption in 2006 averaged 8%."
> (www.berkshirehathaway.com/letters/2007ltr.pdf. pp.18 ~ 19)

설명에서 Buffett은 미국 연금자산의 평균 28%를 차지하는 현금과 채권에 대해 5%의 예상수익률을 가정했다. 이는 자신의 전체 연금펀드가 8%의 수익률을 달성하기 위해서는 나머지 72%의 연금자산(대부분 주식에 투자)에서 9.2%(거래비용 차감 기준)의 수익률을 나와야 한다는 것을 의미한다. 9.2%의 평균수익률을 달성 근거로 그는 금세기 동안 주가가 20세기 다우존스산업지수(DJII)의 가중평균수익률 5.3%를 실현한다면 2099년 말에는 다우지수가 (서신 발송 당시 13,000 이하 수준에서) 약 2,000,000에 육박할 것이라고 예측했다.

1. 과도히 낙관적인 연금자산 수익률 추정치가 연금지출에는 어떤 영향을 미치는가?
2. 연금자산의 예상수익률에 관한 정보는 어떻게 구할 수 있는가?

Solution 1

수익률 가정에 따른 "연금자산의 기대수익"은 연금지출을 줄이는 효과를 갖는다. 연금자산 수익률을 과도히 낙관적으로 추정하면 연금비용 계산에서 적정 금액 이상을 공제하는 것이 되기 때문에, 과도한 공제는 연금비용을 과소 추정하여 순이익을 부풀린다. 실제로 연금비용은 공제 규모에 따라서는 (연금수익을 과도하게 추정하면) 연금수입이 발생하는 것으로 계산될 수도 있다.

Solution 2

연금자산 예상수익률 가정은 이 회사의 재무제표의 주석에서 찾을 수 있다.

경영진이 과도한 추정치를 사용하는 것 이상으로 나쁜 이익의 질 관련 사례로 Benjamin Graham의 기고문이 생각난다. 기고문에는 어떤 회사의 회장이 자기 회사의 수익성 확보 계획을 다음과 같이 밝히고 있다. “여러분의 기대와는 달리 회사의 생산과 판매정책에는 변화가 없을 것입니다. 대신 회계시스템을 완전히 개조하고자 합니다. 최신의 회계와 재무시스템을 적극 도입하면, 회사의 이익 창출능력은 획기적으로 개설될 것입니다.”[5]

EXAMPLE 4 이익의 질에 관한 경고 신호: 극단적 사례

Livent는 토니상 수상에 빛나는 *Showboat*와 *Fosse* 같은 수많은 불멸의 히트작을 무대에 올린 상장 뮤지컬 제작사이다. Livent는 공연준비 과정에서 발생하는 광고판촉비, 설치비, 의상비, 리허설 기간의 연기자와 연주자 임금과 수당 등 일체의 공연 준비비용을 자본화했다. 회사는 이렇게 자본화한 비용을 매출이 발생할 것으로 예상하는 공연기간 동안 상각했다.[6]

1. 공연 준비비용의 자본화가 Livent의 주당순이익에 미친 영향을 설명하라.
2. Livent의 공연 준비비용 회계처리는 대차대조표에 어떤 영향을 주는지 설명하라.
3. 준비비용의 자본화 회계처리를 조정하지 않고 그대로 Livent의 회계처리에 따라 EBITDA/이자비용과 부채/EBITDA를 계산하면, Livent의 재무건전성 평가에서 애널리스트는 어떻게 호도될 수 있는가? (EBITDA는 영업이익에 감가상각비를 더한 것이며, EBITDA/이자비용과 부채/EBITDA 같은 재무비율은 회사의 부채상환능력을 나타낸다.)

Solution 1

공연 준비비용의 자본화 회계처리는 비용을 이연시키기 때문에 보고된 주당순이익이 즉각적으로 증가한다.

Solution 2

즉시 비용으로 인식하는 대신 Livent는 해당 비용을 자산으로 대차대조표에 등재했다. 비용 이연은 공격적 회계의 경고 신호이다. 공연 수익에는 큰 불확실성이 있기 때문에 준비비용을 즉시 비용으로 인식했어야 했다. 비용에 상응하는 매출이 발생한다는 보장이 없기 때문이다.

Solution 3

Livent는 준비비용을 비용으로 인식하여 이익에서 차감하지 않았다. 만일 자본화한 준비비용의 상각비를 이익에 가산하면, EBITDA/이자비용과 부채/EBITDA에도 리허설 기간의 인건비 같은 항목의 현금흐름은 반영되지 않는다. 현금유출이 이미 발생해 부채 상환에 가용한 현금 보유액이 줄어들었는데도 말이다. EBITDA 계산에 공연 준비비용의 상각비를 기계적으로 가산하는 애널리스트는 Livent의 재무건전성을 과대평가하는 오류를 범할 수 있다. 회사

5) Graham 1936.
6) 이 사례는 Moody's(2000)에서 도움을 얻었다.

의 회계를 보다 면밀히 검토한다면 애널리스트는 EBITDA 계산에 준비비용의 상각비를 더해서는 안 된다는 것을 파악할 수 있었을 것이다. 만일 준비비용의 상각비를 가산하지 않으면 Livent의 재무건전성 평가에 상당히 다른 그림이 그려진다. 1996년 Livent의 보고된 부채/EBITDA는 1.7배였지만, 준비비용의 상각비를 더하지 않으면 이 비율은 5.5배로 상승한다. 1997년에는 보고된 부채/EBITDA가 3.7배로 상승했는데, 이때 보고된 EBITDA는 $58.3백만이었지만 상각비를 제외한 EBITDA는 마이너스 $52.6백만이었다.

[참고] 1998년 12월 Livent는 파산했고, 현재는 존재하지 않는다. 2009년 종결된 최종심에서 Livent의 공동 창업자들은 캐나다 법원으로부터 사기와 위조죄로 처벌이 확정되었다.

일반적으로 매출보다 (Livent 사례의 비용이연과 같은 이유로) 자산이 과도히 빨리 증가하는 것은 공격적 회계나 회계부정의 징후가 될 수 있다. 애널리스트는 장래에 어닝 쇼크를 가져올 수 있는 다양한 위험 요인들을 파악하고 있어야 한다. 이러한 위험 요인 중 대표적인 것에는 다음과 같은 것이 있다(AICPA 2000).

- 사업부문 정보, 인수합병, 회계정책과 가정, 부정적이거나 악재로 인식되는 사항의 미공개 등 품질이 낮은 회계공시
- 특수관계인 거래의 존재
- 과도한 임직원 대출
- 빈번한 경영진과 이사진 교체
- 임직원에 대한 매출이나 이익 목표 달성 압력이 과도한 경우
- 감사법인이 중요한 비감사서비스를 제공하는 경우
- 감사인과의 분쟁이나 감사인 교체 논란이 있는 경우
- 매출 또는 이익 목표에 연동하는 경영진 보상시스템. 다만 보통의 경우 이는 합리적이나, 공격적 회계보고의 위험 요인이 되기도 함
- 시장점유율 잠식이나 이익 급감과 같이 회사의 수익성에 영향을 미치는 경제적, 산업적 또는 회사 내부의 압박이 있는 경우
- 채무약정의 준수나 이익 목표 달성에 대한 경영진의 압력
- 증권법 위반, 보고 위반, 지속적 지연 공시 사례가 있는 경우

3.2. 경영성과 예측

가치평가절차의 두 번째 단계인 경영성과 예측은 두 가지 관점에서 출발할 수 있다. 즉 회사가 운영되는 경제적 환경에서 성과 예측을 시작하거나, 회사 자체의 영업과 재무적 특

성에서 성과 예측을 시작하는 것이다.

기업은 산업, 국가경제, 교역환경 등 보다 큰 맥락 속에서 사업을 영위하고 있다. 보다 큰 맥락에서 기업을 분석하는 하향식 추정 접근법(top-down forecasting approach)에서는 세계 또는 국가의 거시경제적 추정치로부터 산업 추정치 그리고 개별 회사나 자산의 추정치에 접근하게 된다.[7] 예를 들면 대형 가전업체의 매출 추정은 GDP 추정치에 따른 가전산업의 판매대수 추정에서부터 시작한다. 회사의 예상 판매대수는 전체 시장 판매대수 추정치에 회사의 예상 시장점유율을 곱한 것과 같다. 최종적으로 예상 매출은 추정된 회사의 예상 판매대수에 제품 가격을 곱하여 구한다.

반면 상향식 추정 접근법(bottom-up forecasting approach)에서는 미시적 수준의 추정치를 합산하여 보다 큰 스케일의 추정치를 구하게 된다. 예를 들면 여러 매장을 운영 중인 소매 의류업체가 두 개의 매장을 추가로 오픈하려 한다고 가정해 보자. 애널리스트는 기존 매장의 제곱미터당 판매정보(특히 이들의 신규 오픈 기간 판매 정보)를 이용해 신규 매장의 제곱미터당 매출을 추정하고, 이를 기존 매장의 매출액에 합산하면 회사 전체 매출을 추정할 수 있다. 상향식 예측에서는 애널리스트가 판매가격과 상품원가를 가정해야 한다. 개별 소매업체의 추정치를 상향식으로 계속 합산하면 산업의 추정치를 구할 수 있다.

일반적으로 애널리스트는 회사의 매출 · 이익 · 현금흐름 같은 추정치를 도출하기 위해 산업과 경쟁분석에서 얻은 시사점을 재무제표 분석에 결합하게 된다. 이렇게 애널리스트가 재무추정과 가치평가에 정량적 · 정성적 요소를 함께 고려하는 것은 일반적이다. 예를 들어 애널리스트는 경영진의 비즈니스 감각과 정직성 또는 회계관행의 품질에 관한 자신의 판단 같은 질적 요소에 근거하여 자신의 추정치와 가치평가에 대한 잠정 결론을 보정하게 된다. 이러한 질적 요소들은 불가피하게 주관적일 수밖에 없다.

3.3. 최적 평가모형의 선택

이제 가치평가의 세 번째 절차인 적절한 가치평가모형의 선택에 대해 생각해보자. 각 가치평가모형의 세부 사항에 대해서는 뒤에서 다루겠지만, 계속기업 가정을 구체화하는 가치평가모형은 절대가치평가모형과 상대가치평가모형의 두 가지로 크게 구분할 수 있다. 여기서는 두 모형의 일반적 사항과 모형 선택의 이슈에 대해 살펴본다. 실무에서 애널리스트는 기업이나 주식의 가치평가에 여러 모형을 병행해 보완적으로 사용하는 것이 일반적이다.

---

7) 관련은 있지만 완전히 다른 개념으로 액티브 투자스타일(active investment style)을 나누는 **하향식 투자(top-down investing)**와 **상향식 투자(bottom-up investing)**가 있다. 예를 들어 하향식 투자자는 잠재적으로 매력적인 투자기회를 갖는 경제섹터를 파악하기 위해 거시경제적 추정치를 활용한다. 반면 상향식 투자 접근법을 따르는 투자자는 경제 전반의 상황이나 섹터 간 상대가치 등에 대한 판단보다는 가치평가지표에 근거하여 저평가된 주식을 발굴하려 노력한다.

3.3.1. 절대가치평가모형

절대가치평가모형(absolute valuation model)은 자산의 내재가치를 규명하려는 모형이다. 이런 종류의 모형은 자산의 시장가격과 비교될 수 있는 내재가치 추정치를 산출하는데 사용된다. 절대모형의 핵심적인 유형은 현재가치모형이다. 현재가치모형은 재무이론에서 주식가치평가의 근간이 되는 접근법으로 간주된다. 이 모형은 투자자에게 있어 자산의 가치는 해당 자산을 보유함으로써 기대되는 수익과 반드시 관련되어야 한다고 본다. 일반적으로 수익률은 자산의 현금흐름에 대한 것을 의미하며, 현재가치모형도 잉여현금흐름할인모형을 의미한다.

주식가치평가에 적용되는 **현재가치모형(present value model)** 또는 **현금흐름할인모형(discounted cash flow model)**은 주식의 기대되는 미래 현금흐름의 현재가치 또는 할인된 가치로 주식의 가치를 추정한다.[8] 보통주에 있어 가장 친숙한 현금흐름은 회사의 이사회 승인에 따라 주주에게 지급하는 재량적 환원액인 배당이다. 배당은 주주에게 직접 지급된다는 점에서 주주 수준의 현금흐름을 나타낸다. 배당을 기초로 하는 현재가치모형이 **배당할인모형(dividend discount models)**이다. 현금흐름을 이렇게 주주 수준에서 정의하는 대신 회사 수준에서 정의하기도 한다. 원론적으로 보통주 주주는 채권자와 우선주 주주 (그리고 세금을 부과하는 정부) 등 보통주에 선순위인 청구권자에 대한 의무를 다한 후 회사가 창출한 현금흐름 잔액에 대해 소유권적 청구권을 가진다.

가장 널리 사용되는 회사 수준의 현금흐름 정의에는 잉여현금흐름과 초과이익 두 가지가 있다. 잉여현금흐름은 영업활동 현금흐름에 기초를 두지만 계속기업 가정을 만족시키는 고정자산과 운전자본에 대한 재투자도 고려한다. **주주잉여현금흐름모형(cash flow to equity model)**은 부채 공급자에 대한 배분액 지급 후 현금흐름으로 정의하는 반면 **기업잉여현금흐름모형(cash flow to the firm model)**은 부채 공급자에 대한 배분액 지급 전 현금흐름으로 정의한다. **초과이익모형(residual income model)**은 회계적 이익을 창출하는데 필요한 기회비용을 초과하는 발생주의 회계이익을 기초로 한다.

현재가치접근법은 채권의 가치평가에 익숙한 평가기법이기 때문에[9] 채권과 주식의 가치평가모형을 비교하는 것은 도움이 된다. 보통주 평가에 현재가치모형을 적용하는 데는 일반적으로 채권의 경우보다 더 큰 불확실성이 수반된다. 불확실성은 현재가치모형의 두 핵심요소인 현금흐름과 할인율 모두에 존재한다. 채권가치평가에는 법적 계약서인 **채권발행계약(bond indenture)**에서 정한 현금 지급액의 흐름을 할인하면 된다. 반면 주식가치평가에는 평가할 현금흐름을 먼저 정의(배당 또는 잉여현금흐름 등)한 후에 추정을 하게 된다. 이때 채

---

8) 비상장회사 평가에서 이러한 모형은 수익가치평가모형(income model of valuation)으로 불린다.
9) 이 장 전체에서 "채권(bond)"은 모든 채무증권과 대출을 통칭하는 일반 용어이다.

권가치평가와는 달리 주식가치평가에는 계약상으로 주주에게 귀속될 것으로 약정된 현금흐름이란 존재하지 않는다. 또한 회사의 전체 현금흐름이나 주주에게 잠재적으로 귀속되는 현금흐름은 회사의 사업·재무·기술·기타 요인에 의해 영향을 받기 때문에 채권의 계약상 현금흐름보다 큰 변동성에 노출된다. 나아가 보통주는 만기가 없기 때문에 현금흐름의 추정도 영구적인 기간으로 확장된다. 주식가치평가에는 현금흐름 추정의 불확실성에 더하여 할인율 추정에도 상당한 불확실성이 존재한다. 일반적으로 시장이자율과 신용등급을 활용하는 채권가치평가와 달리 주식가치평가는 할인율에 훨씬 주관적이고 불확실한 평가가 수반된다. 마지막으로 현금흐름과 할인율의 불확실성에 더해 주식가치평가에는 회사 경영권 가치나 비업무용 자산의 가치 같은 기타의 고려사항에 대한 판단도 요구된다.

따라서 주식가치평가에 적용되는 현재가치접근법에는 고도의 복잡성이 존재한다. 현재가치모형은 내재가치 추정치를 밝히려는 야심찬 모형이지만 그 만큼 적용에는 많은 도전이 따른다. 이런 이유로 Graham and Dodd(1934)는 애널리스트가 적절한 범위를 가지고 내재가치를 언급하여 추천이 유효한 범위에 있도록 할 것을 권고하기도 했다.[10] 이러한 분석에 이용되는 **민감도 분석(sensitivity analysis)**은 잉여현금흐름할인 가치평가의 적용에 핵심적 수단이 된다. 민감도 분석에 관해서는 뒤에서 상세히 다루기로 한다.

절대가치평가의 또 다른 유형은 회사가 통제하는 자산이나 자원의 시장가치를 기반으로 회사의 가치를 평가하는 **자산기반 가치평가(asset-based valuation)**이다. 평가에 적합한 회사에게 자산기반 가치평가는 독립적인 가치 추정치를 제공하며, 애널리스트에게는 유용한 대안적이고 독립적인 가치 추정치를 도출해준다. 다음 사례는 절대가치평가에서 이 접근법이 적절히 활용될 수 있는 사례이다.

EXAMPLE 5 자산기반 가치평가

애널리스트는 종종 자산기반 가치평가를 천연자원업체에 적용한다. 예를 들어 Petrobras (NYSE: PBR) 같은 석유회사는 확인매장량의 시장가치에서 예상 채굴비용을 빼는 방식으로 가치를 평가한다. Weyerhaeuser(NYSE: WY) 같은 임업회사는 목재 보유량을 기준으로 평가되기도 한다. 하지만 오늘날은 과거에 비해 소수의 회사들만이 순수한 천연자원 업체로 볼 수 있다. 예를 들어 Occidental Petroleum(NYSE: OXY)은 이름에 석유를 표방하고 있지만, 다수의 화학제품 제조 사업부문을 두고 있다. 이런 경우 확인매장량으로 평가되는 천연자원 사업부문 등 각 사업부문의 가치의 합으로 전체 회사를 평가하게 된다.

10) 자산담보부증권(mortgage-backed securities)이나 구조화채권(structured notes) 같은 일부 채권상품의 경우 현금흐름의 추정과 적절한 할인율 선택은 주식에 필적할 만큼 도전적일 수 있다.

3.3.2. 상대가치평가모형

계속기업에 대한 가치평가모형의 두 번째 유형은 상대가치평가모형이다. **상대가치평가모형(relative valuation model)**은 비교대상인 다른 자산의 가치에 대비해 평가대상 자산의 가치를 추정한다. 상대가치평가의 이면에 깔린 아이디어는 비슷한 자산은 비슷한 가격에 거래되어야 한다는 것이며, 상대가치평가는 주가배수(주가 대 주당현금흐름 같은 펀더멘털의 비율)나 기업가치배수(현금과 단기투자상품을 제외한 보통주식과 부채의 총가치 대 영업이익 같은 경영성과 펀더멘털의 비율)를 활용하는 것이 일반적이다.

아마도 가장 친숙한 주가배수는 주식의 시장가격 대 주당순이익의 비율인 주가수익비율(P/E)일 것이다. 유사한 비교대상 주식의 P/E보다 상대적으로 낮은 P/E에 거래되는 회사의 주식은 (기대이익성장률과 위험의 관점에서) 비교대상 주식에 비해 상대적으로 저평가(매력적 투자)된 것으로 본다. 애널리스트가 결론만 말해서 "단순히 저평가되었다"고 표현할 수 있지만, 비교대상 주식이 (내재가치와 관련된 절대적 관점에서) 고평가되어 있다면 이 때문에 평가대상 주식이 저평가된 것으로 보일 수 있다는 사실에 유의해야 한다. 따라서 "저평가"와 "상대적 저평가"를 달리 취급하는 것이 유용하다. (절대적이든 상대적인) 인지된 가격 괴리를 활용하는 투자는 기대의 차이에 의존하는데, 설명한바 있듯이 시장가격에 반영된 기대와는 차이가 있고 시장의 기대보다는 정확한 투자자의 기대에 의존하게 된다.

상대가치평가에 근거한 보수적인 투자전략에서는 벤치마크의 자산별 가중치에 비추어 저평가된 자산의 투자 비중을 확대하고, 고평가된 자산의 투자 비중을 축소하는 전략을 구사한다. 보다 공격적인 투자전략에서는 고평가된 자산의 공매도(short selling)가 허용된다. 이런 공격적 접근법은 상대적 가치투자(또는 상대적 스프레드 투자)로 불린다. 이런 투자의 고전적 유형은 서로 밀접하게 관련된 두 주식 중에서 저평가된 주식을 매수하고 고평가된 주식을 공매도하는 **페어 트레이딩(pairs trading)**이다. 이 전략에서는 주식시장의 시황과 상관없이 궁극적으로 저평가된 주식이 고평가된 주식보다 더 많이 상승하거나 덜 하락하면 투자자는 이익을 보게 된다.

상대가치평가에서는 단일 자산이 아닌 동종 업종과 같은 자산의 그룹이 비교대상으로 사용되기도 한다. 이와 같이 주식에 대해 상대가치평가를 적용하는 기법을 유사비교법이라고 한다. 이에 대해서는 뒤에서 자세히 다루기로 한다.

EXAMPLE 6 상대가치평가모형

(가상의) 헬스케어 정보서비스 회사인 Smithson Genomics, Inc.의 리서치 보고서를 찾아보면 애널리스트 사이에서 투자 의견이 갈리고 있다는 것을 알게 된다. 어떤 애널리스트의 리포트는 Smithson의 P/E와 동종업계 P/E 중간값을 비교하여 이 회사 주가가 최소 15% 이상 고평가되었다고 주장한다. 또 다른 애널리스트의 리포트는 Smithson의 P/E와 광범위한 종목을 포괄하는 Russell 3000 Index의 P/E 중간값을 비교하여 Smithson이 10% 정도 저평가되었다고 주장한다. 두 보고서의 분석이 모두 신중하고 적절한 것이라면, 두 애널리스트의 분석은 모두 정당하다고 볼 수 있는가?

Solution

그렇다. 두 애널리스트의 주장은 상대가치평가에 근거하고 있는데, 비교에 다른 벤치마크를 사용한 차이가 있을 뿐이다. 첫 번째 애널리스트는 Smithson과 헬스케어 정보서비스 산업 내 경쟁자들의 밸류에이션을 비교하여, 이 회사가 경쟁그룹에 비해 상대적으로 고평가되었다고 보았다. 두 번째 애널리스트는 Smithson을 Russell 3000으로 대표되는 전체 시장과 비교하여, 시장에 비해 이 주식이 상대적으로 저평가된 것으로 보았다. 만일 전체 헬스케어 정보서비스 업계가 Russell 3000에 비해 저평가되어 있다면, 두 애널리스트는 상대가치평가를 사용했기 때문에 둘 다 옳다고 볼 수 있다.

각 애널리스트의 가치평가 결론의 시사점은 추가적인 고려사항에 따라 달라진다. 즉 Russell 3000의 시장가격이 그 내재가치를 공정하게 반영하는지 여부와 매력적인 투자라도 시장 유동성이 의도하는 포지션 규모를 감당해낼 수 있는지 등에 대한 고려가 필요하다. 많은 경우 애널리스트는 내재가치 추정치를 활용해 상대가치평가의 결과를 보완한다.

유사비교법에는 다양한 선택이 가능하다. (여러 형태의 세부적인 주가배수와 기업가치배수에 대해서는 나중에 다루기로 한다.) 실무자들은 다양한 주가배수와 기업가치배수를 동시에 검토함으로써 부족한 정보를 보완하려 한다. 요약해서 말하면 유사비교법에서는 비교대상 자산이 공정하게 평가되었는지에 대해 가정하지 않으며 내재가치를 추정하지도 않는다. 하지만 유사비교법은 단순할 뿐 아니라 시장가격과 직접적으로 관련성을 가지며 (비슷한 자산은 비슷한 가격에 거래되어야 한다는) 합리적 경제 원리에 근거한다는 장점이 있다. 주가배수와 기업가치배수는 투자자들에게도 익숙해서, 애널리스트가 절대가치평가의 결과를 손쉽게 투자자에게 전달하는데도 유용하게 활용된다.

3.3.3. 회사의 전체와 부분의 가치평가

단일 실체인 기업을 평가하는 방법에는 독립적이고 계속기업으로 간주될 수 있는 여러 사업(부문)의 가치를 개별적으로 평가한 후 이들을 합산하는 방법이 있다. 이와 같이 각 사업이 독립적이고 계속기업으로 유지될 것을 가정하여 각 사업의 가치를 추정한 후 이들을 합산하는 가치평가기법을 **부분합산 가치평가(sum-of-the-parts valuation)**라고 한다. 부분가치 합산법을 사용해서 얻은 가치를 **분할가치(breakup value)** 또는 **사적시장가치(private market value)**라고 부른다.

부분합산평가는 다양한 산업을 영위하는 여러 사업부문을 가진 기업의 가치평가에 가장 유용하다. 또한 소멸분할 · 존속분할 · 트래킹 주식 · 분할 재상장과 같은 구조조정 과정의 가치평가에도 종종 사용된다.

(EXAMPLE 7)은 회사의 전망에 관한 유용한 시사점을 얻는데 부분합산 분석을 활용한 사례이다. 실무적으로 이러한 분석을 위해서는 개별 사업의 이익, 현금흐름, 가치 등의 전사 기여도에 관한 세부 자료가 필요하다.

EXAMPLE 7 부분합산 가치평가

Donaldson Company, Inc.(NYSE: DCI)는 세계적 여과기 제조업체이다. 사업부문별 재무보고에 대한 FASB 가이드라인에 따라 이 회사는 Engine Products과 Industrial Products 등 두 사업부문의 정보를 일반에 공개하고 있다. 사업부문은 내부 조직구조, 경영관리, 경영진과 이사회 평가보상 등에 기초하여 구분된다고 한다. 아래 표는 2012년 10-K 보고서에 나온 사업부문 자료이다.

	Engine Products	Industrial Products	회사 전체*
2012년			
순매출액	$1,570,140	$923,108	$2,493,248
영업이익	227,941	149,249	370,780
자산총계	845,176	520,739	1,730,082
자본적 지출**	46,816	24,083	78,139
2011년			
순매출액	$1,440,495	$853,534	$2,294,029
영업이익	211,255	123,871	312,263
자산총계	888,080	519,730	1,726,093
자본적 지출	36,423	19,442	60,633
2010년			
순매출액	$1,126,007	$751,057	$1,877,064
영업이익	155,833	91,084	230,176
자산총계	702,300	477,154	1,499,506
자본적 지출	24,355	15,250	43,149

* 회사 전체는 본사 배부액과 미배부액으로 인해 사업부분의 합과 차이가 있음
** 자본적 지출은 피인수 회사의 순액 기준으로 보고되었음

Engine Products는 건설 · 광업 · 농업 · 항공 · 방산 · 트럭 시장에서 주문자 상표부착 생산(OEM) 방식으로 독립 유통업체 · OEM 딜러망 · PL사업자 · 대형 장비업자에게 제품을 납품한다. 생산제품은 공기여과시스템, 배기 및 배출시스템, 유압 · 연료 · 윤활유 · 교체 필터를 포함하는 액체여과시스템 등이다.

Industrial Products는 다양한 산업용 소비자와 가스터빈 OEM업자 등 공기정화를 필요로 하는 여러 용도에 공급된다. 생산제품에는 집진장치, 압축공기 정화시스템, 가스터빈용 공기여과시스템, 멤브레인 필터류, 컴퓨터 하드디스크나 기타 전자제품용 특수 공기 · 가스 여과시스템 등이 있다.

1. 애널리스트는 Donaldson의 가치평가에 왜 부분합산 접근법을 사용하는가?
2. 애널리스트는 제공된 정보를 기업분석과 가치평가에 어떻게 사용할 수 있는가?

Solution 1

Engine Products 사업부문은 Industrial Products 사업부문보다 규모가 이미 상당히 크고 성장 속도도 훨씬 빠르다. 2010~2012년 연간 매출성장율은 18.1% 대 10.9%, 연간 자본적 지출액 증가율은 38.6% 대 25.7%로 모두 Engine Product가 높았다. 반면 이익률에서는 Industrial Products가 앞선다. 2012년 영업이익률은 Industrial 16.2% 대 Engine 14.5%, 자산에 대한 영업이익 규모는 28.6% 대 27.0%로 두 경우 모두 Industrial Products가 높았다.
2013년 3월 투자자 대상 프레젠테이션에서 Donaldson 경영진은 2021년이 되면 Industrial Products가 회사 전체 제품 포트폴리오에서 48%를 점할 것으로 예상했다. 그러나 최근 실적을 보면 Donaldson 전체 사업에서 Engine Product가 차지하는 비중이 오히려 더 커지고 있으며, 이익률이 낮은 것도 이러한 성장과 무관해보이지 않는다. 이 회사가 궁극적으로 제품 믹스 변경에 성공할지 여부는 Donaldson 주가에 대한 의견을 제시하는 애널리스트들에게 중요한 관심사가 될 것이다.

Solution 2

애널리스트는 각 사업부문의 매출과 수익성 추정치를 기초로 각 부문의 가치를 개별적으로 평가하는데 위의 자료를 활용할 수 있다. 회사의 가치는 각 사업부문의 가치 합산액에서 세금과 전사 간접비 등 개별 사업부문에 직접적으로 할당되지 않는 자산과 부채 등 전사 항목을 조정하여 구하게 된다.

부분합산평가에서 복합기업 디스카운트의 개념이 사용된다. **복합기업 디스카운트(conglomerate discount)**란 시장이 핵심사업에 집중하는 회사에 비해 다수의 비관련 사업을 영위하는 회사의 주가에 디스카운트를 적용한다는 개념이다. 복합기업 디스카운트의 또 다른 설명 논리에는 ① 내부 자본시장의 비효율성(회사의 사업간 투자자본 배분이 전체 주주가치를 극대화하지 못하는 상황), ② 내생적 요인(실적이 부진한 기업일수록 비관련 사업으로 사업을 확장하려는 경향을 보임), ③ 연구의 측정 오류(복합기업 디스카운트는 실제 존재하지 않으며 이런 증거는 단지 잘못된 측정의 결과) 등이 있다.[11] 복합기업 디스카운트를 가장 잘 관찰할 수 있는 사례는 핵심사업 가치에 이와 시너지가 제한적인 사업들의 가치가 합산될 때 전체 기업가치가 핵심사업의 가치와 큰 차이를 보이지 않는 경우이다.

회사의 분할가치의 합이 현재의 계속기업가치보다 크면 기업분할이나 분사와 같은 전략적 활동을 촉진하는 촉매가 될 수 있다는데 유의하자.

3.3.4. 모형의 선택과 해석의 이슈

어떠한 가치평가모형을 선택하는가? 가치평가모형의 일반적 선택 기준은 다음과 같다.

- 평가모형은 평가대상 회사의 특성에 부합해야 하며,
- 데이터의 가용성과 품질이 적절해야 하고,
- 애널리스트의 관점과 가치평가의 목적에 부합해야 한다.

아울러 복수의 모형을 보완적으로 사용하면 추가적인 시사점을 얻을 수 있다는 사실도 기억할 필요가 있다.

회사의 특성에 부합하는 모형의 선택은 가치평가절차의 첫 단계인 사업에 대한 정확한 이해로부터 시작된다. 회사를 이해한다는 것은 회사 자산의 본질과 가치창출에 이 자산이 어떻게 활용되는지를 이해하는 것이다. 예를 들어 은행은 대규모의 시장성 있는 자산과 증권으로 구성된다고 볼 수 있다. 이로 인해 은행의 경우에는 (회계적으로 인식된) 자산의 가치에 기초한 상대가치평가가 시장성 있는 증권이 거의 없는 서비스 회사에 비해 보다 적합한 가치평가모형으로 고려된다.

데이터의 가용성과 품질도 모형의 선택에 영향을 미친다. 예를 들어 배당할인모형은 가장 단순한 형태의 현금흐름할인모형이다. 그러나 회사가 배당을 지급한 사실이 없고 미래 배당정책을 평가할 정보도 없다면, 애널리스트는 훨씬 복잡한 현재가치모형을 신뢰할 수밖에 없다. 상대가치평가 접근법에서도 비슷한 고려가 필요하다. 예들 들면 이익의 변동성이 크거나

11) 예를 들어 Lamont and Polk(2002)와 Burch and Nanda(2003)를 참조하라.

지속적인 적자기업의 경우에는 가치평가에 P/E를 적용하기 어렵게 된다.

모형의 선택은 가치평가의 목적이나 애널리스트의 관점에도 영향을 받는다. 예를 들어 경영권 인수를 추구하는 투자자에게는 배당보다는 현금흐름 추정에 기초하여 주식의 가치를 평가하는 것이 합리적이다. 이러한 현금흐름을 잠재적으로 인수자가 사용할 수 있기 때문이다. (이 가치평가접근법에 대해서는 뒤에서 자세히 다루기로 한다.) 애널리스트가 다른 사람의 가치평가나 리서치 보고서를 읽을 때 작성자의 시각이 가치평가접근법과 투입정보의 선택에 영향을 미친다는 것을 인식하고 있어야 한다. 모형 선택의 보다 구체적인 기준에 대해서는 현재가치모형과 주가배수를 다루는 장에서 살펴보기로 한다.

모형의 선택에서 마지막으로 언급하고 싶은 것은 투자 전문가들이 종목선정에 여러 종류의 가치평가모형과 요인을 동시에 고려한다는 것이다. *Merrill Lynch Institutional Factor Survey*(2006)에 따르면 설문에 응답한 기관투자자들은 종목선정에 평균적으로 9개의 가치평가 요인을 고려한다고 답했다.[12] 종목선정에 여러 요인을 활용하는 방식은 다양하다. 이 중에서 눈에 띄는 방식은 종목 스크린으로 여러 요인을 고려하는 것인데, 이에 대해서는 뒤에서 별도로 살펴보기로 한다. 그 외에도 애널리스트는 특정 가치평가 요인에 따른 매력도를 기준으로 투자 유니버스에 속한 증권들의 투자 우선순위를 정하기도 한다. 개별 증권의 각 요인 값에 가중치를 부여하는 방식으로 (여러 요인을 고려하여) 증권들의 투자 우선순위를 종합해낸다. 애널리스트는 이러한 가중치 부여에 계량적 모형을 사용하기도 한다.

3.4. 추정치의 가치평가 전환

추정치를 모형으로 전환하는 데는 단순히 회사 혹은 회사가 발행한 증권의 가치를 구하기 위해 추정치들을 모형에 적용하는 것 이상의 절차가 수반된다. 모형 적용에 더하여 민감도 분석과 상황적 조정은 추정치의 모형 전환에 두 가지 중요한 작업이다.

민감도 분석(sensitivity analysis)이란 추정된 투입 변수값의 변동이 분석결과에 어떤 영향을 미치는지 살펴보는 분석기법이다. 민감도 분석은 대부분의 가치평가에서 보편적으로 사용된다. 대표적으로 회사의 성장 전망(좀 더 자세히 말하면 매출성장률 전망치나 수익성 전망치)에 관한 가정을 변경해보는데 이 분석이 사용될 수 있다. 또한 할인율의 변동이 가치 추정치에 어떤 영향을 미치는지 분석할 수도 있다. 나아가 경쟁상황에서 평가대상 회사의 전략적 대응이 불확실한 경우(즉, 가격인하를 통한 시장점유율 유지, 판매 인센티브 제공, 광고 확대, 제품속성 변경 등) 민감도 분석을 통해 회사의 여러 가지 경쟁적 대응에 따라 재무성과와 가치평가의 결과가 어떠한 영향을 받는지 분석할 수 있다.

12) 요인(factor)이란 가치평가모형과 주가수익률과 같은 변수들을 모두 포함하는 용어이다.

상황적 조정(situational adjustments)이란 특정 이슈가 가치평가에 미치는 영향을 감안하는 절차이다. 계량화된 가치평가 추정치를 조정하게 되는 중요한 상황에는 경영권 프리미엄, 시장성 부재 디스카운트, 유동성 부족 디스카운트 등이 있다. 회사의 경영권(적은 지분으로도 회사에 중대한 영향을 끼칠 수 있지만, 통상은 50% 이상의 지분을 보유한 경우)을 확보하면 이사진을 교체할 수 있고 자산의 재배치나 자본구조의 변경도 가능하다. 투자자에게 경영권 지위를 확보해 주는 주식의 가치에는 일반적으로 **경영권 프리미엄(control premium)**이 반영된다. 이 프리미엄은 일반적인 가치평가모형으로 계량화된 가치 추정치에 더하여 반영되는 추가적인 가치이다. 명시적으로 모형에 반영하기 어려운 두 번째 상황적 조정 이슈로 증권이 거래될 수 있는 공개시장이 없거나 시장성이 부족한데 대한 보상으로 투자자가 추가적인 수익(디스카운트)을 요구하는 경우를 들 수 있다. 이런 이유로 시장성이 제한되는 비상장주식의 가치에는 일반적으로 **시장성 부족 디스카운트(lack of marketability discount)**가 반영된다. 시장성 있는 상장주식이라도 시장에서 거래량이 충분하지 않다면 주가에는 **유동성 부족 디스카운트(illiquidity discount)**가 반영된다. 만일 어떤 투자자가 통상적인 시장 거래량보다 훨씬 많은 양의 주식을 일시에 팔고자 한다면 (매각대상 지분이 경영권을 행사할 만큼은 아니라면) 유동성 부족 디스카운트가 적용될 수 있다. 주식의 대량매매 가격은 소위 **블록케이지 팩터(blockage factor)**에 의해 소규모 거래시의 가격보다 낮은 것이 일반적이다.[13)]

3.5. 가치평가의 활용: 애널리스트의 책임과 역할

앞에서 언급한바와 같이 가치평가의 목적과 의도된 소비자는 다음과 같이 다양하다.

- 아마도 우리가 가장 쉽게 접하는 애널리스트는 금융투자회사에서 고객의 투자 판단을 돕기 위해 리서치 보고서를 작성하는 애널리스트일 것이다. 이들이 작성한 리서치 보고서는 현재 혹은 잠재적 개인과 기관의 브로커리지 고객에게 제공된다. 금융투자회사(증권회사)에 근무하는 애널리스트를 **셀 사이드 애널리스트(sell-side analysts)**라고 불린다. (이는 금융투자회사가 자산운용사와 같은 기관투자자들에게 투자상품과 서비스를 파는데서 유래된 것이다)[14)]
- 자산운용사, 펀드 및 신탁 운용부서, 기타의 투자기관에도 애널리스트가 펀드매니저와 투자심의위원회의 투자판단을 지원하고 있다. 이런 애널리스트를 보통 **바이 사이드 애널리**

13) 그러나 미국의 공정가치 회계기준(SFAS No. 157)은 거래량이 많은 주식에 대해서 블록케이지 팩터 조정을 허용하지 않는데 유의하자. 따라서 보유 포지션의 가치는 단순히 공시가격과 보유 수량의 곱으로 결정된다.

14) **브로커리지(brokerage)**란 수수료 수익을 매개로 매수자와 매도자 간의 중개자 역할을 하는 사업을 말한다.

스트(buy-side analysts)라고 부른다. 애널리스트의 가치평가에 대한 전문성은 정밀한 기업 분석에 기초한 종목선택뿐 아니라 고도의 계량적 · 수리적 접근법을 활용하는데도 중요하다. 퀀트(계량) 애널리스트는 종목선정 방법론을 개발하고 검증하며 개선하는 작업을 담당한다.[15]

- (회사 자체의 연금펀드를 운용하는 경우와 같이) 일반 회사에도 애널리스트가 있는데, 이들은 자산관리회사의 애널리스트와 유사한 가치평가 업무를 수행하기도 한다. 기업의 애널리스트도 투자은행 애널리스트와 같이 잠재적인 인수대상을 발굴하고 그 가치를 평가하는 역할도 한다.
- 독립적 재무정보 서비스회사의 애널리스트는 일반적으로 기업정보를 구조화하고 분석하는 업무를 담당하지만, 경우에 따라서는 리서치 보고서를 통해 가치평가 정보와 투자 의견을 공개적으로 제공하기도 한다.

가치평가를 실행할 때 투자 애널리스트는 기업정보의 수집, 구조화, 분석, 커뮤니케이션, 나아가 종목추천에 핵심적 역할을 한다. 실제 애널리스트가 자신의 업무 수행에 최선을 다할 때 고객, 자본시장, 자본 공급자에게 기여할 수 있다.

- 애널리스트는 고객의 더 나은 투자결정을 조언함으로써 고객의 투자 목적 달성에 기여한다.
- 애널리스트는 더 많은 정보가 제공된 상태에서 거래가 이루어질 수 있도록 함으로써 시장가격이 근원적인 내재가치를 보다 잘 반영하게 하고 자본시장의 효율성 제고에 기여한다.
- 애널리스트는 경영진에 대한 효율적인 감시자로서 주주를 포함한 모든 자본 공급자의 편익을 증진한다. 애널리스트에 의한 경영진에 대한 모니터링은 경영진의 활동을 주주의 최대 이익에 부합하도록 정렬시키는데 기여한다.[16]

EXAMPLE 8 애널리스트의 책무

브로커리지 회사의 애널리스트는 자신이 추천한 종목의 주가가 폭락하거나 회사의 악재를 제대로 파악하지 못하면 공개적인 조사를 받을 수 있다. 경우에 따라 업계의 대표들은 부실한 추천에 대해 비난을 당하거나, 애널리스트의 역할과 책임에 대한 자신의 견해를 밝히라고 요구받기도 한다. 이러한 대표적 사례 중 하나는 2001년 후반 파산한 미국의 종합 에너지 · 유틸리티 · 트레이딩 · 통신업체 Enron Corporation의 사례이다. 미국 상원 청문회에 출석한 AIMR(CFA Institute의 전신)의 CEO는 브로커리지 애널리스트의 근무조건과 책임에 대해 아

15) 뒤에서 다루게 되는 상대적 매력도의 척도로 주식의 투자 우선순위를 정하는 방법은 계량적 주식 투자연구에 핵심이 되는 부분이다.

16) 주주-경영자간 이해충돌 비용에 대한 고전적 분석은 Jensen and Meckling(1976)을 참조하라.

래와 같이 진술했다. 아래 진술에서 언급된 **실사(due diligence)**란 종목추천을 위한 조사와 분석을 말하며, 부실한 실사에 대해서는 관련 증권법규에 따라 처벌을 받을 수 있다. "월가 애널리스트"란 미국 브로커리즈 산업에 종사하는 셀 사이드 애널리스트를 말한다.

> 월가 애널리스트에게 기대되는 것은 무엇입니까? 애널리스트는 담당 종목과 업종의 분석과 전망에 충실한 리서치를 할 의무를 부과 받습니다. 애널리스트는 철저한 분석과 적절한 가치평가모형에 근거하여 증권의 공정가격을 결정해야 합니다. 만일 애널리스트의 "공정가격"이 현재 시장가격보다 상당히 높으면 해당 주식은 "매수(buy)" 또는 "시장 상회(market outperform)"로 추천됩니다.
> 월가 애널리스트는 자신의 정보를 어떻게 확보하는지요? 피나는 노력과 철저한 실사로 얻게 됩니다. 그들은 주주에게 제공된 애뉴얼 리포트와 공시 사항 등 다양한 공개자료에 나온 정보를 종합적으로 검토하며, 가치평가모형에 적합한 질적·양적 정보를 광범위하게 수집해야 합니다.
> 실사는 단순히 애뉴얼 리포트를 읽고 분석하는 것이 아닙니다. 실사는 공개 문서의 검토에서 생긴 질문에 답할 수 있는 경영진, 종업원, 경쟁자, 기타 관계자와의 면담도 병행합니다. 경영진과의 면담은 단순히 정기적으로 컨퍼런스 콜에 참여하는 것 이상이어야 합니다. 시간제약으로 컨퍼런스 콜에서는 궁금한 모든 사항을 질문할 수 없고, 기자들처럼 애널리스트는 자신의 패를 모두 까 보일 수도 없습니다. 자신의 경쟁자들 앞에서 엄청난 노력으로 얻은 정보를 노출할 수 없기 때문입니다.
> 월가의 애널리스트는 리서치 보고서를 마무리하거나 투자의견을 제시하기 전에 반드시 산업과 경제 전반의 다이나믹스를 이해할 것을 요구 받습니다. 따라서 자신의 회사에서 계속 고용을 보장받기 위해서 월가 애널리스트는 회사의 리서치를 구매하는 고객의 입장에서 리서치 보고서를 작성하고 투자의견을 제시해야 합니다.[17)]

단순한 상거래에 참여하는 것이 아닌 전문직으로서 투자분석의 시작 시점부터 애널리스트가 적격성과 행위기준 충족에 최선을 다해야 한다는 것은 직업적 지도 원리로 자리 잡았다. 투자분석의 적격성을 확보하기 위해서는 충분한 직업적 훈련과 경험 그리고 교육을 필요로 한다.[18)] 또한 투자 전문가는 대중·고객·지원자·고용주·종업원·동료 애널리스트 등에게 윤리적 행위를 요구할 수 있는 신뢰의 지위에 있어야 한다. CFA Institute 회원들에게 요구되는 이러한 신뢰의 지위는 Code of Ethics(윤리규정)와 Standards of Professional Conduct (전문가행동준칙) 그리고 회원이 매년 제출하는 Professional Conduct Statement(전문가행위

17) Thomas A. Bowman, CFA. Testimony to the Committee on Governmental Affairs(excerpted) US Senate, 27 February 2002.
18) 이런 적격성 기준은 CFA 자격 취득을 위한 시험과 경력 요건에 반영된다.

서약)에 반영된다. 애널리스트가 독립적이고 적절한 분석을 하고, 분석결과를 효과적으로 문서화할 것을 요구하는 규정과 준칙에 대한 내용은 다음 절에서 다룬다.

4. 가치평가의 커뮤니케이션

리서치 보고서 작성도 애널리스트 직무의 중요한 부분이다. 투자심의위원회나 펀드매니저가 검토하는 자산운용사의 리서치 보고서, 개인이나 기관 고객에게 배포되는 브로커리지 회사의 리서치 보고서 등 대부분의 리서치 보고서는 몇 가지 공통점을 가진다. 이 절에서 우리는 효과적인 리서치 보고서의 내용과 작성 양식(포맷)에 대해 알아보고, 리서치 보고서 작성과 관련된 애널리스트의 책임에 대해 생각해본다. 많은 경우 각 회사는 보고서의 양식과 내용에 관한 자체 기준을 가지고 있다.

4.1. 리서치 보고서의 내용

리서치 보고서의 내용을 결정하는 것은 의도된 독자가 보고서를 읽고 무엇을 얻고자 하느냐이다. 셀 사이드 애널리스트의 보고서에서 의도된 독자들은 종목추천에 관심을 가진다. 애널리스트가 종목추천에 얼마나 주의와 관심을 가졌는지 평가할 때 독자들은 애널리스트의 논거가 설득력이 있는지 살펴보게 된다. 이때 증권의 내재가치 추정치는 애널리스트의 종목추천을 지지하는 핵심 요소가 된다.

이와 같은 내재가치 추정치의 중요성 때문에 대부분의 리서치 보고서는 독자에게 내재가치 추정치 도출에 적용된 가정과 기대치 정보를 제공하게 된다. 이러한 정보에는 회사의 재무 및 영업 상황, 최근의 거시경제적 상황, 산업과 회사에 대한 분석과 전망이 일반적으로 포함된다. 리서치 보고서의 독자들은 배경 정보에도 관심을 가지기 때문에 일부 보고서에는 산업과 회사에 대한 상세한 역사적 통계 자료가 첨부되기도 한다.

또한 보고서에는 특정 추정치, 주요 가치평가 변수값, 적용된 가치평가모형의 개요, 질적 고려 요인, 가치평가에 영향을 미치는 기타의 고려사항 등이 담길 수 있다. 우수한 리서치 보고서는 투자와 관련된 불확실성과 가치평가 투입값의 불확실성을 객관적으로 기술한다. 여러 예측치들을 내재가치 추정치로 변환하여 내재가치와 시장가격을 비교하는 것은 종목추천의 핵심 근거가 된다. 리서치 보고서가 (내재가치 추정치에 근거하여) 주식의 목표가격(target price)을 적시할 때 보고서에는 목표가격의 계산 근거, 목표가격 달성 기한, 목표가격 달성의 불확실성(요인)이 명확히 언급되어야 한다. 투자(종목)추천 부분에서는 어떠한 전망에 근거하여 특정 추천종목이 수익을 낼 수 있는지 요약한 핵심 근거가 제시되어야 한다.

잘 작성된 보고서가 부실한 분석을 만회할 수는 없지만 훌륭한 분석을 하고도 보고서를 잘못 작성하면 신뢰성이 떨어질 수 있다. 그래서 효과적인 리서치 보고서 작성은 중요하고도 결코 쉽지 않은 작업이다. 종합해보면 효과적인 리서치 보고서는 아래 요건에 부합하는 보고서라고 할 수 있다.

- 적시성 있는 정보를 담고 있을 것
- 명확하고 간결한 문장으로 작성할 것
- 핵심 가정을 명확히 기술하고 객관적이고 철저한 분석을 담을 것
- 사실과 의견을 명확히 구별할 것
- 내적 일관성을 유지하는 분석 · 추정 · 가치평가 · 투자추천이 포함될 것
- 독자가 애널리스트의 가치평가를 비판할 수 있도록 충분한 정보를 제공할 것
- 추천종목의 투자에 수반되는 주요한 위험요소들을 언급할 것
- 애널리스트에게 잠재적인 이해충돌이 있다면 이를 공개할 것

비록 이들 모두가 유용하고 우수한 평가를 받는 보고서의 이상적인 요건들이지만 어떤 상황에서는 보다 특정한 요구사항이 부과될 수 있다. 가령 이해충돌이나 잠재적 이해상충의 공개 규정은 나라마다 다르기 때문에 애널리스트는 항상 공개 요건이 적절히 충족되도록 해야 한다. 또 어떤 경우 종목추천이 애널리스트가 고용된 회사의 정책(방침)에 영향을 받기도 한다. 예를 들면 평가대상 회사의 주가가 추정된 내재가치를 X% 하회하면 (의무적으로) “매수” 추천해야 한다는 방침이 있을 수 있다. 이러한 정책은 없더라도 회사가 애널리스트에게 “좋은 회사(*good company*)”와 “좋은 투자(*good investment*)”를 구분해 사용하도록 요구할 수 있다. 평가대상 회사의 사업전망이 어떠하건 간에 투자자의 투자수익률을 결정하는 것은 투자자가 지불한 매수가격이기 때문이다.

EXAMPLE 9 리서치 보고서의 작성

다음 두 제시문은 실제 증권회사 리서치 노트에 나온 가치평가 내용을 바탕으로 작성한 것이다. 다만 가상의 일자와 회사명을 사용했다.

A. 2012년에 대해 최근 주가수익비율 6.5배 적용시, 이 주식은 우리가 추정한 이 기간 성장률 추정치 14%에 비추어 디스카운트되어 있다. MXI는 두 사업부문을 가지고 있다. 거래배수와 피어그룹 평균을 사용하여 개별 사업부문을 평가한바 우리는 공정가치가 시장가치 이상이라는 것을 확인했다. 또한 현재 주가는 장부가치의 0.76배로 디스카운트된 상태이다. 이상의 두 가치평가지표에 근거할 때 우리는 이 주식이 투자가치가 있다고 판단한다.

다만 단기적으로 미약한 경기 상황이 MXI 서비스에 대한 수요를 위축시키고 있어 우리의 긍정적 시각을 제한하는 측면이 있다. [이 보고서의 다른 부분에서는 MXI를 이 증권사의 최우선 투자대상으로 분류하고 있다.]

B. 비록 TXI의 수익률이 올해 들어 시장을 20% 상회하지만 주가배수가 낮다는 점에서 우리는 이 주식이 여전히 저평가된 것으로 확신한다. [P/E 및 기타 주가배수에 의한 가치평가 내용을 언급한다.] 배당할인모형에 따른 가치 추정치는 €3.08이며, 이는 현재 주가대비 36.8% 상승 여력이 있다는 것을 의미한다. “시장 상회”의 종목추천 의견을 재확인한다. [추가적으로 현재 배당, 배당성장률 가정, 투자기간 등이 제시되어 있다. 애널리스트는 또한 할인율에 대한 설명과 계산과정을 간단히 제시하고 있다. 보고서에서 현재 주가는 €2.25로 적시되었다.]

두 제시문에 언급된 몇 가지 개념들이 아직까지 익숙하지는 않아도 이제 우리는 그 내용을 평가할 준비는 되어 있다.

<제시문 A>는 분석내용을 어설프게 전달하고 있다. “이 주식은 우리가 추정한 이 기간 성장률 추정치 14%에 비추어 디스카운트되어 있다”라는 표현의 의미는 분명하지 않다. 아마도 애널리스트는 2012년 이익성장률을 추정하고 P/E가 기대성장률에 비추어 낮다는 것을 언급하고자 한듯하다. 분석방법에 관한 “거래배수와 피어그룹 평균을 사용하여”란 표현도 애널리스트가 어떤 분석을 실행했는지 정확히 전달하지 못한다. 아마도 MXI의 각 사업부문과 유사한 회사를 파악한 후 이들 비교대상 회사들의 미확인 배수의 평균값을 계산해 MXI 가치평가의 근거로 삼은 것으로 보인다. 또한 작성자는 MXI의 저평가 정도를 모호하게 기술하고 있다. 작성자는 MXI의 주가가 장부가치(회계상 주주의 투자액 척도) 이하라고 말하지만 MXI와 유사한 주식의 평균 주가장부가비율과 비교는 하지 않았다. (주가장부가비율에 대해서는 뒤에서 다룬다.) 마지막으로 요약(결론) 부분은 자신이 없고 위험 회피적이라고 봐야 한다. 결국 <제시문 A>는 MXI의 가치평가를 논리 정연하게 전달하지 못한다.

반면 <제시문 B>의 두 번째 문장에서 애널리스트는 TXI의 명시적인 밸류에이션과 비판이 가능한 정보를 제공하고 있다. 독자는 리서치 노트의 다른 부분에서 TXI의 목표가격 €3.08이 가격 상승 여력[(€3.08/€2.25) − 1, 약 37%]을 의미한다는 것을 확인할 수 있다. <제시문 B>의 첫 번째 문장에서 P/E가 왜 낮은지를 설명하지 않아 진술의 설득력을 떨어뜨리고 있지만, 애널리스트는 TXI가 저평가되었다는 결론을 지지할 수 있는 정도의 근거는 충분히 제공하고 있다. 내용은 명료하며, 결론도 분명해 보인다. <제시문 A>보다 짧은 문장으로 구성되어 있지만 <제시문 B>의 애널리스트는 자신의 가치평가 결과를 독자들에게 더 잘 전달하고 있다.

4.2. 리서치 보고서의 형식

주식 리서치 보고서의 논리적 전개에는 여러 방식이 있을 수 있다. 애널리스트의 소속 회사는 회사가 발행하는 보고서의 일관성과 품질관리를 위해 특정한 보고서 양식을 지정하기도 한다. 보고서 작성 방식에 정답은 없지만 애널리스트가 리서치 내용과 결과를 효과적으로 전달하는데 [표 2]와 같은 형식이 일반적이라고 생각된다. (짧은 리서치 보고서나 노트에서는 보다 압축된 형식을 택할 수 있다.)

[표 2] 리서치 보고서 형식

섹 션	목 적	내 용	비 고
목 차	• 보고서의 구조 소개	• 기술 순서와 표현의 일관성	통상 긴 리서치 보고서에 적용.
요약과 결론	• 분석 결과의 큰 그림 전달 • 분석의 주요 결론 제시 • 투자전략 조언	• 회사 개요 • 최근의 주요 변화 • 이익 추정 • 주요 결론 • 가치평가 요약 • 투자추천	종합요약(executive summary); 단순하게 요약(summary)이라고도 부름.
비즈니스 개요	• 회사의 세부 사항 기술 • 회사 이코노믹스의 세부 내용 전달 • 특정 추정치의 제시와 설명*	• 사업부문별 현황 • 산업분석 • 경쟁분석 • 역사적 성과 • 재무 추정	가치평가절차의 첫 번째와 두 번째 단계에 해당함. 재무 추정치를 정확히 설명하고 이익의 질 분석도 고려해야 함.
리스크 분석	• 투자 리스크 요인에 대한 독자의 주의 환기	• 불리한 산업 변화 가능성 • 불리한 법적 · 규제적 환경 변화 • 내부 악재 • 추정치의 리스크 요인 • 기타의 주요 리스크	애널리스트가 주식 투자 리스크를 어떻게 파악하고 평가했는지에 대해 충분한 정보를 독자에게 제공해야 함.
밸류에이션	• 명확하고 신중한 밸류에이션 전달	• 사용된 평가모형에 대한 기술 • 가정과 투입 변수값의 요약 • 결론 진술문	분석을 비판할 수 있을 정도의 충분한 정보를 독자에게 제공해야 함.
실적 · 추정 재무자료	• 비즈니스 개요의 분석을 지지할 수 있는 데이터의 구조화와 제시		긴 리서치 보고서에만 별도 섹션으로 제공. 상당부분의 정보는 비즈니스 개요의 정보와 중복됨.

* 요인들의 결과값은 추정치와 다를 수 있고 일반적으로도 다르다. 이런 이유로 불확실한 요인에 대한 논의와 이러한 요인의 결과값의 변동을 가정한 민감도 분석이 유용할 수 있다.

4.3. 리서치 보고의 책임

모든 애널리스트는 깔끔하고 포괄적인 양식을 통해 실질적이고 의미 있는 콘텐츠를 제공할 의무가 있다. 하지만 Code of Ethics와 Standards of Professional Conduct를 준수해야 하는 CFA Institute 회원인 애널리스트는 리서치 보고서 작성에 수반된 모든 활동에 추가적이고 더 엄격한 책무를 부과 받는다. 관련하여 CFA Institute의 Code of Ethics는 다음과 같이 규정하고 있다.

> Members of CFA Institute must … use reasonable care and exercise independent professional judgement when conducting investment analysis, making investment recommendations, taking investment actions, and engaging in other professional activities.
> (역자 번역: CFA Institute 회원은 투자 분석 · 추천 · 실행 및 기타의 전문가적 활동에 있어 합리적인 주의를 다하고 독립적인 전문적 판단을 해야 한다.)

이러한 일반 회원의 책무에 관한 일반적 선언 외에 Standards of Professional Conduct에서는 리서치 보고서 작성과 관련된 애널리스트 책임을 [표 3]과 같이 구체적으로 명시하고 있다.

[표 3] 리서치 보고서 작성과 관련된 CFA Institute Standards of Professional Conduct 규정*

Standard of Professional Conduct	Responsibility
I(B)	Members and Candidates must use reasonable care and judgement to achieve and maintain independent and objective in their professional activities. Member and Candidates must not offer, solicit, or accept any gift, benefit, compensation, or consideration that reasonably could not be expected to compromise their own or another's independence and objectivity. (회원과 응시자는 투자 분석 · 추천 · 실행 및 기타의 전문가적 활동에 있어 합리적인 주의를 다하고 독립적인 전문적 판단을 해야 한다. 회원과 응시자는 자신 혹은 제3자의 독립성과 객관성을 훼손할 가능성이 있는 어떠한 금품 · 편익 · 보상 · 대가를 제공 · 권유 · 수락해서는 안 된다.)
I(C)	Members and Candidates must not knowingly make any misrepresentations relating to investment analysis, recommendations, actions, or other professional activities. (회원과 응시자는 투자 분석 · 추천 · 실행 및 기타의 전문가적 활동에 있어 의도적인 허위 진술을 해서는 안 된다.)

[표 3] (계속)

Standard of Professional Conduct	Responsibility
V(A)1	Members and Candidates must exercise diligence, independence, and thoroughness in analyzing investments, making investment recommendations, and taking investment actions. (회원과 응시자는 투자 분석 · 추천 · 실행에 정당한 주의와 독립성 그리고 주도면밀함을 추구해야 한다.)
V(A)2	Members and Candidates must have reasonable and adequate basis, supported by appropriate research and investigation, for any investment analysis, recommendation, or action. (회원과 응시자는 투자 분석 · 추천 · 실행에 적절한 리서치와 검토를 바탕으로 합리적이고 적절한 근거를 확보해야 한다.)
V(B)1	Members and Candidates must disclose to clients and prospective clients the basic format and general principles of the investment process used to analyze investments, select securities, and construct portfolios and must promptly disclose any changes that might materially affect those processes. (회원과 응시자는 투자분석 · 종목선택 · 포트폴리오 구성에 사용된 투자절차의 기본 형식과 일반 원칙을 고객 및 잠재 고객에게 공개해야 하며, 이러한 절차에 중대한 영향을 미칠 수 있는 변동사항도 즉시 공개해야 한다.)
V(B)2	Members and Candidates must use reasonable judgment in identifying which factors are important to their investment analyses, recommendations, or actions and include those factors in communications with clients and prospective clients. (회원과 응시자는 합리적 판단으로 투자 분석 · 추천 · 실행에 있어 중요한 요인들을 파악해야 하며, 고객 및 잠재 고객에게 이러한 요인들을 제공해야 한다.)
V(B)3	Members and Candidates must distinguish between fact and opinion in the presentation of investment analysis and recommendations. (회원과 응시자는 투자분석과 추천을 제시함에 있어 사실과 의견을 구별해야 한다.)
V(C)	Members and Candidates must develop and maintain appropriate records to support their investment analysis, recommendations, actions, and other investment-related communications with clients and prospective clients. (회원과 응시자는 투자 분석 · 추천 · 실행과 고객 및 잠재 고객과의 투자관련 커뮤니케이션을 지지하기 위한 적절한 기록을 유지 · 관리해야 한다.)

* CFA Institute의 최신 *Standards of Practice Handbook*을 참조(www.cfainstitute.org)하라.

5. 요약정리

이 장에서는 주식에 대한 ① 가치평가의 범위, ② 가치평가의 절차, ③ 가치평가의 개념과 모형, ④ 가치평가와 관련된 애널리스트의 책임과 역할, ⑤ 가치평가의 커뮤니케이션을 위한 효과적인 리서치 보고서의 요건 등에 대해 살펴보았다.

- 가치평가란 미래의 투자수익과 관련된 것으로 인식되는 변수를 기초로 하거나 유사한 자산과의 비교를 통해 어떤 자산의 가치를 추정하는 것을 말한다.
- 내재가치는 자산의 투자 측면의 성격을 가상적으로 완벽히 이해한 상태에서의 자산의 가치이다.
- 효율적 시장 이론의 합리적인 효율적 시장 형성에서 제안하는 바와 같이 액티브 투자는 증권의 시장가격이 내재가치에서 벗어날 수 있다는 가정에 뒷받침을 받는다.
- 내재가치는 계속기업 가정에 기반을 두는데, 이는 회사가 예측 가능한 기간 동안 계속 사업을 영위한다는 것이다. 반면 청산가치는 회사를 해산해 자산을 개별적으로 매각하는 경우의 가치이다.
- 공정가치는 매수자와 매도자가 모두 외부의 압력이 없이 중요한 근원적인 정보에 정통한 상태에서 자산 또는 부채가 이전되는 가격을 말한다.
- 액티브 트레이더의 종목선택 목적 외에도 가치평가는 다음과 같은 목적에 활용된다.
  - 시장기대의 추론
  - 기업사건의 평가
  - 평가의견 제공
  - 사업전략과 비즈니스 모델의 평가
  - 비상장기업의 가치평가
- 5단계 가치평가절차
  - 사업의 이해
  - 경영성과 예측
  - 최적 평가모형의 선택
  - 추정치의 가치평가 전환
  - 분석결과의 추천과 결론 적용
- 사업의 이해에는 산업전망 · 경쟁지위 · 기업전략에 대한 분석이 포함되며, 이들은 모두 정확한 추정치 도출에 기여하는 분석 활동이다. 또한 사업의 이해에는 이익의 질 분석을 포함하는 재무보고의 분석이 수반된다.

- 회사의 성과 추정을 위한 하향식 추정 접근법은 거시경제적 추정치로부터 산업 추정치 그리고 개별 회사와 자산의 추정치로 옮겨간다. 상향식 추정 접근법은 개별 회사 추정치를 산업 추정치로 모으고, 이를 다시 거시경제적 추정치로 종합한다.
- 적절한 가치평가접근법을 선택한다는 것은 다음과 같은 접근법을 선택한다는 의미이다.
  - 평가대상 회사의 성격에 부합하며,
  - 자료의 가용성과 품질에 적절하며,
  - 애널리스트의 가치평가 목적과 관점에 부합하는 접근법
- 가치평가모형은 절대가치평가모형과 상대가치평가모형의 두 가지 유형으로 크게 나눠진다.
  - 절대가치평가모형은 시장가격과 비교될 수 있는 가치의 점 추정치를 제시하여 자산의 내재가치를 규명한다. 보통주의 현재가치모형(또는 현금흐름할인모형)은 절대가치평가모형의 가장 중요한 유형이다.
  - 상대가치평가모형은 다른 자산의 가치에 대비되는 상대적인 자산의 가치를 도출한다. 주식의 상대가치평가는 평가대상 주식의 주가배수를 벤치마크 주가배수와 비교하는 유사비교법으로도 불린다. 벤치마크 주가배수로는 유사한 주식의 주가배수나 유사 주식군의 평균 주가배수를 사용할 수 있다.
- 추정치를 가치평가로 전환하는 두 가지 중요한 기법은 민감도 분석과 상황적 조정이다.
  - 민감도 분석은 추정한 투입값의 변동이 분석 결과에 어떤 영향을 미치는지 살펴보는 분석기법이다.
  - 상황적 조정에는 경영권 프리미엄(회사 경영권 지분에 대한 프리미엄), 시장성 부재 디스카운트(주식이 공개시장에서 거래되지 않는데 따른 디스카운트), 유동성 부족 디스카운트(주식이 시장에서 유동성이 떨어짐에 따른 디스카운트)가 포함된다.
- 가치평가의 결론을 어떻게 활용하느냐는 가치평가의 목적에 따라 결정된다.
- 가치평가를 수행함에 있어 애널리스트는 적격성 기준과 행위 기준 모두를 충족할 의무를 진다.
- 효과적인 리서치 보고서의 요건
  - 적시성 있는 정보를 담고 있을 것
  - 명확하고 간결한 문장으로 작성할 것
  - 핵심 가정을 명확히 기술하고 객관적이고 철저한 분석을 담을 것
  - 사실과 의견을 명확히 구별할 것
  - 내적 일관성을 유지하는 분석 · 추정 · 가치평가 · 투자추천이 포함될 것
  - 독자가 애널리스트의 가치평가를 비판할 수 있도록 충분한 정보를 제공할 것
  - 추천종목의 투자에 수반되는 주요한 위험요소들을 언급할 것

- 애널리스트에게 잠재적인 이해충돌이 있다면 이를 공개할 것

• 애널리스트는 실질적이며 의미 있고 유용한 콘텐츠를 제공할 의무를 진다. CFA Institute 회원은 Code of Ethics와 Standards of Professional Conduct를 준수할 추가적인 책임이 있다.

참고문헌

AICPA. 2002. "Exposure Draft: Proposed Statement on Auditing Standard: Consideration of Fraud in a Financial Statement Audit." American Institute of Certified Public Accountants (28 February).

Burch, Timothy R., and Vikram Nanda. 2003. "Divisional Diversity and the Conglomerate Discount: Evidence from Spinoffs." *Journal of Financial Economics*, vol. 70, no. 1: 69–98.

Cornell, Bradford. 2001. "Is the Response of Analysts to Information Consistent with Fundamental Valuation? The Case of Intel." *Financial Management*, vol. 30, no. 1: 113–136.

Graham, Benjamin. 1936. "U.S. Steel Announces Sweeping Modernization Scheme." *Classics II: Another Investor's Anthology*. Charles D. Ellis with James R. Vertin, eds. Charlottesville, VA: Association for Investment Management and Research.

Graham, Benjamin, and David L. Dodd. 1934. *Security Analysis*. New York: McGraw-Hill Professional Publishing.

Grossman, Sanford, and Joseph Stiglitz. 1980. "On the Impossibility of Informationally Efficient Markets." *American Economic Review*, vol. 70, no. 3: 393–408.

Jensen, Michael C., and William H. Meckling. 1976. "Theory of the Firm: Managerial Behavior, Agency Costs and Ownership Structure." *Journal of Financial Economics*, vol. 3, no. 4: 305–360.

Lamont, Owen A., and Christopher Polk. 2002. "Does Diversification Destroy Value? Evidence from the Industry Shocks." *Journal of Financial Economics*, vol. 63, no. 1: 51–77.

Lee, Charles M.C., James Myers, and Bhaskaran Swaminathan. 1999. "What Is the Intrinsic Value of the Dow?" *Journal of Finance*, vol. 54, no. 5: 1693–1741.

Merrill Lynch & Co. 2006 *Institutional Factor Survey*. Quantitative Strategy: Global Securities Research & Economics Group.

Moody's. 2000. *Putting EBITDA in Perspective*. Moody's Investors Service Global Credit Research.

Mulford, Charles W., and Eugene F. Comiskey. 2005. *Creative Cash Flow Reporting: Uncovering Sustainable Financial Performance*. Hoboken, NJ: John Wiley & Sons.

Porter, Michael E. 1985. *The Competitive Advantage: Creating and Sustaining Superior Performance*. New York: Free Press. (Republished with new introduction in 1998.)

Porter, Michael E. 2008. "The Five Competitive Forces That Shape Strategy." *Harvard Business Review*, vol. 86, no. 1: 78–93.

Schilit, Howard, and Jeremy Perler. 2010. *Financial Shenanigans: How to Detect Accounting Gimmicks & Fraud in Financial Reports*, 3rd edition. New York: McGraw-Hill.

Sloan, Richard G. 1996. "Do Stock Prices Fully Reflect Information in Accruals and Cash Flows About Future Earnings?" *Accounting Review*, vol. 71, no. 3: 289–315.

연습문제

1. 다음 진술을 비판하라: "주식의 시장가격은 실시간으로 온라인에서 쉽게 얻을 수 있기 때문에 주식 투자자는 가치평가모형을 이해할 필요가 없다."

2. 이 장에서는 내재가치를 "자산의 투자 측면의 성격을 가상적으로 완벽히 이해한 상태에서의 자산의 가치"로 정의한다. 이 정의에서 왜 "가상적으로"가 포함되었는지 그리고 그 실무적 함의는 무엇인지 논하라.

3. A. 왜 청산가치는 수익성 있는 기업의 내재가치 추정에 적절하지 않은지 설명하라.
   B. 계속기업 가정은 회사의 재고자산에 부여된 가치에 어떤 양향을 미치는지 설명하라.

4. 가치평가모형으로 회사의 미래 성장전망에 대한 시장 기대를 추론하는 절차와 동일한 모형으로 독립적인 내재가치 추정치를 구하는 것이 어떻게 다른지 설명하라.

5. 현재가치모형을 사용해 Intel Corporation의 가치를 평가한 Cornell(2001)의 연구를 바탕으로 한 (EXAMPLE 1)은 미래 매출성장률이 이익 발표 직전 Intel의 주가 $61.50 그리고 단 5일 후의 주가 $43.31에 부합하는지를 살펴보았다. 사례에서는 "보수적으로 낮은 할인율을 적용할 때 Cornell은 발표 전 Intel의 주가($61.50)는 향후 10년간 20%, 그 이후 6%의 연간 매출성장률 추정치에 부합한다고 보았다."라고 적고 있다. Cornell의 할인율보다 높은 할인율을 사용할 때의 시사점에 대해 논하라.

6. 가치평가절차의 1단계인 회사의 사업을 이해하는 것이 가치평가에 필요한 민감도 분석을 수행하는데 어떻게 유용한지 설명하라.

7. 2007년 7월 초순 발간된 Milan Fashion Group(MFG) 보통주(당시 주가는 €7.73, 연간 배당금 추정치는 €0.05)에 대한 리서치 노트에서 애널리스트는 목표가격을 €9.20으로 제시했다. 하지만 리서치 노트에는 목표가격을 어떻게 구했는지 그리고 어떻게 해석해야 하는지가 나와 있지 않았다. 목표가격이 MFG의 기대가격을 나타낸다고 가정하라. MFG가 시장에서 적정하게 평가되었는지 아니면 저평가 혹은 고평가되었는지에 관한 의견 제시를 위해서는 어떤 정보들이 추가로 필요한지 설명하라.

8. 당신은 XMI Corporation(XMI)을 리서치 중이다. XMI는 견조한 주당순이익 성장세(지난 7년간 연평균 18%)를 유지해온바 높은 주가배수(현재 P/E는 가장 유사한 종목 그룹의 평균 P/E보다 40% 높은 수준)에 거래되고 있다. XMI는 적극적인 인수를 통해 성장

해왔으며, 이때 XMI 주식이 낮은 P/E에 거래되던 피인수회사들의 인수대가로 사용되었다. 이러한 피인수 회사들의 재무보고를 검토하고 시장 전문가들의 의견을 참조하여 당신은 XMI가 인수거래가 종료되기 전 이들 회사들에게 지불할 비용을 조속히 집행하도록 독려했다고 결론 내렸다. 한 사례로 XMI는 피인수회사들에게 지불기한의 도래여부에 관계없이 모든 매입채무를 즉시 지급하도록 요구한 것이다. XMI는 인수 이후 비용 지급 방식을 정상화했다.

A. XMI의 인수 전 비용정책은 어떤 효과를 낳는가?

B. "현재 P/E는 가장 유사한 종목 그룹의 평균 P/E보다 40% 높은 수준"이라는 진술로 볼 때 암묵적으로 어떤 가치평가모형이 분석에 사용된 것으로 보는가?

다음 정보를 바탕으로 질문 9~16에 답하시오.

Guardian Capital은 급성장 중인 미국의 자산운용회사이다. Guardian Capital의 리서치팀은 시가총액이 $500백만 이상인 상장주식 중 저평가 종목을 발굴하는 책임을 지고 있다.

운용자산이 급증하면서 Guardian Capital은 최근 리서치 역량을 강화하기 위해 신입 애널리스트인 Jack Richardson을 채용했다. 신입 애널리스트 오리엔테이션에서 리서치 담당 이사는 Guardian의 주식가치평가에 대해 다음과 같이 진술한다.

진술 1: "Guardian Capital의 애널리스트는 가격이 궁극적으로 내재가치에 수렴한다는 가정 하에 가격괴리를 포착하기 위해 노력합니다. 하지만 펀드매니저의 투자기간 내에 시장가격이 애널리스트의 내재가치 추정치에 수렴하지 않을 수도 있습니다. 따라서 애널리스트는 가격괴리의 증거 외에도 시장이 평가대상 회사를 재평가하도록 하는 촉매인 시장사건이나 기업사건 파악에 노력해야 합니다."

진술 2: "액티브 펀드매니저는 양의 알파를 포착하려 노력합니다. 하지만 자산의 가격괴리는 직접적으로 관측되지 않습니다. 따라서 당신이 인지된 가격괴리의 잠재적 원천을 이해하는 것이 중요합니다."

진술 3: "Guardian Capital의 부실기업펀드는 재무곤경기업 중 투자 가능한 유니버스를 스크린하고 있습니다."

진술 4: "Guardian Capital의 우량주식펀드는 상당한 양의 잉여현금흐름이 기대되는 재무적으로 건전한 기업들을 선택하고 있습니다."

진술 5: "Guardian Capital은 애널리스트가 시장에 내재된 기대와 자신의 기대를 비교하여 시장가격에 내재된 기대의 합리성을 평가하도록 하는 리서치 프로세스를 가지고 있습니다."

오리엔테이션을 끝난 후 리서치 담당 이사는 Richardson에게 Diamond Co., Renaissance Clothing, Deluxe Men's Wear 등 세 남성복 소매업체에 대한 평가를 지시했다.

Richardson은 남성복 산업의 특성을 파악하는 것으로 분석을 시작했다. 그는 분석을 통해 이 산업은 신규 진입장벽이 낮으며 산업 내 경쟁도 치열하고, 고객의 대체비용도 낮으며 다수의 도매 원단 공급자가 있다는 것을 확인했다.

분석을 실행하는 동안 Richardson은 Renaissance Clothing의 가장 최근 발표된 이익에 우호적인 분쟁해결, 일회성 세액공제, 비영업자산 매각 차익 등 세 가지 일회성 항목이 포함돼 있다는 것을 파악했다.

각 회사의 내재가치를 파악하기 위해 Richardson은 향후 10년간 잉여현금흐름을 추정하고, 이렇게 추정한 현금흐름과 10년 말 시점의 가치 추정치에 적절한 할인율을 적용했다.

Guardian의 기술주 담당 주니어 애널리스트인 Michaelle Lee는 리서치 담당 이사에게 빠른 속도로 시장점유율을 확대해가고 있는 반도체 회사 VEGA의 평가에 어떤 가치평가모형을 사용할지 문의했다.

리서치 담당 이사는 "선택된 가치평가모형은 평가대상인 회사의 특성에 부합해야 한다."고 답했다.

Lee는 리서치 담당 이사에게 VEGA는 수년간 수익성이 기대되지 않는다고 말했다. 경영진의 가이던스에 따르면 회사가 수익을 내기 시작하면 신규 제품 개발에 투자할 것이라고 한다. 결과적으로 이는 상당한 기간 동안 배당을 개시하기 어렵다는 것이다. Lee는 또한 매우 우수한 성장 전망 때문에 대형 경쟁업체들이 VEGA 인수에 관심을 가질 것으로 본다고 말했다. 리서치 담당 이사는 Lee에게 이를 밸류에이션에 반영할 것을 조언했다.

9. <진술 2>와 관련하여 액티브 펀드매니저가 파악하려고 노력하는 인지된 가격괴리의 원천은 무엇인가?
   A. 내재가치와 시장가격의 차이
   B. 내재가치 추정치와 시장가격의 차이
   C. 내재가치와 내재가치 추정치의 차이

10. <진술 3>과 <진술 4>와 관련하여 다음 중 우량주식펀드 애널리스트는 무시하지만 부실기업펀드의 애널리스트는 고려해야 할 가치척도는 무엇인가?
   A. 공정가치
   B. 청산가치
   C. 공정시장가치

11. <진술 4>와 관련하여 다음 중 해당 펀드의 애널리스트에게 가장 적절한 가치척도는 무엇인가?
    A. 청산가치
    B. 투자가치
    C. 계속기업가치

12. <진술 5>와 관련하여 다음 중 애널리스트는 가치평가의 개념과 모형을 언제 사용할 것으로 기대되는가?
    A. 비상장회사의 평가
    B. 공정성 의견의 전달
    C. 시장기대의 추론

13. Richardson의 산업분석에 따르면 남성복 소매업의 특성 중 수익성에 긍정적인 영향을 미치는 것은 무엇인가?
    A. 진입비용
    B. 대체비용
    C. 공급자의 수

14. Renaissance Clothing의 보고된 이익은 지속가능한 이익에 비추어 어떠한가?
    A. 편의가 없다.
    B. 상향편의가 있다.
    C. 하향편의가 있다.

15. Richardson은 남성복 소매업 분석에 어떤 가치평가모형을 적용했는가?
    A. 상대가치
    B. 절대가치
    C. 부분합산

16. 리서치 담당 이사가 Lee에게 VEGA의 가치 추정에 사용도록 조언한 가치평가모형은 어떤 것일 가능성이 가장 높은가?
    A. 잉여현금흐름 가치평가
    B. 배당할인 가치평가
    C. P/E 상대가치평가

CHAPTER 2

수익률의 개념

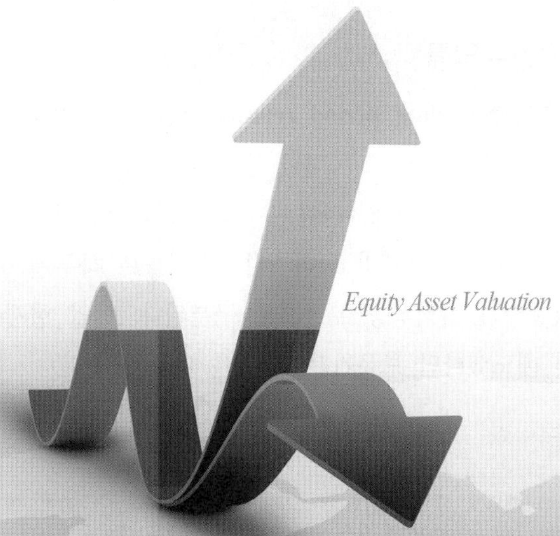

1. 서 론

투자안의 수익률은 다음과 같이 투자안 평가에 핵심 요소가 된다.

- 투자자들은 자신이 투자안에서 기대하는 수익률과 위험을 포함한 투자안에 대한 모든 정보가 주어진 상태에서 공정하게 기대되는 수익률 수준을 비교함으로써 투자안을 평가한다.
- 애널리스트가 현재가치모형으로 미래 현금흐름을 할인할 때도 적절한 할인율(요구수익률)이 요구된다.

이 장에서는 가치평가에 반드시 필요한 수익률에 대해 살펴본다. 2절은 수익률 개념에 대해 설명한다. 3절은 요구수익률 결정에 핵심 요소인 주식위험프리미엄 추정의 주요 접근법을 소개한다. 주식위험프리미엄에 관한 지식을 바탕으로 4절에서는 주식의 요구수익률 추정모형에 대해 살펴본다. 5절에서는 주주와 채권자 등 모든 자본공급자에게 귀속되는 현금흐름의 현재가치 추정에 필요한 할인율인 가중평균자본비용에 대해 알아본다. 6절에서는 할인율 선택과 관련된 이슈에 대해 생각해본다. 마지막에는 요약정리와 연습문제를 제시한다.

2. 수익률의 개념

건전한 투자결정은 수익률(return)을 어떻게 정의하고 측정하느냐에 따라 결정된다. 지금부터는 가치평가와 관련된 여러 수익률 개념에 대해 살펴보기로 한다.[1)]

2.1. 보유기간수익률

보유기간수익률(holding period return)[2)]이란 특정 기간 동안의 투자로 얻은 수익률을 말한다. 특정 기간이란 하루, 2주, 4년 등과 같이 수익률 평가의 대상이 되는 보유기간을 말한다. 하루 동안 수익률이 0.8%라면 우리는 "1일 보유기간수익률이 0.8%다"라고 말한다. (또는 "1일 수익률이 0.8%다"라고 하거나 "수익률은 하루에 0.8%다"라고도 한다.) 보유기간수익률은 투자수익과 가격상승 부분으로 구분된다. 만일 현재($t = 0$) 시점에 매입한 주식을 $t = H$ 시점에 매도했다면 보유기간수익률은 다음과 같다.

1) 수익률(return) 개념에 대한 완벽한 리스트란 존재하지 않는다. 특히 여기서는 투자론에서 다루는 시간가중수익률(time-weighted rate of return)과 같은 일부의 수익률 개념은 다루지 않는다.
2) 이 장에서 return은 금액적인 수익이 아닌 수익률(rate of return)을 말한다.

$$r = \frac{D_H + P_H}{P_0} - 1$$
$$= \frac{D_H}{P_0} + \frac{P_H - P_0}{P_0} \quad (1)$$
$$= \text{배당수익률} + \text{가격상승률}$$

여기서 D_t와 P_t는 t시점의 주당배당금과 주가를 나타낸다. 수식 (1)에서 보는바와 같이 보유기간수익률은 배당수익률(dividend yield)인 D_H/P_0과 자본수익률(capital gain yield)로도 불리는 가격상승률(price appreciation return)인 $(P_H - P_0)/P_0$의 두 부분으로 구성된다.

수식 (1)은 단순하게 모든 배당금을 보유기간 말에 수령한다고 가정하고 있다. 보다 일반적으로 배당수익률 계산은 $t = 0$에서 $t = H$ 사이에 수령한 배당금을 배당 수령일의 주가로 즉시 재투자한다고 가정한다. 일정 기간의 보유기간수익률을 복리로 연률화하여 표현하기도 한다. 가령 1일 0.8%인 보유기간수익률은 연간으로는 $(1.008)^{365} - 1 = 17.3271$ 또는 1,732.71%가 된다. 하지만 많은 경우 일부 기간에 대한 보유기간수익률을 연율화하는 것은 비현실적일 가능성이 높다. 이는 보유기간수익률로 연중 재투자한다는 것이 불가능한 경우가 많아서이다.

2.2. 실현수익률과 기대수익률

보유기간수익률 수식에서 일반적으로 $t = 0$의 시점에는 매도가격(P_H)과 배당(D_H)을 알 수 없다. 반면 과거의 보유기간에 대해서는 매도가격과 배당을 알 수 있고, 이 수익률을 **실현보유기간수익률(realized holding-period return)**, 간단히 실현수익률(realized return)이라 부른다. 가령 어떤 주식을 €50.00에 매수하여 6개월 보유 후 €1.00의 배당을 수령하고 €52에 매도했다면, 6개월간 실현수익률은 €1.00/€50.00 + (€52.00 − €50.00)/€50.00 = 0.02 + 0.04 = 0.06 또는 6%가 된다. 한편 미래 기간의 보유기간수익률 계산에서는 매도가격과 배당이 변동 가능한 확률변수가 된다. 다만 투자자는 배당과 미래가격에 대한 자신의 기대치를 가지고 보유기간수익률을 예상할 수 있는데, 이러한 수익률이 **기대보유기간수익률(expected holding-period return)**, 간단히 기대수익률(expected return)이다.

투자 전문가들이 가끔 가치평가모형으로 기대수익률을 도출하기도 하지만, 기본적으로 수익률에 대한 기대는 어떤 모형이나 가치평가 지식에 기초를 두는 것은 아니다. 모든 투자자는 특정 자산에 대한 미래 수익률에 각자의 개인적 견해를 가질 수 있다. 실제 투자자의 기대는 여러 정보와 다양한 접근법을 근거로 형성되기 때문에 같은 자산에 대해서도 투자자마다 다른 수익률 기대치를 가질 수 있다. 이때 자산의 기대수익률을 해석하는 기준점은 다음에 설명하는 자산의 요구수익률이다.

2.3. 요구수익률

요구수익률(required rate of return)은 특정 자산의 주어진 위험에 대해 일정기간 동안 투자자가 요구하는 최소한의 기대수익률을 말한다. 이는 해당 자산의 투자에 대한 기회비용(opportunity cost)을 나타내며, 동일한 위험을 가진 투자대안들에서 예상되는 기대수익률 중 가장 높은 기대수익률로 정의된다. 기회비용인 요구수익률은 특정 자산의 투자에 대한 공정한 보상 여부를 결정하는 문턱값에 해당한다. 만일 투자자가 어떤 자산에 대해 요구수익률 이상의 기대수익률을 기대한다면, 투자자가 해당 자산의 위험에 상응하는 공정한 보상 이상의 보상을 기대한다는 것이므로 이 자산은 저평가된 것으로 해석된다. 반대로 기대수익률이 요구수익률에 미치지 못하면 이 자산은 고평가된 것으로 해석된다.

이 장의 사례에서는 시장에서 관측된 자산의 수익률과 같은 시장 데이터를 사용하는 명시적 모형으로 요구수익률을 추정한다. 물론 다른 방법으로 얻은 요구수익률 추정치가 더 논리적일 가능성도 있으나, 우리는 모형이 산출하는 수익률을 요구수익률 추정치로 사용하기로 한다. 예를 들면 뒤에서 다루게 되는 자본자산 가격결정모형은 요구수익률을 무위험이자율과 시장수익률에 대한 특정 자산의 수익률 민감도로 측정되는 프리미엄 또는 디스카운트의 합으로 산출한다. 이때 자산의 민감도는 시장포트폴리오와 해당 자산의 수익률 변동에 의해 결정된다. 이는 개별 투자자의 요구수익률이라기보다 시장변수로 정형화된 모형이 산출하는 요구수익률의 예이다. 시장변수는 집합적으로 투자자들의 위험에 대한 인식과 위험회피 수준에 관한 정보를 담고 있어야 한다. 이러한 정보는 위험에 대한 공정한 보상 여부를 결정하는데 중요하기 때문이다.

앞에서 말한 **무위험이자율(risk-free rate)**의 개념도 가치평가에 중요하다. 재무이론에서 무위험이자율은 어떠한 경제적 상황에서도 일정한 수익을 내는 자산의 수익률을 말한다. 한편 투자 실무에서는 통상 확정된 혹은 거의 확정된 수익을 내는 투자의 수익률을 말한다. 이 때문에 실무자들은 국채수익률을 무위험이자율로 사용하곤 한다.

이 책에서는 평가대상 증권의 요구수익률을 r로 표시한다. 발행자의 관점에서 주식과 채권의 요구수익률을 각각 **자기자본비용(cost of equity)**과 **타인자본비용(cost of debt)**이라 부른다. 신규 자본을 조달하고자 할 때, 발행자는 비슷한 위험을 가진 증권의 기대수익률에 상응하는 경쟁력 있는 수익률을 투자자에게 제공할 수 있도록 증권의 발행가격을 책정해야 한다. 따라서 새로운 증권의 요구수익률은 동일한 증권의 추가 발행을 통한 자본조달에서 발행자의 한계비용이 된다.

기대수익률과 요구수익률의 차이를 자산의 기대 알파(expected alpha, *ex ante* alpha) 또는 기대비정상수익률(expected abnormal return)이라고 부른다.

$$\text{기대 알파} = \text{기대수익률} - \text{요구수익률} \tag{2a}$$

어떤 자산의 가격이 효율적으로 매겨진 경우 (즉, 시장가격과 내재가치가 같은 경우) 기대수익률은 요구수익률과 같으며 기대 알파는 당연히 0이 된다. 언급한바와 같이 벨류에이션과 그에 따른 투자결정의 관심사는 기대 알파에 집중된다. 하지만 투자성과 평가에는 실현 알파를 측정하게 된다. 주어진 보유기간 동안의 실현 알파(realized alpha, *ex post* alpha)는 다음과 같이 나타낼 수 있다.

$$\text{실현 알파} = \text{실현보유기간수익률} - \text{동기간의 요구수익률} \tag{2b}$$

요구수익률 추정치는 현재가치모형의 핵심이다. 현재가치모형을 이용하는 애널리스트가 현재가치를 구함에 있어 기대되는 미래 현금흐름의 할인에 적절한 할인율을 선택하는 것이 매우 중요하기 때문이다.

기대수익률과 요구수익률이 때론 혼용되기도 한다.[3] 하지만 설명한바와 같이 두 개념이 정확히 일치하는 것은 아니다. 시장가격이 인지된 가치와 같다면 기대수익률과 요구수익률은 일치하게 된다. 하지만 시장가격이 인지된 가치보다 낮고 투자자의 투자기간 동안 시장가격이 가치에 수렴한다고 가정하면 기대수익률이 요구수익률을 초과하게 된다. 반대로 시장가격이 인지된 가격보다 높으면 기대수익률은 요구수익률에 미치지 못하게 된다.

지금까지 어떤 투자자에게 주어진 기대보유기간수익률과 요구수익률 추정치의 관계를 통해 기대 알파를 정의했다. 다음 절에서는 가치 추정치를 기대보유기간수익률 추정치로 전환하는 방법에 대해 살펴본다.

2.4. 내재가치와 기대수익률 추정치

어떤 자산에 가격괴리가 있을 때 여러 가지 결과가 나올 수 있다. 설명을 위해 투자가가 시장에서 25% 저평가되었다고 보는 어떤 자산이 있다고 생각해보자. 투자기간 동안 가격괴리는 다음 중 하나의 변화를 보일 수 있다.

- 증가(저평가 심화)
- 유지(25%의 가격괴리 유지)

3) 뒤에서 다루는 전형적인 자본자산 가격결정모형과 같은 일부 가치평가모형에서는 투자자들이 수익률 분포의 파라미터에 동일한 기대를 가지고 있고, 모든 위험 자산에 대해 요구수익률을 도출할 수 있다고 가정한다. 동질적인 기대에 기반을 두고 있는 이런 모형에서 요구수익률은 자산의 기대수익률이 된다. 따라서 이런 모형에 대한 논의에서는 기대수익률과 요구수익률이 혼용해 사용되기도 한다.

- 일부 교정(가격괴리 축소)
- 완전 교정(가격이 가치를 정확히 반영하도록 변동함)
- 반전 또는 과잉교정(고평가로 반전)

일반적으로 투자자의 가치 추정치가 시장가격에 반영된 시장의 가치 추정치보다 정확할 때 가격이 가치로 수렴하는 것은 균형 상태로 이행하는 예상된 결과이다. 이때 투자자의 기대수익률은 (자산의 시장가격에서 얻게 되는) 요구수익률과 가격의 가치 수렴에 따른 수익률(알파)의 두 부분으로 구성된다.

투자자의 가치 추정치(V_0)가 시장가격(P_0)과 다를 경우 기대수익률이 어떻게 측정되는지 살펴보자. 어떤 투자자가 τ기간 동안 가격이 가치에 완전히 수렴할 것을 기대한다고 가정해 보자. 이 기간 동안 가격의 가치수렴으로 기대되는 수익률 추정치는 $(V_0 - P_0)/P_0$가 되고, 이는 이 기간 동안의 기대 알파가 된다. 동일 기간의 (연율화하지 않은) 요구수익률이 r_τ라면, 결국 이 기간의 기대보유수익률 $E(R_\tau)$는 다음과 같다.

$$E(R_\tau) \approx r_\tau + \frac{V_0 - P_0}{P_0}$$

근사치이긴 해도 이 수식은 기대수익률이 요구수익률과 가격의 가치수렴에 따른 수익률로 나눠진다는 것을 설명하고 있다.[4)]

설명을 위해 2013년 8월 Toyota Motors(TYO: 7203; NYSE: TM)의 요구수익률 추정치가 6.3%였다고 해보자. 이때 Toyota의 ADR 가격은 \$127.97이었는데, 어떤 리서치 보고서에서 이 회사의 내재가치를 \$176.30으로 추정했다고 가정해보자. 이 애널리스트에 따르면 Toyota 주가는 시장가격 대비 $V_0 - P_0 = \$176.30 - \$127.97 = \$48.33$, 비율로는 \$48.33/\$127.97 = 37.77% 저평가된 것이다. 만일 주가가 정확히 1년 후에 가치에 수렴하면, 투자자는 6.3% + 37.77% = 44.07%의 수익을 얻게 된다. 이때 Toyota의 기대 알파는 37.77%가 된다. 만일 투자자가 저평가 해소에 9개월이 걸릴 것으로 기대하면, 9개월간 약 42.5%의 수익률이 기대된다. 9개월($\tau = 9/12 = 0.75$) 동안 요구수익률이 $(1.063)^{0.75} - 1 = 0.0469 = 4.69\%$가 되기 때문에 전체 기대수익률은 다음과 같이 표시할 수 있다.

---

4) 이 수식은 요구수익률과 내재가치가 보유기간 동안 일정하며 가격의 가치수렴이 보유기간 중 천천히 안정적으로 (혹은 기말에 일시에) 나타난다고 가정한다. 어느 누구도 가치수렴에 따른 수익률로 재투자하는 것은 불가능하기 때문에 우리는 특정 보유기간 기준으로 분석하게 된다. 예를 들어 1개월간 가치수렴으로 12.4%의 수익률을 얻었다면 연간으로는 300%의 수익률이 되지만, 이를 기대한다는 것은 기대성과의 관점에서 비현실적이다.

$$E(R_\tau) \approx r_\tau + \frac{V_0 - P_0}{P_0}$$

$$= 4.69\% + 37.77\% = 42.46\%$$

이 사례의 9개월 기준 기대 알파는 37.77%이고, 이를 9개월간 요구수익률(4.69%)에 가산하면 보유기간수익률이 추정된다. 다른 사례로 가치수렴에 2년이 걸리는 경우를 생각해보자. 이때 요구수익률은 $(1.063)^2 - 1 = 0.1300$이 되기 때문에 2년 기대수익률은 $13.00\% + 37.77\% = 50.77\%$가 된다. 2년 기대수익률을 1년 수익률로 환산하면 $(1.5077)^{1/2} - 1 = 0.2279$, 즉 22.79%가 되는데, 가치수렴에 1년이 걸리는 경우의 기대수익률 44.07%와 크게 대비된다.

액티브 투자자는 기본적으로 시장을 예측하려는 투자자다. 이들의 활동에는 위험이 내포되는데, 이에는 ① 가치 추정치가 시장가격보다 정확하지 않거나, ② 비록 정확하더라도 가치괴리가 투자기간 동안 해소되지 않을 위험이 포함된다.

EXAMPLE 1 애널리스트 사례 연구 (1): MS의 요구수익률

Thomas Weeramantry와 Francoise Delacou는 미국에 본사를 둔 글로벌 주식형 펀드의 공동 운용자이다. 이들은 미국 최대 기술기업인 Microsoft Corporation(NASDAQ-GS: MSFT)[5]을 리서치 중이다. Weeramantry는 MSFT에 관한 리서치 보고서를 수집하는 것으로 분석을 시작했고, 2013년 5월 당시 MSFT의 주가는 $33.31이었다. 그중 한 리서치 보고서는 다음과 같이 MSFT에 대한 분석의견을 제시하고 있다.

- 가장 최근의 분기 배당은 주당 $0.23이었다. 내년 첫 두 분기 동안의 분기 배당도 매분기 $0.23, 이후 두 분기의 분기 배당은 매분기 $0.25로 예상된다.
- MSFT 주식의 요구수익률은 7.0%이다.
- MSFT 주식의 1년 목표가격은 $37.50이다.

목표가격(target price)이란 애널리스트가 어떤 주식이 미래의 특정 시점에 시장에서 거래될 것으로 예상하는 가격을 말한다. 주어진 정보만으로 MSFT에 관한 다음의 질문에 답하라. 분기 배당에 대한 재투자수익률은 무시한다.

1. 이 애널리스트의 1년 기대수익률은 얼마인가?
2. MSFT가 시장에서 공정하게 평가되고 있다면, 현재 가격에 부합하는 목표가격은 얼마가 되어야 하는가?

5) NASDAQ-GS: The Global Select Market tier of NASDAQ.

Solution 1

애널리스트는 MSFT가 향후 1년간 $0.23 + $0.23 + $0.25 + $0.25 = $0.96의 배당을 지급할 것으로 예상한다. 목표가격과 배당금이 각각 $37.50과 $0.96이면, 애널리스트의 기대수익률은 ($0.96/$33.31) + ($37.50 − $33.31)/$33.31 = 0.029 + 0.126 = 0.155 또는 15.5%가 된다.

Solution 2

현재가격이 공정하다면 MSFT는 1년간 7%의 자본비용(즉 요구수익률)에 해당하는 수익률을 실현해야 한다. 이 경우 목표가격은 현재가격 × (1 + 요구수익률) − 배당 = $33.31(1.07) − $0.96 = $34.68이 되어야 한다. 이때 배당은 가격상승률 계산에서 제외된다. 물론 가격상승률을 얻기 위해 요구수익률에서 배당수익률을 빼는 방식도 가능하다. 이때 기대 가격상승률은 7.0% − 2.9% = 4.1%가 된다. 이 경우에도 (1.041)($33.31) = $34.68의 목표가격을 얻을 수 있다.

2.5. 할인율

할인율(discount rate)은 미래 현금흐름의 현재가치를 얻는데 사용되는 특정 수익률의 일반 용어이다. 할인율에는 투자자가 소비를 미래로 미루는 대가로 요구하는 보상(일반적으로 무위험이자율과 같다고 가정)과 현금흐름에 수반된 위험에 대한 보상 요구가 반영된다. 다만 내재가치 추정 목적에서는 투자자 개인의 포트폴리오 분산 여부에 영향을 받는 개인적 요구수익률보다 시장 변수에 기초한 시장의 요구수익률이 사용된다. 한편 일부 투자자들은 추정모형의 한계를 고려해 이러한 모형이 도출한 요구수익률 추정치를 임의로 조정하기도 한다.

기대되는 미래 물가상승률과 현금흐름은 시간에 따라 변동하기 때문에 원론적으로 보면 기대 현금흐름 할인할 때 개별 현금흐름에 (수반되는 위험을 반영하여) 별도의 할인율을 적용해야 한다. 다만 실무적으로는 모든 기간에 기대되는 미래 현금흐름을 동일한 요구수익률로 할인하는 것이 일반적이다.[6)]

경우에 따라서는 내부수익률이 요구수익률 추정치로 사용되기도 하는데, 이에 대해서는 다음 절에서 살펴본다.

2.6. 내부수익률

내부수익률(internal rate of return, IRR)은 자산에 대해 기대되는 미래 현금흐름의 현재가치를 현재의 시장가격과 일치하게 만들어 주는 할인율로, 시장가격이 자산의 미래 현금흐름을 오늘 정당하게 매입하게 만들어주는 할인율이다.

6) 애널리스트가 기대되는 미래 현금흐름을 성장률 가정에 따라 몇 개의 단계로 나눈 후 각 단계에 별도의 할인율을 적용하는 경우도 일반화된 방법이다.

기대되는 미래 현금흐름의 현재가치를 주식의 내재가치로 정의하는 모형에서 효율적 시장(efficient market)을 가정하여 내재가치 추정치에 시장가격을 대입하면 시행착오법의 반복 계산을 통해 시장가격과 현금흐름의 현재가치를 일치시키는 할인율을 구할 수 있다. 시장효율성 가정에 근거하여 구한 IRR은 주식의 요구수익률 추정에 사용돼왔다. 미국의 다수 주에서 규제당국이 수식 (3b)의 모형을 이용해 규제 업종인 유틸리티 회사 주식의 자본비용을 계산한 것은 이와 관련된 대표적 사례이다.[7] (규제당국은 유틸리티 회사의 자기자본비용을 보상할 수 있는 수준에서 유틸리티 요금을 책정하기 때문에 자본비용이 이슈가 되어 왔다.)[8]

설명의 편의를 위해 현금흐름을 배당으로 정의하고, 영구적으로 일정한 배당성장률을 가정하는 단순한 형태의 현재가치모형을 생각해보자. 일정한 성장률을 가정하기 때문에 내재가치는 다음과 같이 매우 단순하게 계산된다.[9]

$$\text{내재가치} = \frac{\text{1년후 배당}}{\text{요구수익률} - \text{기대 배당성장률}} \tag{3a}$$

만일 자산의 가치가 가격을 정확히 반영(시장가격 = 내재가치)하고, 1년 후 배당금과 기대 배당성장률 컨센서스(가격에 반영된 미래 배당에 대한 기대 추정치)가 주어지면 요구수익률을 구할 수 있다. 이는 시장에 내재된 IRR이 된다.

$$\text{요구수익률 추정치} = \frac{\text{1년후 배당}}{\text{시장가격}} + \text{기대 배당성장률} \tag{3b}$$

이렇게 계산된 IRR을 요구수익률 추정치로 사용한다는 것은 시장이 효율적이라는 것과 사용된 현재가치모형(이 모형에서는 성장률이 일정하다는 가정이 중요함) 및 모형에 투입된 추정치가 정확하다는 것을 가정한다. 수식 (3b)에서 비록 자산의 위험이 시장가격을 경유하여 요구수익률 추정치에 간접적으로 반영되고 있지만, 뒤에서 살펴보는 여러 대안적 모형들과 달리 여기서는 위험을 명시적으로 조정하지 않는다.

마지막으로 주의할 것은 다소 비슷해 보이긴 해도 현재가치모형으로부터 IRR을 구하는 것과 독립적인 요구수익률이 주어진 상태에서 시장가격이 미래 현금흐름성장률을 어떻게 추론하고 있는지 살펴보는 것을 혼동해서는 안 된다. 후자는 시장가격의 합리성을 평가하는데 목적이 있기 때문이다.

---

7) Cornell(1999), p.103 또는 Brealey, Myers, and Allen(2006) 참조.
8) 순환참조를 피하기 위해서는 애널리스트가 내재가치를 구하는 모형(혹은 이와 유사한 모형)의 할인율을 이러한 추정치로 사용해서는 안 된다.
9) 이에 대해서는 배당할인 가치평가에서 자세히 살펴보기로 한다.

3. 주식위험프리미엄

주식위험프리미엄(equity risk premium)이란 보유기간 동안 투자자가 투자위험에 상응하여 무위험이자율 이상으로 요구하는 추가적인 수익률(프리미엄)을 말한다. 주식위험프리미엄은 결국 자산에 대한 요구수익률과 무위험이자율의 차이가 된다. 투자자의 수익률은 오직 투자안의 미래 현금흐름에 따라서만 결정되기 때문에 요구수익률과 마찬가지로 주식위험프리미엄도 전적으로 미래에 대한 기대에 따라 결정된다. 혼란스럽겠지만 주식의 위험프리미엄은 주어진 과거 기간 동안 무위험자산의 수익률을 초과하여 실현된 수익률을 의미하는 것으로도 사용된다. 다만 실현된 초과수익률은 가용한 정보를 바탕으로 투자자들이 현재 기대하는 프리미엄과는 완전히 다를 수 있다.[10)]

전체 시장에 대한 요구수익률 혹은 평균적인 체계적 위험을 가진 증권의 요구수익률은 다음과 같다.

$$\text{주식의 요구수익률} = \text{현재 기대 무위험이자율} + \text{주식위험프리미엄}$$

이때 일관성을 확보하기 위해 주식위험프리미엄 추정과 기대 무위험이자율의 정의에는 같은 무위험자산(예: 국채)을 사용해야 한다.

대부분의 실무 작업에서 애널리스트는 다음과 같은 방법으로 특정 주식의 요구수익률을 추정하기 때문에 가치평가에서 주식위험프리미엄은 중요할 수밖에 없다.

$$\text{주식 } i\text{의 요구수익률} = \text{현재 기대 무위험이자율} + \beta_i(\text{주식위험프리미엄}) \quad (4)$$

또는

$$\text{주식 } i\text{의 요구수익률} = \text{현재 기대 무위험이자율} + \text{주식위험프리미엄} \pm \left(\frac{\text{기타의 위험프리미엄}}{\text{주식 } i\text{에 대한 적절한 할인율}}\right) \quad (5)$$

- 수식 (4)에서는 베타(β_i)로 측정되는 주식의 체계적 위험에 따라 주식위험프리미엄을 조정한다. 평균적인 체계적 위험을 가진 증권의 베타는 1이다. 베타가 1 이상이라는 것은 평균적인 체계적 위험을 가진 증권보다 이 증권의 체계적 위험이 크다는 것을 의미한다. 반대로 베타가 1보다 작다는 것은 평균적인 체계적 위험을 가진 증권보다 이 증권의 체계적 위험이 작다는 것을 의미한다. 수식 (4)에 대해서는 자본자산가격 결정모형(CAPM)

10) Arnott and Bernstein(2002) 참조.

을 다루는 4.1절에서 자세히 살펴보기로 한다.

- 수식 (5)에서는 위험프리미엄에 주식의 베타 조정 대신 평균적인 체계적 위험을 가진 증권의 위험프리미엄에 추가적으로 위험을 조정(프리미엄/디스카운트)하고 있다. 수식 (5)에 따른 요구수익률 추정은 집적법을 다루는 4.3절에서 살펴본다. 이는 비상장기업의 가치평가에 주로 사용된다.

애널리스트는 일반적으로 분석대상 증권이 거래되는 국가 주식시장에서 주식위험프리미엄을 측정한다. 물론 글로벌 CAPM을 이용하면 글로벌 시장의 총체성을 설명할 수 있는 주식의 위험프리미엄을 구할 수 있다.

하지만 오랜 역사를 가진 선진국 주식시장에서도 주식위험프리미엄을 구하는 것이 쉬운 것은 아니며, 이는 애널리스트들 사이에서 분석의 결론이 갈리는 이유가 된다. 이에 대해서는 나중에 좀 더 자세히 다루기로 한다. 다만, 어떤 추정치를 사용하든 애널리스트는 주식위험프리미엄 추정치를 모형에 투입할 때 추정치의 오류가 평가결과에 영향을 미친다는 사실을 인식하고 있어야 한다.

주식위험프리미엄 측정에는 크게 두 가지 접근법이 있다. 하나는 주식시장 수익률과 국채수익률 차이의 역사적 평균을 이용하는 접근법이고, 다른 하나는 현재의 기대치 자료를 활용하는 접근법이다. 이제 각 접근법에 대해 자세히 살펴보기로 한다.

3.1. 역사적 추정치

역사적 주식위험프리미엄 추정치는 통상 선택된 표본기간의 시장 주가지수 수익률과 국채수익률 차이의 평균값으로 계산된다. 신뢰할 수 있는 장기간의 주가수익률 자료가 확보되면서 역사적 추정치는 친숙하게 널리 활용되고 있다. 투자자들이 기대를 형성함에 있어 체계적인 오류를 하지 않는다면 장기간에 걸친 평균수익률은 투자자 기대의 불편추정치(unbiased estimate)가 될 수 있다. 또한 역사적 추정치가 자료에 기초한다는 점은 객관성을 담보해준다.

역사적 주식위험프리미엄을 미래의 추정치로 사용하고자 할 경우 애널리스트는 주가수익률이 안정적일 것을 가정한다. 즉, 수익률 생성 프로세스의 파라미터가 과거와 미래에 안정적일 것으로 가정한다.

다음은 애널리스트가 주식위험프리미엄 추정치를 계산하는데 필요한 주요 결정사항들이다.

- 주식시장의 수익률을 대표할 수 있는 주가지수의 선택
- 추정치 계산을 위한 기간 설정
- '평균'의 유형 결정

• 무위험이자율의 대용치 선택

애널리스트는 검토대상 주식시장에서 투자자들의 평균수익률을 가장 정확히 설명할 수 있는 주가지수를 선택하려 한다. 이 경우 광범위한 종목을 모두 포괄하는 시가가중 주가지수가 일반적으로 사용된다.

보통의 경우 표본기간의 길이 선택에는 유불리가 존재한다. 주어진 데이터 기간을 짧은 기간으로 나누면 평균 추정의 정확도가 떨어질 수 있다. 즉, 데이터 기간을 확장하는 것만으로도 추정의 정확도를 높일 수 있다.[11] 따라서 가능하다면 가장 긴 기간의 수익률 시리즈를 선택하는 게 일반적이다. 그러나 자료의 출발점이 과거로 갈수록 정상성(stationarity) 가정이 유지되기 어려워진다. 또한 비정상성(nonstationarity)의 유형 자체도 중요하다. 많은 주식시장에서 수익률의 변동성이 안정적이지 않다는 증거는 충분히 발견된다. 또한 장기 데이터 시리즈 사용에 따른 비정상성(주식위험프리미엄이 단기적으로 변동하지만 중앙값 주변에서 움직임)보다 위험프리미엄이 영구히 다른 수준으로 옮겨가 버리는 경우가 더 심각한 문제이다.[12] 실증연구에 따르면 미국시장의 기대 주식위험프리미엄은 경기역행적이라고 한다. 즉 프리미엄이 불황기에 증가하고 호황기에 줄어드는 모습을 보인다.[13] 이런 특성은 흥미로운 도전을 낳는다. 예를 들어 높은 시장수익률이 주식투자에 대한 선호도를 높이고 역사적 평균 주가위험프리미엄 추정치를 증가시킬 때, 실제로는 미래의 주가위험프리미엄이 감소할 수 있다.

주식위험프리미엄 추정에 역사적 접근법을 사용하는 실무자들은 평균의 계산방법과 무위험이자율의 대용치에도 관심을 가진다. 평균의 계산에는 두 가지 방법이 있고, 무위험이자율의 대용치 선택에도 두 가지 선택지가 존재한다.

주식과 국채의 연간 수익률 차이의 평균 수익률을 구할 때 기하평균(geometric mean)이나 산술평균(arithmetic mean)이 사용될 수 있다.

• 기하평균 주식위험프리미엄 추정치는 무위험이자율을 초과하는 주식의 복리 연간 초과수익률이다.
• 산술평균 주식위험프리미엄 추정치는 연간 수익률 차이의 합을 표본의 관측치 수로 나누어 구한다.

---

11) Merton(1980) 참조. 이는 분산과 공분산의 추정 결과와는 대비되는 결과이다. 주어진 기간 동안 추정의 빈도가 높을수록 분산과 공분산 추정의 정확도는 향상된다.
12) Cornell(1999) 참조.
13) Fama and French(1989), Ferson and Harvey(1991).

무위험이자율은 다음 둘 중 하나를 사용하게 된다.

- 장기국채 수익률
- 단기재정증권 수익률

Dimson, Marsh, and Staunton(2008)은 1990년부터 2007년까지 108년간 17개 선진국 시장에서 생존편의(survivorship-bias)를 제거한 주가수익률 자료를 바탕으로 국채에 대비한 실현 초과수익률(즉, 역사적 주식위험프리미엄)을 발표했다.[14] 이후 2013년 이들은 20개 시장으로 범위를 확대해 위험프리미엄을 조사했다.[15]

[표 1]은 이들의 연구결과에서 평균의 계산방법과 무위험이자율의 선택에 따른 네 가지 조합의 초과수익률 추정 결과를 요약한 것이다. 이 표에서 표준오차(*standard error*)와 표준편차(*standard deviation*)는 연간 초과수익률 계열에 대한 통계량이다.

[표 1] 역사적 위험프리미엄(20개 선진시장, 1900 ~ 2012)

패널 A: 국채에 대한 역사적 주식위험프리미엄, 1900 ~ 2012				
국가	기하평균	산술평균	표준오차	표준편차
호주	5.6%	7.5%	1.9%	19.9%
오스트리아	2.8	22.1	14.7	154.8
벨기에	2.3	4.3	2.0	21.0
캐나다	3.4	5.0	1.7	18.3
덴마크	1.8	3.3	1.6	17.5
핀란드	5.3	8.9	2.8	30.1
프랑스	3.0	5.3	2.1	22.8
독일	5.2	8.6	2.7	28.4
아일랜드	2.6	4.6	1.9	19.8
이탈리아	3.4	6.8	2.8	29.5
일본	4.8	8.9	3.1	32.7
네덜란드	3.3	5.6	2.1	22.2
뉴질랜드	3.7	5.3	1.7	18.1
노르웨이	2.2	5.2	2.6	27.8
남아공	5.4	7.1	1.8	19.5
스페인	2.1	4.1	1.9	20.7
스웨덴	2.9	5.1	2.0	20.8
스위스	2.0	3.5	1.7	17.6

14) 어떤 해의 국채에 대한 주식의 초과수익률은 [(1 + 기대 시장수익률)/(1 + 무위험이자율)] − 1 ≈ 기대 시장수익률 − 무위험이자율로 계산되며, 여기서 무위험이자율은 국채수익률로 대표된다.

15) *Credit Suisse Global Investment Returns Sourcebook*, 2013. Credit Suisse/London Business School.

[표 1] (계속)

패널 A: 국채에 대한 역사적 주식위험프리미엄, 1900 ~ 2012				
국 가	기하평균	산술평균	표준오차	표준편차
영국	3.7	5.0	1.6	17.1
미국	4.2	6.2	1.9	20.5
세계(미국 제외)	3.0	4.1	1.4	14.7
세계	3.2	4.4	1.4	15.3

패널 B: 재정증권에 대한 역사적 주식위험프리미엄, 1990 ~ 2012				
국 가	기하평균	산술평균	표준오차	표준편차
호주	6.6%	8.1%	1.7%	17.6%
오스트리아	5.6	10.5	3.6	37.7
벨기에	2.7	5.2	2.3	24.0
캐나다	4.1	5.5	1.6	17.1
덴마크	2.8	4.6	1.9	20.5
핀란드	5.8	9.3	2.8	30.0
프랑스	5.9	8.6	2.3	24.4
독일	5.9	9.8	3.0	31.7
아일랜드	3.2	5.4	2.0	21.3
이탈리아	5.6	9.5	3.0	31.8
일본	5.7	8.9	2.6	27.6
네덜란드	4.2	6.4	2.1	22.7
뉴질랜드	4.2	5.8	1.7	18.3
노르웨이	2.9	5.8	1.7	18.3
남아공	6.3	8.3	2.1	21.9
스페인	3.1	5.3	2.0	21.7
스웨덴	3.6	5.7	1.9	20.6
스위스	3.4	5.1	1.8	18.8
영국	4.3	6.0	1.9	19.8
미국	5.3	7.2	1.8	19.6
세계(미국 제외)	3.5	5.1	1.8	18.6
세계	4.1	5.5	1.6	17.0

㈜ "세계"는 달러화 표시로 각국 시가총액 가중평균(초기 자료는 GDP 가중평균). 오스트리아의 경우 2021 ~ 2022년, 독일의 경우 1922 ~ 1923년 자료는 제외된 통계치임.

자료: Damodaran(2013), Table 6.

아래는 [표 1]에서 미국과 일본의 역사적 주식위험프리미엄 추정치를 발췌한 것이다. 이 비교를 보면 역사적 추정치 사용과 관련된 주요 이슈들을 이해하는데 도움이 된다. 이슈 파악에 앞서 기하평균은 항상 산술평균보다 작거나 같다는 수학적 특성에 유의할 필요가 있다. 또한 수익률 곡선(yield curve)은 일반적으로 우상향(장기국채수익률이 통상 단기국채수익률보다 높다)한다는 사실도 기억하자.

[표 1] 역사적 주식위험프리미엄: 1900 ~ 2012(발췌)

	미 국		일 본	
	기하평균	산술평균	기하평균	산술평균
T-bill 대비 프리미엄	5.3%	7.2%	5.7%	8.9%
T-bond 대비 프리미엄	4.2%	6.2%	4.8%	8.9%

미국의 주식위험프리미엄 추정치의 범위는 4.2%(국채 대비 기하평균)에서 7.2%(재정증권 대비 산술평균)로 나타난다. 미국의 경우 두 평균 모두에서 재정증권(T-bill)에 대한 추정치가 국채(T-bond) 대한 추정치보다 높은데, 이는 일반적인 수익률 곡선에 대한 기대에 부합한다.

일본의 위험프리미엄 추정치는 눈에 띌 정도로 미국보다 크다. 보통은 장기국채의 수익률이 단기국채보다 높기 때문에 장기국채와 단기국채에 대한 산술평균 프리미엄이 8.9%로 같다는 것은 이례적이라 할 수 있다. 애널리스트는 그 이유와 이러한 역사적 추정치를 미래 예측치로 사용할 수 있는지 검토해야 한다. 모든 시장에서 장기국채에 대한 기하평균 프리미엄이 가장 작은 프리미엄을 도출한다. 이와 관련해 다음에 유의하자.

- 모든 시장에서 표준편차로 본 연도별 추정 결과의 편차는 매우 크다. 추정 결과를 보면 표본평균 추정치는 모평균과 잠재적으로 상당한 오차를 가질 수 있다. 평균 추정에 있어 표본표준편차(평균의 표준오차)는 표준편차 ÷ 표본수의 제곱근이다. 예를 들어 미국의 장기국채에 대한 표본표준편차는 $20.5\% \div \sqrt{113} \approx 1.9\%$이다.[16] 따라서 113년간의 자료를 사용했음에도 평균 추정치에서 2배의 표본표준편차(즉, 95% 신뢰구간) 범위는 2.4%에서 10%(= 산술평균 6.2% ± 표준편차 3.8%)나 된다. 이러한 샘플링 문제는 평균 추정치의 편의로 인해 표본기간이 짧아질수록 심각해진다.
- 역사적 주식위험프리미엄 추정치는 국가별로 큰 차이를 보인다. [표 2]는 [표 1] 패널 A의 기하평균 추정치 분포를 막대그래프로 보여준 것이다. 이에 따르면 관측치의 75%(15개국)가 2%에서 5%의 추정치 범위에 있는 것으로 나타난다. 관측치가 가장 많은 구간은 2 ~ 3%이고, 3 ~ 4%는 비슷한 수준으로 그 다음이다. [표 2]에는 포함되지 않았지만 [표 1]의 패널 A에서 보는바와 같이, "세계"의 평균도 3.2%이다. 그러나 분포의 양 극단 구

16) 이는 대규모 표본인 경우 표본평균이 근사적으로 정규분포를 따른다는 중심극한정리(central limit theorem)에 의한 것이다. 이 계산은 수익률에 자기상관이 없다고 가정하며, 평균의 표준오차에 대한 하한선을 제공한다. 수익률에 자기상관이 있으면 표준오차는 커진다.

간에도 관측치의 25%가 위치하고 있다는 것을 알 수 있다.

[표 2] 장기국채에 대비한 기하평균 실현 주식위험프리미엄의 분포

실현 프리미엄의 % 구간

시장의 수		$1 \leq x < 2$	$2 \leq x < 3$	$3 \leq x < 4$	$4 \leq x < 5$	$5 \leq x < 6$
	8					
	7		스위스			
	6		스페인	프랑스		
	5		노르웨이	네덜란드		
	4		벨기에	캐나다		독일
	3		아일랜드	이탈리아		핀란드
	2		오스트리아	뉴질랜드	일본	남아공
	1	덴마크	스웨덴	영국	미국	호주

다음은 역사적 주식위험프리미엄의 계산에 필요한 두 가지 선택의 문제에 대해 좀 더 자세히 알아본다.

3.1.1. 평균의 선택: 산술평균과 기하평균

산술평균과 기하평균 중 무엇을 선택하느냐는 주식위험프리미엄 추정치에 큰 영향을 미친다. 즉 기하평균이 수익률 분산의 약 0.5배 만큼 산술평균보다 작기 때문에, 어떤 수익률 분포에서도 산술평균이 기하평균보다 크게 된다. (물론 모든 하위기간의 수익률이 동일하다면 기하평균과 산술평균은 일치한다.)

실무에서는 두 평균이 모두 주식위험프리미엄 추정에 사용되어 왔다. 산술평균 수익률은 단일기간의 평균수익률을 가장 잘 나타낸다. 주식위험프리미엄 추정에서 산술평균의 사용을 옹호하는 데는 두 가지 논거가 있다. 하나는 추정치가 사용되는 모형과 관련된 것이고, 다른 하나는 통계적 특성과 관련된 것이다. 첫째 논거는 CAPM이나 다요인모형과 같이 주요 요구수익률 추정 모형이 단일기간모형이어서, 단일기간 수익률로는 산술평균이 모형의 일관성에 부합하는 평균이라는 것이다. 두 번째 통계적 논거도 산술평균 사용을 지지한다. 즉 수익률의 시계열적 자기상관이 없고 모평균의 산술평균 수익률이 주어지면 투자안에 대한 기대 영구가치의 불편추정치는 산술평균의 복리로 구할 수 있다는 것이다. 예를 들어 산술평균 수익률이 8%이고 5년간 €1백만을 투자할 때 기대되는 영구가치의 불편추정치는 $€1(1.08)^5 =$ €1.47백만이 된다. 하지만 실무에서는 모평균이 주어지지 않는다는 문제가 있다. 모평균 대신 표본산술평균을 복리화하면 수익률의 자기상관에 관계없이 부(wealth)의 기대 가치를 과대 추정하는 것으로 알려져 있다.[17] 이 경우 8%는 단순히 (모평균의 추정치로 사용된) 표본산술평균에 불과하기 때문에, 미래 가치는 실제 €1.47백만에 미치지 못할 것을 예상할 수 있다. 따라서 현재는 실무상 첫 번째 전통적 논거만이 설득력을 가진다고 본다.

표본의 기하평균수익률은 어떤 자산에 최초로 투자된 단위 금액의 기초값과 기말값을 일치시켜주는 복리수익률이다. 현재가치모형에서는 여러 기간에 걸친 할인이 수반된다. 할인은 단순히 복리를 역산하는 것으로 기간을 고려한 가치등가를 찾는 것이다. 기하평균은 복리의 수익률이기 때문에 다기간 맥락에서 (비록 단일기간 요구수익률 모형을 이용하더라도) 요구수익률 추정에 설득력을 가진다. 표본산술평균과 달리 표본기하평균은 투자의 기대 영구가치 계산에 상향편의를 일으키지 않는다.[18] 결국 기하평균 주식위험프리미엄 추정치가 산술평균 추정치보다 경제이론에 따른 수요·공급 측면 추정치에 더 가깝다고 본다.[19] 이상과 같은 이유로 역사적 위험프리미엄 추정에 기하평균의 선호도가 증가하고 있다.

3.1.2. 무위험이자율의 선택: 장기국채와 단기재정증권

무위험이자율은 단기국채(30일물 단기재정증권) 수익률과 장기국채 만기수익률(yield to maturity, YTM) 중에서 선택된다. 국채는 디폴트위험과 주식시장위험이 (거의) 없기 때문에 최고 등급 회사채보다 선호된다.

[표 1]을 보면 거의 대부분의 경우 국채에 대비한 주식위험프리미엄이 재정증권의 경우보다 작다. 재정증권보다 국채의 현재 기대 무위험이자율이 높기 때문에 정상적인 우상향하는 수익률 곡선에서는 주식의 요구수익률 추정치에 대한 무위험이자율 선택 효과가 상쇄되는 경향을 보인다. 그러나 우하향하는 수익률 곡선에서는 단기수익률이 장기수익률보다 높아 재정증권의 무위험이자율로 얻은 요구수익률 추정치가 크게 높아질 수 있다.

실무에서는 위험프리미엄 추정에 장기국채 수익률이 선호된다. 심지어 CAPM과 같은 단일기간모형에도 이 추정치가 사용된다. 단기국채(재정증권)로 얻은 위험프리미엄이 1년 후 현금흐름을 할인하는데 더 적합한 요구수익률 추정치를 산출할 수 있어도, 국채를 기초로 얻은 위험프리미엄이 다기간 맥락의 가치평가에서 더 설득력 있는 요구수익률 또는 할인율을 산출해야 한다.[20]

---

17) 관련 근거는 Hughson, Stutzer, and Yung(2006) 참조. 심지어 수익률이 자기상관이 없을 때에도, 산술평균을 사용하면 (모평균이 알려진 경우라도) 영구부의 기댓값이 과대 추정되는 경향을 보인다. 평균에 수렴하는 수익률은 실무에서 관심을 가져야 할 자기상관의 한 사례이다.

18) Hughson, Stutzer, and Yung(2006) 참조.

19) 미국의 역사적 주식위험프리미엄은 수요이론에 의해 예측된 것에 비해 상대적으로 큰데, 이러한 현상은 "주식 프리미엄 퍼즐(equity premium puzzle)"로 불린다(Mehra and Presott 1985). Cornell(1999)은 이 연구를 이해하기 쉽게 요약하고 있다.

위험프리미엄 추정에 장기국채가 선호되는 이유를 설명하기 위해 어떤 시장에서 단기국채와 장기국채에 대비한 주식위험프리미엄이 각각 5.5%와 4.5%인 경우를 생각해보자. 또한 이때 수익률 곡선이 역전되어 수익률이 단기국채는 9%, 장기국채는 6%라고 하자. 이 경우 단기국채를 기초하여 구한 평균적 위험을 가진 주식의 요구수익률은 14.5%(= 9% + 5.5%)로 장기국채를 사용한 경우인 10.5%(= 6% + 4.5%)와 대비된다. 14.5%의 할인율은 현재의 높은 이자율과 인플레이션 환경에서 1년 후 현금흐름을 할인하는데 적절할 수 있다. 그러나 역전된 수익률 곡선은 단기수익률과 물가상승률의 하향을 예측한다. 대부분의 현금흐름이 미래에 발생하는 경우라면 장기국채가 반영하고 있는 평균 물가상승률 기대치에 대한 프리미엄이 더 설득력을 가지게 된다. 애널리스트는 실무적으로 평가대상 자산의 듀레이션과 무위험이자율 척도의 듀레이션을 최대한 일치시키려 노력해야 한다.[21] 그럼에도 불구하고 애널리스트가 단기 무위험이자율 정의를 사용해야 하는 경우, 대처할 수 있는 실무적 접근법은 단기재정증권의 현재 수익률(9%) 대신 평균 기대수익률을 사용하는 것이다. 단기수익률 사용을 옹호하는 사람들은 장기국채가 해석을 복잡하게 만드는 이자율 위험 등 여러 위험에 노출되어 있다고 지적한다.

실무적으로 많은 애널리스트가 국채의 기대수익률 근사치로 국채의 현재 만기수익률을 사용한다. 애널리스트는 자신이 현재의 인플레이션 기대치를 반영한 현재의 수익률 관측치를 사용한다는 것을 분명히 할 필요가 있다. 최근 발행된 국채의 수익률을 사용하면 유동성과 액면가 할인·할증에 따른 왜곡을 최소화하는 장점이 있다. 거래가 활발한 국채가 만기별로 존재하는지 여부는 시기와 국가에 따라 차이를 보인다. 만일 20년 만기의 국채가 있고 거래도 활발하다면, 이 국채의 수익률은 주식가치평가를 위한 무위험이자율 추정치의 합리적인 선택이 될 수 있다.[22] 하지만 많은 시장에서는 단기국채만이 존재하거나 활발히 거래된다. 10년 만기 국채가 있다면 이 또한 선택을 고려할 수 있는 대상이다.

가치평가에서는 명확한 요구수익률 추정치가 필요하다. [표 1]의 자료는 시장의 주식위험프리미엄 추정치에 대한 실무적 출발점을 제공한다. 결론적으로 말해 이제까지 살펴본바 바와 같이 역사적 프리미엄 추정치를 얻는 여러 방법 중에서 장기국채를 기초로 한 기하평균 주식위험프리미엄 추정치가 가장 보편적인 방법이라고 볼 수 있다.

20) Arzac(2000) 역시 이 주장에 동조하고 있다.

21) **듀레이션(duration)**이란 이자율 변동에 대한 자산(혹은 부채)의 가격 민감도에 대한 척도이다.

22) Ibbotson 미국 장기 국채수익률은 평균 20년 만기의 T-bond의 포트폴리오를 사용한다. 우리는 이 자료를 미국 주식위험프리미엄의 역사적 추정치 산출에 사용하길 추천한다.

3.1.3. 역사적 추정치의 조정

애널리스트는 주식시장의 수익률 계열에 존재하는 왜곡을 완화하기 위해 역사적 위험프리미엄 추정치를 여러 방법으로 조정하기도 한다. 주식위험프리미엄 추정에 사용되는 데이터 계열의 편향 효과를 제거하는 것이 그중 한 방법이다. 또 다른 방법은 주식위험프리미엄의 독립 추정치를 고려하는 것이다. 두 방법 모두에서 상향이나 하향 조정이 가능하다.

주가의 시계열 자료에서 **생존편의(survivorship bias)**는 중요한 이슈이다. 부실회사나 파산회사가 주가지수에서 제거되어 오직 시장의 승자인 우량회사들만 주가지수에 남게 되면 생존편의가 발생한다. 생존편의는 주식위험프리미엄의 역사적 추정치를 부풀리는 원인이 된다. 물론 많은 선진국 시장에서 생존편의가 (거의) 제거된 주가수익률 시계열 자료를 구하는 것이 어렵지는 않다. 다만 생존편의가 있는 데이터 계열을 사용할 경우에는 역사적 위험프리미엄 추정치를 하향 조정해야 한다. 일부 연구는 이러한 조정에 대한 가이드라인을 제시하고 있다.[23)]

시장이 전혀 기대하지 못한 일련의 긍정적 혹은 부정적 사건이 발생하고 이러한 시장충격이 표본 데이터 기간 동안 균형 상태로 다시 돌아가지 않을 때 개념적인 조정 이슈가 발생한다. 예를 들어 갑작스러운 인플레이션과 생산성 혁신이 발생하면 시계열상 수익률이 높아지면서 주식위험프리미엄의 역사적 평균 추정치를 끌어올리게 된다. 이런 경우 전방주시 모형은 주식위험프리미엄을 훨씬 낮게 추정할 수 있다. 이런 우려를 완화하기 위해 애널리스트는 독립적인 전방주시 추정치에 근거하여 역사적 추정치를 하향 조정(부정적 서프라이즈가 있는 경우 상향 조정)할 수 있다. 많은 전문가들은 세계의 여러 주요 시장에서 역사적 추정치가 미래에 재발할 것으로 예상할 수 없는 많은 우호적인 상황에 영향을 받았다고 믿고 있다. 따라서 이들은 역사적 추정치를 하향 조정할 것을 제안한다. Dimson, Marsh, and Staunton(2002)은 분산투자의 확대가 시장위험을 감소시키면서 발생한 리프라이싱(repricing) 때문에 역사적 수익률은 상당히 혜택을 받았다고 주장했다. 미국의 경우 Ibbotson and Chen(2001)은 공급측면 분석을 통해 주식위험프리미엄 추정치가 낮아져야 한다는데 근거하여 Morningstar(Ibbonston)의 역사적 미국 주식위험프리미엄 추정치를 1.25% 포인트 하향 조정할 것을 제안했다.

(EXAMPLE 2)는 역사적 추정치를 조정하거나 전방주시 추정치를 사용하게 만드는 역사적 자료가 가진 문제점에 대해 설명하고 있다.

---

23) Copeland, Koller, and Murrin(2000)은 S&P 500 지수에서 생존편의를 제거하기 위해서는 산술평균 추정치를 사용할 때 1.5% 내지 2.0% 하향 조정할 것을 권고했다. 생존편의에 관한 보다 자세한 사항은 Dimson, Marsh, and Staunton (2002)을 참조하라.

EXAMPLE 2 신흥국 인도의 역사적 주식위험프리미엄 추정치[24)]

신흥시장의 역사적 주식위험프리미엄 추정에는 여러 문제가 수반된다. 인도도 예외는 아니다. 여러 종류의 주가지수가 있지만 각각은 모두 각자의 문제점을 가지고 있다. 다른 지수에 비해 포괄적이진 않지만, 30개 주도주로 구성된 시가가중평균 주가지수인 S&P BSE Sensex Index(Sensex)는 그나마 가장 장기간의 자료를 바탕으로 작성된 지수이다. 이 지수는 1986년부터 집계를 시작했지만, 수익률 데이터는 1979년부터 제공되고 있다. 이 지수와 주식위험프리미엄 추정과 관련된 주요 이슈는 다음과 같다.

- 1979년부터 1985년까지 수익률 자료는 1986년 당시 시가총액 상위 30종목의 수익률로 보충된 자료이다.
- Sensex는 가격지수이다. 배당수익을 감안한 총수익률 자료는 1997년부터 제공되고 있다.
- 1991년까지 이자율은 인도 정부의 직접 규제를 받았고, 규제가 없어지면서 이자율은 매우 높은 변동성을 보였다. 2000년부터 2013년까지 인도중앙은행(Reserve Bank of India)의 평균 기준금리는 6.75%였는데, 2000년 8월에 14.50%로 가장 높았고 2009년 4월에 4.25%로 가장 낮았다. 2013년 8월 현재 기준금리는 7.25%이다. 이자율 규제 철폐 이후에는 주식시장도 높은 변동성을 보였다.
- 2000년 거래소는 Sensex 지수선물을 상장하여 파생상품시장을 개장했다. 2001년에는 Sensex 옵션시장이 개설되었다.
- 지난 20년간 시장 밸류에이션은 크게 변동했다. 1994년 Sensex의 주가수익비율은 45.5배였지만, 1998년에는 13.0배로 낮아졌다. 2013년 8월 현재 주가수익비율은 17.3배이다.
- 일정 수준의 편의는 있으나 객관적 추정치는 산출될 수 있다.

이상에서 주어진 정보만을 가지고 다음 각 질문에 답하라.

1. (조정 전) 역사적 위험프리미엄 추정치의 상향편의를 일으키는 요인에는 무엇이 있는가?
2. (조정 전) 역사적 위험프리미엄 추정치의 하향편의를 일으키는 요인에는 무엇이 있는가?
3. 역사적 시계열 자료가 안정적이지 않다는 두 가지 증거는 무엇인가?
4. 역사적 주식위험프리미엄 추정치의 조정 필요성에 대해 논하라.

Solution 1

1986년에 선택된 종목으로 1979년부터 1985년까지 자료를 보충함에 따른 생존편의로 인해 추정치의 상향편의가 발생할 수 있다. 1986년에 선택된 기업은 1979년 증시에서도 성공적인 기업 중 하나였을 것이다. 분명하지는 않아도 1991년까지 있었던 이자율 규제 역시 생존편의를 유발할 수 있다. 인위적으로 낮춘 무위험이자율은 주식의 요구수익률이 동일한 수준으로 낮아지지 않는 한 주식위험프리미엄 추정치의 상향편의를 일으켰을 수 있다. 마지막으로 2000년대에 들어서야 Sensex의 파생상품 시장이 개설되었다는 것도 생존편의에 원인이 될 수 있다. 시장위험을 회피할 수 있다면 미래 주식위험프리미엄이 낮아질 수 있기 때문이다.

Solution 2

배당수익을 수익률에 포함하지 않으면 주식위험프리미엄 추정치에 하향편의가 발생한다. 또한 위험프리미엄은 일반적으로 주가배수와 역의 관계를 가진다. 현재 주가수익비율(P/E)은 1994년보다 한참 낮은 수준인데, 이는 역사적 위험프리미엄 추정치가 하향편의를 가질 수 있다는 의미이다.

Solution 3

1991년 이자율 규제 철폐를 전후로 이자율 수준이 크게 변동한 것은 1991년을 전후로 주식위험프리미엄이 달라졌고 전체 시계열이 안정적이지 않다는 비정상성을 나타낸다. 둘째로 규제 철폐 전후의 주식시장의 변동성 차이도 시계열이 안정적이지 않다는 것을 보여준다.

Solution 4

편의가 있는 추정치가 주어지면 애널리스트는 역사적 추정치를 보다 정확하고 불편추정치에 가깝도록 조정할 필요가 있다.

(EXAMPLE 2)에서 어떤 역사적 추정치에도 있을 수 있는 비판은 자료의 표본기간(1991년 개혁 이후)이 너무 짧다는 것인데, 이는 절대적으로 현재 상황에만 적합한 기간이다. 어떤 평균 추정에서도 표본추출의 오류는 주된 걱정거리다. 앞에서 살펴본 미국 주식위험프리미엄의 2배 표준편차 구간 논의에서 113년간의 데이터를 사용했던 것을 상기할 필요가 있다. 애널리스트는 역사적 추정치를 조정함으로써 관련 우려를 해소할 수 있다. 애널리스트는 또한 미래 추정치를 고려할 수도 있다. 미래를 바라보는 전방주시 추정치는 다음의 주제이다. 인도와 같은 신흥시장의 주식위험프리미엄 추정에 관해서는 나중에 국제적 이슈를 살펴보면서 좀 더 알아보기로 한다.

3.2. 전방주시 추정치

이 주식위험프리미엄은 현재 시점에서 바라본 오직 미래의 경제적·재무적 변수에 대한 기대에만 기초를 두기 때문에 원칙적으로 이런 변수들에 대한 현재 정보와 미래 기대에서 위험프리미엄을 직접 추정하는 것이 논리적이다. 이러한 추정치는 종종 미래 또는 전방주시(forward looking) 추정치 혹은 사전적(*ex ante*) 추정치라고 불린다. 이런 추정치는 역사적

24) 이 사례의 주요 배경에 관한 출처는 「Jayanth R. Varma and Samir K. Barua, "A First Cut Estimate of the Equity Risk Premium in India," Indian Institute of Management Ahmedabad, Working Paper No. 2006-06-04, June 2006」이다.

주식위험프리미엄 추정치와 같을 수도 있지만 높거나 낮을 수도 있다.[25] 사전적 추정치는 역사적 추정치에 비해 비정형성이나 데이터 편의 등의 문제에 영향을 덜 받는다. 그러나 이 추정치는 재무적 · 경제적 모형의 잠재적 오류와 추정의 잠재적인 행동편의(behavioral bias)에 잦은 영향을 받는다.

3.2.1. 고든성장모형 추정치

아마도 우리에게 가장 익숙한 전방주시 주식위험프리미엄 추정치는 수식 (3a)에서 본 고정성장모형(혹은 고든성장모형)과 같은 매우 단순한 현재가치모형에 기반을 둔다. 유럽과 영국, 북미 같은 선진국 주식시장의 경우에는 이 모형의 가정들이 실제에도 근접하는 것으로 보인다. 광범위한 주식을 포괄하는 주가지수의 경우 배당수익률이 거의 일정하기 때문에 1년 후의 배당액을 공정하게 예측할 수 있다. 기대 배당성장률은 주가지수의 이익성장률 애널리스트 컨센서스와 같이 공개된 애널리스트나 이코노미스트 보고서로부터 추론이 가능하다. 고든성장모형(Gordon growth model, GGM)에 따른 주식위험프리미엄 추정치는 다음과 같다.[26]

GGM 주식위험프리미엄 추정치
= 1년 후 예상 배당과 시가총액을 감안한 주가지수 배당수익률
+ 장기 이익성장률 컨센서스
− 현재 장기 국채수익률 (6)

미국의 사례를 살펴보자. 2013년 7월 S&P 500 지수는 1,685.73이었고 수식 (6)에서 정의된 S&P 500의 배당수익률은 약 2.1%였다. 애널리스트 컨센서스는 S&P 500의 이익이 $91.53에서 내년 $109.09로 19.1% 증가할 것으로 예측했다. 그러나 지난 40년간 보고된 이익성장률은 약 7% 수준이어서[27] 우리는 장기 이익성장률 예측치로 7%의 역사적 장기성장률을 사용한다. 배당성장률은 장기적으로 보면 이익성장률을 추적해야 한다. 20년 만기 미국 국채수익률은 3.0%였다. 이상과 같은 경우 수식 (6)에 따르면 미국 주식위험프리미엄의 고든성장모형 추정치는 2.1% + 7.0% − 3.0% = 6.1%가 된다. 역사적 추정치와 비슷하게 고든성장모형 추정치도 시간 경과에 따라 변동한다. 예를 들어 2013년 위험프리미엄 추정치는

25) Fama and French(2001)는 1950년 이전에는 미국시장의 역사적 주식위험프리미엄 추정치와 고든성장모형 추정치가 일치했지만 1950년부터 1999년에는 고든성장모형 추정치 평균이 역사적 추정치의 절반에 미치지 못했다는 것을 발견했다. 이들은 이러한 차이의 원인을 실현수익률의 기대치에 대비한 양의 어닝스프라이즈 효과에서 찾고 있다.

26) 최근 Jagannathan, McGrattan, and Scherbina(2000)과 Fama and French(2001)도 미국 시장에 적용한 이 모형을 사용했다. GGM 추정치는 해외시장에 대한 기관 리서치에도 사용돼왔다(Stux 1994). 대부분의 애널리스트는 배당성장률보다는 이론적으로 충실한 이익성장률을 추정하기 때문에 우리도 이 수식에 이익성장률을 사용했다. 다만 배당성향(dividend payout ratio)이 일정하면 포괄적 주가지수인 경우 두 성장률 추정치는 근사하게 일치하게 된다.

27) www.sandardandpoors.com.

6.1%지만, 2001년 말 이 책의 초판 출판 당시에는 2.4%(= 1.2% + 7% − 5.8%)였다. 2009년 말 2판 발행 시 GGM 추정치는 3.9%(= 1.9% + 7.0% − 5.0%)였다.

수식 (6)은 이익이 일정한 비율로 증가하는 것을 가정한다. 하지만 고속으로 성장하는 경제에서는 이익의 증가가 여러 성장단계를 거친다고 보는 것이 적절하다. 이런 경제 상황에 놓인 주가지수에 대해 애널리스트는 지수에 포함된 전체 기업이 고속성장기를 시작으로, 성장이 느려지는 전환기, 그리고 성장률이 지속가능한 수준으로 안정화되어 성숙기로 이행한다고 볼 수 있다. 3개 단계에서 기대되는 현금흐름의 현재가치 합과 주가지수의 현재 시장가격을 일치시켜주는 할인율 r을 IRR로 정의한다. “PV고속성장기(r)”을 할인율인 r의 함수로 한 고속성장기 현금흐름의 현재가치로 나타내고, 다른 두 성장단계 역시 이와 같은 함수로 표시하면 IRR을 푸는 수식을 다음과 같이 표시할 수 있다.

$$\text{주가지수} = \text{PV고속성장기}(r) + \text{PV전환기}(r) + \text{PV성숙기}(r)$$

스프레드시트의 계산 기능을 사용하면 IRR을 쉽게 구할 수 있다. 2.6절에서 설명한 바와 같이 주식의 요구수익률 추정치로 IRR을 사용하고, IRR에서 국채수익률을 빼면 주식위험프리미엄 추정치를 얻게 된다.

일정한 배당성향과 효율적 시장을 가정하는 수식 (6)을 기초로 하는 모형은 이익 · 배당 · 가격이 배당성장률로 증가해, 결과적으로 P/E가 일정할 것으로 기대한다. 하지만 애널리스트는 P/E가 늘어나거나 줄어든다고 예상할 수 있다. 일부 애널리스트는 P/E의 축소와 확장을 고려하기 위해 수식 (6)의 추정치를 조정하기도 한다. 현재 시장에서 주어진 이익과 P/E 수준에서 출발할 때 P/E가 증가하지 않는 한 가격상승률이 이익성장율보다 클 수 없다. P/E가 증가하기 위해서는 이익성장률이 증가하거나 위험이 감소해야 한다.

3.2.2. 거시경제모형 추정치

애널리스트는 주식가치평가모형을 설명하는 거시경제적 변수와 재무 변수 사이의 관계를 이용해 주식의 위험프리미엄 추정치를 구할 수 있다. 이런 모형은 선진국 시장과 같이 상장주식이 경제의 상당부분을 설명할 수 있을 때 보다 신뢰성을 가진다. 다수의 이러한 분석은 GDP 성장을 견인하는 공급측면 변수에 중심을 두기 때문에 공급측면 추정치(supply-side estimate)로도 불린다. 애널리스트 추정치 컨센서스 대신 하향식 경제적 분석에 근거한 GGM 추정치도 공급측면 추정치로 간주될 수 있다.[28)]

---

28) 수요측면 모형에서는 투자자들의 평균 위험회피와 소비 변동에 따른 자산수익율의 상관관계에 기초하여 주식위험프리미엄을 추정한다. 그러나 이런 모형은 실무에서 보기 힘든 유형이다.

이 같은 공급측면 분석을 설명하기 위해 Ibbotson and Chen이 설명한 바와 같이 주식의 총수익률을 다음과 같이 네 가지 요소로 분해해 본다.[29)]

- 기대인플레이션: EINFL;
- 실질 주당순이익의 기대성장률: EGREPS;
- 주가수익비율(P/E)의 기대성장률: EGPE;
- (재투자 수익을 포함한) 기대배당수익률: EINC.

총수익률의 가격상승률을 분해하면 P/E 성장률을 얻을 수 있다.[30)] 따라서 주식위험프리미엄은 다음과 같이 표시할 수 있다.

$$\text{주식위험프리미엄} = \{[(1 + \text{EINFL})(1 + \text{EGREPS})(1 + \text{EGPE}) - 1.0] + \text{EINC}\} - \text{기대 무위험이자율} \tag{7}$$

다음은 S&P 500으로 대표되는 미국 주식시장 자료에 이 유형의 분석을 적용한 예시적 사례이다.

- **기대인플레이션**. 미국 국채와 물가연동국채(TIPS)의 수익률 곡선에서 기대인플레이션의 시장 예측치를 얻을 수 있다.

$$\text{암묵적 인플레이션 예측치} \approx \frac{1 + 20\text{년 만기 국채 YTM}}{1 + 20\text{년 만기 TIPS YTM}} - 1 = \frac{1.03}{1.0098} - 1 = 0.020 = 2.0\%$$

TIPS 분석과 기타의 장기추정치를 통해 얻는 연 2.0%를 기대인플레이션으로 사용한다. 따라서 1 + EINFL = 1.02가 된다.

- **실질 주당순이익의 기대성장률**. 이는 실질 GDP성장률을 거의 좇아가게 된다. 다만 주식시장을 대표하기 위해 채택된 주가지수의 구성 기업들에 대한 성장률 기대와 경제 전체에 대한 성장률 기대에 상당한 차이가 있으면 이를 실질 GDP성장률 수준으로 조정할 필요가 있다.

---

29) 이는 Ibbotson and Chen(2003)의 method 3, the earnings method를 참조하라.

30) $(P_t/P_{t-1}) - 1.0 = [(P_t/E_t)/(P_{t-1}/E_{t-1})](E_t/E_{t-1}) - 1.0 = (1 + \text{EGPE})(1 + \text{EGREPS}) - 1.0$

경제이론에 따르면 실질 GDP성장률은 노동생산성증가율과 (인구증가율과 경제활동참가증가율의 합인) 노동공급증가율의 합이다. 미국의 노동생산성증가율 추정치는 2%, 노동공급증가율 추정치는 1%이기 때문에 전체 실질 GDP성장률 추정치는 3%이다. 따라서 1 + EGREPS = 1.03이다.

- **P/E의 기대성장률**. 효율적 시장 가설에서 이 요인의 기초값은 0이어야 한다. 물론 애널리스트가 현재 P/E에 시장괴리(고평가 · 저평가)가 있다고 판단하면 투자기간을 감안하여 기대성장률을 조정할 수 있다. 시장 밸류에이션에 이상이 없다면 여기서는 1 + EGPE = 1이 된다.
- **기대배당수익률**. 역사적으로 미국의 장기 배당수익률은 (20 bps의 재투자수익률을 감안하여) 약 4.5%이다.[31] 그러나 현재 S&P 배당수익률은 장기평균을 하회하고 있다. 미래 전방 배당수익률 추정치 2.1%에 10 bps의 재투자수익률을 감안하면, 기대 배당수익률 추정치는 2.2%가 된다. 따라서 EINC = 0.022이다.

Ibbotson-Chen 수식에 무위험이자율을 3%라고 보면 미국의 주식위험프리미엄 추정치는 다음과 같다.

$$\{[(1.02)(1.03)(1) - 1.0] + 0.022\} - 0.03 = 0.0726 - 0.03 = 4.26\%$$

4.26%의 공급측면 추정치는 [표 1]에서 본 역사적 기하평균 추정치 4.2%와 거의 일치한다.[32]

3.2.3. 서베이 추정치

기대치를 얻는 하나의 방법은 사람들에게 자신의 기대를 물어보는 것이다. 주로 전문가들로 구성된 표본집단에게 주식위험프리미엄 자체를 질문하거나 이를 추론하는데 필요한 자본시장의 기대치를 물어보면 서베이(설문) 추정치를 도출할 수 있다.

예를 들어 Fernandez, Aguirreamalloa, and L. Corres(2011)는 미국에서 애널리스트, 기업, 학자 등 3개 그룹이 예상하는 주식위험프리미엄 추정치에 관한 비교연구를 수행했다. 연구에서 애널리스트들은 평균 5.0%의 위험프리미엄 추정치를 예상했고, 뒤를 이어 기업들이 5.5%, 학자들이 5.6%의 위험프리미엄 추정치를 예상했다.

논문 *Rethinking the Equity Risk Premium*(Hammond, Leibowitz, and Siegel, 2011)은 미

31) Ibbotson and Chen(2003), p.90 참조.
32) 엄격하게 말하면 표준오차는 오직 산술평균에만 적용된다. 그러나 근사값 차원에서 표준오차가 기하평균에도 적용돼왔다. Dimson, Marsh, and Staunton(2002), p.168 참조.

래 미국 주식위험프리미엄에 관한 다수 재무전문가의 의견을 담고 있다. 이 논문에서 재무전문가들이 예측한 주식위험프리미엄 추정치는 2.5%에서 6.0%의 범위에 있고 평균 추정치는 3.25%였다.

4. 요구수익률

주식위험프리미엄을 추정할 수 있는 수단이 있다면 이제 애널리스트는 특정 주식에 대한 요구수익률을 추정할 수 있다. 요구수익률을 추정하는 방법에는 다음이 있다.

- 자본자산 가격결정모형(CAPM)
- Fama-French모형 같은 다요인모형
- 위험프리미엄 가산모형 같은 집적법모형

4.1. 자본자산 가격결정모형

자본자산 가격결정모형(capital asset pricing model, CAPM)은 (투자자들이 위험회피 성향을 가지며 자신의 전체 포트폴리오의 평균수익률과 수익률 분산에 근거하여 투자를 결정한다는) 모형의 핵심 가정이 충족될 때 수요와 공급이 일치하도록 **균형(equilibrium)**을 만드는 요구수익률을 찾는 모형이다. 이 모형의 주된 시사점은 투자자가 자신의 전체 포트폴리오의 체계적 위험(더 이상 포트폴리오를 분산하더라도 없어지지 않는 위험)에 대한 특정 자산의 기여를 통해 이 자산의 위험을 평가한다는 것이다. CAPM은 요구수익률 추정에 경제적 합리성을 가지며 상대적으로 객관적인 절차를 따르기 때문에 가치평가에서 널리 사용되고 있다.

실무에서 활용되는 CAPM은 수식 (4)에서 본바와 같다.[33)]

$$\text{주식 } i\text{의 요구수익률} = \text{현재 기대 무위험이자율} + \beta_i(\text{주식위험프리미엄})$$

예를 들어 현재 기대 무위험이자율이 3%, 자산베타가 1.20이고 주식위험프리미엄이 4.5%라면, 이 자산의 요구수익률은 다음과 같이 추정된다.

33) 공식적으로 CAPM은 $E(R_i) = R_F + \beta_i[E(R_M) - R_F]$이고, 이때 $E(R_i)$는 베타가 주어진 균형 상태에서 자산 i의 기대수익률로 이 주식의 요구수익률이 된다. R_F는 무위험이자율, $E(R_M)$은 시장포트폴리오의 기대수익률이다. 이론적으로 시장포트폴리오란 시장가치를 가중치로 하여 모든 위험자산을 포함하는 포트폴리오를 말한다. 실무에서 CAPM으로 주식가치를 평가할 때 광범위한 주가지수는 시장포트폴리오를 대표한다고 보며, 주식위험프리미엄 추정치는 $E(R_M) - R_F$가 된다.

주식 i의 요구수익률 = 0.030 + 1.20(0.045) = 0.084 또는 8.4%

자산베타는 자산의 시장위험(market risk) 또는 체계적 위험(systematic risk)을 나타내는데, 이론적으로 **시장포트폴리오(market portfolio)** 수익률에 대한 위험자산 수익률의 민감도를 말한다. 보다 정확하게 말하면 자산의 시장(자산)베타는 시장포트폴리오 수익률과 위험자산 수익률의 공분산을 시장포트폴리오 수익률의 분산으로 나눈 값이다. 주식가치평가 실무에서 광범위한 주식을 포괄하는 시가가중 주식시장지표는 시장포트폴리오를 대표하는 것으로 간주된다. 시장베타는 지수 수익률에 대한 특정 자산 수익률의 최소자승 회귀분석으로 추정되는데, 많은 금융정보업체가 시장베타 자료를 제공하고 있다. 실제 수식 (4)로 애널리스트가 요구수익률을 구할 때 특정 자산의 고유한 위험을 현재 기대 무위험이자율에 가산하기 위해 주식위험프리미엄에 자산베타를 곱하는 방식으로 주식위험프리미엄을 상·하향으로 조정한다.

주식위험프리미엄이 국내 시장지수로 계산되고 추정된 베타가 이 지수에 대한 민감도인 전형적 사례에서 주가는 암묵적으로 거의 국내투자자들에 의해 결정된다는 가정이 성립한다. 주식시장이 이와 같이 분할돼 있으면 (즉, 국내 시장가격은 해외투자자가 아닌 국내투자자에 의해 주로 결정될 때) 동일한 위험 특성을 가진 두 주식은 다른 시장에서 다른 요구수익률을 가질 수 있다.

정반대의 가정은 모든 글로벌 투자자들이 동일하게 가격결정에 참여하는 (완전 통합시장의) 상황이다. 이 가정에서는 위험프리미엄이 세계시장 포트폴리오에 대해 결정되는 국제 CAPM 혹은 세계 CAPM에 의해 도출된다. 시장포트폴리오의 관점에서 역사적으로 세계 주식위험프리미엄은 (1970년부터 수익률을 집계하는) MSCI World 지수를 가지고 추정해왔다. 예를 들어 미국 주식위험프리미엄은 (미국 주식위험프리미엄 추정치)/(MSCI World에 대한 미국 주식 베타) = 4.5%/0.81 = 5.6%와 같이 간접적으로 계산된다. MSCI에 대해 베타를 계산하고 국가 무위험이자율을 사용하면, 애널리스트는 세계 CAPM 요구수익률 추정치를 얻을 수 있다. 그러나 실무상 국제 CAPM이 주식 요구수익률 추정에 잘 사용되는 것은 아니다.[34)]

4.1.1. 상장회사의 베타 추정

가장 단순한 베타 추정치는 시장수익률에 대한 특정 주가수익률의 단순회귀분석으로 구

34) 실무에서 보다 설득력 있는 추정치를 얻는 방법도 있다. 이에 대해서는 Morningstar(2007), pp.177-179, 184를 참고하라. Singer-Terhaar접근법이라고도 불리며 실무에서 국제 CAPM를 구하는 또 다른 방법은 Calverley, Meder, Singer, and Staub(2007)을 참조하라. 이 접근법에서는 국내와 해외 CAPM 추정치의 가중평균을 사용하고 있다.

한다. 이 결과는 종종 비조정베타(unadjusted beta) 혹은 원시베타(raw beta)라고 불린다. 베타 추정치는 다음 사항을 어떻게 선택하느냐에 영향을 받는다.

- **시장포트폴리오를 대표하는 주가지수의 선택**. 다수의 시장에서 전통적인 선택이 존재한다. 미국 주식의 경우라면 S&P 500나 NYSE Composite가 전통적으로 시장포트폴리오로 사용된다.
- **데이터 기간과 관측 빈도**. 60개의 관측값을 갖는 5년간 월간 데이터(Morningstar, Compustat 등 다수의 정보서비스 업체가 이런 데이터를 제공함)를 선택하는 것이 가장 일반적이다. Value Line은 5년간 주간 관측치를 사용한다. Bloomberg는 2년 주간 관측치를 디폴트로 설정하고, 사용자의 필요에 따라 관측 빈도를 조정할 수 있게 한다. 미국 주식의 경우 5년간 월간 데이터가 더 바람직하다는 연구결과가 있다.[35] 특히 성장 속도가 빠른 시장에서는 Bloomberg의 디폴트값이 정확하다는 주장도 있다.

특정 미래기간 동안의 베타는 원시베타보다 평균적인 체계적 위험을 가진 증권의 베타인 평균값 1.0에 가깝다는 사실이 발견된다. 가치평가가 향후를 내다보는 작업이기 때문에 원시베타를 조정하여 미래 베타를 보다 정확하게 추정하는 것이 논리적이다. 가장 널리 활용되는 베타의 조정 방법은 다음과 같이 Blume(1971)에 의해 제안되었다.

$$\text{조정베타} = (2/3)(\text{비조정베타}) + (1/3)(1.0) \qquad (8)$$

가령 시장수익률에 대한 어떤 자산의 수익률 회귀분석으로 1.30의 베타를 얻었다면, 조정베타는 (2/3)(1.30) + (1/3)(1.0) = 1.2가 된다. 재무정보 제공서비스는 종종 비조정과 조정베타 모두를 제공하기도 한다. 대부분의 업체들이 Blume의 조정법을 적용하지만, 일부는 다른 방법을 사용한다. 예를 들면 Morningstar(Ibbotson)는 원시베타를 1.0의 전체 평균값으로 조정하는 대신 동료기업의 평균값으로 조정한다. 따라서 애널리스트는 자신이 사용하는 데이터가 어떻게 작성되었는지 이해할 필요가 있다.

다음은 주식의 요구수익률 추정에 CAPM을 적용한 사례이다.

35) Bartholdy and Peare(2003).

EXAMPLE 3 애널리스트 사례 연구 (2): Larsen & Toubro의 요구수익률

Weeramantry가 Microsoft를 분석하는 동안 그의 동료 Delacour는 Lasen & Toubro Ltd. (BSE: 500510, NSE: LT) 주식의 요구수익률을 조사 중이다.[36] Larsen & Tourbro는 인도 최대 엔지니어링 건설회사이다. Delacour는 2013년 7월 31일 블룸버그 터미널에서 [표 3]과 같이 BLT의 베타 화면을 조회했다.

[표 3] Bloomberg의 Larsen & Toubro Ltd. 베타 추정치 조회 화면

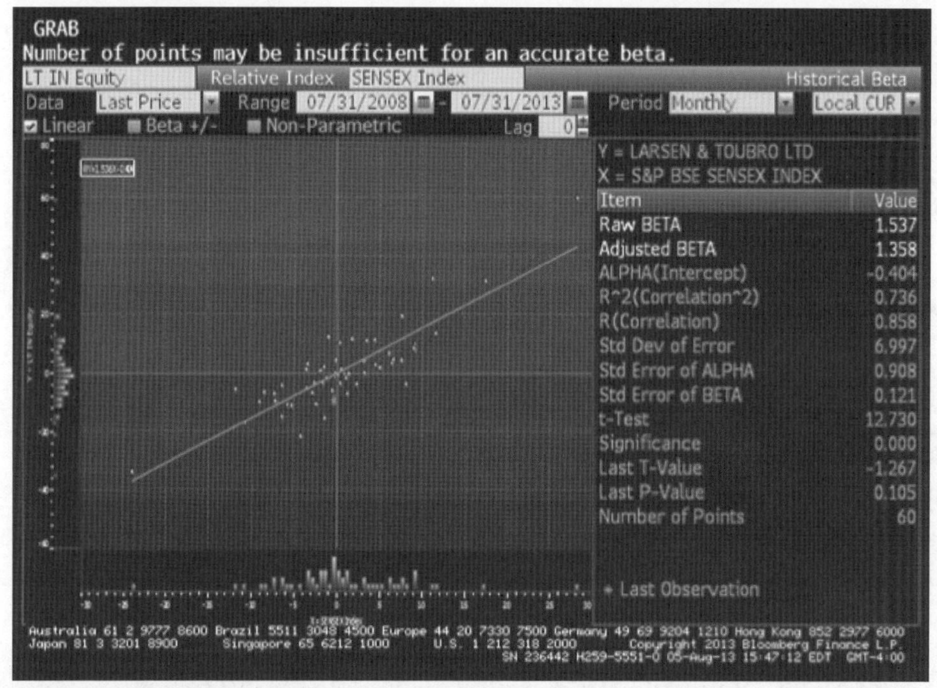

Delacour는 블룸버그가 베타 추정에 인도 Sensex를 주가지수로 사용한다고 밝혔다. Delacour는 자신의 다른 추정 작업과 일관성을 확보하기 위해 [표 3]에서 보는 바와 같이 기간과 빈도의 디폴트값을 변경했다. 다행히도 그녀는 베타 추정치가 변경 전후에 거의 같다는 것을 확인했다.

원시베타 1.537은 Sensex의 수익률을 X축에 놓고 LT의 수익률을 Y축에 표시하는 60개의 산포도를 관통하는 회귀선의 기울기이다. 국내통화로 표시된 수익률 분포가 막대그래프로 X축을 따라 겹쳐져 있다.

36) BSE: Bombay Stock Exchange, NSE: National Stock Exchange. Bloomberg는 이 회사를 LT IN으로, Reuters는 LART.BO로 표시한다.

베타가 LT 수익률의 변동을 73% 이상 설명하는 R^2에서 알 수 있듯이 이례적으로 높은 모형 적합도에 주목하여, Celacour는 LT의 요구수익률 추정에 CAPM을 사용하기로 했다.[37)] Delacour는 인도의 역사적 조정 주식위험프리미엄이 4.0%라는 리서치 결과를 낸 적이 있고, 이때 무위험이자율로 10년물 인도 국채수익률 8.7%를 사용했었다.[38)] Delacour는 LT의 자본비용 조회 화면에서 8.7%의 국채수익률을 확인했고, 같은 화면에서 국가프리미엄인 인도 주식위험프리미엄 추정치 3.3%(이는 그녀 자신의 추정치 4.0%에 근접하는 수치임)를 찾았다.

이상의 정보를 가지고 다음 질문에 답하라.

1. Blume방법을 이용하여 조정베타를 구하라.
2. 조정베타를 CAPM에 적용하여 LT의 요구수익률을 추정하라.
3. 베타가 정확히 추정됐다는 증거를 블룸버그 스크린에서 찾아 설명하라.

Solution 1

조정베타는 (2/3)(1.537) + (1/3)(1.0) = 1.358이다.

Solution 2

요구수익률 r = 8.7% + 1.358(4%) = 14.1%

Solution 3

베타의 표준오차(standard error)는 0.121로 원시베타 추정치 1.537에 비해 상대적으로 작은 값을 가진다.

EXAMPLE 4 CAPM을 이용한 요구수익률 추정 (1)

각각 미국, 영국, 프랑스에 본사를 둔 Exxon Mobil Corporation, BP p.l.c., Total S.A는 세계 3대 오일 "슈퍼메이저"들이다. 애널리스트는 미국, 영국, 유로존의 주식위험프리미엄을 각각 4.5%, 4.1%, 4.0%로 추정했다. 기타의 정보는 [표 4]에 정리되어 있다.

37) Bloomberg 스크린은 R^2을 상관관계로 해석한다. 하지만 보다 정확하게는 다변량 회귀분석의 R^2(결정계수)는 종속변수(주가수익률)와 독립변수(시장수익률)간 상관계수의 제곱이다. 결정계수는 독립변수에 의해 설명되는 종속변수의 변동 부분으로 해석된다.

38) Varma and Barua(2006)은 자신의 데이터베이스를 이용하여 인도 주식시장의 역사적 기하평균 위험프리미엄을 8.75%로 추정했다. 이는 공급측면 분석을 기초로 1.7% 포인트 하향 조정한 수치다. 국가신용도평가모형(country risk rating) 추정치와 같은 일부의 인도 주식위험프리미엄 추정치는 매우 높은 값을 보이기도 한다.

[표 4] Exxon Mobil, BP, Total 비교

회 사	베 타	주식위험 프리미엄 추정치	무위험 이자율
Exxon Mobil Corp(NYSE: XOM)	0.77	4.5%	3.20%
BP p.l.c.(LSE SETS: BP, NYSE: BP)	1.99	4.1%	3.56%
Total S.A.(Euronext: FR0000120271, NYSE: TOT)	1.53	4.0%	2.46%

자료: Financial Times, Yahoo.

CAPM을 이용하여 다음 각 주식의 요구수익률을 계산하라.

1. 엑슨모빌
2. BP
3. 토탈

Solution 1

엑슨모빌의 CAPM 요구수익률: 3.20% + 0.77(4.50%) = 6.67%

Solution 2

BP의 CAPM 요구수익률: 3.56% + 1.99(4.10%) = 11.72%

Solution 3

토탈의 CAPM 요구수익률: 2.46% + 1.53(4.00%) = 8.58%

EXAMPLE 5 CAPM을 이용한 요구수익률 추정 (2)

Jill Adams는 미국의 비상장 손해보험회사 주식에 투자하는 헤지펀드의 애널리스트이다. Adams는 Alleghany Corporation(NYSE: Y)을 상장된 비교대상 회사로 보고, 투자 제안 평가에 Alleghany의 정보를 활용하기로 했다. Adams가 접촉한 한 셀 사이드 애널리스트는 Alleghany의 요구수익률을 10%로 보았다. 애널리스트의 요구수익률을 검토하면서 Adams는 2007년 8월 하순 Alleghany의 역사적 베타가 [표 5]와 같다고 보았다.

[표 5] Alleghany Corporation의 역사적 베타

5년 베타	10년 베타
0.56	0.40

자료: Reuters

국채에 대한 미국 주식위험프리미엄 추정치는 4.2%이다. 또한 만기수익률(YTM) 정보는 다음과 같다.

- 91일물 US Treasury bill: 0.03%
- 2년물 US 국채: 3%

Adams는 베타의 추정기간과 조정에 대해서는 가장 일반적인 시장 프랙티스를 따른다.

1. Alleghany Corporation의 조정베타와 CAPM을 이용하여 요구수익률을 계산하라.
2. 셀 사이드 애널리스트의 Alleghany 자기자본비용 추정치가 10%라는 사실은 Alleghany 주식의 체계적 위험이 평균 이상이란 의미인가 평균 이하란 의미인가?

Solution 1

조정베타는 (2/3)(0.56) + (1/3)(1.0) = 0.707 또는 0.71이다. 베타 계산에서 5개년 자료를 사용하는 것은 일반적 관행이다. 주식위험프리미엄의 정의에 부합하는 장기국채수익률을 CAPM에 적용하면, 요구수익률은 3.00% + 0.71(4.20%) = 5.982% 또는 약 6.0%가 된다.

Solution 2

애널리스트의 추정치(10%)는 이 주식이 평균 이상의 시장위험을 가진다는 것을 의미한다. 정의상 베타가 1이란 것은 시장베타, 다시 말해 평균적인 체계적 위험을 가진다는 것을 나타낸다. 베타가 1이라면 요구수익률은 3.00% + 1.0(4.20%) = 7.2%가 되어야 한다.

주식의 거래가 빈번하지 않을 때 가장 최근의 거래가격이라도 가치의 변화를 적절히 반영하지 못할 수 있다. 예를 들어 만일 베타가 월간 데이터 계열에 기초하여 추정되고 빠진 값들을 최근 거래가격으로 보충되면, 추정된 베타가 너무 작아져 주식의 요구수익률이 과소 추정된다. 거래가 빈번하지 않은 주식의 베타를 추정하는 데는 여러 계량경제학적 방법이 동원된다.[39] 실무적인 대안으로는 비교대상 유사 증권의 베타를 사용하는 방법도 있다.

4.1.2. 거래빈곤주식과 비상장주식의 베타 추정

애널리스트가 회귀분석 베타 추정치를 사용하려고 해도 비상장회사의 경우에는 시장가격에 접근이 불가능하다. 다만 애널리스트가 MSCI/Standard & Poor's Global Industry Classification Standard(GICS)나 FTSE Industry Classification Benchmark(ICB) 같은 업종분류체계를 이용해 상장된 유사회사를 확인하고, 이들 회사의 베타에 근거해 간접적으로 비상장회사의 베타를 추정

39) Elton, Gruber, Brown, and Goetzmann(2006)을 보면 Scholes and Williams(1999)와 Dimson(1979)의 모형에 대해 잘 정리하고 있다.

할 수는 있다.

추정 과정에는 비상장회사와 벤치마크의 재무레버리지 차이가 베타에 미치는 영향을 제거하는 절차가 있어야 한다. 먼저 벤치마크 자산의 베타에서 레버리지 효과를 제거하여 벤치마크 베타를 무부채화한다. 이는 산업의 이크노믹스로부터 발생하는 오직 체계적 위험만을 반영하기 위함이다. 다음은 비상장회사의 재무레버리지를 반영해 베타를 다시 부채화한다.

가령 β_E를 레버리지 효과 제거 전의 주식베타라고 하자. 이것은 벤치마크 베타이다. 만일 벤치마크 회사가 발행한 채권의 신용도가 우수하면(즉, 부채의 베타가 0이라는 가정이 거의 충족되는 경우라면), 애널리스트는 무부채(無負債) 주식베타를 다음과 같이 표현할 수 있다.[40]

$$\beta_U \approx [\frac{1}{1+(D/E)}]\beta_E \tag{9a}$$

그리고 평가대상 비상장회사가 각각 D'와 E'의 부채와 주식을 가질 때, 이 회사의 채권이 높은 신용도를 가진다고 가정하면 평가대상 주식의 베타 β'_E는 다음과 같이 표현된다.

$$\beta'_E \approx [1+(D'/E')]\beta_U \tag{9b}$$

수식 (9a)와 (9b)는 전체 기업가치가 변동함에 따라 부채 수준이 목표 자본구조에 따라 조정된다는 가정 하에 유지된다. 이는 뒤에서 설명하는 가중평균자본비용의 정의와도 부합한다.[41] [표 6]은 이러한 과정을 요약하고 있다.

---

40) $\beta_U \approx [1+(D/E)]^{-1}[\beta_E + (D/E)\beta_D]$의 수식에서 $\beta_D = 0$이라고 가정하면 수식 (9a)가 도출된다. 부채의 베타가 절대적으로 0이 아닌 경우에는 앞의 수식을 사용할 수 있다.

41) Miles and Ezzell(1985) 참조. 부채의 비중이 시간 경과에도 불구하고 일정하다는 다소 현실성이 떨어지는 가정 하에서는 (오직 교과서에서만 다루는) 또 다른 수식도 적합할 수 있다. 즉, Hamada(1972)가 밝힌바와 같이 부채의 베타가 0이면, 무부채베타의 정확한 수식은 $\beta_U = [1+(1-t)(D/E)]^{-1}\beta_E$가 되고, 이에 부채효과를 감안하여 조정한 주식베타는 $\beta_E = [1+(1-t)(D/E)]\beta_U$가 된다. 보다 자세한 사항은 Arzac(2005)를 참고하라.

[표 6] 비상장회사의 베타 추정

1단계
벤치마크(비교대상) 선정

2단계
벤치마크 베타 추정

3단계
벤치마크 베타의 부채효과 제거

4단계
평가대상 회사의 재무레버리지 반영
부채 주식베타 도출

설명을 위해 다음을 가정하자. (1단계)에서 비교대상으로 정의된 벤치마크 회사는 자본의 40%를 부채로 조달한다. 반면 평가대상 회사의 자본구조에서 부채의 비중은 단지 20%에 불과하다. (2단계)에서 벤치마크 회사의 베타를 1.2로 추정했다. 벤치마크 회사가 자본의 40%를 부채로 조달했다는 것은 자본의 60%를 주식으로 조달했다는 의미이다. 이 경우 (3단계)로 벤치마크의 무부채 주식베타는 다음과 같이 추정된다.

$$\beta_U \approx [\frac{1}{1+(D/E)}]\beta_E = [\frac{1}{1+(40/60)}]1.2 = 0.6 \times 1.2 = 0.72$$

(4단계)로 0.72인 벤치마크의 무부채 주식베타와 부채 20%와 주식 80%인 평가대상 회사의 자본구조를 바탕으로 다음과 같이 평가대상 회사의 주식베타를 추정한다.

$$\beta'_E \approx [1+(D'/E')]\beta_U = [1+(20/80)]0.72 = 1.25 \times 0.72 = 0.90$$

경우에 따라 벤치마크로 개별 회사를 사용하는 대신 산업의 평균이나 중간값 베타를 벤치마크로 사용한다. 무부채화와 재부채화의 절차는 산업 평균이나 중간값 사용에서도 동일하게 적용된다.

EXAMPLE 6 CAPM을 이용한 요구수익률 추정 (3)

Jill Adams는 비상장 보험사에 대한 지분 투자를 검토 중인데, 베타 추정치로 상장회사 Alleghany의 베타 추정치를 절사한 0.7을 사용하기로 했다. 가치평가 기준일 현재 Alleghany Corporation은 부채를 사용하지 않는 반면 평가대상인 비상장 보험사는 전체 자본의 20%를 부채로 조달하고 있다.
비교대상 회사의 베타가 0.7이라고 가정할 때, 비상장 보험사의 추정 베타는 얼마인가?

Solution

Alleghany는 부채를 사용하지 않기 때문에, 추정된 베타를 무부채화할 필요는 없다. 평가대상 비상장 보험사의 경우 부채가 전체 자본의 20%이면, 전체 자본에서 주식이 차지하는 비중은 80%이고 $D'/E' = 20/80 = 0.25$가 된다. 따라서 비상장 보험사의 주식 베타 추정치는 $(1.25)(0.70) = 0.875$ 또는 0.88이 된다.

CAPM은 단순하지만 주식의 자본비용 측정에 널리 활용되는 이론기반의 방법론이다. 주식의 위험척도인 베타 정보는 여러 정보서비스로부터 얻을 수 있으며, 서비스가 제공되지 않는 경우에도 손쉽게 추정이 가능하다. 포트폴리오상에서는 개별 증권의 **기업고유위험(idiosyncratic risk)**들이 서로 상쇄되어 거의 시장위험 수준의 위험만 남게 된다. 하지만 개별 증권에 있어서는 기업고유위험이 시장위험을 압도할 수 있는데, 이 경우 베타는 미래 평균수익률의 예측변수로서 역할을 하지 못한다. 따라서 애널리스트는 이러한 상황에 대비하여 다양한 평가기법을 가지고 있어야 한다.

4.2. 다요인모형

CAPM 베타가 위험을 충분히 설명하지 못한다는 증거는 상당히 축적되어 있다. 실무상 개별 주식 베타의 결정계수(coefficient of determination, R-squared)는 2%에서 40% 범위에 있고, 많은 경우는 10%에 미치지 못하는 것이 일반적이다. 대신 여러 시장에서 **다요인모형(multifactor model)**이 수익률을 더 잘 설명한다는 증거들이 확인된다. 이런 이유로 절차적 복잡성과 더 많은 비용에도 불구하고 애널리스트는 여러 요인들에 의해 설명되는 요구수익률 추정모형을 고려하게 된다. 그러나 단순히 절차가 복잡하다는 것이 더 높은 설명력을 보증하는 것은 아니며, 어떤 다요인모형을 선택하더라도 요인의 추가에 따른 설명력 변화를 살펴볼 필요가 있다는데 유의해야 한다.

CAPM이 무위험이자율에 단일 위험프리미엄을 더하는 접근법인 반면, **차익거래모형**

(arbitrage pricing theory model, APT model)은 수익률의 동인을 여러 요인으로 정의하는 모형이다. 공식화하면 ATP모형에 따른 요구수익률은 다음과 같이 표시된다.

$$r = R_F + (\text{위험프리미엄})_1 + (\text{위험프리미엄})_2 + \ldots + (\text{위험프리미엄})_K \quad (10)$$

여기서 $(\text{위험프리미엄})_i = (\text{요인민감도})_i \times (\text{요인위험프리미엄})_i$이다. **요인민감도(factor sensitivity)** 또는 **요인베타(factor beta)**는 (다른 요인이 일정할 경우) 특정 요인 변화에 대한 자산의 민감도를 말한다. 요인 i에 대한 **요인위험프리미엄(factor risk premium)**은 요인 i에 대해서는 단위 민감도를 갖지만 다른 요인에 대해서는 0의 민감도를 갖는 자산의 무위험이자율 초과 기대수익률을 나타낸다.[42]

다요인모형에서 가장 널리 알려진 것 중 하나는 CAPM에 두 요인을 추가해 확장한 모형이다. 이것이 그 유명한 Fama-French모형이다.

4.2.1. Fama-French모형

1980년대 말까지 미국을 포함한 여러 나라 주식시장에서 (최소한 장기간에 걸친) 투자전략의 관심은 스몰캡 주식에 집중되었고, 이들 주식이 장기적으로 CAPM 예측치보다 더 높은 수익률을 기록했다는 실증적 증가가 축적돼왔다.[43]

1993년 저명한 재무학자인 Eugen Fama와 Kenneth French는 CAPM의 문제점을 지적하고 그 대안으로 Fama-French모형(FFM)으로 알려진 3요인 모형을 제시했다. FFM은 가장 널리 알려진 일반 형식의 다요인모형 중 하나이다. 이 모형은 다음과 같은 요인을 사용한다.

- *RMRF*: 1개월물 T-bill 수익률을 초과하는 시가가중평균 주가지수 수익률인 $R_M - R_F$를 말한다. 이는 주식위험프리미엄을 나타내며, CAPM과 공유되는 요인이다.
- *SMB(small minus big)*: 시가총액에 따른 규모효과를 측정하는 요인이다. SMB는 3개 스몰캡(small-cap) 포트폴리오 평균수익률에서 3개 라지캡(large-cap) 포트폴리오 평균수익률을 뺀 두 포트폴리오의 수익률 차이로 정의한다. 따라서 SMB는 스몰캡의 수익률 프리미엄을 나타낸다.
- *HML(high minus low)*: 장부가시가비율(book-to-market, B/M)이 높은 2개 포트폴리오 평균수익률에서 장부가시가비율이 낮은 2개 포트폴리오 평균수익률을 뺀 값으로 정의한다.[44] 높은 장부가시가비율(즉 낮은 P/E)을 가진 주식은 가치편향을 나타내며, 낮은 장부

42) 그러나 Fama-French모형에서는 두 가지 추가 요인의 프리미엄을 무위험이자율에 대한 초과수익률로 표시하지는 않는다.
43) 예를 들어 Fama and French(1993)와 Strong and Xu(1997)는 각각 미국과 영국 시장에서 기업규모와 장부가시가비율(book-to-market) 프리미엄의 관계를 연구했다. Capaul, Rowley, and Sharpe(1993)와 Chen and Zhang(1998)은 해외 선진시장에서의 가치 프리미엄에 대해 연구한바 있다.

가시가비율(즉 높은 P/E)을 가진 주식은 성장편향을 나타내기 때문에 HML은 가치주의 수익률 프리미엄을 나타낸다.

각 요인은 순(純)투자가 0(zero)인 롱-숏 포트폴리오(long-short portfolio)의 평균수익률로 표시된다. 즉 SMB는 라지캡 주식(포트폴리오)을 공매도(short-selling)하고, 공매도 대금으로 스몰캡 주식에 투자할 때의 평균수익률을 나타낸다. HML은 장부가시가비율이 낮은 주식을 공매도하여, 장부가시가비율이 높은 주식에 투자할 때의 평균수익률이다. FFM의 요구수익률 추정치는 다음과 같은 수식으로 정의된다.

$$r_i = R_F + \beta_i^{mkt}\mathrm{RMRF} + \beta_i^{size}\mathrm{SMB} + \beta_i^{value}\mathrm{HML} \qquad (11)$$

이들 요인들에 대한 역사적 자료는 최소 24개국의 것이 일반에 공개돼있다.[45] 이 모형의 위험프리미엄 추정에는 역사적 접근법이 종종 사용된다. RMRF, SMB, HML은 이러한 추정을 위해 특별히 정의된 요인들이다. 다만 지금까지 살펴본 여러 추정 접근법도 FFM 요인 추정에 적용될 수 있다. 여기서는 단기수익률을 이용하는 RMRF의 정의에 주목하자. 이는 가용한 역사적 수익률 시리즈를 단기국채 수익률에 대비한 프리미엄으로 정의한다. 수식 (11)에 우리는 현재 단기 무위험이자율을 사용한다. 수식 (11)에는 시장요인 이외의 다른 요인들이 포함되어 있기 때문에, 수식 (11)의 시장베타는 동일한 주식인 경우에도 CAPM 베타와 일반적으로 정확히 일치하지 않는다는데 유의하자.

미국 주식시장 사례를 통해 FFM에 대해 살펴보자. 단기이자율이 0.3%라고 가정하자. 1926년부터 2012년까지 Fama-French모형의 정의에 따른 역사적 시장, 규모, 가치 프리미엄은 각각 5.9%, 2.6%, 4.1%이다. 그러나 1986년부터 2012년까지 최근 25년간 실현 RMRF 프리미엄은 평균 5.9%로 유지된 반면 SMB 프리미엄은 평균 0.3%, HML 프리미엄은 2.7%였다. 따라서 지난 25년간 위험프리미엄을 기초로 한 2012년 말 현재 미국의 FFM 기대수익률 추정치는 다음과 같이 계산된다.

$$r_i = 0.0003 + \beta_i^{mkt}0.059 + \beta_i^{size}0.003 + \beta_i^{value}0.027$$

가치주의 특성과 평균 이상의 시장위험을 가진 스몰캡 주식이 있다고 해보자. 이 주식의

44) http://mba.tuck.dartmouth.edu/pages/faculty/ken.french를 보면 Fama-French모형과 요인 데이터에 대한 보다 자세한 사항을 확인할 수 있다.

45) 이들 국가에는 호주, 오스트리아, 벨기에, 캐나다, 덴마크, 핀란드, 프랑스, 독일, 홍콩, 아일랜드, 이탈리아, 일본, 말레이시아, 네덜란드, 뉴질랜드, 노르웨이, 싱가포르, 스페인, 스웨덴, 스위스, 영국, 미국이 포함된다.

FFM 시장베타는 1.2로 가정한다. 이 주식이 스몰캡이면 규모베타가 양의 값을 가질 것으로 예상할 수 있다. 예를 들어 β_i^{size} = 0.5라고 하자. 만일 이 주식이 장부가치에 비해 싼 값에 거래된다면 (즉, 이 주식의 장부가시가비율이 높다면) 가치베타가 양의 값을 가질 것으로 예상한다. 예를 들어 β_i^{value} = 0.8이라 하자. 시장베타는 1인 경우 가치중립인데 반해 규모와 가치베타는 0이면 가치중립이다. 따라서 FFM에 따른 이 주식의 요구수익률은 다음과 같이 추정된다.

$$r_i = 0.0003 + 1.20(0.059) + 0.5(0.003) + 0.8(0.027) = 0.0942$$

여기서 1.2인 FFM 시장베타는 CAPM 베타보다 클 수도 작을 수도 있다. 다만 CAPM 베타도 1.2로 같다고 가정하면, CAPM 요구수익률 추정치는 0.0003 + 1.20(0.059) = 0.0711이 되어 FFM 추정치보다 약 9.42% − 7.11% = 2.31% 포인트 작게 추정된다. 이 사례에서는 양의 규모와 가치 익스포저가 두 모형에 따른 추정치의 차이를 설명하고 있다.

해석을 위해 FFM의 구성을 다시 살펴보면, FFM의 요인을 크게 두 가지로 구분할 수 있다.

- CAPM에서와 같이 체계적 위험으로 포착되는 주식시장 요인
- 기업의 특성 및 밸류에이션과 관련된 두 가지 요인인 규모(SMB)와 가치(HML)

FFM은 규모와 가치 요인을 근원적인 위험 요인의 집합을 대표하는 것으로 보고 있다. 예를 들어 스몰캡 회사는 공사모 채권 발생시장에 접근성이 떨어지고 경쟁력에서도 열세를 보이는 등 위험 요인에 노출될 가능성이 높다고 본다. 또한 장부가시가비율이 높다는 것은 재무곤경으로 인해 주가가 부진할 가능성이 높다고 본다. FFM은 규모와 가치에 따른 수익률 프리미엄을 체계적 위험을 수용하는데 따른 보상으로 보려한다. 다만 많은 실무자와 학자들은 이러한 수익률 프리미엄을 체계적 위험을 수용하는데 따른 보상으로 보기보다 시장 비효율성에 의한 것이라고 믿고 있다.[46)]

46) Lakonishok, Shleifer, and Vishny(1994), La porta, Lakonishok, Shleifer, and Vishny(1997) 참조.

EXAMPLE 7 애널리스트 사례 연구 (3): MS의 요구수익률

Microsoft 리서치에서 Weeramantry의 다음 작업은 주식의 요구수익률을 구하는 것이다. (MS는 장기부채가 없기 때문에 주식의 요구수익률과 총자본에 대한 요구수익률은 같다.) Weeramantry는 모형들 사이에서 조정(adjusted) R^2가 5% 포인트 이상 차이가 나 확실히 어떤 모형의 설명력이 우수하다고 판단되지 않는 한 CAPM과 FFM 추정치의 단순평균 추정치를 요구수익률 추정치로 사용하기로 했다. [표 7]은 MS Corporation의 자기자본비용 추정 결과를 보여준다. [표 7]의 모든 베타 추정치는 5%의 유의확률을 갖는다.

[표 7] MS의 CAPM과 FFM 요구수익률 추정치

	모형 A (CAPM)	모형 B (FFM)
1) 현재 무위험이자율	0.03%	0.03%
2) 시장 베타	0.93	0.96
3) 시장(주식)위험프리미엄	5.90%	5.90%
주식의 프리미엄: (2) × (3) =	5.49%	5.66%
4) 규모 베타	–	−0.17
5) 규모 프리미엄(SMB)	–	2.60%
주식의 프리미엄: (4) × (5) =	–	−0.44%
6) 가치 베타	–	−0.15
7) 가치 프리미엄(HML)	–	4.10%
주식의 프리미엄: (6) × (7) =	–	−0.62%
R^2	0.54	0.55
조정(adjusted) R^2	0.53	0.52

자료: http://mba.uck.dartmouth.edu/pages/faculty/ken.french/data_library.html에서 규모 · 가치 역사적 프리미엄 자료(1926 ~ 2012) 참조. Morningstar Ibbotson, Cost of Capital Resources(March 2013 report for Microsoft)에서 CAPM과 FFM 베타 및 R^2참조.

Weeramantry와 Delacour의 펀드는 포지션을 평균 4년간 유지한다. Weeramantry와 그의 동료 Delacour는 자신들의 회사 리서치센터가 다음해에는 시장에서 성장주가 각광받을 것이라고 전망한데 주목하고 있다. 이상의 정보를 검토한 후 Delacour는 다음과 같이 진술한다.

- "Microsoft는 평균 이상의 시가총액을 가진 대형주이기 때문에 자기자본비용에서 혜택이 기대된다."
- "만일 우리 리서치센터의 분석이 맞는다면, 내년은 가치주 포트폴리오에 비해 성장주 포트폴리오의 성과가 좋을 것으로 기대된다. 결과적으로 우리는 Fama-French 추정치보다 CAPM 요구수익률 추정치를 선호해야 한다."

이상의 정보를 바탕으로 다음 질문에 답하시오.

1. 다음 방법론을 이용하여 Microsoft의 자기자본비용을 추정하라.
   A. CAPM
   B. Fama-French모형
2. Microsoft의 자기자본비용에 관한 Delacour의 첫 번째 진술이 적절한 것인지 평가하라.
3. 성장주 포트폴리오의 상대적 예상 성과와 요구수익률 추정치 선택에 대한 Delacour의 두 번째 진술은 적절한지 평가하라.

Solution 1

A. CAPM 요구수익률: 0.03% + 0.93(5.9%) = 0.03% + 5.49% = 5.52%

B. FFM 요구수익률: 0.03% + 0.96(5.9%) + (−0.17)(2.6%) + (−0.15)(4.1%) = 0.03% + 5.66% + (−0.44%) + (−0.62%) = 4.63%

Solution 2

적절한 진술이다. SMB 프리미엄은 양의 값이며, Microsoft는 이 프리미엄에 음(negative)의 익스포저를 갖는다. 결과적으로 요구수익률 추정치는 44bps 낮아지게 된다.

Solution 3

적절하지 않은 진술이다. 투자자가 단기적으로 가치주보다 성장주의 성과가 우수할 것으로 전망할 때, 요구수익률 계산에 양의 가치 프리미엄을 사용할 수 있는지 의문이 있을 수 있다. 요구수익률 추정치는 위험에 대해 기대되는 장기간의 보상을 반영해야 한다. FFM의 가치 프리미엄이 양의 값을 가진다는 것은 장기적인 위험을 수용하는데 대한 기대되는 보상을 반영하는데, 회사의 현금흐름을 영구적인 미래로 확장하는 것과 일관된 것이다. 리서치센터의 단기 전망이 Fama-French모형에 양의 가치 프리미엄 사용을 무효화하는 것은 아니다.

[표 7]에서 CAPM과 FFM은 모두 회귀분석에서 높은 통계적 적합성을 보인다. 실무상 CAPM과 FFM의 상대적 장단점을 잘 파악해 둘 필요가 있지만, 일반적으로 FFM이 애널리스트의 분석 수단을 보강해주는 역할을 하는 것으로 보인다. 미국에서 CAPM과 FFM의 설명력을 비교한 연구에 따르면 CAPM 베타의 차이가 다음해 횡단면 주가수익률 변동의 평균 3%를 설명하는 반면, FFM 베타는 주가수익률 변동의 평균 5%를 설명한다고 한다.[47] 비록 두 경우 모두 주목할 만큼의 설명력은 아니지만, 주가수익률이 단기간에 걸친 매우 높은 무작위성에 영향을 받는다는 점을 감안할 필요는 있다.

47) Bartholdy and Peare(2003) 참조.

4.2.2. Fama-French모형의 확장

CAPM 베타가 설명하지 못하는 주가수익률의 움직임을 포착하기 위해 CAPM을 FFM으로 확장하려한 것과 같은 시도들이 여러 연구자들에 의해 진행되었다. 이런 노력 중 잘 알려진 것이 투자자가 유동성이 낮은 주식에 수익률 프리미엄을 요구한다는 것이다. 유동성이 낮다는 것은 명시적으로나 묵시적으로 높은 거래비용을 치루지 않고서는 즉각적으로 주식을 매각할 수 없다는 의미이다. Pastor and Stambaugh(2003)는 FFM을 확장해 주식 투자의 유동성 부족에 대한 보상에 관해 연구했다. 그들의 모형은 상장주식뿐 아니라 일부 비상장주식 투자에도 적용되었다.[48] Pastor-Stambaugh모형(PSM)은 유동성이 높은 주식의 매각 대금으로 유동성이 낮은 주식에 투자할 때의 초과수익률을 나타내는 네 번째 요인인 LIQ를 FFM에 추가한 모형이다.

$$r_i = R_F + \beta_i^{mkt}\text{RMRF} + \beta_i^{size}\text{SMB} + \beta_i^{value}\text{HML} + \beta_i^{liq}\text{LIQ} \tag{12}$$

미국의 유동성 프리미엄(liquidity premium) 추정치는 4.5%라는 연구가 있다.[49] 이때 미국의 PSM 추정치는 다음과 같다고 한다.

$$r_i = 0.003 + \beta_i^{mkt}0.059 + \beta_i^{size}0.003 + \beta_i^{value}0.027 + \beta_i^{liq}0.045$$

평균적 유동성을 가진 주식은 요구수익률이 유동성에 영향을 받지 않는 영(0)의 유동성 베타를 가진다. 반면 평균 이하의 유동성(즉, 양의 유동성 베타)을 가진 주식의 요구수익률은 증가하고, 평균 이상의 유동성(즉, 음의 유동성 베타)을 가진 주식의 요구수익률은 감소한다.

EXAMPLE 8 PSM 요구수익률

어떤 주식이 다음과 같은 성격을 가진다고 한다.

시장베타	1.50
규모베타	0.15
가치베타	−0.52
유동성베타	0.20

48) Metrick(2007) 참조.
49) 벤처캐피탈 펀드 투자에 PSM을 적용한 Metrick(2007), 77~78.

주어진 정보만으로 이 주식의 스타일 특성을 추론하라.

Solution

이 주식은 스몰캡이고 성장주로 보인다. 양의 규모 베타는 스몰캡 수익률에 대한 민감도를 나타낸다. 양의 유동성 베타 역시 전형적인 스몰캡 주식의 특성인데, 이런 주식은 통상 라지캡보다 유동성이 떨어지기 때문이다. 음의 가치 베타는 이 주식이 성장 지향적이란 것을 암시한다.

유동성과 시장성은 다소 구별되는 개념이다. 주식의 **유동성(liquidity)**은 시장에 주식을 매각할 때의 편의성과 가격에 미치는 잠재적 영향과 관련된 용어이다. 유동성은 매각규모, 시장의 깊이와 크기, 가격에 부정적 영향이 없이 대량매매를 흡수할 수 있는 시장의 능력 등을 포함한 여러 요인의 함수이다. 반면 **시장성(marketability)**은 자산을 매각할 수 있는 권리와 관련된 용어이다.

증권 관련 법규나 계약상 매각 제한이 있는 경우가 아니면 모든 주식은 잠재적으로 매각이 가능하며, 증권을 매각할 수 있는 시장이 있다면 언제라도 매각을 위해 주식을 시장에 내놓을 수 있다. 그러나 비상장회사의 가치평가에서는 두 용어가 종종 혼용되기도 한다.[50] 이 경우 유동성의 개념은 유동성(시장성) 부족에 따른 가치 추정치의 디스카운트와 관련된다. 이는 PSM에서 유동성이 할인율(요구수익률)에 미치는 영향을 반영하려는 것과는 차이가 있다.[51]

4.2.3. 거시경제적 및 통계적 다요인모형

FFM과 PSM은 여러 펀더멘털 요인들을 이용하여 요구수익률을 구하려는 모형이다. 여기서 요인이란 P/E나 부채비율 같이 회사와 회사가 발행한 주식의 특성을 말한다. 이런 모형에는 여러 가지 유형이 있을 수 있는데, 그 중에서도 요구수익률 추정 모형이 거시경제적 요인과 통계적 요인에 기초를 두기도 한다.

- 거시경제적 모형은 회사의 기대되는 미래 현금흐름이나 현재가치의 결정에 적합한 할인율에 영향을 미치는 경제적 변수를 요인으로 사용한다.
- 통계적 모형에서는 여러 가지 면에서 수익률을 설명하는 (요인의 역할을 하는) 증권 포트폴리오를 찾기 위해 역사적 수익률 자료에 통계적 방법론을 적용한다.

50) Hitchner(2006), p.390.
51) Hitchner(2006), pp.390 ~ 391.

거시경제적 요인모형의 대표적 사례는 Burmeister, Roll, and Roll(1994)이 제시한 5요인 BIRR모형이다. 이 모형이 채택한 다섯 가지 요인은 다음과 같다.

1. **신뢰위험**(*confidence risk*). 30년물 회사채와 국채 간 수익률 차이의 기대하지 못한 변동. 투자자들의 신뢰가 높을 때 투자자들은 작은 보상에도 회사채의 추가적 위험을 기꺼이 수용하려 한다.
2. **시간지평위험**(*time horizon risk*). 20년물 국채와 30일물 T-bills 간 수익률 차이의 기대하지 못한 변동. 이 요인은 투자자가 기꺼이 장기 투자를 하려는 정도를 나타낸다.
3. **인플레이션위험**(*inflation risk*). 물가상승률의 기대하지 못한 변동. 거의 모든 주식의 수익률은 인플레이션 서프라이즈가 있으면 하락하기 때문에 이러한 주식은 이 요인에 음의 익스포저를 가진다.
4. **경기순환위험**(*business cycle risk*). 실질 경제활동 수준의 기대하지 못한 변동. 양의 서프라이즈나 기대하지 못한 변동은 경제의 실질 기대성장률이 증가한다는 것을 나타낸다.
5. **마켓타이밍위험**(*market timing risk*). 주식시장을 대표하는 주가지수(예: 미국의 경우 S&P 500)의 전체 수익률 중에서 앞의 네 가지 요인에 의해 설명되지 않고 남는 부분. 대부분의 주식은 이 요인에 양의 익스포저를 가진다.

마지막 다섯 번째 요인은 자산의 가격결정에 있어 기반 변수 집합의 불확실성을 인정하는 것이다. 이 요인은 앞의 네 가지 요인에 의해 설명되지 않는 시장(프록시) 수익률에 대한 영향을 포착하려 한다. 예를 들어 이런 모형을 사용하면 증권의 요구수익률은 다음과 같은 형태를 가질 수 있다.

$$
\begin{aligned}
r_i = \text{T-bill 수익률} &+ (\text{신뢰위험의 민감도} \times 2.59\%) \\
&- (\text{시간지평위험의 민감도} \times 0.66\%) \\
&- (\text{인플레이션위험의 민감도} \times 4.32\%) \\
&+ (\text{경기순환위험의 민감도} \times 1.49\%) \\
&+ (\text{마켓타이밍위험의 민감도} \times 3.61\%)
\end{aligned}
$$

이 모형의 위험프리미엄 추정치는 Burmeister, et al.(1994)에서 사용된 계량경제학적 기법을 이용해 개발되었다. 펀더멘털 요인에 기초한 모형에서와 같이, 거시경제적 요인과 통계적 요인을 기초로 한 모형에서도 여러 가지 다양한 독자적 형태의 모형들이 존재한다.

4.3. 집적법

비상장회사의 가치평가에 널리 활용되는 **집적법(build-up method)**은 다음과 같이 무위험 이자율과 위험프리미엄 집합의 합으로 주식 투자에 대한 요구수익률을 추정한다.

$$r_i = \text{무위험이자율} + \text{주식위험프리미엄} \pm \text{하나 이상의 프리미엄(디스카운트)}$$

집적법(集積法)은 다요인모형의 위험프리미엄 접근법과 유사하지만 특정 베타 조정이 요인 위험프리미엄에 적용되지 않는다는 차이가 있다.

4.3.1. 직접법을 이용한 요구수익률 추정

(비상장회사 가치평가에서 수익모형으로 알려진) 현재가치모형으로 비상장회사를 평가하는데도 당연히 주식의 요구수익률 추정이 필요하다. 이런 지분증권의 가치평가는 비상장회사에 대한 투자 목적뿐 아니라 법원이나 과세당국에게도 중요하다. (예를 들면 부동산이 포함된 비즈니스의 평가나 법적 분쟁에서 주식의 가치평가가 필요할 수 있다.) 이는 평가자가 당국이 수용할 수 있는 적절한 평가방법을 제시해야 하기 때문이다.

상장주식의 요구수익률 추정에 활용되는 CAPM과 FFM 등의 일반화된 추정 접근법은 비상장회사의 요구수익률 추정에도 적용된다. 하지만 평가자들은 종종 무위험이자율에 여러 가지 위험프리미엄을 가산하여 요구수익률을 추가해가는 방법을 사용하기도 한다. 위험프리미엄에는 주식위험프리미엄을 포함해 다양한 프리미엄이 포함될 수 있는데, 평가자에 따라 다르긴 해도 규모위험(size risk)과 기업고유위험(company-specific risk) 등이 일반적으로 포함된다. 집적법의 수식적 형태는 이미 수식 (5)에 제시된바 있다. 이 중 전형적인 형태는 다음과 같다.[52)]

$$r_i = \text{무위험이자율} + \text{주식위험프리미엄} + \text{규모프리미엄}_i + \text{기업고유프리미엄}_i$$

[표 8]은 비상장회사 요구수익률 추정의 기본 구조를 설명하고 있다. 주식위험프리미엄은 통상 시장 주가지수로부터 추정된다. 주식시장에서 대형주는 이런 시장 주가지수 가치의 상당부분을 차지한다. 주식위험프리미엄에 암묵적으로 1의 베타를 곱하면, 무위험이자율과 주식위험프리미엄의 합은 평균적인 체계적 위험을 가진 라지캡 상장회사의 요구수익률로 볼 수 있다. 하지만 대부분의 경우 비상장회사의 가치평가에는 상장회사에 비해 작은 비상장회사의 규모에 관심을 가지게 된다. 평가자들은 종종 규모에 따른 한계수익률을 고려하여 라

52) Hitchnet(2006), p. 173.

지캡에 대한 스몰캡의 초과수익률을 설명하는 프리미엄을 추가한다. (이 프리미엄은 규모효과를 분리하기 위해 스몰캡과 라지캡 주식의 베타 차이를 조정한 후의 베타조정 규모프리미엄이다.) 규모프리미엄은 전형적으로 평가대상 회사의 규모와 역의 관계를 가질 것으로 추정된다. (많은 비상장회사가 상장회사에 비해 규모가 작다는 점 때문에) 비상장회사의 규모프리미엄을 가장 작은 마켓캡 10분위 주식군을 기초로 추정하면 그 결과는 마이크로캡(mirco-cap) 상장주식의 평균적인 체계적 위험에 부합하느 수익률이 된다. 이상에서 고려된 프리미엄에 의해 설명되지 않는 위험 요인을 고려하기 위해 평가자들은 기업고유프리미엄(specific-company premium)을 추가한다. 이 위험프리미엄은 비상장회사와 관련된 위험이 분산을 통해 쉽게 없어지지 않는다는 전제에 따른 평가대상 회사의 비체계적 위험(unsystematic risk)에 대한 프리미엄이다.

[표 8] 비상장회사의 요구수익률 추정

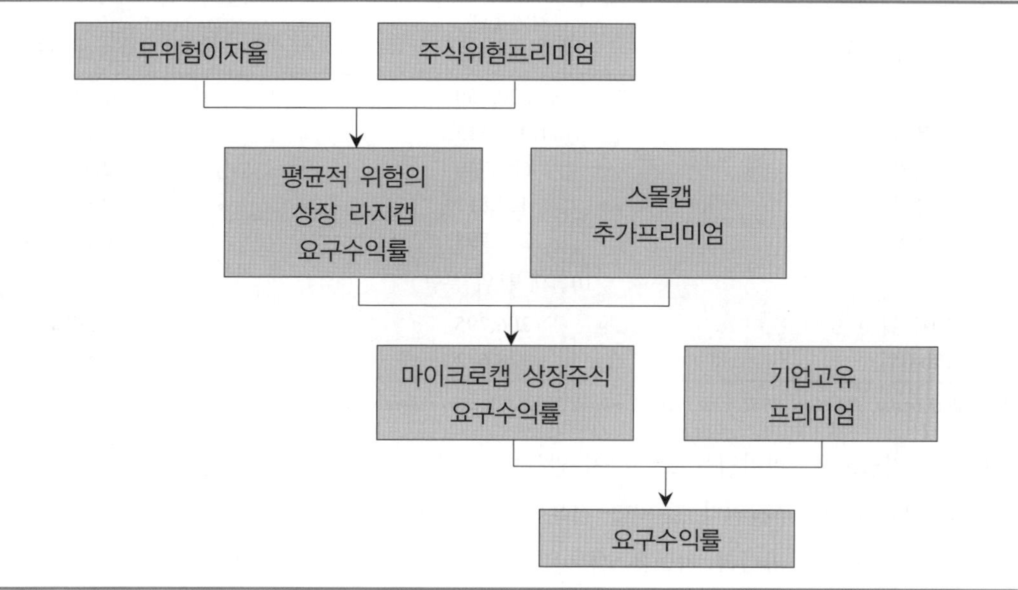

비상장회사의 요구수익률 추정과 관련된 두 가지 추가적 이슈는 ① 경영권지분(controlling interests)과 소수지분(minority interests)의 상대적 가치에 대한 고려와 ② 비상장주식의 시장성(marketability) 부족이 주식가치에 미치는 영향에 관한 것이다. 시장성 부족은 주식이 공개시장에 등록되어 있지 않기 때문에 공개 주식시장에 접근할 수 없어 주식을 즉시 매각할 수 없는 제약을 말한다. 시장성은 계약상 혹은 기타의 사유로 인해서도 제약될 수 있다.

비상장회사 지분의 가치에 경영권의 가치(경영권지분 vs. 소수지분)를 반영하는 조정 방식은 요구수익률을 조정하기보다 계산된 주식가치 추정치를 조정하는 방식이 전통적으로 사용돼 왔다. 이런 조정 이슈는 실무자들 사이에서도 다양한 시각이 존재하는 복잡한 문제이다. 다만 이와 관련된 자세한 논의는 이 책의 논의 범위를 벗어난다.[53] 시장성 부족에 따른 조정도 경영권 보유 여부에 대한 조정처럼 추정된 주식가치를 직접 조정하는 것이 전통적인 방식이다.

이해를 돕기 위해 애널리스트가 어떤 비상장 문서관리 솔루션 회사의 가치를 평가하고 있다고 해보자. 이때 무위험이자율은 3%, 애널리스트의 주식위험프리미엄 추정치는 4.2%, 이 회사의 자산과 매출은 미국 상장회사의 10분위수 중 10번째 분위의 상위 절반(10a분위)에 해당하는 수준이라고 한다. [표 9]는 10a분위 회사들의 시가총액이 $129백만 이상이고 $207백만 이하라는 것을 보여준다.

[표 9] 미국의 베타조정 규모프리미엄 추정치

시가총액 10분위	시가총액 (000)	규모프리미엄
6분위	$1,620,860	1.75%
7분위	1,090,515	1.77
8분위	682,750	2.51
9분위	422,811	2.80
10분위	206,795	6.10
	10번째 분위 분할	
10a분위	206,795	4.34%
10b분위	128,672	9.81

자료: Morningstar, *Ibbotson SBBI Valuation Yearbook* 2012 (Chicago: Morningstar, 2012)

따라서 기업고유프리미엄을 고려하지 않는다면 이 주식의 요구수익률은 3.00% + 4.20% + 4.34% = 11.54%로 추정된다. 주의할 점은 하위 분위(특히 10b분위)의 규모프리미엄에는 우량한 스몰캡 회사뿐 아니라 지금은 재무곤경에 처한 이전에는 라지캡이었던 회사들의 프리미엄도 포함되어 있다는 점이다. 따라서 이 사례에서와 같이 스몰캡이지만 재무건전성이 우수한 비상장회사의 경우에는 역사적 규모프리미엄 추정치를 하향 조정하지 않고 그대로 사용하는 것은 적절하지 않을 수 있다.

소위 "수정 CAPM" 공식은 평균적인 체계적 위험에서 벗어난 정도를 반영하려 한다. 예를 들어, 애널리스트가 이 회사를 상장된 유사기업과 비교할 때 이 회사가 상장 후 1.2의 베타를 가질 것으로 예상한다면 요구수익률 추정치를 다음과 같이 조정하게 된다.

53) 경영권 유무에 따른 가치의 조정에 대한 자세한 사항은 Hitchner(2006) 8장과 Bruner(2004) 15장 참조.

무위험이자율 + (베타 × 주식위험프리미엄) + 규모프리미엄

따라서 요구수익률은 3.00% + (1.2 × 4.20%) + 4.34% = 12.38%로 추정된다. 이 결과는 단순한 집적법 추정치에 기업고유프리이엄인 (1.2 − 1.0)(4.20%) = 0.84%의 수익률 차이가 반영된 것으로 이해된다.

4.3.2. 위험프리미엄 가산 채권수익률 접근법

상장된 부채를 가진 기업의 경우 **위험프리미엄 가산 채권수익률 접근법(bond yield plus risk premium method, BYPRP)**을 이용하면 자기자본비용을 쉽게 추정할 수 있다.[54] 이 추정치는 다음과 같다.

$$\text{BYPRP 자기자본비용} = \text{장기 회사채의 YTM} + \text{위험프리미엄} \quad (13)$$

장기 회사채의 YTM은 다음을 포함하고 있다.

- 실질이자율과 기대 인플레이션에 대한 프리미엄(두 요인은 국채수익률에 포함된 요인들임)
- 채무불이행위험 프리미엄

채무불이행위험(default risk) 프리미엄은 수익성, 경기순환에 대한 수익성의 민감도, 주가수익률에 영향을 미치는 영업과 재무 레버리지 같은 요인을 포착한다. 수식 (13)의 위험프리미엄은 통상적으로 회사의 현금흐름에 선순위 청구권을 가진 부채에 대비하여 주식 투자에 따른 추가 위험에 대한 추가 보상을 의미한다. 미국 시장에서 경험적으로 이러한 추가 위험프리미엄은 3 ~ 4%로 알려져 있다.

EXAMPLE 9 IBM의 자기자본비용에 대한 두 가지 관점

당신이 2013년 8월 초 International Business Machines Corporation(NYSE: IBM) 주식을 평가하고 있다고 가정하자. 당신이 수집한 정보는 다음과 같다.

30-year T-bond YTM:	3.70%
IBM 4s of 2042 YTM:	4.43%

54) 비록 단순해 보여도 이 방법은 공식적으로도 사용돼왔다. 예를 들면 퇴직연금 플랜의 자산·부채 연구(2006.07)에서 Board of Regents of the University of California는 20년물 T-bond 수익률에 주식위험프리미엄의 단일 추정치로 3.3%를 더한 요구수익률을 사용했다.

IBM 채권은 S&P AA-, Moody's Aa3, Fitch A+인 투자등급 채권이다. IBM 주식의 베타는 0.73이다. 직전 가치평가에서 당신은 BYPRP에 3%의 위험프리미엄을 사용한바 있다. 그러나 지난 5년간 IBM의 추정 베타는 하락해왔다. 이런 점을 감안하여 당신은 BYPRP에 2.75%의 위험프리미엄을 사용하기로 했다.

1. CAPM을 이용하여 자기자본비용을 계산하라. 주식위험프리미엄은 4.2%라고 가정한다.
2. 2.75%의 위험프리미엄을 가지고 위험프리미엄 가산 채권수익률 접근법(BYPRP)을 사용하여 이 주식의 자기자본비용을 계산하라.
3. 당신은 <질문 1>의 CAPM 자기자본비용으로 할인한 DCF 가치평가 결과와 시장가격을 비교하여 2013년 7월 31일 $195인 IBM 주가가 다소 저평가되었다고 것을 발견했다고 가정하자. <질문 2>의 자기자본비용 추정치는 <질문 1>에 따른 결론을 지지하는가?

Solution 1

3.70% + 0.73(4.20%) = 6.77%

Solution 2

IBM의 자기자본비용은 채권수익률에 2.75%를 더한 4.43% + 2.75% = 7.18%이다. 참고로 IBM 채권과 T-bond의 YTM 차이인 0.73% 포인트에 관심을 가져보자. 이 차이에 2.75%를 더한 3.48%(= 0.73% + 2.75%)는 국채에 대한 이 주식의 전체 위험프리미엄 추정치가 된다.

Solution 3

반드시 그렇지는 않다. 저평가란 것은 주식의 가치가 시장가격보다 크다는 것을 말한다. 모든 것이 동일할 때 할인율이 높아지면 가치 추정치는 작아진다. 즉 다른 조건이 동일하면 가치평가에서 할인율과 가치는 역관계를 가진다. 6.77%의 CAPM 자기자본비용을 이용할 때 IBM이 다소 저평가되었지만, 이보다 다소 높은 7.18%의 BYPRP 자기자본비용을 사용하면 꼭 저평가된 것으로 평가되지 않을 수 있다.

위험프리미엄 가산 채권수익률 방법론은 상장 채권을 발행한 기업에 적용되는 집적법(build-up method)이라고 할 수 있다. 보다 정교한 모형들이 낮은 설명력을 보일 때 이 접근법에 따른 추정치가 효과적인 점검 수단이 될 수 있다. 회사의 주식이 양의 체계적 위험을 가진 경우 이 회사의 장기 채권수익률은 자기자본비용 추정치에 대한 정보를 암시한다. 가령 2013년 8월 초 2028년에 만기가 도래하는 Sprint 6.875 debentures(S&P BB-, Moody's B1, Fitch B+)의 수익률은 7.60%였는데, 만일 이 주식(NYSE: S)의 요구수익률이 7.6%보다 낮게 추정되었다면 이는 매우 의심스러운 추정치로 봐야 한다.

4.4. 요구수익률에 관한 국제적 이슈

글로벌 맥락에서 주식의 요구수익률 추정과 관련된 대표적 이슈는 다음과 같다.

- 환율
- 신흥시장의 자료와 모형 이슈

투자자는 궁극적으로 자국통화 기준의 수익률과 그 변동성에 관심을 가진다. 역사적 수익률은 자국통화(home currency)나 현지통화(local currency) 중 어떤 것으로도 표시될 수 있다. 자국통화로 표시된 주식위험프리미엄 추정치는 현지통화 표시 추정치보다 높거나 낮을 수 있는데, 이는 주식 투자에 따른 외환손익이 주식위험프리미엄의 국채 부분 손익에 의해 정확히 상쇄되지 않기 때문이다. 예를 들어 Dimson, Marsh, and Staunton(2011)은 1900년부터 2010년까지 스위스 프랑을 기준으로 한 실질 기하평균 스위스 프리미엄은 약 3.3%이었던 반면 달러에 대한 스위스 프랑의 가치절상으로 인해 미국 투자자들에게는 이 프리미엄이 4.2%였다고 보고했다. 미국 달러 추정치는 미국 투자자들의 역사적 경험을 보다 정확하게 반영한다. 어떤 투자자에게 있어서도 환율 추정치를 고려해 현지통화로 환산된 수익률 기록에 관심을 가지는 것이 합리적인 접근법이다.

이머징마켓에서 요구수익률과 위험프리미엄 추정이 어려운 이유는 이미 설명한바 있다. 여기서는 전통적인 역사적 접근법이나 전방주시 접근법을 보완하거나 대체하기 위해 제안된 여러 접근법 중에서 중요한 두 가지 접근법을 소개한다.

- **국가스프레드모형**(*country spread model*). 이머징마켓의 경우 이 모형은 다음과 같이 표시된다.

주식위험프리미엄 추정치 = 선진국 시장의 주식위험프리미엄 + 국가프리미엄

국가프리미엄(country premium)은 벤치마크인 선진시장과 비교한 이머징마켓의 높은 기대 위험과 관련된 프리미엄이다. 통상 애널리스트는 국채수익률 스프레드가 이 프리미엄의 적절한 근사치라고 생각한다. 따라서 종종 국가프리미엄은 (선진국 통화로 표시된) 이머징시장 채권수익률에서 선진국시장 국채수익률을 빼는 방식으로 추정된다.

가령 2013년 3월 미국 국채에 대한 인도 기업들의 달러 표시 채권의 수익률 프리미엄이 3.19%로 감소했다고 가정하자. 인도의 국가프리미엄으로 이 프리미엄을 사용하고 미국 주식위험프리미엄 추정치가 4.2%라면, 인도의 주식위험프리미엄은 4.20% + 3.19% = 7.39%가 된다.

- **국가위험등급모형**(*country risk rating model*)[55]은 선진시장 수익률과 이러한 시장에 대한 기관투자자의 반기 위험등급 간 실증적 관계에 기초하여 위험프리미엄을 회귀분석 기반으로 추정한다. 이 추정 회귀식은 신흥국 시장의 요구수익률 추정에도 사용된다. Morningstar(Ibbotson)는 이 모형의 사용을 권고해왔다.

5. 가중평균자본비용

회사에 대한 모든 자본 공급자에 대한 요구수익률을 통상 회사의 **자본비용(cost of capital)**이라고 부른다. 이러한 자본비용을 일반적으로 회사의 세후 가중평균 자본비용 혹은 줄여서 **가중평균자본비용(weighted average cost of capital, WACC)**이라 하고, 자본의 구성요소별 요구수익률을 구성비로 가중 평균하여 추정한다.

자본비용은 애널리스트가 현재가치모형으로 기업가치를 추정한 후 간접적으로 주식가치를 구하는 접근법을 사용할 때, 기업가치 추정에 사용되는 요구수익률(자본비용)이다. 이 자본비용으로 부채와 주식에 귀속될 미래 현금흐름을 할인하면 이들 청구권의 전체 가치가 추정된다. 이렇게 추정한 전체 가치에서 부채의 시장가치를 빼면 주식의 가치 추정치를 얻게 된다.

많은 국가들이 기업의 순이자비용을 과세소득에서 공제해주는 반면 주주에 대한 배당금은 과세소득에서 공제해주지 않는다.

자본의 공급자가 채권자와 주주만 있다면 WACC는 다음과 같이 표현된다.

$$\text{WACC} = \frac{\text{MVD}}{\text{MVD} + \text{MVCE}} r_d(1 - \text{tax rate}) + \frac{\text{MVCE}}{\text{MVC} + \text{MVCE}} r \qquad (14)$$

여기서 MVD와 MVCE는 각각 부채와 주식의 현재 시장가치이며, 장부가치나 회계적 가치를 사용해서는 안 된다. MVD와 MVCE를 기업의 총 시장가치(= MVD + MVCE)로 나누면 부채와 주식 각각의 회사 총자본에 대한 기여율(가중치)이 구해진다. 이들 가중치의 합은 당연히 1.0이다. WACC의 수식은 회사의 자금조달 수단인 부채와 주식의 가중치에 현재 시장 상황에서의 부채와 주식에 대한 세후 요구수익률을 곱한 후 더하는 형식이다. "세후"란 표현과 관련하여 여기서는 세금을 법인세로만 한정한다는데 유의하자. 부채의 세전 요구수익률(r_d)에 (1 − 한계 법인세율)을 곱하면 부채 이자에 대한 소득공제로 인해 세후 타인자본

---

55) Claude Erb, Campbell R. Harvey, and Tadas Viskanta, "Country Credit Risk and Global Portfolio Selection," *Journal of Portfolio Management*, Winter 1995: 74-83.

비용은 세전수익률 r_d보다 작아진다. 주식에 대한 배당은 소득공제가 없기 때문에 기업의 세전과 세후의 자기자본비용은 동일하다. 따라서 법인세와 관련해 r은 조정하지 않는다. 세율과 관련해서는 일반적으로 법인세를 세전이익으로 나눈 현재 실효세율(effective tax rate)보다 회사의 한계세율(marginal tax rate)을 사용하는 것이 정확한데, 이는 실효세율에는 일회성 비용에 대한 세금 효과가 반영되기 때문이다. 한계세율에 따른 자본비용은 자본조달을 위한 기업의 미래 비용을 보다 잘 반영한다.

기업의 자본구조(즉, 부채와 주식의 비중)는 시간에 따라 변동하기 때문에 WACC 역시 변동하게 된다. 또한 기업의 현재 자본구조가 미래의 자본구조와 완전히 다를 수 있다. 이른 이유로 애널리스트는 WACC 계산에 현재의 시장가치 가중치 대신 목표 가중치를 사용하기도 한다. 이러한 목표 가중치는 시간 경과에 따른 기업의 목표 자본구조 변동에 대한 애널리스트와 투자자의 기대를 반영하는 것이다. 현재 자본구조가 정상적 자본구조를 왜곡하고 있으면 WACC 추정에 목표 가중치를 사용하는 것이 합리적일 수 있다.[56)]

부채의 세전 요구수익률은 현재 채권의 시장가격에 따른 기대 YTM을 이용해 추정한다. 주식의 요구수익률 r은 이 책에서 배운 여러 방법론 중 하나를 사용하면 구할 수 있다. 배당금과 같은 주식에 대한 지급액에는 세무상 공제효과가 없기 때문에 자기자본비용에 대한 세무상 조정은 발생하지 않는다.

EXAMPLE 10 IBM의 가중평균자본비용

기업가치 접근법을 통해 간접적으로 주식가치를 평가하기 위해 [표 10]의 정보를 수집했다. 이 정보에만 기초해서 IBM의 WACC를 계산하라.

[표 10] IBM의 자본비용 관련 자료

패널 A: 자본구조	
총자본 중 장기부채 비중(시장가치 기준)	36%
법인세율	25%
패널 B: 요소별 자본비용	
자기자본비용: CAPM 추정치	7.1%
IBM 장기채 YTM	4.4%

자료: Morningstar와 Value Line 수집 자료로부터 추정

56) 자본구조이론에 대해 더 알고 싶다면 Brealey, Myers, and Allen(2013)과 같은 현대 기업재무 교과서를 참조하라.

Solution

시장가치로 표시된 총자본에 대한 부채의 비중은 WACC 계산에서 IBM의 세후 타인자본비용에 대한 가중치가 된다. 따라서 IBM의 WACC는 다음과 같이 약 5.73%로 추정된다.

$$\begin{aligned} WACC &= 0.36(4.4\%)(1 - 0.25) + 0.64(7.1\%) \\ &= 1.188\% + 4.544\% = 5.732\% \end{aligned}$$

6. 할인율의 선택

가치평가에 할인율이 되는 요구수익률은 할인의 대상이 되는 현금흐름에 적합하도록 정의되어야 한다.

선순위 청구권(예: 부채와 세금에 대한 약정 지급액)이 충족된 이후의 현금흐름은 주주잉여현금흐름(FCFE)이다. 주식에 대한 현금흐름(주주잉여현금흐름)을 할인할 때 적절한 할인율은 주식의 요구수익률이다. 한편 현금흐름이 회사의 모든 자본 공급자의 청구권을 만족시켜야 하는 기업잉여현금흐름(FCFF)인 경우에는 회사 전체에 대한 자본비용이 적절한 할인율이 된다.

현금흐름은 명목(nominal)과 실질(real) 기준 모두로 표시될 수 있다. 현금흐름이 실질 기준으로 표시되면 이 수치는 실제 혹은 기대되는 화폐의 구매력 변동에 따른 효과를 제거한다. 명목 현금흐름은 명목 할인율로 할인하고 실질 현금흐름은 실질 할인율로 할인해야 한다. 이 책에서는 모두 명목 현금흐름을 사용하고 있으며 따라서 할인에도 명목 할인율을 적용했다. 기업의 소득에 적용되는 세율은 명목화폐 기준으로 표시되기 때문에 (이 세율은 명목 세전이익에 적용되며) 세금을 정확히 반영할 수 있는 명목 세율을 사용하는 것이 정확한 접근이다.

수식 (14)는 세후 타인자본비용을 이용하는 세후 가중평균자본비용을 정의한다. 뒤에서 이러한 자본비용의 정의를 할인율로 사용하기에 적합한 현금흐름인 기업잉여현금흐름(FCFF)을 제시할 것이다. 아직까지는 이 현금흐름에 대한 정의를 소개하지 않았기 때문에 이에 대한 논의는 뒤로 미루기로 한다.[57)]

요약하면 앞으로 우리는 두 가지 할인율만을 이용해 현재가치모형을 설명할 것이다. 즉, 주주에게 귀속되는 잉여현금흐름은 주식에 대한 명목 요구수익률로 할인하고, 기업의 모든 자본 공급자에게 귀속되는 잉여현금흐름은 명목 세후 가중평균자본비용으로 할인한다.

57) 기술적으로 회사에 대한 현금흐름 할인에서 현금흐름과 자본비용의 정의는 조화를 이루어야 하는데, 이자비용의 공제와 관련된 세금감면 효과가 가치에 (현금흐름과 할인율 모두를 통해) 이중으로 반영되어서는 안 된다.

7. 요약정리

이 장에서는 여러 가지 중요한 수익률 개념을 소개했다. 요구수익률은 기대되는 미래 현금흐름의 현재가치를 구하는데 필수적인 할인율로 사용되기 때문에 가치평가에서 매우 중요하다. 투자자의 자산에 대한 내재가치 추정치가 시장가격과 다를 때 투자자는 일반적으로 가격의 가치수렴에 따라 요구수익률 이상의 수익을 얻을 것으로 기대한다. 반면 자산의 내재가치가 시장가격과 같다면 투자자는 오직 요구수익률만을 얻을 것으로 기대하게 된다.

회사의 요구수익률 추정에 두 가지 중요 접근법인 CAPM과 집적법(集積法)을 사용하기 위해서는 주식위험프리미엄 추정치가 필요하다. 여기서는 세계 주요 주식시장에서 실현된 주식위험프리미엄에 대해 살펴보고, 전방주시 추정방법에 대해서도 알아보았다. 주식에 대한 요구수익률 결정을 위해 애널리스트는 CAPM 및 Fama-French모형과 그 확장형 등 다양한 다요인모형 중에서 (방법론의 신뢰성 평가를 위해 회귀식의 적합성 통계량을 검토하여) 최적의 모형을 찾아야 한다. 비상장회사의 요구수익률을 구하기 위해서 애널리스트는 비교대상 상장회사의 요구수익률을 활용하거나 무위험이자율과 추정된 주식위험프리미엄을 기본으로 하여 적절한 추가 위험프리미엄을 가산하는 집적법을 사용한다.

애널리스트는 모든 자본 공급자들에 귀속되는 미래 현금흐름의 현재가치를 통해 전체 기업가치를 구한 후 부채의 시장가치를 차감하는 간접적인 방법으로 주식가치를 계산하는 방법론을 사용하기도 한다. 가중평균자본비용은 이 방법론에 따른 현금흐름을 할인하는데 적절한 할인율이다. 할인대상인 현금흐름이 명목 기준이면 할인에도 명목 할인율을 사용해야 한다. 반대로 실질 현금흐름은 실질 할인율로 할인해야 한다.

이 장의 주요 학습 포인트는 다음과 같다.

- 특정 기간 동안의 자산 투자로 얻은 수익률을 보유기간수익률(*holding period return*)이라 한다. 실현수익률(*realized return*)은 과거에 달성된 수익률을 말하며, 기대수익률(*expected return*)은 미래 기간 동안 예상되는 수익률을 말한다. 요구수익률(*required return*)은 투자자가 특정 기간 동안 해당 자산 투자에 대해 요구하는 최소 수준의 기대수익률이다. 시장가격이나 시장수익률을 이용해 추론된 자산의 요구수익률은 전형적으로 기대되는 미래 현금흐름의 현재가치를 구하는데 할인율로 사용된다. 만일 어떤 자산이 시장에서 공정한 가격으로 평가된다고 인지되면 요구수익률은 투자자의 기대수익률이 된다. 어떤 자산에 가격괴리가 있다면 투자자는 가격의 내재가치 수렴에 따른 수익을 얻어야 한다.
- 투자자가 무위험자산에 대비해 주식에 요구하는 추가적인 수익률인 주식위험프리미엄은 CAPM과 집적법을 이용한 요구수익률 추정에 사용된다.

- 주식위험프리미엄을 추정하는 접근법에는 역사적, 조정된 역사적, 전방주시적 접근법이 있다.
- 주식위험프리미엄의 역사적 추정에서 애널리스트는 무위험이자율을 대표하기 위해 장단기 국채 중 어느 것을 사용할지, 위험프리미엄 추정치에 산술평균을 사용할지 기하평균을 사용할지 결정해야 한다. 전방주시적 추정치에는 GGM, 공급측면, 서베이 추정치가 있다. 조정된 역사적 추정치를 얻기 위해서는 데이터 시계열의 편의를 완화하는 조정과 주식위험프리미엄의 독립 추정치를 고려하기 위한 조정이 필요하다.
- CAPM은 위험을 조정하기 위해 시장포트폴리오의 대용치(예: 주가지수)에 대한 베타를 이용하는, 가장 대표적인 요구수익률 추정 모형이다. Fama-French모형(FFM)은 시장, 규모, 가치 요인을 고려하는 3요인 모형이다. Pastor-Stambaugh는 FFM에 유동성 요인을 추가해 확장했다. 위험프리미엄 가산 채권수익률 접근법(BYPRP)은 평가대상 회사의 부채 만기수익률(YTM)에 (통상 3 ~ 4%의) 주관적 위험프리미엄을 더해 요구수익률 추정치를 구한다.
- 주식의 거래량이 적거나 공개시장에서 거래되지 않으면, 이런 비상장회사 주식의 베타는 비교대상 상장회사의 베타에 근거해 추정할 수 있다. 이를 위해서는 비교대상 상장회사의 베타를 무부채화고 대상회사의 재무레버리지 사용을 반영해 재부채화 하는 절차가 필요하다. 이러한 절차는 비교대상 회사와 평가대상 회사의 재무레버리지 차이의 효과를 조정하기 위한 것이다.
- 신흥국 시장에서 요구수익률을 추정하는 데는 여러 가지 문제가 있다. 국가스프레드모형(country spread model)은 선진국 시장의 주식위험프리미엄에 국가프리미엄을 가산해 주식위험프리미엄을 추정한다. 국가위험등급모형(country risk rating model)은 신흥시장의 위험등급과 주가위험프리미엄을 추론하기 위해 선진시장의 위험등급을 활용한다.
- 전체 회사의 가치를 평가할 때 할인율로 가중평균자본비용이 사용되며, 이는 일반적으로 명목 세후 가중평균자본비용으로 이해된다. 이는 뒤에서 다루는 기업잉여현금흐름(FCFF)의 할인에 사용된다. 주식에 대한 명목 자본비용은 주주잉여현금흐름(FCFE)의 할인에 사용된다.

참고문헌

Arnott, Robert D., and Peter L. Bernstein. 2002. "What Risk Premium Is 'Normal'?" *Financial Analyst Journal*, vol 58, no. 2: 64-85.

Arzac, Enrique R. 2005. *Valuation for Mergers, Buyouts, and Restructuring*. Hoboken, NJ: John Wiley & Sons.

Bartholdy, Jan, and Paula Peare. 2003. "Unbiased Estimation of Expected Return Using CAPM." *International Review of Financial Analysis*, vol. 12, no. 1: 69–81.

Blume, Marshall. 1971. "On the Assessment of Risk." *Journal of Finance*, vol. 26, no. 1: 1–10.

Brealey, Richard A., Stewart C. Myers, and Franklin Allen. 2006. *Principles of Corporate Finance*. New York: McGraw-Hill/Irwin.

Brealey, Richard A., Stewart C. Myers, and Franklin Allen. 2013. *Principles of Corporate Finance*, 11th edition. New York: McGraw-Hill/Irwin.

Bruner, Robert K. 2004. *Applied Mergers and Acquisitions*. Hoboken, NJ: John Wiley & Sons.

Burmeister, Edwin, Richard Roll, and Stephen A. Ross. 1994. "A Practitioner's Guide to Arbitrage Pricing Theory." *A Practitioner's Guide to Factor Models*. Charlottesville, VA: The Research Foundation of the Institute of Chartered Financial Analysts.

Calverley, John, Alan Meder, Brian Singer, and Renato Staub. 2007. "Capital Market Expectations." *Managing Investment Portfolios: A Dynamic Process*, 3rd edition. John Maginn, Donald Tuttle, Jerald Pinto, and Dennis McLeavey, eds. Hoboken, NJ: John Wiley & Sons.

Capaul, Carlo, Ian Rowley, and William F. Sharpe. 1993. "International Value and Growth Stock Returns." *Financial Analysts Journal*, vol. 49, no. 1: 27–36.

Chen, Nai-fu, and Feng Zhang. 1998. "Risk and Return of Value Stocks." *Journal of Business*, vol. 71, no. 4: 501–535.

Copeland, Tom, Tim Koller, and Jack Murrin. 2000. Valuation: *Measuring and Managing the Value of Companies*, 3rd edition. Hoboken, NJ: John Wiley & Sons.

Cornell, Bradford. 1999. *The Equity Risk Premium*. Hoboken, NJ: John Wiley & Sons.

Dimson, Elroy. 1979. "Risk Measurement When Shares Are Subject to Infrequent Trading." *Journal of Financial Economics*, vol. 7, no. 2: 197–226.

Dimson, Elroy, Paul Marsh, and Mike Staunton. 2002. *Triumphs of the Optimists: 101 Years of Global Investment Returns*. Princeton, NJ: Princeton University Press.

Dimson, Elroy, Paul Marsh, and Mike Staunton. 2008. *Global Investment Returns Yearbook 2008*. ABN-AMRO , Royal Bank of Scotland, and London Business School.

Dimson, Elroy, Paul Marsh, and Mike Staunton. 2011. "Equity Premiums Around the World." In *Rethinking the Equity Risk Premium*, 2011. P. Brett Hammond, Jr., Martin L. Leibowitz, and Laurence B. Siegel, eds. Charlottesville, VA: Research Foundation of CFA Institute.

Damodaran, Aswath. 2013. "Equity Risk Premiums(ERP): Determinants, Estimation and Implications—The 2013 Edition." Available at SSRN: http://ssrn.com/abstract=2238064.

Elton, Edwin J., Martin J. Gruber, Stephen J. Brown, and William N. Goetzmann. 2006. *Modern Portfolio Theory and Investment Analysis*, 7th edition. New York: John Wiley & Sons.

Fama, Eugene F., and Kenneth R. French. 1989. "Business Conditions and Expected Returns on Stocks and Bonds." *Journal of Financial Economics*, vol. 25, no. 1: 23–50.

Fama, Eugene F., and Kenneth R. French. 1993. "Common Risk Factors in the Returns on Stocks and Bonds." *Journal of Financial Economics*, vol. 33, no. 1: 3–56.

Fama, Eugene F., and Kenneth R. French. 2001. "Disappearing Dividends: Changing Firm Characteristics of Lower Propensity to Pay?" *Journal of Financial Economics*, vol. 60, no. 1: 3–43.

Fernandez, P., J. Aguirreamalloa, and L. Corres. 2011. "Equity Premiums Used in 2011 for the USA by Analysts, Companies and Professors: A Survey." Working paper available at http://papers. ssrn.com/sol3/papers /cfm?abstract_id=1805852&rec=1&srcabs=1822182.

Ferson, Wayne E., and Campbell R. Harvey. 1991. "The Variation of Economic Risk Premiums." *Journal of Political Economy*, vol. 99, no. 2: 385–415.

Hamada, Robert. 1972. "The Effect of the Firm's Capital Structure on the Systematic Risk of Common

Stocks." *Journal of Finance*, vol. 27, no. 2: 435–452.

Hammond, P. Brett, Martin L. Leibowitz, and Laurence B. Siegel. 2011. *Rethinking the Equity Risk Premium*. Charlottesville, VA: Research Foundation of CFA Institute.

Hitchner, James R. 2006. *Financial Valuation: Applications and Models*, 2nd edition. Hoboken, NJ: John Wiley & Sons.

Hughson, Eric, Michael Stutzer, and Chris Yung. 2006. "The Misuse of Expected Returns." *Financial Analysts Journal*, vol. 62, no. 6: 88–96.

Ibbotson, Roger, and Peng Chen. 2001. *The Supply of Stock Market Returns*. New Haven, CT: Yale International Center for Finance; Yale School of Management.

Ibbotson, Roger, and Peng Chen. 2003. "Long-Run Stock Returns: Participating in the Real Economy." *Financial Analysts Journal*, vol. 58, no. 1: 88–98.

Jagannathan, Ravi, Ellen McGrattan, and Anna Scherbina. 2000. "The Declining U.S. Equity Premium." *Quarterly Review*. Federal Reserve Bank of Minnesota, vol. 24, no. 4: 3–19.

La Porta, Rafael, Josef Lakonishok, Andrei Shleifer, and Robert Vishny. 1997. "Good News for Value Stocks: Further Evidence on Market Efficiency." *Journal of Finance*, vol. 52, no. 2: 859–874.

Lakonishok, J., A. Shleifer, and R.W. Vishny. 1994. "Contrarian Investment, Extrapolation and Risk." *Journal of Finance*, vol. 49, no. 5: 1541–1578.

Mehra, Rajnish, and Edward C. Prescott. 1985. "The Equity Premium: A Puzzle." *Journal of Monetary Economics*, vol. 15, no. 2: 145–161.

Merton, Robert C. 1980. "On Estimating the Expected Return on the Market: An Exploratory Investigation." *Journal of Financial Economics*, vol. 8, no. 4: 323–361.

Metrick, Andrew. 2007. *Venture Capital and the Finance of Innovation*. Hoboken, NJ: John Wiley & Sons, Inc.

Miles, James A., and John R. Ezzell. 1985. "Reformulating Tax Shield Valuation: A Note." *Journal of Finance*, vol. 40, no. 5: 1484–1492.

Morningstar. 2007. "Stocks, Bonds, Bills, and Inflation." 2007 *Valuation Edition Yearbook*. Chicago: Morningstar, Inc.

Pastor, Lubos, and Robert F. Stambaugh. 2003. "Liquidity Risk and Expected Stock Returns." *Journal of Political Economy*, vol. 111, no. 3: 642–685.

Scholes, Myron, and Joseph T. Williams. 1977. "Estimating Betas from Nonsynchronous Data." *Journal of Financial Economics*, vol. 5, no. 3: 309–327.

Strong, Norman, and Zinzhong G. Xu. 1997. "Explaining the Cross-Section of UK Expected Stock Returns." *British Accounting Review*, vol. 29, no. 1: 1–23.

Stux, Ivan E. 1994. "Earnings Growth: The Driver of Equity Value." Morgan Stanley *Global Equity and Derivatives Markets*.

Varma, Jayanth R., and Samir K. Barua. 2006. "A First Cut Estimate of the Equity Risk Premium in India." Indian Institute of Management Ahmedabad. Working Paper No. 2006-06-04.

연습문제

1. 어떤 캐나다 투자자가 1년간 보유할 목적으로 2007년 10월 15일에 Toronto-Dominion Bank(Toronto: TD.TO) 주식을 주당 C$72.08에 매수했다. 과거 배당은 연간 C$2.11이었다. 이 투자자는 실제 이 주식을 2007년 11월 5일 주당 C$69.52에 매각했다. 이 투자자는 다음을 추가적으로 언급했다.
   - 10월 15일부터 11월 5일 사이에 지급된 배당은 없다.
   - TD.TO 주식의 요구수익률은 연간 기준으로는 8.7%이고, 주간 기준으로는 0.161%이다.

   A. 기대보유기간과 실제보유기간의 길이에 대해 언급하라.
   B. TD.TO가 공정하게 평가되었다면 당초의 기대치와 당초의 기대보유기간 하에서 투자자가 예상한 가격상승률을 계산하라.
   C. 투자자의 실현수익률을 계산하라.
   D. 실현된 알파를 계산하라.

2. AOL Time Warner(NYSE: AOL), J.P. Morgan Chase & Company(NYSE: JPM), The Boeing Company(NYSE: BA)의 베타 추정치는 각각 2.50, 1.50, 0.80이다. 무위험이자율은 4.35%이고 주식위험프리미엄은 8.04%이다. CAPM을 이용하여 이 세 주식의 요구수익률을 구하라.

3. 다음 표는 Fama-French 요인에 대한 TerraNova Energy의 요인민감도 추정치와 각 요인과 관련된 위험프리미엄을 보여주고 있다.

	요인민감도	위험프리미엄(%)
시장요인	1.20	4.5
규모요인	−0.50	2.7
가치요인	−0.15	4.3

   A. Fama-French모형과 이상의 추정치를 이용해 TerraNova Energy의 요구수익률을 계산하라. 단기 국채수익률은 4.7%라고 가정한다.
   B. 요인민감도를 기초로 TerraNova에 기대되는 스타일 특성에 대해 기술하라.

4. Newmont Mining(NYSE: NEM)의 베타 추정치는 −0.2이다. 무위험이자율은 4.5%이고, 주식위험프리미엄은 7.5%로 추정된다. CAPM을 이용하여 NEM 투자자의 요구수익률을 계산하라.

5. 어떤 애널리스트는 특정 상장회사의 자기자본비용 추정에 시장위험뿐 아니라 재무곤경과 시가총액을 반영하길 원한다. 다음 모형 중 이러한 목적에 가장 적합한 모형은 무엇인가?
   A. 자본자산 가격결정모형(CAPM)
   B. Fama-French모형
   C. 거시경제적 요인모형

6. 다음은 Larsen & Toubro Ltd의 자본비용 요소와 자본구조를 보여준다. 이 정보를 바탕으로 Larsen & Toubro의 WACC를 계산하라.

자본비용의 요소	(%)
CAPM 자가자본비용	15.6
세전 타인자본비용	8.28
세율	30.0
자본구조의 목표 가중치	주식 80, 부채 20

다음 정보를 바탕으로 질문 7 ~ 12에 답하시오.

비교적 최근 시장경제를 채택한 어떤 국가에 2001년 한 주가지수가 설정되었다. 지수의 발표기관은 2001년 지수를 구성하는 최초 회사들을 기준으로 2001년 이전 5년간 수익률을 계산해 보충했다. 2004년부터 2006년에는 국경분쟁으로 군사 대치가 지속되면서 경제와 금융시장은 혼란을 겪었다. 이 분쟁은 2006년 말 최종적으로 중재되었다. 요약하면 주식시장의 수익률 자료는 2007년 초에 10년치가 축적된 것이다. 10년간 10년물 국채수익률에 대비한 기하평균 (초과)수익률은 연간 2%이다. 지수에 대한 전방 배당수익률은 1%이다. 2004년에서 2006년 주가수익률은 혼란을 반영하지만, 이코노미스트들은 이 나라가 2009년까지 4%의 실질 GDP성장률 달성을 예상하고 있다. 상장회사 부문의 이익은 연간 5%의 실질 성장이 예상된다. 이와 부합하여 시장 P/E는 연간 1%씩 증가할 것으로 예상된다. 비록 물가상승률이 현재 연간 6%로 높은 수준이나, 물가상승률의 장기 추정치는 4%이다. 수익률 곡선이 통상 우상향하지만 현재 국채 수익률 곡선은 역전된 상태이다. 이로 인해 단기물의 수익률은 9%, 10년물의 만기수익률은 7%를 기록하고 있다.

7. 2001년 이전 지수 수익률이 포함되면서 예상되는 것은?
   A. 역사적 위험프리미엄 추정치를 높이는 편의가 발생했다.
   B. 역사적 위험프리미엄 추정치를 낮추는 편의가 발생했다.
   C. 역사적 위험프리미엄 추정치에는 영향이 없었다.

8. 2004 ~ 2006년 사건으로 예상되는 것은?
   A. 역사적 위험프리미엄 추정치를 높이는 편의가 발생했다.
   B. 역사적 위험프리미엄 추정치를 낮추는 편의가 발생했다.
   C. 역사적 위험프리미엄 추정치에는 영향이 없었다.

9. 현재의 이자율 환경에서 단기국채와 이 정의에 따른 역사적 주식위험프리미엄을 기초로 하는 요구수익률을 이용할 때 예상되는 것은?
   A. 주식의 장기 요구수익률 추정치에 상향편의가 발생한다.
   B. 주식의 장기 요구수익률 추정치에 하향편의가 발생한다.
   C. 주식의 장기 요구수익률 추정치에는 영향이 없다.

10. Ibbotson-Chen이 제안한 바와 같이 주식위험프리미엄의 공급측면 추정치는 얼마에 가장 가까운가?
   A. 3.2%
   B. 4.0%
   C. 4.3%

11. 위의 시장에서 평균적인 체계적 위험을 가진 보통주식의 요구수익률은 어디에 가장 가까운가?
   A. 2%와 7% 사이
   B. 7%와 9% 사이
   C. 9% 이상

12. 만일 두 주식이 동일한 시장위험을 갖지만 한 주식의 레버리지와 유동성이 높아 요구수익률이 더 높다면, 이 주식의 요구수익률이 더 높은 것은 무엇의 결과인가?
   A. 높은 유동성
   B. 높은 레버리지
   C. 높은 유동성과 높은 레버리지

다음 정보를 바탕으로 질문 13 ~ 19에 답하시오.

Judy Chen은 Horizon Asset Management의 글로벌 주식포트폴리오 담당 책임 펀드매니저이다. 최근에 입사한 주식 애널리스트인 Lars Johansson은 Chen의 포트폴리오 관리를 돕기 위해 Chen에게 배치되었다.

Chen은 최근 포트폴리오에서 Novo-Gemini 주식을 매각했다. Chen은 Johansson에게 [표 1]에서 제시된 거래 정보를 가지고 Novo-Gemini의 수익률 성과를 평가하라고 지시했다.

[표 1] Novo-Gemini, Inc. 거래 현황

1. Novo-Gemini 주식을 주당 $20.75에 매수했다.
2. 매수 시점에 Chen의 리서치는 Novo-Gemini 주식이 3년 보유기간 말에 주당 $29.00에 거래될 것으로 예상했다.
3. 매수 시점 CAPM에 기초한 Novo-Gemini의 요구수익률은 연간 기준 12.6%로 예상되었다.
4. 매수일로부터 정확히 3년 후 주당 $30.05에 주식을 매각했다.
5. 3년 보유기간 중 Novo-Gemini는 배당을 지급하지 않았다.

Chen은 Johansson에게 매수 시점에 Novo-Gemini의 요구수익률 추정에 사용된 CAPM은 미국 주식시장의 비조정 역사적 주식위험프리미엄을 사용했다고 설명했다. Chen은 미국 주식시장이 과거 우호적인 인플레이션과 의미 있는 생산성 서프라이즈가 연속되었다고 언급했다. Chen은 Johansson에게 Novo-Gemini의 요구수익률 추정 전에 역사적 주식위험프리미엄을 조정했어야 했는지 물었다.

위험 수용에 따른 보상에 대한 또 다른 시각을 파악하기 위해 Chen은 Johansson에게 [표 2]의 S&P 500 지수에 대한 자료를 이용해 미국 주식시장의 전방주시 주식위험프리미엄을 계산하라고 지시했다.

[표 2] S&P 500 지수 데이터

배당수익률(1년 후 합산 추정 배당금 기준)	1.2%
장기 이익성장률 추정치 컨센서스	4.0%
20년 미국 국채수익률	3.0%

Chen은 Bezak, Inc. 주식의 포트폴리오 편입을 고려중이다. Chen은 Johansson에게 [표 3]의 정보를 가지고 CAPM으로 Bezak의 가중평균자본비용을 계산하라고 지시했다.

[표 3] Bezak, Inc.

세전 부채자본비용	4.9%
시장가치 기준 총자본에 대한 장기부채의 비중	25.0%
한계세율	30.0%
Bezak, Inc.의 베타	2.00
주식위험프리미엄 추정치	5.5%
무위험이자율	3.0%

마지막으로 Chen은 Johansson에게 미국의 비상장회사인 Twin Industries를 평가하라고 지시했다. 이 회사는 기업공개를 준비 중이다. Johansson은 Twin Industries의 주식 요구수

익률 추정에 CAPM을 사용하기로 했다. Johansson은 MSCI/Standard & Poor's Global Industry Classification Standard(GICS)를 이용해 상장된 유사회사를 찾았고, 이 회사의 베타 추정치가 1.09라고 파악했다. 이 회사는 Twin Industries보다 규모가 훨씬 크지만 나머지는 유사한 회사이다. Twin Industries는 자본 중 49%를 부채로 조달했지만 상장된 유사회사의 부채비중은 60%이다.

13. [표 1]을 바탕으로 매수 시점에 Novo-Gemini Inc.의 3년 기대보유기간수익률은 얼마에 가장 가까운가?
    A. 39.76%
    B. 42.76%
    C. 44.82%

14. [표 1]을 바탕으로 Novo-Gemini Inc.의 3년 실현보유기간수익률은 얼마에 가장 가까운가?
    A. 39.76%
    B. 42.76%
    C. 44.82%

15. 인플레이션과 생산성의 역사적 서프라이즈 기록을 기초로 계산된 미국 주식시장의 역사적 주식위험프리미엄을 전방주시 주식위험프리미엄 추정치로 사용하려면 역사적 주식위험프리미엄을 어떻게 해야 하는가?
    A. 조정하지 않아도 된다.
    B. 상향 조정해야 한다.
    C. 하향 조정해야 한다.

16. [표 2]를 바탕으로 미국 주식위험프리미엄의 전방주시 추정치는 얼마에 가장 가까운가?
    A. 2.2%
    B. 5.8%
    C. 8.2%

17. [표 3]에서 부채의 이자비용이 소득공제 대상일 때 Bezak의 가중평균자본비용(WACC)은 얼마에 가장 가까운가?
    A. 10.87%
    B. 11.36%
    C. 13.61%

18. Twin Industries의 베타 추정치는 얼마에 가장 가까운가?

    A. 0.44

    B. 0.85

    C. 0.89

19. Twin Industries 주식의 요구수익률을 추정하는 Johansson의 접근법의 잠재적 약점은 요구수익률 추정치가 어떠하다는 것인가?

    A. 요구수익률 추정치에 규모프리미엄이 포함되지 않았다.

    B. 장기간에 걸친 잠재적 수익률을 과대 추정할 수 있다.

    C. 산업의 이코노믹스로부터 발생하는 체계적 위험을 고려하지 않았다.

CHAPTER 3

산업 및 기업분석의 개요

1. 서 론

산업분석(industry analysis)은 제조, 서비스, 무역 등과 같은 특정 산업에 대한 분석이다. 회사가 속한 산업을 이해하는 것은 개별 회사를 분석하는 **기업분석(company analysis)**의 핵심 프레임워크를 제공한다. 주식분석이나 신용분석은 자료 수집과 해석에 시너지와 효율성을 확보하기 위해 한 명의 애널리스트가 한두 개 산업을 전담하는 게 일반적이다.

이 장에서 우리가 답하고자 하는 주요 질문은 다음과 같다.

- 여러 업종분류체계들이 갖고 있는 유사점과 차이점은 무엇인가?
- 애널리스트는 비교대상이 되는 피어그룹(peer group)을 어떻게 선택하는가?
- 전략적으로 잘 정립된 산업에 속한 기업은 어떤 장점을 누리는가?

다음 2절에서 산업분석의 활용에 대해 살펴본 후, 3절과 4절에서는 적절한 유사기업과 업종분류체계를 파악하는 접근법에 대해 알아본다. 5절에서는 산업의 기술과 분석에 대해 설명한다. 또한 5절에서 다루는 경쟁분석은 6절의 기업분석에 기초를 제공한다. 마지막으로 전체 내용을 정리한 후 실무적 예제를 풀어보기로 한다.

2. 산업분석의 활용

산업분석은 펀더멘털 분석을 사용하는 다양한 투자 실무에 유용하게 활용된다. 산업분석은 다음의 용도에 사용된다.

- **기업의 사업과 사업환경의 이해.** 산업분석은 주식 발행자의 성장기회, 경쟁 다이나믹스, 사업위험에 관한 시사점을 제공하기 때문에 종목선택과 가치평가의 기본적이고 핵심적인 활동이 된다. 채권 애널리스트에게는 산업분석이 조달한 부채 사용의 적절성과 경기수축기 원리금 상환 능력에 대한 시사점을 제공한다.
- **적극적 주식투자 기회 포착.** 하향식 투자접근법을 선택하는 투자자는 산업의 수익성과 성장성 전망을 파악하는데 산업분석의 도움을 받는다. 일반적으로 투자자는 인지된 산업 전망이 시장가격에 완전히 반영되지 않았다고 판단하면, 자신의 벤치마크에 대비하여 산업에 대한 투자 비중을 조정하려 한다. 종목선택과는 별개로 일부 투자자들은 산업이나 섹터 로테이션(sector rotation)으로 벤치마크 수익률 이상을 달성하려 한다. 이러한 로테이션은 산업 펀더멘털과 경기순환에 대한 분석을 바탕으로 여러 산업에 타이밍 투자를 하

는 것이다. (기술적 분석 역시 이러한 투자전략에 역할을 할 수 있다.) 다수의 연구들은 산업요인이 주가수익률 결정에 최소한 국가 요인만큼 중요성을 가진다는 것을 지지하여, 산업분석의 중요성을 강조한다(Cavaglia, Diermeier, Moroz, and De Zordo, 2004). 또한 미국의 경우 업종이 기업 수익성 변동의 약 20%를 설명하는 것으로 알려졌다(McGahan and Porter, 1997).

- **포트폴리오의 성과분석**. 통상 벤치마크에 대비하여 포트폴리오 수익률의 원천을 설명하는 성과분석(performance attribution)은 산업이나 종목선택을 포함하게 된다. 업종분류기법은 성과분석에 중요한 역할을 한다.

이 장의 후반부에서 우리는 회사의 비즈니스와 환경을 이해하는데 필요한 고려사항에 대해 살펴본다. 다음은 기업들을 어떻게 여러 산업으로 분류할 것인지에 대해 설명한다.

3. 유사기업의 파악

업종분류(industry classification)는 회사들을 공통점을 가진 다수의 그룹으로 분류하는 것이다. 이 절에서는 업종분류를 위한 다음의 세 가지 주요 기준에 따라 업종분류 접근법을 소개한다.

- 제품과 서비스
- 경기순환의 민감도
- 통계적 유사성

3.1. 제품과 서비스에 따른 분류

유사한 제품과 서비스를 기준으로 기업을 분류하는 것은 가장 일반적인 분류 기법이다. 이 기법에서 **산업(industry)**은 유사한 제품 또는 서비스를 공급하는 기업들의 집합으로 정의된다. 예를 들어, Volvo, Daimler AG, Paccar, Navistar 등은 글로벌 상용차 산업을 장악한 대표 기업들이다. 한편 Toyota, General Motors, Volkswagen, Ford, Honda, Nissan, PSA Peugeot Citroën, Hyundai 등은 글로벌 승용차 산업에서 치열하게 경쟁 중이다.

업종분류기법은 일반적으로 여러 집합적 수준 혹은 단계를 가지게 된다. **섹터(sector)**라는 용어는 관련 산업의 그룹을 의미하는 것으로 사용된다. 예를 들어 헬스케어 섹터는 의약품·바이오기술·메디컬 디바이스·의료용품·병원·건강관리 등을 포함하는 다수의 관련 산업들로 구성된다.

이러한 분류기법은 개별 기업을 핵심사업활동의 결정요인에 따라 특정 산업으로 분류한다. 회사의 **핵심사업활동(principal business activity)**이란 회사의 주된 매출과 이익이 창출되는 원천을 말한다. 예를 들어, 매출의 대부분이 의약품 판매에서 발생하는 Novatis AG, Pfizer Inc., Roche Holding AG, GlaxoSmithKline, Sanofi-aventis S.A. 등은 글로벌 제약산업으로 분류된다. 하나 이상의 주력사업을 영위하는 기업은 자신의 재무제표에 각 사업부문의 매출과 영업이익 등을 별도로 보고하게 된다.[1)]

제품과 서비스 기반의 대표적 분류체계에는 뒤에서 살펴보게 될 Global Industry Classification Standard(GICS), Russell Global Sectors(RGS), Industry Classification Benchmark(ICB) 같은 상업적 분류체계가 있다. 제품과 서비스 기반의 기업 분류 외에도 GICS와 RGS 등의 주요 분류체계들은 소비재 기업을 경기순환에 대한 민감도에 따라 경기순환(경기민감)과 경기방어(경기둔감) 업종으로 분류한다. 다음은 경기순환의 민감도를 기반으로 기업을 어떻게 분류하는지 살펴본다.

3.2. 경기순환의 민감도에 따른 분류

경기순환에 대한 민감도에 따라 기업을 분류하기도 한다. 이 기법은 기업을 크게 경기순환기업과 경기비순환기업의 두 가지 카테고리로 분류한다.

경기순환기업(cyclical company)은 기업의 경영성과가 전반적 경제상황에 크게 영향을 받는 기업이다. 이런 기업은 경기확장기에 수요 호황을, 경기수축기에 수요 부진을 경험하는 등 경기순환에 따라 큰 수요 변동을 경험한다. 수요가 경기에 민감한 제품과 서비스는 상대적으로 고가이거나 가처분소득이 감소하면 구매를 늦출 수 있는 것들이 대부분이다. 자동차·주택·기초소재·산업재·정보기술 등은 대표적인 경기순환산업으로 분류된다. **경기비순환기업(non-cyclical company)**은 기업의 경영성과가 경기순환에 큰 영향을 받지 않는 기업이다. 이들 기업은 경기사이클 변동에도 수요가 비교적 안정적인 제품과 서비스를 생산·공급한다. 경기비순환산업에는 식료품·개인위생용품·헬스케어·유틸리티 등이 있다.

비록 앞으로 살펴볼 분류체계들이 자신들의 카테고리에 경기순환 혹은 경기방어(경기비순환)을 명시하지는 않지만, 특정 섹터들은 다른 섹터들에 비해 높은 경기 민감도를 보이게 된다. 상대적으로 높은 경기 민감도를 보이는 섹터에는 자유소비재·에너지·금융서비스·산업재·정보기술·소재 섹터가 대표적이다. 반면 상대적으로 경기에 민감도가 낮은 섹터에는 필수소비재·헬스케어·통신서비스·유틸리티 등이 있다.

---

1) 자세한 사항은 International Financial Reporting Standard(IFRS) 8: Operating Segments를 참조하라. IFRS에서는 *business segments*(사업부문)를 *operating segments*(영업부문)로 부른다.

EXAMPLE 1 경기순환과 경기비순환의 차이

애널리스트들은 일반적으로 경기순환/경기비순환과 관련해 여러 가지 분류 이름표를 접하게 된다. 예를 들면 경기비순환산업은 경우에 따라 경기방어(혹은 안정)와 성장산업으로 나눠진다. 경기방어(defensive)산업과 기업은 매출과 이익이 전반적인 경제활동에 거의 영향을 받지 않는다. 이러한 산업과 기업은 필수소비재(예: 빵)나 기초 생활 서비스(식료품 소매 · 의약품 소매 · 패스트푸드 아울렛)를 공급하거나, 각종 계약이나 정부 규제에 의해 이익률과 매출이 결정되는 경우가 많다. 성장(growth)산업은 경제적 요인이나 기타의 외부 요인의 중요성을 무력화시킬 수 있는 강력한 수요 다이나믹스를 가진 산업으로, 비록 경기침체기에 성장률이 다소 낮아 질 수는 있어도 경제 환경에 큰 영향을 받지 않으며 성장한다.[2)]

하지만 산업과 기업에 붙은 순환 · 성장 · 방어 같은 이름표의 유용성은 제한적이다. 성장산업이 아닌 경기순환산업에서도 성장기업이 있기 때문이다. 비록 경영성과가 전반적 경제활동에 상당히 노출되어 있는 경우에도 평가기간을 여러 경기사이클을 포괄할 수 있을 정도로 확장해보면 경기순환산업이 평균 이상으로 성장할 수 있다.[3)] 또한 2008~2009년의 심각한 불황과 같이 경기활동의 변동이 큰 때에는 거의 모든 기업이 전체 경제활동의 순환적 위축에 영향을 벗어나는 것은 실질적으로 불가능하다.

경기방어라는 이름표 역시 문제가 있다. 산업에는 성격상 성장하는 기업들과 경기방어기업들이 동시에 포함될 수 있어서, 어떤 기업에 "성장"이나 "경기방어"의 이름표를 붙인다는 것이 쉬운 일은 아니다. 또한 "경기방어"라는 것을 투자의 성격을 규정하는 것으로 해석해서도 안 된다. 예를 들어 식료품 슈퍼마켓은 전형적인 경기방어산업으로 분류되지만 실제로는 치열한 가격전쟁을 치르고 있다. 소위 경기방어산업과 기업들도 때론 주주의 자본을 보전해야 한다는 점에서 당초의 경기방어가 의미하는 바에서 크게 벗어나는 격렬한 산업 다이나믹스에 직면하기도 한다.

경기순환/경기비순환 분류의 문제점 중 하나는 경기순환의 민감도가 연속적인 스펙트럼을 갖기 때문에 회사를 하나의 산업에 분류하는 것이 자의적일 수 있다는 것이다. 극심한 경기침체는 경제 전반에 영향을 미치기 때문에 "비순환"을 상대적인 용어로 이해할 필요가 있다.

글로벌 투자에서 경기순환 분류의 또 다른 문제점은 세계의 여러 국가와 지역이 각기 다른 경기상황을 경험하는 경우가 빈번하다는 것이다. 세계 일부 지역이나 국가에서 경기가 확장 중일 때 또 다른 지역이나 국가는 경기후퇴를 경험하면 산업분석에 경기순환 접근법을

2) 경우에 따라 경제성장이 매우 강해서 지역 경제활동의 변동에도 불구하고 경제적 산출이 실질적으로 감소하지 않고, 실질 성장률의 변동도 제한적인 국가(예: 중국, 인도)나 지역에도 "성장(growth)"이라는 이름표를 붙이기도 한다.

3) 장기간 빠른 성장세를 보이지만 경기순환의 과정에서 매출과 이익이 평균 이상으로 변동하는 기업에게 **순환성장기업(growth cyclical)**이란 이름표를 붙이기도 한다.

적용하기 어려워진다. 예를 들면 경기순환산업인 주얼리 소매업의 경우 경기가 위축된 지역과 수요가 공고한 지역의 회사들을 비교하면 주목할 정도의 경영성과에 차이가 있을 수 있다. 하지만 이러한 기업들의 펀더멘털 차이를 고려하지 않고 단순 합산하면 산업 벤치마크를 호도하는 결과를 낳을 수 있다.

3.3. 통계적 유사성에 따른 분류

업종분류의 통계적 접근법은 전형적으로 과거 증권수익률의 상관관계에 기초를 둔다. 예를 들면, 군집분석(cluster analysis) 기법을 사용하면 기업들을 주가수익률의 역사적 상관관계에 기초하여 상관관계가 상대적으로 높은 그룹과 낮은 그룹으로 나눌 수 있다. 이런 군집화 기법은 기업들을 직관적인 판단 없이 분류하기 때문에 시기나 지역에 따라 그룹을 구성하는 회사들에 큰 차이를 보이게 된다. 이처럼 통계적 접근법이 역사적 데이터에 의존하지만, 애널리스트는 과거의 상관관계가 미래에도 유지될 것이라는 것을 보장받지 못한다. 이 접근법은 우연적인 관계를 잘못 파악하거나 실제로는 중요한 관계를 빠뜨리는 것과 같이 통계적 방법론이 가지는 근본적 한계도 가지고 있다.

4. 업종분류체계

잘 정립된 분류체계는 산업분석의 유용한 출발점이 된다. 분류체계는 애널리스트가 산업의 동향을 분석하고 업종 내 기업의 상대적 가치평가에 큰 도움을 준다. 글로벌 분류체계는 펀드매니저와 리서치 애널리스트가 같은 산업에 속한 회사들을 글로벌 수준에서 비교하도록 도움을 준다. 예를 들면 글로벌 산업인 자동차 산업의 특성상 산업을 철저히 분석하기 위해서는 분석에 여러 지역과 국가의 자동차 업체가 포함되어야 한다.

4.1. 상업적 업종분류체계

Standard & Poor's, MSCI Barra, Russell Investments, Dow Jones, FTSE 같은 주요 주가지수 제공자들은 지수에 편입된 회사를 몇 가지 산업(업종)으로 분류하고 있다. 이들이 사용하는 분류기법은 대부분 단계별 분류체계이며, 가장 높은 수준(단계)인 섹터그룹에서 출발하여 하위의 산업그룹으로 나누고 이를 다시 쪼개는 방식으로 세분화된다.

4.1.1. Global Industry Classification Standard

GICS(글로벌 업종분류표준)는 양대 글로벌 주가지수 제공자인 Standard & Poor's와 MSCI Barra가 1999년에 공동으로 개발했다. 이름이 암시하듯 GICS는 산업간 글로벌 비교를 촉진할 목적으로 고안되었고, 선진시장과 신흥시장 모두의 기업을 포괄하고 있다. 각 기업은 핵심사업활동에 따라 세부산업으로 분류된다. 각 세부산업은 특정 산업에 소속되며, 각 산업은 이보다 큰 산업그룹을 구성하게 된다. 각 그룹은 섹터에 소속된다. 2009년 6월 현재 GICS는 154개 세부산업(Sub-Industry), 68개 산업(Industry), 24개 산업그룹(Industry Group), 10개 섹터(Sector)로 구성된 4단계 분류체계를 가지고 있다. GICS의 구성은 글로벌 주식시장의 변화를 반영해 필요한 시기에 조정된다.

4.1.2. Russell Global Sectors

RGS(러셀 글로벌 섹터)는 기업이 제공하는 제품과 서비스를 기초로 전 세계의 기업을 3단계 구조로 분류한다. 2009년 6월 현행 RGS 분류체계는 9개 섹터(Sector), 32개 서브섹터(Subsector), 141개 산업(Industry)으로 구성된다. 분류단계 수의 차이 외에도 RGS는 9개 섹터, GICS는 10개 섹터로 분류하는 차이가 있다. 대표적으로 RGS는 통신서비스 회사에 별도의 섹터를 부여하지 않는다. 반면 GICS의 경우 RGS에서 "유틸리티" 섹터로 분류하는 China Mobil Ltd., AT&T, Telefonica 등 통신회사를 "통신서비스"라는 별도의 섹터로 분류하고 있다.

4.1.3. Industry Classification Benchmark

Dow Jones와 FTSE가 공동 개발한 ICB(업종분류 벤치마크)는 기업의 핵심적인 매출 원천을 기준으로 한 4단계 분류체계이다. 2009년 6월 현재 ICB 체계는 10개 산업(Industry), 19개 슈퍼섹터(Supersector), 41개 섹터(Sector), 114개 서브섹터(Subsector)로 구성된다. 분류단계의 수나 기업을 특정 그룹에 할당하는 방식에서 ICB는 GICS와 유사하지만, 두 시스템은 명명법에 중대한 차이가 있다. 예를 들면 GICS는 기업을 가장 넓게 그룹핑할 때 "섹터"라는 용어를 사용하는 반면, ICB는 "산업"이란 용어를 사용한다. 두 시스템의 또 다른 차이점은 ICB는 소비자 상품와 소비자 서비스를 별도로 구분하는 반면 GICS와 RGS는 두 회사들을 모두 경제적 민감도에 따른 섹터들에 같이 분류하고 있다. 하지만 분류체계의 하위 단계로 내려갈수록 이러한 스타일상 차이점은 덜 분명해진다.

사소한 차이점에도 불구하고 세 가지 상업적 분류체계는 모두 기업 분류에 공통적인 방법론을 적용하고 있다. 세 시스템의 최상위 분류단계도 상당히 비슷하다. 특히 GICS, RGS, ICB는 최상위 단계에 9개 내지 10개의 업종 카테고리를 가진다. 다음은 GICS, RGB, ICB

등에서 사용하는 업종분류의 최상위 단계인 주요 섹터에 대해 설명한다.

4.1.4. 최상위 산업 섹터 분류

- **기초소재**(*Basic Materials and Processing*). 건축재료 · 화학 · 종이/목재 · 컨테이너와 포장재 · 철강/광물질/광산업 관련 회사가 이 섹터에 포함된다.
- **자유소비재**(*Consumer Discretionary*). 개인 소비 제품과 서비스에서 매출의 대부분이 발생하는 기업이며, 이들의 수요는 경제상황에 상대적으로 민감하게 반응한다. 이 업종에 포함되는 비즈니스 활동에는 자동차 · 의료 · 호텔 · 요식업 등이 있다.
- **필수소비재**(*Consumer Staples*). 다른 기업에 비해 경기에 대한 민감도가 비교적 낮은 소비자 관련 기업으로 음식료 · 담배 · 개인위생용품 회사가 여기에 속한다.
- **에너지**(*Energy*). 에너지 생산을 위한 천연자원의 탐사, 생산, 정제 등을 주된 사업으로 하는 기업이 해당된다. 에너지 기업에 대한 장비나 서비스 공급에서 주된 매출이 발생하는 기업도 이 업종에 포함된다.
- **금융**(*Financial Services*). 주된 사업이 은행 · 파이낸스 · 보험 · 부동산 · 자산관리 · 위탁매매 서비스인 기업들이 이 섹터에 포함된다.
- **건강관리**(*Health Care*). 이 섹터에는 바이오제품 · 의료기기 · 헬스케어 장비 · 의료용품 유통 · 건강관리 서비스 업체가 속한다.
- **산업재**(*Industrial/Producer Durables*). 자본재 제조업체와 상거래 서비스 공급업체가 대표적이다. 이런 산업에는 중공업 · 항공과 국방 · 교통서비스 · 상거래 서비스업체 등이 포함된다.
- **정보기술**(*Technology*). 컴퓨터 · 소프트웨어 · 반도체 · 통신장비의 제조와 판매 관련 기업이다. 전자 엔터테인먼트 · 인터넷 서비스 · 정보기술 컨설팅과 서비스도 보통 이 업종에 포함된다.
- **통신서비스**(*Telecommunications*). 유무선 통신서비스를 제공하는 기업이며, 일부 정보제공업체들은 통신과 유틸리티 기업을 합쳐 "유틸리티" 카테고리로 분류하기도 한다.
- **유틸리티**(*Utilities*). 전기 · 가스 · 수도 사업자가 대표적이다. 경우에 따라서는 통신업체가 이 섹터에 포함되기도 한다.

분류체계에 따라 회사를 특정 카테고리에 정확히 분류하기 위해서는 각 카테고리의 정의, 분류에 사용된 기준 명세, 분류 대상회사의 세부 정보가 필요하다. (EXAMPLE 2)는 업종분류의 연습 사례이다. 질문에 답하기 위해서는 널리 활용되는 섹터에 대한 정의와 회사의 제품과 서비스에 좀 더 친숙해질 필요가 있다.

EXAMPLE 2 업종분류 연습

산업을 [표 1]과 같이 10개 대표 섹터로 정의한다. 분류체계는 주된 매출 원천에 따른 회사의 핵심사업활동에 기초를 둔다고 가정한다.

[표 1] 10개 대표 섹터

섹터
기초소재(Basic Materials and Processing)
자유소비재(Consumer Discretionary)
필수소비재(Consumer Staples)
에너지(Energy)
금융(Financial Services)
건강관리(Health Care)
산업재(Industrial/Producer Durables)
정보기술(Technology)
통신서비스(Telecommunications)
유틸리티(Utilities)

주어진 분류체계에 따라 다음의 회사들을 적절히 분류하라.

1. 천연가스 수송 및 판매업체
2. 중장비 제조업체
3. 지역 통신서비스 회사
4. 반도체 회사
5. 의료기기 제조업체
6. 슈퍼마켓 체인
7. 화학회사
8. 자동차회사
9. 자산관리회사
10. 명품 가죽제품 메이커
11. 규제대상인 전기사업자
12. 무선 브로드밴드 서비스업체
13. 유지류 및 세제 생산기업
14. 소프트웨어 개발회사
15. 보험회사
16. 규제대상인 상하수도 사업자
17. 오일서비스 회사

18. 제약회사
19. 철도회사
20. 광산회사

Solution

섹 터	회사번호
기초소재(Basic Materials and Processing)	7, 20
자유소비재(Consumer Discretionary)	8, 10
필수소비재(Consumer Staples)	6, 13
에너지(Energy)	1, 17
금융(Financial Services)	9, 15
건강관리(Health Care)	5, 18
산업재(Industrial/Producer Durables)	2, 19
정보기술(Technology)	4, 14
통신서비스(Telecommunications)	3, 12
유틸리티(Utilities)	11, 16

(EXAMPLE 3)은 업종분류의 주요 개념에 대해 질문하고 있다.

EXAMPLE 3 산업분류 기법

1. GICS 분류체계는 무엇을 기준으로 기업의 주된 사업활동을 분류하는가?
   A. 자산
   B. 수익
   C. 매출
2. 다음 중 경기순환기업으로 분류하기 적합하지 않은 기업은?
   A. 자동차 제조업체
   B. 아침 식사용 시리얼 업체
   C. 십대 소녀를 위한 최신 유행 지향의 의류회사
3. 다음 중 회사 분류의 통계적 접근법과 관련하여 가장 정확한 진술은?
   A. 증권의 역사적 상관관계를 기초로 한다.
   B. 전 세계적으로 유사한 구성을 가진 산업그룹을 도출한다.
   C. 비슷한 제품과 서비스를 공급하는 기업들로 구성된 산업들의 기술 통계량을 강조한다.

Solution 1 C

Solution 2 B

시리얼과 같은 필수소비재 회사는 전통적으로 경기비순환기업이다. 자동차 수요는 경기순환적이어서, 경기확장기에 수요가 늘고 경기위축기에 수요가 감소한다. 또한 십대들의 패션 수요는 아침 식사용 시리얼과 같은 기성품 수요보다 경기사이클에 민감하다. 수입이 줄면 가계는 고가 의류 구매를 줄이거나 입던 옷을 좀 더 입으려 할 것이다.

Solution 3 A

4.2. 공적 업종분류체계

다양한 정부 기관에서 사용되는 여러 분류체계는 산업이나 경제활동의 유형에 따라 각종 통계자료를 분류하고 조직화한다. 다양한 공적 분류시스템의 공통적인 목적은 시간경과에 따른 자료 비교의 일관성을 확보하거나 동일한 시스템을 사용하는 국가들 사이에서 자료 비교를 용이하게 하는데 있다. 자료의 연속성을 확보하는 것은 장기간에 걸친 경제적 성과의 측정과 평가에 매우 중요하다.

4.2.1. UN의 공적 업종분류체계(ISIC)

경제 통계의 국제적 비교 가능성을 높이기 위해 UN은 1948년 International Standard Industrial Classification of All Economic Activities(ISIC)를 도입했다. ISIC는 개별 주체가 수행하는 경제활동의 유형을 기준으로 산업을 분류한다. ISIC는 11개 카테고리(Category), 21개 섹션(Section), 88개 디비전(Division), 400개 이상의 클래스(Class)로 구성된다. UN에 따르면 회원국 대부분이 국가 활동 분류체계로 ISIC를 사용하거나, ISIC를 기초로 국가 분류체계를 개발해 사용하고 있다고 한다. 현재 ISIC를 사용하는 조직에는 UN과 그 산하기구, IMF, World Bank 등의 국제기구가 있다.

4.2.2. 유럽의 공적 업종분류체계(NACE)

ISIC의 유럽판 버전인 Statistical Classification of Economic Activities in the European Community(NACE)는 유럽 수준에서 ISIC에 대응되는 경제활동 분류체계이다. ISIC와 유사하게 NACE는 경제활동에 따른 분류이다. NACE는 섹션(알파벳 A에서 U까지의 한 자리 코드), 디비전(01에서 99까지의 두 자리 수 코드), 그룹(01.1에서 99.0까지의 세 자리 수 코드), 클래스(01.11에서 99.00까지의 네 자리 수 코드) 등 4단계로 구성된다.

4.2.3. 호주와 뉴질랜드의 공적 업종분류체계(ANZSIC)

1993년 호주와 뉴질랜드 통계청은 두 국가 간, 두 국가와 세계 간 산업 통계의 비교를 촉진하기 위해 Australian and New Zealand Standard Industrial Classification(ANZSIC)을 공동으로 개발했다. ISIC에 의해 사용되는 국제 표준과 ANZSIC를 정렬하면 국제적 비교가 가능하게 된다. ANZSIC는 최상위 단계인 디비전부터 서브디비전, 그룹, 클래스, 최하위 단계인 서브클래스(뉴질랜드에 한정됨) 등 5단계로 구성된다.

4.2.4. 북미의 공적 업종분류체계(NAICS)

1997년 미국, 캐나다, 멕시코가 공동으로 개발한 North American Industry Classification System(NAICS)이 기존의 Standard Industrial Classification(SIC)을 대신하는 분류체계로 채택되었다. NAICS는 establishment(사업장)와 enterprise(업체)를 구분한다. NAICS에서 *establishment*는 (공장, 가게, 호텔, 영화관, 농장, 사무실 등과 같이) 비즈니스를 수행하거나 서비스나 영업활동이 수행되는 물리적 단일 장소로 정의된다. *enterprise*는 하나 혹은 그 이상의 경제활동을 수행하는 하나 이상의 장소로 구성된다. enterprise의 각 establishment에는 주력 사업에 따라 개별적인 NAICS 코드가 부여된다.[4)]

NAICS는 5단계 카테고리로 구조화되는데, 두 자리에서 여섯 자리 코드가 부여된다. 코드의 숫자가 클수록 더 세부적인 카테고리에 해당한다. 가장 상위의 1단계 카테고리는 두 자리 코드가 부여된 섹터, 다음은 서브섹터(세 자리 코드), 산업그룹(네 자리 코드), NAICS 산업(다섯 자리 코드), 내셔널산업(여섯 자리 코드)의 순으로 코드가 늘어나며 세분화된다. 다섯 자리 코드는 국가 간 비교에 쓰이는 가장 세분화된 분류이며, 여섯 자리 코드는 국내용으로 보다 세밀한 정보를 제공하는 용도이다.

비록 다소간의 차이는 있지만, ISIC, NACE, ANZSIC, NAICS의 구조는 각 업종분류체계의 상당수 카테고리가 다른 체계의 카테고리에 대응되면서 유사한 구조를 가진다. 미국 통계국은 다양한 분류체계들이 서로 어떤 관계를 가지는지를 보여주는 비교표를 발표하고 있다.[5)]

4.3. 현행 분류체계의 장단점

상업적 분류체계와는 달리 공적 분류체계는 특정 비즈니스나 기업에 대한 정보를 공개하지 않기 때문에 애널리스트가 특정 카테고리의 구성 내용을 모두 파악할 수는 없다. 예를 들어 미국 연방법은 통계국이 개별 기업의 활동을 공개하는 것을 금지하여 NAICS와 SIC 코드를 공개하지 않는다.

---

4) 보다 자세한 정보는 www.census.gov/eos/www/naics/faqs/faqs.html#q2를 참조.
5) 보다 자세한 정보는 www.census.gov/eos/www/naics/concordances/concordances.html 참조.

대부분의 공적·상업적 분류체계는 수시로 점검하여 필요할 경우 갱신된다. 일반적으로 상업적 분류체계는 5년 주기로 갱신되는 공적 분류체계보다 자주 갱신된다. NAICS도 5년마다 수정을 검토하게 된다.

공적 분류체계는 일반적으로 중소기업과 대기업, 영리와 비영리, 공기업과 사기업을 구분하지 않는다. 하지만 상업 분류체계는 특정 주가지수와 관련된 기준에 따라 대기업과 중소기업을 구분하며, 영리기업과 상장회사에 한정되는 것이 일반적이다.

현행 분류체계가 가지는 또 다른 단점은 최하위 분류단위에 같이 할당된 기업들이라도 세부 펀더멘털의 비교나 상대적 가치평가를 위한 피어그룹으로 보기 어렵다는 것이다. **피어그룹(peer group)**이란 유사한 사업에 종사하며, 공통적으로 관련된 요인들에 의해 경영성과나 가치평가가 영향을 받는 기업들의 그룹을 말한다. 평가대상 회사를 잘 정의된 피어그룹과 비교해야만 평가대상 회사의 성과와 상대적 가치평가에 대한 유용한 시사점을 얻을 수 있다.

4.4. 피어그룹의 구성

피어그룹을 구성하는 것은 상당히 주관적인 프로세스이다. 구성 결과는 상업 분류체계에서 주어진 가장 세분화된 카테고리와도 심지어 큰 차이를 보일 수 있다. 그러나 상업적 분류체계는 애널리스트에게 평가대상 회사가 어떤 산업에 존재하는지를 효율적으로 파악하도록 도움을 준다는 점에서 피어그룹 구성의 적절한 출발점이 된다.

사실 피어그룹을 구성하는 접근법은 동일 산업에서 활동하는 기업을 찾는 것에서 출발한다. 4.1절에서 살펴본 상업 분류체계를 구독하는 애널리스트는 정보 서비스업체의 산업에 대한 정의에 따라 회사가 속한 산업 내에 존재하는 다른 기업의 명단을 손쉽게 파악할 수 있다. 애널리스트는 이들 기업의 비즈니스 활동을 검토하여 사업 유사성이 높은 회사들로 피어그룹을 한정하도록 명단을 좁혀나가게 된다. 다음은 효과적인 피어그룹 구성을 위한 실무 팁으로 활용할 수 있는 구성 절차와 관련 질문들이다.

피어그룹의 예비 명단 작성 절차

- 가용한 상업적 분류체계를 검토하라. 상업적 분류체계는 동일 산업에서 활동하는 기업들을 파악하는데 유용한 출발점이 된다.
- 평가대상 회사의 애뉴얼 리포트에 있는 경쟁환경을 검토하라. 회사들은 종종 특정 경쟁자를 직접 거명하기도 한다.
- 잠재적인 비교대상 기업을 파악하기 위해 경쟁사의 애뉴얼 리포트를 검토하라.
- 각 비교대상 기업이 평가대상 기업과 같은 핵심 사업과 유사한 비즈니스 활동에서 회계상 중요한 매출과 이익을 창출하는지 확인하라.

피어그룹 명단 축소를 위한 질문

- 매출과 영업이익의 몇 퍼센트 정도가 평가대상과 유사한 비즈니스 활동에서 창출되는가?
- 잠재적인 피어기업이 평가대상 회사와 유사한 수요 환경에 직면해 있는가? 예를 들어 비교대상 회사가 비즈니스 사이클 상 다른 단계에 있다면 성장성, 수익성, 가치평가의 비교는 제한적 가치만 가지게 된다. (언급한 바와 같이 이런 차이점은 다른 지역시장에서 사업을 수행하는데 따른 결과일 수 있다.)
- 평가대상 회사가 금융 자회사를 가지고 있는가? 판촉촉진을 위해 (Caterpillar Inc.와 John Deere 같은) 일부 기업은 소비자 금융부문을 운영하기도 한다. 의미 있는 기업 비교를 위해서 애널리스트는 재무제표를 적절히 조정하여 금융 자회사가 비교대상인 회사의 재무지표에 미치는 영향을 완화해야 한다.

(EXAMPLE 4)는 피어그룹을 파악하는 절차를 설명하고, 피어그룹 결정에서 발생하는 실무상 어려움을 보여준다.

EXAMPLE 4 Brink's Home Security의 피어그룹 리서치

어떤 애널리스트가 리서치 보고서의 가치평가 섹션에 사용할 목적으로 Brink's Home Security의 피어그룹을 파악하려 한다. Brink's는 미국 시장에서 단독주택에 전자 보안·경보 모니터링 서비스를 제공하는 사업자이다. 애널리스트는 GICS에서 Brink's의 업종분류부터 찾아보기로 했다. 앞에서 논의한 바와 같이 GICS의 가장 세부 업종은 서브산업이며, 2009년 6월 현재 Brink's는 다음에 열거된 기업들과 함께 Specialized Consumer Services라는 서브산업에 속해 있다.

GICS 섹터(Sector): Consumer Discretionary
- GICS 산업그룹(Industry Group): Consumer Services
  - GICS 산업(Industry): Diversified Consumer Services
    - GICS 서브산업(Sub-Industry): Specialized Consumer Services
      - Brink's Home Security Holdings, Inc.
      - Coinstar, Inc.
      - Hillenbrand Inc.
      - Mathews International Corporation
      - Pre-Paid Legal Services Inc.
      - Regis Corporation
      - Service Corporation International
      - Sotheby's

기업들의 명단을 살펴본 후 애널리스트는 Brink's의 비교대상이 되는 피어그룹 명단을 최종 확정하기 위해서는 추가적인 조정이 필요하다는 것을 즉시 파악했다. 예를 들어 Brink's는 Regis의 모발 케어 서비스나 Hillenbrand, Mathews, Service Corporation의 장례서비스와는 사업상 공통점이 거의 없기 때문이다. 좀 더 정밀한 검토를 거친 후 애널리스트는 GICS의 이 서브산업에 속한 회사 중에는 Brink's의 적절한 비교대상이 없다는 결론을 내렸다.

다음으로 애널리스트는 경쟁자에 대한 회사 경영진의 입장을 확인하기 위해 Brink's의 최근 애뉴얼 리포트를 살펴보았다. Brink's의 2008년 10-K 6쪽 "산업동향과 경쟁현황" 부분에는 다음과 같이 유사한 영업활동을 하는 회사들의 명단이 열거되어 있다. "국내시장에서 우리의 주요 경쟁자는 (Tyco International의 사업부문인) ADT Security Services, Inc., Protection One, Inc., Monitronics International, Inc., (Stanley Works의 사업부문인) Stanley Security Solutions 등이다." 애널리스트는 명단에 포함된 Protection One은 상장회사이고 Brink's의 피어그룹에 포함될 수 있는 유력 후보로 보았다. Monitromics International은 비상장회사여서, 자세한 펀더멘털 정보가 존재하지 않아 피어그룹에서 제외했다.

애널리스트는 ADT가 Tyco International의 매출과 영업이익에 중요한 부분(2008년 매출과 이익의 40% 이상)을 차지한다는 것을 발견했다. 따라서 Tyco International은 피어그룹에 포함될 여지가 있다고 보았다. 또한 애널리스트는 2008년 Stanley Works 매출의 약 1/3과 영업이익의 거의 절반이 보안솔루션 사업부문에서 나온다는 점에서 이 회사를 피어그룹에 포함할지 고려하기로 했다. 애널리스트는 적절한 경쟁자를 파악하기 위해 Brink's의 최신 애뉴얼 리포트를 검토한 후 추가적인 파악을 위해 경쟁회사의 애뉴얼 리포트도 검토하기로 했다. 잠재 후보인 3개 회사의 애뉴얼 리포트를 검토한 결과 애널리스트는 Protection One이 직접적이고 정확한 경쟁자라는 결론을 내렸다. Tyco와 Stanley Works는 광의의 경쟁자로 파악했다.

모든 애뉴얼 리포트를 검토했지만 애널리스트는 더 이상의 비교대상 회사를 찾을 수 없었다. 애널리스트는 Brink's의 피어그룹을 ADT Security Services, Protection One, Stanley Security Solutions로 구성하되, Protection One이 비교대상으로 가장 적합하기 때문에 가치평가에서 Protection One에 좀 더 높은 가중치를 부여하기로 했다.

이 논의와 관련하여 IFRS와 US GAAP는 기업들이 특정 기준을 만족하는 사업부문에 관한 별도의 재무정보를 공개할 것을 요구하고 있다. 이런 정보를 활용하면 애널리스트는 피어그룹 결정에 도움이 되는 영업과 재무정보를 얻을 수 있다.

제한적인 사업부문을 가진 기업은 하나의 피어그룹에 포함되지만 복수의 사업부문을 가진 기업은 하나 이상의 피어그룹 카테고리에 포함되기도 한다. 예를 들어 벨기에 소재 Anheuser-Busch InBev는 다양한 브랜드의 맥주를 생산 · 판매하는 것을 주업으로 한다. 따라서 이 회사에는 테마파크 사업이 있지만 매출 비중이 미미하기 때문에 큰 고민 없이 다른 맥주회사들과 한 그룹으로 분류될 수 있다. 그러나 미국에 본사를 둔 IT 및 소프트웨어 업체

Hewlett-Packard Company(HP)는 하나 이상의 카테고리로 분류되는 것이 합리적이다. 예를 들어 PC에 관심을 갖는 투자자는 HP를 개인용 컴퓨터 피어그룹에 포함하려 할 것이고, IT 서비스 사업자 피어그룹을 구성하고 싶은 투자자는 HP를 이 그룹에 포함시킬 것이다.

요약하면 애널리스트는 평가대상 회사의 산업과 (하나 혹은 그 이상의 다양한 분류체계에 따라 정의된) 피어그룹의 차이를 파악해야 한다. 피어그룹은 유사한 비즈니스 활동을 하는 기업들로 구성되는데, 이들은 비슷한 수요 동인을 가지고 있고 비용과 자본구조에도 유사성을 공유하는 회사들이다. 실무상 이런 조건에 부합하는 피어그룹은 일반적인 상업 분류체계의 최하위 세부 카테고리에서 정의된 것보다 작은 그룹을 형성하거나, 심지어는 그와는 아예 다른 그룹을 형성하기도 한다. (EXAMPLE 5)는 피어그룹의 파악과 활용에 관한 다양한 이슈에 대해 설명하고 있다.

EXAMPLE 5 반도체 산업: 경기순환 민감도와 피어그룹 결정

GISC의 반도체 및 반도체장비 산업(453010)은 두 개의 서브산업인 반도체장비 서브사업(45301010)과 반도체 서브산업(4501020)으로 나뉜다. 반도체장비 서브산업에는 Lam Research Corporation과 ASML Holdings NV와 같은 장비업체가 포함된다. 반도체 서브산업에는 집적회로업체 Intel Corporation과 Taiwan Semiconductor Manufacturing Company Ltd.가 포함된다.

Lam Research는 웨이퍼 제작 공정에 사용되는 웨이퍼 클리닝 장비를 공급한다. Lam이 개발한 웨이퍼 에칭과 웨이퍼 크리닝 제품은 기존 장비의 업그레이드에도 사용된다. 이 기술은 고객의 기존 웨이퍼 생산라인의 성능과 생산능력을 비용·효과적으로 향상하는데 도움을 준다.

ASML은 자신을 반도체 공정에 필요한 리소그라프(웨이퍼 에칭과 프린팅)시스템의 세계적 선도기업이라고 소개한다. ASML은 집적회로나 마이크로칩 제조에 필요한 복합장비를 생산한다. ASML은 이러한 시스템의 설계·개발·통합·마케팅·서비스를 통해 마이크로칩과 가전기기의 크기를 줄이고 성능을 개선하는데 도움을 준다. 다만 이 장비는 구매자 입장에서 투자부담이 있는 고가 장비이다.

매출 기준 Intel은 세계 최대의 반도체 칩 메이커이고 PC용 마이크로프로세스 시장에서 지배적 시장점유율을 가지고 있다. Intel은 다양한 용도의 신형 칩 개발과 생산에 대규모 연구개발비를 지출한다.

1987년에 설립된 Taiwan Semiconductor Manufacturing(TSM)은 세계 최대의 반도체 파운드리 전문 생산 공장(다른 업체가 디자인한 칩을 생산하는 반도체 제조 공장)을 보유하고 있다. TSM은 스스로를 최첨단 프로세스 기술, 개척자적 디자인 서비스, 제조 효율성, 고품질의 공급자라고 정의한다. 이 회사 매출의 약 50%는 반도체 파운드리 사업부문에서 나온다.

세계 경제가 불황속에 있었던 2009년 초로 돌아가서 다음 문제들을 생각해본다. 이상에서 주어진 정보만을 가지고 다음 질문에 답하라.

1. 2009년 초의 부진한 세계 경기가 향후 12 ~ 18개월 내에 회복될 것으로 기대된다면, 반도체와 반도체장비 두 서브산업 중 어느 산업에서 먼저 가시적 실적 개선을 기대할 수 있는가?
2. Intel과 TSM이 동일한 피어그룹에 속하는지 설명하라.
3. Lam Research와 ASML은 동일한 피어그룹으로 간주될 수 있는가?

Solution 1

가장 가능성이 큰 시나리오는 장비업체(Lam과 ASML)의 실적 개선이 반도체회사(Intel과 TSM)보다 늦을 것으로 보는 것이다. 경기부진으로 2009년 초에는 상당한 잉여설비가 있을 것으로 예상되기 때문에, 반도체회사들은 장비에 대한 큰 투자 없이도 단기간 내에 집적회로의 수요 증가에 대응할 수 있을 것이다. 반도체회사들은 장기적인 수요 전망이 개선될 것으로 예상하는 시점에야 새로운 장비의 발주를 시작할 것이다.

Solution 2

Intel과 TSM은 고객과 비즈니스 모델을 달리하기 때문에 같은 피어그룹에 속한다고 볼 수 없다. Intel은 고유 모델의 반도체를 설계 · 생산하여 PC업체 등의 고객에게 납품한다. 반면 TSM은 일반적으로 자체 생산 능력을 갖추지 못한 다양한 집적회로 업체에 디자인과 생산 서비스를 제공하고 있다. 2009년 중반 S&P도 Intel을 Semiconductors, Logic, Larger Companies Group에, TSM을 Semiconductors, Foundry, Services Group에 각기 다른 피어그룹으로 분류했다.

Solution 3

Lam Research와 ASML은 모두 반도체 칩 생산을 위한 장비 설계와 제조분야 선도기업이다. 이들의 제품 수요는 동일한 경제적 요인에 영향을 받기 때문에 같은 피어그룹의 속한다고 볼 수 있다. 주요 고객도 반도체 칩 회사로 같다. 2009년 중반 S&P는 두 기업을 모두 Semiconductor, Equipment, Larger Front End라는 피어그룹으로 분류했다.

다음은 산업을 기술하고 분석하는데 필요한 핵심 스킬을 소개한다.

5. 산업의 기술과 분석

애널리스트는 산업의 트렌드와 여러 경제·사업적 변수간의 관계를 파악하려 한다. 애널리스트는 경제·산업·기업 관련 간행물과 인터넷 자료를 통해 관련 정보를 수집한다. 또한 평가대상 회사와 회사가 속한 협회는 물론이고 평가대상 회사의 경쟁자·공급자·고객으로부터도 정보를 수집한다. 산업 내 경쟁회사들의 투자 매력을 평가할 때 애널리스트가 해당 산업의 특성과 상황, 트렌드에 대해 전문적 식견을 가지면 분석에 차별적 경쟁력을 확보할 수 있다는 것은 당연해 보인다.

애널리스트는 미래 추정을 위한 다양한 접근법을 동원해 실질적이고 신뢰할 수 있는 산업전망을 도출하려 노력한다. 이들은 주요 변수를 바탕으로 여러 시나리오 작성하고 그에 따른 전망을 추정하게 된다. 또한 애널리스트는 자신과 다른 애널리스트의 전망을 비교하여 분석의 신뢰성을 점검하는데, 적용한 방법론과 결론의 차이뿐 아니라 자신의 추정결과와 시장 컨센서스 사이의 차이도 파악한다. 이러한 차이는 투자 기회의 포착에 중요한데, 이러한 차이가 우수한 투자성과의 근거가 되기 위해서는 가치의 결정에 적절한 변수에 대한 예측이 정확해야 하며 예측치는 주가에 반영된 컨센서스와 유의한 차이가 있어야 한다. 결과적으로 유망한 투자기회를 포착하기 위해서는 시장 컨센서스와의 차이를 파악하는 것이 중요하다. 다만 다른 애널리스트들의 (매출, EPS, 신용등급 등) 추정근거에 일부 접근이 가능할 수는 있어도, 세부적인 분석방법과 가정은 기밀로 유지되기 때문에 이를 모두 파악하는 데는 한계가 있을 수밖에 없다.

펀드매니저와 애널리스트는 산업간 주가수익률의 성과 차이를 비교하고, 각 산업의 시간 경과에 따른 성과의 지속성과 안정성, 위험에 대한 분석도 병행한다. 이런 분석은 위험 조정 투자수익률 관점에서 가장 유망한 투자대안을 찾는데 목적이 있다. 경기변동 사이클의 다음 단계에서 수혜가 예상되는 산업으로 포트폴리오의 주식을 교체 매매하는 순환매매전략에서와 같이 투자기간은 길어질 수도 짧아질 수도 있다.

경우에 따라 애널리스트는 산업 내의 세부산업과 같은 **전략적 그룹(strategic groups)**을 살펴보기도 한다. 이는 한 산업 내에서 차별적인 비즈니스 모델을 공유하거나 특정 세그먼트 시장을 형성하는 그룹을 말한다. 전략적 그룹의 선택 기준에는 제품이나 서비스의 복잡성, 전달방법, 진입장벽 등이 있다. 예를 들어 전세항공사는 정기항공사와는 상당히 다른 항공사들로 전략적 그룹을 형성한다. 풀서비스 호텔은 한정서비스 호텔이나 버짓호텔과는 구별되는 전략적 그룹을 형성한다. 또한 특허를 보호받는 특허 제약사는 특허권이 없는 제네릭 제약사와 달리 취급해야 할 여지가 있다. 두 그룹은 다른 전략을 추구하며 다른 비즈니스 모델을 가지고 있기 때문이다.

애널리스트는 산업의 **수명주기단계(life-cycle stage)**를 고려하여 산업을 분류하기도 한다. 애널리스트는 특정 산업이 태동기 · 성장기 · 진정기 · 성숙기 · 쇠퇴기 등 수명주기상 어디에 위치하는지 관심을 가진다. 제품이나 산업의 수명주기단계에서 회사가 경험곡선상 어디에 위치하는지도 분석한다. **경험곡선(experience curve)**은 누적생산에 따른 비용의 감소함수이며, 생산 또는 전달되는 제품과 서비스의 단위당 직접비로 계산된다. 생산량이 증가하면 1) 관리비 · 간접비 · 광고 등 고정비는 제품 단위당 원가에 더 적게 배분되며, 2) 노동생산성과 생산설비의 효율성이 증가하고, 3) 생산방법과 제품 디자인이 개선되면서 이 곡선은 생산량 증가에 따라 감소하는 형태를 보이게 된다. 특히 전자 · 가전 · 자동차 · 항공기 제조업 같이 고정성 간접비가 크고 반복적인 생산을 하는 산업에서 경험효과가 크게 나타난다. 산업의 수명주기에 대해서는 뒤에서 보다 자세히 살펴보기로 한다.

[표 2] 산업분석 프레임워크

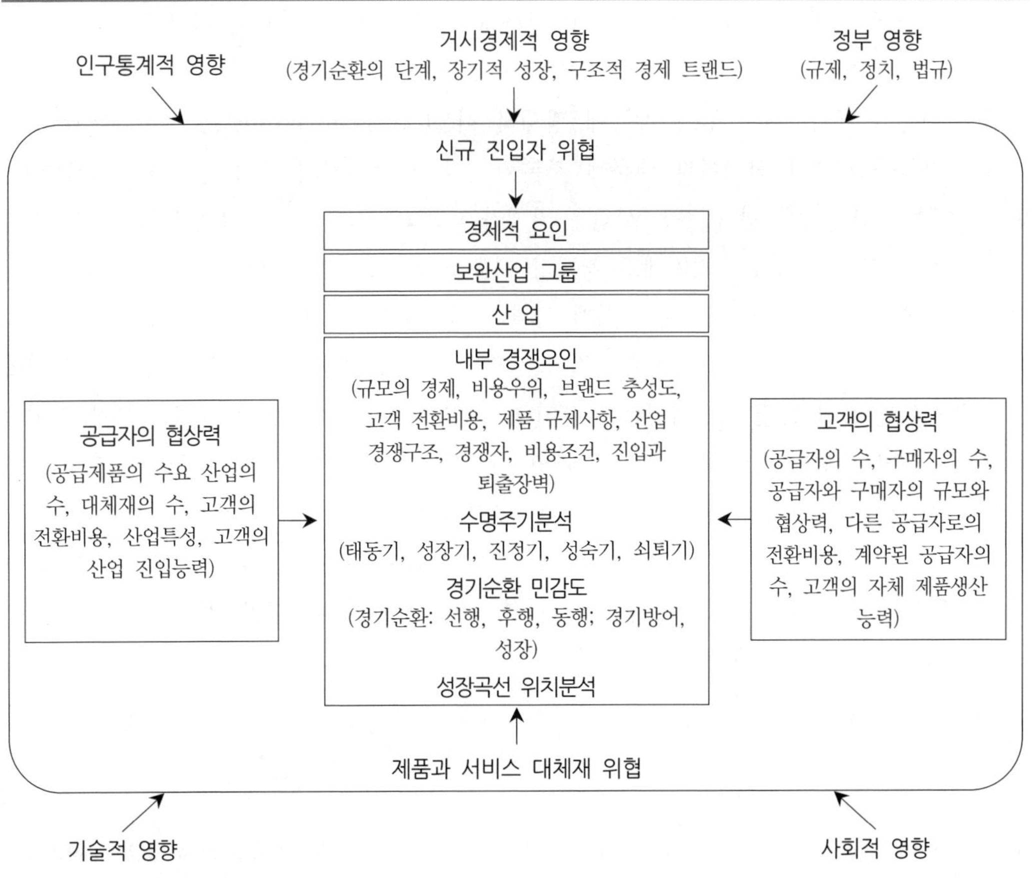

[표 2]는 애널리스트가 산업의 진화에 영향을 미치는 요인들을 효율적으로 검토하는데 도움이 되도록 설계된 산업분석 프레임워크이다. 이는 매크로 수준에서 산업에 영향을 미치는 거시경제적, 인구통계적, 정책적, 사회적, 기술적 요인들의 영향을 보여준다. 이 프레임워크는 산업의 경쟁을 유발하는 요인(신규 진입자의 위협, 대체제의 위협, 고객과 공급자의 협상력), 산업 내 경쟁의 힘, 수명주기 관련 이슈, 경기순환의 고려사항, 경험곡선상의 위치 등에 의해 산업이 어떤 영향을 받는지 설명하고 있다. [표 2]는 앞으로 논의할 주제와 개념을 포괄적으로 요약하고 있다.

5.1. 전략분석의 원리

산업분석에서 애널리스트는 산업별로 성과에 영향을 미치는 경제적 펀더멘털이 상당히 다르다는 것을 기억할 필요가 있다. 어떤 산업은 심한 경쟁으로 대부분의 플레이어가 자본이익률 확보를 위한 전쟁을 치루는 반면 어떤 산업은 모든 참여자가 상당한 이익을 향유하는 매력적 특성을 보이기도 한다. [표 3]은 이러한 산업별 차이를 시각적으로 잘 보여주고 있다. 그래프에서 막대는 2006년부터 2008년까지 54개 산업의 투하자본이익률(ROIC)과 자본비용의 차이(스프레드)를 나타낸다.[6] 양(陽)의 스프레드 값을 가진 산업은 자본에 대한 기회비용 이상의 투자수익을 얻기 때문에 **경제적 이윤(economic profits)**을 창출하는 산업이다. 즉 가치를 창출한 산업이기 때문에 자본을 공급한 투자자의 부가 증가하는 산업이다. 반면 음(陰)의 스프레드 값을 가진 산업은 가치가 파괴되는 산업이다. 그래프에서 보는 바와 같이 일부 산업은 세계적 호경기에도 경제적 이윤을 얻기 위해 치열한 전투를 치러야 하는 반면 또 다른 일부 산업은 비교적 손쉽게 경제적 이윤을 얻는 것으로 나타난다.

경쟁환경의 차이는 종종 산업의 구조적 속성과 밀접하게 관련된다. 이는 산업분석이 기업분석과 중요한 보완적 관계를 가지는 이유이다. 기업에 대한 심도 있는 분석을 위해서 애널리스트는 해당 기업이 운영되고 있는 맥락인 경쟁환경을 이해해야 한다. 굳이 말할 필요도 없이 산업분석은 미래 전망과 관련된 것이다. 만일 10년 내지 15년 전이었다면 [표 3]에 있는 많은 산업들이 현재와는 다른 모습이었을 것이며, 10년 내지 15년 후라면 또 다른 모습일 수 있다. 따라서 애널리스트는 산업의 경쟁구조를 검토할 때 항상 미래에 어떤 속성이 변해 있을 것인지를 염두에 두어야 한다.

---

6) 투하자본이익률(Return on Invested Capital)은 세후순영업이익을 보통주, 우선주, 장기부채, 소수지분 등 투하자본의 합으로 나눈 것으로 정의한다.

[표 3] 산업별 가치창출 비교

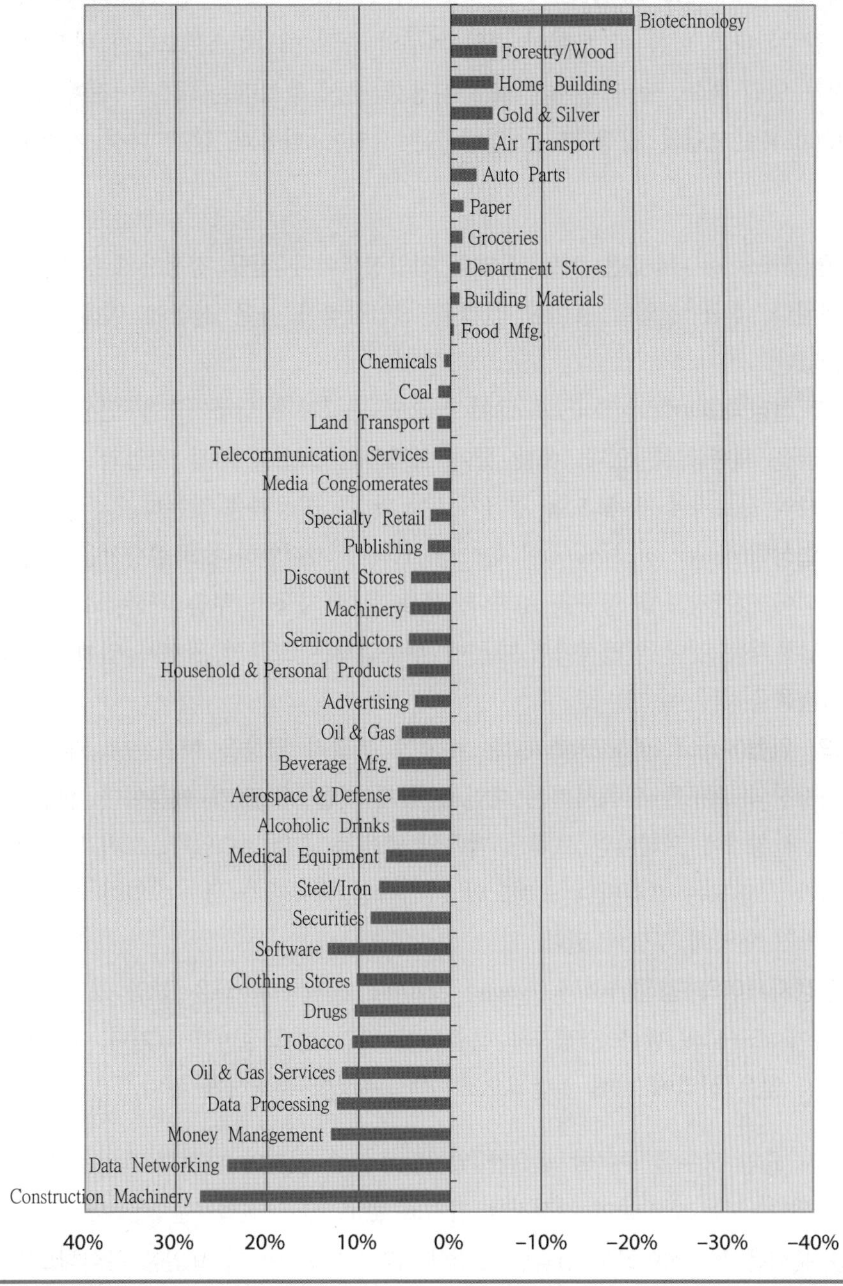

자료: Morningstar, Inc.

기업전략을 구현하는데 경영환경이 미치는 영향에 관심을 두고 경쟁환경을 분석하는 것이 **전략적 분석(strategic analysis)**이다. Michael Porter의 5요인 경쟁분석은 전략적 분석의 고전으로 간주된다.[7] 비록 이 모형이 기업 외부의 증권 애널리스트보다는 내부 경영진에 초점이 맞춰져 있긴 해도, 둘 모두에게 매우 유용한 분석 틀이라는 데는 이견이 없다.[8]

Porter(2008)는 산업의 경쟁강도를 결정하는 요인을 다음과 같이 다섯 가지로 정의하고 있다.

- **진입위험**(*threat of entry*)은 어떤 산업의 진입장벽이나 신규 경쟁자의 진입 용이성에 따라 결정된다. 신규 진입이 용이한 산업은 진입장벽이 높은 산업에 비해 경쟁이 치열할 수밖에 없다.
- **공급자의 협상력**(*power of suppliers*)이 높으면 공급자가 납품가격을 인상하거나 주요 부품의 공급을 제한할 수 있다. 예를 들어 조직화된 노조를 가진 기업의 근로자는 노조가 없는 회사의 근로자에 비해 노동 공급자로서 더 큰 협상력을 갖는다.
- **고객의 협상력**(*power of buyers*)이 높으면 고객이 가격인하나 품질향상을 요구할 능력을 가지게 되어 경쟁강도에 영향을 미친다. 예를 들어 자동차 부품회사는 소수의 완성차 업체에만 납품하는 것이 일반적이기 때문에 부품업체는 고객인 완성차 업체와의 납품가 협상에 어려움을 겪을 수 있다.
- **대체재의 위협**(*threat of substitutes*)은 수요에 부정적 영향을 미치는데, 대체재가 있다면 고객은 자신의 요구를 만족시키는 대안을 쉽게 찾을 수 있기 때문이다. 예를 들어 맥주 소비자는 불황기에 프리미엄 브랜드 맥주의 소비를 줄일 수 있다. 소비자의 지갑이 얇아지면 저가 브랜드는 프리미엄 브랜드의 직접적인 대체재가 될 수 있어 프리미엄 브랜드 업체의 가격 인상에 부담이 된다.
- **기존 경쟁자사이의 경쟁**(*rivalry among existing competitors*)은 산업 경쟁구조의 함수이다. 산업이 소규모의 많은 경쟁자로 분할되어 있거나, 고정비가 크거나, 퇴출장벽이 높으면 그렇지 않은 산업에 비해 일반적으로 심한 경쟁이 존재하게 된다.

다섯 가지 요인 모두에 주목할 필요가 있지만 이 중 첫째와 다섯째 요인은 특히 산업분석의 초점이 된다. 모든 회사들이 경쟁자를 가지고 있고 신규 진입자를 걱정하기 때문에 두 요인에 대한 분석은 필수적이고도 친숙할 수밖에 없다. 또한 이 두 요인을 분석해보면 애널리스트는 산업 내 기존 플레이어와 신규 진입자, 그리고 경쟁전망에 대한 이해를 넓힐 수 있다.

---

7) Porter(2008) 참조.

8) 회사의 어떤 측면이 중요한지는 내부 애널리스트인지 외부 애널리스트에 따라 달라질 수 있다. 예를 들어 경쟁지위에 관한 정보가 시장가격에 정확히 반영되어 있는지는 내부보다는 외부 애널리스트에게 더 중요한 관심사일 수 있다.

다음 질문에 답하는 것은 애널리스트가 신규 진입자의 위협과 산업 내 경쟁강도를 평가하는데 도움이 되며, 산업을 기술하고 분석하는데 효과적인 기초를 제공한다.

- 어떤 진입장벽이 있는가? 신규 경쟁자가 기존 참여자에게 위협이 되는가? 진입장벽이 상대적으로 높다는 것은 신규 진입자의 위협이 상대적으로 작다는 것을 의미한다.
- 산업의 집중도는 어떠한가? 산업 내 소수의 프레이어가 상대적으로 큰 시장점유율을 가지는지 아니면 작은 시장점유율을 가진 다수의 플레이어가 존재하는지?
- 공급능력은 어떠한가? 현재의 투자 수준에서 얼마나 많은 제품과 서비스를 주어진 시간 내에 공급할 수 있는가? 산업이 만성적인 공급과잉이나 공급부족에 시달리는지 또는 산업의 수급상황이 합리적이고 빠른 시간 내에 균형을 찾을 수 있는지?
- 시장점유율은 안정적인가? 기업들의 시장점유율이 급격히 변동하는지 아니면 안정적인지?
- 산업의 수명주기상 위치는 어디인가? 산업이 의미 있는 성장전망을 가지고 있는지 아니면 정체하거나 쇠락하는지?
- 가격이 소비자의 구매결정에 얼마나 중요한가?

이상의 질문에 대해 답하는 것은 철저한 산업분석에 핵심적인 사항이 될 수 있다.

5.1.1. 진입장벽

회사가 경제적 이윤을 얻고 있을 때 다른 조건이 동일하다면 회사가 속한 산업의 진입장벽이 높을수록 이 회사가 장기적 지속가능성을 확보할 가능성은 커진다. 신규 경쟁자의 기존 업체에 대한 위협은 산업의 경쟁 지형을 결정하는 중요한 요소이다. 만일 신규 경쟁자가 산업에 쉽게 진입할 수 있다면 신규 진입자는 기존 업체가 누리던 경제적 이윤의 일부를 빼앗으려 하기 때문에 높았던 산업의 투하자본이익률은 빠른 시간 내에 축소되고 경쟁은 심해질 수밖에 없다. 결과적으로 진입장벽이 낮은 산업은 가격결정력을 갖지 못하는 경우가 많다. 회사가 이익률을 높이려고 가격을 인상하면 종국적으로 산업에 신규 진입자를 유인하는 결과를 낳기 때문이다.

만일 기존 업체가 진입장벽에 보호를 받으면 신규 진입자의 위협은 낮고 기존 업체들은 느슨한 경쟁환경의 편익을 향유할 수 있다. 진입장벽은 가격결정력을 강화하는데, 진입장벽이 높으면 잠재적 경쟁자의 시장진입이 어려워 기존 업체가 가격을 낮출 유인이 줄어들기 때문이다. 다만 높은 진입장벽이 가격결정력을 보장하지는 않는데, 기존 업체들도 치열한 경쟁상황에 있을 수 있기 때문이다.

요식업은 진입장벽이 낮은 대표적 산업이다. 어느 정도의 자본과 조리 기술을 가진 누구라도 식당을 열 수 있고, 식당이 유명세를 타면 재빨리 경쟁자를 불러온다. 결과적으로 요식업의 경쟁은 치열하고, 많은 식당이 문을 연지 몇 년도 안 돼 문을 닫게 된다.

진입장벽이 높은 대표적 산업에는 MasterCard와 Visa 같은 글로벌 신용카드 회사가 있다. 이들 두 회사는 모두 30% 이상의 영업이익률을 기록하고 있다. 이러한 고수익이 경쟁을 유인하지만, 실제 진입장벽은 매우 높다. 자본비용이 하나의 걸림돌이며, 대규모 데이터 처리 네트워크를 구축하는 것도 결코 쉬운 일이 아니다. 어떤 벤처캐피탈리스트가 기존 업체의 물리적 인프라를 대체할 수 있는 새로운 네트워크 구축에 투자하려 한다고 가정해보자. 신규 카드회사는 수백만 명의 잠재 고객에게 카드 사용을 설득하고 수많은 매장과 사업자를 가맹점으로 가입시켜야 한다. 이때 고객은 업장에서 받아주지 않는 카드를 사용하려 하지 않고, 업주들은 소수의 사용자를 가진 카드회사에 가맹하지 않으려 한다. 이런 문제는 쉽게 풀 수 있는 문제가 아닌데, 이는 산업의 진입장벽이 그 만큼 높기 때문이다. 진입장벽은 기존 플레이어의 수익성 유지에 도움이 된다.

진입장벽을 이해하는 방법 중 하나는 산업의 신규 진입자가 어떤 경쟁도구를 가지고 있는지 생각해보는 것이다. 그들의 자금력은 어떠한지? 그들이 원하는 것을 얻기 위해서는 어떤 종류의 지적자본이 필요한지? 얼마나 쉽게 충분한 고객을 유인할 수 있는지에 관한 것이다.

이러한 이슈들을 분석하는 또 다른 방법은 과거 자료를 살펴보는 것이다. 얼마나 자주 신규 진입자의 진입 시도가 있는지? 현재 시장 참여자의 명단이 과거 5년 혹은 10년 전과 주목할 만한 차이가 있는지? 이런 종류의 자료는 자본의 배분 결정에 관한 많은 기업과 사업의 실제 경험에 기초하고 있다는 점에서 매우 유용하다. 만일 과거 수년 동안 어떤 산업에 신규 진입자가 넘쳐난다면 잔입장벽이 낮다는 좋은 증거가 된다. 반대로 현재 산업을 장악하고 있는 회사들이 10년 전에도 그랬다면 진입장벽은 상당히 높다고 볼 수 있다.

하지만 진입장벽(barriers to *entry*)과 성공장벽(barriers to *success*)을 혼동해서는 안 된다. 산업에 따라 진입은 쉽지만 기존 플레이어를 위협할 정도로 성공하기는 어려운 경우가 흔히 있다. 실례로 미국에서 뮤추얼펀드 사업은 15만 달러의 자본 요건만 충족하면 인가를 받을 수 있는 진입장벽이 낮은 산업이다. 그러나 사업을 시작해도 고객과 운용자산을 모으는 것은 결코 쉬운 일이 아니다. 투자 실적이 없는 자산운용회사가 펀드를 팔기 어려운 것이 현실이다. 충분한 투자실적이 쌓일 때까지는 상당기간 손실을 볼 가능성이 높다. 심지어 투자실적을 쌓더라고 많은 광고를 하고 고임금의 판매 인력을 갖춘 경쟁사를 상대해야 한다. 이 산업에서는 우수한 투자성과보다 우수한 판매망이 보다 가치가 있을 수 있다. 따라서 자산운용 시장에 진입하는 것은 어렵지 않으나, 성공은 완전히 다른 이야기가 될 수 있다.

또한 높은 진입장벽이 자동적으로 우월적 가격협상력과 매력적 수익성을 담보하지도 않는다. 자동차나 민항기 제조업, 정유업의 경우를 생각해보자. 이러한 산업에 새로 진입하는 것은 무척이나 어려운 일이다. 대규모의 자본이 필요한 것은 차제하더라도 여러 가지 다른 진입장벽이 존재한다. 예를 들면 신설 자동차회사는 제조 노하우와 딜러망을 필요로 한다. 항공기 업체의 경우에는 엄청난 지적자산이, 정유회사에게는 공정관리에 높은 전문성과 규제당국의 인가를 필요로 한다.

그러나 이들은 모두 경쟁이 심한 산업으로 가격협상력이 제한적이거나 거의 없기 때문에 일부의 기업들만 안정적으로 자본비용을 초과하는 이익을 내는 상황이다. 진입장벽이 높으면서도 가격협상력은 낮은 역설적 상황이 존재하는 대표적 두 사례가 있다.

- 첫째는 고객의 구매 결정에 가격이 상당히 중요한 결정 요소인 경우이다. 코모디티 성격의 제품이나 고가지만 대체재를 쉽게 찾을 수 있는 제품의 경우가 그렇다. 예를 들어 대부분의 항공사는 Boeing과 Airbus 중에서 항공기를 구매하게 되지만, 브랜드보다는 원가가 중요한 선택기준이 된다. 항공사는 고객에게 원가를 전가할 수 있는 능력이 제한적이기 때문에 비행 거리당 최소 비용으로 승객과 화물을 수송해야 한다. 이로 인해 가격은 구매결정에 중요 요소가 된다. 대부분의 항공사는 항상 비용효과성이 가장 좋은 항공기를 구입하게 된다. 결과적으로 Boeing과 Airbus는 양호한 투하자본이익률을 확보할 수 있는 판매가 책정에 어려움을 겪어 왔다.[9]
- 둘째는 퇴출장벽이 높아 산업의 공급과잉이 지속되는 경우이다. 정유회사나 자동차회사의 설비는 석유 정제나 자동차 생산 이외의 용도를 찾기 어렵기 때문에 경영환경이 악화되어도 자본을 다른 곳에 재배치하여 산업에서 탈출하기가 쉽지 않다. 높은 퇴출장벽으로 인해 이런 산업의 회사들은 적자 설비를 계속 운영할 수밖에 없는 강한 유인을 갖는다. 공급과잉의 지속은 불가피하다.

진입장벽과 관련된 마지막 고려사항은 진입장벽이 시간에 따라 변동한다는 것이다. 수년 전에는 반도체 산업의 잠재적 신규 진입자는 팹(fab, 반도체 제조공장에 대한 산업 전문 용어) 건설에 대규모 자본과 전문지식이 필요했다. 반도체 팹은 엄청난 투자가 필요하고 기술적으로도 복잡해서 신규 진입에 장애가 되었다. 그러나 1990년대 중반부터 반도체 생산을 아웃소싱하는 위탁생산이 일반화되면서 반도체 설계회사가 굳이 자체 공장을 보유할 필요가 없어졌고, 이는 기존 제조업체들에게 위협이 되기 시작했다. 결과적으로 1990년대 후반부터

9) 이들 회사의 민항기 사업은 수년간 회사의 자본비용 이상의 수익률을 달성하지 못했다. Boeing의 전체 자본이익률은 전반적으로 양호했지만, 이는 민항기에 비해 군용기 사업의 수익성이 훨씬 높았기 때문이다.

21세기 초 반도체 산업은 급속히 분할된 시장으로 변화했다.

따라서 높은 진입장벽이 일반적으로 가격결정과 경쟁 측면에서 유리한 산업환경을 제공하는 것은 사실이지만, 상당한 예외가 있다는 것을 인식할 필요가 있다.

5.1.2. 산업집중도

진입장벽이 높은 경우와 마찬가지로 상대적으로 플레이어가 소수인 집중된 산업에서는 가격경쟁이 덜할 수 있다. 다만 예외가 있기 때문에 집중된 산업은 가격결정력이 있고 분할된 산업은 가격결정력이 없다고 단정해서는 안 된다.

산업집중도 분석은 시장점유율에서 출발한다. 대형 플레이어들이 얼마의 시장점유율을 가지는지, 그리고 경쟁 상대방에 대한 상대적 점유율이나 기타 참여자에 대한 상대적 점유율은 얼마나 되는지를 확인하는 것이다. 경우에 따라서는 상대적 점유율이 절대적 점유율만큼 중요할 수 있다.

예를 들어 글로벌 장거리 민항기 시장은 오직 Boeing과 Airbus 두 플레이어만 있는 극단적으로 집중된 시장이다. 이 두 회사는 비슷한 시장점유율을 가지고 시장을 분점하고 있다. 어느 누구도 상대방에 대해 규모의 우위를 점하지 못하고 한 회사의 성공은 다른 회사의 실패가 되기 때문에 경쟁은 심화되는 양상이다.

이러한 상황은 미국의 Home Depot와 Lowe's가 장악하고 있는 주택개량 시장과 대비된다. 1, 2위 업체인 두 회사의 시장점유율은 각각 11%와 7%로 아주 높다고 할 수는 없다. 그러나 그 다음으로 큰 경쟁자의 시장점유율은 단 2%에 불과할 정도로 대부분 기타 시장 참여자들의 규모는 영세한 수준이다. Home Depot와 Lowe's는 모두 높은 투하자본이익률을 기록해왔는데, 이는 자기들끼리 치열하게 경쟁하기보다 소규모 경쟁자를 견제하는 수익성 위주의 성장을 해온 탓이다.

분할된 시장은 여러 가지 이유에서 가격경쟁을 치열하게 만든다. 첫째, 경쟁자들이 너무 많아 각 회사의 움직임을 파악하는 것이 어렵기 때문에 회사들의 협력을 이끌어내기도 어렵다. 둘째, 각 플레이어는 상대적으로 작은 시장파이를 갖기 때문에 시장점유율을 조금만 늘리더라도 경제적으로 의미 있는 차이를 만들 수 있다. 따라서 각 회사들에게 가격인하로 시장점유율을 뺏으려는 유인이 증가하게 된다. 마지막으로 다수의 시장 참여자가 있으면 각자는 집단적 이익보다는 개별적 이익을 쫓기 때문에 격렬한 경쟁적 행태를 보이게 된다.

반면 집중된 시장에서 각 플레이어는 경쟁자가 하는 일을 쉽게 파악할 수 있기 때문에 암묵적 협력이 용이하다. 또한 시장 선도기업은 규모가 커서 가격 파괴행위를 하면 (상대적으로 이익은 줄고) 많은 것을 잃게 된다. 대기업은 산업 전체의 파이를 향유하기 때문에 산업 전체의 이코노믹스 관점에서 가격전쟁의 장기 효과를 고려할 수밖에 없다.

진입장벽과 마찬가지로 산업집중도가 산업의 가격결정력을 판단해보는 하나의 가늠자인 것은 분명하지만 예외가 없는 불변의 법칙은 아니다. 예를 들어 [표 4]는 주식 애널리스트를 대상으로 한 산업별 가격결정력과 집중도 설문에서 도출된 업종분류 결과이다. 오른쪽 "가격결정력이 낮은 집중된 시장"란에 굵은 글씨로 쓰인 산업은 자본집약적이고 코모디티형 제품을 공급하는 산업들이다.

[표 4] 2요인 산업분석

가격결정력이 높은 집중된 시장	가격결정력이 낮은 집중된 시장
청량음료(Coca-Cola Co., PepsiCo)	**항공기(Boeing, Airbus)**
정형외과 의료기기(Zimmer, Smith & Nephew)	**자동차(General Motors, Toyota, Daimler)**
실험서비스(Quest Diagnostics, LabCorp)	**메모리(DRAM & Flash Product, Samsung, Hynix)**
바이오기술(Amgen, Genzyme)	**반도체 장비(Applied Materials, Tokoy Electron)**
제약(Merck & Co., Novartis)	복제약(Teva Pharmaceutical Industries, Sandoz)
마이크로프로세서(Intel, Advanced Micro Devices)	소비자가전(Sony Electronics, Koninklijke Philips Elecronics)
산업용 가스(Praxair, Air Products and Chemicals)	PC(Dell, Acer, Lenovo)
정보저장시스템(EMC)	프린터/사무기기(HP, Lexmark)
네트워크서비스(Cisco Systems)	**정유(Valero, Marathon Oil)**
종합 운송(UPS, Fedex, DHL International)	**종합석유회사(BP, ExxonMobil)**
(美)철도(Burlington, Northern)	주식거래(NYSE, Deutsche Börse Group)
(美)국방(General Dynamics)	
건설장비(Caterpillar, Komatsu)	
철강(Vale, Rio Tinto)	
당류 제품(Cadbury, Mars/Wrigley)	
신용카드 네트워크(MasterCard, Visa)	
수탁 및 자산관리(BNY Mellon, State Street)	
투자은행/인수합병(Goldman Sachs, UBS)	
선물거래(Chicago Mercantile Exchange, Intercontinental Exchange)	
캐나다 은행(RCB Bank, TD Bank)	
호주 은행	
담배(Philip Morris, Britsh American Tobacco)	
주류(Diageo, Pernod Ricard)	

[표 4] (계속)

가격결정력이 높은 분할된 시장	가격결정력이 낮은 분할된 시장
자산관리(BlackRock, Fidelity)	개인소비재(Proter & Gamble, Unilever)
교육사업(Apollo Group, DeVry University)	소매(Walmart, Carrefour Group)
아날로그 칩(Texas Instruments, STMicroelectronics)	해운(Maersk Line, Frontline)
	태양광 패널
산업배송(Fastenal, W.W. Grainger)	건축자재
가스유통(AmeriGas, Ferrellgas)	항공
프라이빗 뱅킹(Northern Trust, Credit Suisse)	광산(철강)
	화학
	엔지니어링 & 건축
	메탈 서비스 센터
	요식업
	라디오 방송
	오일 서비스
	생명보험
	재보험
	자원개발
	(美)은행
	특수 금융업
	손해보험
	가정 및 개인용품

자료: Morningstar Equity Research.

[표 4] 상단의 우측 분면에 있는 산업들은 "산업의 집중 = 가격협상력"이란 등식을 반박한다. 앞에서 민항기 제조업 사례에서 살펴본바 있듯이, 다수의 산업은 소수의 플레이어들이 지배하고 있지만 경쟁으로 인해 이들은 제한적인 가격결정력만 행사하고 있다.

이와 같이 집중돼 있지만 경쟁이 치열한 산업을 살펴보면 산업분석의 시사점을 얻을 수 있다. 이 그룹의 많은 (굵은 글씨로 쓴 산업과 같은) 산업들은 대단히 자본집약적이고 차별성이 적은 코모디티 제품을 생산한다. 퇴출장벽에 대한 논의에서 살펴본 바와 같이 자본집약적 산업은 공급과잉을 해소하기 어려워 산업집중의 편익이 반감된다. 또한 차별성이 적거나 차별화가 어려운 코모디티 제품을 생산하는 산업에서는 가격인하가 시장점유율 확대를 가져오는 경우가 많아 가격인상이 어렵게 된다.[10)]

컴퓨터 메모리 시장은 집중된 경쟁적 시장의 완벽한 전형이다. PC에 널리 사용되는

10) 비료의 원료인 탄산칼슘과 해상운송 철광석과 같이 집중되어 있지만 건전한 수준의 경쟁이 있는 코모디티 산업도 있다. 이러한 산업은 "고도집중(*hyper*-concentrated) 산업"으로 별도로 분류되기도 한다. 글로벌 탄산칼슘 시장에서 상위 2개 플레이어의 시장점유율은 60%에 달하며, 해상운송 철광석의 경우는 상위 3개 플레이어가 전체 시장의 2/3을 장악하고 있다.

DRAM은 상위 4대 메이커가 글로벌 시장점유율의 75%를 점하는 집중도가 높은 산업이다. 산업은 대단히 자본집약적이어서 신규 팹 증설에 30억 달러 이상이 드는 것으로 알려져 있다. 반면 업체간 DRAM 칩의 차이는 크지 않고 반도체 공장 운영에는 규모의 경제 효과가 크고 중요하기 때문에 산업 내 플레이어들은 시장점유율 확대에 엄청난 경제적 유인을 가진다. 결과적으로 가격경쟁은 극단적으로 격렬해져, 궁극적으로 다른 여러 경쟁 다이나믹스에도 불구하고 산업집중에 따른 경제적 혜택을 보지 못하는 것이다.

글로벌 소프트 드링크 시장 역시 집중도가 매우 높은 산업이지만, 자본집약도가 상대적으로 낮고 시장참여자는 차별화된 제품을 공급한다. Pepsi와 Coca-Cola는 자체 보틀링 설비를 갖추지 않고 있기 때문에 메모리칩 시장에서 만큼 시장점유율 축소에 따른 영향을 받지 않는다. 또한 메모리칩 회사는 가격을 낮춰야만 시장점유율을 늘리고 매출을 증가시킬 수 있지만 상당 수 고객은 가격 차이가 있더라도 Pepsi와 Coke 사이에서 잘 이동하지 않는다.

일반적으로 산업집중도는 산업의 가격결정력과 경쟁강도에 대한 유용한 신호가 된다. 다만 다른 요인에 의해 집중도의 중요성이 약화될 수 있음에 유의할 필요가 있다. 한편 산업 분할은 산업의 가격결정력을 제약하고 경쟁을 심화시키는 보다 강력한 신호이다. [표 4] 하단의 좌측에서 보는 바와 같이 분할된 시장에서 가격결정력을 가진 산업이 많지 않다는 것은 이러한 사실을 잘 보여준다.

지금까지 살펴본 산업특성은 애널리스트에게 분석의 방향성을 제시하는 가이드라인이라는 데 유의하자. 이는 애널리스트가 이 가이드라인을 다른 분석 요소를 고려하지 않아도 좋다는 절대적 원칙으로 받아들여서는 안 된다는 의미이다.

5.1.3. 산업의 공급능력

주어진 일정기간 동안 공급 가능한 제품과 서비스의 최대 규모인 산업의 공급능력은 산업의 가격결정력에 분명한 영향을 미친다. 공급능력이 타이트하거나 제한적이면 제품과 서비스에 대한 수요가 공급을 초과하기 때문에 시장 참여자에게 가격결정력을 제공한다. 반면 공급이 수요를 초과하면 공급과잉으로 가격인하와 치열한 경쟁을 유발한다. 애널리스트는 현재와 미래의 공급능력 변화를 동시에 검토해야 한다. 산업 내 회사들이 얼마나 빨리 수요 변동에 대응할 수 있는지, 수급 불균형에 산업이 어느 정도 유연하게 대응하는지, 공급능력이 산업의 가격결정력이나 수익성에 어떤 영향을 미치는지 등을 분석해야 한다.

일반적으로 공급능력은 단기적으로 고정되지만 장기적으로 (예를 들어 신규 공장을 증설할 수 있는) 충분한 시간이 주어지면 변동이 가능하다. 공급능력을 확충할 수 없는 것은 단기간이지만, "충분한" 시간이란 산업에 따라 큰 차이가 있을 수 있다. 복잡한 규제(예: 폐수 처리)를 충족해야 하는 약품공장이나 제지공장을 "그린필드(greenfield)"로 새로 건설하는 경우 공급능력 확충에는 상당한 시간이 걸릴 수 있다. 반면 광고와 같은 서비스 산업에서는 상황에 따라 비교적 신속히 공급능력을 조절할 수 있다. 상업용지나 보드지 같은 경기순환 산업의 공급능력은 급격히 늘거나 부족해지는 상황이 반복될 수 있다. 경기 회복기 초기에는 수요가 공급을 견인한다. 공장 건설에는 상당한 리드타임이 필요하기 때문에, 수요가 줄어드는 시점에 신규 공급이 시장에 풀리는 상황이 발생할 수 있다. 이로 인해 타이트했던 수급상황은 급격히 이완된다. 이러한 고려사항은 공급능력 확충을 위한 투자타당성 평가에서 산업의 장기적 수요 전망을 검토해야 하는 중요한 이유가 된다.

이러한 과정을 극단적으로 보여 주는 한 사례가 2003년부터 2008년까지의 원자재 붐 동안 드라이 벌크 해운시장에서 발생했다. 당시 글로벌 경기호조와 중국의 급격한 산업화로 철광석 · 석탄 · 곡물 등 부피는 크지만 가격은 비싸지 않은 원자재의 운송에 필요한 벌크선 수요가 급증했다. 반면 (선박 건조에는 상당한 시간이 소요되며, 대형조선소는 일반적으로 수년분의 수주잔고를 가지고 있기 때문에) 벌크선의 공급은 급격히 증가하지 못해 선주들은 빠듯해진 화물선 수급을 이용해 손쉽게 운임을 대폭 인상했다. 실제 파나막스급(Panamax) 벌크선보다 규모가 큰 케이프 사이즈급(Cape size-class) 초대형 벌크선의 운임은 2006년 초 하루 약 3만 달러에서 2007년 말에는 거의 16만 달러에 육박해 1년 사이에 다섯 배 이상 상승했다.

예상할 수 있듯이 해운업체들은 충족할 수 없을 것 같은 폭발적 수요 증가와 운임 상승의 기회를 잡기 위해 경쟁적으로 선박 확보에 나서면서 이 기간 벌크선 신조 발주가 급증했다. 2006년 초 조선소에 발주된 벌크선 수는 전 세계 벌크선대의 약 20% 수준에 불과했지만, 2008년 말에는 발주된 벌크선의 수가 전 세계 벌크선대의 70%에 육박했다.[11] 이로 인해 2007년 후반 16만 달러로 고점을 찍었던 케이프급 벌크선의 1일 용선료는 단 1년 만에 1만 달러 이하로 폭락하게 된다.

이 당시 타이트한 선박 수급이 드라이 벌크선 운임을 끌어올리면서, 벌크선사의 자본이익률과 주가수익률은 매력적으로 상승했다. 하지만 분별력 있는 애널리스트라면 엄청난 신조 발주로 미래 선박 공급이 급증할 것을 예상할 수 있었을 것이다. 나아가 당시와 같은 타이트한 수급상황도 조만간 해소가 불가피하며 벌크선주의 가격협상력도 약화가 불가피하다고 전망했어야 했다. 실제 상황은 이러한 전망에 정확히 부합하는 방향으로 전개되었다.

다만 공급능력이 반드시 물리적인 것일 필요는 없다는데 유의하자. 2005년 허리케인 카트

---

11) "RS Platou Monthly"(November 2008):
www.platou.com/loadfileservlet/loadfiledb?id=1228989312093PUBLISHER&key=1228989321421.

리나가 미국 남동부를 강타한 후 고객들이 허리케인 피해에 대비해 보험 가입을 늘리면서 재보험 요율이 급등한바 있다. 하지만 높은 재보험 요율이 재보험시장에 대규모 신규 자본의 유입을 견인했고 다수의 신생 재보험사가 설립되면서 재보험 요율은 다시 하락하게 된다.

일반적으로 신규 공급능력이 (자동차 공장이나 대형 화물선과 같이) 물리적인 것이라면, 공급능력이 수요 증가를 충족하는데 상당한 시간이 필요해 타이트한 수급상황은 장기화가 불가피하다. 반면 장기적 수요를 훨씬 초과해 오버슈팅되면서 공급능력이 확충되기도 하는데, 재배치가 어렵기 때문에 물적자산에 의존하는 산업은 장기적으로 공급과잉과 가격협상력 약화의 환경에 놓일 수 있다.

반면 금융자본과 인적자본은 새로운 사용처로 쉽게 이동이 가능하다. 예들 들면 재보험 사례에서 금융자본은 수익을 쫓아 재빨리 재보험 시장에 들어와 타이트한 수급 상황을 활용한다. 하지만 너무 많은 자본이 시장에 들어오면 자본 중 일부는 더 높은 수익률을 찾아 손쉽게 떠날 수 있다. 돈은 어디에도 투자가 가능하지만 대형 벌크선은 대형화물의 해상운송 외에는 마땅한 용도를 찾기 어렵다.

5.1.4. 시장점유율의 안정성

산업의 시장점유율 변화를 분석하는 것은 진입장벽과 산업에 신규 플레이어의 진입 가능성을 검토하는 것과 큰 차이가 없다. 실제 진입장벽과 제품 차별화를 수반하는 신제품 출시 빈도는 모두 시장점유율에 영향을 미친다. 시장점유율이 안정적이면 경쟁강도는 낮은 반면 불안정하면 공급자의 가격결정력이 제한되기 때문에 경쟁이 심한 것이 일반적이다.

헬스케어 섹터의 두 가지 비범용성 상품을 비교해보면 이런 시장의 특성을 잘 이해할 수 있다. 지난 십여 년간 (주로 인공고관절과 인조무릎과 관련된) 정형외과 의료기기 산업은 안정적인 글로벌 과점시장이었다. [표 5]와 같이 다섯 개 회사가 세계 시장의 95%를 점하고, 이들의 시장점유율은 지난 수년간 아주 미세한 변동만 있었을 뿐이다.

[표 5] 글로벌 정형외과 의료기기 시장점유율의 안정성

세계 인공관절/인조무릎 시장점유율	2005년(%)	2006년(%)	2007년(%)	2008년(%)
Zimmer	27.9	27.5	27.2	26.0
Johnson & Johnson(DePuy)	24.0	23.9	22.9	22.9
Stryker	21.6	21.4	21.5	21.3
Smith & Nephew	9.4	9.8	11.5	12.6
Biomet	11.5	10.9	10.9	11.3

자료: 각사 보고서 및 Morningstar 추정치.

반면 미국의 스텐트(막힌 동맥을 지지하여 혈류의 흐름을 원활하게 하는 작은 망사 금속관) 시장 역시 소수의 회사들이 지배하는 시장이지만, 시장점유율은 최근 급격한 변동을 보였다. Boston Scientific과 함께 오랜 기간 미국 스텐트 시장을 선도해온 Johnson & Johnson의 시장점유율은 2007년에 거의 50%에 달했지만 2009년 초반 15% 수준으로 급감했다. 같은 기간 Abbott Laboratories의 시장점유율은 0%대에서 25%까지 상승했다. 이런 변화는 Abbott와 Medtronic의 신제품이 Johnson & Johnson과 Boston Scientific의 시장점유율을 대폭 잠식했기 때문이다.

정형외과 의료기기 회사들이 안정적인 시장점유율을 유지해 온 것은 두 가지 이유에서다. 첫째는 인공고관절과 인조무릎은 시술이 어렵고, 각 제조사의 제품 특성에 차이가 있어서다. 이로 인해 정형외과 의사들은 한두 가지 기기 사용에 익숙해 있어, 여러 회사 기기의 사용법을 익히는데 시간과 비용을 들이길 꺼려했다. 둘째는 정형외과 의료기기 산업의 혁신 속도가 빠르지 않았다는 점이다. 혁신이 혁명적이라기보다 진화적이어서 제품 교체의 편익이 상대적으로 크지 않다는 것이다. 물론 수년 동안 의료기기 회사들의 수가 증가하지 않은 것도 영향을 미쳤다.

반면 미국의 스텐트 시장은 여러 이유로 시장점유율이 급격히 변동했다. 우선 정형외과 의사들보다 스텐트를 시술하는 심혈관계 의사들은 사용하는 기기에 보다 개방적 태도를 가졌다. 이는 정형외과 기기에 비해 스텐트의 교체비용이 작다는 것을 의미한다. 하지만 더 중요한 것은 스텐트 시장은 혁신 속도가 빨라서 우수한 임상 결과가 예상되면 심혈관계 의사들은 새로운 스텐트 사용을 주저하지 않았다는 점이다. 이렇듯 교체비용은 작은 반면 편익은 상대적으로 큰 것이 스텐트 시장의 점유율을 요동치게 만들었다. 반면 정형외과 의료기기는 혁신 속도가 느리고 교체비용이 높아 교체에 따른 편익이 반감되었고, 시장점유율이 고착화되는 결과를 낳았다.

5.1.5. 산업수명주기

산업의 수명주기는 경쟁 다이나믹스에 큰 영향을 미치며, 전략적 산업분석의 핵심적인 부분이 된다.

5.1.5.1. 산업수명주기모형의 개요

개별 기업과 마찬가지로 산업도 시간 경과에 따라 진화하며, 그에 따라 성장률과 수익성에 상당한 변화를 겪는다. 투자에는 산업에 대한 면밀한 분석이 필요한데, 산업분석(industry analysis)은 산업의 현재와 미래 변화를 파악하는 일련의 프로세스이다. 이때 산업의 진화를 분석하는 유용한 프레임워크가 산업수명주기모형(industry life-cycle model)이다. 이 모형은 산업이 일반적으로 따르게 되는 진화경로를 정의한다. 이 모형은 산업의 수명주기를 태동기, 성장기, 진정기, 성숙기, 쇠퇴기 등 5단계로 나눈다. 각 단계는 산업이 처한 기회와 위협에 의해 정의된다.[12] [표 6]은 각 단계의 수요와 그 증가율을 보여주는 성장곡선을 통해 단계별 특성을 설명하고 있다.

[표 6] 산업수명주기모형

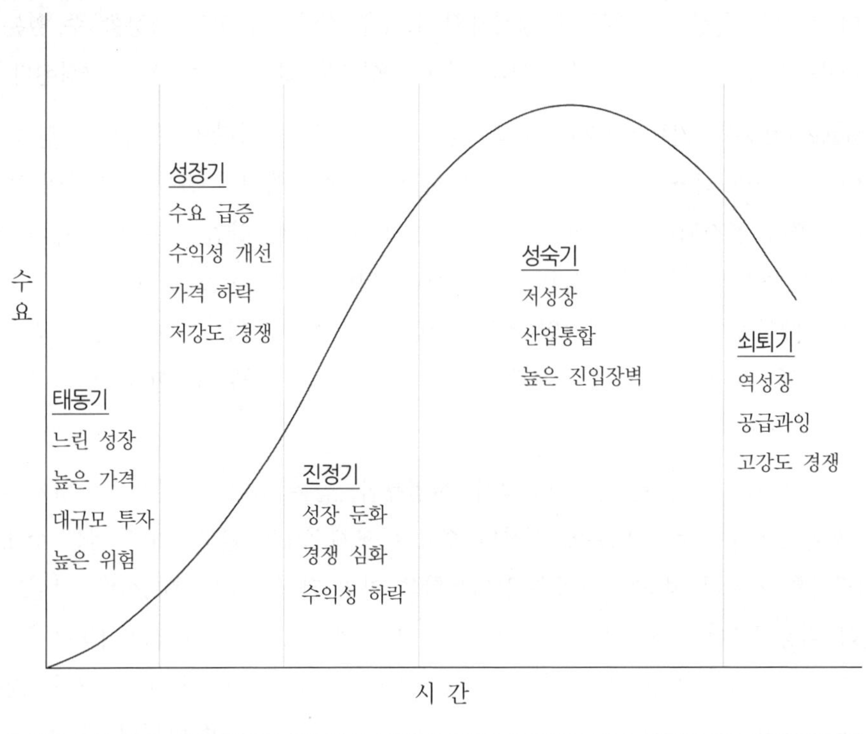

자료: Hill and Jones(2008)의 Figure 2 참조.

태동기(*embryonic*). 태동기 산업은 이제 막 시작하는 사업이다. 실례로 1960년대 세계 반도체 산업과 1980년대 초 세계 모바일 폰 산업은 태동기에 있었다. (반도체 산업은 2008년 2,490억 달러 규모로 성장했고,[13] 모바일 폰 산업은 한해 10억 개의 단말기가 생산·판매되고 있다.) 성장속도가 느리고 가격이 비싼 것이 태동기의 특징이다. 이런 특징은 고객들이 아직 이 산업의 제품에 익숙하지 않아 생산량이 규모의 경제를 달성할 수 있는 의미 있는 수준에 미치지 못하기 때문이다. 이 단계에서는 제품 인지도 제고와 유통채널 확보가 기업

12) 산업수명주기와 관련된 대부분의 내용은 Hill and Jones(2008)를 참조했다.
13) 반도체산업협회 조사보고서: www.sia-online.org/cs/industry_resources/industry_fact_sheet.

의 핵심적인 전략적 이니셔티브가 된다. 대규모의 투자가 요구되며, 높은 위험이 수반된다. 이런 이유로 성공하는 스타트업은 일부에 지나지 않는다.

성장기(*growth*). 성장기 산업은 수요급증, 수익성 개선, 가격하락, 상대적으로 낮은 경쟁강도 등으로 정의된다. 새로운 고객이 시장에 유입되면서 수요 증가에 가속도가 붙으며 규모의 경제가 달성되고, 유통채널이 개발되며 제품가격은 하락한다. 산업의 진입장벽이 상대적으로 낮아, 성장기는 신규 진입자의 위협이 가장 큰 시기이다. 하지만 경쟁 자체는 그다지 심하지 않은데, 수요가 급증하기 때문에 경쟁자의 고객을 빼앗지 않고도 성장할 수 있는 기회가 제공되기 때문이다. 생산량 증가와 규모의 경제 달성으로 산업의 수익성도 향상된다.

진정기(*shakeout*). 진정기는 성장률 둔화, 경쟁심화, 수익성 하락의 단계적 특징을 갖는다. 이 단계에 들어서면 신규 고객 유입이 줄고 시장은 포화상태에 근접한다. 성장이 보유한 시장점유율에 따라 결정되며 경쟁이 심화된다. 기업들이 전체 산업의 수요 증가를 초과하는 투자를 하면서 산업의 잉여 공급능력이 증가한다. 잉여 공급능력을 줄이기 위해서는 소비를 늘려야 하기 때문에 기업들이 가격인하에 나서면서, 산업의 수익성은 하락한다. 진정기 동안 기업들은 자신의 비용구조 개선과 브랜드 충성도 제고에 집중한다. 한계기업은 퇴출되거나 합병으로 소멸된다.

성숙기(*mature*). 성숙기의 특징은 성장정체, 산업통합, 높은 진입장벽이다. 이 단계에서 시장은 완전 포화상태에 이르기 때문에 시장의 수요는 교체수요와 인구증가에 의한 수요로 제한된다. 진정기를 거치며 성숙기 산업은 산업통합을 거쳐 과점체제를 형성한다. 브랜드 충성도와 효율적 비용구조를 가진 기업만이 생존하게 되는데 이런 상황이 진입장벽을 높인다. 수요 안정으로 산업 내 기업들은 경쟁기업과의 상호의존성을 인식하게 되고 가격전쟁을 자제하게 된다. 하지만 경기하강으로 인한 수요 감소기마다 가격전쟁이 반복되기도 한다. 우수한 제품과 서비스를 지닌 기업들은 시장점유율을 확보하고, 산업평균 이상의 성장과 수익을 달성한다.

쇠퇴기(*decline*). 쇠퇴기 동안 산업 성장률은 마이너스를 기록하고, 공급과잉이 심화되며 경쟁은 격화된다. 이 단계에서는 기술적 대체(예: 인터넷 언론과 케이블TV 발달에 따른 신문업의 쇠락), 사회적 변화, 글로벌 경쟁(예: 해외업체들의 저가공세로 인한 미국 텍스타일 산업의 침체) 등 여러 이유 인해 산업 수요는 감소한다. 수요 감소로 공급과잉이 심화되고 기업들이 가격인하로 대응하면서 가격전쟁이 유발된다. 경쟁력이 취약한 기업은 퇴출 또는 합병되며, 회수된 자본은 다른 산업에 재배치된다.

산업의 전체 수요가 감소할 때 가격인하와 생산량 감소에 따른 단위당 생산비 증가로 인해 수요가 안정적이거나 증가할 때보다 개별 기업이 평균 이상의 투하자본이익률을 얻을 기회는 줄어든다. (EXAMPLE 6)은 산업수명주기와 관련된 사례이다.

EXAMPLE 6 산업과 기업의 성장

1999년부터 2004년까지 미국에서는 낮은 금리로 모기지 대출을 쉽게 받을 수 있게 되면서 현장건축 주택의 건설 수요가 증가하자 조립식 주택의 배송량은 크게 감소했다. 그러나 1998년 일각에서 조립식 주택이 현장건축 주택으로부터 시장점유율을 되찾을 것이란 전망이 제기된바 있다. 이와 같이 1998년의 낙관적 전망에 따라 예상되는 상황과 이후의 실제 상황은 각각 조립식 주택의 시장점유율에 어떤 영향을 미칠 것으로 예상하는가?

Solution

1998년의 예측과 같이 조립식 주택의 수요가 증가하면 조립식 주택 업체들은 상대방의 시장점유율을 빼앗지 않고도 성장할 수 있는 기회를 갖게 되어 경쟁은 완화될 것이다. 반면 수요가 감소하고 시장이 위축되는 실제의 시장상황에서는 조립식 주택 업체들은 경쟁자의 시장점유율을 뺏어야만 자신의 매출을 증가시킬 수 있다.

5.1.5.2. 산업수명주기모형의 활용

일반적으로 새로운 산업은 플레이어들이 안정적 경쟁 상태를 유지하며 시장점유율 확대보다 방어에 관심을 갖는 성숙기 산업에 비해 많은 플레이어들이 진입하고 퇴출되며 경쟁이 심한 모습을 보인다. 그러나 산업이 성숙기에서 쇠퇴기로 이행하면서 시장 참여자들은 시장이 제로섬이라는 것을 인식하게 되고 줄어드는 파이를 두고 싸움을 벌이면서 경쟁 압력은 증가한다.

애널리스트가 고려해야 할 핵심 포인트는 소속 산업의 수명주기단계에 비추어 평가대상 회사가 자신의 나이에 맞게 행동하는지 여부이다. 성장기 산업의 기업은 새로운 제품과 서비스를 제공하여 고객의 충성도를 확보하고 규모를 키워야 하며, 수요 증가에 대비해 시설투자를 늘려야 한다. 이들은 내부 효율성 향상에 그다지 집중하지 않는다. 이들 기업은 청년과 같이 인생의 보다 큰 성공을 목표로 인적자본과 재무자본에 투자를 아끼지 않는다. 성장기업은 여전히 수익을 창출할 수 있는 많은 투자기회를 가지고 있기 때문에 이익을 주주에게 환원하기보다 신제품과 플랫폼 개발에 재투자하려 한다. 인생 경로의 비유가 모형을 이해하는데 도움이 되긴 해도 이 비유가 세부적으로 정확히 일치하지 않는다는 것도 알아둘 필요가 있다. 오랜 역사를 가진 기업이라도 혁신과 신시장 진출을 통해 새로운 성장동력을 확보할 수 있다. 반면 인간은 젊은 날로 되돌아 갈 수 없다. 따라서 단순히 "업력(나이)에 맞는 행동"이 아니라 "단계에 맞는 행동"이 정확한 표현일 것이다.

성숙기 산업의 기업들은 신규수요보다 교체수요를 기대하고, 혁신적인 신제품 출시보다 성공적인 제품라인의 확장에 집중한다. 또한 이들은 시장점유율 확보보다 비용합리화와 효율성 제고에 노력한다. 또한 이전 단계에 비해 성장기회가 축소되기 때문에 자본의 재투자에 보수적이 되면서 현금흐름은 양호한 모습을 보인다. 현금흐름은 양호하나 재투자 기회는 제한적이어서 이들은 자기주식 매입이나 배당을 통해 주주에게 자본을 환원하기도 한다. 이들 기업은 초년의 노력으로 얻은 인생의 과실을 수확하는 중년에 비유된다.

우려되는 상황은 중년의 기업이 저조한 투자수익률이 예상됨에도 사세 확장을 목적으로 청년의 성장기업처럼 과감한 투자를 감행하는 경우이다. 많은 기업들이 성장기에서 성숙기로 이행할 때 전환기 관리에 어려움을 겪고, 경영진이 회사의 수명주기단계에 적합한 자본배분을 결정하기 전까지 이런 회사들은 자본수익률과 주주수익률에 부진한 모습을 보이는 경우가 많다.

실례로 21세기 초 미국의 대형 소매업체들인 Walmart, Home Depot, McDonalds는 모두 성숙기로의 전환기에 접어들었다. 이들 회사들은 시기는 다르지만 2002년에서 2005년 사이에 자신들이 규모와 산업 지배력 측면에서 신규 출점으로 두 자리대 성장을 구가하던 시절이 이미 과거의 일이라는 사실을 인식하게 된다. 따라서 이들 모두는 자본을 신규 출점에서 다른 분야로 재배치하게 된다. Home Depot는 재고 효율성 향상, McDonalds는 고객경험 제고에 관심을 두었고, 세 회사는 모두 배당과 자사주 매입을 확대했다. 결과적으로 주가수익률이 개선되고 자본이익률도 상승했다.

5.1.5.3. 산업수명주기모형의 한계

이 모형이 산업분석에 유용한 분석의 틀을 제공하지만 모든 산업이 이와 같이 예측 가능한 패턴을 따르는 것은 아니다. 여러 외부요인들이 성장 패턴에 영향을 미치며, 이로 인해 각 단계는 당초 기대보다 길거나 짧을 수 있고 경우에 따라서는 일부 단계를 뛰어 넘기도 한다.

기술의 변화는 어떤 산업이 진정기와 성숙기를 뛰어넘어 성장기에서 곧바로 쇠퇴기에 진입하는 급격한 변화를 만들어 낼 수 있다. 예를 들어 진공관 산업은 1960년대 여전히 성장기에 있었지만 트랜지스터에 의해 급속히 대체되면서 소멸했다. 또한 1980년대 워드프로세스는 타자기를 대체했으며, 오늘날 인터넷이나 케이블TV와 같은 온디맨드 서비스가 일반화되면서 비디오 영화 대여업은 급격히 사양길로 접어들었다.

규제환경의 변화도 산업구조에 큰 영향을 끼친다. 1990년대 미국의 통신업 탈규제화가 대표적 사례이다. 이로 인해 미국 통신업은 독점산업에서 치열한 경쟁산업으로 변모했다. AT&T는 다수의 지역 서비스 업체로 분할되었고, Sprint와 같은 많은 신생 장거리 통신회사가 출현했다. 그 결과 제품과 서비스 선택의 폭이 넓어지고 가격은 하락했다. 헬스케어 제품과 서비스에 대한 정부 보상율 변경도 세계 헬스케어 기업들의 수익성에 영향을 미쳤다.

사회적 변화 역시 산업 프로파일에 영향을 미치는 요인이다. 소득은 늘었지만 집에서 음식을 만들 시간이 부족한 맞벌이 가구의 증가로 인해 외식산업이 지난 30년간 수혜를 누린 것은 대표적 사례이다.

인구통계학적 요인도 중요한 역할을 한다. 예를 들어 베이비 붐 세대가 나이를 먹어감에 따라 헬스케어 서비스에 대한 수요는 증가하고 있다.

이와 같이 산업수명주기모형은 안정적인 기간 동안의 산업을 분석하는데 가장 유용한 분석 기법이다. 다만 산업이 외부환경이나 특수한 요인에 의해 급격한 변화를 겪는 시기에는 유용성이 떨어질 수 있다는 점에 유의할 필요가 있다.

이 모형의 또 다른 한계점은 한 산업 내에서도 모든 회사가 유사한 성장경로를 밟지는 않는다는 점이다. 애널리스트의 최대 목표는 잠재적인 패자를 피하고 잠재적 승자를 찾아내는 것이다. 수익성이 평균 이하인 경쟁이 치열한 산업에서도 수익성이 우수한 기업이 있을 수 있다. 물론 그 반대의 경우도 가능하다. 실례로 Nokia는 규모의 경제를 바탕으로 산업 내 치열한 경쟁에도 불구하고 평균 이상의 우수한 수익성을 유지한바 있다. 반면 소프트웨어 산업은 역사적으로 높은 성장률과 수익성을 기록했지만, 개별적으로 보면 수익을 내지 못하고 결국은 퇴출되는 운명을 맞은 회사들이 무수히 많았다.

EXAMPLE 7 산업수명주기

1. 성장은 느리고 제품 가격은 비싼 상태에 있는 산업을 가장 잘 정의하는 단계는?
   A. 성숙기
   B. 진정기
   C. 태동기
2. 산업수명주기모형에 대한 진술로 적절하지 않은 것은?
   A. 업황이 안정적인 기간보다 급격한 변동이 있는 기간에 적합한 모형이다.
   B. 외부 요인들은 각 단계의 기간을 예상보다 길거나 짧게 만들며, 경우에 따라서는 일부 단계를 뛰어 넘게 만들기도 한다.
   C. 특정 산업 내의 모든 기업이 유사한 성장 단계를 거치는 것은 아니며, 평균 이하의 수익성을 창출하는 산업에서도 수익성이 매우 우수한 기업이 있을 수 있다.

Solution 1 C

느린 성장과 높은 가격은 태동기 산업의 특징이다. 높은 가격은 성숙기나 진정기의 특징이 아니다.

Solution 2 A

이 모형은 급변기보다 안정기에 가장 잘 활용될 수 있는 분석기법이다.

5.1.6. 가격경쟁

고객 입장에서 산업을 생각해보는 것은 산업분석의 유용한 수단이 된다. 고객의 구매결정에 영향을 미치는 요소들은 모두 경쟁자들 사이에 중요 관심사이기 때문이다. 가격이 구매의 주요 결정요인인 산업은 고객이 다른 속성에 더 많은 가치를 두는 산업에 비해 경쟁이 치열한 것이 일반적이다.

이런 설명이 코모디티 대 비코모디티 산업의 특성을 비교·기술하는 것 같이 보이지만 실제 이보다 더 미묘한 차이가 있다. 항공기와 승용차는 석탄이나 석유보다 확실히 차별적이지만 그럼에도 불구하고 훌륭한 대체재가 존재하기 때문에 항공기와 승용차의 구매결정에는 가격이 중요하다. Airbus가 A320의 가격을 너무 높게 책정하면, 항공사는 경쟁기종인 Boeing 737을 구매할 것이다.[14] 만일 BMW의 고급 세단이 너무 비싸면, 고객은 Mercedes나 동급의 고급 브랜드로 이동할 수 있다. [표 4]의 가격결정력이 낮은 대부분의 산업에서 일방적으로 가격을 인상하면 다른 제품이나 서비스로의 수요 교체가 일어날 수 있다.

이러한 산업들을 분할되어 있지만 강력한 가격결정력을 가진 소규모 산업들 중 하나인 자산관리 산업과 비교해보자. 미래 투자수익률에 수수료가 영향을 미치긴 해도 자산관리 고객은 수수료를 기준으로 구매를 결정하지 않는다. 대신 자산관리 고객들은 과거 수익률에 관심을 갖는데, 이는 매우 분할된 시장에서도 가격결정력을 유지할 수 있는 요인이 된다. 알려진 바와 같이 인덱스 펀드 시장은 수수료 경쟁이 매우 치열한데, 각 인덱스 펀드는 동일한 벤치마크를 추적하는 또 다른 펀드의 완벽한 대체재이기 때문이다. 반면 액티브 펀드의 경우에는 암묵적 합의로 펀드 수수료를 자유롭게 책정해왔는데, 이로 인해 많은 플레이어들이 안정적으로 높은 자본이익률을 실현해왔다. 잠재적인 뮤추얼펀드 투자자들에게 수수료는 핵심적인 구매 결정요인이 아니기 때문이다.

14) 이 같은 "경로의존성(path dependence)"은 항공산업에서 잘 나타난다. 특정 Airbus 기종을 대규모로 보유한 항공사는 새로운 항공기를 도입할 때 Boeing 기종보다 기존 기종을 구매하려는 경향을 보인다. 그럼에도 불구하고 이런 기회를 적극적으로 활용할 수 있는 항공기 제작업체들의 역량은 매우 제한적이다.

자본집약적 산업으로 돌아가서 Caterpillar, Deere, Komatsu와 같은 중장비업체에 대해 생각해보자. 대형 휠로더와 콤바인은 고가의 장비이기 때문에 가격은 구매결정에 중요한 역할을 한다. 그러나 가격 이외의 요인들도 고객의 구매결정에 영향을 미친다. 중장비는 일반적으로 대규모 프로젝트에 사용되는 다른 장비와 보완적 관계를 가진다. 이는 일당 근로자가 불도저를 수리하는 동안 작업을 할 수 없는 것과 같이 고장 수리시간은 비용을 발생시킨다. 추수 시즌 단 며칠 내에 작업을 마쳐야 하는 농민들에게 장비 고장은 큰 피해를 준다. 이와 같이 제품의 신뢰성과 서비스 네트워크의 확보는 차별적인 경쟁우위 요소이기 때문에 고객의 구매결정에 매우 중요하며, 이를 확보한 Caterpillar, Komatsu, Deere 등은 높은 이익률을 달성할 수 있는 수준에서 장비의 가격책정이 가능했다.

5.1.7. 산업비교

이상에서 살펴본 요인들이 분석에 어떻게 적용되는지 살펴보기 위해 [표 7]와 같이 예시적인 세 가지 산업에 이들 요인을 적용해 보았다.

[표 7] 산업의 전략적 분석의 요인

	브랜드 의약품	오일 서비스	당제품/캔디
대표 회사	Pfizer, Novatis, Merck, GlaxoSmithKline	Schlumberger, Baker Hughes, Halliburton	Cadbury, Hershey, Mars/Wrigley, Nestle
진입장벽/성공장벽	**매우 높음:** 효율적 경쟁을 위해 대규모 재무 및 지적자본 필요. 잠재적 신규 진입자는 상당한 R&D 조직, 글로벌 유통 네트워크, 대규모 생산능력 확보 필요.	**보통:** 기술 전문성이 요구되나, 혁신을 통해 니치 업체가 산업에 진입하거나 특정 영역에서 경쟁이 가능함.	**매우 높음:** 재무적, 기술적 장벽은 낮으나, 신규 플레이어들은 고객의 구매결정을 이끌어내는 확고한 브랜드 파워를 확보하기 어려움.
집중도	**집중:** 소수의 기업들이 글로벌 의약품 시장을 장악. 최근 합병으로 집중도 증가.	**분할:** 소수의 기업들이 일관 서비스를 제공하기도 하나, 많은 소규모 플레이어들은 특정 영역에서 효율적으로 경쟁함. 국영 석유회사들이 자국 시장을 장악하고 있고, 일부 제품 라인은 성숙기 미국시장에 집중돼 있음.	**매우 집중:** 상위 4개사가 글로벌 시장점유율의 상당 부분을 점함. 최근 합병으로 집중도 증가.

[표 7] (계속)

	브랜드 의약품	오일 서비스	당제품/캔디
산업 공급능력의 영향	**해당 없음:** 의약품의 가격책정은 주로 특허보호와 의약품 및 제조설비의 정부 인가와 같은 규제 이슈에 의해 결정. 생산능력의 중요성은 낮음.	**보통/높음:** 수요는 원자재 가격에 따라 급격히 변동하며 플레이어들은 종종 시황에 따른 적정 종업원 유지에 어려움을 겪음.	**해당 없음:** 브랜드 파워가 가격결정력을 결정함. 생산능력의 영향은 거의 없음.
산업의 안정성	**안정적:** 메이저 업체와 M&A를 통한 합병이 지배하는 시장임. 다만, 신약 승인과 특허 취득/만료에 따라 시장점유율이 급변할 여지가 있음.	**불안정:** 기술적 오퍼링과 수요 수준에 따라 시장점유율은 종종 크게 변동함.	**매우 안정적:** 시장점유율은 매우 느리게 변동함.
수명주기	**성숙기:** 전체 수요는 연도별로 큰 변동이 없음	**성숙기:** 에너지 가격에 따라 수요가 큰 영향을 받지만 정상적 매출성장률은 한 자리 중반대에 불과함	**고성숙기:** 성장은 인구증가와 가격에 따라 결정됨
가격경쟁	**낮음/보통:** 미국에서 헬스케어 시스템의 고객 및 공급자 주도 탈규제화로 인해 가격은 최소한의 요소. 효능 기준이 높은 싱글 플레이어 시스템에서는 가격이 의사결정의 중요 요소.	**높음:** 가격은 구매결정의 중요 요소. 일부 회사는 일관 서비스 제공과 최고 기술 보유로 적정한 가격을 책정하지만, 가격이 너무 비싸면 1차 고객(석유 메이저)은 인하우스 서비스로 대체함. 또한 혁신은 산업 전반으로 쉽게 확산됨.	**낮음:** PB상품과의 경쟁이 심하지 않아 기존 플레이어들이 가격을 안정적으로 유지하는데 도움을 주고, 브랜드/친숙성이 가격보다 소비자 구매에 중요한 역할을 함.
인구통계적 영향	**긍정적:** 선진국의 인구 노령화는 소폭의 수요 증가 견인.	**해당 없음**	**해당 없음**

[표 7] (계속)

	브랜드 의약품	오일 서비스	당제품/캔디
정부 및 규제 영향	**매우 높음:** 모든 의약품은 의약당국의 판매 허가를 득해야 함. 국가별 특허제도는 상이함. 또한 헬스케어는 대부분의 국가에서 규제산업임.	**보통:** 규제 제도는 에너지 수요에 어느 정도 영향을 미침. 정부는 석유E&P 회사에 채굴권을 부여하는 역할을 하며, 이는 간접적으로 서비스회사 작업량에 연쇄적 영향을 미침.	**낮음:** 산업규제가 별반 없지만 선진국에서 아동 비만은 낮은 수준의 잠재적 위협임. 또한 이머징마켓은 기존 플레이어의 신장 진입을 차단하기도 하는데, 성장 제약의 원인이 될 수 있음.
사회적 영향	**해당 없음**	**해당 없음**	**해당 없음**
기술적 영향	**보통/높음:** 생물학적 제제(바이오시밀러)는 새로운 치료법을 자극하고, 많은 대형 제약사들의 바이오기술 분야 입지는 상대적으로 넓지 않음.	**보통/높음:** 산업은 상당히 혁신적이어서, 플레이어들은 경쟁력 유지를 위한 R&D 재투자가 필요함. 새로운 프로세스의 상업화나 축적된 기술의 활용으로 일시적 경쟁우위 확보는 가능함.	**매우 낮음:** 혁신이 중요한 역할을 하지 않음.
성장 vs. 방어 vs. 순환	**방어:** 헬스케어 서비스의 수요는 경기순환에 따라 급변하지 않으나, 그렇다고 수요가 "성장주"로 분류할 만큼 강하지도 않음.	**순환:** 수요는 매우 유동적이며, 유가와 탐사 예산, 경기사이클에 의존함.	**방어:** 사탕과 껌의 수요는 매우 안정적임

(EXAMPLE 8)을 통해 [표 7]에 제시된 사항들을 복습해 보기로 한다.

EXAMPLE 8 전략적 요인 분석

1. 다음 중 정부 규제의 영향을 가장 많이 받는 산업은 어떤 것인가?
   A. 오일 서비스
   B. 의약품
   C. 당제품과 캔디
2. 다음 산업 중 기술 혁신의 영향이 가장 작은 산업은 어떤 것인가?
   A. 오일 서비스

B. 의약품
C. 당제품과 캔디

3. 각 산업의 특성에 관한 다음 진술 중 적절하지 않은 것은 무엇인가?
   A. 생산능력은 당제품/캔디 산업의 가격책정에 거의 영향을 미치지 않는다.
   B. 브랜드 의약품은 성장산업보다는 방어산업으로 분류될 수 있다.
   C. 세계 시장에서 오일 서비스 산업은 제한된 서비스 공급자들을 가진 매우 집중된 산업이다.

Solution 1 B

제약산업은 정부와 규제의 영향이 매우 큰 산업이다.

Solution 2 C

혁신은 캔디산업에서 중요한 역할을 하지 않는다.

Solution 3 C

세계적으로 보면 오일 서비스 산업은 분할된 산업으로 간주된다. 비록 소수의 회사들이 일관 서비스를 제공하고 있지만, 다수인 소규모 플레이어들이 틈새시장에서 경쟁하고 있다. 또한 국영 석유회사가 자국 시장의 상당한 시장점유율을 통제하고 있다.

5.2. 외부 요인의 영향

산업의 성장에 영향을 미치는 외부 요인에는 거시경제적, 기술적, 인구통계적, 정부/행정적, 사회적 영향이 포함된다.

5.2.1. 거시경제적 영향

전체 경제활동의 트렌드는 특정 산업의 제품이나 서비스의 수요에 중요한 영향을 미친다. 이러한 트렌드는 순환적(경기사이클에 따라 경제활동이 일시적으로 변동하는 트렌드)이거나 구조적(경제활동의 구성과 강도가 영구적으로 변동하는 트렌드)일 수 있다. 일반적으로 산업의 매출과 이익에 영향을 미치는 경제변수들은 다음과 같다.

- 국내총생산(GDP)이나 경제단위가 생산한 상품과 서비스의 가치 총계(명목화폐 또는 실질화폐 기준)
- 금융기관의 매출과 비용의 핵심 요소이며, 가계와 기업의 부채조달비용인 이자율
- 기업과 개인의 지출과 재무적 지급능력에 영향을 미치는 신용 가용성

• 상품과 서비스의 가격의 변동시키고 원가, 이자율, 소비자와 기업의 신뢰지수에 영향을 미치는 인플레이션(물가상승률)

5.2.2. 기술적 영향

신기술은 신제품을 창조하고 기존 제품을 개선한다. 이런 제품은 산업의 급격한 변동을 유발하고 제품을 사용하는 다른 산업의 활동에도 변화를 가져온다.

컴퓨터 하드웨어 산업은 기술적 변화가 산업에 어떤 영향을 미치는지를 잘 설명해주는 사례이다. 1958년 집적회로(IC)로도 알려진 마이크로 칩의 개발은 궁극적으로 컴퓨터 하드웨어 산업에서 대중을 위한 PC시장을 탄생시켰고, 컴퓨터가 기업, 정부, 교육기관에 널리 보급되는 계기가 되었다.

무어의 법칙(Moore's law)에 따르면 집적회로에 장착되는 트랜지스터의 수는 2년마다 배로 증가한다고 한다. 컴포넌트의 크기, 가격, 집적도, 속도 등 디지털 기술의 다른 지표도 무어의 법칙와 관련하여 기하급수적으로 진화했다. 이러한 트렌드의 결과, 컴퓨터 하드웨어 산업은 빠른 속도로 시장을 잠식해 마침내 워드프로세서와 다양한 전자통신 및 홈 엔터테인먼트 하드웨어 시장을 장악한다. 혁신과 생산의 자본비용이 크게 높아지면서 컴퓨터 산업에서의 집적회로 혁신은 규모의 경제를 향상하고 진입장벽을 높이는 결과를 낳았다. 이 두 가지 무기로 무장한 Intel은 산업의 시장 리더십을 확보하고 PC산업에서 최고 고부가가치 부품인 마이크로프로세스의 지배적 공급자가 되었다.

이 과정에서 컴퓨터 하드웨어 산업은 소프트웨어와 정보통신(특히, 인터넷의 발전과 관련된)이라는 보완적 산업의 지원을 받는다. 컴퓨터 산업은 엔터테인먼트(TV, 영화, 게임), 소매업, 프린트 미디어 등 관련 분야에도 중요해졌다. 강력한 집적회로와 무선기술의 진화와 함께 인터넷과 무선통신 기술이 접목된 미디어 융합은 비즈니스 활동과 개인의 삶에서 PC의 활용과 역할을 계속 바꿔 놓았다. 20세기 중반만 해도 세계적으로 극히 소수의 사람들만이 개인용 PC의 사용을 생각할 수 있었다. 하지만 오늘날 세계 인구의 약 4분의 1인 16억 명이 컴퓨터에 자유롭게 접속할 수 있는 것으로 추정된다. 미국의 컴퓨터 사용자는 전체 인구의 최소 76%에 달한다. 신흥국이나 후진국은 이보다는 낮은 수준이어도 빠른 속도로 보급이 확대되고 있다. 2009년 말 현재 세계적으로 등록된 휴대전화는 40억 대에 달하고 있다.[15] 휴대전화와 컴퓨터 하드웨어 기술의 융합으로 새로운 형태의 개인용 컴퓨팅과 커뮤니케이션 기능이 출현하고 있어, 모바일 통신의 진보로 인해 스마트폰과 휴대전화 사용 인구는 수년 내 폭발적으로 증가할 준비를 이미 마친 상태이다.

---

15) www.itu.int/newsroom/press_releases/2009/39.html

디지털 이미징 기술이 필름 산업에 미친 영향은 기술이 산업에 얼마나 큰 영향을 미치는지를 잘 보여주는 또 다른 사례이다. 디지털 이미징은 필름의 화학적 변화가 아닌 전기적 신호로 이미지를 기록하는 전자 이미지 센서를 이용한다. 이를 이용하면 필름 사진보다 이미지화와 전송 속도를 대폭 개선할 수 있다. 이 기술이 개발된 1981년 이래 디지털 카메라가 급격히 보급되면서 (비록 여전히 다수의 전문 사진작가들이 심미적 이유로 필름 카메라를 고집하긴 하지만) 현재는 전통적 필름 카메라를 완전히 압도하게 되었다. 디지털 카메라는 비디오와 오디오 녹화와 재생 기능도 가지게 되었다. 사진 기술의 중대한 변화로 인해 Kodak, Fujifilm, Nikon Corporation, Pentax Imaging Company 같은 필름과 필름 카메라 업체들은 스스로를 완전히 구조조정하고, 소비자가 원하는 신기술을 적용할 있게 자신들의 제품을 다시 디자인해야 했다.

5.2.3. 인구통계적 영향

인구의 수, 나이, 성별, 분포 같은 인구통계적 특성도 경제성장과 상품 · 서비스의 소비와 유형에 중요한 영향을 미친다.

제2차 세계대전 후 미국의 베이비 붐이 상품과 서비스 수요에 미친 영향은 인구통계적 영향을 이해하는 전형적인 사례이다. 북미에서 1946년부터 1964년 사이에 태어난 7,600만 명은 요람에서 영유아기, 청소년기, 청년기, 중년기, 은퇴기를 거치면서 인생 경로에 필요한 여러 상품과 서비스의 구성에 큰 영향을 미쳤다. 50년대 후반과 60년대 십대 팝 문화와 이와 관련된 녹음기, 영화, 옷, 패션 등 문화상품, 70년대와 80년대 주택수요의 폭발적 증가, 90년대와 2000년 초반 은퇴 준비 인구의 증가에 따른 투자상품에 대한 수요 증가 등은 모두 인구의 나이 구성 변화에 따른 인구통계적 성격 변화가 산업에 미친 영향을 잘 보여주는 사례들이다.

산업에 미친 인구통계적 영향의 또 다른 사례는 일본의 인구노령화이다. 일본은 65세 이상 노인 인구가 전체 인구의 21%를 넘는 세계 최고의 초고령 사회이며 출산율은 매우 낮은 국가이다. 일본 후생성은 2055년에 일본의 전체 인구가 현재보다 25% 줄겠지만, 65세 이상 노인 인구는 전체 인구의 40%에 달할 것으로 예측했다. 이러한 인구통계적 변화는 생산가능인구의 감소로 이어져 경제활동 전반에 부정적인 영향을 미칠 것으로 예상된다. 다만 헬스케어 산업과 같이 특정 경제 섹터에서는 이러한 트렌드의 수혜를 예상할 수 있다.

EXAMPLE 9 전후 베이비 붐과 미국 주택산업

미국, 캐나다, 호주에서는 제2차 세계대전이 끝나면서 인구 1,000명당 출산율이 고공행진을 기록하기 시작했다. 이러한 출산율 증가는 1930년대 대공황과 2차 대전 고난기 이후의 안정, 이민의 증가(젊은 이민자의 유입으로 가임인구 증가), 전후 경제성장에 따른 것이다. 미국의 인구 1,000명당 출산율은 1935년 18.7명에서 1945년 20.4명, 1950년 24.1명으로 증가하고 1955년에서 1957년에는 25명 이상으로 최고에 달한다. 1946년에서 1964년 사이에 태어난 아기들이 20년 후 성인이 되면서 주택 수요는 증가했고, 신규 주택 판매가 급증했다. 신규 주택 비율이 증가하며 1966년 주택 1,000채당 신규 주택은 20.1채에서 1972년 35.3채로 최고조에 달했고, 1974 ~ 1975년 불황기를 제외하고 1970년 말까지 이 수준이 유지되었다.

전후 베이비 붐이 주택산업에 미친 또 다른 인구통계적 영향은 "에코 부머(Echo-Boomers)"라고 칭하는 베이비 붐 세대의 2세들로부터도 있었다. 에코 부머 세대는 1970년대 후반부터 본격적으로 가임능력을 갖게 되는데, 1975년에는 인구 1,000명당 출산율이 전후 가장 낮은 수준인 14.8명에서 1990년 16.7명으로 최고 수준으로 증가했다. 에코 부머들은 생후 20년이 지나 그들 부모 세대가 그러했던 것보다는 주택의 신규 수요에 큰 영향을 미치지 못했다. 하지만 1995년 주택 1,000채당 신규 주택은 13.7채에서 2005년에는 18.8채로 의미 있는 증가를 가져온다. 모기지 대출이 쉬워진 것도 신규 주택 증가에 기여했다.

5.2.4. 정부 영향

정부가 산업의 매출이나 이익에 미치는 영향도 곳곳에서 찾을 수 있다. 세제를 포함해 정부는 각종 규제를 통해 기업과 가계의 이익과 소득에 영향을 미치며 지출에도 영향을 준다. 또한 정부는 다양한 산업에서 상품과 서비스의 주요 구매자이기도 하다.

(EXAMPLE 10)은 정부가 증권시장의 혁신을 지원하거나 제한할 때 발생하는 갑작스런 부의 변화를 설명하고 있다. **소득신탁(income trust)**은 좌(unit)라고 부르는 소유지분(수익증권)을 발행하는 신탁형 간접투자기구이다. 소득신탁은 1990년대 후반부터 2000년대 초반 캐나다의 소득지향적 투자자들 사이에서 크게 유행했다. 당시는 (한번은 기업, 한번은 개인 수준에서 과세된다는 점에서) 이중과세 논란으로 신탁 소득에 세금을 면제했다. 하지만 부작용을 우려한 세무당국은 결국 세금감면 혜택을 폐지하기에 이른다.

EXAMPLE 10 캐나다 소득신탁 세율 인상 효과

2006년 10월 31일 캐나다 증시에서 소득신탁의 과열을 진정시키기 위해 캐나다 재무부장관 James Flaherty는 임대부동산 투자신탁을 제외한 모든 절세형 간접투자기구에 대한 과세방침을 발표했다. 기존 신탁에 대해서는 5년간 과세를 유예하기로 했다. 그는 너무나 많은 회사들이 절세 목적으로만 하이일드증권에 투자하고 있어 정부가 신탁에 대한 규제에 나선다고 설명했다. 발표가 나온 날 S&P/TSX Capped Intrust Index는 12% 급락하면서 240억 캐나다 달러가 공중에 날아갔다.

정부는 산업을 담당하는 규제기관이나 자율규제기구(예: 증권거래소, 의료협회, 에너지가격 결정기구, 각종 규제위원회 등)에 권한을 위임하여 간접적으로 산업에 영향력을 행사하기도 한다. 금융서비스와 헬스케어와 같이 여러 분야에 진입규제를 두거나 기업과 개인이 준수해야 할 행위기준을 마련함으로써 정부는 많은 상품과 서비스의 공급, 품질, 성능을 규제하고 일반의 시장 접근을 관리한다. 예를 들면 금융산업의 경우 저축예금의 수납과 증권발행은 정부나 공공기관에 의해 엄격히 통제된다. 사기꾼들로부터 선량한 투자자를 보호하고, 투자자가 자신이 투자하려는 투자 대상의 속성과 위험에 대해 정당한 고지를 받도록 각종 규제 장치를 통한 통제가 이루어진다. 또 다른 사례로 대부분의 선진국에서는 법령과 보건당국의 권한 위임에 따라 자율규제기구의 역할을 하는 의사협회가 정하는 일정 기준을 충족한 훈련된 의사들만 환자를 치료할 수 있게 하고 있다. 또한 환자에게 처방되는 약은 반드시 사전에 보건당국의 승인을 받도록 하고 있다. 또 다른 사례로 대부분의 선진국에서 담배 판매와 세금은 정부가 강력히 통제하고 있다. 흡연의 위험을 소비자에게 경고하게 하는 것도 정부의 강제사항이다. 국방, 공공근로, 치안 등의 정부기관에 납품하는 산업은 조달계약이 공급자의 매출과 이익에 직접적인 영향을 미친다.

EXAMPLE 11 정부의 항공우주 조달사업

항공우주, 토목건설, 소방설비 산업은 정부가 주된 고객이고 정부 판매가 이들 산업의 매출과 이익이 상당한 (경우에 따라서는 절대적인) 영향을 미친다. 이런 기업의 대표적인 사례가 프랑스 파리와 독일 오토브런에 본사를 둔 항공우주와 국방 관련 서비스 분야의 글로벌 리더인 European Aeronautic Defence and Space Company(EADS)이다. 2008년 EADS의 매출은 €433억이고 세계적으로 118,000명의 종업원을 두고 있다. EADS에는 민항기 선도업체 Airbus, 군용기 제작사 Airbus Military, 세계 최대 헬기업체 Eurocopter, Ariane와 Galileo 등 우주개발 프로그램의 유럽 내 선도업체인 EADS Astrium 등이 참여하고 있다.

EADS의 Defence & Security Division은 통합시스템솔루션 공급자이며, 이로 인해 EADS가 Eurofighter 컨소시엄의 주요 파트너로 참여하고 미사일 시스템 사업자인 MBDA의 핵심 참여자가 되었다. 2008년 3월 3일 미국 공군이 $350억 규모의 공중급유기 공급자로 Boeing 767을 제치고 Airbus A330을 최종 선정한 직후 EADS 주가는 9.2% 급등했다.

5.2.5. 사회적 영향

일하는 방식, 소비행태, 여가활동, 생활 패턴 등 사회의 변화도 다양한 산업에 영향을 미친다.

영국의 담배 소비 변화는 산업에 대한 사회적 영향을 설명할 수 있는 좋은 예이다. 담배 광고 규제, 담배에 위험 경고문구 부착 의무화, 공공장소에서의 흡연금지 등 정부 규제가 담배소비 둔화에 가장 큰 이유가 되었지만, 이러한 변화의 근저에 깔린 근본적 동력은 사회적 인식의 변화에 있었다. 즉, 흡연이 흡연자는 물론 주변 사람의 건강에 해롭다는 사회적 인식이 확신되고 흡연에 따른 만성질병으로 개인과 사회의 비용이 증가했다. 또한 흡연자을 바라보는 대중의 인식이 사회적으로 정당하다고보는 쪽에서 정당하지 않다거나 심지어는 사려 깊지 않거나 무례한 것으로 변화했다. 흡연을 바라보다는 사회적 시각이 변화함에 따라 담배소비에 반대 압력이 높아지자 영국의 담배 소비는 1990년 1,025억 개비에서 2009년에 650억 개비로 대폭 감소했다.

EXAMPLE 12 여성의 사회진출 증가의 영향

1870년 가사노동을 제외한 미국 여성의 노동참가율은 15%에 불과했다. 두 번의 세계대전과 대공항을 거치며 1950년 노동참가율은 (2차 세계대전 중 전시 노동 의무화로 일시적으로 더 높았던 시기를 제외하면) 30%까지 증가했고 2008년에는 48%까지 상승했다. 경제이론의 근거하여 서구 사회에서 여성이 전업주부와 같은 전통적 역할에서 벗어나 풀타임 직장을 갖게 된 사회적 변화로부터 수혜가 예상되는 산업에 대해 논하라.

Solution

외식업, 여성 근무복 제조업, 가사와 육아 서비스, 자동차 제조업 등을 수혜산업으로 예상한다.

1. 외식업. 여성이 음식을 준비하는데 시간과 에너지를 할애하기 어려운 여건이 조성되면서 외식산업의 수혜를 예상할 수 있다.
2. 여성용 근무 복장 또는 정장 제조업

3. 가사 및 육아 서비스 사업
4. 자동차 제조업. 예를 들어 한 가구에서 두 명이 출근하게 되면 자녀를 학교나 유치원에 보내는 등 자동차가 더 필요하게 된다.
5. 양로원. 여성의 노동 참여 증가에 따라 간호와 보호가 필요한 노인들은 더 이상 자신의 집에서 가사를 전담하는 여성들에게 의지할 수 없게 된다.

EXAMPLE 13 항공업 사례

글로벌 항공업은 우리가 지금까지 살펴본 여러 개념과 영향을 확인할 수 있는 전형적이고 대표적인 산업이다.

수명주기단계

글로벌 연간 여객수송 평균성장률은 2000년대에도 4.5%로 (1990년대 4.7%에 비교하면) 안정적인 상태를 유지하고 있기 때문에 이 산업은 성숙기의 특징을 가질 것으로 예상된다. 그러나 이 산업의 일부 섹터는 여전히 성장기에 있는데, 특히 향후 20년간 중동과 아시아 지역의 항공 여객 수요는 연평균 6.5%의 성장이 예상되어 3.2% 성장이 예상되는 북미 지역과 대조를 이룬다.

경기순환에 대한 민감도

항공업은 경기순환산업이다. 고정비가 커 높은 영업레버리지를 사용하기 때문에 글로벌 경기가 항공사의 매출과 수익성에 큰 영향을 미친다. 예를 들면 2009년에 글로벌 여객수송이 약 8% 감소할 것으로 예상됨에 따라 항공사들은 90억 달러에 근접하는 대규모 손실이 예상되었다. 이 산업의 수요는 경기사이클에 민감하다. 지역에 따라 여객수송은 GDP성장률의 1.5배 내지 2.0배까지 변동하는 것으로 알려져 있다. 이 산업은 대표적 규제산업으로 정부와 항공당국은 항공 노선과 공항 슬롯 배정에 중요한 역할을 한다. 항공당국과 국제항공운송협회(International Airline Transport Association)는 항공기와 비행 안전에 관한 규정을 마련한다. 항공사의 고객은 (초고가나 초저가 상품과 서비스를 제외하면) 브랜드 충성도가 낮은데, 그중에서도 여행객은 주로 가격에 관심을 가지고 출장자는 일정과 서비스가 중요하다. 특정 가격대의 상품과 서비스는 차별화가 쉽지 않은데 항공기, 승무원 구성, 캐이터링 등 대부분의 속성이 항공사 간에 큰 차이가 없기 때문이다. 레저 여행 시장은 가격경쟁이 치열해서 미국의 Southwest Airlines, 유럽의 Ryanair, 아시아의 Air Asia 같은 저비용항공사가 출현하는 계기가 되었다. 비즈니스 출장자의 경우 대규모 정기 항공사와 Singapore Airlines와 같은 소수의 서비스 품질 스페셜리스트 항공사가 주요 경쟁자들이다. 통상 총원가의 25% 이상이고 변동성이 심한 연료비와 총원가의 10% 내외인 인건비는 비용절감 노력의 중심이 된다. 항공업은 노조가 강한 산업으로 노사분규는 산업이 엄청난 비용을 치루고 붕괴되는 원인이 되기도 했다. 소형 프로펠러기에서 대형 제트기의 출현에 이르기까지 1970년대 유가가 상승하면서 연비개선 기술은 항공업에서 항상 중요한 역할을 해왔다. 또한 화상회의와 웹 캐스팅 같은 정보통신 기술의 발달은 항공 수요에 위협이 되기도 한다. 개인적으로 항공업이 과거에는 접근이 어려웠던 지역에 대규모 인구를 정착시키는 인구통계적 변화를 가져온 동력이었다고 생각한다. 동시에 2차 세계대전 후 태어난 엄청난 수의 베이비 부머들은 지난 반세기 항공 여객수요 성장을 견인하는 역할을 했다. 최근에는 사회적 이슈들이 항공업에 중요한 역할을 하기 시작했다. 예를 들어 항공업은 탄소배출 규제를 주장하는 환경운동가들과 정부의 감시를 받고 있다.

6. 기업분석

기업분석의 대상에는 회사의 재무상태, 제품과 서비스, 경쟁전략 등이 포함된다. **경쟁전략(competitive strategy)**이란 외부 환경에 따른 위협과 기회 요인을 활용하는 기업의 대응계획을 말한다. 애널리스트는 산업의 경쟁구조에 영향을 미치는 기업의 외부 환경, 즉 거시경제적, 인구통계적, 정부규제적, 기술적, 사회적 요인을 살펴본 후 기업분석을 실행한다. 애널리스트는 회사의 전략이 근본적으로 공격적인지 방어적인지와 회사가 이런 전략을 어떻게 수행하는지 파악해야 한다.

Porter는 저원가 전략(원가리더십)과 제품·서비스의 차별화 전략 등 두 가지 주요 경쟁전략을 파악했다.

저원가 전략(low-cost strategy)을 채택한 기업은 자신의 경쟁자들보다 낮은 가격에 제품과 서비스를 공급하는 저원가 공급자가 되어 시장점유율을 확보하려 노력한다. 대규모 매출을 바탕으로 양호한 수익성을 달성하여 매출총이익을 확보하려 한다. 저원가 전략에서는 방어적으로 시장지위(market position)나 수익률을 지키거나, 공격적으로 시장점유율을 늘리고 수익률을 높이는 방식 모두가 가능하다. 가격책정도 방어적(경쟁환경에 경쟁자가 별로 없는 경우)이거나 공격적(경쟁이 심한 경우)일 수 있다. 심지어 경쟁이 심한 상황에서는 자신의 단기적 수익을 포기하는 대가로 경쟁자를 사업에서 몰아내는 약탈적 가격책정을 취하기도 한다. 이 전략의 목표는 시장점유율을 확대함으로써 나중에 가격인상으로 이전보다 높은 수익을 창출하는데 있다. 예를 들어 메이저 항공사들이 할인 항공사들로부터 수익성이 양호한 노선을 방어할 목적으로 일부 애널리스트가 주장하는 약탈적 전략(predatory strategy)을 취하기도 했다. 비록 경쟁 제한과 관련된 각종 공정거래 규제가 시장점유율 확보를 위한 약탈적 가격정책에 제동을 걸기는 해도 대부분의 경우 약탈적 가격정책을 입증하는데 필요한 원가 정보를 정확히 파악하는 것은 쉬운 일이 아니다. 저원가 전략 기업들은 치밀한 비용통제 능력, 효율적 운영과 보고 시스템, 적절한 관리 인센티브를 확보해야 한다. 또한 이들은 생산시스템과 인력 활용 현황을 철저히 파악하는 한편 디자인과 유통비용 절감에도 노력해야 한다. 생산성 개선을 위한 설비 투자를 지속하고, 이를 위한 투자재원을 싸게 조달하는 능력도 중요하다.

차별화 전략(differencing strategy)을 채택한 기업들은 자신이 품질, 제품타입, 배송방법 등에서 차별적인 제품과 서비스의 공급자 혹은 생산자가 되려고 노력한다. 이들이 성공하기 위해서는 가격프리이엄이 차별화의 원가보다 커야 하며, 차별화는 고객에게 매력적이고 시간이 지나도 지속성을 가져야 한다. 차별화 전략을 성공적으로 추진했던 기업 경영자들은 강력한 시장 리서치 조직을 구축해 제품개발과 마케팅 관련 소비자 니즈를 파악하고 충족하기 위해 노력했다. 이런 전략은 창의적이고 도전적인 인재 확보를 중요시한다.

6.1. 기업분석의 필수 요소

철저한 기업분석, 특히 리서치 보고서에 제시되는 기업분석에는 다음 사항들이 포함된다.

- 회사 개요: 기업 프로파일, 사업의 이해, 투자활동, 지배구조, 인지된 강점과 약점 등
- 산업의 특성
- 회사의 제품과 서비스에 대한 수요분석
- 비용분석을 포함한 제품과 서비스의 공급분석
- 회사의 가격결정 환경에 대한 이해
- 시계열적 분석과 경쟁사 비교를 포함한 재무비율 분석과 해석

기업분석에서는 종종 회사의 재무제표를 추정하게 되는데, 이는 분석의 목적이 현금흐름 할인을 통해 주식의 가치를 구하는 경우 반드시 필요한 작업이다.

[표 8]은 기업분석에 포함되어야 할 사항에 대한 체크리스트이다. 다만 이 리스트는 평가대상 기업에 맞게 조정할 필요가 있으며, 모든 것을 포괄하는 완벽한 리스트는 아님에 유의해야 한다.

[표 8] 기업분석 체크리스트

회사 프로파일

- 주요 제품과 서비스의 정체성, 사업지위, 연혁
- 매출의 구성

[표 8] (계속)

- 제품 수명주기 단계와 경험곡선 효과[16)]
- 연구개발 활동
- 자본투자 실적과 계획
- 이사회 구조, 구성, 선임 시스템, 적대적 인수 방어 장치, 기타의 지배구조 이슈
- 경영진의 장단점, 보상, 이직, 기업문화
- 복리후생과 은퇴 플랜 및 이들이 주주가치에 미치는 영향
- 노사관계
- 내부 지분율의 수준과 변동
- 소송 현황과 회사의 대책(전망)
- 회사의 강약점과 특이사항

산업특성

- 산업수명주기상의 단계
- 경기변동의 민감도와 경제적 특성
- 산업 내 전형적인 제품수명주기(기술 진부화에 따라 짧아지기도 하고 특허의 보호를 받는 제약업과 같이 길어질 수도 있음)
- 브랜드 충성도, 소비자의 교체비용, 경쟁강도
- 진입과 퇴출장벽
- 산업의 공급자 고려사항(공급자의 집중, 공급자 교체 또는 공급자 산업 진입 능력)
- 산업 내 경쟁기업의 수와 시장점유율이나 산업의 분할 · 집중 정도
- 제품 · 서비스의 차별화 기회와 상대적 가격 · 원가 · 품질우위와 열위
- 적용 기술
- 정부규제
- 노사관계의 현황과 역사
- 기타의 산업 이슈와 기회 등

제품 · 서비스 수요분석

- 수요의 원천
- 제품 차별화
- 과거 실적, 민감도, 사회적 · 인구통계적 · 경제적 등 여러 변수와의 상관관계
- 신제품과 사업 기회를 포함하는 단기 · 중기 · 장기 전망

제품 · 서비스 공급분석

- 원천(집중도 · 경쟁 · 대체재)
- 산업 공급능력 전망: 단기 · 중기 · 장기
- 회사의 공급능력과 비용 구조
- 수출입 관련 고려사항
- 소유권 등재 상품이나 상표권

16) 제품수명주기(product life cycle)는 제품의 매출 단계와 관련된다. 경험곡선효과(experience curve effects)는 누적 생산 증가에 따라 제품이나 서비스 단위 생산 비용이 감소하는 경향을 설명한다.

[표 8] (계속)

가격결정 분석

- 수요 · 공급 · 가격 사이의 과거 관계
- 원자재와 인건비의 중요성과 이들 비용의 전망과 확보 가능성
- 현재 및 미래 트렌드에 따른 판매가, 수요, 수익성에 대한 전망

재무비율과 지표

(역사적 자료와 추정 자료를 바탕으로 다년간 스프레드시트 활용)

Ⅰ. **활동성 비율**: 매출채권 수금과 재고자산 관리 등 영업활동의 효율성 측정
- 매출채권 회전일수(DSO)
- 재고자산 회전일수(DOH)
- 매입채무 회전일수(DPO)

Ⅱ. **유동성 비율**: 단기채무의 상환능력 측정
- 유동비율(current ratio)
- 당좌비율(quick ratio)
- 현금비율(cash ratio)
- 현금전환사이클(DOH + DSO − DPO)

Ⅲ. **지불능력 비율**: 부채의 상환능력 측정("순부채" = 이자부부채 − 현금과 현금등가물)
- 순부채 대 EBITDA(net debt to EBITDA)
- 순부채 대 자기자본(net debt to capital)
- 부채구성비율(debt to assets)
- 부채비율(debt to capital)
- 재무레버리지비율(평균 자산총계/평균 자본총계)
- 현금흐름 대 부채(cash flow to debt)
- 이자보상배율(interest coverage ratio)

Ⅳ. **수익성 비율**: 가치창출 원천인 자산으로 수익성 있는 매출의 창출능력 평가
- 매출총이익률(gross profit margin)
- 영업이익률(operating profit margin)
- 세전이익률(pretax profit margin)
- 순이익률(net profit margin)
- 투하자본이익률 또는 ROIC(세후순영업이익/평균투하자본)
- 총자산이익률 또는 ROA(당기순이익/평균 자산총계)
- 총자본이익률 또는 ROE(당기순이익/평균 자본총계)

Ⅴ. **재무적 통계치와 관련 고려사항**: 애널리스트가 이해해야 하는 회사의 재무 관련 수치와 현황
- 순매출 증가율
- 매출총이익 증가율
- EBITDA
- 당기순이익
- 영업활동 현금흐름

[표 8] (계속)

- EPS
- 주당 영업활동 현금흐름
- 유지보수와 자본지출 관련 영업활동 현금흐름
- 유보 현금흐름의 기대수익률
- 부채의 만기와 차환 또는 상환 능력

기업의 성과를 평가하기 위해서는 [표 8]에 제시된 핵심 지표를 시간 경과에 따라 그리고 기업(특히 피어그룹 회사들)간에 비교한다. 다음 수식은 ROE를 순이익률, 자산효율성, 재무레버리지로 분해·추적해 어떤 회사의 ROE가 다른 회사와 어떻게 왜 다른지 혹은 기간 별로 ROE 변동이 무슨 이유 때문인지 분석하는데 사용된다.

ROE = (순이익률: 순이익 / 순매출)
× (총자산회전율: 순매출 / 평균총자산)
× (재무레버리지: 평균총자산 / 평균자기자본)

한 회사의 재무제표를 시간경과에 따라 살펴보면 산업 환경과 경영전략의 승패가 회사의 성과에 어떤 영향을 미쳤는지 파악할 수 있는 중요한 시사점을 얻을 수 있다. 재무제표는 또한 미래의 다양한 변수들에 대한 애널리스트의 가정에 따른 회사의 영업성과를 추정하는 프레임워크가 된다. [표 8]에 열거된 재무비율은 다양한 기업과 산업에 적용될 수 있으며, 기타의 통계치와 비율도 종종 활용된다.

6.2. 스프레드시트 모델링

매출·영업이익·순이익·현금흐름의 분석과 예측을 위한 재무제표 스프레드시트 모델링은 기업분석에서 가장 널리 활용되는 기법 중 하나가 되었다. 비록 스프레드시트 모델이 과거 재무성과를 이해하는데 유용한 도구지만, 많은 경우 모형의 복잡성이 문제가 되곤 한다. 모델링을 위해서는 애널리스트가 재무제표의 다양한 항목을 예측하고 투입해야 하기 때문에 (가정에 의한 것이든 모형이나 수식에 의한 것이든) 오류의 위험이 존재한다. 이런 오류가 모이면 잘못된 예측치가 도출된다. 그럼에도 불구하고 순전히 모델이 복잡해 보인다는 이유만으로 예측이 정밀할 것으로 간주되는 경우가 있다. 이는 편견의 결과인 동시에 모델을 신뢰하는 일부 사람들의 잘못된 안도감이기도 하다. 이런 문제를 예방하기 위해서는 모형이 완성되기 전후에 모형의 "현실성"을 체크할 필요가 있다.

이런 현실성 체크는 첫째 과거로부터 손익계산서에 가장 중요한 변화를 끼친 변화와 요인들을 찾아보고, 둘째 기본 결과로부터 중요한 변화 또는 스윙 팩터(swing factor)의 영향을 계량화한다. 만일 애널리스트가 연도별 이익에 영향을 미칠 것으로 합리적으로 예상하는 요인들을 몇 가지로 정리할 수 없다면 엄청난 컴퓨터 모델링 노력에도 불구하고 그는 산출 결과를 진정으로 이해한다고 할 수 없다. 일반적으로 재무모형은 평가대상 회사의 재무보고나 공시와 같은 형식(포맷)에 맞추거나 이런 보고들로부터 도출된 형식을 택한다. 그렇지 않으면 회사의 재무성과 발표 시 자연적인 현실성 체크가 되지 않고, 애널리스트가 자신의 추정치와 실제 보고된 결과를 비교하기도 어려워진다.

7. 요약정리

여기서는 산업분석의 개요를 설명하고, 산업분석에 널리 사용되는 접근법들을 소개했다.

- 기업분석과 산업분석은 밀접하게 관련된다. 기업과 산업분석은 산업의 매출성장 원천과 경쟁자들의 시장점유율, 나아가 개별 기업의 미래 성장과 수익성에 대한 시사점을 제공한다.
- 산업분석은 (1) 회사의 사업과 경영환경의 이해, (2) 적극적인 주식 투자기회의 발굴, (3) 산업 또는 섹터 로테이션 투자전략의 구성, (4) 포트폴리오 성과분석에 유용하다.
- 기업을 분류하는 세 가지 주요 접근법은 (1) 공급하는 상품과 서비스, (2) 경기순환에 대한 민감도, (3) 통계적 유사성을 기준으로 나뉜다.
- 상업적 업종분류체계에는 Global Industry Classification Standard, Russell Global Sectors, Industry Classification Benchmark 등이 있다.
- 공적 업종분류체계에는 International Standard Industrial Classification of All Economic Activities, Statistical Classification of Economic Activities in the European Community, Australian and New Zealand Standard Industrial Classification, North American Industry Classification System 등이 있다.
- 일반적인 경우 분류체계에서 어떤 기업에 할당된 가장 하위의 분류 수준에 있는 회사들도 펀더멘털 비교나 가치평가 목적의 피어그룹으로 사용할 수 없다는 것이 현행 분류체계의 한계로 지적된다.
- 피어그룹(peer group)은 매우 밀접한 요인들에 의해 경영성과와 가치평가가 영향을 받는 유사한 비즈니스 활동에 종사하는 기업들의 그룹을 말한다.
- 피어그룹의 잠정 리스트 작성은 (1) 가용한 상업분류체계 검토(동일 산업 내 회사들을 파

악하는 출발점으로 활용), (2) 평가대상 회사의 애뉴얼 리포트에서 경쟁환경 검토(경우에 따라 경쟁자가 언급됨), (3) 잠재적인 비교대상 파악을 위해 경쟁자들의 애뉴얼 리포트 검토, (4) 추가적인 비교대상 파악을 위해 산업 관련 간행물 점검, (5) 대상회사와 유사한 비즈니스 활동에서 상당한 규모의 매출과 영업이익을 창출하고 있는 비교대상 혹은 피어 그룹 회사 확인 등의 절차를 거친다.

- 모든 산업이 공평한 것은 아니다. 일부 산업은 대부분의 회사들이 자본비용 이상의 이익을 얻기 위해 치열하게 경쟁해야 하는 반면 일부 산업은 산업 참여자의 대부분이 적절한 이익을 창출할 수 있는 매력적 특성을 가지고 있다.
- 경쟁환경의 차이는 산업의 구조적 특성에 따라 결정된다. 이런 이유로 산업분석과 기업분석은 중요한 보완관계가 된다. 애널리스트가 기업이 직면하고 있는 기회와 위협 요인을 충분히 이해하기 위해서는 기업이 운영되고 있는 맥락인 산업을 이해할 필요가 있기 때문이다.
- 포터의 5요인 경쟁모형은 전략분석을 위한 유용한 출발점이다. Porter는 산업의 수익성이 다섯 가지 힘(요인), 즉 (1) 규모의 경제, 브랜드 충성도, 원가우위, 고객의 교체비용, 정부규제 등에 따라 결정되는 신규 진입자의 위협, (2) 제품의 대체 가능성, 구매자와 공급자 그룹의 집중도, 교체비용과 진입비용 등의 함수인 공급자의 협상력, (3) 구매자의 교체비용과 자체 생산능력의 함수인 구매자의 협상력, (4) 대체재의 위협, (5) 산업 경쟁구조, 수요환경, 원가조건, 퇴출장벽의 높이 등의 함수인 기존 경쟁자들 사이의 경쟁강도에 의해 결정된다고 주장했다.
- 진입장벽은 신규 경쟁자들이 기존 플레이어를 위협할 수 있는 용이성을 말하며, 산업의 경쟁환경을 결정하는 중요한 요소이다. 만일 어떤 산업에 신규 경쟁자의 진입이 용이하면, 기존 플레이어들이 가격인하로 신규진입을 저지하려 하기 때문에 경쟁이 심해진다. 결과적으로 진입장벽이 낮은 산업은 가격결정력을 제한받는다. 반대로 기존 플레이어가 진입장벽의 보호를 받으면, 이들은 신규 진입자를 저지하기 위한 가격을 내릴 필요가 없기 때문에 고객에 대한 가격결정력이 높아 우호적인 경쟁환경의 혜택을 볼 수 있다.
- 산업집중도가 높다는 것은 (항상 그런건 아니지만) 이 산업이 가격결정력 갖고 합리적 경쟁을 하고 있다는 신호가 된다. 반면 산업이 분할되어 있다는 것은 경쟁이 치열하고 가격결정력이 제한적이라는 강한 신호이다.
- 산업의 공급능력이 가격에 미치는 영향은 분명하다. 공급능력이 빠듯하면 제품이나 서비스의 수요가 공급을 초과하기 때문에 플레이어들이 가격결정력을 가진다. 반면 공급과잉은 가격 하락과 극심한 경쟁환경을 유발한다. 애널리스트는 현재뿐 아니라 미래의 수급상황도 고려해야 한다. 즉, 수급 균형에 걸리는 시간과 이런 과정이 산업의 가격결정력과

수익에 어떤 영향을 미치는지 분석해야 한다.

- 시간 경과에 따라 산업의 시장점유율이 안정적인지 여부를 살펴보는 것은 진입장벽과 신규 플레이어의 시장 진입 빈도를 생각해보는 것과 유사하다. 시장점유율이 안정적이라는 것은 경쟁이 덜 심한 산업이라는 것을 나타내는 반면 시장점유율이 불안정하다는 것은 가격결정력이 제한적이며 경쟁이 치열한 산업이라는 것을 나타낸다.
- 산업수명주기상 위치는 산업의 경쟁 다이나믹스에 중대한 영향을 끼치며, 산업의 전략분석을 실행할 때 이러한 위치를 고려하는 것은 중요하다. 개별 기업과 같이 산업도 시간에 따라 진화를 하며, 통상의 경우에는 그 과정에서 성장률과 수익성에 상당한 변화를 겪는다. 개별 기업에 대한 투자가 신중한 검토를 요구하듯 산업분석은 발생할 수 있는 변화를 파악하기 위해 시간 경과에 따른 반복적인 검토를 필요로 하는 연속적인 프로세스이다.
- 산업의 진화를 분석하는 유용한 프레임워크가 산업수명주기모형이다. 이 모형은 산업이 전형적으로 거치는 순차적인 단계(성장경로)를 파악한다. Hill and Jones 모형에 따르면 산업수명주기는 태동기 · 성장기 · 진정기 · 성숙기 · 쇠퇴기의 다섯 단계로 구분된다.
- 가격경쟁과 “고객 입장에서 생각하기”는 산업분석에서 간과해서는 안 되는 중요한 요소들이다. 어떤 요인들이 고객의 구매결정에 가장 큰 영향을 미치는지는 산업 내 경쟁자들 사이에서 중요 관심이다. 일반적으로 가격이 고객의 구매결정에 중요한 속성인 산업은 고객이 다른 속성에 보다 많은 가치를 두는 산업에 비해 경쟁이 심할 가능성이 높다.
- 산업의 성장 · 수익성 · 위험에 영향을 미치는 외부요인에는 기술적, 인구통계적, 규제적, 사회적 요인이 있다.
- 기업분석은 애널리스트가 평가대상 회사의 외부환경을 이해한 후 회사가 이러한 외부환경에 따른 위협과 기회에 어떻게 반응하는지 답한다. 이와 관련된 의도된 반응이 개별 기업의 경쟁전략이다. 애널리스트는 전략이 본질적으로 공격적인지 아니면 방어적인지 판단하고, 회사가 이를 어떻게 실행하려 하는지 평가한다.
- Porter는 두 가지 주요 경쟁전략을 제안했다. 첫째, 저원가 전략(원가 리더십 전략)을 채택한 기업은 경쟁자보다 낮은 가격에 제품과 서비스를 공급하는 저원가 공급자가 되어 시장점유율을 확보하고자 한다. 둘째, 제품 · 서비스의 차별화 전략을 채택하는 기업은 품질 · 제품타입 · 배송망 등에서 독특한 상품과 서비스의 공급자 또는 생산자로 자신을 확고히 정의하려 한다. 이런 기업이 성공하기 위해서는 가격프리미엄이 차별화를 위한 원가 이상이어야 하며, 차별화는 고객에게 매력적이고 시간이 지나도 지속 가능해야 한다.
- 기업분석 체크리스트는 기업 개요, 산업특성, 제품 · 서비스의 수요와 공급, 가격결정, 재

무비율 등을 포함한다.

- 기업분석에서 매출 · 영업이익 · 순이익 · 현금흐름 등을 분석하고 예측하는데 스프레드시트 모델링은 가장 널리 사용되는 기법 중 하나이다. 스프레드시트 모델링은 스윙 팩터의 변동이 재무제표에 어떤 효과가 있는지 계량화하는데 사용된다. 애널리스트는 모형의 산출결과가 사용된 가정에 큰 영향을 받는다는 것을 인식하고 있어야 한다.

참고문헌

Cavaglia, Stefano, Jeffrey Diermeier, Vadim Moroz, and Sonia De Zordo. 2004. "Investing in Global Equities." *Journal of Portfolio Management*, vol. 30, no. 3: 88–94.

Hill, Charles, and Gareth Jones. 2008. "External Analysis: The Identification of Opportunities and Threats." *Strategic Management: An Integrated Approach*. Boston, MA: Houghton Mifflin Co.

McGahan, Anita M., and Michael E. Porter. 1997. "How Much Does Industry Matter, Really?" *Strategic Management Journal*, vol. 18, no. No. S1: 15–30.

Porter, Michael E. 2008. "The Five Competitive Forces That Shape Strategy." *Harvard Business Review*, vol. 86, no. 1: 78–93.

연습문제

1. 다음 중 산업분석과 관련성이 가장 적은 전략은 무엇인가?
   A. 섹터 로테이션 투자전략
   B. 탑다운(하향식) 펀더멘털 투자전략
   C. 전술적 자산배분 전략

2. 섹터 로테이션 투자전략은 어떤 방식으로 특정 섹터에 투자하는가?
   A. 정기적인 투자
   B. 로테이션 기준에 따라 사전에 선택된 섹터 그룹에 투자
   C. 경기순환 상황을 활용하는 타이밍 투자

3. 회사에 관한 정보 중 산업분석에 가장 많이 의존하게 되는 것은?
   A. 배당정책
   B. 경쟁환경
   C. 기업 비용 트렌드

4. 다음 중 3단계 분류체계를 가진 업종분류체계는 무엇인가?
   A. Russell Global Sectors
   B. Industry Classification Benchmark
   C. Global Industry Classification Standard

5. 개인 위생용품 업체는 어느 섹터로 분류될 수 있는가?
   A. 헬스케어
   B. 필수소비재
   C. 자유소비재

6. 상업 및 공적 업종분류체계에 관한 다음 진술 중 가장 정확한 것은?
   A. 많은 상업적 분류체계가 비상장 영리기업을 포함하고 있다.
   B. 두 분류체계는 모두 비영리기업을 제외한다.
   C. 상업적 분류체계가 공적 분류체계보다 일반적으로 더 자주 갱신된다.

7. 다음 중 기업을 순환 · 비순환 성격으로 분류하는 접근법의 한계점이 아닌 것은 무엇인가?
   A. 경기순환기업도 자체적인 성장 요소를 가지고 있다.
   B. 경기변동에 대한 민감도는 연속적 스펙트럼이라기보다 이산적 스펙트럼을 갖는다.

C. 글로벌 기업은 세계 일부에서 경기후퇴를 경험하는 동안 또 다른 일부에서 경기확장을 경험할 수 있다.

8. 경기변동에 민감한 기업에 대한 설명 중 맞는 것은?
   A. 성장기회를 갖지 못한다.
   B. 평균 이하의 수요 변동이 기대된다.
   C. 필요시 고객이 구매를 미룰 수 있는 제품을 판매한다.

9. 다음 중 경기변동 분석을 글로벌 산업분석에 적용하는데 있어 한계점으로 지적할 수 있는 것은?
   A. 일부 기업들은 경기변동에 상대적으로 둔감하다.
   B. 주식시장들 사이에 증권수익률의 상관관계는 상대적으로 낮다.
   C. 세계의 일부 지역이나 국가에서 경기가 확장되는 동안 또 다른 지역에서는 경기후퇴를 경험할 수 있다.

10. 피어그룹에 관한 진술 중 가장 정확한 것은?
   A. 특정 기업에 대한 피어그룹 구성은 표준화된 절차를 따른다.
   B. 상업적 업종분류체계는 피어그룹 작성에 출발점이 될 수 있다.
   C. 피어그룹은 일반적으로 상업적 업종분류체계상의 가장 좁은 카테고리의 모든 기업들로 구성된다.

11. 피어그룹 구성과 관련하여 진술 중 정확하지 않은 것은?
   A. 피어그룹 선택에서 경쟁자에 대한 회사 경영진의 코멘트는 일반적으로 고려하지 않는다.
   B. 평가대상 회사와 유사한 비즈니스에서 창출되는 매출과 영업이익의 비중이 높을수록 비교의 실익이 커진다.
   C. 기업들의 비즈니스 사이클이 다른 단계를 있다면 잠재적인 피어그룹 회사와 평가대상 회사의 성과지표를 비교하는 것은 제한적 가치만을 가질 수밖에 없다.

12. 피어그룹 구성 회사를 선택할 때 3개의 사업부문을 운영하는 회사는 어떻게 처리하는 것이 타당한가?
   A. 오직 하나의 피어그룹에 속하게 한다.
   B. 하나 이상의 피어그룹에 속하게 할 수 있다.
   C. 어떤 피어그룹에도 속하게 해서는 안 된다.

13. 진입장벽과 퇴출장벽이 모두 가장 높은 산업은?
   A. 외식업
   B. 광고업
   C. 자동차 산업

14. 다음 중 안정적인 시장점유율과 관련성이 가장 높은 요인은?
   A. 낮은 교체비용
   B. 낮은 진입장벽
   C. 느린 제품혁신 속도

15. 다음 회사들 중 자신의 공급능력을 가장 빨리 극대화할 수 있는 회사는?
   A. 외식업체
   B. 철강회사
   C. 법률 서비스업체

16. 급속한 고령화는 안경과 콘택트렌즈를 생산하는 산업의 성장률에 어떤 영향을 미치는가?
   A. 감소
   B. 증가
   C. 변화 없음

17. 만일 장기간에 걸쳐 어떤 나라의 평균 교육 성취도가 증가한다면, 이런 변화는 자유소비재 지출액에 어떤 영향을 미칠 것인가?
   A. 감소
   B. 증가
   C. 변화 없음

18. 어떤 산업의 기술 발전을 위해서는 대규모 고정자산 투자가 필요하다면, 이익을 극대화할 수 있는 방법에는 어떤 것이 있는가?
   A. 규모의 경제
   B. 규모의 불경제
   C. 상품과 서비스를 차별화시키는 특성 제거

19. 다음 수명주기단계 중 높은 가격으로 정의되는 단계는?
   A. 성숙기
   B. 성장기
   C. 태동기

20. 다음 수명주기단계 중 가격전쟁의 가능성이 가장 낮은 단계는?
   A. 성숙기
   B. 쇠퇴기
   C. 성장기

21. 곡선 형태로 산업의 수명주기모형을 설명하는 그래프에서 각 축의 변수는 무엇인가?
   A. 가격과 시간
   B. 수요와 시간
   C. 수요와 수명주기의 단계

22. 다음 중 집중된 산업의 특성은?
   A. 암묵적 협력이 잘 나타나지 않음
   B. 산업 내 다른 참여자를 모니터링하기 어려움
   C. 산업 내 참여자들은 가격전쟁을 피하려함

23. 다음 산업의 특성 중 일반적으로 높은 자본이익률을 창출하는데 도움이 되지 않는 것은?
   A. 높은 진입장벽
   B. 높은 집중도
   C. 신규 설비 증설에 짧은 리드타임

24. 높은 진입장벽과 낮은 가격결정력을 가진 산업의 특성으로 예상되는 것은?
   A. 높은 퇴출장벽
   B. 안정적 시장점유율
   C. 다수의 특허

25. 산업이 어느 정도의 수익을 얻을 때 산업의 주주들에게 경제적 가치(economic value)가 창출되는가?
   A. 자본비용 이하
   B. 자본비용 수준
   C. 자본비용 이상

26. 다음 산업 중 강력한 가격결정력을 가진 집중된 산업으로 정의될 수 있는 산업은?
   A. 자산관리
   B. 알코올성 음료
   C. 가정 및 개인용품

27. 다음 산업 중 진입장벽이 가장 낮은 산업으로 분류될 수 있는 산업은?
   A. 석유 서비스
   B. 당제품과 캔디
   C. 브랜드 의약품

28. 경쟁전략과 관련하여 성공적인 원가우위 전략을 지닌 기업의 특성은?
   A. 낮은 자본비용
   B. 줄어든 시장점유율
   C. 경쟁자보다 높은 가격에 제품을 제안할 수 있는 능력

29. 기업분석을 실행할 때 제품수요에 대한 분석에서 가장 고려하지 않아도 될 것은?
   A. 회사의 원가구조
   B. 고객기반의 동기
   C. 제품의 차별적 특성

30. 기업분석에 관한 다음 진술 중 가장 정확한 것은?
   A. 스프레드시트 모델링은 재무제표의 정확한 추정을 보장한다.
   B. 재무비율의 해석은 경쟁사와의 비교가 아닌 시간에 따른 회사 자신의 성과지표 변화에 집중해야 한다.
   C. 회사 프로파일에는 회사 비즈니스의 개요, 투자활동, 지배구조, 장단점 등에 대한 설명이 포함된다.

CHAPTER 4

산업 및 기업분석의 적용

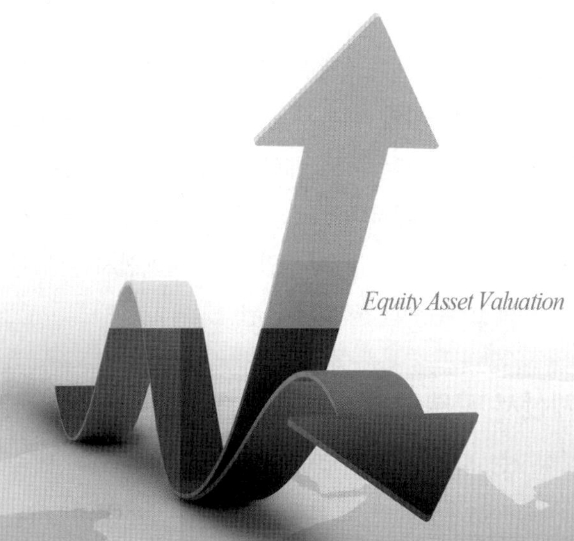

1. 서 론

이 장에서는 애널리스트가 회사의 미래 재무성과 예측에 산업정보와 기업 공시를 어떻게 활용하는지를 중심으로 산업과 기업분석의 좀 더 기술적인 적용 부분에 대해 알아보기로 한다.

재무추정은 현금흐름할인에 바탕을 둔 주식의 내재가치 평가나 시장배수(시장멀티플)의 기초가 된다. 효과적인 재무추정 모형이 되기 위해서는 회사의 사업, 경영진, 경영전략, 외부환경, 역사적 성과 등에 대한 총체적인 이해가 바탕이 되어야 한다. 따라서 애널리스트는 회사와 소속 산업, 핵심 제품, 전략적 지위, 경영진, 경쟁자, 공급자, 고객 등 회사를 둘러싼 경영환경에 대한 검토로부터 분석을 시작하게 된다. 이런 정보를 분석할 때 애널리스트는 매출과 원가의 핵심 동인(driver)을 파악하고 경제활동과 기술발전 트렌드의 영향을 평가해야 한다. 사업의 펀더멘털 동인에 대한 이해와 미래에 대한 전망과 평가는 추정모형의 투입값 도출에 기초를 제공한다.

이 장은 추정모형 개발의 개요로부터 시작한다. 2절에서는 손익계산서, 대차대조표, 현금흐름표 등 재무제표 각 항목의 추정을 위한 일반 접근법을 소개한다. 이후에는 특정 주제들에 대해 살펴보기로 한다. 3~7절은 각각 경쟁요인, 인플레이션과 디플레이션, 기술개발이 가격과 원가에 미치는 영향을 설명하고 장기 추정에 대해 살펴본다. 마지막 8절에서는 결론과 전체 내용을 요약한다.

2. 재무 모델링의 개요

대부분의 회사에서 재무 모델링은 손익계산서에서 시작한다. 미래에 창출될 것으로 예상되는 현금흐름이 기업가치의 대부분을 차지하며, 이러한 현금흐름이 주로 당기순이익에 의해 결정되기 때문에 손익계산서는 재무 모델링의 논리적인 출발점이 된다. 다만 예외적으로 은행이나 보험회사 등은 대차대조표상 현재의 자산과 부채가 예측된 미래 수익보다 회사의 전체 가치를 더 잘 설명하는 경우도 있다. 손익계산서는 또한 회사의 대차대조표와 함께 현금흐름표 모델링에도 유용한 출발점이 된다.

2.1. 손익계산서 모델링: 매출

대부분의 회사는 다양한 원천으로부터 매출을 얻는다. 매출을 분석할 때 회사 재무제표의 사업부문 공시는 종종 유용한 정보를 제공한다. International Financial Reporting Standards

(IFRS)와 US Generally Accepted Accounting Principles(US GAAP)는 사업부문의 구분 기준, 사업부문의 매출 · 원가 · 자산 · 부채, 지역별 매출 분석, 연결재무제표와 사업부문 계정 간 대사 등을 포함한 사업부문 정보의 공시를 요구한다. 회계기준에 따르면 연결 기준으로 사업부문의 매출, 영업이익 또는 자산이 회사 전체의 10% 이상인 사업부문의 별도 재무정보를 제공해야 한다. 회사가 제출한 연간 및 중간 사업보고서 이외에도 회사에 관한 중요 정보는 공시사항, 경영진 프레젠테이션, 컨퍼런스 콜 등의 공개 자료와 제3의 정보제공 서비스에서도 확인할 수 있다.

매출 정보는 지역별, 사업부문별, 제품라인별로 분석된다. 매출의 지역별 분석은 회사 매출을 여러 지역별 버킷(bucket)으로 할당해 살펴본다. 이런 버킷은 개별 국가와 같이 다소 좁게 정의되기도 하고 세계 지역과 같이 넓게 정의되기도 한다. 지역별 분석은 지역별로 상이한 성장률과 경쟁의 다이나믹스를 가진 여러 나라에서 운영되고 있는 다국적 기업에서 특히 유용하게 활용된다. 예를 들어 어떤 회사는 세계의 한 지역에서 상대적으로 느리게 성장하지만, 다른 지역에서 고성장을 경험할 수 있기 때문이다. 세계를 각 지역별로 살펴보는 것은 애널리스트가 회사 전체의 성장에 대한 이해를 넓히는데 도움이 된다.

사업부문별 분석을 통해 애널리스트는 회사 매출을 사업별로 구분해 볼 수 있다. 많은 기업들은 이코노믹스가 상당히 다른 하나 이상의 산업과 시장에서 사업을 한다. 비록 회사가 사업부분별 정보를 제공하기는 하지만, 이때 애널리스트는 회사가 제시한 사업부문의 분류가 적절하고 중요한지에 대해 독립적 판단을 해야 한다. 경우에 따라 애널리스트는 주요 사항을 보다 잘 설명할 수 있도록 보고된 정보를 재편성하기도 한다.

마지막으로 제품라인별 분석은 가장 자세한 수준의 정보를 제공한다. 제품라인별 분석은 회사의 제품을 차별적으로 취급할 수 있는 몇 가지로 나눌 수 있고, 이들 제품의 실적을 합산하면 회사 실적의 대부분을 설명할 수 있는 회사에 가장 적합하다.

[표 1]은 이 장의 52개 표 중 첫 번째로 소개한 매출분석 사례이다. 앞으로 제시하는 표에서는 기본적으로 반올림 값을 사용하기 때문에, 본문과 표의 수치를 바탕으로 계산된 결과에는 라운딩 에러에 따른 작은 차이가 있을 수 있다.

EXAMPLE 1 매출분석 (1)

Novo Nordisk는 덴마크 소재 당뇨병 치료제 전문 바이오 제약회사이다. 이 회사는 지역별, 사업부문별, 제품라인별 세부 매출 정보를 공시하고 있다. 표시된 모든 수치의 단위는 €백만이다.

2011년 사업보고서에 나타난 Novo Nordisk의 지난 3년간 지역별 매출은 다음과 같다.

[표 1] Novo Nordisk의 지역별 매출 현황(€백만)

	2009	2010	2011
North America	€2,454	€3,170	€3,569
Europe	2,356	2,506	2,573
International	917	1,119	1,257
Japan and Korea	657	760	835
Region China	476	606	671
Total Sales	€6,860	€8,161	€8,905

이 회사는 Diabetes Care(당뇨병)과 Biopharmaceuticals(바이오 의약품)로 구분된 사업부문별 매출 정보도 공개하고 있다. 또한 각 사업부문의 제품라인별 정보도 제공하고 있다.

[표 2] Novo Nordisk의 사업부문별 매출 현황(€백만)

	2009	2010	2011
Modern insulins	€2,883	€3,572	€3,861
Human insulins	1,520	1,588	1,448
Victoza	12	311	804
Other diabetes products	621	666	656
Total diabetes care	5,036	6,137	6,769
Novoseven	950	1,078	1,120
Norditropin	591	645	677
Other biopharmaceuticals	283	301	339
Total biopharmaceuticals	1,824	2,024	2,136
Total Sales	€6,860	€8,161	€8,905

이상에서 제시된 정보를 바탕으로 다음 질문에 답하라.

1. 2011년 Novo Nordisk의 각 지역별 매출 비중은 얼마인가?
2. 모던인슐린은 휴먼인슐린에 비해 혈당 수치를 빠르고 오랫동안 낮게 유지해주는 장점이 있다. Novo Nordisk의 휴먼인슐린과 모던인슐린의 매출성장률을 비교하라.
3. Diabetes Care부문과 Biopharmaceuticals부문 중 Novo Nordisk의 매출 증가에 더 큰 기여를 하는 사업부문은 어디인가?
4. 회사 경영진은 2009년부터 중국 매출을 별도 표시하기 시작했다. 이전에는 중국 지역은 "international(기타 해외)"에 포함되어 있었다. 지난 2년간 기타 해외 지역 매출은 37% 성장한데 반해 중국 매출은 41% 성장했다. 경영진이 중국에 대해 별도의 정보를 제공하기로 한 이유를 두 가지만 제시하라.

Solution 1

North America: (3,569/8,905) = 0.401 또는 40.1%
Europe: (2,573/8,905) = 0.289 또는 28.9%
International: (1,257/8,905) = 0.141 또는 14.1%
Japan and Korea: (835/8,905) = 0.094 또는 9.4%
Region China: (671/8,905) = 0.075 또는 7.5%

Solution 2

연도별 증가율이 둔화되었지만 2009년과 2011년 사이 Novo Nordisk의 모던인슐린 매출은 3,861/2,883 − 1 = 0.339 또는 33.9% 증가했다. 복리 연평균 성장률로는 $(3,861/2,883)^{1/2} - 1 = 0.157$ 또는 15.7%이다.
반면 휴먼인슐린의 매출은 다소 감소했다. 이는 질문에서 언급된 바와 같이 모던인슐린의 장점 때문으로 풀이된다.

Solution 3

지난 2년간 Novo Nordisk의 매출 총액은 €6,860백만에서 €8,905백만으로 €2,045백만 증가했다. 같은 기간 Diabetes Care부문 매출은 €1,733백만, Biopharmaceuticals부문 매출은 €312백만 증가했다. 따라서 Diabetes Care부문이 2009년과 2011년 Nordisk의 매출 성장에 약 85%(= 1,733/2,045)를 기여했다.

Solution 4

경영진이 공시를 강화한 이유로는 (1) 중국이 상대적으로 빠르게 성장하는 시장이기 때문에 투자자들에게 이를 별도로 보여주는 것이 회사에 유리하다고 판단했거나, (2) 중국이 투자자들에게 관심 지역이어서 세부 사항을 공개하는 것이 투자자들이 회사의 사업을 이해하는데 도움이 될 것으로 판단했을 수 있다. 다만 International 지역도 중국만큼 빠르게 성장하고 있기 때문에 두 번째 설명이 더 타당해 보인다.

애널리스트가 회사 매출의 주요 현황을 파악했다면, 이제 미래 매출 예측에 어떤 접근법을 사용할지 결정해야 한다. **하향식 접근법(top-down approach)**은 전반적 경제 상황에서 추정을 시작한다. 이 접근법은 섹터, 산업, 특정 제품에 대한 시장, 그리고 최종적으로 개별 회사의 매출을 추정하는 방식을 사용하며, 아래 단계로 내려오며 추정치가 좁혀진다. 반면 **상향식 접근법(bottom-up approach)**은 개별 회사나 개별 제품라인, 장소, 사업부문과 같이 회사 내의 사업단위로부터 추정을 시작한다. 이렇게 구한 개별 회사의 매출 추정치를 합산해가면 제품시장, 산업, 경제 전반에 대한 매출 추정치를 얻게 된다. **하이브리드 접근법**

(hybrid approach)은 상향식과 하향식 분석을 절충한 접근법으로, 하나의 접근법을 사용할 때의 암묵적 가정이나 오류를 발견하는데 유용할 수 있다.

2.1.1. 하향식 접근법을 이용한 매출 추정

매출 추정을 위한 하향식 접근법에는 (1) GDP성장률 대비 회사의 상대성장률이나 (2) 시장성장률과 회사의 시장점유율을 사용하는 두 가지 접근법이 일반적으로 사용된다.

상대성장률 접근법에서는 먼저 명목GDP성장률을 추정하게 된다. 그리고 명목GDP성장률과 비교해 평가대상 회사의 매출성장률을 검토한다. 애널리스트는 판매량 추정에 GDP성장률을, 가격 추정에는 물가상승률 전망치를 사용하기도 한다. 산업수명주기상의 위치(태동기 · 성장기 · 진정기 · 성숙기 · 쇠퇴기)나 경기순환의 민감도를 감안해 매출성장률을 조정하기도 한다. 예를 들어 건강에 대한 인식이 증가함에 따라 헬스케어 회사의 매출을 명목GDP성장률보다 200 bps(베이시스 포인트) 높게 예측하는 식이다. 추정치는 상대적 단위로 표현되기도 한다. 즉, GDP성장률이 4%일 때 이 회사의 매출성장률은 그 보다 15% 더 높을 수 있다는 식이다. 이때 이 회사의 매출성장률은 4%(1 + 15%) = 4.6% 또는 GDP보다 60 bps 높다고 절대적 단위로 표현할 수 있다.

시장점유율 접근법에서는 평가대상 회사가 속한 시장의 성장률을 먼저 예측한다. 그리고 난 후 회사의 현재와 미래의 시장점유율 변화를 고려하게 된다. 예를 들면 어떤 회사가 8%의 시장점유율을 확보하고 있고 시장이 €18.75십억에서 €20.0십억으로 성장한다면, 이 회사의 매출은 8% × €18.75십억 = €1.5십억에서 8% × €20십억 = €1.6십억으로 증가할 것으로 예상하는 식이다. 만일 제품시장 매출이 GDP와 설명 가능한 관련성을 가진다면 회귀분석은 이러한 관계를 추정하는데 유용하게 활용될 수 있다.

2.1.2. 상향식 접근법을 이용한 매출 추정

상향식 접근법으로 매출을 추정하는 대표적인 방법은 다음과 같다.

- **시계열 추정**. 역사적 성장률이나 시계열분석을 이용한 추정
- **자본이익률 추정**. 대차대조표에 근거한 추정. 예를 들어 은행의 이자수익은 대출 잔액에 평균 대출이자를 적용해 추정함
- **수용력기반 추정**. (소매업의 경우라면) 기존 매장 매출성장률과 신규 매장의 매출에 기초하여 추정[1)]

1) 기존 매장 매출성장률은 최소 12개월 이상 영업한 매장의 매출성장률을 말한다.

이 중 시계열 추정이 가장 간단하다. 가령 애널리스트는 역사적 자료에서 추세선을 도출하고 이를 기초로 향후 기간의 매출을 예측한다. 이 경우 미래에도 과거 매출성장률이 유지될 것으로 예상하는 것이지만, 일정 기간 이후에는 성장률이 하락 혹은 상승한다고 가정할 수도 있다. 시계열분석은 GDP성장률 대비 상대성장률 접근과 같은 하향식 접근법에서도 유용한 분석도구가 될 수 있다.

2.1.3. 하이브리드 접근법을 이용한 매출 추정

상·하향식 접근법의 요소를 결합한 하이브리드 접근법은 실무에서 가장 널리 사용되는 접근법이다. 예를 들면 시장성장률과 시장점유율로부터 개별 제품라인이나 사업부문의 매출을 예측한 후 이들을 합산하여 회사 전체의 매출을 예측하는 방식이다. 이는 각 세그먼트 매출 추정치의 합이 모든 세그먼트의 시장규모에 각 시장점유율을 곱한 것과 같기 때문이다.

애널리스트는 판매량과 판매가격을 각각 추정하기도 한다. 즉, 예상 판매량(혹은 고객수)과 평균 판가(혹은 객단가)를 추정해보는 것이다. 결국 이런 요소들을 어떻게 추정하느냐에 따라 이제까지 살펴본 접근법 중 하나가 결정된다.

EXAMPLE 2 매출분석 (2)

Novo Nordisk에 관한 (EXAMPLE 1)의 자료를 이용하여 다음 질문에 답하라.

1. Xiaoping Wu는 중국 지역 투자자를 위한 유럽계 제약 담당 애널리스트이다. Wu는 실질 GDP성장률 2%, 물가상승률 3%를 기초로 글로벌 GDP가 장기적으로 연간 5% 성장할 것으로 예측한다. 식단의 불균형과 활동이 적은 생활스타일이 일반화되며 세계적으로 당뇨병 발병률이 증가하고 있다. 그 결과 Wu는 글로벌 당뇨병 치료제 매출이 명목GDP성장률보다 100 bps 더 빨리 성장할 것으로 예상한다. 또한 Wu는 Novo Nordisk의 Diabetes Care부문 매출성장률이 2011년 이후부터 4년간 매년 일정하게 감소하여, 글로벌 시장의 장기 성장률 전망치 수준에 수렴할 것으로 예상한다.
   A. Wu는 Novo Nordisk의 매출 추정에 어떤 접근법을 사용하고 있는가?
   B. 매출성장률에 관한 Wu의 예측에 근거한 2013년 Diabetes Care부문의 매출성장률 추정치는 얼마인가?
2. Helga Hansen은 바이 사이드 애널리스트이다. 2011년 초 Hansen은 GLP-1 유사체라고 불리는 당뇨병 신약 중에서 최근 출시된 화합물 신약 Victoza에 대해 살펴보고 있다. 2011년 현재 미국 제약사 Amylin Pharmaceuticals와 Eli Lilly가 공동으로 마케팅 중인 당뇨병 치료제 Byetta는 Victoza의 유일한 경쟁 제품이다. Victoza는 Beytta에 비해 몇 가지 장점을 가지고 있는데, 그중에서도 하루 두번이 아닌 한번만 주사하면 되는 큰 장점이 있다.

Eli Lilly는 Byetta의 글로벌 달러 매출을 보고하고 있다. Hensen은 이 수치를 연평균 USD/EUR 환율로 환산하여 다음과 같이 Victoza와 Byetta의 유로화(백만) 매출을 비교했다.

	2008	2009	2010
Byetta	513	573	536
Victoza	0	12	311

A. 2010년 GLP-1 유사체 전체 매출성장률은 얼마인가?

B. 2010년 GLP-1 유사체 매출 성장의 몇 퍼센트가 Victoza에 의한 것인가?

C. Hansen은 2011년 GLP-1 유사체의 글로벌 성장률이 28%로 하락할 것으로 예상한다. 또한 그녀는 Victoza의 시장점유율이 25% 포인트 증가할 것으로 예측하고 있다. 2011년 Hansen의 Victoza 매출 추정치는 얼마인가? 그녀의 추정치는 실제 실적에 가까운가?

D. Novo Nordisk의 매출 추정을 위한 Hansen의 접근법은 어떤 접근법으로 분류될 수 있는가?

Solution 1A

Wu의 장기 매출 추정은 하향식 접근법 중 명목GDP를 기초로 한 상대성장률 접근법을 사용하고 있다. 다만 그의 성장률 추정치는 Novo Nordisk의 Diabetes Care부문에 한정되었기 때문에 하이브리드 접근법이라고 보는 것이 타당하다. Wu의 향후 4년간 추정치는 Diabetes Care부문의 매출 실적에도 근거하고 있는데, 이는 상향식 접근법을 의미한다. 따라서 Wu는 하이브리드 접근법을 채택하고 있다.

Solution 1B

(EXAMPLE 1)에서 Novo Nordisk의 Diabetes Care부문 매출은 2011년 약 10%(= 6,769 /6,137 − 1 = 0.103) 성장했다. Wu는 당뇨병 치료제 시장성장률을 6%(= GDP성장률 5% + 100 bps)로 예상한다. 2011년 사업부문 성장률과 시장성장률 차이는 4%(= 10% − 6%)이기 때문에, 향후 4년간 매출성장률이 매년 100 bps씩 감소할 것으로 Wu는 예상한다. 따라서 연도별 성장률 전망치는 2012년 9%, 2013년 8%, 2014년 7%, 2015년과 그 이후에는 6%가 된다. 따라서 2013년 Diabetes Care부문의 성장률 전망치는 8%이다.

Solution 2A

GLP-1 유사체 전체 매출액은 2009년 €585백만(= 573 + 12)에서 2010년 €847백만(= 536 + 311)으로 증가했다. 시장성장률은 약 45%(= 847/585 − 1 = 0.448)이다.

Solution 2B

GLP-1 유사체의 전체 시장매출액은 €262(= 847 − 585) 증가한 반면 Victoza의 매출은 €299(= 311 − 12) 증가했다. 따라서 Victoza는 GLP-1 유사체 시장 매출 성장의 약 114%(= 299/262 − 1 = 1.14)를 기여했다. Victoza가 전체 시장 성장의 100% 이상을 기여한 것은 경쟁제품인 Byetta의 매출이 감소했기 때문이다.

Solution 2C

2010년 매출 €847백만과 예상성장률 28%를 바탕으로 한 Hansen의 2011년 전체 GLP-1 유사체 시장 규모 추정치는 €1,084백만(= 847 × 1.28)이다. 2010년 Victoza의 시장점유율은 약 37%였는데 Hansen이 25% 포인트 상승을 예상했다면 2011년 Victoza의 시장점유율은 62%로 예상된다. 따라서 Hansen이 추정한 2011년 Victoza의 예상 매출은 약 €672백만(= 1,084 × 0.62)이 된다. 2011년 Victoza의 실제 매출은 €804백만이기 때문에 Hansen의 추정치는 €132백만(= 804 − 672) 작게 추정되었다.

Solution 2D

Hansen은 시장성장률과 시장점유율 추정치에 근거한 하향식 접근법을 사용한다. 하지만 이 분석을 개별 제품라인에 적용했다는 점에서 상향식 접근법이기도 하다. 따라서 Hansen 역시 하이브리드 접근법을 사용하고 있다.

2.2. 손익계산서 모델링: 영업비용

원가 내역은 매출 내역에 비해 자세하게 공개되는 않는 것이 일반적이다. 만일 가용한 원가 정보가 있다면, 애널리스트는 원가분석을 매출분석과 연계할 수 있다. 즉 지역, 사업부분, 제품라인별로 원가를 매출과 함께 모형화해 추정할 수 있다. 하지만 애널리스트는 매출분석 수준보다 개략적이고 총액 수준에서 비용을 고려하도록 요구받을 가능성이 높다. 애널리스트는 비용 가정을 도출할 때 자신의 매출분석을 고려해야 한다. 예를 들어 애널리스트가 저마진 제품의 매출이 고마진 제품보다 빠르게 성장할 것으로 예상하면, 개별 제품에 대한 정확한 마진은 알 수 없더라도 전체 마진이 축소될 것으로 예상해야 한다.

원가분석에도 하향식, 상향식, 하이브리드 접근이 가능하다. 하향식 접근법에서는 개별 회사에 대한 원가 가정을 수립하기 전에 인플레이션이나 특정 산업에 수반되는 원가 요소를 고려한다. 반면 상향식 접근법은 사업부문 마진(수익성), 역사적 원가상승률과 마진 수준 또는 특정 제품의 운송비용 등을 고려해 회사 수준에서 분석을 시작한다. 하이브리드 접근법에서는 하향식과 상향식 접근법을 접목한다.

원가를 추정할 때 애널리스트는 고정비(fixed costs)에 특히 관심을 가져야 한다. 변동비(variable costs)는 매출액과 직접 연동되기 때문에 매출액의 비중이나 단위 변동비에 생산량을 곱하면 쉽게 추정이 가능하다.

반면 고정비는 매출과 직접적으로 연결되지 않는다. 이 보다는 미래의 유형자산(property, plant, and equipment, PP&E) 투자나 전체 생산능력 증가와 관련된다. 사실상 고정비는 미래 PP&E 증가율에 따라 매출과는 독립적으로 증가한다고 볼 수 있다. 애널리스트는 현재의 생산 수준에서 대상 회사가 생산량을 늘리면 단위 제품당 또는 서비스당 평균 원가가 하락하는 **규모의 경제(economics of scales)** 효과가 있는지 검토해야 한다. 생산 증가가 규모의 경제를 발생시키는 요인에는 공급자에 대한 높은 협상력, 낮은 단위당 자본비용 배부액, 낮은 단위당 광고비 등이 있다. 규모의 경제를 누리는 산업에서는 매출총이익이나 영업이익이 매출액과 양의 상관관계를 가지는 경향이 있다.

애널리스트는 원가 추정에 불확실성이 존재한다는 사실을 인지해야 한다. 실례로 은행과 보험사는 추정된 미래 손실에 대해 충당금을 설정하며, 퇴직연금을 운영하는 회사들은 상당히 오랜 기간 후에야 발생할 비용을 장기부채로 표시하기도 한다. 미래에 발생할 의무나 연금과 관련된 충당금이 어떤 가정에 따라 설정되었는지를 살펴보는 것은 비용 추정의 합리성을 평가하는데 큰 도움이 된다. 다만 대부분의 경우 외부인인 애널리스트가 회사의 비용 추정 정책과 변경을 예측하는 것은 쉬운 일이 아니다. 비용 추정에 불확실성을 만드는 또 다른 요인에는 경쟁요인과 기술발전이 있다. 이들 요인에 대해서는 나중에 살펴보기로 한다.

EXAMPLE 3 원가 추정 접근법

Walgreens와 Rite Aid는 미국의 양대 소매 드러그 스토어 체인이다. 두 회사 모두 매출의 2/3는 처방이 필요한 전문의약품에서 나오며, 나머지는 화장품 · 일반의약품 · 간편식품 · 기념카드 · 사진인화 등에서 나온다.

두 회사가 같은 산업에 속해 있기는 해도 Walgrens와 Rite Aid의 영업이익률은 큰 차이를 보인다. 이는 드러그 스토어 사업에 규모의 경제가 존재하기 때문이다. 예를 들면 드러그 회사가 크면 공급자에 대해 더 큰 협상 레버리지를 가질 수 있고 제3의 플레이어와의 실비 청구율 협상에서 우위를 가진다. [표 3]은 이와 관련된 자료이다. 참고로 2011년도 세로 칸은 2011년 8월 결산법인인 Walgreen의 경우 2011 회계연도 실적, 2012년 2월 결산법인인 Rite Aid의 경우 2012 회계연도 실적을 보여준다.

[표 3] Walgreens와 Rite Aid의 재무성과(2009 ~ 2011)

	2009	2010	2011
Walgreens			
Revenue($ millions)	63,335	67,420	72,184
Cost of goods sold($ millions)	45,722	48,444	51,692
Selling, general, and administrative($ millions)	14,366	15,518	16,561
Operating income($ millions)	3,247	3,458	3,931
Average selling area square footage($ millions sq. ft)	75.1	81.3	84.7
Same-store sales growth	2.0%	1.6%	3.3%
Rite Aid			
Revenue($ millions)	25,669	25,215	26,121
Cost of goods sold($ millions)	18,845	18,522	19,328
Selling, general, and administrative($ millions)	6,603	6,458	6,531
Operating income($ millions)	221	235	262
Average selling area square footage($ millions sq. ft)	48.4	47.5	46.9
Same-store sales growth	−0.9%	−0.7%	2.0%

고객서비스는 소매 드러그 비즈니스에서 중요한 매출 동인이다. 소매업 담당 애널리스트는 고객서비스 평가를 위해 정성적 증거와 정량적 증거를 모두 수집한다. 정성적 증거는 매장방문이나 고객 설문조사에서 나온다. 정량적 증거는 단위 면적당 판관비(SG&A) 같은 지표를 사용하게 된다. SG&A 지출이 너무 적다는 것은 매장 직원이 부족하다는 것을 나타낼 수 있다. 관련하여 동일 매장의 매출성장률도 고객만족의 지표가 된다.

이상의 정보를 바탕으로 다음 질문에 답하라.

1. 2011년 Walgreens와 Rite Aid의 영업이익률을 바탕으로 소매 드러그 비즈니스에 규모의 경제가 존재하는지 판단하라. 만일 그렇다면 제조원가(cost of goods sold)나 SG&A에서 규모의 경제가 실현되고 있는가?
2. Marco Benitez는 독립 리서치회사의 미국 주식 담당 애널리스트이다. Benitez는 미국 드러그 산업의 서비스 수준을 리서치 중이다.
   A. 지난 3년간 Walgreens와 Rite Aid의 제곱피트당 평균 SG&A를 계산하고 그 결과를 해석하라.
   B. 고객만족이 매출 성장의 동인이라고 가정할 때 어떤 회사가 지난 기간 고객만족에 더 성공적이라고 볼 수 있는가?
   C. Benitez는 향후 3년간 Rite Aid의 평균 매장 면적이 매년 2%씩 감소할 것으로 예측했다. 반면 이 기간 동안 제곱피트당 평균 SG&A는 연 1% 증가할 것으로 예상한다. Benitez가 예상하는 2014년 Rite Aid의 총 SG&A는 얼마인가?

3. Jason Lewis 역시 소매 드러그 스토어 산업 담당 미국 주식 애널리스트이다. 그는 Walgreens와 Rite Aid의 미래 원가 추정에 다양한 방법을 고려하고 있다. 다음의 각 접근법은 상향식 · 하향식 · 하이브리드 접근법 중 어디에 해당하는지 설명하라.
   A. Lewis는 미국의 정부 연금제도에 조만간 예산 압박이 불가피하다고 보고 소매 드러그 산업에 대한 수가도 하향 조정될 것으로 예상한다. Lewis는 이로 인해 모든 드러그 스토어의 마진이 축소될 것으로 생각한다.
   B. Lewis는 Walgreens의 경우 과거 SG&A 증가율이 향후 5년간 유지될 것으로 예상한다. 그러나 장기적으로 SG&A는 인플레이션 수준으로 증가율이 둔화될 것으로 전망한다.
   C. Rite Aid의 장래 리스비용을 추정하기 위해 Lewis는 과거 경험을 바탕으로 제곱피트당 매출성장율과 임대료 가정을 작성했다.

Solution 1

Walgreens의 2011년 영업이익률은 5.4%(= 3,931/72,184 = 0.054)이다. 반면 같은 해 Rite Aid의 영업이익률은 1.0%(= 262/26,121 = 0.010)이다. 매출이 더 많은 Walgreens($72,184 vs. Rite Aid $26,121)의 수익성이 더 좋다는 것은 드러그 산업에 규모의 경제가 존재한다는 것을 나타낸다.

후단의 질문에 답하기 위해 2011년 두 회사의 원가를 매출로 나누어본다. Walgreens의 제조원가율은 71.6%(= 51,692/72,184)인 반면 Rite Aid의 제조원가율은 74%(= 19,328/26,121)이다. Walgreens의 SG&A는 매출액의 22.9%(= 16,561/72,184)이고, Rite Aid의 SG&A는 매출액의 25%(= 6,531/26,121)이다. 이러한 결과는 제조원가와 판관비 모두에 규모의 경제가 있음을 나타낸다.

Solution 2A

2009년과 2011년 Walgreens의 제곱피트당 평균 SG&A는 각각 $191(= 14,366/75.1)과 $196(= 16,561/84.7)이며, 증가율은 약 2.6%이다. Rite Aid의 경우 제곱피트당 SG&A는 2009년 $136, 2011년 $139이고, 증가율은 2.2%이다. 이는 Walgreens의 서비스 수준이 더 높다는 증거가 될 수 있다. 다만 Rite Aid가 Walgreens보다 제곱피트당 SG&A를 훨씬 덜 지출했지만 지난 3년간 추세는 Walgreens에 대한 Rite Aid의 고객서비스 갭이 커진 것은 아님을 보여준다.

Solution 2B

동일 매장 매출을 보면 Walgreens가 고객을 더 만족시킨 것으로 보인다. 지난 3년간 두 회사의 기존 매장 매출을 비교하면 지속적으로 Walgreens가 Rite Aid를 앞서왔다. 이는 해당 기간 동안 Rite Aid의 고객들이 Walgreens 고객들에 비해 만족도가 낮았다는 추론에 힘을 실어준다.

Solution 2C

Benitez는 2014년 Rite Aid의 평균 매장 면적을 44.1백만[= 46.9 × (0.98)^3] 제곱피터로 예상한다. 또한 그는 제곱피터당 평균 SG&A를 $143[= 139 × (1.01)^3]로 예상한다. 따라서 2014년 총 SG&A는 $6,306.3백만(= 44.1 × 143)으로 추정된다.

Solution 3A

개별 회사의 실적 추정 전에 전체 산업 환경을 고려한다는 점에서 하향식 접근법에 해당한다.

Solution 3B

역사적 성장률을 사용하는 상향식 접근법과 인플레이션의 장기 가정에 기초한 하향식 접근법을 혼용하고 있다. 따라서 이는 하이브리드 접근법으로 본다.

Solution 3C

Rite Aid의 과거 실적을 추정 근거로 사용한다는 점에서 이 사례는 상향식 접근법에 해당한다.

2.2.1. 제조원가

제조원가(cost of goods sold, COGS)는 제조업체와 유통업체의 경우 통상 단일 항목으로는 최대 비용 항목이다. 제조업체의 COGS에는 제품 제조에 투입된 재료비와 직접인건비(노무비)가 포함된다.

매출액에서 COGS를 빼면 매출총이익이 되기 때문에 COGS와 매출총이익 간에는 역관계가 있다. 따라서 매출액의 비율로 COGS를 예측하는 것이나 매출총이익률을 추정하는 것은 하나의 값을 구하면 다른 하나가 구해지기 때문에 결국 같은 작업이다.

COGS는 매출과 직접적으로 연동되기 때문에 매출액의 비율로 추정하는 방식이 일반적이다. 회사의 과거 매출액 대비 COGS 비율 자료는 추정에 유용한 출발점이다. 예를 들어 새로운 대체제의 출현으로 전체 섹터의 가격압력이 증가하는 시장에서 어떤 회사가 시장점유율을 잃으면 매출총이익은 감소할 가능성이 높다. 그러나 이 회사가 경쟁력 있는 혁신적인 신제품을 출시하고 이것이 가격우위를 만드는 상황이라면 매출총이익의 개선을 기대할 수 있다.

COGS는 큰 비용 항목이기 때문에 작은 오류에도 영업이익 추정치에 큰 영향을 미친다. 따라서 애널리스트는 이 비용의 상세 분석(세그먼트별, 제품 카테고리별, 생산량과 가격 요소별 등)을 통해 추정의 정확도를 높일 수 있는지 검토해야 한다. 실제 추정에서는 오직 시차에 의해서도 고객에게 전가되는 제조원가가 크게 변동할 수 있다. 특히 저마진 회사의 경우 제조원가의 갑작스러운 변동은 영업이익에 중대한 영향을 끼친다. 헤지되지 않은 항공유

가격의 변동에 항공사의 이익이 큰 영향을 받는 것은 좋은 예이다. 장기 추정에서는 애널리스트가 매출액과 제조원가의 전반적 관계를 큰 틀에서 고려하는 것이 불가피하지만, 단기 추정에서는 제조원가와 매출액을 세부적으로 생산량과 가격 요소로 분해하는 것은 필수적인 작업이 될 수 있다.

애널리스트는 회사의 헤지전략과 그 영향을 파악해야 한다. 가령 원자재의 원가부담이 큰 회사에서 제조원가가 큰 폭으로 상승하면 매출보다 변동비가 더 빨리 증가하기 때문에 대부분의 경우 이런 회사의 매출총이익율은 감소하는 것이 일반적이다. 예를 들어 어떤 회사의 COGS가 매출액에서 25%를 차지한다고 가정해보자. 또한 제조원가가 두 배 상승했지만, 가격을 25% 인상해 제조원가 인상분을 고객에게 전부 전가할 수 있다고 해보자. 이 경우 분모와 분자에 동일 금액이 더해지기 때문에 COGS의 매출액 비중은 40%[= (25 + 25)/(100 + 25)]로 증가한다. 비록 매출총이익은 변동하지 않지만, 매출총이익률은 75%에서 60%로 감소하게 된다. 하지만 헤지전략을 실행하면 회사는 수익성 변동의 영향을 줄일 수 있다. 보통의 경우 회사가 자신의 헤지 포지션에 대한 상세 정보를 공개하지는 않지만, 사업보고서 주석에 헤지전략의 개략적 사항을 공개하는 경우는 흔히 있다. 또한 회사는 가격 인상에 따른 판매량 감소의 부작용을 최소화하기 위해 가격을 점진적으로 인상하기도 한다. 예를 들어 작황부진으로 맥아 가격이 인상될 것으로 예상되면, 맥주회사는 다음해 급격한 가격 인상의 부담을 완화하기 위해 미리부터 가격을 점진적으로 인상하기도 한다.

경쟁자들의 매출총이익률은 평가대상 회사의 매출총이익률 추정에 유용한 고려사항이 된다. 동일 업종 내 경쟁사 간 매출총이익률 차이는 이론적으로 비즈니스 오퍼레이션의 차이와 관련된다. 실제 네덜란드 슈퍼마켓 체인인 Albert Heijn은 경쟁이 심한 식료품 업종에서도 높은 매출총이익률을 기록하고 있다. 이는 34%에 달하는 압도적 시장점유율을 바탕으로 구매 레버리지를 극대화할 수 있기 때문이다. 또한 이 회사는 마진이 높은 PL제품도 보유하고 있다. 이런 경쟁우위 요소들은 경쟁이 심한 식료품 업종에서도 구조적으로 이 회사가 높은 매출총이익률을 달성하는데 크게 기여하고 있다. 그러나 만일 (분할된 시장의 통합 등으로 인해) 새로운 경쟁자가 시장에 출현하면 Albert Heijn의 평균 이상인 높은 매출총이익률은 하방 압력을 받을 수 있다. 다만 주목할 것은 경쟁자 간 매출총이익률의 차이가 반드시 경쟁지위의 차이 때문만은 아니며, 오히려 비즈니스 모델의 차이에 의한 것일 수 있다는 것이다. 예를 들어 일부 식료품 회사들은 자사 소유의 점포에서 소매영업을 직접 하기도 하지만, 일부는 가맹(프랜차이즈) 소매점들을 대상으로 도매영업에만 집중하기도 한다. 프랜차이즈 소매 비즈니스 모델의 경우 대부분의 영업비용을 가명점이 부담하며, 가맹사업자는 도매업자로서 가맹점에 소액의 마진을 붙여 제품을 공급하는 역할만 한다. 자사 점포를 보유한 소매 슈퍼마켓 체인에 비해 도매 슈퍼마켓 체인은 낮은 매출총이익률을 보일 수 있다. 그러나 자사 점포를 보유한 식료품 체인은 높은 영업비용을 부담해야 한다. 이와 같은 비즈니스 모델의 차이로 인해 경쟁사들을 직접 비교하는 것이 쉽지는 않아도 경쟁사의 매출총이익률 정보가 제조원가의 추정에 유용한 시사점을 제공하는 것은 분명하다.

2.2.2. 판매비와 일반관리비(판관비)

줄여서 "판관비"로 불리는 판매비와 일반관리비(selling, general, and administrative expenses, SG&A)도 중요한 영업비용 항목이다. 다만 SG&A는 COGS에 비해 매출과의 직접적인 관련성이 떨어진다. COGS와 SG&A가 영업이익에 미치는 영향을 살펴보기 위해 영국 식품회사 Danone의 사례를 살펴보자. [표 4]는 이 회사의 요약 재무제표이다.

[표 4] Danone의 요약 손익계산서

	2010 (€백만)	2011 (€백만)	YoY%	매출비중(%) 2010	매출비중(%) 2011
Net sales	17,010	19,318	13.6	100.0	100.0
COGS	7,957	9,541	19.9	46.8	49.4
Gross profit	9,053	9,777	8.0	53.2	50.6
Selling expense	4,663	5,092	9.2	27.4	26.4
General and administrative expense	1,494	1,564	4.7	8.8	8.1
R&D expense	209	233	11.5	1.2	1.2
Other expense	90	45	−50.0	0.5	0.2
Operating income	2,597	2,843	9.5	15.3	14.7

㈜ YoY%: 연간 변동률(백분율)
자료: 2011년 Danone 애뉴얼 리포트

[표 4]에서 보는 바와 같이 2011년 Danone은 제조원가 상승을 가격에 전가하지 못한 영향을 받았다. 이에 따라 매출이 전년 대비 13.6% 증가했음에도 불구하고 매출총이익이 8% 증가에 그쳐 매출총이익률은 감소했다. 한편, 이 회사는 제조원가 상승에도 불구하고 다른 비용항목에 대한 통제능력을 가지고 있어 매출이 13.6% 증가했지만 판매비는 9.2%, 일반관리비는 4.7% 증가에 그쳤다. 결과적으로 영업이익 증가율은 매출증가율 13.6%보다는 낮지만 매출총이익 증가율인 8%보다는 높은 9.5%를 기록했다.

회사에 따라 SG&A의 구성을 달리하여 정보를 공개하기도 한다. Danone도 손익계산서에 판매비와 일반관리비를 별도 비용 항목으로 구분하고 있다. 또한 비록 SG&A 전체가 COGS만큼 매출에 연동되지는 않아도, 일부 항목은 매출에 직접 연동되기도 한다. 특히 판매비와 배송비는 COGS 같이 매출액의 비율로 추정되기도 한다. 판매비의 대부분은 판매 인력의 인건비인 경우가 많다. 따라서 매출을 늘리기 위해 판매 인력을 충원하거나 임금이나 복리후생을 개선하면 판매비는 증가한다.

기타의 SG&A는 매출에 상대적으로 비탄력적이다. 예를 들어 간접인건비는 단기 매출 변동보다 본사와 IT 등 지원 인력의 수와 더 많은 관련성을 가진다. 연구개발비도 매출액에 큰 영향을 받지 않는 비용 항목이다. 연구개발비는 기본적으로 고정성이 크기 때문에 매출 변동보다 시간에 따라 점진적으로 변동하는 경향을 보인다.

회사의 매출액과 영업비용의 상관관계 분석과 함께 경쟁사의 비용구조에 대한 벤치마킹도 영업비용 추정에 유용하다. 경쟁사의 비용구조를 분석하면 특정 회사의 효율성과 수익성의 잠재력을 평가할 수 있다. 추정모형 내에서의 크로스 체크를 수행하는 것도 도움이 될 수 있다. 가령 슈퍼마켓 섹터의 경우 매출 추정에 근거가 된 추정 매장면적(혹은 유사한 지표)이 판매비 추정에 근거가 된 매장면적과 일치하는지 확인하는 식이다. 회사가 사업보고서 주석에 공개한 제품별·지역별 세부 매출 정보가 있다면 매출과 비용 추정의 정확도를 높일 수 있다.

EXAMPLE 4 L'Oréal과 경쟁자간 영업비용 비교

[표 5]에서 보는 바와 같이 L'Oréal은 2011년 16%의 영업이익률을 보고해 화장품 업계에서 가장 높은 수익성을 보였다. 그러나 매스마켓의 가계·개인용품 업체들의 평균 영업이익률은 18%로 L'Oréal보다 높았다. L'Oréal의 매출총이익률은 71%로 다른 사치품 업체와 비슷한 수준이다. 다만 광고홍보비(advertising and promotion, A&P) 등 마케팅 비용 부담으로 높은 매출총이익률이 잠식되고 있다. 직판 중심의 사업모델을 가진 Avon을 제외하면 매스마켓 제조업체에 비해 화장품 업체의 A&P는 훨씬 높다.

L'Oréal은 순수 화장품 회사로 간주된다. 그러나 세부적으로 살펴보면 회사 전체 매출은 고급화장품과 일반화장품이 각각 절반씩을 차지한다. L'Oréal은 일반화장품 매스마켓 시장에서 Colgate, Procter & Gamble, Henkel과 경쟁 중이다. [표 5]는 관련 데이터이다.[2)]

2) [표 5]에서 다른 회사의 COGS와 SG&A 비율은 적용된 회계기준의 차이를 고려하여 조정했다. 예를 들어 필수소비재 회사들 중 일부는 제조원가 중 배송 및 핸들링 비용을 COGS로 취급하지만 다른 일부는 SG&A에 포함시키고 있다. 여기서는 매출총이익률의 비교 가능성을 높이기 위해 배송비를 COGS에서 빼 SG&A에 포함시켰다. 이와 같은 조정을 한 회사는 Procter and Gamble, Clorox, Kimberly-Clark 등이다. 이렇게 비용항목을 조정하면 매출총이익률은 조정 전에 비해 약 5.5% 포인트 높아진다.

[표 5] 화장품 및 매스마켓 기업의 손익계산서 비교

	매 출 (€백만)	매 출	COGS	매출 총이익	A&P	SG&A/ 기 타	EBIT
Beauty							
L'Oréal	20,348	100%	29%	71%	31%	24%	16%
Estée Lauder	6,785	100	21	79	27	38	14
Beierdorf Consumer	4,696	100	33	67	30	26	11
Avon	11,292	100	37	63	4	49	10
Average beauty	10,780	100%	30%	70%	23%	34%	13%
Mass market							
Colgate	12,097	100%	43%	57%	12%	22%	23%
Reckitt Benckiser ex-Pharmaceutical	10,051	100	43	57	10	25	22
Procter & Gamble	60,099	100	45	55	11	26	18
Clorox	3,818	100	52	48	9	21	18
Energizr	3,354	100	54	46	11	20	15
Kimberly-Clark	14,983	100	63	37	3	20	14
Henkel	7,781	100	43	57	15	29	13
Average mass market	16,026	100%	49%	51%	10%	23%	18%

자료: 각 사 자료, Bernstein, JPMorgan 추정치

1. 다음과 같은 정보를 가정할 때 L'Oréal의 전체 영업이익률은 어떻게 예상하는가?
   - L'Oréal의 화장품과 매스마켓 사업은 매출의 각각 절반을 차지한다.
   - L'Oréal은 매스마켓 사업의 비용구조를 매스마켓 평균(영업이익률 18%) 수준으로 가져갈 능력이 있다.
   - L'Oréal의 화장품 사업의 비용구조는 안정적으로 유지(영업이익률 16%)될 것이다.
2. 만일 L'Oréal이 높은 매출총이익률을 유지하면서도 매스마켓 사업(매출의 50%)의 영업비용 구조를 피어그룹 평균 수준에서 통제할 수 있다면 회사 전체의 영업이익률은 어떻게 예상하는가? 다음을 가정하라.
   - 나머지 절반인 화장품 사업의 비용구조는 안정적(영업이익률 16%)으로 유지될 것이다.
   - L'Oréal 매스마켓 사업의 매출총이익률은 61%(현재 매출총이익률 71%와 피어그룹 매출총이익률인 51%의 평균)로 예상한다.
   - L'Oréal의 A&P는 매출의 31%에서 15%로 하락하고 다른 비용은 안정적으로 유지될 것이다.

Solution 1

영업이익률은 매스마켓과 L'Oréal의 영업이익률을 가중평균하면 16%에서 17%[= (50% × 18%) + (50% × 16%)]로 상승한다.

Solution 2

회사 전체의 영업이익률은 16%에서 19%로 상승할 것이다. 매스마켓 사업의 영업이익률은 600bps 증가해 22%로 증가한다. 이는 매출총이익률이 1,000 bps (71% → 61%) 감소하지만, A&P 비용이 1,600 bps (31% → 15%) 줄어들어 매출총이익률 감소를 상쇄하고도 남기 때문이다. 결과적으로 화장품 사업 영업이익률(16%)과 매스마켓 영업이익률(22%)의 전체 평균 영업이익률은 19%가 된다.

[표 6] L'Oréal 사업부문 영업이익률

	L'Oréal	화장품 50%	매스마켓 50%	평 균
Sales	100%	100%	100%	100%
Cost of goods sold	29%	29%	39%	34%
Gross margin	71%	71%	61%	66%
A&P	31%	31%	15%	23%
SG&A/Other	24%	24%	24%	24%
EBIT	16%	16%	22%	19%

EXAMPLE 5 생필품 회사 Unilever 분석

생필품 회사 Unilever는 2011년 14.9%의 전사 영업이익률을 보고했다. [표 7]과 같이 저성장 지역인 서유럽과 미주 지역이 고성장 지역인 아시아, 아프리카, 중부 및 동유럽 지역보다 높은 영업이익률을 기록했다.

[표 7] Unilever 지역별 영업현황(€백만)

	2010	2011	변 동	USG
Asia, Africa, Central and Eastern Europe	17,685	18,947	7.14%	10.50%
Americas	14,562	15,251	4.73	6.30
Western Europe	12,015	12,269	2.11	0.70
Total revenues	44,262	46,467	4.98	6.50
Underlying operating profit				
Asia, Africa, Central and Eastern Europe	2,361	2,411	2.12%	
Americas	2,328	2,381	2.28	
Western Europe	1,931	2,109	9.22	
Total underlying operating profit	6,620	6,901	4.24	

[표 7] (계속)

	2010	2011	변 동	USG
Underlying operating profit margin				
Asia, Africa, Central and Eastern Europe	13.35%	12.72%		
Americas	15.99	15.61		
Western Europe	16.07	17.19		
Total underlying operating profit margin	14.96	14.86		

㈜ USG는 "underlying sales growth(근원매출성장율)"이며 M&A나 환율효과를 조정한 매출성장률로 판매량, 가격, 제품믹스 변경 등에 따른 유기적 매출성장율을 나타냄. Underlying profit(근원영업이익)은 구조조정 비용 같은 일회성 항목을 조정한 영업이익을 말함.

자료: Unilever 2011 연간 및 4분기 실적 자료

1. (A) 향후 5년간 연간 매출성장률과 영업이익률이 각각 6.5%와 14.85%로 안정적으로 유지된다고 가정하는 경우와 (B) 지역별 매출성장률과 영업이익률이 2011년에 보고된 수준으로 유지된다고 가정한 경우 등 두 접근법에 따른 매출액, 영업이익, 영업이익률을 추정하라. 어떤 접근법에서 5년 후 영업이익이 더 높게 추정되는가?
2. 추정된 연도별 매출, 영업이익 증가율, 영업이익률을 이용하여 <질문 1>의 두 접근법 (A)와 (B)에 따른 결과를 비교 · 설명하라.
3. Unilever가 향후 5년간 지역별로 2011년 수준의 매출 성장(서유럽 0.7%, 미주 6.3%, 아시아 · 아프리카 · 중부 및 동유럽 10.5%)이 가능하다고 가정하자. 그러나 서유럽 지역의 영업이익률은 향후 5년간 경쟁심화와 성장정체로 매년 50bps 감소하는 반면 아시아 · 아프리카 · 중부 및 동유럽 지역의 영업이익률은 수요증가와 생산성 향상으로 매년 50bps 개선될 것으로 본다고 하자. 이 경우 (B) 접근법을 사용하여 회사의 연도별 영업이익률을 추정하라.

Solution 1

(A)와 (B) 접근법에 따른 5년 후 영업이익 추정치는 각각 €9,455백만과 €9,388백만이다. 계산결과는 [표 8]에서 보는 바와 같다. (A)의 가정에 따르면 14.85%의 영업이익률에 매출이 6.5%씩 증가하면, 5년 후 영업이익은 €6,901백만 $\times (1.065)^5$ = €9,455백만이 된다. 세부 내역은 [표 8]을 참조하라.

[표 8] Unilever 매출 및 영업이익 추정(€백만)

(A) 접근법	2011	2012E	2013E	2014E	2015E	2016E
Sales	46,467	49,487	52,704	56,130	59,778	63,664
YoY%		6.5%	6.5%	6.5%	6.5%	6.5%
Underlying operating profit	6,901	7,350	7,827	8,336	8,878	9,455

[표 8] (계속)

(A) 접근법	2011	2012E	2013E	2014E	2015E	2016E
YoY%		6.5%	6.5%	6.5%	6.5%	6.5%
Underlying operating profit margin	14.85%	14.85%	14.85%	14.85%	14.85%	14.85%

(B) 접근법	2011	2012E	2013E	2014E	2015E	2016E
Asia, Africa, Central and Eastern Europe	18,947	20,936	23,135	25,564	28,248	31,214
Americas	15,251	16,212	17,233	18,319	19,473	20,700
Western Europe	12,269	12,355	12,441	12,528	12,616	12,704
Total revenue	46,467	49,503	52,809	56,411	60,337	64,618
Asia, Africa, Central and Eastern Europe		10.5%	10.5%	10.5%	10.5%	10.5%
Americas		6.3	6.3	6.3	6.3	6.3
Western Europe		0.7	0.7	0.7	0.7	0.7
YoY revenue		6.5%	6.7%	6.8%	7.0%	7.1%
Asia, Africa, Central and Eastern Europe	2,411	2,664	2,944	3,253	3,595	3,972
Americas	2,381	2,531	2,690	2,860	3,040	3,232
Western Europe	2,109	2,124	2,139	2,154	2,169	2,184
Total underlying operating profit	6,901	7,319	7,773	8,267	8,803	9,388
Asia, Africa, Central and Eastern Europe		10.5%	10.5%	10.5%	10.5%	10.5%
Americas		6.3	6.3	6.3	6.3	6.3
Western Europe		0.7	0.7	0.7	0.7	0.7
YoY underlying profit		6.1%	6.2%	6.3%	6.5%	6.6%

[표 8] (계속)

(B) 접근법	2011	2012E	2013E	2014E	2015E	2016E
Asia, Africa, Central and Eastern Europe		12.72%	12.72%	12.72%	12.72%	12.72%
Americas		15.61	15.61	15.61	15.61	15.61
Western Europe		17.19	17.19	17.19	17.19	17.19
Total underlying operating margin		14.78%	14.72%	14.65%	14.59%	14.53%

Solution 2

(A) 접근법에서는 6.5%의 매출성장률과 14.85%의 영업이익률을 가정한다. 그 결과 영업이익도 매출성장률과 같은 6.5%(패널 A 참조)로 증가한다. (B) 접근법에서는 매출이 큰 지역(아시아 · 아프리카·중부 및 동유럽)의 매출성장률이 10.5%로 높기 때문에 매출은 2011년 6.5%에서 2016년 7.1%로 빠르게 증가한다. 매출이 가장 크고 성장도 빠른 지역의 영업이익률이 전체 영업이익률보다 낮기 때문에 회사의 영업이익률은 2011년 14.85%에서 2016년 14.53%로 하락한다. 이런 차이는 저마진 지역의 높은 성장세가 전체 회사 영업이익률에 구조적 압력을 가져온 결과이다. 또한 매출성장률보다는 낮지만 영업이익 증가율은 2012년 6.1%에서 2016년 6.6%로 점진적으로 증가한다. (B)의 가정에 따른 2016년 영업이익 증가율(6.6%)이 (A)의 가정에 따른 영업이익 증가율(6.5%)보다 높게 추정되는 것은 부정적인 영업이익률 믹스의 효과가 긍정적인 매출성장률 믹스에 의해 상쇄하기 때문이다. [표 9]는 매출액, 영업이익, 매출성장률, 영업이익 성장률을 정리하여 분석한 결과이다.

[표 9] 성과 추정 요약(€백만)

	2011	2012E	2013E	2014E	2015E	2016E
A. 매출과 영업이익(€ millions)						
매출 A	46,467	49,487	52,704	56,130	59,778	63,664
매출 B	46,467	49,503	52,809	56,411	60,337	64,618
매출 A−B		−16	−105	−281	−559	−955
매출성장률 A		6.5%	6.5%	6.5%	6.5%	6.5%
매출성장률 B		6.5%	6.7%	6.8%	7.0%	7.1%
영업이익 A	6,901	7,350	7,827	8,336	8,878	9,455
영업이익 B	6,901	7,319	7,773	8,267	8,803	9,388
영업이익 A−B		31	54	70	75	67

[표 9] (계속)

	2011	2012E	2013E	2014E	2015E	2016E
B. 성장률						
영업이익 성장률 A		6.50%	6.50%	6.50%	6.50%	6.50%
영업이익 성장률 B		6.06%	6.20%	6.35%	6.49%	6.64%
영업이익률 A	14.85%	14.85%	14.85%	14.85%	14.85%	14.85%
영업이익률 B	14.85%	14.78%	14.72%	14.65%	14.59%	14.53%

Solution 3

[표 10]에서 보는 바와 같이 서유럽의 영업이익률 감소가 시장이 크고 성장이 빠른 아시아 · 아프리카 · 중부 및 동유럽 지역의 영업이익률 개선으로 상쇄되면서 전사의 근원영업이익률은 2011년 14.85%에서 2016년 15.24%로 상승한다. 아시아 · 아프리카 · 중부 및 동유럽 지역의 높은 매출성장률로 인해 전사 영업이익률 개선폭도 2012년 2bps(= 14.87% − 14.85%)에서 2016년 13bps(= 15.24% − 15.11%)로 확대될 것으로 예상된다.

[표 10] Unilever 매출 및 영업이익 추정(€백만)

(B) 접근법	2011	2012E	2013E	2014E	2015E	2016E
Asia, Africa, Central and Eastern Europe	18,947	20,936	23,135	25,564	28,248	31,214
Americas	15,251	16,212	17,233	18,319	19,473	20,700
Western Europe	12,269	12,355	12,441	12,528	12,616	12,704
Total revenue	46,467	49,503	52,809	56,411	60,337	64,618
Asia, Africa, Central and Eastern Europe		10.5%	10.5%	10.5%	10.5%	10.5%
Americas		6.3	6.3	6.3	6.3	6.3
Western Europe		0.7	0.7	0.7	0.7	0.7
YoY revenue		6.5%	6.7%	6.8%	7.0%	7.1%
Asia, Africa, Central and Eastern Europe	2,411	2,769	3,175	3,636	4,160	4,752
Americas	2,381	2,531	2,690	2,860	3,040	3,232
Western Europe	2,109	2,062	2,014	1,966	1,916	1,866
Total underlying operating profit	6,901	7,362	7,880	8,462	9,116	9,850

[표 10] (계속)

(B) 접근법	2011	2012E	2013E	2014E	2015E	2016E
Asia, Africa, Central and Eastern Europe		14.8%	14.7%	14.5%	14.4%	14.3%
Americas		6.3%	6.3%	6.3%	6.3%	6.3%
Western Europe		−2.2%	−2.3%	−2.4%	−2.5%	−2.6%
YoY underlying profit		6.7%	7.0%	7.4%	7.7%	8.1%
Asia, Africa, Central and Eastern Europe		13.22%	13.72%	14.22%	14.72%	15.22%
Americas		15.61%	15.61%	15.61%	15.61%	15.61%
Western Europe		16.69%	16.19%	15.69%	15.19%	14.69%
Total underlying operating margin		14.87%	14.92%	15.00%	15.11%	15.24%

2.3. 손익계산서 모델링: 영업외손익

손익계산서에서 영업이익 아래에 위치하는 손익 항목의 모델링도 필요하다. 이런 손익 항목에는 이자수익, 이자비용, 법인세, 비지배지분손익, 지분법손익, 주식의 수, 비경상비용 등이 있다.

이자수익(interest income)은 대차대조표상 현금과 금융자산의 규모 및 예금금리와 투자수익률에 따라 결정된다. 이자수익은 은행이나 보험사에게 주요 매출 원천이지만 통상적인 제조업체에는 중요성이 아주 크지는 않은 수익 항목이다. 이자비용(interest expense)은 대차대조표상 부채의 규모와 차입금리에 따라 결정된다. 애널리스트는 향후 회사의 부채 규모와 이자비용 변동을 예측해야 한다.

세금(법인세)은 주로 과세국 세법에 따라 결정되지만 사업 특성에도 영향을 받는다. 어떤 회사는 연구개발비 세액공제나 고정자산의 가속상각과 같은 과세특례의 혜택을 보기도 한다. 애널리스트는 손익계산서에 보고된 회계상 법인세와 대차대조표에 이연법인세자산이나 부채를 만드는 현금 납부세액 간 차이를 이해해야 한다. 또한 세율 변경을 유발할 수 있는 세제상 혹은 사업상 변동에 대해서도 잘 알고 있어야 한다.

여기서는 손익계산서 모델링에서 가장 중요한 금융비용(예: 이자비용)과 법인세 추정에 대해 살펴본다.

2.3.1. 금융비용

금융비용(financial expense) 추정에는 회사의 자본구조가 중요한 결정요인이다. 실무적으로는 부채 규모와 차입금리가 금융비용 추정에 핵심 동인이 된다. 통상적으로 재무제표 주석에는 회사의 부채 만기구조와 이자비용에 관한 세부 사항이 공개된다. 이런 정보는 미래의 이자비용 추정에 도움을 준다.

EXAMPLE 6 이자손익

네덜란드 식료품회사 Ahold는 대차대조표상 현금을 상대적으로 많이 보유하는 자본구조를 가진 기업이다.

[표 11] Ahold의 부채와 이자수익과 비용

(€백만)	2011. 1. 2.	2012. 1. 1.	평 균
Loans	1,851	1,489	1,670
Finance lease liabilities	1,096	1,158	1,127
Cumulative preferred financing shares	497	497	497
Non-current portion of long-term debt	3,444	3,144	3,294
Short borrowings and current portion of long-term debt	117	536	327
Gross debt	3,561	3,680	3,621
Less: cash, cash equivalents, and short-term deposits	2,824	2,592	2,708
Net debt	737	1,088	913
Interest income for 2011			20
Interest expense for 2011			245
Net interest expense			225
Other financial expenses			91
Total financial costs			316

자료: Ahold 2011년 애뉴얼 리포트.

1. 평균 총부채(gross debt)에 대한 차입금리와 평균 현금보유액에 대한 예금금리를 계산하라.
2. 기타의 금융비용은 부채와 현금 잔액에 관련이 없다고 가정하고 평균 순부채(net debt)에 대한 차입금리를 계산하라.

Solution 1

평균 총부채에 대한 차입금리는 (€245백만/€3,621백만) = 6.77%이다. 평균 현금보유액에 대한 예금금리는 (€20백만/€2,708백만) = 0.7%이다.

Solution 2

평균 순부채에 대한 차입금리는 (€225백만/€913백만) = 24.7%이다.

2.3.2. 법인세

기타의 중요한 비영업항목에는 법인세(corporate income tax)가 있다. 법인세는 경우에 따라 수익성에 상당한 영향을 미칠 정도로 큰 규모일 수 있다. 당연히 세율은 중요한 법인세 결정요인이다. 일반적으로 세율에는 3가지 유형이 있다.

- **법정세율***(statutory tax rate)*. 기업의 과세표준액에 적용되는 세율
- **실효세율***(effective tax rate)*. 손익계산서상 보고된 법인세비용을 세전이익으로 나눈 세율
- **납부세율***(cash tax rate)*. 현금 납부세액을 세전이익으로 나눈 세율

현금 납세액과 보고된 납부세액의 차이는 재무회계와 세무회계의 세금 산정 방식의 차이에 따른 것이며, 그 차이는 대차대조표에 이연법인세자산(deferred tax assets)이나 이연법인세부채(deferred tax liability)로 보고된다. 회사의 영업 원천과 재무구조를 잘 이해하는 것은 정확한 세율 추정에 필수적이다.

법정세율과 실효세율이 차이를 보이는 데는 여러 이유가 있다. 세액공제, 배당에 대한 원천세, 이전 법인세 조정, 세무상 손금불산입 등이 중요한 이유가 된다. 실효세율은 특히 회사가 해외에서 적극적 영업활동을 할 때 법정세율과 많은 차이를 보인다. 실효세율은 이익을 창출하는 국가별 세율의 조합으로 결정된다. 실효세율은 두 국가 세율의 이익 규모에 따른 가중평균이기 때문에 세율이 높은 나라에서 큰 이익을 얻는 반면 세율이 낮은 나라에서는 이익이 크지 않다면 회사의 실효세율은 두 나라 세율의 단순평균보다 높아진다. 어떤 회사는 특수목적회사를 이용해 세부담을 경감하려 한다. 예를 들어 일부 회사는 과세소득을 줄이기 위해 특수한 형태의 금융회사나 페이퍼컴퍼니를 활용하기도 한다. 물론 이런 활동이 실제 과세소득을 줄이기는 해도 세법 개정과 같이 예상하지 못한 새로운 위험을 만드는 것도 사실이다. 일반적으로 어떤 회사의 실효세율이 지속적으로 법정세율이나 경쟁회사의 실효세율보다 낮으면 미래 법인세 예측에 세심한 주의가 필요할 수 있다. 재무제표 주석에는 실효세율에 일시적인 영향을 줄 수 있는 항목들을 공개하고 있다. 납부세율은 현금흐름 추정에 사용

되며, 실효세율은 손익계산서의 당기순이익 추정에 필요하다. 세율을 추정할 때 애널리스트는 일회성 이벤트를 제거해야 한다. 만일 피투자회사 지분법손익이 세전이익에서 상당히 큰 부분을 차지하고 변동성도 크다면 이를 제외한 실효세율이 미래의 법인세 추정에 더 도움이 될 수 있다. 참가소득(income from participations)의 세무 효과도 재무제표 주석에 공개된다.

보고된 영업이익에서 비경상적 손익을 제외한 영업이익인 정상영업이익(normalized operating income)에 따른 세율은 미래 세비용 추정에 좋은 출발점이 될 수 있다. 정상세율(normalized tax rate)은 이익 모형에서 예외적인 사항을 조정한 미래 세부담 추정에 유용한 지표가 된다.

모형을 설계할 때 실효세액은 손익계산서의 손익 추정에서, 납부세액은 현금흐름표의 현금흐름 추정에서 찾을 수 있다.[3] 손익에 따른 세액과 현금흐름 세액 차이(대사)는 이연법인세자산·부채의 변동액이 된다.

EXAMPLE 7 법인세율 추정

가상의 회사 ABC는 A국가와 B국가에서 영업 중이다. A국가와 B국가의 법인세율은 각각 40%와 10%이다. 이 회사는 첫해 두 국가에서 동일한 세전이익을 얻었다.

[표 12] 국가별 세율과 소득

	A	B	합계
세전이익	100	100	200
실효세율	40%	10%	25%
세 액	40	10	50
당기순이익	60	90	150

1. 만일 향후 A국가의 세전이익은 변동하지 않고 B국가의 세전이익은 매년 15% 증가한다면 향후 3년간 실효세율이 어떻게 변동할 것으로 예상되는가?
2. 만일 A국가의 세무당국이 세무상 (가속상각비와 같이) 일부 비용의 조기 비용인식을 허용한다면 향후 3년간 납부세율과 실효세율이 어떻게 될 것으로 보는가? A국가에서는 올해 납부할 세금의 50%가 이연되나 다음 해 그 만큼의 세금을 더 내야 한다고 한다. 또한 A국가의 세전이익은 일정하고 B국가의 세전이익은 매년 15% 증가한다고 가정한다.
3. <질문 2>를 반복해서 풀되, 이번에는 A가 아닌 B국가가 세무상 비용의 조기 인식을 허용하여 세무효과가 발생한다고 가정하자. 역시 A국가의 세전이익은 일정하고 B국가의 세전이익은 매년 15% 증가한다고 가정한다.

3) 이는 경우에 따라 현금흐름표에 나타내기도 하고 보충적 정보로 제공되기도 한다.

Solution 1

세율이 낮은 국가에서 이익의 더 많은 부분이 나오기 때문에 회사의 실효세율은 점진적으로 하락할 것으로 예상된다. [표 13]과 같이 실효세율은 현재 25%에서 3년 후 21.9%로 하락할 것으로 추정된다.

[표 13] 〈질문 1〉의 풀이: 실효세율 추정

	연 도			
	0	1	2	3
A국가 세전이익	100.0	100.0	100.0	100.0
B국가 세전이익	100.0	115.0	132.3	152.1
총 세전이익	200.0	215.0	232.3	252.1
A국가 법인세(40%)	40.0	40.0	40.0	40.0
B국가 법인세(10%)	10.0	11.5	13.2	15.2
법인세 총계	50.0	51.5	53.2	55.2
실효(법인)세율	25.0%	24.0%	22.9%	21.9%
당기순이익	150.0	163.5	179.1	196.9

Solution 2

[표 14]의 마지막 두 번째 줄 납부세율은 첫해 15%에서 이후에는 계속 상승한다. 오직 첫해의 납부세율만 법인세 이연의 혜택을 본다. 이후에는 당해 연도 이연액은 직전 연도의 이연법인세에 의해 상쇄되기 때문이다. [표 14]의 마지막 줄 실효세율은 이연에 영향을 받지 않는다. [표 14]와 같이 둘째 해부터 납부세율과 실효세율은 하향 추세를 보이며 같은 수준을 유지할 것이다.

[표 14] 〈질문 2〉의 풀이: 납부세율 vs. 실효세율

	연 도			
	0	1	2	3
세전이익	200.0	215.0	232.3	252.1
손익계산서상 법인세	50.0	51.5	53.2	55.2
A국가 납부세액	20.0	20.0	20.0	20.0
A국가 이연법인세		20.0	20.0	20.0
B국가 납부세액	10.0	11.5	13.2	15.2
총 납부세액	30.0	51.5	53.2	55.2
납부세율	15.0%	24.0%	22.9%	21.9%
실효세율	25.0%	24.0%	22.9%	21.9%

Solution 3

[표 15]의 마지막 줄 실효세율은 [표 13]과 [표 14]의 실효세율에서 변동하지 않는다. 그러나 B국가의 이익성장률 증가에 따른 연간 법인세 이연액으로 인해 B국가의 경우 실효세율보다 납부세율이 낮아진다. 결과적으로 [표 15]에서와 같이 전체적으로 납부세율은 실효세율보다 낮아진다.

[표 15] 〈질문 3〉의 풀이: 납부세율 vs. 실효세율

	연 도			
	0	1	2	3
세전이익	200.0	215.0	232.3	252.1
손익계산서상 법인세	50.0	51.5	53.2	55.2
A국가 납부세액	40.0	40.0	40.0	40.0
A국가 이연법인세		5.8	6.6	7.6
B국가 납부세액	5.0	5.0	5.8	6.6
총 납부세액	45.0	50.8	52.4	54.2
납부세율	22.5%	23.6%	22.5%	21.5%
실효세율	25.0%	24.0%	22.9%	21.9%

다음은 배당, 주식의 수, 비경상비용 등 모델링에 유의해야 할 기타의 항목들에 대해 살펴본다.

2.4. 손익계산서 모델링: 기타 항목

회사에 명시적인 배당정책이 있다면 향후 배당을 예측하는데 도움이 된다. 애널리스트는 종종 배당이 매년 일정하게 증가하거나 일정한 배당성향을 유지한다고 가정한다.

만일 회사가 연결대상 종속회사 지분을 제3자와 공동으로 소유하고 있다면, 이 회사의 손익계산서에는 공동 지배 연결 자회사로 인한 비지배지분손익을 보고한다. 이 회사가 종속회사(affiliate) 지분의 50% 이상을 보유하고 있다면 종속회사의 경영성과는 모회사 경영성과에 연결 · 합산되는데, 종속회사의 외부 지분율에 따라 실제 모회사에 귀속되지 않는 손익 부분은 비지배지분손익으로 별도 보고된다. 만일 종속회사의 지분율이 50% 미만이라면 경영성과를 연결하지 않고 지분법(equity method)에 따라 지분율만큼의 종속회사 손익만 손익계산서에 반영한다. 연결대상 종속회사가 이익을 내면 비지배지분손익은 당기순이익을 줄이는 효과를 갖고, 종속회사가 손실을 내면 비지배지분손익은 당기순이익을 늘리는 효과를 갖는다. 어떤 경우든 합작회사의 손익은 회계적으로 중요할 수 있다.

주식의 수(발행 및 유통)는 주당내재가치 추정치나 주당순이익 계산에 반드시 필요한 정보이다. 주식의 수는 크게 세 가지 이유로 변동한다. (1) 스톡옵션, 전환사채, 주식연계증권의 교환이나 전환 청구에 따른 지분 희석, (2) 증자와 같은 신주 발행, (3) 자기주식 매입이 그것이다. 주식의 시장가격도 미래 주식 수 변동의 중요한 결정요소이나, 실제 추정은 쉽지 않다. 애널리스트가 회사의 자본구조를 보다 폭 넓게 분석하려면 신주 발행과 자기주식 매입에 대한 예측도 필요하다.

마지막으로 비경상적 비용은 향후 수년 내에는 발생할 가능성이 거의 없는 항목이다. 따라서 애널리스트는 보통 이런 비용을 예측에서 제외한다. 그러나 어떤 회사가 반복적으로 특정 비용을 비경상비용으로 분류하고 있다면 애널리스트는 가치평가모형에 해당 비용을 반영할지 검토해야 한다.

2.5. 대차대조표와 현금흐름표 모델링

손익계산서 작성은 대차대조표와 현금흐름표 작성의 출발점이다. 이 경우 애널리스트는 대차대조표나 현금흐름표 중 자신이 선호하는 하나를 먼저 추정하게 된다. 이는 손익계산서와 둘 중 하나의 재무제표가 작성되면 나머지 하나는 자동적으로 작성되기 때문이다. 여기서는 대차대조표를 먼저 작성하기로 한다.

이익잉여금 같이 일부의 대차대조표 계정과목은 손익계산서에서 대차대조표로 직접 연결되어 들어오며, 매출채권 · 외상매입금 · 재고자산 등의 항목은 손익계산서 추정치와 밀접하게 관련된다.

운전자본(working capital) 계정의 추정에는 일반적으로 자산의 효율성 지표가 사용된다. 가령 애널리스트는 매출채권 회수기간을 가정하고 이를 매출 추정치에 적용하여 장래의 매출채권 규모를 추정하는 식이다. 매출채권 회수기간(days sales outstanding)이란 회사가 고객으로부터 판매대금을 수금하는데 걸리는 기간(일수)을 말한다. 예를 들어 (모든 매출이 신용매출이라고 가정하고) 연매출이 $250억이고 매출채권 회수에 통상 60일이 걸리면, 매출채권 잔액은 $41억(= $250억 × 60/365)으로 추정된다. 또한 애널리스트는 매출채권 회전율을 가정해 제조원가 추정치와 결합하면 미래 재고자산 잔액을 추정할 수 있다. 매출채권 회전율(inventory turnover ratio)은 회사가 매출에 비해 얼마나 많은 재고자산을 보유하는지 혹은 회사가 재고자산을 이용해 얼마나 빨리 매출을 만들어내는지를 보여주는 지표이다. 효율성 지표가 안정적이라면 대차대조표상 운전자본 계정들은 관련된 손익계산서 계정들과 연동해 변동한다.

운전자본의 추정에도 하향식과 상향식 접근법을 모두 고려할 수 있다. 애널리스트가 운전자본 추정에 특별한 견해가 없다면 과거의 효율성 지표가 향후에도 지속될 것으로 보고 미래 경영성과나 운전자본을 추정할 수 있는데, 이는 상향식 접근법에 해당한다. 한편 애널리스트가 회사의 미래 운전자본에 대해 특별한 견해를 가질 수도 있다. 예를 들어 경기에 민감한 소매업체의 매출이 급감할 것으로 예상하면 소매업 전반에서 매출채권 회전율이 떨어질 것으로 예상할 수 있다. 이처럼 애널리스트가 거시경제적 환경 전망에서 시작해 회사의 운전자본을 추정하는 하향식 접근법도 가능하다.

유형자산(PP&E) 같은 장기자산의 추정치는 손익계산서의 예측된 성과와 대부분 직접적으로 연동되지 않는다. 순유형자산은 자본적 지출과 감가상각비에 따라 변동하는데, 이들은 모두 현금흐름표의 중요 구성요소이다. 감가상각비(depreciation) 추정은 과거 감가상각비 내역과 공시자료의 감가상각비 스케줄을 참고하게 된다. 반면 자본적 지출(capital expenditure) 추정치는 미래 순유형자산 필요액에 대한 애널리스트의 판단에 따라 결정된다. 애널리스트는 자본적 지출을 현재 사업을 유지하는데 필요한 **보완적 자본지출(maintenance capital expenditure)**과 사업을 확장하는데 필요한 **성장적 자본지출(growth capital expenditure)**로 나눠 검토할 수 있다. 모든 조건이 동일하다면 인플레이션으로 인해 자본적 지출은 감가상각비 이상인 경우가 일반적이다.

마지막으로 애널리스트는 회사의 미래 자본구조에 대한 가정을 세워야 한다. 부채자산비율, 부채비율, 부채EBITDA비율과 같은 레버리지 비율은 미래 자본구조 추정에 유용하게 활용될 수 있다. 애널리스트는 미래 자본구조 예측에 회사의 과거 프랙티스, 경영진의 재무정책, 다른 모형의 가정으로 채택된 자본 요구사항 등을 고려하게 된다.

장래의 손익계산서와 대차대조표가 완성되면 **투하자본이익률(return on invested capital, ROIC)**을 계산할 수 있다. ROIC는 회사의 주주와 채권자가 투자한 전체 자본의 수익성을 측정하는 지표이다. ROIC의 분자에는 보통 세후순영업이익(net operating profit less adjusted taxes, NOPLAT)이 사용된다. NOPLAT는 기본적으로 주주와 채권자에게 수익으로 귀속될 수 있는 이익인 이자비용 지급 전 이익이다. ROIC의 분모에는 영업자산에서 영업부채를 뺀 투하자본이 일반적으로 사용된다.[4] 투하자본은 회계연도 기초 잔액을 사용하거나 기초 잔액과 기말 잔액의 평균치를 사용한다. ROIC는 회사의 재무레버리지에 영향을 받지 않는다는 점에서 ROE보다 안정적인 수익성 지표이다. 일반적으로 ROIC가 매우 높다는 것은 경쟁우위의 신호가 된다. ROIC를 개선하기 위해서는 회사가 이익을 늘리거나 투하자본을 줄

4) Hawawini and Viallet(2011 p. 628)는 투하자본을 현금과 현금등가물, 운전자본 필요액, 순고정자산의 합계액으로 상세히 정의한다. 운전자본 필요액은 영업자산에서 영업부채를 차감한다. 영업자산에는 매출채권, 재고자산, 선급비용이 포함되며 영업부채에는 미지급금과 미지급비용이 포함된다. 다만 실무상으로는 매우 다양한 ROIC의 정의가 존재한다.

여야 한다. ROIC와 밀접한 지표로 세전 영업이익에 관심을 두는 **총투하자본이익률(return on capital employed, ROCE)**이 있는데, 개념적으로 세전 ROIC라고 할 수 있다.[5)] 이 지표는 영업이익을 부채와 자본을 합산한 총자본으로 나눈 값으로 정의된다. 세전 지표이기 때문에 ROCE는 여러 맥락에서 유용하게 사용된다. 대표적으로 회사 간 근원 수익성 비교에 낮은 세율을 적용받는 회사가 수혜를 보는 문제를 해결할 수 있기 때문에 세무 환경이 다른 여러 나라의 피어그룹 기업들을 비교하는데 도움이 된다.

EXAMPLE 8 대차대조표 모델링

1. 어떤 레스토랑 체인의 경영진은 현재 40%인 부채비율을 향후에도 계속 유지하려 한다. 회사의 목표 자본구조는 과거 자본구조에 부합하는 수준이다. 이 회사는 견조한 수익성을 보이고 있지만 경쟁이 심해지고 있어 향후 5년간 이익이 매년 2%씩 감소할 것으로 예상된다. 이 회사는 배당과 자기주식 매입을 하지 않고 향후 5년간 모든 이익을 유보할 예정이다. 이 기간 동안 이 레스토랑 체인의 부채는 어떻게 될 것으로 예상하는가?
   A. 부채는 증가할 것이다.
   B. 부채는 감소할 것이다.
   C. 부채는 변동 없이 유지될 것이다.
2. 바이 사이드 애널리스트인 Sophie Moreau는 독일의 한 제조업체를 분석 중이다. 이 회사의 자산은 대부분 운전자본과 PP&E로 구성되어 있다고 한다. 하지만 Moreau는 회사의 감가상각 스케줄이 경제적 실질을 반영하지 못한다고 생각한다. 대신 감가상각 스케줄에 반영되는 PP&E의 내용연수를 두 배로 예상해서, 향후 5년간 자본적 지출이 감가상각비보다 훨씬 작을 것으로 예상한다. Moreau는 이 기간 동안 이익과 순운전자본 증가율이 한 자리 대 초반으로 예상한다. Moreau의 가정에 따르면 향후 5년간 투하자본이익률(ROIC)은 어떻게 변할 것으로 예상하는가?
   A. ROIC는 증가할 것이다.
   B. ROIC는 감소할 것이다.
   C. ROIC는 변동 없이 유지될 것이다.

Solution 1 A

레스토랑 체인은 이익을 내고 모든 이익을 사내에 유보한다. 이로 인해 대차대조표상 자본은 증가하게 된다. 이 경우 경영진이 부채비율을 일정하게 유지하기 위해서는 부채를 늘려야 한다.

5) 이 설명은 애널리스트 프랙티스의 하나일 뿐이다. 일부의 저자들은 ROCE를 ROIC와 동일하게 취급하기도 한다. Hawawini and Viallet(2011, p. 628)를 참조하라. 다른 많은 재무지표들과 마찬가지로 절대적 권위를 갖는 정의란 존재하지 않는다.

Solution 2 A

향후 5년간 이익은 증가할 것으로 예상된다. 운전자본은 이익에 연동하여 증가할 것으로 예상되기 때문에, 운전자본만 본다면 ROIC는 안정적이어야 한다. 그러나 감가상각비가 자본적 지출을 초과할 것으로 예상되어 순유형자산은 감소할 것으로 예상된다. 따라서 투하자본이 이익보다 느린 속도로 증가하거나 심지어 줄어들 수도 있기 때문에 투하자본이익률은 증가할 것으로 본다.

추정 손익계산서와 대차대조표가 작성되면 미래 현금흐름표도 작성할 수 있다. 다만 애널리스트는 통상 회사의 미래 현금흐름 사용, 자기주식 매입, 배당, 기타의 자본적 지출 등에 대한 가정을 세우게 된다.

2.6. 시나리오 분석과 민감도 분석

어떤 접근법을 사용하더라도 주식가치평가는 상당한 불확실성을 수반한다. 평가에는 미래에 대한 가정이 요구되는데, 이는 근본적으로 불확실한 작업이다. 추정에 불확실성이 있을 수 있다고 판단하면 현명한 애널리스트는 기본이 되는 가정에서 벗어나는 상황을 고려하게 된다.

민감도 분석(sensitivity analysis)은 어떤 시점에 하나의 가정이 변동할 때 내재가치 추정치에 미치는 영향을 살펴보는 분석기법이다. 가령 회사의 가치평가에 매출성장률 가정이 바뀌는데 따른 영향을 살펴보는 식이다. **시나리오 분석(scenario analysis)**도 목적은 같지만 동시에 여러 가정을 변경해 본다는 점에 차이가 있다. 예를 들어 애널리스트가 매출성장률, 영업이익률, 자본적 지출 등 세 가지 가정을 동시에 변경시켜 보는 것이다. 민감도 분석이나 시나리오 분석은 미래에 대한 다양한 가정에 근거하여 잠재적인 내재가치 추정치의 범위를 살펴보는데 사용된다. 또한 애널리스트가 경제성장률, 인플레이션, 특정 상품의 성공 여부 등 주요 가정의 변동이 회사의 가치평가에 어떤 영향을 미치는지 분석할 수 있는 도구가 된다.

기업에 대한 가치 추정치에는 불확실성이 수반된다. 규모가 크고 성숙기에 접어들어 성장이 느리며, 경기도 잘 타지 않고 안정적인 자본구조를 가진 회사의 경우에는 가치평가가 상대적으로 쉬워진다. 이런 경우 적극적(긍정적) 시나리오나 보수적(부정적) 시나리오에 따른 내재가치 추정치는 기본 가정에 따른 기본 추정치와 큰 차이가 없을 수 있다. 반면 기술과 규제환경에 큰 영향을 받는 신생 벤처기업이나 영업과 재무레버리지가 큰 기업은 가정에 따라 내재가치 추정치가 큰 영향을 받는다. 이런 경우 애널리스트는 내재가치 추정치가 시장가격과 차이가 있다는 확신이 갖기 힘들고 종목추천이나 투자의견을 제시하는데 주저하게 된다.

애널리스트는 자신의 가치평가 결과가 특정한 값이어야 한다고 생각하기보다 변동 가능성을 감안해 적절한 범위를 고려할 필요가 있다. 대부분의 회사에서 이러한 가치 추정치는 종 모양의 대칭적 분포를 가지는 것이 일반적이다. [표 16]에서 보는 바와 같이 내재가치의 기본 추정치가 분포의 중간에 위치하고 (애널리스트의 판단에 따라) 보수적 추정치와 적극적 추정치가 비슷한 확률로 기본 추정치의 좌우에 위치하게 된다. 분포의 꼬리 두께는 예측에 수반되는 불확실성의 정도에 따라 결정된다. 예를 들면 규모가 큰 성숙기 저성장 기업은 꼬리가 얇은 뾰족한 분포를 가질 가능성이 높은데, 이는 추정치가 극단에 위치할 가능성이 상대적으로 낮기 때문이다.[6]

[표 16] 내재가치 추정치 분포

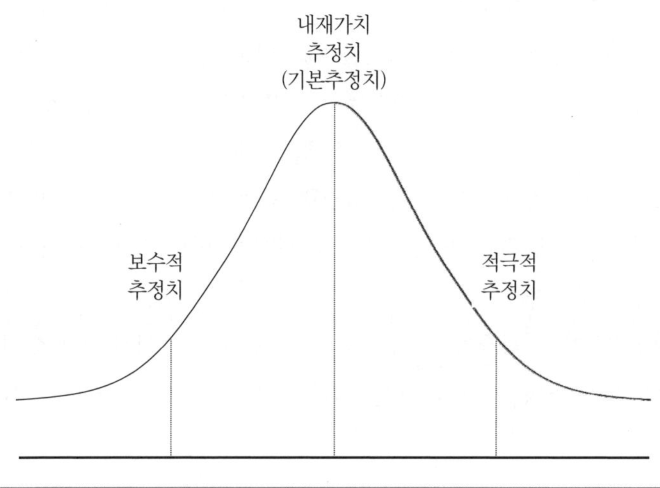

일부 회사들에게 있어 잠재적 결과치의 분포는 한쪽으로 기울어지거나 매우 비정규적일 수 있다. 예를 들어 부채가 많은 기업은 현금흐름이 부채 원리금 상환에 충분하지 못할 수 있으며, 이 경우 주식가치는 0이 될 확률이 상대적으로 높아진다. 아직 시장의 검증을 받지 못한 단일 제품만 보유한 기업은 이 제품의 성공 여부에 따라 기업가치가 엄청나게 큰 차이를 보일 수 있다. 시나리오 분석은 이와 같이 기본 가정으로 의미 있는 추정치를 산출하기 어려울 때 특히 유용할 수 있다. 애널리스트는 일반적으로 이런 회사의 가치 추정치 도출에 다양한 시나리오에 따른 각 추정치를 각 시나리오의 발생 확률로 가중 평균하는 방법을 사용한다.

6) 실제 추정치의 확률분포는 대칭적이지 않다. 기술적으로 증권가치는 왼쪽으로 기울어진 분포를 갖는다.

3. 경쟁요인의 고려

재무추정에 경쟁을 고려하는 것은 도전적인 작업이다. 애널리스트가 추정해야 하는 매출, 영업이익률, 자본적 지출 등 대부분의 재무지표는 경쟁환경과 관련되어 있고, 경쟁요인은 이러한 재무지표에 단독적 혹은 집합적으로 영향을 미친다. 애널리스트는 경쟁요인이 추정치에 어떤 영향을 미치는지를 생각하는데 여러 가지 개념적 기법을 활용할 수 있다. 이러한 기법은 정보와 아이디어를 효율적으로 구조화하는 방법론을 제공한다. 경쟁분석을 추정에 결합시키는 정해진 규칙이 있는 것은 아니지만 애널리스트가 경쟁분석을 고려하는 것은 논할 필요도 없는 중요한 작업이다. 매출성장률, 수익성, 자본적 지출, 운전자본 투자 등의 추정은 모두 애널리스트가 회사의 미래 경쟁력을 어떻게 전망하는지에 달려있기 때문이다.

경쟁이 회사의 재무성과에 어떤 영향을 미치는지를 애널리스트가 판단하도록 돕는 대표적인 분석기법이 Michael Porter의 5요인 경쟁분석 프레임워크이다.[7] 이 프레임워크는 경쟁의 구조와 강도를 결정하는 다섯 가지 요인을 정의하고, 이들 요인이 회사의 원가와 판매가격에 미치는 영향을 분석한다. 경쟁환경에 영향을 미치는 다섯 가지 요인은 대체재의 위협, 기존 경쟁자들 사이의 경쟁강도, 공급자의 협상력, 고객의 협상력, 신규 진입자의 위협이다.

첫 번째 경쟁요인은 대체재의 위협이다. 다양한 대체재가 존재하고 교체비용이 작다면 회사는 제한적인 가격결정력만 갖게 된다. 반면 대체재가 별로 없고 교체비용이 크다면 회사는 높은 가격결정력을 갖는다.

두 번째 경쟁요인은 기존 경쟁자들 사이의 경쟁강도이다. 시장이 분할되어 있고, 진입장벽과 고정비가 높으며 차별성이 크지 않은 제품을 공급하는 산업에서는 회사의 가격결정력이 제한된다.

세 번째 경쟁요인은 공급자의 협상력이다. 공급자가 가격을 인상하거나 품질이나 수량을 제한할 수 있는 능력을 가지면, 이런 상황에 놓인 기업이나 산업은 수익성의 하방압력에 직면한다. 공급자의 협상력은 일반적으로 공급자가 공급하는 제품의 상대적 규모(비중)와 중요성 그리고 대체재의 존재 여부에 의해 결정된다.

네 번째 경쟁요인은 고객의 협상력이다. 고객이 낮은 가격을 요구하거나 제품의 품질과 수량을 통제할 능력을 가지면 기업이나 산업의 수익성은 하방압력에 직면한다. 고객의 협상력은 공급자의 협상력과 반대가 된다. 즉 고객 기반이 분할돼있고 비표준화된 제품을 생산하며 교체비용이 높은 산업에서는 회사의 가격결정력은 높고 고객의 협상력은 낮은 것이 일반적이다.

다섯 번째 경쟁요인은 신규 진입자의 위협이다. 신규 진입자의 위협이 큰 산업에 속한 기

7) Porter(1980) 참조.

업은 잠재적인 진입자가 평균 이상인 수익성에 매력을 느끼기 때문에 수익성의 하방압력에 직면한다. 반대로 진입장벽이 있으면 신규 경쟁자가 시장에 진입하는데 큰 비용을 치러야 한다. 따라서 진입장벽이 높으면 기존 플레이어가 가격을 올리거나 자신의 시장지위를 방어하기 쉬워진다.

포터의 5요인 경쟁분석: Anheuser-Busch InBev

기업이 직면하는 경쟁구조는 국가에 따라 다를 수 있고, 경쟁구조에 따라 매출성장, 영업이익률, 자본지출, 투자수익률 등의 모델링에 시사점이 달라질 수 있다. 예를 들어 세계 최대 다국적 맥주회사인 Anheuser-Busch(AB) InBev는 브라질과 영국에도 공장을 운영 중이다. AB InBev에게 침체된 영국 시장보다 집중도가 높고 성장속도가 빠른 브라질 시장은 경쟁지위와 사업 전망이 유망한 시장이다.

브라질 맥주시장은 4개 업체들이 분점하고 있다. 2011년 AB InBev의 자회사인 AmBev가 역내 시장의 69%를 차지하는 지배적 사업자이고, Petropolis 11%, Grupo Schincariol 10%, Heineken 9% 순으로 나머지 시장을 점하고 있다. 지배적 시장지위와 강력한 유통망을 바탕으로 AmBev는 2011년 세계 맥주시장에서 최고 수준인 49%의 영업이익률을 기록했다. 여전히 성장하는 브라질 맥주시장 참여자들은 가격경쟁보다 유통망 확충과 품질 고급화에 힘을 쏟고 있다. 이런 환경에서 애널리스트는 AmBev의 매출이 향후에도 견조한 성장세를 보일 것으로 예상한다. [표 17]은 포터의 5요인 경쟁분석을 이용해 브라질 맥주시장을 분석한 결과이다. 대부분의 경영요인들은 향후에도 수익성에 위협이 되지 않을 것으로 보이는데, 이는 애널리스트들이 AmBev가 지속적으로 (과거 수익성에 부합하는) 평균 이상의 수익성을 유지할 것으로 예측한다는 의미이다.

[표 17] 포터의 5요인 경쟁분석을 이용한 브라질 맥주시장 분석

요 인	위협 정도	고려 사항
대체재 위협	보 통	• 맥주 소비자는 다른 브랜드로 쉽게 옮겨가지 않음. 다만, 와인이나 스프라이트 같은 대체재는 존재함. • 다른 나라들과 달리 맥주 종류는 상대적으로 많지 않음.
경쟁자 위협	낮 음	• AmBev는 시장의 69%를 장악하고 있음. 생산과 유통의 규모의 경제는 경쟁자 대비 상당한 원가우위를 제공함. • AmBev의 원가우위와 함께 시장이 여전히 성장 중이기 때문에 가격경쟁은 제한적임.
공급자 협상력	낮 음	• 주요 원재료(물, 호프, 맥아, 패키징)는 모두 기본적으로 코모디티 제품임.

[표 17] (계속)

요 인	위협 정도	고려 사항
고객 협상력	낮 음	• 판매량의 약 65%가 주점과 식당에 납품됨. 결과적으로 다수의 구매자가 존재하며, 시장의 구매자들은 매우 분할되어 있음. • 브라질 슈퍼마켓 산업도 상대적으로 분할되어 있고, PB상품과 같은 대안상품도 발달하지 않은 상태임.
신규 진입자 위협	낮 음	• 양조시설 증설, 전국적 유통망 구축, 유력 브랜드 구축에 많은 비용이 들기 때문에 진입장벽은 상대적으로 높음.

영국 맥주시장도 4개 업체가 분점하지만 경쟁구조는 브라질과 완전히 다른 모습이다. 맥주 관련 시장조사기관 Plato Logic에 따르면 2011년 Heineken, MolsonCoors, AB InBev, Carlsberg의 시장점유율은 각각 24%, 19%, 18%, 14%이다. 결과적으로 영국 시장에는 지배적 맥주회사가 없다고 볼 수 있다. 영국은 양조장의 높은 고정비 부담, 맥주 수요 감소, 매우 통합된 고객기반으로 인해 고객이 상당한 구매력(특히 소매 채널에서)을 가지고 있어, 최근 수년간 가격경쟁이 심화되어 왔다. 수익성은 세계 맥주시장 평균치보다 낮아서 영업이익률이 10%에 미치지 못한다. 이런 환경이라면 애널리스트는 제한적인 매출성장을 예상할 가능성이 높다. [표 18]은 포터의 5요인 프레임워크를 이용해 영국 맥주시장을 분석한 결과이다.

[표 18] 포터의 5요인 경쟁분석을 이용한 영국 맥주시장 분석

요 인	위협 정도	고려 사항
대체재 위협	보 통	• 맥주 소비자는 다른 브랜드로 쉽게 옮겨가지 않음. 다만, 와인, 스프라이트, 사이다 같은 대체재는 존재함.
경쟁자 위협	높 음	• 시장은 지배적 사업자가 없는 상대적으로 분할된 시장임. 맥주 소비 감소는 가격전쟁을 부를 가능성이 있음.[(a)] • 소비자의 선택 범위가 넓기 때문에 특정 브랜드에 대한 충성도는 높지 않음.
공급자 협상력	낮 음	• 주요 원재료(물, 호프, 맥아, 패키징)는 모두 기본적으로 코모디티 제품임.
고객 협상력	높 음	• 식료품 시장을 장악하고 있는 대형 슈퍼마켓 체인들이 상당한 협상력을 가짐. • 선술집 단체인 대형 허브 조직 역시 강력한 협상력을 가짐.[(b)]
신규 진입자 위협	낮 음	• 양조시설 증설, 전국적 유통망 구축(특히 과거부터 양조장이 맥주집을 운영하고 있는 상황 고려), 유력 브랜드 구축에 많은 비용이 들기 때문에 진입장벽은 상대적으로 높음. • 영국은 섬나라이기 때문에 다른 나라에 양조장을 가진 회사는 기존 참여자들보다 높은 운송비를 부담해야 함.

(a) 축소되는 시장에서 업계는 판매량 감소를 상쇄하기 위해 가격 인상에 노력한다. 하지만 시장이 매우 분할되어 있고 가격리더십이 없어 가격인상은 쉽지 않다.
(b) 영국에서 영업장 판매용 주류는 "on trade(업소용)"로, 일반 소매점 판매용 주류는 "off trade(가정용)"로 구분된다.

포터의 5요인 외에 회사의 수익성은 규제나 세제와 같은 정부요인에도 영향을 받는데, 이 요인에 대해 포터는 다음과 같이 설명하고 있다.

> 다섯 가지 경쟁 요인에 의해 정의되는 산업구조는 산업이 창출하는 경제적 가치의 배분을 결정하기 때문에 산업의 장기적인 수익 잠재력을 결정한다. 정부 개입은 산업 수익성에 근본적으로는 좋지도 나쁘지도 않기 때문에 여섯 번째 요인으로 잘 인식되지 않는다. 경쟁에 대한 정부의 영향을 이해하는 최선의 방법은 특정 정부정책이 다섯 가지 요인에 미치는 영향을 분석하는 것이다.[8]

EXAMPLE 9 러시아 맥주시장

Carlsberg는 글로벌 맥주회사 중 가장 작은 회사지만 러시아에서는 시장 지배적 업체이다. 2011년 Carlsberg의 러시아 자회사 Baltika는 시장점유율이 37%에 달하는 마켓 리더이고, AB InBev 16%, Heineken 12%, Efes 11%, SAB Miller 7%가 그 뒤를 따르고 있다. 러시아의 1인당 맥주 소비는 아직 많지 않지만 주류 소비가 워낙 많은 만큼 성장하는 시장으로 간주된다.

2010년 러시아 정부는 주류 소비를 억제하기 위해 리터당 3루블이던 맥주 소비세를 리터당 9루블로 3배 인상하고, 향후 2년에 걸쳐 매년 1루블씩 추가 인상하겠다고 발표했다.

2011년 Baltika는 자사 브랜드 중 고가 제품 비중을 확대하기 위해 엄청난 노력을 기울이고 있었다. 이런 노력으로 인해 판매비는 28% 증가했다. 대부분의 필수소비재가 그렇듯이 Baltika의 생산비도 높아졌다. 곡물 흉작으로 대부분의 원료 구매자들은 원가에 압박을 받고 있었고, 유가 상승으로 포장비도 상승했다. 이에 반해 2011년 경쟁업체들은 Baltika보다 광고와 홍보비 지출에 훨씬 신중한 모습을 보이고 있었다.

두 명의 애널리스트가 Baltika를 리서치 중이다. 그들은 Baltika 분석에 [표 19]의 별도기준 애뉴얼 리포트를 사용한다. 두 애널리스트의 분석이 모두 [표 19]의 판매정보와 인플레이션이 없다는 가정에 근거하지만 이들은 완전히 다른 결론을 도출했다. 애널리스트 A는 Baltika가 러시아에서 취약한 경쟁지위를 가지고 있어 사업을 철수해야 한다고 생각한다. 반면 애널리스트 B는 2011년 영업이익이 전년대비 8% 감소했지만, Baltika의 사업전망은 매우 밝다고 전망한다.

8) Porter(2008), p. 10 참조.

[표 19] Baltika의 주요 재무 · 영업 지표(백만 RUB)

(RUB million)	2011	2010	2009	변동 2011/2010	변동 2010/2009
총매출(소매가 기준)	162,200	144,607	142,915	12%	1%
소비세	38,600	33,840	12,810	14	164
판매가 중 소비세 비중	23.8%	23.4%	9.0%		
VAT(18%)	18,854	16,897	19,847		
고객 순매출(소비세 제외)	104,746	93,870	110,259	12	-15
유통업자 이익[(a)]	14,951	14,563	16,539	12	-15
유통 마진	14.3%	15.5%	15.0%	3	-12
출하량(million hectroliters)	38.6	37.6	42.7	3	-12
순매출(유통업자 이익 제외)	89,795	79,307	93,270	13	-15
제조원가	42,116	34,162	42,466	23	-20
매출총이익	47,679	45,145	51,254	6	-12
판매비	23,752	18,552	19,150	28	-3
관리비	2,439	2,429	2,529	0	-4
조정	+182	-533	+43		
영업이익	21,670	23,631	29,618	-8	-20
매출총이익률 %	53.1%	56.9%	54.7%	-3.8	2.2
판매비 비율 %	26.5%	23.4%	20.4%	-3.1	-3.0
영업이익률 %	24.1%	29.8%	31.6%	-5.7	-1.8
ROCE %	38.7%	43.9%	50.8%	-5.2	-6.9
총투하자본(CE)	55,995	53,829	58,303	4	-8

[RUB per hectoliter(hl)]	2011	2010	2009	변동 2011/2010	변동 2010/2009
소매출고가/hl	4,202	3,846	3,347	9%	15%
소비세/hl	1,000	900	300	11	200
유통업자 이익/hl	387	387	387	0	0
순매출/hl	2,326	2,109	2,195	10	-4
제조원가/hl	1,091	909	995	20	-9
매출총이익/hl	1,235	1,201	1,200	3	0
판매비/hl	615	493	448	25	10
관리비/hl	63	65	59	-2	9
조정/hl	5	-14	1		
영업이익/hl	561	628	694	-11%	-9%

㈜ 총투하자본 = 부채 + 자기자본

(a) 최종소비자에게 판매할 목적으로 제조업체로부터 맥주를 구입하는 유통업자의 이익을 말한다.

자료: Baltika 애뉴얼리포트

1. 두 애널리스트는 러시아의 (맥주에 부과되는 특별소비세인) 물품소비세 인상을 예상하고 있다. 이 경우 판매가는 약 10% 인상이 불가피하다. 제조원가의 절반은 고정비로 헥토리터당 일정하고 나머지 절반은 출하량에 따라 변동하며, 판매비는 매출의 일정 비율로 유지되고, 관리비는 고정비라고 가정하자. 또한 Baltika가 (헥토리터당) 순판매가를 낮추지 않고 10%의 소비세 인상을 소비자에게 전가하려 한다고 가정하자.
   A. 애널리스트 A는 소매가를 10% 인상하면 출하량이 8% 감소하여 가격탄력성을 0.8로 예상한다. [표 20]의 정보를 바탕으로 2012년 영업이익과 영업이익률에 미치는 영향을 계산하라.
   B. 애널리스트 B는 소매가를 10% 인상하면 출하량이 5% 감소하여 가격탄력성을 0.5로 예상한다. [표 20]의 정보를 바탕으로 2012년 영업이익과 영업이익률에 미치는 영향을 계산하라.

[표 20] Baltika의 비용구조(2011 ~ 2012, RUB 백만)

		애널리스트 A		애널리스트 B	
	2011	2012E	YoY%	2012E	YoY%
출하량(백만 hl)	38.6	35.5	−8.0%	36.7	−5.0%
순매출/hl	2.326				
순매출	89,795				
제조원가	42,116				
매출총이익	47,679				
매출총이익률	53.1%				
판매비	23,752				
관리비	2,439	2,439		2,439	
영업이익	21,488				
영업이익률	23.9%				
제조원가(고정비)	21,058	21,058		21,058	
제조원가(변동비)	21,058				
제조원가(변동비)/hl	546	546		546	
판매비의 매출액 비중	26.5%	26.5%		26.5%	

㈜ YoY%: 연도별 변동률

2. 매출총이익률은 2010년 56.9%로 개선되지만, 2011년에는 53.1%로 다시 하락했다. 이는 맥주의 주원료인 맥아 가격이 상승하면서 2011년 제조원가가 높아졌기 때문이다. 2011년 제조원가의 절반은 고정비이고 나머지 절반은 출하량에 따른 변동비라고 가정하자. 제조원가 변동비의 절반은 2011년 맥아 가격과 관련된 것이라고 가정하자. 2011년 맥아 가격은 33%

상승했었다. 2012년 매출액은 전년과 변동이 없지만, 맥아 가격은 2010년 수준으로 되돌아갈 것으로 가정하자. 2012년 Batika의 매출총이익률은 얼마로 추정되는가?

3. Baltika의 판매비의 매출액 비중은 2010년 23.4%에서 2011년 26.5%로 증가했다. 어떤 경쟁요인이 Baltika의 판매비가 큰 폭으로 증가하는데 영향을 미친 것으로 볼 수 있는가?
4. 소매업자들은 맥주회사의 직접 고객이다. 이들은 맥주회사로부터 맥주를 납품받아 최종 소비자에게 공급한다. 애널리스트 A는 러시아에서 대형 식품 소매업체들이 증가하고 있어 맥주업체 마진이 감소할 것으로 예상한다. 그는 Baltika의 매출(RUB89,795)과 투하자본(RUB55,995)에는 변화가 없더라도 영업마진은 2011년 24.1%에서 2015년 15%로 감소할 것으로 예상한다. 반면 애널리스트 B는 대형 식품 소매업체의 중요성이 증가할 것으로 보지만 Baltika가 보다 매력적인 기업 간 신용공여(예: 소매업체에게 보다 긴 대금결제 기간 허용) 제공으로 잠재적 가격압력을 상쇄할 수 있을 것으로 보고 있다. 그는 매출은 증가하지 않겠지만, 영업마진은 24.1% 수준에서 안정적으로 유지될 것으로 본다. 다만 재고자산과 매출채권에 대한 투자가 증가하며 투하자본(RUB55,995)은 두 배로 증가할 것으로 예상한다. 포터의 5요인과 ROCE의 관점에서 두 애널리스트가 예상하는 대규모 소매업체의 출현이 맥주업체에 미치는 영향을 설명하라. 두 시나리오 중 Baltika에 더 유리한 것은 누구의 시나리오인가?

Solution 1

[표 21]은 두 애널리스트의 예측 결과를 보여준다. 애널리스트 A는 2012년 영업이익은 전년대비 16.7% 감소한 RUB17,889, 영업마진은 2011년 23.9%에서 2012년 21.7%로 감소할 것으로 예측한다. 애널리스트 A는 헥토리터당 판매가는 RUB2,326로 일정하나 출하량이 8% 감소하며, 매출이 RUB82,611로 8% 감소할 것으로 예상한다. 출하량 감소는 소비세 인상에 따른 10% 가격인상과 0.8의 가격탄력성에 따른 것이다. 제조원가의 절반은 고정비이기 때문에 전체 제조원가는 4%만 감소한다. 고정비와 변동비를 합한 전체 제조원가는 RUB21,058 + (35.51hl × RUB545.5/hl) = RUB21,058 + RUB19,373 = RUB40,431이 된다. 애널리스트 A는 출고량 감소에 따라 판매비는 8% 감소하지만, 관리비는 단기적으로 고정비이기 때문에 변동이 없을 것으로 예상한다.

애널리스트 B는 2012년 영업이익이 RUB19,239로 전년대비 10.5% 감소할 것으로 전망한다. 애널리스트 B도 애널리스트 A와 동일한 추정 과정을 따르지만 러시아 맥주시장에 대한 전망 차이로 출하량이 5% 감소하는데 그칠 것으로 본다. 애널리스트 A의 예상이 애널리스트 B보다 비관적이다. 소비세 인상으로 소매가가 10% 인상되더라도 맥주회사의 순판매가/hl는 변동이 없다고 가정하는데 유의하자. 애널리스트 B는 애널리스트 A보다 출고량을 낙관적으로 전망하기 때문에 애널리스트 A의 분석보다 고정비가 더 많이 출하량에 배분된다. 결과적으로 애널리스트 B는 보다 높은 영업마진을 예상한다. 다만 2012년 영업마진이 감소할 것이라는데 두 애널리스트는 의견을 같이한다.

[표 21] Baltika의 비용구조 추정(RUB 백만)

		애널리스트 A		애널리스트 B	
	2011	2012E	YoY%	2012E	YoY%
출하량(백만 hl)	38.6	35.5	−8.0	36.7	−5.0
순매출/hl	2,326	2,326	0.0	2,326	0.0
순매출	89,795	82,611	−8.0	85,305	−5.0
제조원가	42,116	40,431	−4.0	41,063	−2.5
매출총이익	47,679	42,180	−11.5	44,242	−7.2
매출총이익률	53.1%	51.1%		51.9%	
판매비	23,752	21,852	−8.0	22,564	−5.0
관리비	2,439	2,439	0.0	2,439	0.0
영업이익	21,488	17,889	−16.7	19,239	−10.5
영업이익률	23.9%	21.7%		22.6%	
제조원가(고정비)	21,058	21,058		21,058	
제조원가(변동비)	21,058	19,373		20,005	
제조원가(변동비)/hl	546	546		546	
판매비의 매출액 비중	26.5%	26.5%		26.5%	

Solution 2

2010년 수준으로 맥아 가격이 하락한다면, 2012년 맥아 가격은 25% 하락하게 된다. 출고량이 일정하다고 가정하기 때문에 다른 변동비는 변화가 없다. 2011년 매출총이익은 매출액의 53.1%이기 때문에 제조원가는 매출액의 46.9%(= 100% − 53.1%)이다. 맥아는 변동비의 절반이고, 변동비는 제조원가의 절반이기 때문에 맥아는 전체 제조원가의 25%를 차지한다. 따라서 2012년 제조원가는 전년대비 25% × 25% = 6.25% 감소할 것으로 예측된다. 즉 2012년 제조원가는 매출액의 43.9%[= 46.9% − (6.25% × 46.9%)]가 될 것이다. 결론적으로 2012년 매출총이익률은 56.03%(= 100 − 43.9%)가 된다. 매출총이익률은 2011년 53.10%에서 2012년 56.03%로 293 bps 증가할 것으로 예상된다.

[표 22] 원가 요소의 매출액 비중 변동

	2011	2012	YoY%
매 출	100.00	100.00	0.0
−맥아 원가	11.73	8.79	−25.0
−기타 원가	11.73	11.73	0.0
변동 제조원가	23.45	20.52	−12.5
고정 제조원가	23.45	23.45	0.0

총 제조원가	46.90	43.97	−6.2
매출총이익	53.10	56.03	5.5

Solution 3

산업 내 경쟁자와 대체재의 위협은 Baltika가 판매비를 큰 폭으로 늘리는데 가장 큰 영향을 미쳤을 것이다. Baltika는 광고비 지출을 늘려 자사 제품에 대한 브랜드 충성도를 높임으로써 맥주업계 경쟁자는 물론 다른 주류업체에 대한 경쟁지위를 강화하려 했을 것이다. 또한 구매자의 협상력도 Baltika가 최종 소비 수요를 창출하기 위해 광고비 지출을 늘리는데 영향을 미쳤을 수 있다. Baltika는 자사 제품에 대한 최종 소비자의 선호도를 높임으로써 자신의 직접적 고객이자 최종 소비자와의 사이에서 중개상 역할을 하는 소매업자(유통업자)에 대한 회사의 협상력을 강화하려 했을 것이다.

Solution 4

러시아 대형 소매업체의 확장으로 맥주회사에 대해 구매자의 협상력은 강화될 것으로 예상된다. 애널리스트 A는 구매자의 협상력 강화로 판매가격이 하락할 것으로 본다. 애널리스트 B는 대형 구매자로부터 발생하는 가격압력은 있지만 우호적인 신용조건 제시로 소비 수요는 증가할 것으로 예상한다. 애널리스트 A는 ROCE가 38.6%(= 24.1% × RUB89,795/RUB55,995)에서 24.1%(= 15% × RUB89,795/RUB55,995)로 감소할 것으로 예상한다. 애널리스트 B는 영업이익 창출에 두 배의 투하자본이 필요하다고 보기 때문에 2011년 38.6%인 ROCE는 절반 수준인 19.4%로 하락할 것으로 예상한다. 따라서 애널리스트 A가 예상하는 시나리오가 Baltika에 유리하다.

요약하면 포터의 5요인 경쟁분석 같은 분석 기법은 애널리스트가 회사가 속한 산업과 산업 내 회사들의 경쟁지위를 파악하는데 도움을 준다. 따라서 애널리스트가 회사의 상대적 이익창출력을 평가하는데 이 기법은 유용하게 활용된다. 예를 들어 기업이 속한 산업과 그 경쟁적 맥락을 이해하면 애널리스트가 회사의 향후 매출이 (과거 실적, 경제상황, 업종, 경쟁사와 비교할 때) 어떠할 것인지, 영업이익률은 (과거 실적이나 경쟁사에 비교해) 어떠할지 파악하는데 큰 도움이 된다. 산업과 경쟁분석을 미래 재무성과 예측에 접목하는 것은 판단이 요구되는 작업이다. 예를 들어 어떤 애널리스트가 평가대상 회사의 산업은 구매자와 공급자의 협상력이 제한적이며 상대적으로 진입장벽이 높지 않은 적당히 경쟁적인 산업이며, 평가대상 회사는 이 산업의 시장리더라는 것을 파악했다고 해보자. 이 경우 애널리스트는 회사의 향후 매출이 전체 산업의 성장과 연동된다면, 영업마진과 ROIC는 경쟁기업들보다 높은 수준을 유지할 것이라고 예상할 수 있다. 다만 애널리스트의 관찰 결과와 미래 성장률 및 이익률 예측 사이에 기계적인 연결고리가 있는 것은 아니다. 주관적이고 확률적인 연결고리라고 봐야 한다.

4. 인플레이션의 반영

상품과 서비스 가격의 전반적인 인상과 인하를 의미하는 인플레이션과 디플레이션은 회사의 미래 매출, 이익, 현금흐름 추정의 정확도에 중대한 영향을 미친다. 인플레이션과 디플레이션이 매출과 비용에 미치는 영향은 회사에 따라 다르다. 심지어 한 회사에서도 항목에 따라 인플레이션이나 디플레이션의 영향이 다른 것이 일반적이다.

일부 기업들은 제조원가 인상의 부담을 판매가 인상으로 고객에게 전가할 수 있는 능력을 가진다. 가격 인상을 통한 원가 부담의 전가능력은 회사가 가진 강력한 브랜드 파워(Coca-Cola)나 독점적 기술(Apple) 보유의 결과이다. 결과적으로 원가를 가격에 전가하는데 우수한 능력을 가진 기업은 경쟁자들에 비해 이익이나 현금흐름이 우수하고 안정적일 가능성이 높다.

먼저 인플레이션이 매출과 원가에 미치는 영향에 대해 살펴보자.

4.1. 물가와 매출 추정

산업의 인플레이션이 존재하는 상황에서 산업과 기업의 재무성과를 예측하는 기법에 대해 알아보자.

4.1.1. 물가와 산업 매출

재료비나 인건비 같은 투입원가 상승은 결국 제품가격을 인상시킨다. 산업구조는 투입원가 상승과 최종 제품의 가격인상 간의 관계를 결정하는 중요한 요인이다. 예를 들어 미국 맥주시장은 AB InBev가 시장의 거의 절반을 장악하고 있는 과점시장이다. 또한 미국에서는 제조자인 맥주회사가 제품을 최종 고객(카페, 레스토랑, 소매점 등)에게 직접 판매 것이 허용되지 않고, 유통은 제3의 도매상이 담당하는 3단계 구조를 가지고 있다. 제조자가 최종 고객에게 맥주를 직접 공급하지 않고 도매업체의 유통망을 이용해야 하기 때문에 맥주시장은 분할된 고객기반의 시장이다. 이러한 도매업체도 주마다 다른 경우가 있다. Wal-Mart 같은 전국적 대형 소매업체들도 지배적 시장지위를 이용해 맥주업체와 직접 협상하지 못하고 여전히 여러 도매업체들과 협상해야 한다. 이러한 미국 맥주산업의 구조는 맥주 가격이 소비자물가지수(CPI)를 대체로 추적하게 되는 이유이다. 다시 말해 원가가 상승하면 가격이 올라가고, 원가가 하락하면 가격이 내려가는 경향을 갖는다. 미국 맥주업체는 필요하면 인플레이션으로 인한 원가 상승을 보상 받기 위해 제품가격을 인상할 수 있는 능력을 보유한 것이다. 반면 유럽의 맥주업체들은 소위 지배적 소매아울렛인 Carrefour, Tesco, Ahold 등 집중된 고객기반에 제품을 공급하고 있다. 이는 맥주업체들의 가격결정력이 제한되는 산업구조이다. 또한 유럽시장에는 전체 시장을 장악한 지배적 맥주업체가 없다. 이와 같은 산업구조의 특성과 역내 맥주 소비 정체로 인해 유럽의 맥주가격 변동은 CPI보다 평균 100 bps 낮은 수준을 유지해왔다.

[표 21] 미국 물가상승률과 맥주 가격 인플레이션

자료: US Bureau of Labor Statistics(미국 노동통계국)

만일 수요가 가격에 탄력적, 다시 말해 저렴한 대체재가 존재한다면 인플레이션에 따른 원가 상승을 가격에 전가하려는 노력은 판매량 감소로 인해 부정적 영향을 받게 된다. 가령 투입원가의 10% 상승을 상쇄하기 위해 상승분만큼 가격을 인상할 경우, 판매량이 유지된다면 매출총이익률은 감소해도 매출총이익은 유지된다. 하지만 가격이 인상되면 단기적으로 판매량은 감소한다. 이처럼 판매량이 감소하는 것은 수요의 가격탄력성뿐 아니라 경쟁자의 반작용과 대체재의 존재에 영향을 받는다. 투입원가가 하락하면 가격 인하 여력이 생긴다. 한 경쟁자가 가격을 인하하면 판매 증가에 따른 수혜를 볼 수 있다. 하지만 다른 경쟁자들이 재빨리 대응하면, 수혜는 단기적 효과에 그친다. 가격과 판매량의 역관계는 정확한 매출 추정을 어렵게 한다. 인플레이션 상황에서 가격을 너무 늦게 올리면 영업마진이 압박을 받고, 너무 빨리 가격을 올리면 판매량이 줄어들 수 있다. 한편 디플레이션 상황에서 가격을 너무 빨리 내리면 영업마진이 축소되고, 너무 오래 기다리면 판매량이 줄 수 있다.

경쟁이 심한 소비재 시장에서 가격책정은 전체 제조원가의 평균 절반을 차지하는 재료비 변동에 큰 영향을 받는다. 최근 소비자의 가격민감도는 판매량과 가격이 강한 역의 상관관계를 가진다는 것을 보여준다. 예를 들면 2008년과 2009년 밀, 우유, 포장재 원가가 상승하면서 생필품 회사 Unilever는 제품가격을 인상할 수밖에 없었다. 결과적으로 판매량은 감소했다. 그러나 2009년과 2010년 초 원재료비가 하락하자 가격을 인하했고, 판매량은 빠르게 회복했다. 회사가 2011년 다시 가격 인상을 시도하자, 판매량은 다시금 감소했다. [표 24]는 Unilever의 판매가와 판매량 간 역의 관계를 잘 설명하고 있다.

[표 24] Unilever의 분기별 판매가와 판매량 변동

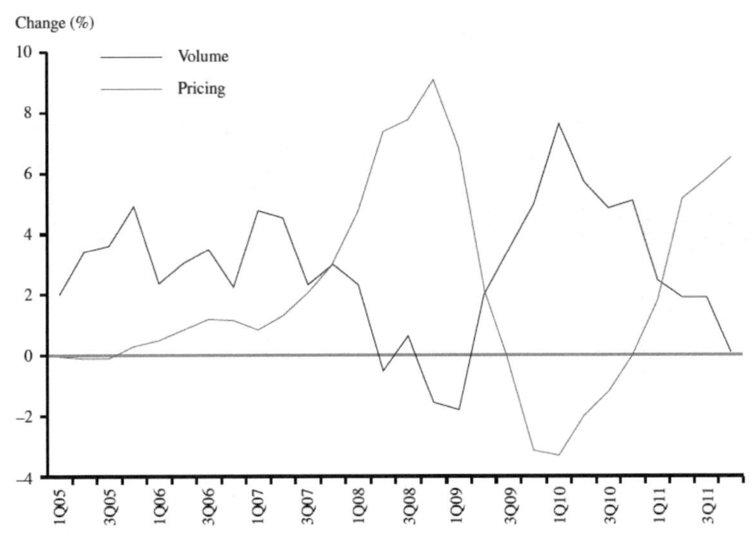

자료: Unilever 분기별 보도 자료

4.1.2. 물가와 회사 매출

개념적으로 매출 추정치는 예상 판매량과 가격의 변동에 의해 결정된다. 투입원가의 인플레이션 상황에서 회사의 매출을 추정하기 위해서는 제품의 가격탄력성과 회사가 적극적인 영업활동을 하는 국가의 원가 인플레이션에 대한 상당한 이해를 필요로 한다. 또한 가격정책과 시장지위도 중요한 고려사항이 된다.

가격 인상이 판매량에 미치는 영향은 수요의 가격탄력성(즉, 가격에 따라 수요량이 어떻게 변동하는지)에 따라 결정된다. 만일 수요가 가격에 비탄력적이면 매출은 원가 인플레이션으로 증가할 수 있다. 반면 가격에 수요가 탄력적이면[9] 가격인상은 매출을 감소시킨다. 예를 들어 [표 25]와 같이 영국 식료품점의 식료품 가격 인플레이션과 판매량 간 회귀분석에서 회귀식의 기울기 계수는 −0.398로 나타났다. (즉, 연간 식료품 가격이 1% 포인트 인상될 때마다 연간 식료품 판매량이 약 0.4% 감소한다는 것이다.)

[표 25] 영국 식료품 인플레이션과 판매량 간 상관관계

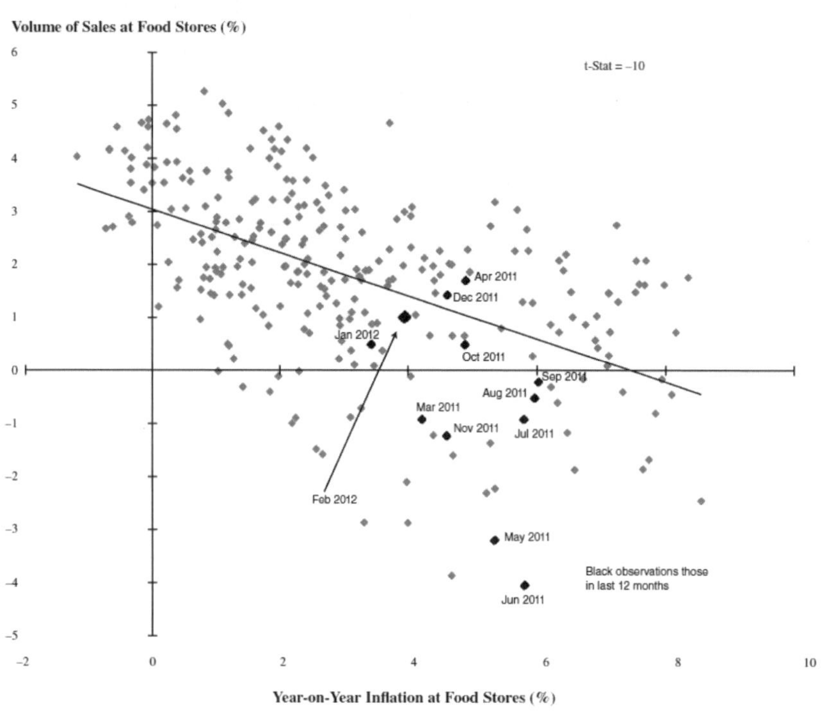

자료: Datastream 자료를 활용한 저자 분석

만일 영국 식료품 소매업체를 담당하는 애널리스트라면 이익 추정을 위한 모형을 만들 때 이런 정보를 활용할 수 있다. 식료품 인플레이션의 기대 수준을 가정하여 판매량이 어느 정도 증가할지와 예상 매출을 계산해보는데 이런 정보가 유용할 수 있다.

다국적 기업의 가격정책은 여러 나라의 인플레이션 비용이 감안되도록 지역적 오퍼레이션의 믹스를 고려해야 한다. 물론 인플레이션의 투입원가에 대한 영향과 함께 경쟁전략과

9) 가격탄력성이 단위 탄력성(unit price elasticity) 이상인 경우이다.

경쟁요소가 가격결정에 중요한 역할을 한다.

신흥국 시장에서 AB InBev의 판매량 증가와 가격정책은 매우 견조한 모습을 보였는데, 이는 신제품에 대한 강한 수요가 뒷받침되었기 때문이다. 인플레이션의 영향도 중요한 요인이었다. 아르헨티나 시장이 포함된 라틴아메리카 남부지역 맥주업체들은 2011년 24.7%의 매출 성장을 기록했는데, 이 중 단지 2.1%만이 판매량 증가에 따른 것이고 나머지는 판매가 인상에 따른 것이었다. 매출과 비용이 함께 증가하면서 영업이익률은 안정적으로 유지되어, (유기적) 영업이익 증가율은 27%로 높았다. 다만 크지는 않았지만 부정적인 환율 변동으로 인해 달러화 기준 보고된 영업이익 증가율은 24%였다.

수출국보다 수입국의 물가상승률이 높으면 수입국 통화가 약세를 보이기 때문에 가격인상의 효과가 통화 약세로 상쇄된다. AB InBev가 라틴아메리카 남부지역 판매가를 크게 인상한 배경에는 원가 인플레이션의 영향이 있었다. 다만 부정적인 환율효과가 없었기 때문에 일반적인 예상과 달리 가격인상이 어닝서프라이즈를 만들었다. 높은 물가상승률이 상당기간 지속된다면 통화가치는 하락 압력을 받아 절하되는 것이 일반적인데도 말이다.

많은 애널리스트들은 외국의 최근 인플레이션이 과도하다면 한두 해 내에 매출과 원가상승률이 정상 수준으로 회복될 것으로 보고 적절히 조정하게 된다. 이러한 일정한 통화성장률은 사업의 근원적 성장 가정에 근거한다. 다만 이런 접근법은 단기적으로 매출을 과소 추정할 수 있다. 또 일부 애널리스트들은 높은 인플레이션이 매출과 원가에 미치는 영향을 반영한 후 (이자율평가설에 따른) 예상 환율로 인플레이션의 효과를 조정하기도 한다. 다만 환율 전망이 어려울 때는 이 접근법도 불완전할 수 있다.

회사의 주요 비용 항목에 대한 투입원가를 파악하게 되면 가격정책에 대한 시사점을 얻을 수 있다. 예를 들면 베이커리 소매 전문 체인은 여러 품목을 다루는 슈퍼마켓 체인보다 곡물가격 인상에 심각한 영향을 받는다. 결과적으로 곡물가격이 상승하면 일반 식료품점보다 베이커리가 가격을 올릴 가능성이 높다고 보는 것이 논리적이다.

기업의 전략도 매출과 비용에 중요한 변수이다. 원가가 상승하면 기업은 원가부담을 고객에 전가해 이익률을 유지할 것인지 아니면 시장점유율을 높여 이익을 방어하되 이익률 감소는 받아들일 것인지 결정해야 한다. 다시 말해 회사는 원가 상승을 가격에 전부 반영하지 않음으로써 시장점유율을 확대하려 할 수 있다. 다수의 애널리스트들은 북미 최대 식료품 유통업체인 Sysco Company가 경기 부진으로 매출에 타격을 입은 고객(식당, 클럽, 학교, 양로원 등)의 수익성 악화를 우려해 원가 상승을 식료품 납품 가격에 전부 전가하지 않을 수 있다고 생각한다. 반면 2011년과 2012년 대형 프랑스 코냑 업체 Rémy Cointreau Group은 늘어만 가는 중국 지역의 수요를 인위적으로 위축시키기 위해 제품가격을 큰 폭으로 인상했다. 이는 오래 숙성된 코냑일수록 비싸기 때문에 단기 판매 극대화보다는 오래 숙성된 코냑의 재고를 늘리는 것이 수익성을 높일 수 있기 때문에 취한 조치였다.

EXAMPLE 10 투입원가 인상의 가격 전가

글로벌 슈퍼마켓체인 Carrefour는 (판매량은 안정적이나) 제조원가가 5%의 인플레이션에 노출되어 있다. 네 명의 애널리스트는 회사가 이런 상황에 어떻게 반응할지 각자의 예측을 가지고 있다. [표 26]은 Carrefour의 2011년 실적이며, [표 27]은 각 애널리스트가 생각하는 원가, 판매량, 가격정책 등의 예측치이다.

[표 26] Carrefour 자료(€백만)

	2011
매 출	81,271
제조원가	64,912
매출총이익	16,329
매출총이익률	20.1%

자료: 2011년 Carrefour 애뉴얼 리포트

[표 27] 인플레이션에 따른 Carrefour의 반응 예측

	A	B	C	D
가격인상	0.0%	2.0%	4.0%	5.0%
판매량 증가	8.0%	4.0%	1.0%	−7.0%
총매출 증가	8.0%	6.1%	5.0%	−2.4%
투입원가 상승	5.0%	5.0%	5.0%	5.0%

1. 애널리스트별 매출총이익과 매출총이익률 추정치는 얼마인가?
2. 어느 애널리스트가 가장 높은 매출총이익률을 예상하는가?
3. 어느 애널리스트가 가장 많은 매출총이익을 예상하는가?

Solution 1

각 애널리스트의 예측치는 [표 28]에서 보는 바와 같다. 애널리스트 B의 경우 매출은 6.1% [= (1.02 × 1.04) − 1], 제조원가는 9.2%[= (1.04 × 1.05) − 1] 증가할 것으로 본다. 계산된 매출과 제조원가의 차이는 새로운 매출총이익이 된다.

[표 28] 애널리스트별 예측 결과

	2011	Analyst A	YoY%	Analyst B	YoY%	Analyst C	YoY%	Analyst D	YoY%
Carrefour									
매출	81,271	87,773	8.0%	86,212	6.1%	85,367	5.0%	79,361	−2.4%
제조원가	64,912	73,610	13.4%	70,884	9.2%	68,839	6.1%	63,387	−2.4%
매출총이익	16,359	14,162	−13.4%	15,328	−6.3%	16,528	1.0%	15,975	−2.4%
매출총이익률	20.1%	16.1%		17.8%		19.4%		20.1%	

㈜ YoY%: 연간 변동률

Solution 2

가격 5% 인상으로 매출총이익률이 유지될 것으로 기대하는 애널리스트 D가 가장 높은 매출총이익률을 예상한다.

Solution 3

마진 감소가 판매량 증가로 상쇄되고도 남을 것으로 기대하는 애널리스트 C가 가장 많은 매출총이익을 예상한다.

4.2 물가와 원가 추정

다음은 인플레이션이나 디플레이션이 있는 상황에서 산업과 회사의 원가 예측에 대해 살펴본다.

4.2.1 물가와 산업 원가

산업별로 일반화된 구매 관행을 파악하는 것은 원가 예측에 도움이 된다. 가령 장기 고정가격 계약이나 헤지거래는 가격 인상의 영향을 지연시킬 수 있다. 따라서 애널리스트는 전통적으로 이런 구매 관행을 따르는 산업이 그렇지 않은 산업보다 투입원가가 더 느리고 안정적으로 움직일 것으로 예측하게 된다.

투입원가의 동인을 살펴보는 것도 원가 예측에 도움이 된다. 실제 날씨는 농산물 가격에 큰 영향을 미치며, 결과적으로 농산물을 원료로 사용하는 산업의 원가에 큰 영향을 미친다. 이때 특정 날씨 패턴을 관측한 애널리스트는 날씨 정보를 원가 예측에 감안할 수 있다.

인플레이션이나 디플레이션이 기업의 원가구조에 미치는 영향은 기업이 처한 경쟁환경에 따라서도 다르다. 예를 들면 산업 내 참여자들에게 원료의 대체제가 있거나 산업이 수직적으로 통합되어 있다면 투입원가 변동의 영향은 완화될 수 있다. 보통의 커피회사들은 원두 가격이 비싸면서도 변동성이 커 어려움을 겪는다. 역시 커피회사인 DE Masterblenders는 여러 종류의 원두를 혼합해 사용한다. 원두의 혼합비율을 약간만 조정하면 DE는 비싼 원두의 사용을 줄이면서도 향과 풍미를 유지할 수 있다. 그러나 모든 원두 생산국들이 동시에 가격을 크게 올리면 DE도 더 이상 브랜딩만으로 문제를 해결할 수 없고 원가 상승에 부담을 안게 된다. 수익성을 유지하기 위해 DE는 판매가를 인상해야 할 상황에 처하게 된다. 그러나 Nestlé(Nespresso, Dolce Gusto, Nescafe)와 Mondelez International(Jacobs Coffee, Carte Noir) 등 경쟁사와의 경쟁 때문에 가격 인상이 어렵다면 영업마진을 유지하기 위해서는 다른 대안을 찾아야 한다. 이때 광고와 홍보비 삭감은 단기적으로 손쉬운 해결책이 될 수 있다. 이런 대책은 바로 매출에 부정적 효과로 나타나지는 않기 때문에 단기적인 이익 개선에 도움이 된다. 다만 이런 조치는 회사의 브랜드 지위를 약화시키기 때문에 장기적으로는 문제가 될 수 있다.

실제로 2010년 러시아에서는 열풍현상으로 인해 곡물 수확량이 급감하면서 맥주의 주원료인 맥아 가격이 급등했다. 러시아 최대 맥주업체 Carlsberg는 러시아산 맥아 확보에 더 많은 비용을 지불해야 했고, 운송비가 훨씬 높은 해외 수입을 늘려야 했기 때문에 원가부담이 급증했다. Carlsberg가 서유럽산 맥아 수입을 늘리면서 맥아 가격을 끌어올리자, 서유럽 지역 맥주업체들의 원가도 덩달아 상승했다.

4.2.2. 물가와 회사 원가

회사의 원가를 추정할 때 카테고리나 지역별 원가구조를 살펴보면 도움이 된다. 이 경우 각 원가 항목별로 투입원가에 대한 인플레이션과 디플레이션 영향을 예측 · 분석하게 된다. 이런 분석에는 고가 재료를 저가 재료로 대체할 수 있는 회사의 능력이나 원가 인상을 상쇄할 수 있는 경영 효율성이 고려되어야 한다. 예를 들어 2011년 원재료의 가격 급등으로 Unilever와 Nestlé의 매출총이익률은 (110 ~ 170 bps 내외) 큰 폭으로 하락했지만, 이들은 광고비 지출 축소와 영업 효율성 제고를 통해 예년 평균 이상의 영업이익률을 달성했다. (EXAMPLE 11)은 공통형 분석을 통해 인플레이션의 원가에 대한 영향을 분석한다.

EXAMPLE 11 투입원가의 인플레이션

생필품 회사인 스위스 초콜릿회사 Lindt와 글로벌 식품업체 Nestlé의 원가는 물가에 지속적으로 영향을 받아왔다. [표 29]는 공통형 분석을 보여준다.

[표 29] Nestlé와 Lindt의 공통형 분석

	Nestlé	Lindt
순매출	100%	100%
COGS	50%	36%
매출총이익	50%	64%
SG&A	31%	47%
감가상각비	3%	4%
EBIT	16%	13%
원재료비	22%	22%
포장비	12%	10%
기타 COGS	16%	4%
총 COGS	50%	36%

자료: 각사 애뉴얼 리포트.

1. 감가상각비를 제외한 모든 비용이 10% 인상되어도 두 회사는 모두 비용 증가분을 가격에 전가할 능력이 없다(즉, 총매출은 일정하게 유지된다)고 가정하자.
   A. 두 회사의 매출총이익률을 계산하라. 어느 회사의 매출총이익률이 더 많이 하락하는가?
   B. 두 회사의 영업이익률을 계산하라. 어느 회사의 영업이익률이 더 많이 하락하는가?
2. COGS 중 원재료비가 10% 인상(다른 비용은 일정)되지만 두 회사가 모두 비용 증가분을 가격에 전가할 능력이 없다고 가정하자. 매출총이익률과 영업이익률의 관점에서 어떤 회사가 더 부정적 영향을 받을 것으로 예상되는가?

Solution

[표 30] 비용 인플레이션의 영향

	비용(상각비 제외) 10%↑		원재료비 10%↑	
	Nestlé	Lindt	Nestlé	Lindt
순매출	100%	100%	100%	100%
COGS	55%	40%	52%	38%
매출총이익	45%	60%	48%	62%
SG&A	35%	52%	31%	47%
감가상각비	3%	4%	3%	4%
영업이익(EBIT)	8%	5%	14%	11%

Solution 1A

순매출에서 COGS의 비중이 높은 회사, 다시 말해 매출총이익률이 낮은 회사가 더 부정적 영향을 받는다. [표 29]와 같이 Nestlé의 매출총이익률은 50%로 Lindt의 64%보다 낮다. COGS가 10% 상승하면 순매출에 대한 COGS는 1.10 × 50 = 55%가 된다. 이 경우 [표 30]에서와 같이 Nestlé의 매출총이익률은 45%로 하락한다. 결국 Nestlé의 매출총이익률은 50%에서 45%로 10%(= 5%/50%) 하락한다. 반면 Lindt의 매출총이익률은 64%에서 60%로 6%(= 4%/64%) 하락한다.

Solution 1B

Lindt의 전체 비용이 Nestlé보다 많은 것은 주로 판관비(SG&A) 차이 때문이다. 이로 인해 [표 30]과 같이 Lindt의 영업이익률은 5% 수준으로 하락한다. 비율로는 약 62%(= 8%/13%)가 하락해 약 50%(= 8%/16%)가 하락한 Nestlé보다 더 하락한다.

Solution 2

당연히 원재료비 비중이 높은 회사가 더 부정적 영향을 받는다. 이 사례에서 두 회사의 원재료는 똑같이 순매출의 22%를 차지한다. 원재료비가 10% 인상되면 매출총이익률과 영업이익률은 모두 220 bps 감소한다. 이로 인한 Lindt의 매출총이익률은 3.4%(= 2.2%/64%) 감소하는데 반해 Nestlé의 매출총이익률은 4.4%(= 2.2%/50%) 감소해 Nestlé가 상대적으로 더 심한 영향을 받는다. 그러나 영업이익률에 대한 효과는 반대이다. Nestlé가 13.8%(= 2.2%/16%) 하락하는 반면 Lindt는 16.9%(= 2.2%/13%) 하락하기 때문이다.

5. 기술의 발전

기술 발전은 회사와 소속 산업의 이코노믹스를 바꿀 수 있는 잠재력을 가진다. 기술 발전이 개별 회사의 이익에 미치는 영향을 계량화하기 위해서는 미래 수요에 대한 가정이 필요하다. 이런 가정은 시나리오 분석이나 민감도 분석을 통해 잠재적인 이익 추정치의 범위를 살펴보는 방식으로 검토가 이루어진다. 기술 발전으로 기존 제품의 수요를 잠식할 수 있는 신제품이 출시될 때 신제품이 기존 제품의 향후 수요를 얼마나 대체할 것인지 파악하는데 잠식계수(cannibalization factor)가 이용된다. 잠식계수를 예측할 때 대체재의 위협이 세그먼트에 따라 다르다면 시장을 세분화하는 것이 유용할 수 있다.

기술 발전은 제품의 수요와 공급에도 영향을 끼친다. 기술 발달로 제조원가가 하락하면 공급자가 동일한 원가에 더 많은 제품을 생산할 수 있게 됨에 따라 공급곡선은 오른쪽으로 이동하게 된다. 반면 기술 발달이 매력적인 대체재를 출현시키면 수요곡선은 왼쪽으로 이동하게 된다. 다음 사례를 살펴보자.

EXAMPLE 12 태블릿 시장의 성장과 PC 수요 잠식

2010년 4월 Apple이 iPad를 출시하면서 세계 태블릿 시장은 기술적 대전환을 경험하게 되는데, 이는 PC산업에 중요한 의미를 갖는다. 태블릿은 PC의 전통적 입력장치인 키보드 대신 스크린터치 인터페이스를 채택한 휴대용 PC로 볼 수 있다. 태블릿의 또 다른 차별적 특징은 대부분의 기존 PC가 마이크로소프트 윈도우 플랫폼을 운영체계로 채택한데 반해 태블릿은 Apple의 iOS나 Google의 Android 같은 새로운 운영체계를 채택했다는 점이다. 태블릿이 이메일, 웹 브라우징, 사진 공유, 음악 청취, 영화 시청, 게임, 일정관리, 계약관리 등 PC가 해온 대부분의 작업을 수행하는 상황에서 한 애널리스트가 태블릿의 성장이 PC 수요를 얼마나 잠식하는지, 나아가 마이크로소프트의 매출과 이익에는 어떤 영향이 있을지 궁금해 하고 있다. [표 31]은 이러한 질문에 답하는 예시적 접근법을 보여준다.

[표 31] 수요와 매출 추정(단위: 천)

시장잠식 전 PC 수요 예측	FY2011	FY2012E	FY2013E	FY2014E	3년 CAGR
개인용 PC 출하량	170,022	174,430	184,120	193,811	4.5%
비개인용 PC 출하량	180,881	185,570	195,880	206,189	4.5%
총 글로벌 PC 출하량	350,903	360,000	380,000	400,000	4.5%
개인용 PC 비중	48%	48%	48%	48%	
비개인용 PC 비중	52%	52%	52%	52%	
개인용 태블릿 출하량	36,785	82,800	111,250	148,750	59.3%
비개인용 태블릿 출하량	1,686	7,200	13,750	26,250	149.7%
글로벌 태블릿 출하량	38,471	90,000	125,000	175,000	65.7%
개인용 태블릿 비중	96%	92%	89%	85%	
비개인용 태블릿 비중	4%	8%	11%	15%	
개인용 PC 잠식계수	30%	30%	30%	30%	
비개인용 PC 잠식계수	10%	10%	10%	10%	
태블릿에 잠식된 개인용 PC 대수	11,036	24,840	33,375	44,625	
태블릿에 잠식된 비개인용 PC 대수	169	720	1,375	2,625	
태블릿에 잠식된 전체 PC 대수	11,204	25,560	34,750	47,250	
태블릿에 잠식된 PC 비중	3.2%	7.1%	9.1%	11.8%	

시장잠식 후 PC 수요 예측	FY2011	FY2012E	FY2013E	FY2014E	3년 CAGR
개인용 PC 출하량	158,986	149,590	150,745	149,186	−2.1%
비개인용 PC 출하량	180,712	184,850	194,505	203,564	4.0%
총 글로벌 PC 출하량	339,698	334,440	345,250	352,750	1.3%
Microsoft 평균판매가(ASP)					
개인용	$85	$85	$85	$85	
비개인용	155	155	155	155	
Microsoft 매출 영향($백만)					
개인용	938	2,111	2,837	3,793	
비개인용	26	112	213	407	
총 매출 영향	964	2,223	3,050	4,200	

㈜ CAGR: 복리 연평균 증가율. 비개인용: 기업용, 교육용, 공공기관용 포함
자료: Gartner, JPMorgan, Microsoft 자료 및 저자 분석

2011 회계연도 전 세계 PC 출하량은 350.9백만 대, 태블릿 출하량은 38.5백만 대였다.10) 이제 태블릿 성장이 PC시장에 미칠 잠식효과, 즉 잠재적 대체효과를 측정해보자. 잠식효과는 사용자의 선호도, 용도, PC 보유 여부 등 여러 변수에 영향을 받기 때문에 평가에는 추정치의 잠재적 범위를 검토하고자 한다. 또한 세계 PC시장을 개인용과 비개인용(기업 · 교육 · 공공기관용)으로 나누기로 했는데, 이는 두 시장에서 대체효과의 강도가 다를 것으로 보기 때문이다. 여기서는 개인용과 비개인용 시장의 잠식률(잠식계수)을 각각 30%와 10%로 가정한다.
기본 시나리오는 비개인용 태블릿 비중이 2011년 4%에서 15%까지 상승할 것으로 가정한다. 한편 글로벌 PC시장이 개인용과 비개인용으로 대략 반분(2011년 48%와 52%)되어 있지만, Microsoft Office 판매의 80%가 비개인용으로 팔리기 때문에 비개인용 세그먼트의 수익성이 훨씬 높다. 평균판매가격(ASP) 추정치는 Microsoft의 지난 3년간 평균 매출액을 각 세그먼트의 PC 출하량으로 나누어 구한다. 태블릿에 의해 잠식된 PC 대수에 추정 ASP를 곱하면 Microsoft의 매출에 미치는 영향(매출 손실)을 추정할 수 있다. 예를 들어 2012년 태블릿 판매로 인해 24.8백만 대의 개인용 PC 판매가 줄어들 것으로 예측된다. 개인용 PC의 ASP 추정치가 $85이기 때문에, 태블릿의 잠식으로 인한 Microsoft의 매출 손실은 $2.1십억(= 24.8백만 대 × $85 ASP/대)으로 예상된다.
매출을 추정했으면 다음은 PC의 판매 감소에 따른 매출총이익과 영업이익의 변화를 살펴보자. 이를 위해서는 Microsoft의 비용구조, 즉 비용을 고정비와 변동비로 구분해 살펴볼 필요가 있다. 대부분 소프트웨어 회사들은 고정비 비중이 상대적으로 높고 변동비 비중이 낮은데, 이는 제품개발과 마케팅 관련 비용(대부분 고정비)이 회수되지 않는 매몰비용인데 반해 소프트웨어의 추가 카피 생산에는 큰 비용(대부분 변동비)이 들지 않기 때문이다. 이런 이유로 소프트웨어 회사는 고정비 비중이 높고 변동비 비중이 낮은 비용구조를 가지는 것이 일

반적이다. 비용 정보를 고정비와 변동비로 구분해 제시하는 회사는 거의 없기 때문에 대부분의 경우 애널리스트가 이를 추정해야 한다. 고정비와 변동비를 구분하는 방법(<방법 1>)으로 다음 산식이 사용되기도 한다.

$$\%\Delta(\text{매출원가} + \text{영업비용})/\%\Delta\text{매출액}$$

이는 변동비 비율의 대용치인 백분율 변동비 추정치이다. 또 다른 방법(<방법 2>)은 영업비용을 고정비와 변동비로 나누고 백분율로 할당하는 방식이다. [표 32]와 [표 33]은 두 방법에 대해 설명하고 있다.

[표 32] 〈방법 1〉을 이용한 MS사 변동비 추정($백만)

영업 세그먼트	FY2009	FY2010	FY2011	FY2011/FY2009 % 변동
Windows & Windows Live	15,563	18,792	18,788	
MS 비즈니스 디비전	19,211	19,345	21,986	
총 세그먼트 매출	34,774	38,137	40,764	17%
Windows & Windows Live	6,191	6,539	6,810	
MS 비즈니스 디비전	8,058	7,703	8,159	
총 영업비용(= 매출원가 + 영업비용)	14,249	14,242	14,969	5%

%변동비 ≈ %Δ(매출원가 + 영업비용)/%Δ매출액 = 5%/17% ≈ 29%

%고정비 ≈ 1 − %변동비 = 1 − 29% = 71%

[표 33] 〈방법 2〉를 이용한 MS사 변동비 추정($백만)

영업비용	FY2009	FY2010	FY2011	FY2009 ~ FY2011 평균	총 영업비용의 %	고정비 비중 추정치	고정비 기여
매출원가 (상각비 제외)	10,455	10,595	13,577	11,542	29%	20%	6%
감가상각비	1,700	1,800	2,000	1,833	5%	100%	5%
총 매출원가	12,155	12,395	15,577	13,376	34%		11%
연구개발비	9,010	8,714	9,043	8,922	22%	100%	22%
판매와 마케팅	12,879	13,214	13,940	13,344	34%	80%	27%
일반관리비	4,030	4,063	4,222	4,105	10%	100%	10%
총 영업비용	38,074	38,386	42,782	39,747	100%		60%
Microsoft의 총 원가구조 중 고정비 비중 추정치							70%

㈜ 회계연도 결산일: 6월 말

자료: Microsoft 2011년 Form 10-K와 저자 분석

10) Gartner Computer Quarterly Statistics World Database 참조.

이와 같이 Microsoft의 비용구조는 약 70%의 고정비와 30%의 변동비로 구성된 것으로 추정된다. 하지만 Microsoft와 같이 성장하는 기업은 통상 미래 성장을 유지하기 위해 유형자산에 계속 재투자해야 하기 때문에 고정비로 분류된 비용조차 시간이 지나면 증가한다는데 유의할 필요가 있다. 예상되는 고정비의 증가 현상을 고려해 이 사례에서는 고정비가 매출성장률의 절반 수준으로 변동하다고 가정한다. 또한 변동비는 매출성장률로 변동할 것으로 예상한다. [표 34]와 같이 이상의 가정에 더해 2014년까지 연평균 7%의 매출성장률을 적용하면, 영업이익의 연평균 증가율(CAGR)은 10.6%[= $(36,757/27,161)^{1/3}$ − 1]가 된다. 같은 기간 영업이익률은 410 bps(= 42.9% − 38.8%) 개선되는데, 이는 상대적으로 고정비를 많이 사용하는 영업레버리지 때문이다. 다른 비용에 변동이 없고 실효세율과 발행주식수에도 변화가 없다면 [표 34]와 같이 2014 회계연도에 매출은 $85.7십억, 영업이익은 $36.8십억, 영업이익률은 42.9%로 추정되며, 2014년 EPS는 $3.62로 연평균 10.3% 증가할 것으로 예상된다.

[표 34] 태블릿의 시장 잠식 전 Microsoft의 EPS 예측($백만)

	FY2011	FY2012E	FY2013E	FY2014E	3년 CAGR
매출액	69,943	74,839	80,078	85,683	7.0%
매출성장률		7.0%	7.0%	7.0%	
영업비용					
고정비(70%)	29,947	30,996	32,080	33,203	3.5%
변동비(30%)	12,835	13,733	14,694	15,723	7.0%
총 영업비용	42,782	44,729	46,775	48,926	4.6%
영업이익	27,161	30,110	33,303	36,757	10.6%
영업이익률	38.83%	40.23%	41.59%	42.90%	
기타 영업외손익	910	910	910	910	
세전이익	28,071	31,020	34,213	37,667	
법인세 충당금	4,921	5,438	5,998	6,603	
실효세율	17.53%	17.53%	17.53%	17.53%	
당기순이익	23,150	25,582	28,215	31,064	
가중평균 발행주식수(희석)	8,593	8,593	8,593	8,593	
추정 EPS(시장 잠식 전)	$2.69	$2.98	$3.28	$3.62	10.3%

[표 35]에서와 같이 시장 잠식 후 시나리오에서는 잠식효과로 인해 매출 손실이 예상된다. 잠식효과에 따라 시장 잠식 전 시나리오에서 7.0%였던 매출의 연평균 성장률은 5.2%로 하락한다. 매출성장률이 감소한 상태에서 70/30인 고정비 대 변동비 비용구조가 유지되면, 잠식 전 시나리오에서 10.6%였던 영업이익의 평균성장률은 8.0%로 낮아진다. 추정

기간 마지막 연도의 영업이익률은 42.9%에서 41.9%로 거의 100 bps 감소하는데, 이는 매출 성장률 둔화에 따라 고정비를 잠식 전과 같은 수준으로 배부할 수 없기 때문이다. 결론적으로 시장 잠식 후 시나리오에서 Microsoft는 2014 회계연도 매출 $81.5십억, 영업이익 $34.2십억, 영업이익률 41.9%, EPS는 연평균 7.8% 증가하여 $3.37로 예상된다. 따라서 태블릿 시장의 성장에 따라 Microsoft가 입게 되는 PC시장에서의 잠식효과(피해)는 2014 회계연도 기준 매출 $4.2십억, 영업이익 $2.6십억, 영업이익률 96 bps, EPS $0.25로 예상된다.

[표 35] 태블릿의 시장 잠식 후 Microsoft의 EPS 예측($백만)

	FY2011	FY2012E	FY2013E	FY2014E	3년 CAGR
매출액	69,943	72,616	77,028	81,483	5.2%
매출성장률		3.8%	6.1%	5.8%	
영업비용					
고정비(70%)	29,947	30,520	31,447	32,356	2.6%
변동비(30%)	12,835	13,325	14,135	14,952	5.2%
총 영업비용	42,782	43,845	45,581	47,308	3.4%
영업이익	27,161	28,771	31,446	34,175	8.0%
영업이익률	38.83%	39.62%	40.82%	41.94%	
기타 영업외손익	910	910	910	910	
세전이익	28,071	29,681	32,356	35,085	
법인세 충당금	4,921	5,203	5,672	6,151	
실효세율	17.53%	17.53%	17.53%	17.53%	
당기순이익	23,150	24,478	26,684	28,934	
가중평균 발행주식수(희석)	8,593	8,593	8,593	8,593	
추정 EPS(시장 잠식 전)	$2.69	$2.85	$3.11	$3.37	7.8%
영업이익률 영향 추정치		−61 bps	−76 bps	−96 bps	
EPS 영향 추정치		($0.13)	($0.18)	($0.25)	−2.6%

(EXAMPLE 13)은 잠식효과에 관련된 또 다른 논의를 다루고 있다.

EXAMPLE 13 잠시효과의 추정

Microsoft에 관한 [표 31]에서 [표 35]를 이용하여 다음 질문에 답하라.

1. 태블릿에 의한 개인용과 비개인용 PC의 잠식계수가 40%와 15%라고 가정하고 FY2012의 시장 잠식 후 글로벌 PC 출하량을 추정하라.
2. <질문 1>의 해답을 바탕으로 시장 잠식 후 Microsoft의 FY2012 매출을 추정하라.
3. <질문 2>에서 얻은 시장 잠식 후 매출 추정치와 가정한 비용구조를 이용하여 Microsoft의 FY2012 영업이익과 영업이익률을 추정하라. 고정비는 매출성장률의 절반 수준으로 증가한다고 가정한다.
4. <질문 3>에서 얻은 영업이익 추정치와 기타의 자료를 이용하여 시장 잠식 후 시나리오에 따른 Microsoft의 FY2012 EPS를 계산하라. FY2012 기타의 손익, 실효세율, 가중평균 희석 발행주식수는 FY2011과 같다고 가정하라.

Solution 1

태블릿에 의해 잠식된 PC의 수는 글로벌 태블릿 예상 출하량, 각 카테고리의 비중, 각 카테고리의 잠식계수를 곱한 것과 같다. [표 31]에서 FY2012 태블릿 출하량은 90백만 대로 예상된다. 따라서 (90백만 태블릿 × 92% 개인용 × 40% 잠식계수 = 태블릿에 의해 잠식된 개인용 PC 33.12 백만 대 잠식) + (90백만 태블릿 × 8% 비개인용 PC × 15% 잠식계수 = 태블릿에 의해 잠식된 비개인용 PC 1.08백만 대)이 되며, 결과적으로 총 34.2백만 대의 PC가 태블릿에 의해 잠식될 것으로 예상된다. 따라서 잠식 후 출하량은 잠식 전 출하량에서 예상되는 잠식효과를 뺀 360백만 − 34.2백만 = 325.8백만 대로 예상된다.

Solution 2

매출에 대한 잠식효과는 잠식된 PC의 수와 평균 판매가격의 곱과 같다. <질문 1>에서 얻은 결과와 [표 31]의 ASP을 이용하면 Microsoft의 매출액 영향은 (태블릿에 의해 잠식된 개인용 PC 33.12백만 대 × $85 ASP = $2.815십억) + (태블릿에 의해 잠식된 비개인용 PC 1.08백만 대 × $155 ASP = $167.4백만) = $2.983십억으로 예상된다. 따라서 시장 잠식 후 매출은 잠식 전 매출에서 잠식에 따른 매출 손실을 뺀 $74.839십억 − $2.983십억 = $71.856십억으로 예상된다.

Solution 3

[표 36] 〈질문 3〉의 풀이($백만)

	FY2011	FY2012	비 고
매 출	69,943	71,856	<질문 2>로부터 도출
YoY%		2.74%	매출성장률로 영업비용 추정
영업비용			
고정비(70%)	29,947	30,357	고정비 변동은 매출성장률의 절반 → 29,947 × (1 + 2.74%/2)
변동비(30%)	12,835	13,186	변동비는 매출성장률로 변동 → 12,835 × (1 + 2.74%)
총 영업비용	42,782	43,543	별도로 보여주지는 않았으나, 영업비용에는 제조원가(COGS) 포함
영업이익	27,161	28,313	매출 – 총 영업비용 = 71,856 – 43,543 = 28,313
영업이익률	38.8%	39.4%	영업이익/매출액 = 28,313/71,856 = 39.4%

Microsoft의 FY2012 시장 잠식 후 영업이익과 영업이익률은 각각 $28.313백만과 39.4%이다.

Solution 4

[표 37] 〈질문 4〉의 풀이($백만)

	FY2011	FY2012	비 고
매 출	69,943	71,856	
YoY%		2.74%	
영업비용			
고정비(70%)	29,947	30,357	
변동비(30%)	12,835	13,186	
총 영업비용	42,782	43,543	
영업이익	27,161	28,313	
영업이익률	38.8%	39.4%	영업이익/매출액 = 28,313/71,859 = 39.4%
기타 영업외손익	910	910	
세전이익	28,071	29,224	영업이익 + 기타 영업외손익 = 28,314 + 910 = 29,224

[표 37] (계속)

	FY2011	FY2012	비 고
법인세 충당금	4,921	5,123	세전이익 × 법인세 실효세율 = 29,224 × 17.53% = 5,123
실효세율	17.53%	17.53%	
당기순이익	23,150	24,101	세전이익 - 법인세 충당금 = 29,224 - 5,123 = 24,101
가중평균 발행주식수 (희석)	8,593	8,593	
EPS(시장 잠식 후)	$2.69	$2.80	당기순이익/가중평균 주식수 = 24,101/8,593 = $2.80

주요 변수들의 추정에 어려움이 있다면 여러 시나리오를 바탕으로 추정치의 범위를 도출하도록 주요 가정을 변경해 볼 것을 추천한다. 기본 시나리오에서 추정치를 구한 후 잠식에 관한 가정을 변경하여 추정치의 민감도를 분석한 것이 [표 38]이다. 표 중간의 박스로 표시된 수치는 기본 시나리오 가정에 따른 추정치이다. [표 39]는 잠식계수를 기준으로 작성한 낙관적(bull) 시나리오와 비관적(bear) 시나리오에 따른 FY2014 EPS 추정치를 보여준다.

[표 38] 잠식률 가정의 변동에 따른 2014년 추정 EPS 민감도

		비개인용 PC 잠식계수				
		0.0%	5.0%	10.0%	15.0%	20.0%
개인용 PC 잠식계수	15%	$0.11	$0.12	$0.14	$0.15	$0.16
	20%	$0.15	$0.16	$0.17	$0.19	$0.20
	25%	$0.19	$0.20	$0.21	$0.22	$0.23
	30%	$0.22	$0.24	$0.25	$0.26	$0.27
	35%	$0.26	$0.27	$0.28	$0.30	$0.31
	40%	$0.30	$0.31	$0.32	$0.33	$0.35
	45%	$0.34	$0.35	$0.36	$0.37	$0.38

[표 39] 낙관적 · 비관적 시나리오에 따른 잠식 후 EPS 추정

낙관적 시나리오 (잠식계수: 개인용 15% / 비개인용 5%)					
	FY2011	FY2012E	FY2013E	FY2014E	3년 CAGR
매출액	69,943	73,728	78,553	83,583	6.1%
연도별 매출액 변동		5.4%	6.5%	6.4%	
영업비용					
고정비(70%)	29,947	30,758	31,764	32,781	3.1%
변동비(30%)	12,835	13,529	14,414	15,338	6.1%
총 영업비용	42,782	44,287	46,179	48,119	4.0%
영업이익	27,161	29,441	32,374	35,464	9.3%
영업이익률	38.83%	39.93%	41.21%	42.43%	
기타 영업외손익	910	910	910	910	
세전이익	28,071	30,351	33,284	36,374	
법인세 충당금	4,921	5,321	5,835	6,377	
실효세율	17.53%	17.53%	17.53%	17.53%	
당기순이익	23,150	25,030	27,449	29,998	
가중평균 발행주식수(희석)	8,593	8,593	8,593	8,593	
추정 EPS(시장 잠식 후)	**$2.69**	**$2.91**	**$3.19**	**$3.49**	**9.0%**

영업이익률 영향 추정치		**−30 bps**	**−38 bps**	**−47 bps**	
EPS 영향 추정치		**($0.06)**	**($0.09)**	**($0.12)**	**−1.3%**

낙관적 시나리오 (잠식계수: 개인용 40% / 비개인용 20%)					
	FY2011	FY2012E	FY2013E	FY2014E	3년 CAGR
매출액	69,943	71,801	75,869	79,812	4.5%
연도별 매출액 변동		2.7%	5.7%	5.2%	
영업비용					
고정비(70%)	29,947	30,345	31,205	32,016	2.3%
변동비(30%)	12,835	13,175	13,922	14,646	4.5%
총 영업비용	42,782	43,521	45,127	46,661	2.9%
영업이익	27,161	28,280	30,742	33,151	6.9%
영업이익률	38.83%	39.39%	40.52%	41.54%	
기타 영업외손익	910	910	910	910	
세전이익	28,071	29,190	31,652	34,061	

낙관적 시나리오 (잠식계수: 개인용 40% / 비개인용 20%)					
	FY2011	FY2012E	FY2013E	FY2014E	3년 CAGR
법인세 충당금	4,921	5,117	5,549	5,971	
실효세율	17.53%	17.53%	17.53%	17.53%	
당기순이익	23,150	24,073	26,103	28,090	
가중평균 발행주식수(희석)	8,593	8,593	8,593	8,593	
추정 EPS(시장 잠식 후)	**$2.69**	**$2.80**	**$3.04**	**$3.27**	**6.7%**
영업이익률 영향 추정치		**−85 bps**	**−107 bps**	**−136 bps**	
EPS 영향 추정치		**($0.18)**	**($0.25)**	**($0.35)**	**−3.6%**

6. 장기 추정

평가대상 회사에 대한 투자전략, 산업의 경기순환성, 회사의 고유한 특성, 애널리스트 소속 회사의 선호도 등 다양한 요인들이 추정기간의 선택에 영향을 미칠 수 있다. 대부분의 전문적 주식 투자전략은 명시된 투자목표에 투자기간이나 주식의 보유기간을 적시하고 있다. 이상적인 투자기간은 포트폴리오의 연평균 회전율에 부합해야 한다. 예를 들어 명시된 투자기간이 3~5년이면 이상적인 연평균 포트폴리오 회전율이 20~33%라는 것을 의미한다.[11] 산업의 경기순환성도 애널리스트의 추정기간 선택에 영향을 미치는데, 추정기간은 평가대상 회사의 매출과 수익성이 경기순환 사이클상 중간 단계에 도달할 수 있을 정도로 충분히 길어야 하기 때문이다. 경기순환성과 비슷하게 최근의 M&A나 구조조정과 같은 회사의 고유요인도 추정기간의 선택에 영향을 미친다. 재무제표에 반영된 이러한 활동들의 기대효과가 실현되는 데는 충분한 시간을 필요로 할 수 있다. 또한 애널리스트의 소속 회사가 정형화된 시각으로 특정 현금흐름할인모형을 정의하고 있다면 애널리스트 개인의 선택은 제한될 수 있다. 지금까지의 논의는 명시적인 단기간에 대한 손익계산서, 대차대조표, 현금흐름표의 추정 방법론에 집중되었다. 비록 근간이 되는 원리에는 변함이 없지만 추정기간을 확장하면 애널리스트에게는 고려사항과 선택의 문제가 추가된다.

장기 추정이 단기 추정에서보다 회사의 정상적인 이익 창출능력을 더 잘 보여줄 수 있는데, 단기 추정에 일시적 요인이 존재할 때 특히 그렇다. **정상이익(normalized earnings)**이란 (긍정적이든 부정적이든) 수익성에 영향을 미치는 비정상적이거나 일시적 요인이 제거된 경

11) 평균 보유기간은 1/(포트폴리오 회전율)로 계산된다.

기사이클상 중간 수준의 경기상황에서 예상되는 이익을 말한다. 가령 비즈니스 사이클의 단계나 최근의 M&A, 구조조정 등 어떤 시점에 회사의 수익성에 영향을 미칠 수 있는 여러 일시적 요인들이 있을 수 있다는 것이다. 비슷한 개념인 정상잉여현금흐름(normalized free cash flow)은 있는데, 이는 통상 발생하지 않는 비정상적인 현금흐름을 제외하고 경기사이클상 중간 수준에서 영업활동으로부터 창출되는 예상 현금흐름으로 정의된다. 추정기간의 확장을 통해 애널리스트는 이러한 비정상적 혹은 일시적 요인을 조정하고 회사가 평상시에 얻을 수 있는 이익 추정치를 도출할 수 있다. 우리는 여기서 매출과 영구가치의 두 가지 측면에서 장기 추정의 기법을 살펴보기로 한다.

대부분의 손익계산서 추정 절차와 같이 장기 추정도 매출 예측으로부터 시작하고 매출액이나 매출성장률에 따라 순차적으로 손익계산서상의 나머지 항목을 추정하게 된다. 매출 추정 방법은 앞에서 다룬바 있다.

사례연구: 정상매출(normalized revenue) 추정

[표 40]은 글로벌 기술, 헬스케어, 산업재 생산 다국적 기업인 3M의 10년간 매출 실적과 4년간 정상매출 추정치를 담고 있다. [표 41]의 관련 막대그래프는 매출 실적과 이를 바탕으로 한 선형회귀분석에 따른 추세선을 보여준다. 추세선상 각 점의 수치는 마이크로소프트 엑셀의 추세선(TREND) 수식으로 구할 수 있다. 추세선 수식은 종속변수(매출)의 관측치와 독립변수(시간)의 관측치를 이용해 최적의 적합도를 찾는 최소자승법에 따른 회귀분석으로 도출된다. 최적의 회귀분석모형을 도출한 후 추세선(TREND) 명령을 이용하면 새로운 점의 예측값을 추정할 수 있다.[12)]

[표 40] 3M의 매출 실적 및 추정치($백만)

	2002	2003	2004	2005	2006	2007	2008
매출	16,332	18,232	20,011	21,167	22,923	24,462	25,269
정상매출	17,108	18,368	19,630	20,890	22,149	23,408	24,671
추세 이격률	－4.5%	－0.7%	1.9%	1.3%	3.5%	4.5%	2.4%

	2009	2010	2011	2012E	2013E	2014E	2015E
매출	23,123	26,662	29,611				
정상매출	25,930	27,190	28,449	29,712	30,971	32,230	33,489
추세 이격률	－10.8%	－1.9%	4.1%				

자료: FactSet Research.

12) TREND 수식의 자세한 사용법은 http://support.microsoft.com/kb/828801 참조.

[표 41] 3M의 연도별 매출 실적($백만)

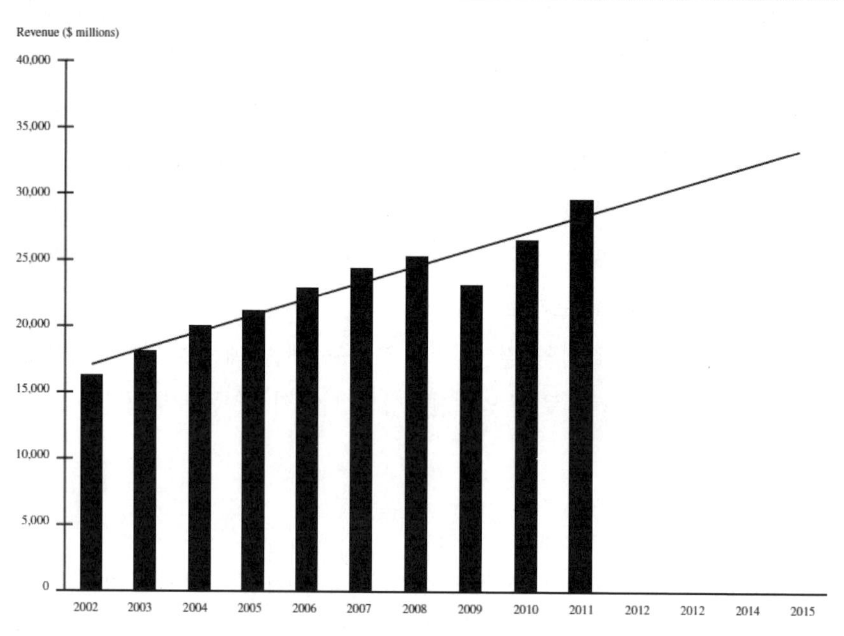

2.1.1절에서 살펴본 "GDP 대비 상대성장률"이나 "시장성장률과 시장점유율"을 이용하는 추정법 역시 장기 예측에 적용될 수 있다. 매출이 예측되면 손익계산서, 대차대조표, 현금흐름표를 완성하는데 앞에서 살펴본 비용 추정 방법을 적용할 수 있다.

명시적 추정기간에 대한 재무 예측이 완료되면 애널리스트는 영구가치(terminal value)를 추정한다. 장기 추정에서 영구가치를 구하는 데는 기억해야 할 몇 가지 고려사항이 있다. 만일 영구가치 도출에 주가배수를 사용한다면 애널리스트는 암묵적으로 과거의 성장률과 요구수익률이 미래에도 적합하다고 가정한다. 애널리스트가 영구가치를 계산할 때 목표 주가배수로 역사적 평균 주가배수를 사용하는 것이 일반적이다. 예를 들어 2012년 중순 3M은 지난 10년간 S&P 500 Index의 P/E보다 15% 높은 중간값 P/E에 거래되어 왔다. 이 경우 애널리스트는 향후 12개월(NTM) S&P 500 P/E의 1.15배에 2016년 3M의 추정 EPS를 곱하면 2015년의 영구가치를 예측할 수 있다.[13] 그러나 회사의 영구가치 예측에서 역사적 주가배수는 오직 미래의 성장률과 수익성이 과거와 유사한 수준을 유지할 것이라는 가정이 성립하는 경우에만 적절하다. 만일 회사의 미래 성장률이나 수익성이 역사적 평균과 상당한 차이가 있다면 수익률이나 수익성의 차이를 반영해 역사적 주가배수에 기대되는 프리미엄이

13) FactSet Research의 자료에 따르면 3M 주식은 P/E 기준으로 지난 10년간 S&P 500에 대해 15%의 중간값 프리미엄에 거래되어 왔다. NTM P/E는 향후 12개월 주당 순이익 추정치를 근거로 계산한다.

나 디스카운트를 조정해야 한다.

EXAMPLE 14 역사적 주가배수

종목분석에서 역사적 장기 평균 주가배수는 종종 미래 주식 가격의 기준점 또는 목표 배수를 정당화하는데 사용되곤 한다. 시장에서 이를 널리 사용하는 것은 평균회귀(mean reversion)에 대한 믿음이 있기 때문이다. 즉, 시간이 경과하면 주식의 밸류에이션은 역사적 장기 평균에 수렴할 것이라고 시장이 생각한다는 것이다. 물론 이는 회사의 미래 성장률과 수익성이 과거와 유사할 것이라고 가정한다. 만일 미래 전망이 과거와 상당히 다르다면 역사적 평균 주가배수를 적용하는 것은 적절하지 않다. 이러한 주가배수들이 애널리스트들 사이에서 동일한 방법으로 계산되지도 않는다. 기본 재무자료는 과거 실적이나 추정 실적일 수 있고 현재 자료일 수 있다.

다른 요인들이 일정할 때 다음의 각 경우에 해당하는 회사의 주식은 역사적 평균 주가배수와 비교하여 미래에 어떤 주가배수(가격)에 거래될 것으로 예상하는가?

1. 회사는 미래에 더 높은 투하자본이익률을 얻을 가능성이 있다.
2. 시간이 갈수록 이익성장률은 더 빨라질 것이다.
3. 미래의 경쟁강도는 더 심화될 것이다.
4. 회사가 중요한 M&A나 기업분할을 실행한다.

Solution 1

만일 회사가 과거보다 미래에 더 높은 투하자본이익률을 달성할 것으로 예상되면 회사의 주식은 수익성 개선을 반영하여 역사적 평균 배수보다 프리미엄이 붙은 가격에 거래될 가능성이 높다.

Solution 2

회사의 EPS 성장률이 미래에 더 빨라질 것으로 예상하면, 이 주식은 더 빨라진 성장률을 반영하여 역사적 평균 주가배수보다 프리미엄이 붙은 가격에 거래될 가능성이 높다.

Solution 3

산업 내 경쟁이 미래에 심화될 것으로 예상되면, 수익성의 저하 가능성을 반영하여 역사적 평균 주가배수보다 디스카운트된 가격에 거래될 가능성이 높다.

Solution 4

M&A나 기업분할로 회사의 미래 성장률이나 수익성이 상당한 영향을 받을 것으로 예상되면, 회사의 역사적 주가배수는 더 이상 장래에 주가가 거래될 것으로 예상되는 기준점이나 목표 주가배수의 정당화에 이용될 수 없다. 역사적 주가배수는 더 이상 고려대상이 아닐 수 있다.

DCF 접근법으로 영구가치를 구할 때 애널리스트는 기계적으로 장기 성장률을 영구년도 잉여현금흐름 추정에 적용해서는 안 된다. 첫째, 애널리스트는 현금흐름에 장기 추정을 반영하기에 앞서 영구년도의 잉여현금흐름 예측이 정규화(혹은 정상화)된 것인지를 살펴봐야 한다. 예를 들어 명시적으로 영구년도 현금흐름이 비즈니스 사이클이나 자본 투자로 인해 과소 추정되었다면, 해당 금액의 보정을 위한 조정은 불가피하다. 둘째, 애널리스트는 장기 성장률이 과거 역사적 성장률과 어떻게, 왜 다른지 파악해야 한다. 예를 들면 같은 제조업체라도 애플과 같은 기업은 혁신이나 시장 확대를 통해 장기적으로 성장 속도를 가속할 수 있는 반면 좋은 환경에서 성장한 기업이라도 코닥과 같은 기업은 기술변화로 인해 예상하지 못한 사업의 쇠퇴를 경험했다.

미래가 최근의 과거와는 상당히 다를 것이라고 예측했다면 애널리스트가 직면하는 가장 큰 어려움 중 하나는 경제적으로 중요한 변곡점을 예상하는 것이다. 대부분의 현금흐름할인모형은 영구가치에 크게 의존한다. 영구가치는 명시적 추정기간의 마지막 연도부터 현금흐름이 영구적으로 일정하게 성장할 것으로 가정한다. 영구가치가 회사의 전체 가치에서 상당부분을 차지하기 때문에 사용된 현금흐름은 반드시 "정규화(정상화)된" 혹은 "경기순환의 중간 단계"의 대표치가 되어야 한다. 만일 애널리스트가 경기순환기업을 평가할 때 영구가치 계산에 경기가 호황인 해를 시작점으로 사용하면 내재가치를 너무 크게 추정하게 된다. 반대로 경기가 바닥인 해를 시작점으로 사용하면 내재가치를 너무 낮게 추정하게 된다.

또 다른 고려사항은 2008년 발생한 글로벌 금융위기와 같은 갑작스런 경기교란 상황이다. 경기교란은 대부분의 회사에 심각한 영향을 미치는 갑작스럽고 경험해보지 못한 변화를 초래한다. 건전한 전략과 안정적 영업을 하는 회사들조차 갑작스런 경기교란으로 인해 정상상태를 벗어날 수 있으며, 재무레버리지가 높은 회사는 특히 그렇다.

규제와 기술도 기업 전망에 중요한 변곡점을 만드는 잠재적 동인이기 때문에 애널리스트는 이 들에도 관심을 가져야 한다. 정부의 규제는 일부 기업들에게 극단적이고 갑작스러우며 예상하지 못한 충격을 준다. 기술 진보는 고속으로 성장하던 혁신기업을 단시간에 진부화된 공룡으로 만들 수 있다. 한편 규제와 기술은 산업에 따라 다른 영향을 미친다. 유틸리티는 정부의 강력한 규제를 받지만, 수십 년간 혁신적인 기술 발전은 별로 없었다. 반도체는 지속적으로 신기술을 쫓아가야 하지만 규제는 상대적으로 덜한 편이다. 의료장비 제조업은 규제와 기술 진보 모두에 큰 영향을 받는 분야이다.

마지막으로 장기성장률은 영구가치 계산에 필수 요소이다. 특정 기업이나 산업은 장기간에 걸쳐 경제 전반보다 더 빠른 속도로 성장할 수 있는데, 이 경우 이들의 경제적 파이는 커진게 된다. 이러한 사례에는 Apple이나 Samsung 같은 스마트폰 제조업체와 Amazon과 Google 같은 일부 인터넷 기업이 대표적이다. New York Times나 Kodak 같은 회사는 성장이 둔화되거나 심지어 성장이 후퇴할 가능성이 있다. 비현실적인 장기성장률은 애널리스트의 내재가치 추정치를 크게 빗나가게 만든다.

EXAMPLE 15 가정 작성의 고려사항

1. Air France-KLM은 경기변동이 매우 심한 항공사이다. 지난 9년간 영업마진은 다음 표에서 보는 바와 같다.

	2003	2004	2005	2006	2007	2008	2009	2010	2011
영업마진(%)	1.5	1.1	2.6	6.8	5.3	5.3	−0.8	−6.1	3.8

이상의 정보만을 가지고 Air France-KLM의 합리적인 내재가치 추정을 위해 영구가치 계산에 다음 중 어떤 영업마진을 사용하는 것이 가장 적절하다고 생각하는가?

A. 2.2%

B. 3.8%

C. 5.3%

다음 각 질문에 있는 회사에게 전망의 변곡점을 유발할 가능성이 가장 낮은 이벤트는 어떤 것인가?

2. 휴대전화 및 모바일 네트워크 장비업체 Nokia

A. 기술의 가격결정력은 과거 경험에 부합해 지속적으로 약화되고 왔고, 이러한 추세는 향후 수년간 계속될 것으로 예상된다.

B. 소비자들은 스마트폰을 급속히 받아들이고 있어, 저가품 시장에서 Nokia의 장점이 위협받고 있다.

C. Nokia는 새로운 운영체계를 자사 휴대전화에 도입하기 위해 Microsoft와 파트너십 계약을 체결했다.

3. 다양한 헬스케어 제품을 생산 · 판매하는 Abbott Laboratories
   A. 의료장비 업체들은 높아진 안전기준 때문에 신제품의 승인을 받기가 더 어려워졌다.
   B. Abbott의 주요 제품과 경쟁하는 신약업체가 더 우수한 임상결과를 제시했다.
   C. 경영진은 자본배치에 오랫동안 같은 접근법을 사용하고 있다.
4. 관광객이 몰려들고 있는 멕시코 남동부지역에 9개 공항을 운영 중인 공항 운영업체 Grupo Aeroportuario del Sureste
   A. 기술발전으로 항공사는 연료비를 5% 절감할 것이나 의미 있는 승객 수 변화는 예상되지 않는다. 과거에도 유사한 경험이 있었는데 그때 수혜를 본 것은 승객당 이용료를 받는 공항이 아니라 항공사였다.
   B. 글로벌 경제위기는 해외여행을 급격히 위축시켰다.
   C. 정부당국은 Grupo Aeroportuario del Sureste가 서비스하고 있는 지역에 신공항 건설을 허가했다.
5. 투자수요가 적고 부채가 없는 전문가를 위한 온라인 소셜 네트워크 운영업체 LinkedIn
   A. 또 다른 온라인 소셜 네트워크 Facebook은 전문가 카테고리 서비스 강화를 위한 새로운 계획을 발표했다.
   B. 정부당국은 LinkedIn의 프라이버시 보호 실태 조사를 발표했는데, 이로 인해 서비스의 상당한 변화가 발생할 수 있다.
   C. 미국 연준이 기준금리를 막 인상했다. 비록 기업들의 차입비용이 증가하겠지만 금리 인상이 경제에 부정적 영향을 미칠 것으로는 예상하지 않는다.

Solution 1 A

항공업은 경기순환산업이기 때문에 영구가치 계산에서 중간 수준의 경기 혹은 정상 수준에서의 영업마진을 사용하는 것이 필요하다. 9년간 평균 영업마진은 19.5/9 = 2.2%이다.

Solution 2 A

기술 요소의 가격결정력이 둔화되고 있기는 하지만 이런 추세는 과거의 경험에 부합한다. 따라서 이는 변곡점을 만들지 못한다.

Solution 3 C

경영진이 자본 배치에 전통적 방식으로 지속한다면, 이는 변곡점을 나타내는 것은 아니다.

Solution 4 A

기술의 발달이 항공사에는 도움이 되지만 승객 수에 유의미한 영향을 미치지 않아 공항이 수혜를 보지는 못한다. 반면 B와 C는 멕시코 공항의 장기적 이익창출 능력에 상당한 영향을 미칠 수 있다.

Solution 5 C

LinkedIn은 부채가 없기 때문에 이자율 인상이 회사의 전망에 변곡점이 되지는 않을 것이다.

7. 모형의 구체화: 사례 연구

이제 추정 모형의 구체화 사례를 살펴본다.14) 대상회사는 프랑스 와인 및 코냑회사 Rémy Cointreau Group(Rémy)이다. 이 회사와 산업에 대해 간단히 소개한 후 추정 손익계산서, 현금흐름표, 대차대조표 작성의 메커니즘을 집중적으로 설명하기로 한다.

7.1. 산업 개요

Rémy 전체 영업이익의 75%가 코냑(cognac) 사업부문에서 나오기 때문에 산업 개요는 코냑산업에 한정하기로 한다. (실무에서 애널리스트는 회사의 다른 주요 사업부문에 대해서도 동일한 산업분석을 실행할 수 있다.) 코냑시장의 중요한 특징은 공급은 제한된 반면 수요는 증가한다는 것이다. 샴페인과 비슷하게 코냑 생산은 Bureau National Interprofessionnel du Cognac(BNIC)의 규제를 받기 때문에 공급은 제한된다. 관련 규제에 따라 코냑은 프랑스 남서부 지방의 코냑시를 중심으로 한 제한적인 지역에서만 생산이 허용된다. 여기에 더해 이 지역 내에서도 매년 생산량은 제한된다. 코냑시장은 4대 플레이어가 세계 판매량의 78%, 판매액의 84%를 지배하는 매우 집중된 시장이다. Rémy의 시장점유율은 14%이고 글로벌 판매량과 판매액 점유율은 18%에 달한다. 중국의 수요 증가로 인해 코냑의 수요는 증가 추세이다. 자세히 보면 2000년부터 2010년까지 코냑 수요는 아시아 지역 특히 중국의 수요 증가에 힘입어 연평균(CAGR) 2% 증가했다. 판매량 기준으로 중국시장은 연평균 16% 성장했다. 동시에 Rémy의 제품 믹스에도 변화가 왔는데, 중국 소비자들이 고품질의 프리미엄급 코냑을 선호했기 때문이다. [표 42]는 코냑산업에 대한 포터의 5요인 분석 결과를 요약한 것이다.

14) 이 사례의 자료는 회사의 2012년도 애뉴얼 리포트와 중간보고서를 참조했고, 각 사업부문의 성과에 관한 세부 정보는 관련 투자자 프레젠테이션을 참고했다.

[표 42] 포터의 5요인 모형을 이용한 코냑산업 분석

요 인	위협 정도	고려 사항
대체재 위협	낮 음	• 코냑 소비자들은 브랜드 충성도가 높아 다른 음료나 고급 주류로 잘 이동하지 않음.
경쟁자 위협	낮 음	• 4대 업체가 세계 판매량의 78%, 판매액의 84%를 점하는 매우 집중된 시장임. • 다만 유럽시장은 4대 업체가 통제하는 시장 규모가 절반을 넘지 못하는 분할된 시장임.
공급자 협상력	낮음/보통	• 대단히 많은 소규모의 독립 와인 야드가 원재료를 공급함. • 증류는 대부분이 대형 하우스에 코냑을 공급하는 독립적 증류업자들로 구성된 대규모 연합체에 의해 이루어짐.
고객 협상력	낮 음	• 프리미엄 주류는 대부분 와인과 주류 소매 아울렛으로 팔려나가는데, 이들은 구매를 조율하지 못함. • 프리미엄 주류는 레스토랑과 같은 소규모이고 분할된 인도어 아울렛에서 소비됨.
신규 진입자 위협	낮 음	• 코냑 생산자는 원료 공급자들과 장기 계약을 체결함. • 진입장벽은 높음. (1) 전통과 혈통이 중요하기 때문에 브랜드 구축이 어려움. (2) 오래 숙성된 코냑 재고를 확보하고 유통망을 구축하는데 대규모 자본투자가 필요함.

요약하면 Rémy의 최대 사업부문이자 수익성이 가장 높은 사업부문인 코냑사업은 우호적인 수익성 프로파일을 가진 산업을 배경으로 한다. 공급 제한과 수요 증가에 더하여 대체재, 경쟁자, 공급자, 고객, 잠재적 진입자 측면에서도 산업은 전반적으로 우호적 상황에 놓여 있다.

7.2. 회사 개요

3월 31일을 결산일로 하는 Rémy는 다음과 같이 세 개의 사업부문을 운영하고 있다.

1. **코냑 사업부문**. 대표 브랜드인 Rémy Martin의 이름을 딴 이 사업부문은 FY2012 전체 매출의 약 58%, 영업이익의 75%를 차지한다.
2. **리큐어 앤드 스피리츠 사업부문**. 이 사업부문의 주요 브랜드로는 Cointreu, Passoa, Metaxa, Saint Rémy, Mount Gay가 있으며, FY2012 매출과 영업이익의 21%를 차지하는 사업부문이다.
3. **파트너 브랜드 사업부문**. Rémy의 유통망을 이용해 다른 회사 브랜드의 제품을 유통하는데, FY2012 매출은 약 21%를 차지하지만 영업이익은 2%에 미치지 못하는 사업부문이다.

사업부문 재무정보는 [표 43]에 요약되어 있다. 보는 바와 같이 회사의 최대 사업부문에서 가장 높은 수익성을 보이고 있다. 코냑 사업부문은 2012 회계연도 약 29%(= €173백만/€593백만)의 영업이익률을 기록했다.

[표 43] Rémy의 매출액과 영업이익 분석

	FY2010	FY2011	FY2012
레미 마틴(€백만)	406	486	593
리큐어 & 스피리츠(€백만)	207	208	216
파트너 브랜드(€백만)	196	214	218
전사 매출액(€백만)	808	908	1,026
영업이익(€백만)			
레미 마틴	106	141	173
리큐어 & 스피리츠	52	43	53
파트너 브랜드	2	2	4
보관비용[(a)]	18	18	22
샴페인(매각)	0	0	0
전사 영업이익	142	167	208
영업이익률			
레미 마틴	26.1%	28.9%	29.2%
리큐어 & 스피리츠	25.0%	20.5%	24.4%
파트너 브랜드	1.0%	1.0%	1.9%
보관비용	− 2.2%	− 2.0%	− 2.2%
전사 영업이익률	17.6%	18.4%	20.2%

(a) 보관비용은 차감항목임

자료: 2012년 3월 31일자 Rémy Cointreau Group 연결재무제표 주석 15.1 참조

7.3. 추정 손익계산서 작성

여기서는 추정 손익계산서를 작성한다. 매출 추정은 회사의 현재 사업부문 구조를 따르기로 한다. Rémy의 2012 회계연도는 3월 31일에 종료된다.

7.3.1. 매출 추정

개별 사업부문의 추세(상향식 접근)는 관련 지역의 경제 상황(하향식 접근)과 연결되어 있다는 점에서 매출 추정에 하이브리드 접근법을 사용한다. 각 사업부문의 매출 변동은 판매량, 가격, 환율 추정치에 의해 결정되는데, 추세로부터 예상되는 편차를 조정하는 방식으로 추정하기 때문에 추정에는 역사적 추세 파악이 기초가 된다. 가격변동은 단일 제품의 가

격변동뿐만 아니라 고가제품과 저가제품의 여러 조합에 따른 가격/믹스 변동에 의한 평균가격의 변동을 의미한다. ① 판매량과 ② 가격/믹스에 의한 매출 변동은 유기적 성장(organic growth)으로 간주되며, 환율 영향은 별도로 취급한다.

코냑 사업부문의 판매량(①) 증가율은 2010년 4.2%에서 2012년 10.8%로 급등했다. 판매량 증가율은 향후에도 견조하겠지만 추정기간 동안 세계 경기 둔화로 인해 2012년보다는 다소 낮아질 것으로 예상된다. 선진국 소비는 정체되겠지만 중국 소비자들은 높은 소비 성향을 유지할 것이다. 이 모형에서는 판매량 증가율이 2013년 8%에서 매년 1% 포인트씩 하락하여 2016년에는 5%로 안정화될 것으로 가정한다.

코냑 사업부문의 매출성장률에 대한 가격/믹스(②) 기여도는 2009, 2010, 2011, 2012년 각각 8%, 23%, 5%, 13%였다. 비록 가격/믹스의 매출성장률 기여도가 들쭉날쭉하긴 해도 우호적인 산업환경 속에서 미래에도 중요한 매출의 성장 동력이 될 것으로 예상된다. 가격/믹스의 매출성장률에 대한 영향은 2013년 10%이고, 이후 2015년 6%까지 매년 2% 포인트씩 기여도가 낮아질 것으로 가정한다. 2013년 8%의 판매량 증가와 10%의 가격/믹스 영향을 합산한 전체 유기적 매출성장률은 18.8%[= (1 + 0.08) × (1 + 0.10) − 1 = 1.188 − 1]로 예상된다.

판매량과 가격/믹스의 영향에 더해 Rémy의 매출은 환율 변동에 영향을 받는다. 회사 공시에 따르면 Rémy의 생산은 대부분 유로존에서 이루어지는 반면 매출의 약 70%는 유로존 이외의 지역에서 발생한다. 현재 재무상황을 기초로 이 모형에서는 유로에 대한 주요 통화의 강세를 반영하여 2012년과 2013년 우호적인 매출 영향을 예상한다.

[표 44]는 코냑 사업부문의 매출 실적과 추정치를 요약해서 보여주고 있다.

[표 44] Rémy Martin 사업부문의 매출 실적과 추정치

	2008	2009	2010	2011	2012	2013E	2014E	2015E
매출(€백만)	362	312	406	486	593	739	854	960
YoY %	4.2%	-13.9%	30.1%	19.8%	21.9%	24.8%	15.6%	12.4%
판매량 증가 %	6.7	− 19.6	4.2	6.5	10.8	8.0	7.0	6.0
가격/믹스 %	4.5	7.6	23.0	5.3	12.9	10.0	8.0	6.0
유기적 성장 %	11.5	− 13.5	28.2	12.1	25.1	18.8	15.6	12.4
환율 영향 %	− 7.3	− 0.3	1.9	7.7	− 3.2	6.0	0.0	0.0
스코프 변동 %	0.0	0.0	0.0	0.0	0.0	0.0	0.0	0.0
YoY %	4.2	− 13.8	30.1	19.8	21.9	24.8	15.6	12.4

자료: Rémy Cointreau 자료 및 저자 분석

다른 사업부문에 대해서도 비슷한 분석을 통해 매출을 추정할 수 있고 이를 합산하면 회사 전체의 매출 추정치를 얻을 수 있다.

7.3.2. 제조원가 추정

Rémy의 매출총이익률은 2011년 57.1%에서 2012년 61.4%로 4.3% 포인트 증가했다. Rémy Martin 사업부문의 강력한 가격/믹스 효과가 핵심적 성과 동인이었다. 가격/믹스 효과는 아시아 지역 마진율 개선에 따른 것으로 전년대비 전체 매출총이익률 개선에 주된 이유가 되었다. 고급 코냑에 대한 선호도가 높은 아시아 지역은 판매량 증가의 주된 성장동력이 될 것으로 예상되며 가격/믹스 역시 개선될 것으로 본다. 이는 결국 미래의 매출총이익률 개선에 기여할 것으로 예상된다. 코냑 제품 카테고리의 제한된 공급과 아시아 지역을 중심으로 한 프리미엄 제품의 강력한 수요는 미래의 높은 가격/믹스(7.3.1 매출 추정 참조)와 그에 따른 높은 매출총이익률을 정당화할 것이다. 다만 시간이 경과하면서 매출에 대한 가격/믹스 효과는 축소되고, 매출총이익률 개선 속도 역시 느려질 것이다.

7.3.3. 판매비와 일반관리비 추정

광고홍보비(A&P)와 자사 유통망 확장에 따른 부담으로 유통비는 2009년 매출액의 26.1%에서 2012년 33.6%로 급등했다. 특히 아시아 지역의 자체 유통망 구축이 비용 증가의 주된 원인이 되었다. Rémy는 브랜드 구축에 매우 적극적이었고 지역 다변화에도 노력했다. 우리는 증가 폭이 줄긴 하겠지만 매출액 대비 유통비 비중은 당분간 증가할 것으로 예상한다. 관리비는 2012년 수준인 매출액의 7.7%를 유지할 것으로 본다.

[표 45]는 Rémy의 추정 연결손익계산서이다.

[표 45] Rémy Cointreau의 추정 손익계산서(€백만)

	2009	2010	2011	2012	2013E	2014E	2015E
매출	710	808	908	1,026	1,206	1,337	1,461
제조원가	337	362	390	396	442	471	500
매출총이익	373	446	518	630	764	866	961
매출총이익률	52.6%	55.2%	57.1%	61.4%	63.4%	64.8%	65.8%
매출총이익률 변동		2.6%	1.9%	4.3%	2.0%	1.4%	1.0%
유통비	185	239	284	345	417	473	524
유통비(매출 비중)	26.1%	29.6%	31.3%	33.6%	34.6%	35.3%	35.8%

[표 45] (계속)

	2009	2010	2011	2012	2013E	2014E	2015E
관리비	68	70	73	79	93	103	112
관리비(매출%)	9.6%	8.7%	8.0%	7.7%	7.7%	7.7%	7.7%
기타 영업이익	4	5	6	2	0	0	0
영업이익(EBIT)	124	142	167	208	254	290	325
영업이익률	17.5%	17.6%	18.4%	20.2%	21.1%	21.7%	22.2%
감가상각비(加算)	12	14	14	15	22	26	30
감가상각비(매출%)	1.6%	1.7%	1.6%	1.4%	1.8%	1.9%	2.1%
EBITDA	136	156	181	222	276	316	355
EBITDA이익률	19.1%	19.2%	20.2%	21.7%	22.9%	23.7%	24.3%
기타 영업손익	11	−2	−47	−3	0	0	0
EBIT + 기타 영업손익	135	140	121	205	254	290	325
금융비용	17	22	27	27	17	17	17
기타의 금융비용	6	3	2	8	0	0	0
총 금융비용	23	19	30	35	17	17	17
세전이익	113	121	91	169	237	273	308
법인세	35	33	22	47	66	76	86
실효세율	30.7%	27.0%	23.9%	27.9%	28.0%	28.0%	28.0%
자회사손익	3	5	4	0	0	0	−1
계속사업이익	81	93	73	122	170	196	221
중단사업손익	5	−4	−3	−11	0	0	0
당기순이익	86	89	71	111	170	196	221
비지배지분	0	3	0	0	0	0	0
지배기업 소유주지분	86	86	71	111	170	196	221
계속사업기본EPS(€)	1.73	1.94	1.50	2.47	3.53	4.05	4.56
계속사업희석EPS(€)	1.72	1.93	1.49	2.46	3.44	3.96	4.47
기본총EPS(€)	1.84	1.80	1.44	2.25	3.52	4.05	4.55
희석총EPS(€)	1.83	1.79	1.43	2.24	3.44	3.96	4.46

[표 45] (계속)

	2009	2010	2011	2012	2013E	2014E	2015E
보고된 순이익	86	86	71	111	170	196	221
일회성비용 조정 순이익	76	92	108	136	170	196	221
YoY %		21.1%	16.7%	26.4%	25.0%	15.2%	12.7%
기본조정EPS(€)	1.63	1.92	2.19	2.76	3.52	4.05	4.55
희석조정EPS(€)	1.62	1.91	2.18	2.75	3.44	3.96	4.46
YoY 기본 %		18.1%	14.3%	25.6%	27.8%	14.9%	12.5%
평균 기본 주식수(백만)	46.9	48.0	49.0	49.3	48.3	48.4	48.5
평균 희석 주식수(백만)	47.1	48.2	49.2	49.5	49.5	49.5	49.5

자료: Rémy Cointreau 자료 및 저자 분석

7.3.4. 사업부문별 영업이익 추정

이제 Rémy의 사업부문별 영업이익(EBIT)을 추정해보자. 매출에서 제조원가, 판관비, 기타 영업비용을 빼면 EBIT를 구할 수 있다. 연결손익계산서상 이 수치는 개별 사업부문의 EBIT 합산액과 같아야 한다. 코냑 사업부문인 Rémy Martin의 경우 높은 매출성장률 추정치는 제품 믹스 개선을 가정하는데, 이는 매출총이익률도 동시에 개선한다. 다만 매출총이익률의 개선효과는 광고비와 유통비 부담으로 일부 상쇄된다. 우리는 2013년 영업이익률을 0.4% 포인트 개선된 29.6%로 추정한다. 이후 코냑 사업부문의 영업이익률 개선 속도는 둔화될 것으로 예상한다. 2015년 영업이익률은 30.1%로 예상한다. 이 추정치는 벤치마크인 또 다른 코냑 브랜드 Hennessy의 재무성과를 참조했다. Hennessy의 최근 영업이익률은 30~32% 수준이다.

다른 사업부문의 경우 실적 개선 여력은 크지 않다. 리큐어 & 스프리츠 사업부문의 경우 유통망 확충으로 영업이익률은 점진적으로 개선되어 2015년에 24.9%를 달성할 것으로 예상한다. 사업부문을 합산한 Rémy Cointreau의 연결 영업이익률은 가장 수익성이 높은 사업부문인 코냑 사업부문의 성장에 힘입어 2012년 20.2%에서 2013년 21.1%로 개선되고, 2015년에는 22.2%로 상승할 것으로 예상한다.

[표 46] Rémy Cointreau의 사업부문별 영업이익 추정

	2009	2010	2011	2012	2013E	2014E	2015E
매출(€백만)							
레미 마틴	312	406	486	593	739	854	960
리큐어 & 스피리츠	196	207	208	216	231	239	249
파트너 브랜드	80	99	214	218	235	244	252
샴페인(매각)	126	97	0	0	0	0	0
전사 매출 총계	714	808	908	1,026	1,206	1,337	1,461
영업이익(€백만)							
레미 마틴	80	106	141	173	219	255	289
리큐어 & 스피리츠	58	52	43	53	57	59	62
파트너 브랜드	2	2	2	4	5	5	5
보관비용	15	18	18	22	26	29	31
샴페인(매각)							
전사 영업이익 총계	124	142	167	208	254	290	325
영업이익률(%)							
레미 마틴	25.7	26.1	28.9	29.2	29.6	29.9	30.1
리큐어 & 스피리츠	29.4	25.0	20.5	24.4	24.5	24.7	24.9
파트너 브랜드	1.9	2.4	1.0	1.9	1.9	1.9	1.9
보관비용	2.1	2.2	2.0	2.2	2.2	2.2	2.2
전사 영업이익률	17.4	17.6	18.4	20.2	21.1	21.7	22.2
영업이익률 변동(%P)							
레미 마틴	−0.1	0.4	2.8	0.3	0.4	0.3	0.2
리큐어 & 스피리츠	4.3	−4.4	−4.5	3.9	0.2	0.2	0.2
파트너 브랜드			−1.4	0.9	0.0	0.0	0.0
전사 영업이익률 변동			0.8	1.8	0.8	0.6	0.5

자료: Rémy Cointreau 자료 및 저자 분석

7.3.5. 영업외손익 추정

여기서는 이자비용 같은 금융비용(finance cost)과 법인세 등 두 가지 영업외비용만 고려한다.

[표 47]은 금융비용 계산과정을 보여준다. 금융비용을 구하기 위해서는 부채와 현금 보유액이 필요하다. 일반적으로 기업은 부채에 고정 혹은 변동 이자를 지급하게 된다. 이자율이 변동부이면 이자는 시장금리로부터 결정된다. 변동금리인 경우 벤치마크 이자율(예: Libor, Euribor)에 신용스프레드(가산금리)를 더하는 방식이 주로 사용된다. [표 47]에서 순금융비용

은 고정금리부이며, 기초 총부채의 5%인 이자비용에서 기초 현금 보유액의 1%인 이자수익을 뺀 값으로 계산된다. 다른 금융비용은 없다고 가정한다. 가령 2013 회계연도 금융비용은 총부채 €379백만의 5%인 €19백만으로 추정된다. 이자수익은 현금보유액 €190백만의 1%인 €2백만이 된다.

[표 47] Rémy Cointreau의 부채와 금융비용 · 수익 추정

	2009	2010	2011	2012	2013E	2014E	2015E
장기금융부채	592	538	378	340	340	340	340
단기금융부채와 미지급이자							
미지급이자	29	50	32	39	39	39	39
총부채	621	588	410	379	379	379	379
현금과 현금등가물	-89	-86	-81	-190	-146	-202	-286
순부채	532	501	329	189	232	177	93
평균 부채 총계		605	499	394	379	379	379
평균 순부채 총계		517	415	259	210	205	135
금융비용	17	22	27	24	19	19	19
일회성비용 조정	0	0	4	7	0	0	0
금융비용(조정)	17	22	24	17	19	19	19
이자수익		0	0	2	2	1	2
순금융비용(조정)		22	24	15	17	17	17
금융비용/평균 순부채		4.3%	5.7%	6.7%	9.0%	9.2%	14.0%
금융비용/평균 총부채		3.6%	4.7%	4.4%	5.0%	5.0%	5.0%
금융비용/기초 총부채		3.5%	5.8%	4.6%	5.0%	5.0%	5.0%
이자수익/기초 현금				2.9%	1.0%	1.0%	1.0%

자료: Rémy Cointreau 자료 및 저자 분석

7.3.6 법인세 추정

2012년과 같이 향후의 세율은 28%로 예상한다. 이는 지난 3년간 평균세율이기 때문에 특별한 문제는 없어 보인다. 한편 Rémy Cointreau의 종속회사에는 의미 있는 비지배지분(minority interests)이 존재하지 않는다.

7.4. 추정 현금흐름표와 대차대조표 작성

연도 말 대차대조표 작성을 위해서는 추정 손익계산서와 한 해 동안 예상되는 현금흐름을 결합해야 한다. 이러한 현금흐름은 매출로부터의 현금유입과 비용지출에 따른 현금유출 등 직접적 영업활동의 결과가 가장 크다. 또한 예상 판매 추세에 따라 향후 필요한 생산능력이 결정되면, 그에 따른 자본투자와 현금지출 예산이 도출된다. 마지막으로 배당지급, 자기주식 매입, 부채 상환 등은 대차대조표에 영향을 미치는 재무적 현금흐름 역시 고려 대상이다.

7.4.1. 자본투자와 감가상각비 추정

FY2012 자본적 지출(CAPEX)의 매출액 비중은 1.7%였다. 하지만 그전 3년간 평균 CAPEX 비중은 3.2%였다. 우호적 성장 전망으로 인해 우리는 CAPEX가 역사상 최고 수준에서 유지될 것으로 예상한다. 따라서 이 모형에서는 향후 CAPEX를 매출액의 3%로 설정한다. Rémy의 고정자산이 증가하기 때문에 감가상각비도 증가하는 것이 논리적이다. 감가상각비는 향후 3년간 매년 매출액의 0.125% 포인트씩 증가할 것으로 가정한다. [표 48]은 CAPEX와 감가상각비 도출 과정을 보여준다.

[표 48] Rémy Cointreau의 자본투자와 감가상각비 추정

	2009	2010	2011	2012	2013E	2014E	2015E
감가상각비와 무형자산상각비(€백만)	12	14	14	15	22	26	30
매출액 대비 비중(%)	1.6%	1.7%	1.6%	1.5%	1.8%	1.9%	2.1%
고정자산 대비 비중(%)	5.9%	6.5%	10.1%	10.2%	13.6%	14.8%	16.0%
CAPEX(€백만)	27	23	27	17	36	40	44
매출액 대비 비중(%)	3.8%	2.8%	3.0%	1.7%	3.0%	3.0%	3.0%
고정자산 대비 비중(%)	13.7%	10.8%	19.4%	11.6%	22.5%	22.9%	23.2%
CAPEX/(감가상각비와 무형자산상각비)	2.3	1.7	1.9	1.1	1.7	1.5	1.5

자료: Rémy Cointreau 자료 및 저자 분석

7.4.2. 운전자본 추정

우리는 매출액 대비 운전자본(working capital)의 비중이 일정할 것으로 가정한다. [표 49]에서는 매출과 원가에 연동되는 대차대조표 계정과목(재고자산, 매출채권, 매입채무)만 추정하고 나머지 계정과목은 일정하다고 가정했다. Rémy Cointreau는 2012년 매출의 절반 이상에 달하는 양의 운전자본을 보유하고 있다. 가장 큰 운전자본 항목은 매출액의 약 77%에 달하는 재고자산이다. 우호적 성장 전망으로 인해 운전자본 역시 빠른 속도로 증가할 것이다. 이는 영업현금흐름에 부정적 영향을 가져온다. 여기서는 운전자본 항목의 대차대조표 잔액을 연말 기준으로 추정하고 있는데 유의하자. 현금흐름표에 보고된 운전자본의 변동은 인수와 기업분할로 인해 계산된 수치와 자동적으로 일치하지 않는다. 특히 2011년 샴페인 사업부문의 매각을 발표하고 2012년에 매각이 이루어지면서 Rémy Cointreau의 운전자본 추정은 복잡해졌다. [표 49]는 2010년부터 2011년 운전자본의 주요 변화를 설명하고 있다. 2011년 이전 운전자본에는 샴페인 사업부문이 포함되었지만 2011년부터는 샴페인의 운전자본이 빠져있다. 2011년 대차대조표에는 이전에 샴페인 재고로 분류되었던 €485백만의 관련 매각대상 자산이 보고되었다.

[표 49] Rémy Cointreau의 운전자본 추정

	2009	2010	2011	2012	2013E	2014E	2015E
재고자산(€백만)	958	970	699	793	931	1,033	1,129
매출채권	282	248	214	208	244	271	296
매입채무	-453	-439	-407	-468	-549	-609	-666
운전자본	788	779	506	533	626	695	759
매출 대비 기말재고(%)	135	120	77	77	77	77	77
매출 대비 매출채권(%)	40	31	24	20	20	20	20
매출 대비 매입채무(%)	-64	-54	-45	-46	-46	-46	-46
매출 대비 운전자본(%)	111	96	56	52	52	52	52
매출 대비 기말재고 변동		14.9	43.0	0.2	0.0	0.0	0.0
매출 대비 매출채권 변동		9.0	7.2	3.3	0.0	0.0	0.0
매출 대비 매입채무 변동		9.4	9.6	0.8	0.0	0.0	0.0
매출 대비 운전자본 변동		14.5	40.6	3.8	0.0	0.0	0.0
재고자산 절대 변동(€백만)		11	271	94	139	102	96
매출채권 절대 변동		34	35	6	36	27	25
매입채무 절대 변동		14	33	61	82	60	56
운전자본 절대 변동		9	272	27	93	68	64

자료: Rémy Cointreau 자료 및 저자 분석

7.4.3. 추정 현금흐름표 작성

영업이익, CAPEX, 운전자본이 추정되었으면 현금흐름표는 거의 완성된다. 2011년과 2012

년에 Rémy가 주당 €1의 특별배당을 지급하여 연간 €2.30을 배당했지만, 향후 연간 배당은 €1.30으로 유지될 것으로 기대한다. 결과적으로 2013년에는 (주당 €2.30의 2012년 배당을 48.2백만 주에 지급함에 따라) 총 €111백만의 배당으로 인한 현금유출이 예상되며, 2014년부터는 (48.2백만 주에 주당 €1.30을 지급하기 때문에) 연간 €63백만의 배당에 의한 현금유출이 예상된다. (2011년과 2012년 주당 배당은 €2.30으로 같지만, 2013년 배당 총액이 2012년에 비해 다소 줄어든 것은 자기주식 매입으로 발행주식수가 감소한데 따른 것이다.)

[표 50] Rémy Cointreau의 추정 현금흐름표(€백만)

	2009	2010	2011	2012	2013E	2014E	2015E
영업이익	124	142	167	208	254	290	324
상각비와 비현금 감액 조정	12	14	14	15	22	26	30
주당 지급액 조정	4	3	3	4	4	4	4
자회사 배당수입	1	2	3	2	0	0	0
EBITDA	141	161	187	229	280	320	359
재고자산 변동	-37	-20	-11	-40	-139	-102	-96
매출채권 변동	37	-39	27	4	-6	-27	-25
매입채무 변동	82	23	3	6	82	60	56
기타의 영업채권 · 채무 변동	-54	51	22	23	0	0	0
운전자본 변동	28	15	40	-7	-93	-68	-64
순영업현금흐름	169	176	227	222	187	252	294
기타의 영업현금흐름	-185	-1	-2	0	0	0	0
순금융비용	-9	-25	-20	-17	-17	-17	-17
순법인세	29	-54	-31	-104	-66	-76	-86
기타의 영업현금흐름	-165	-80	-53	-121	-83	-94	-103
계속사업 영업활동 순현금흐름	4	96	173	101	103	158	191
중단사업의 영향	-67	-7	8	12	0	0	0
영업활동 순현금흐름	-62	88	182	113	103	158	191
자본적 지출(CAPEX)	-27	-23	-27	-17	-36	-40	-44
기타의 투자 순현금흐름	56	-13	62	1	0	0	0
계속사업 투자활동 순현금흐름	31	-35	34	-16	-36	-40	-44
중단사업 영향	-3	-4	1	71	0	0	0
투자활동 순현금흐름	29	-31	35	56	-36	-40	-44

[표 50] (계속)

	2009	2010	2011	2012	2013E	2014E	2015E
자본증가	1	1	7	3	0	0	0
자기주식	-2	2	0	-95	0	0	0
금융부채 증가	137	2	330	25	0	0	0
금융부채 상환	-2	-30	-517	-58	0	0	0
배당 지급	-39	-39	-41	-114	-111	-63	-63
계속사업 재무활동 순현금흐름	94	-64	-222	-239	-111	-63	-63
중단사업 영향	0	0	0	173	0	0	0
재무활동 순현금흐름	94	-64	-222	-67	-111	-63	-63
외화 환산 차액	-8	3	-1	8	0	0	0
현금과 현금등가물 증가	52	-3	-6	110	-44	55	84
기초 현금	37	89	86	81	190	146	202
기말 현금	89	86	81	190	146	202	286

자료: Rémy Cointreau 자료 및 저자 분석

7.4.4. 추정 대차대조표 작성

[표 51]은 [표 45]의 추정 손익계산서와 [표 50]의 추정 현금흐름표를 출발점이 되는 과거 대차대조표에 결합해 만든 추정 대차대조표이다. 별도로 논의하지 않는 대차대조표 계정과목은 일정하다고 간주한다.

[표 51] Rémy Cointreau의 추정 대차대조표(€백만)

	2009	2010	2011	2012	2013E	2014E	2015E
브랜드와 기타의 무형자산	630	630	447	443	443	443	443
유형자산(PP&E)	197	209	141	146	161	175	189
자회사 투자	62	64	65	68	68	68	68
기타의 금융자산	61	71	11	87	87	87	87
이연법인세자산	22	27	30	44	44	44	44
비유동자산 총계	972	1,001	694	789	803	817	831
재고자산	958	970	699	793	931	1,033	1,129
매출채권	282	248	214	208	244	271	296
현금과 현금등가물	89	86	81	190	146	202	286
기타의 유동자산	17	11	503	10	10	10	10

[표 51] (계속)

	2009	2010	2011	2012	2013E	2014E	2015E
유동자산 총계	1,347	1,316	1,497	1,200	1,332	1,515	1,720
자산 총계	2,319	2,317	2,191	1,989	2,135	2,332	2,551
자본금	76	78	79	79	84	88	92
주식발행초과금	686	708	736	738	738	738	738
자기주식	−2	0	−1	−96	−96	−96	−96
연결 준비금	127	152	178	134	134	241	374
지배기업 소유주 순이익	86	86	71	111	170	196	221
환산 준비금	−1	0	−8	9	9	9	9
지분법 손익	−1	−5	8	0	0	0	0
지배기업 소유주 자본	971	1,018	1,063	975	1,038	1,175	1,337
비지배지분 자본	−2	1	1	1	2	2	2
자본 총계	971	1,019	1,064	976	1,040	1,177	1,340
장기차입금	592	538	378	340	340	340	340
종업원 복지 충당금	19	24	21	22	22	22	22
부채와 비용 장기 충당금	12	5	7	7	7	7	7
이연법인세부채	199	200	122	98	98	98	98
비유동부채 총계	823	766	527	467	467	467	467
단기차입금과 발생이자	29	50	32	39	39	39	39
매입채무	453	439	407	468	549	609	666
미지급 법인세	33	12	39	13	13	13	13
부채와 비용 단기 충당금	6	20	10	2	2	2	2
파생금융상품	7	11	5	25	25	25	25
매각 채무	0	0	109	0	0	0	0
유동부채 총계	528	532	601	546	628	688	744
자본 및 부채 총계	2,319	2,317	2,191	1,989	2,135	2,332	2,551

자료: Rémy Cointreau 자료 및 저자 분석

7.5. 가치평가의 투입값 도출

이제까지 Rémy Cointreau의 추정 손익계산서, 현금흐름표, 대차대조표 작성 모형에 대해 학습했다. 이러한 재무모형은 가치평가의 출발점이 된다. 대부분의 회사 고유지표들을 이 재무모형으로 파악할 수 있다. 가치평가 추정치는 잉여현금흐름, 주당순이익, EBITDA, EBIT 등 다양한 재무지표에 기반을 둔다. [표 52]는 현금흐름할인모형에 필요한 회사 고유의 투입값을 보여준다. [표 52]의 첫째 줄의 정상영업이익은 [표 45]에서 기타 영업손익을 제외한 영업이익이다. 감가상각비와 무형자산상각비는 [표 48]로부터 온 것이고, 나머지 자료는 [표 50]에서 얻은 것이다.

[표 52] DCF 가치평가를 위한 잉여현금흐름 계산(€백만)

	2012	2013E	2014E	2015E
정상영업이익	208	254	290	324
법인세(실효세율 28%)	58	71	81	91
세후 정상영업이익	150	183	209	233
유무형감가상각비	15	22	26	30
	165	205	235	263
운전자본	-7	-93	-68	-64
자본적 지출	-17	-36	-40	-44
기업잉여현금흐름	141	75	127	155

자료: 저자 분석

8. 요약정리

산업 및 기업분석은 펀더멘털 분석의 핵심 도구이다. 이제까지 다룬 내용 중 주요 사항은 다음과 같다.

- 애널리스트는 수익과 비용의 추정에 하향식, 상향식 또는 하이브리드 접근법을 사용할 수 있다. 하향식 접근법은 통상 경제 전체 수준에서 분석을 시작하며, 상향식 접근법은 개별 기업이나 기업을 구성하는 단위(예: 사업부문) 수준에서 분석을 시작한다. 시계열적 접근법은 하향식 접근법에서도 사용되지만 기본적으로 상향식 접근법으로 간주된다. 하이브리드 접근법은 하향식 접근법과 상향식 접근법을 접목한 형태의 분석기법이다.
- 상대성장률을 이용하여 매출을 추정할 때 애널리스트는 명목 GDP성장률과 그에 대한 산업과 기업의 상대성장률을 추정하게 된다.
- 매출 추정을 위한 시장성장률과 시장점유율 접근법은 애널리스트가 특정 시장의 성장률 추정치와 해당 시장에 대한 회사의 시장점유율을 결합하는 분석기법이다.
- 매출과 영업이익률이 양의 상관관계를 가진다는 것은 산업에 규모의 경제 효과가 존재한다는 증거이다.
- 이익잉여금과 같은 대차대조표의 일부 계정과목은 손익계산서에서 직접 대차대조표로 연결되어 들어오며, 매출채권, 외상매입금, 재고자산 등의 항목은 손익계산서 추정치와 밀접

하게 관련된다.

- 자산 활용의 효율성을 측정하는 재무지표를 이용하면 운전자본 계정과목을 비교적 손쉽게 모형화할 수 있다.
- 순영업이익에서 조정 법인세를 차감해 영업자산과 영업부채의 차액으로 나눈 투하자본이익률(ROIC)은 회사의 세후 투자 수익성을 평가하는 재무지표이다. 높은 ROIC가 지속된다는 것은 이 회사가 경쟁우위를 가진다는 것과 관련된다.
- 경쟁요소는 공급자의 공급가격을 인하시키고 제품과 서비스 가격은 인상할 수 있는 회사의 협상력에 영향을 미친다. 포터의 5요인 프레임워크는 이런 요소들을 파악하는 기본 분석기법으로 활용된다.
- 인플레이션과 디플레이션은 산업구조, 경쟁력, 고객 수요의 본질에 따라 회사의 가격전략에 영향을 미친다.
- 기술발달로 기존 제품의 수요를 잠식할 수 있는 신제품이 출시되면, 예상되는 잠식계수를 바탕으로 신제품의 판매량을 추산하고 기존 제품의 미래 수요에 미치는 영향을 추정하게 된다.
- 명시적 추정기간을 선택하는데 영향을 미치는 요인에는 예상 보유기간, 투자자의 평균 포트폴리오 회전율, 산업의 경기순환성, 기업의 고유요인, 애널리스트가 속한 회사의 선호 등이 있다.

참고문헌

Hawawini, Gabriel, and Claude Viallet. 2011. *Finance for Executive: Managing for Value Creation*, 4th edition. Mason, Ohio: South-Western Cengage Learning.

Porter, Michael E. 1980. *Competitive Strategy: Techniques for Analyzing Industries and Competitors*. New York: The Free Press.

Porter, Michael E. 2008. "The Five Competitive Forces That Shape Strategy." *Harvard Business Review* (January).

연습문제

다음 정보를 바탕으로 질문 1 ~ 6에 답하시오.

Horizon Investments의 펀드매니저인 Angela Green은 새로운 투자 애널리스트를 채용하려고 한다. Green은 1차 인터뷰를 통해 후보자를 3명으로 압축했다. 그녀는 후보자들의 산업과 기업분석 지식을 평가하기 위해 2차 인터뷰를 실시할 계획이다.

2차 인터뷰에 앞서 Green은 인터넷 네트워크 장비업체인 Chrome Network Systems에 대한 분석을 요구하기로 했다. 각 후보자에게는 [표 1]과 같은 Chrome의 재무정보가 제공되었다.

[표 1] Chrome Network Systems의 주요 재무정보($백만)

	2010	2011	2012
순매출	46.8	50.5	53.9
제조원가	18.2	18.4	18.8
매출총이익	28.6	32.1	35.1
판매비와 일반관리비	19.3	22.5	25.1
영업이익	9.3	9.6	10.0
이자비용	0.5	0.7	0.6
세전이익	8.8	8.9	9.4
법인세 충당금	2.8	2.8	3.1
당기순이익	6.0	6.1	6.4

Green은 각 후보들에게 Chrome의 2013년 추정손익계산서를 작성하고 분석에 사용한 주요 가정을 제시하라고 요구했다. 후보자들에게는 Horizon의 2013년 경제전망이 주어졌는데, 1.6%의 실질 GDP성장률과 2.0%의 인플레이션 가정에 따라 명목 GDP성장률이 3.6%로 제시되었다.

Green은 각 후보자들이 제시한 분석모형을 제출 받은 후 이를 바탕으로 2차 인터뷰를 진행하기로 했다. 인터뷰를 준비하기 위해 Green은 후보자들의 주요 가정을 [표 2]와 같이 정리했다.

[표 2] 후보자들의 모형에 사용된 주요 가정 요약

	후보자 A	후보자 B	후보자 C
순매출	순매출은 2010~2012년의 순매출성장률로 증가할 것이다.	산업 매출은 명목 GDP 성장률로 증가하지만, Chrome은 시장점유율이 2% 포인트 하락할 것이다.	순매출은 명목 GDP 성장률보다 50 bps 낮은 성장을 보일 것이다.
제조원가	2013년 매출총이익률은 2010~2012년 평균 매출총이익률과 같을 것이다.	2013년 매출총이익률은 인플레이션으로 인한 원가상승으로 축소될 것이다.	2013년 매출총이익률은 2012년 대비 20 bps 증가할 것이다.
판매비와 일반관리비	2013 SG&A/순매출 비중은 2010~2012년 평균 비율과 같을 것이다.	2013년 SG&A는 물가상승률만큼 증가할 것이다.	2013년 SG&A/순매출 비율은 2012년과 같을 것이다.
이자비용	2013 이자비용은 2012년과 같은 실효이자율을 가정한다.	2013년 이자비용은 2012년과 같을 것이다.	2013년 이자비용은 2010~2012년 평균 이자비용과 같을 것이다.
법인세	2013년 실효세율은 2012년과 같을 것이다.	2013년 실효세율은 30%의 합산 법정세율과 같을 것이다.	2013년 실효세율은 2010~2012년 평균 실효세율과 같을 것이다.

1. [표 1]에서 Chrome이 규모의 경제를 가지고 있음을 보여주는 가장 강력한 증거는 무엇인가?
   A. 순매출의 증가
   B. 순매출 증가에 따른 영업이익률 증가
   C. 순매출 증가에 매출총이익률 증가

2. [표 2]에서 순매출을 추정하는데 상향식 접근법을 사용한 후보자는 누구인가?
   A. 후보자 A
   B. 후보자 B
   C. 후보자 C

3. [표 2]에서 <후보자 B>는 미래 순매출 추정에 어떤 접근법을 사용하고 있는가?
   A. 하이브리드 접근법
   B. 하향식 접근법
   C. 상향식 접근법

4. [표 1]과 [표 2]를 바탕으로 할 때, <후보자 C>의 2013년 제조원가 추정치는 얼마로 예상되는가?
   A. $18.3백만
   B. $18.9백만
   C. $19.3백만

5. [표 1]과 [표 2]를 바탕으로 할 때, <후보자 A>의 2013년 판매비와 일반관리비(SG&A) 추정치는 얼마에 얼마로 예상되는가?
   A. $23.8백만
   B. $25.5백만
   C. $27.4백만

6. [표 2]에서 누가 이자비용의 추정에 Chrome의 부채 규모의 변동을 감안하고 있는가?
   A. 후보자 A
   B. 후보자 B
   C. 후보자 C

다음 정보를 바탕으로 질문 7 ~ 12에 답하시오.

Taurus Investment Management의 애널리스트인 Nigel French는 상사인 Lukas Wright의 지시로 고급 전장품 제조업체 Archway Technologies를 분석 중이다. French는 세무 환경이 상당히 다른 해외 소재 두 경쟁업체에 대비하여 과거 5년간 Archway의 수익성 평가를 지시 받았다.

French는 포터의 5요인 프레임워크를 이용하여 고급 전장품 산업 내 Archway의 경쟁지위를 평가하기 시작했다. French의 산업분석 결과는 [표 3]과 같이 정리할 수 있다.

[표 3] 포터의 5요인 모형을 이용한 고급 전장품 시장 분석

요 인	고려 사항
대체재 위협	고객의 교체비용은 높다.
경쟁자 위협	Archway의 세계 시장점유율은 60%이고, 주요 경쟁자들이 각각 15%씩을 점유하고 있다.

[표 3] (계속)

요 인	고려 사항
공급자 협상력	제품 생산을 위한 주요 기자재는 코모디티로 분류되고, 다수의 공급자가 존재한다.
고객 협상력	고급 전장품은 매우 전문화된, 즉 비표준화 제품이다.
신규 진입자 위협	산업 진출에는 대규모 고정비 투자가 필요하다.

French는 2014년 Archway의 제조원가를 매출액의 30%로 파악했다. 2015년 Archway의 손익계산서 추정에 French는 산업 내 모든 회사들의 제조원가(COGS)가 8% 증가할 것으로 가정한다. [표 4]는 Archway의 가격과 판매량 변동에 관한 French의 추정치이다.

[표 4] 2015년 Archway 추정 판매가격과 판매량 변동

제품 평균가격 인상률	5.00%
판매량 증가율	−3.00%

French는 Archway의 손익계산서를 추정한 후에 대차대조표 항목을 추정한다. 그는 회사의 운전자본 계정과목 추정에 역사적 효율성 지표를 사용한다.

Archway에 대한 자신의 재무 추정치에 근거하여 French는 지난 5년간 회사의 평균 주가수익비율(P/E)을 사용해 영구가치를 추정한다. Wright는 영구가치 추정치가 회사의 미래 전망에 관한 주요 가정에 얼마나 민감한지 French와 토론 중이다. Wright는 French에게 다음과 같이 질문한다.

> "만일 Archway에 부정적 영향을 미칠 기술발전이 자네의 재무 추정 기간 이후에 발생한다면 자네의 영구가치 계산에는 어떤 변경이 있어야 한다고 생각하나?"

7. French는 경쟁자에 대한 Archway의 5년간 역사적 성과를 평가하는데 어떤 수익률 지표를 사용해야 하는가?
   A. 자기자본이익률(ROE)
   B. 투하자본이익률(ROIC)
   C. 총투하자본이익률(ROCE)

8. [표 3]에 제시된 현재 경쟁지형을 바탕으로 할 때, French는 Archway에 대해 어떤 결론을 내릴 것인가?

A. 가격 인상으로 원가를 전가할 능력이 있다.
B. 공급자에게 공급가격 인하를 요구하기 어렵다.
C. 평균 이상의 투하자본이익률을 창출하기 어렵다.

9. [표 3]에 제시된 현재 경쟁지형을 바탕으로 할 때, 추정기간 동안 Archway의 영업이익률은 어떨 가능성이 가장 낮은가?
A. 축 소
B. 유 지
C. 증 가

10. [표 4]의 내용을 바탕으로 할 때, Archway의 2015년 매출총이익률은 얼마로 예상되는가?
A. 62.7%
B. 67.0%
C. 69.1%

11. French의 Archway 운전자본 계정의 추정 접근법은 어느 접근법으로 분류하는 것이 가장 타당한가?
A. 하이브리드 접근법
B. 하향식 접근법
C. 상향식 접근법

12. 기술발전에 관한 Wright의 질문에 가장 적절한 대답은?
A. 요구수익률 상향
B. P/E의 하향
C. 영구성장률 하향

다음 정보를 바탕으로 질문 13 ~ 18에 답하시오.

Gertrude Fromm은 Tucana Investments의 운송업종 담당 애널리스트이다. 그녀는 스쿠터와 상업용 트럭을 생산·판매하는 유럽 상장 운송장비 제조업체 Omikroon, N.V.를 분석 중이다.

Omikroon의 휘발유 스쿠터 사업부문은 이 섹터의 마켓 리더이며 두 개 경쟁사를 가지고 있다. Omikroon의 휘발유 스쿠터는 강력한 브랜드 네임과 잘 구축된 유통망을 가지고 있다. 시장 리더로서 구축된 강력한 브랜드 파워로 인해 제3자는 높은 산업 진입비용을 부담해야 한다. 그러나 Fromm은 저렴한 수입산 소형 휘발유 모터사이클이 Omikroon의 휘발유 스쿠터의 대체재가 될 것으로 예상한다.

Fromm은 Omikroon의 경영성과 평가지표로 투하자본이익률(ROIC)을 사용한다.

Omikroon은 2014년 말 시장에 첫 번째 전동 스쿠터를 출시했다. 회사의 예상은 다음과 같다.

- 2016년에 경쟁력 있는 전동 스쿠터가 시장에 출시될 것이다.
- 전동 스쿠터는 휘발유 스쿠터의 대체재는 아닐 것으로 예상한다.
- 2015년과 2016년 대규모 연구개발투자를 통해 보다 성능이 우수한 전동 스쿠터를 개발할 계획이다.

Fromm은 다음 사항을 고려하여 Omikroon에 대한 성과 추정기간을 10년으로 설정했다.

- 고려사항 1: Tucana Investments의 연간 포트폴리오 회전율은 30%이다.
- 고려사항 2: 전동 스쿠터는 향후 10년간 빠른 성장세가 기대된다.
- 고려사항 3: Omikroon은 2016년까지 경상용차 제조업체를 인수하여 트럭 사업부문에 완전 합병함으로써, 전체 매출의 2%를 늘린다는 계획을 발표했다.

다음의 민감도 분석을 위해 Fromm은 [표 5]의 2015년 기본 케이스부터 작성했다.

- 엔진 부품 제작에 필요한 수입산 특수강 가격이 20% 상승한다.
- 수입산 특수강은 Omikroon의 제조원가에서 4%를 차지한다.
- Omikroon은 특수강 가격 인상을 고객에게 전가할 능력을 갖지 못한다.

[표 5] Omikroon의 2015년 기본 케이스 주요 재무 추정치(€백만)

	휘발유 스쿠터 사업부문	상업용 트럭 사업부문	전동 스쿠터 사업부문	합 계
매 출	99.05	45.71	7.62	152.38
제조원가				105.38
매출총이익				47.00
영업이익				9.20

Omikroon은 초기에는 전동 스쿠터 부품을 외주화할 생각이다. 하지만 2016년부터 사내 제작을 시작하면 기존 공장에도 변화가 예상된다. 이 공장은 3년 전에 €7백만을 투자했고 추정 내용연수는 10년이다. Fromm은 두 가지 시나리오를 평가 중이다.

시나리오 1: 기존 공장을 €5백만에 매각하고, €30백만을 투자하여 10년간 사용할 수 있는 공장을 신설하는 방안
시나리오 2: 기존 공장에 €27백만을 투자하여 수리하는 방안

13. 포터의 5요인 경쟁분석을 사용할 때 다음 어떤 요인이 Omikroon의 휘발유 스쿠터 가격결정력에 가장 큰 영향을 미칠 것으로 생각되는가?
    A. 경쟁자
    B. 대체재의 위협
    C. 신규 진입자의 위협

14. Omikroon의 성과평가에 Fromm이 사용한 재무지표는 무엇을 고려하는가?
    A. 재무레버리지도
    B. 영업자산에 대한 영업부채
    C. 다른 세제를 적용받는 지역의 기업들에 대한 경쟁력

15. Omikroon의 예상을 바탕으로 할 때 Omikroon의 2016년 전동 스쿠터 사업부분의 매출총이익률은 다음 어떤 요소에 가장 영향을 받을 것으로 예상하는가?
    A. 경 쟁
    B. 연구개발비
    C. 휘발유 스쿠터의 잠식효과

16. Fromm가 선택한 Omikroon의 10년 추정기간을 정당화하는 것은 어떤 고려사항인가?
    A. 고려사항 1
    B. 고려사항 2
    C. 고려사항 3

17. Fromm의 민감도 분석 결과에 따르면 2015년 기본 케이스 매출총이익률의 감소폭은 얼마로 예상되는가?
    A. 0.55% 포인트
    B. 0.80% 포인트
    C. 3.32% 포인트

18. 시나리오 2에 따른 Omikroon의 유형자산에 대한 Fromm의 성장적 자본지출 추정치는 어떠한가?
    A. 시나리오 1보다 작다.
    B. 시나리오 1과 같다.
    C. 시나리오 1보다 많다.

CHAPTER 5

배당할인 가치평가

1. 서 론

보통주는 기업의 소유권 지분(ownership interest)을 표창한다. 기업은 영업활동을 통해 현금흐름을 창출하고, 기업의 소유주인 보통주주는 이러한 현금흐름에 대한 청구권을 가진다. John Burr Williams(1939) 이후 애널리스트들은 여러 유형의 현금흐름할인 가치평가모형(DCF모형)에 대한 연구를 진행해왔다. DCF모형에서는 기대되는 미래 현금흐름의 현재가치를 주식의 내재가치(intrinsic value)로 본다. DCF모형은 투자관리와 기업분석의 기본 도구로 널리 활용되고 있다. 이 장에서는 첫 번째 DCF모형을 소개하고 실무에서 이 모형이 어떻게 적용되는지 살펴본다.

비록 현금흐름할인 가치평가의 원리가 단순해 보여도 이론을 실제 주식 가치평가에 적용하는 것은 쉽지 않은 작업이다. DCF분석을 통한 주식의 가치평가는 대략 다음과 같은 4단계의 절차를 거친다.

- DCF모형의 유형 선택(현금흐름의 어떤 정의를 선택할지 결정)
- 현금흐름의 추정
- 할인율 추정 방법론 선택
- 할인율 추정

이 장에서는 이사회의 결정으로 주주에게 지급되는 배당(dividend)을 현금흐름의 적절한 정의로 간주한다. 현금흐름에 대한 이러한 정의를 기반으로 하는 가치평가모형을 **배당할인모형(dividend discount model, DDM)**이라 부른다. 모든 DDM은 기본적으로 주식가치평가를 목적으로 한다. 하지만 실제 적용에 들어가면 미래 배당지급의 흐름을 모형화하는 방법만큼이나 다양한 세부 모형들이 존재한다. 할인율 추정 방법론을 선택하여 할인율을 추정하는 단계는 모든 DCF모형에 동일하게 요구되며, 이에 관해서는 수익률 개념을 2장에서 이미 살펴본바 있다.

이 장은 다음과 같이 구성된다. 2절에서는 현재가치모형의 개요를 설명한다. 3절에서는 배당할인모형의 일반론에 대해 살펴본다. 무한대의 미래 기간에 대해 매 기간별 배당을 추정하는 것은 실무적으로 불가능하고 실용적이지도 않다. 따라서 배당 추정을 단순화할 필요가 있다. 이렇게 배당을 단순화하여 추정하는 방법이 배당을 일정한 성장패턴으로 정형화해 추정하는 것이다. 4절에서는 배당이 일정한 성장률로 계속 증가한다고 가정하는 가장 단순한 형태의 DDM인 고정성장모형 또는 고든성장모형에 대해 살펴본다. 하지만 대부분의 기업은 이익과 배당이 성장단계에 영향을 받는다고 보는 것이 보다 현실적이다. 기업의 이러한 성장단계를 고려하는 다단계 배당할인모형은 이를 효과적으로 구현하는 스프레드시트 모델링과 함께 5절에서 다루기로 한다. 6절은 배당성장률의 결정요인과 투자관리에서 배당할인모형이 어떻게 활용되는지 살펴본다.

2. 현재가치모형

전반적으로 현재가치모형은 자산의 가치평가에 까다롭고 엄격한 어프로치를 요구한다. 이 절에서는 기대되는 미래 현금흐름의 현재가치를 자산의 가치로 보는 접근법의 경제적 합리성에 대해 생각해본다. 또한 현금흐름의 여러 가지 대안적 정의를 살펴보고 할인율 추정의 주요 방법론을 소개한다.

2.1. 미래 현금흐름의 현재가치 기반 가치평가

특정 자산의 가치는 해당 자산을 보유할 때 기대되는 편익이나 수익과 관련성을 가질 수 밖에 없다. 이러한 기대 수익은 자산의 미래 현금흐름이라고 불린다. (현금흐름에 대해서는 뒤에 보다 엄밀하고 기술적으로 정의하기로 한다.) 이때 미래에 수령하는 화폐 가치가 오늘 수령하는 동일한 금액의 화폐 가치에 비해 작다는 점을 인식할 필요가 있다. 오늘 수령한 금전은 소유자에게 이를 소비하거나 저축할 수 있는 선택권을 제공한다. 따라서 화폐는 시간가치를 가진다. 자산의 가치를 평가할 때 추정된 미래 현금흐름을 합산하기 전에 이를 **할인(discount)**하여 현재의 가치로 평가하는 작업이 필요하다. 현금흐름의 발생시점이 현재에서 먼 미래일수록 미래 현금흐름의 현재가치는 줄어든다. 현금흐름할인 가치평가는 크게 현금흐름의 추정과 화폐의 시간가치(time value of money)를 고려한 현금흐름의 할인으로 구성되는데, 이들 두 요소는 DCF모형의 경제적 합리성에 근간을 제공한다. 미래 현금흐름의 발생시점과 규모가 확실히 알려진 가장 단순한 사례에서는 우리가 주어진 할인율로 할인한 미래 현금흐름의 현재가치와 동일한 금액을 투자하면 해당 자산의 현금흐름 전부를 복제할 수 있게 된다.

국채와 같은 자산은 기본적으로 현금흐름이 확실하기 때문에 채무불이행위험이 없다고 본다. 이렇게 위험이 없는 현금흐름에 대한 적절한 할인율은 무위험이자율이다. 예를 들어 2년 후 한번에 $100의 현금을 확실하게 받는 자산의 무위험이자율이 연 5%라면, 이 자산의 가치는 현금흐름 $100을 무위험이자율로 할인한 현재가치인 $\$100/(1.05)^2 = \$90.70$이 된다.

무위험채권과 달리 주식과 같이 미래의 현금흐름이 불확실한 자산을 위험자산이라 한다.

현재가치평가에 위험의 개념을 도입한다는 것은 매우 도전적인 작업이다. 불확실한(위험한) 현금흐름을 취급하는 가장 일반적인 접근법은 무위험 사례에 비추어 다음 둘 중 하나의 방법으로 현금흐름이나 할인율을 조정하는 것이다. 첫 번째 방법은 현금흐름을 확률변수로 보고 현금흐름의 기댓값을 할인하는 것이다.[1] 두 번째 방법은 현금흐름의 위험을 감안하여 할인율을 조정하는 방법이다.

다음 수식은 자산의 가치가 기대되는 미래 현금흐름의 현재가치라는 개념을 설명하고 있다.

$$V_0 = \sum_{t=1}^{n} \frac{CF_t}{(1+r)^t} \tag{1}$$

V_0 : 현재 시점($t = 0$)의 자산가치
n : 자산의 생애 동안 발생하는 현금흐름의 수(주식의 경우 무한대)
CF_t : t시점의 현금흐름(위험자산의 경우 기대 현금흐름)
r : 할인율 혹은 요구수익률

수식 (1)에서는 단순화를 위해 (수평적인 형태의 할인율 기간구조를 가정하고) 모든 현금흐름에 동일한 할인율을 적용하고 있다. 그러나 이러한 가정을 완화하여 각 시점의 현금흐름에 대한 위험이 반영될 수 있도록 현금흐름별로 다른 할인율을 적용하는 모형화도 가능하다.

수식 (1)은 현재 시점($t = 0$)의 자산가치가 기대되는 미래의 모든 현금흐름을 할인한 것임을 모형화한다.[2] 마찬가지로 미래 특정시점의 자산가치는 당해 시점 이후에 발생하는 모든 현금흐름을 당해 미래 시점으로 할인하여 더한 현재가치가 된다.

EXAMPLE 1 미래 현금흐름의 현재가치

1년 후 \$100, 2년 후 \$150, 3년 후 \$200의 현금흐름을 창출할 것으로 기대되는 자산이 있다고 가정해 보자. 10%의 할인율을 적용할 때 자산의 현재가치는 다음과 같다.

$$V_0 = \frac{100}{(1.10)^1} + \frac{150}{(1.10)^2} + \frac{200}{(1.10)^3}$$
$$= 90.909 + 123.967 + 150.263 = \$365.14$$

1) 확률변수의 기댓값은 발생 가능한 결과의 평균값(mean 또는 average)이고, 평균을 계산할 때 가중치는 발생 확률이 된다. 여기서 사용된 통계적 개념에 대해서는 DeFuso, McLeavey, Pinto, and Runkle(2004)를 참조하라.
2) 할인율이 달라진다는 것은 기간에 따라 현금흐름의 위험 정도나 무위험이자율이 변동한다는 것을 의미한다. 현금흐름의 위험 차이는 사업위험(business risk), 영업위험(operating risk), 재무위험(financial risk), 재무레버리지 같은 자본구조 등의 차이에 기인한다. 그러나 주어진 단순한 수식도 현재 수준의 논의에는 충분하다.

즉, t = 0 시점의 자산가치는 \$365.14가 된다. 미래 특정시점의 자산가치를 평가하는데도 동일한 논리가 적용된다. t = 1 시점의 가치는 다음과 같이 이 시점 이후에 발행하는 모든 현금흐름을 t = 1 시점으로 할인한 현재가치가 된다.

$$V_1 = \frac{150}{(1.10)^1} + \frac{200}{(1.10)^2}$$
$$= 136.364 + 165.289 = \$301.65$$

결국 어떤 시점에서든 자산의 가치는 당해 시점으로 할인된 미래 현금흐름의 현재가치가 된다. t = 1 시점의 자산가치(V_1)는 CF_2와 CF_3의 현재가치의 합이기 때문에 t = 0 시점의 자산가치(V_0)는 CF_1과 V_1의 현재가치의 합이 된다.

$$V_0 = \frac{100}{(1.10)^1} + \frac{301.653}{(1.10)^1}$$
$$= 90.909 + 274.23 = \$365.14$$

CF_1, CF_2, CF_3의 현재가치로 구한 V_0과 CF_1, V_1의 현재가치로 구한 V_0은 논리적으로 정확히 일치해야 한다.

이제 우리는 현금흐름의 세 가지 대안적 정의에 대해 살펴보기로 한다. 앞에서 설명한 바와 같이 현금흐름의 어떤 정의를 채택하느냐에 따라 사용할 DCF모형의 유형(배당할인모형, 잉여현금흐름모형, 초과이익모형)이 결정된다. 또한 여기서는 애널리스트가 특정 모형을 선택할 때 발생하는 가치평가의 문제점에 대해서도 살펴본다. (이에 관한 자세한 사항은 각 모형을 설명하는 장에서 다루기로 한다.)

2.2. 기대 현금흐름

현재가치모형에서 일반적으로 널리 사용되는 수익 또는 현금흐름(cash flow)의 정의에는 배당, 잉여현금흐름, 초과이익이 있다. 여기서는 각 현금흐름에 대한 개념적 정의에 대해서만 간단히 살펴보기로 한다.

배당할인모형은 배당을 적절한 현금흐름으로 정의한다. 배당을 현금흐름으로 정의하는 기본 근거는 주식 투자자는 오직 배당 형태로만 현금 수익을 수령할 수 있다는 것이다.[3] 애널리스트는 통상 실무에서 투자가치가 이익에 의해 결정된다고 본다. 그렇다면 배당을 통해

3) 기업은 자기주식 매입(stock repurchases)을 통해서도 주주에게 현금을 효과적으로 환원할 수 있다. 그러나 이러한 형태의 현금배분은 본 논거에 영향을 미치지 않는다.

주주에게 지급되지 않는 이익은 가치평가에서 무시되는지 의문이 든다. 재투자된 이익은 미래 배당을 증가시키는 재원이 된다. 따라서 DDM이 미래의 모든 배당을 설명(감안)할 수 있다면, DDM은 재투자된 이익을 고려하는 것이 된다. 일반적으로 배당은 이익이나 현금흐름 등 다른 수익 척도에 비해 변동성이 작기 때문에, 이를 기초로 하는 DDM의 가치 추정치는 다른 DCF모형의 가치 추정치에 비해 안정적인 경향을 보인다. 이런 이유로 DDM으로 산출된 가치는 종종 장기적 내재가치로 간주되기도 한다.

그런데 기업은 경우에 따라 배당을 지급하기도 하고 지급하지 않기도 한다. 수익성이 악화되어 배당재원이 부족한 경우 기업은 배당을 지급하지 않을 수 있다. 다만 수익성이 매우 높은 경우에도 배당을 지급하지 않기도 한다. 수익성이 매우 높은 투자기회가 있다면 이익을 배당으로 유출하기보다 재투자를 통해 더 많은 이익을 창출하는 것이 기업과 주주 모두에게 유리하기 때문이다. 일반적으로 기업이 성숙단계에 들어서면 매력적인 투자기회가 줄어들어, 배당을 개시하거나 증가시키는 경향을 보인다. 성숙기의 수익성이 양호한 기업은 지속적으로 배당을 지급하며, 배당을 줄이는 것을 꺼리는 경향을 보인다.[4)]

한편, 기업의 배당정책(dividend policy)은 나라에 따라서도 차이가 있다. 전형적으로 미국의 경우 주가지수에 포함된 기업들 중 배당을 지급하는 기업의 비중은 유럽의 경우보다 상당히 낮다. Wanger(2007)는 미국 기업에 비해 유럽과 아시아의 스몰캡 기업의 높은 배당성향에 주목한바 있다. 관련하여 다음과 같은 배당정책의 주요 트렌드가 관찰되기도 한다.

- 현금배당을 지급하는 기업의 비중은 대부분의 선진시장(예: 미국, 캐나다, 유럽, 영국, 일본)에서 장기적으로 감소해왔다.[5)] Fama and French(2001)에 따르면 1978년에는 미국 기업의 66.5%가 배당을 지급했지만, 1999년에는 불과 20.8%만이 배당을 지급했다고 한다. 이후 연구에서 2001년 이후 소폭의 증가세가 관측되기는 했다.[6)] 미국에서 배당기업의 비율이 줄어든 것은 (수익성과 성장기회의 차이를 통제한 상태에서도) 기업들이 배당을 줄이려는 성향 자체가 강해졌고 또한 수익성은 낮지만 높은 성장기회를 가진 소규모 상장회사의 수가 증가한데서 원인을 찾을 수 있다.[7)]
- 미국에서는 1980년대 초[8)], 영국과 중부 유럽에서는 1990년대 초[9)] 이후 주주에게 현금배당의 대안으로 자기주식을 매입하는 기업의 비중이 증가해왔다.

4) Linter(1956)과 Grullon, Paye, Underwood, and Weston(2007) 참조.
5) Eije and Megginson(2008)과 그 참고문헌 참조.
6) Julio and Ikenberry(2004).
7) Fama and French(2001).
8) 미국에서는 1982년 Securities and Exchange Commission Rule 10b-18 도입의 영향이 컸다. 이 규정의 도입으로 회사가 일정 기준을 충족하면 자기주식 매입에 따른 주가조작 부담을 경감 받을 수 있게 되었다.
9) Eije and Megginson(2008).

애널리스트는 종종 배당을 지급하지 않는 주식의 가치를 평가해야 하는 상황을 맞는다. 배당을 지급하지 않는 주식에도 DDM을 적용할 수 있을까? 뒤에서 설명하는바와 같이 이론적으로는 가능하다. 하지만 실무에서는 일반적으로 그렇지 않다.

분석에 도움이 되는 회사의 배당 기록이나 배당정책을 확인할 수 없는 경우 배당개시 시점이나 배당 규모를 예측하는 것은 현실적으로 쉽지 않다. 무배당기업의 경우 애널리스트는 주주 수준에서 배당을 수익으로 정의하는 DDM보다 회사 수준에서 잉여현금흐름이나 초과이익을 수익으로 정의하는 DCF모형을 일반적으로 선호하게 된다. 가치평가모형의 선택과 관련된 또 다른 중요한 고려사항은 경영권에 대한 관점이다. 소수지분을 보유한 소액투자자는 기업의 현금배당 시점이나 규모 결정에 의미 있는 영향력을 행사하지 못한다. 배당할인모형은 이러한 소수주주의 관점과 밀접하게 연결되어 있다. 즉, 이 모형에서는 배당을 통해서만 기업의 가치에 접근이 가능하며, 배당정책은 주어진 조건이 된다. 만일 배당이 기업의 가치창출과 이해할 수 있는 관련성을 갖지 않으면 DDM을 이용한 가치평가는 왜곡된 결과를 가져올 수 있다.

종합적으로 보면 배당을 현금흐름의 적절한 정의로 보는 DDM은 다음의 경우에 가장 적합한 가치평가접근법이다.

- 기업이 배당을 지급하고 있을 때(예: 애널리스트가 평가에 참고할 수 있는 과거 배당기록을 가지고 있는 경우)
- 이사회가 회사의 수익성에 따른 합리적이고 일관된 배당정책을 유지하고 있는 경우
- 투자자가 비경영권 관점을 가진 경우

EXAMPLE 2 DDM의 적용: Coca-Cola와 Hormel Foods

증권회사의 주식 리서치 책임자인 당신은 가치평가모형의 선택에 최종 책임을 진다. 한 소비재 담당 애널리스트가 당신에게 Coca-Cola Bottling Company Consolidated(NASDAQ: COKE)와 Hormel Foods(NYSE: HRL)의 평가와 관련하여 DDM 사용에 대해 문의해왔다. [표 1]은 최근 15년 동안의 배당관련 자료이다. (표에서 EPS는 주당순이익, DPS는 주당현금배당, 배당성향은 DPS를 EPS로 나눈 값이다.)

[표 1] COKE와 HRL: 이익과 배당 기록

	COKE			HRL		
연 도	EPS($)	DPS($)	배당성향(%)	EPS($)	DPS($)	배당성향(%)
2012	3.08	1.00	32	1.86	0.60	32
2011	3.08	1.00	32	1.74	0.51	29
2010	3.94	1.00	25	1.51	0.42	28
2009	3.56	1.00	28	1.27	0.38	30
2008	1.77	1.00	56	1.04	0.37	36
2007	2.17	1.00	46	1.07	0.30	28
2006	2.55	1.00	39	1.03	0.28	27
2005	2.53	1.00	40	0.91	0.26	29
2004	2.41	1.00	41	0.78	0.23	29
2003	3.40	1.00	29	0.67	0.21	31
2002	2.56	1.00	39	0.68	0.20	29
2001	1.07	1.00	93	0.65	0.19	29
2000	0.71	1.00	141	0.61	0.18	30
1999	0.37	1.00	270	0.54	0.17	31
1998	1.75	1.00	57	0.41	0.16	39

자료: Value Line Investment Survey, sec.edgar-online.com

[표 1]의 정보를 바탕으로 다음 질문에 답하라.

1. COKE의 가치평가에 배당할인모형이 적절한 모형인지에 대해 논하라.
2. HRL의 가치평가에 배당할인모형이 적절한 모형인지에 대해 논하라.

Solution 1

[표 1]의 정보만으로는 DDM이 COKE의 가치평가에 적합해 보이지 않는다. COKE의 배당은 1998년 이후 일관되게 주당 $1.00을 유지하고 있다. 1998년 COKE의 EPS는 $1.75지만, 1999년에는 $0.37로 급락했다. 2002년에 EPS가 $2.56으로 회복되지만, 이후 $1.77에서 $3.94까지 크게 변동해왔고 2012년에는 $3.08을 기록했다. 요약하면 2002년에서 2012년까지 COKE의 DPS는 일정했던 반면 이익은 상당한 변동성을 가지고 복리로 연간 1.9%씩 증가했다. 즉 제시된 기록을 바탕으로 배당과 이익 사이에는 이해 가능하고 지속적인 관계를 발견할 수 없다. 배당이 수익성 변동에 따라 조정되는 것으로 보이지 않기 때문에 COKE에 DDM을 적용하는 것은 적절해 보이지 않는다. 기업 수준의 현금흐름을 정의하는 다른 방법론으로 COKE를 평가하는 것이 보다 적절해 보인다.

Solution 2

HRL의 과거 순이익은 2003년과 2008년을 제외하면 장기적으로 증가 추세에 있다. 비록 당신이 배당성향의 변동을 연구하길 원할지는 모르겠지만 HRL의 배당은 전반적으로 이익의 성장을 따르고 있다. 주당순이익과 주당배당금은 양립하면서 증가해, 전체 기간 복리로 연간 각각 11.4%와 9.9% 증가했다. 최근 4년의 경우에도 EPS와 DPS는 대등한 증가율을 보였는데, 그로 인해 배당성향은 28%~32%로 큰 변동 없이 움직였다. 요약하면 HRL은 배당을 지속적으로 지급하고 있고, 배당이 이익과 이해 가능하고 지속적인 관계를 가지기 때문에 HRL의 가치평가에 DDM은 적절해 보인다.
가치평가는 미래를 바라보는 작업이다. 따라서 실무적으로 회사가 향후 배당정책의 변경을 공시하면 애널리스트는 이에 반드시 관심을 기울여야 한다.

두 번째 수익의 정의는 잉여현금흐름(free cash flow)이다. 현금흐름은 맥락에 따라 다양한 의미를 가진다. 앞에서는 이 용어를 비공식적으로 자본에 귀속되는 수익으로 간주했었다. 하지만 지금부터는 회계적 목적과 관련하여 보다 기술적으로 엄격하게 현금흐름을 정의하기로 한다. 일정기간 동안 기업은 제품과 서비스의 판매를 통해 현금을 창출하지만, 현금을 사용하기도 한다. 영업활동 현금흐름은 기업의 근본적인 이코노믹스를 설명하는 핵심적인 현금흐름이다. 그 외에도 기업은 두 가지 활동을 통해 현금을 증가시키거나 감소시킨다. 첫째, 기업이 자산을 취득하거나 매각하면 보유 현금이 변동한다. 둘째, 기업은 재무활동을 통해서도 현금을 늘리거나 줄인다. 가령 (다른 조건이 동일하다면) 채권을 발행하면 현금이 증가하고, 자기주식을 취득하면 현금이 감소한다.[10)]

현재 매출의 창출에 사용되는 자산은 시간이 경과하면 진부화·노후화되고 마모되기 때문에 교체가 필요하며, 수익성 있는 성장기회를 포착하기 위해서는 새로운 자산이 필요할 수 있다. 현금흐름의 개념은 계속기업 가정에 따른 것으로 현금흐름 중 일부는 "잉여"가 아니라 재투자와 신규투자에 반드시 필요한 현금흐름이다. **기업잉여현금흐름(free cash flow to the firm, FCFF)**은 영업활동 현금흐름에서 자본적 지출을 차감한다. 운전자본(working capital)을 포함하는 새로운 자산에 재투자하는 자본적 지출은 계속기업으로 남기 위해 반드시 필요하기 때문에 이러한 재투자 후에 남는 영업활동 현금흐름이 진정한 잉여현금흐름이 된다. (이러한 정의는 개념적인 것이며, 뒤에서 잉여현금흐름의 보다 정확한 개념에 대해 살펴보기로 한다.) 따라서 FCFF는 기업이 영업활동으로부터 창출한 현금흐름 중에서 기업의 경제적 가치를 훼손하지 않은 상태에서 주주와 채권자에게 귀속될 수 있는 현금흐름이라고 할 수 있다. 개념적으로 미래에 기대되는 잉여현금흐름의 현재가치를 합산한 것이 기업의

10) 국제적으로 현금(cash)의 원천(sources)과 사용(uses)의 유형에 대한 회계적 정의가 이러한 개념과 완전히 일관된 것은 아니다. 여기서 모든 것을 상세히 설명할 수는 없지만, U.S. GAAP의 경우 영업활동 현금흐름에는 재무활동에 해당하는 순이자지급액(net interest payments) 등이 포함되어 있다. 따라서 미국 회계자료를 활용할 때 신중한 애널리스트는 영업활동 현금흐름에 세후이자지급액(after-tax interest payments)을 가산해야 진정한 의미의 영업활동 현금흐름을 구하게 된다. 국제회계기준(IAS)에서는 기업이 영업활동 현금흐름에 이자비용을 포함할지 여부를 결정할 수 있다.

가치이며, 이렇게 구한 기업가치에서 발행된 부채의 시장가치를 차감하면 보통주 자기자본의 가치를 구할 수 있다.

주식의 가치를 평가하는 다른 접근법은 주주잉여현금흐름을 사용하는 것이다. **주주잉여현금흐름(free cash flow to equity, FCFE)**은 영업활동 현금흐름에서 자본적 지출을 차감하여 구한 FCFF에서 부채의 원리금 등 채권자의 청구권을 모두 충당한 후에 주주에게 귀속되는 현금흐름을 말한다. 주주에 비해 채권자는 기업의 보유 현금에 선순위 청구권을 가지므로, 부채의 상환에 필요한 현금은 궁극적으로는 주주에게 귀속될 수 없다. 개념적으로 보통주의 가치는 기대되는 FCFE의 현재가치가 된다. FCFF는 부채를 상환하기 전의 현금흐름인 반면, FCFE는 부채를 상환한 후의 현금흐름이다. 따라서 FCFE모형이 주식에 대한 잉여현금흐름 가치평가의 기본 모형이라고 할 수 있지만, 회사의 레버리지(자본구조)가 상당히 변동할 것으로 예상되는 경우에는 FCFF모형이 더 적합할 수 있다.

잉여현금흐름을 이용하는 가치평가는 투자실무에서 가장 보편적이고 일반화된 가치평가기법이다. 어떤 기업에 대해서도 잉여현금흐름(FCFF 혹은 FCFE)을 계산할 수 있다. 심지어 배당을 지급하지 않는 기업의 경우에도 과거 잉여현금흐름을 계산할 수 있다. FCFE를 기업의 배당지급 능력을 평가하는 척도로 보기도 한다. 심지어 배당을 지급하는 기업의 경우에도 배당과 FCFE 간에 차이가 크면 FCF모형이 선호된다.[11] FCFE는 또한 기업의 자본투자에 영향을 주지 않으면서 기업 외부에 재배치될 수 있는 현금흐름을 의미한다. 경영권 지분(controlling equity interest)은 기업의 자본 재배치에 영향을 미친다. 결과적으로 잉여현금흐름 가치평가모형은 투자자가 경영권 관점을 보유한 경우에 적합한 가치평가모형이다. (물론 기업이 인수될 가능성이 있을 때에는 주가에 인수자가 지불할 가격이 반영될 수 있으므로 비록 소액주주라도 이러한 관점을 취할 수 있다.)

DDM을 이용한 가치평가에 적용상의 문제가 있듯이 잉여현금흐름 현재가치모형의 적용에도 현실적인 문제가 있다. 일부 기업은 대규모의 투자 수요로 인해 미래의 상당기간 동안 음(陰)의 잉여현금흐름이 불가피 할 수 있다. 예를 들어 신생 유통기업의 경우 사업 확장을 위해서는 신규 점포를 계속 출점해야 한다. 이런 회사는 수익성이 양호해도 대규모 자본적 지출로 인해 상당기간 현금흐름이 마이너스가 된다. 연속되는 음의 잉여현금흐름의 현재가치는 당연히 음의 값이다. 따라서 잉여현금흐름모형을 사용하기 위해서는 기대 잉여현금흐름이 양(陽)의 값으로 전환되는 시점을 포착할 수 있을 정도의 장기간의 추정기간에 대한 잉여현금흐름의 추정이 필요하다. 장기간의 미래 예측에는 상당한 불확실성이 수반될 수밖

11) 다른 가정이 동일하고 매 기간의 배당이 FCFE와 일치하면 이론적으로 DDM과 FCFE모형은 똑같은 가치평가 결과를 도출해야 한다. 주식가치에 대한 현재가치모형의 수리적 접근과 이론에 관해서는 고전적 문헌인 Miller and Modigliani (1961)를 참조하라.

에 없다. 이런 경우 애널리스트는 초과이익모형(residual income model)과 같은 다른 현재가치 접근법을 사용하는 것이 평가에 확신을 갖는데 유리하다.

잉여현금흐름 할인모형은 일반적으로 다음의 경우에 적합하다.

- 기업이 배당을 지급하지 않는 경우
- 기업이 배당을 지급하고 있으나, 배당과 주주잉여현금흐름 간에 차이가 큰 경우
- 합리적인 추정기간 동안의 잉여현금흐름이 기업의 수익성과 높은 관련성을 가지는 경우
- 투자자가 경영권 관점을 가지고 있는 경우

마지막으로 살펴볼 수익의 개념은 초과이익이다. 개념적으로 일정 기간에 대한 **초과이익(residual income)**이란 투자액(보통주 자본)으로 투자자의 요구수익을 초과하여 실현한 이익을 말한다. 가령 주주의 초기 투자자금이 $200백만이고, 주식에 대한 요구수익률이 8%라고 가정하자. 요구수익률은 해당 주식의 투자에 대한 투자자의 기회비용(opportunity cost)이다. 즉 투자자가 이 주식에 투자함으로써 포기해야 하는 위험이 같은 투자안들의 수익률 중 가장 높은 수익률이 요구수익률이 된다. 이 기업이 1년 동안 $18백만의 이익을 실현했다고 가정하자. 이 경우 이 기업은 주주부(株主富)를 얼마나 증가시켰다고 볼 것인가? 기회비용의 정의에 따라 0.08 × $200백만 = $16백만의 수익은 동일한 위험 투자에서 투자자가 얻을 수 있는 수익이다. $18백만에서 $16백만을 초과하는 $2백만만 부가가치가 된다. 초과이익 접근법은 (반드시 현금화될 필요는 없지만) 이익과 이익의 발생 기간을 일치시키려 노력한다. 이익과 발생 기간을 일치시키는 목적은 같지만 회계적 순이익과는 달리 초과이익은 기회비용을 초과하는 부가가치를 측정하려 한다.

초과이익모형에서 주식가치는 **주당장부가치(book value per share)**와 기대되는 미래 초과이익의 현재가치의 합으로 계산된다. (주당장부가치는 보통주 자본총계를 유통주식수로 나누어 구한다.) 배당할인모형이나 FCF모형과는 달리 초과이익모형은 현재가치 수식에 1주당 개념(즉, 주당장부가치)을 도입하고 있다. 그럼에도 불구하고 초과이익모형은 기업 수준의 수익 개념을 이용하는 배당할인모형을 재구성한 모형으로 이해할 수 있다. 배당은 이익에서 지급되기 때문에 간단한 수식으로도 배당을 이익과 장부가치에 연결시킬 수 있다.[12] 초과이익모형은 애널리스트의 유용한 분석도구이다. 초과이익은 항상 계산이 가능하기 때문에 배

12) 주주와의 자본거래를 제외한 기업의 모든 활동에서 발생한 손익이 손익계산서를 거쳐 대차대조표의 장부가치로 반영되면, (t시점의 주식의 장부가치) = ($t-1$시점의 주식의 장부가치) + ($t-1$에서 t시점까지의 이익) − (t시점에 지급한 배당)의 관계가 만족된다. 주주와의 자본거래를 제외하면 주식의 장부가치가 손익을 통해서만 변동하는 것을 **순증회계(clean surplus accounting)**라고 한다. 그러나 미국과 국제회계기준에서도 항상 순증회계를 따르는 것은 아니다. 초과이익모형을 사용하기 위해서는 순증회계 조건이 만족되어야 한다. 따라서 초과이익모형을 이용하려면 이 수식을 사용하여 순증회계의 충족여부를 확인한 후 순증회계의 위반이 있으면 적절히 조정해야 한다.

당 지급 여부에 관계없이 사용이 가능하다. 따라서 합리적으로 예측 가능한 추정기간 동안 음의 잉여현금흐름이 예상되는 회사에 대해서도 애널리스트는 초과이익모형을 적용할 수 있다. 이 경우 초과이익 가치평가가 잉여현금흐름 가치평가에 비해 현실에 가까운 가치를 인식하며, 보다 큰 가치 추정치를 산출한다.

초과이익모형은 기회비용을 초과하는 수익성에 초점을 맞춘다.[13] 초과이익모형을 합리적으로 적용하기 위해서는 발생주의 회계의 특성을 충분히 이해할 필요가 있다. 이런 이유로 애널리스트는 배당할인모형이 적합한 경우에는 초과이익모형보다 배당할인모형을 선호하게 된다. 경영진은 경우에 따라 회계기준이 허용하는 회계처리 방법을 이용해 기업의 경제적 성과를 왜곡할 여지가 있다. 이때 회계공시의 품질이 우수하다면 보고된 순이익이나 장부가치 등을 적절히 조정해 초과이익을 구할 수 있다. 하지만 회계적 왜곡이 있거나 회계공시의 품질에 문제가 있으면 초과이익모형의 적용 결과에 오류가 발생할 수 있다.

초과이익모형은 일반적으로 다음과 같은 경우에 적합한 가치평가접근법이다.

- 기업이 배당을 지급하지 않는 경우 잉여현금흐름모형의 대안으로 사용하고자 하는 경우
- 합리적으로 추정기간 동안 기대되는 미래 잉여현금흐름이 음(陰)의 값을 가질 것으로 예상되는 경우

이제까지 살펴본바와 같이 가치평가에 널리 사용되는 수익의 정의에는 배당, 잉여현금흐름, 초과이익이 있다. 특정 정의가 다른 정의에 비해 더 우수하다는 주장들이 있지만 상황에 따른 유연한 관점을 취하는 것이 보다 실용적이라고 할 수 있다. (실제 이런 주장들은 투자실무의 트렌드 변화에 따른 경우도 많다.) 애널리스트는 특정한 가치평가 상황에는 어떤 평가모형이 더 적합하다는 것을 판단할 수 있어야 한다. 애널리스트는 자신의 주 종목인 특정 가치평가모형에 전문성을 기를 수도 있다. 실무적으로 보면 적용 스킬, 특히 추정의 품질이 애널리스트의 작업에 유용성을 결정하는 경우는 흔히 있다.

이후에 평가대상 회사의 속성에 적합한 모형의 선택과 적용의 문제를 다루기에 앞서 다음 절에서는 배당할인모형의 일반 형식에 대해 알아본다.

---

13) 임원에 대한 보상체계(compensation schemes)에 초과이익의 개념을 도입하기도 하는데, Stern Stewart & Co의 경제적 부가가치(Economic Value Added, EVA®)는 초과이익의 대표적인 상업적 적용사례이다.

3. 배당할인모형

애널리스트는 주식가치평가에 현재가치모형 등 다양한 평가모형과 분석기법을 동원한다. 우리는 2.2절에서 현재가치 분석에 사용되는 일반적인 수익의 정의(배당, 잉여현금흐름, 초과이익)에 대해 살펴보았다. 여기서는 첫 번째 수익의 정의인 배당을 이용하는 DCF모형인 배당할인모형의 가장 일반적 형태를 도출해 보기로 한다.

DDM은 단순하고 오래된 현재가치 평가기법이다. Block(1999)의 CFA Institute[14] 회원 대상 조사에 따르면 조사대상 응답자의 42%가 주식가치의 결정에 DDM이 매우 중요하거나 다소 중요하다고 답했다. 1989년부터 *Merrill Lynch Institutional Factor Survey*는 기관투자가들이 가장 널리 사용하는 23개에 가치평가 관련 요인과 방법론에 대한 선호도를 조사하고 있다. DDM의 활용도가 가장 높게 나온 것은 1989년 첫 조사인데, 응답자의 50% 이상이 DDM을 사용한다고 답했다. 1993년 이후 조사결과에서는 DDM을 활용한다는 응답자 비율은 25%에서 40%를 유지했고, 2012년에는 35% 이상으로 다소 증가했다. 이처럼 실무에서 DDM은 지속적으로 그 중요성을 인정받고 있으며, 학술연구나 종목분석에도 여전히 널리 활용되고 있다. 결국 DDM은 주식가치평가에 기본이 되는 분석도구라고 봐야 한다.

3.1. 단일기간보유모형

주주가 주식을 보유하면서 기대하게 되는 현금흐름은 배당과 매각 시점에 수령하는 시장가격이다. 이때 미래 주가는 매각시점 이후에 지급받게 될 배당에 대한 기대를 반영해야만 한다. 여기서는 이 논거가 어떻게 DDM의 일반 형식을 도출하는지 살펴본다. 이에 더해 일정 보유기간을 감안한 실무적인 DDM에 대해서도 알아본다. 이 접근법을 사용하기 위해서 애널리스트는 일정 기간 동안의 배당과 영구매각주가(terminal sales price)를 추정해야 한다.

만일 투자자가 주식을 매입하여 1년 후 매각하고자 한다면, 오늘의 주식가치는 주식에 대한 기대 배당과 1년 후의 예상 매각주가의 현재가치를 합한 것이 된다.

$$V_0 = \frac{D_1}{(1+r)^1} + \frac{P_1}{(1+r)^1} + \frac{D_1 + P_1}{(1+r)^1} \tag{2}$$

V_0: 현재 시점($t=0$)의 주식가치

D_0: $t=1$ 시점의 예상 주가

D_1: 1년 후의 주당 기대 배당금(배당은 $t=1$에 지급된다고 가정)

r: 주식에 대한 요구수익률

14) Black(1999)에서는 Association for Investment Management Research(AIMR)로 언급되었는데, 2004년 AIMR은 현재의 CFA Institute로 명칭을 변경했다.

수식 (2)는 자산의 가치가 기대되는 미래 현금흐름의 현재가치와 같다는 가치평가의 기본 원리를 단일보유기간에 적용한 것이다. 이때 기대되는 미래 현금흐름은 1년 후 지급받을 배당(분석의 단순화를 위해 1년 경과 시점에 배당을 지급받는다고 가정)[15]과 그 시점의 (매각)주가가 된다.

EXAMPLE 3 단일기간보유모형

당신은 Carrefour SA(NYSE Euronext Paris: CA)가 내년에 €0.58의 배당을 지불할 것으로 예상한다고 가정하자. 당신은 1년 후 CA 주식의 가격을 €27.00로 예상한다. CA 주식의 요구수익률은 9%이다. CA 주식의 가치 추정치는 얼마인가?

Solution

€0.58의 기대 배당금과 €27.00의 기대 매각가격을 9%의 요구수익률로 할인하면 다음과 같은 주식가치 추정치를 얻는다.

$$V_0 = \frac{D_1 + P_1}{(1+r)^1} = \frac{0.58 + 27.00}{(1+0.09)^1} = \frac{27.58}{1.09} = 25.30$$

3.2. 다기간보유모형

어떤 투자자가 2년 동안 주식을 보유할 계획이라면, 현재 시점의 주식가치는 1차년도와 2차년도 기대 배당의 현재가치와 2차년도 말 기대 주가의 현재가치를 합산한 값이 된다.

$$V_0 = \frac{D_1}{(1+r)^1} + \frac{D_2}{(1+r)^2} + \frac{P_2}{(1+r)^2} = \frac{D_1}{(1+r)^1} + \frac{D_2 + P_2}{(1+r)^2} \quad (3)$$

이러한 보유기간 산식을 미래 기간에 대해 확장하면 어떤 유한보유기간에 대해서도 주식의 DDM 수식을 얻을 수 있다. 이를 일반화한 n기간 모형에서는 주식의 가치를 n기간 동안의 기대 배당의 현재가치와 n기간 말의 기대 주가의 현재가치의 합으로 표현할 수 있다.

$$V_0 = \frac{D_1}{(1+r)^1} + \ldots + \frac{D_n}{(1+r)^n} + \frac{P_n}{(1+r)^n} \quad (4)$$

처음 n기간의 기대 배당의 현재가치를 시그마(Σ)를 이용하여 표현하면, n기간의 보유기

15) DDM에 관한 논의 전반에서 배당은 각 기간 말에 일시 지급되는 것으로 가정한다.

간 혹은 투자기간에 대해 주식의 가치를 다음과 같이 일반화할 수 있다.

$$V_0 = \sum_{t=1}^{n} \frac{D_t}{(1+r)^t} + \frac{P_n}{(1+r)^n} \tag{5}$$

수식 (5)는 DDM 적용에 중요한 의미를 가지는데, 통상적으로 애널리스트들이 DDM 적용에 일정 기간(통상 2년에서 5년)의 개별 배당을 추정한 후, 여러 방법론 중 하나를 이용해 영구가치인 P_n을 추정하는 방식을 따르기 때문이다. (5절에서는 유한추정기간에 대한 가치평가에 대해 살펴보기로 한다.) (EXAMPLE 4)는 다기간 보유에 따른 주식가치 계산의 메카니즘을 설명하고 있다.

EXAMPLE 4 5년의 추정기간을 가진 주식의 가치

어떤 주식의 향후 5년간 연도별 배당이 각각 $2.00, $2.10, $2.20, $3.50, $3.75일 것으로 예상된다. 또한 5년 말 시점의 주가는 $40.00으로 예상된다. 요구수익률이 10%일 때 이 주식의 가치는 얼마인가?

Solution

기대되는 미래 현금흐름의 현재가치는 다음과 같이 표시할 수 있다.

$$V_0 = \frac{2.00}{(1.10)^1} + \frac{2.10}{(1.10)^2} + \frac{2.20}{(1.10)^3} + \frac{3.50}{(1.10)^4} + \frac{3.75}{(1.10)^5} + \frac{40.00}{(1.10)^5}$$
$$= 9.926 + 24.837 = 34.76$$

5년간 기대 배당의 현재가치는 총 $9.926이며, 영구주식가치의 현재가치는 $24.837이다. 이 둘을 합산한 주식가치는 $34.76이다.

보유기간이 유한한 배당할인모형에서 주식의 가치는 (1) 보유기간 동안 지급받을 것으로 기대되는 배당의 현재가치와 (2) 보유기간 말 기대 주가의 현재가치를 합산하여 구한다. 이는 보유기간이 1년씩 연장되면서 기대 배당에 대한 항(項)이 하나씩 추가된다는 의미이다. 보유기간을 무한한 미래까지 연장하면 주식가치는 기대되는 모든 미래 배당의 현재가치로 표시할 수 있다.

$$V_0 = \frac{D_1}{(1+r)^1} + \dots + \frac{D_n}{(1+r)^n} + \dots \tag{6}$$

이를 시그마를 이용하여 일반식으로 표현하면 다음과 같다.

$$V_0 = \sum_{t=1}^{\infty} \frac{D_t}{(1+r)^t} \tag{7}$$

수식 (7)은 John Burr Williams(1938)가 처음으로 제안한 배당할인모형의 일반 형태이다. 유한한 투자기간을 가진 투자자의 관점에서도 주식가치는 미래 배당에 따라 결정된다. 이런 투자자에게 오늘의 주식가치는 주식을 매각하기 전에 투자자가 지급받을 것으로 예상되는 배당에 의해 직접적으로 결정되며, 주식을 매각한 이후의 기대 배당에 의해서도 간접적으로 결정되는데, 주식 매각 이후의 미래 배당이 매각시점의 기대 주가를 결정하기 때문이다.

수식 (7)은 주식가치를 무한한 미래 기간 동안 예상되는 기대 배당의 현재가치로 보고 있지만, 기대 배당을 어떻게 추정할 것인지에 관한 적용상의 문제는 남는다. 당연히 실무적으로 무한한 기간의 기대 배당을 개별적으로 추정하기란 불가능하다. 결국 DDM을 사용하기 위해서는 배당의 추정을 단순화할 필요가 있다. 추정을 단순화하는 데는 일반적으로 두 가지의 접근법이 있으며, 각 접근법은 다시 여러 세부방법으로 나누어진다.

1. 정형화된 성장패턴을 가정하여 미래 배당의 흐름을 추정한다.
   - 영구적으로 일정한 성장률을 가정하는 경우: 고든성장모형
   - 두 개의 성장단계를 가정하는 경우: 2단계 성장모형과 H-모형
   - 세 개의 성장단계를 가정하는 경우: 3단계 성장모형

   주식의 DDM가치는 배당흐름을 할인한 현재가치이다. 고든성장모형에 대해서는 4절에서, 2단계 모형 · H-모형 · 3단계 모형에 대해서는 5절에서 자세히 살펴본다.

2. 추정 재무제표를 작성하여 영구시점까지 유한한 기간 동안의 배당을 개별적으로 추정한다. 통상 개별 배당에 대한 추정은 3년에서 10년까지 확장된다. 비록 일부 애널리스트가 모든 회사의 분석에 동일한 추정기간을 적용하기도 하지만 기본적으로 추정기간은 **가시성(visibility)**이라고도 불리는 회사 이익에 대한 인지된 예측력에 따라 결정된다. 추정기간의 배당을 추정한 후에는 다음 중 한 접근방법을 택하게 된다.
   - 정형화된 성장패턴을 가정하여 영구시점 이후의 잔여 배당들을 추정하거나,
   - (영구시점의 펀더멘털 추정치에 적정 주가배수를 적용하여) 영구시점에 예상되는 주식가격인 **영구주가(terminal share price)**를 추정한다.

이상의 과정을 거쳐 추정한 기대 배당과 영구주가를 적절한 할인율로 할인하면 DDM 주식가치를 얻게 된다.

스프레드시트는 DDM 적용을 위한 개별적 배당 추정에 효율적인 수단이지만, 다른 분석에도 유용하게 활용된다. 스프레드시트 모델링에 대해서는 5절에서 살펴본다.

애널리스트가 현금흐름의 어떤 정의를 사용하든지 주식가치평가는 위에서 설명한 추정방법 중 하나를 따르게 된다. 다만 미래 배당의 추정모형을 선택하고 이러한 모형에 적합한 투입자료를 확보하는 것은 가치평가 실무에서 도전적인 작업이다.

4. 고든성장모형

Gordon and Shapiro(1956)와 Gordon(1962)이 제안한 **고든성장모형(Gordon growth model, GGM)**은 배당이 일정한 성장률(定率)로 무한히 증가할 것을 가정한다. 수식 (7)의 일반 배당할인모형에 이러한 가정을 적용하면 단순하지만 매우 유용한 가치평가모형을 유도할 수 있다. 본 절에서는 GGM의 유도과정과 적용사례를 소개하고, 이 모형의 장단점에 대해 생각해 본다.

4.1. 고든성장모형의 유도

우리가 생각할 수 있는 가장 단순한 형태의 미래 배당패턴은 아마도 배당이 일정한 성장률로 계속 증가한다고 보는 것일 수 있다. 이런 과정을 수학적으로 표현하면 다음과 같다.

$$D_t = D_{t-1}(1+g)$$

여기에서 g는 배당의 기대성장률이며, D_t는 t시점의 기대 배당이다. 예를 들어 가장 최근의 배당(D_0)이 €10이라고 가정하자. 이때 배당성장률(g)이 5%이면, t = 1시점의 기대배당은 $D_1 = D_0(1+g)$ = €10 × 1.05 = €10.5가 된다. 이를 일반화하면 t시점 배당(D_t)은 t = 0시점의 배당(D_0)에 t기간 동안 배당성장률(g)을 복리로 적용한 값이 된다.

$$D_t = D_0(1+g)^t \tag{8}$$

위의 예에서 5차년도 말 기대 배당은 $D_5 = D_0(1+g)^5$ = €10 × $(1.05)^5$ = €10 × 1.276282 = €12.76이 된다. 이때 $D_t = D_0(1+g)^t$를 수식 (7)의 D_t에 대입하면 고든성장모형이 유도된다. 모든 항을 표시하게 되면 다음과 같이 된다.

$$V_0 = \frac{D_0(1+g)}{(1+r)} + \frac{D_0(1+g)^2}{(1+r)^2} + \ldots + \frac{D_0(1+g)^n}{(1+r)^n} + \ldots \qquad (9)$$

수식 (9)는 초항이 $D_0(1+g)/(1+r)$이고, 등비가 $(1+g)/(1+r)$인 무한등비급수이다. 이 수식에서 항이 충분히 많아지면 대수적으로 다음과 같이 간단한 수식으로 나타낼 수 있다.[16)]

$$V_0 = \frac{D_0(1+g)}{r-g} \text{ 또는 } V_0 = \frac{D_1}{r-g} \qquad (10)$$

$D_t = D_{t-1}(1+g)$이기 때문에 위의 두 수식은 일치한다. 다만 수식 (10)은 자기자본비용(r)이 기대성장률(g)보다 큰 경우에 한해 적용이 가능하다. 만일 $r = g$이거나 $r < g$이면 수식 (10)은 성립하지 않는다. 자기자본비용과 기대성장률이 같은 경우($r = g$) 할인율만큼 배당이 동일한 비율로 증가하기 때문에 주식가치는 무한대가 된다. $r < g$인 경우에는 배당이 할인되는 비율보다 더 빨리 증가하기 때문에 주식가치는 역시 무한대가 된다. 그러나 무한대의 주식가치란 경제적으로 의미가 없기 때문에 배당성장률이 자기자본비용과 같거나 크면 경제적 의미를 갖지 못한다.

계산과정의 이해를 돕기 위해 최근 지급한 배당이 €5(D_0 = €5)이고, 장기 배당성장률과 주식의 요구수익률이 각각 5%와 8%인 경우를 생각해보자. 이 경우 고든성장모형에 따른 주식가치는 $D_0(1+g)/(r-g)$ = (€5 × 1.05)/(0.08 − 0.05) = €5.25/0.03 = €175가 된다. 이때 수식의 분자에는 D_0이 아닌 D_1을 사용한다는데 유의하자.

수식 (10)의 고든성장모형은 주식분석에 널리 활용된다. 이 모형은 무한한 기간의 미래 배당을 기초로 하고 있기 때문에, 모형에 적용된 요구수익률과 배당성장률에는 장기간의 기대가 적절히 반영되어야 한다. 또한 이 모형에 따른 주식가치는 요구수익률(r)과 배당의 기대성장률(g) 모두에 매우 민감하게 반응한다. 이런 이유로 만일 두 변수에 대해 확신이 부족하다면 (물론 다른 가치평가모형에서도 그렇지만) 두 변수에 대한 민감도 분석이 유용할 수 있다.

설명한 바와 같이 DDM은 배당을 지급하는 동시에 배당과 수익성이 이해할 수 있는 지속적인 관계를 가지는 기업의 가치평가에 적합한 모형이다. DDM의 이러한 특성은 고든성장모형에도 그대로 적용된다. 또한 고든성장모형은 기업의 이익성장률이 소속 국가의 명목

---

16) 단순화를 위해서는 초항이 a이고 등비가 m($|m| < 1$)인 무한등비수열[예: $a + am + am^2 + \ldots = a/(1-m)$]을 합산하는 공식이 필요하다. 이때 $a = D_1/(1+r)$, $m = (1+g)/(1+r)$이라고 하면, 고든성장모형이 유도된다.

경제성장률을 다소 하회하거나 비슷한 수준일 때 가장 적합한 모형이다. 경제성장률에 비해 이익성장률이 상당히 높은 기업은 성숙기에 접어들면 이익성장률이 현저히 떨어지는 경향을 보이는데 유의해야 한다. 고든성장모형의 투자기간은 전체 미래 배당흐름을 고려할 수 있어야 하는데, 현재의 높은 이익성장률을 그대로 DDM에 적용하면 주식가치가 과대평가되는 문제가 발생할 수 있다.

고든성장모형에 적용할 기업의 적정 성장률을 결정하기 위해서는 소속 국가 경제의 명목 경제성장률 추정치가 필요하다. 이 성장률은 통상 **국내총생산(gross domestic product, GDP)** 성장률로 측정된다. (GDP는 한 국가의 국경 안에서 생산된 상품과 서비스의 화폐적 총량을 말한다.) 정부기구와 World Bank(www.worldbank.org) 등이 GDP 자료를 발표하고 있고, 다수의 2차 자료로부터도 관련 정보를 얻을 수 있다. [표 2]는 주요 선진국의 최근 실질 GDP성장률 자료이다.

[표 2] 주요 국가별 연평균 실질 GDP성장률: 1983 ~ 2012(%)

국 가	기 간		
	1983 ~ 1992	1993 ~ 2002	2003 ~ 2012
오스트레일리아	3.4%	3.8%	2.4%
캐나다	2.7	3.5	1.9
덴마크	2.1	2.4	0.6
프랑스	2.3	2.0	1.1
독 일	3.0	1.4	1.2
이탈리아	2.5	1.6	0.0
일 본	4.3	0.8	0.9
네덜란드	2.9	3.0	1.1
스웨덴	1.9	2.7	2.3
스위스	2.1	1.3	1.9
영 국	2.6	3.4	1.4
미 국	3.5	3.4	1.7

출처: OECD.

과거 기록이나 예측 정보를 바탕으로 명목 GDP성장률은 실질 GDP성장률 추정치에 예상 장기 물가상승률의 합으로 추정한다. 예를 들어, 2013년 초 캐나다의 실질 근원성장률 추정치는 1.2%였다. 캐나다 중앙은행(Bank of Canada)의 인플레이션 목표치 2%를 기대 물가상승률로 사용하면 캐나다의 연간 명목성장률은 1.2% + 2% = 3.2%로 추정된다. 상장회사들이 국가 경제에서 상당부분을 차지하는 것은 사실이지만, 국가 경제의 100%를 설명할 수는 없다. 따라서 상장회사의 전체 성장률은 장기적으로 국가의 명목 GDP성장률과 차이가 있을 수 있다. 나아가 상장회사 중에서도 일부는 지속적으로 성장률에 차이를 보일 수 있다. 그럼에도 불구하고 국가의 명목 GDP성장률을 크게 초과하는 이익성장률이 영구적으로 지속될 것으로 예상할 수는 없다.

기업의 이익성장률이 소속 국가의 명목성장률을 크게 초과할 때 애널리스트는 고든성장모형을 사용하는 대신 다단계 DDM(multistage DDM)을 사용하게 된다. 다단계 DDM에서는 성장률이 최종 단계에서 소속 국가의 명목 경제성장률에 비추어 합리적인 수준으로 조정되기 때문이다.

EXAMPLE 5 고든성장모형을 이용한 가치평가 (1)

Joel Williams는 일반용 및 산업용 종이와 플라스틱 포장재 제조업체 Sonoco Products Company(NYSE: SON)를 리서치 중이다. SON은 이익에 부합하는 지속 가능한 배당정책을 가진 것으로 보이며, 배당성향은 40%에서 60% 범위를 유지하고 있다. Williams는 SON에 대해 다음과 같이 추정한다.

- SON의 최근 분기 배당(배당락일: 2013년 8월 14일)은 \$0.31인데, 이는 현재 연간 배당 4 × \$0.31 = \$1.24에 부합하는 수준이다.
- 추정 배당성장률은 연 4.0%이다.
- SON의 주식 베타(β_i)는 0.95, 주식위험프리미엄($E(R_M) - R_F$)은 4.5%, 무위험이자율(R_F)은 3%여서, CAPM으로 구한 SON의 요구수익률은 $r = R_F + \beta_i[E(R_M) - R_F] = 3.0 + 0.95(4.5) = 7.3\%$이다.

Williams는 SON의 주식가치평가에 고든성장모형이 적절한 모형이라고 믿고 있다.

1. 고든성장모형을 이용해 SON의 주식가치를 계산하라.
2. SON의 현재 주가는 \$38.10이다. <질문 1>의 답변을 바탕으로 SON 주식이 시장에서 적정하게 평가되고 있는지 아니면 저평가 혹은 고평가 되었는지 판단하라.

Solution 1

수식 (10)을 적용하면,

$$V_0 = \frac{D_0(1+g)}{r-g} = \frac{\$1.24 \times 1.04}{0.073 - 0.04} = \frac{\$1.2896}{0.033} = \$39.08$$

Solution 2

시장가격 $38.10은 고든성장모형에 따른 내재가치 추정치 $39.08보다 $0.98, 약 2.5% 작다. 따라서 SON은 고든성장모형 추정치에 비추어 약간 저평가된 상태다.

다음 사례는 고든성장모형을 사용할 때 애널리스트가 실무적으로 부딪히는 문제들에 대해 살펴보고 있다. 이 사례는 조정베타에 대해 언급하고 있다. 조정베타를 구하는 가장 단순한 방법은 역사적 원시베타를 베타의 전체 평균값인 1이 되도록 조정하는 것이다.

EXAMPLE 6 고든성장모형을 이용한 가치평가 (2)

미국의 국내 주식형 뮤추얼펀드 애널리스트인 Roberta Kim은 투자대상 리스트 편입 가능성을 염두에 두고 상장된 수도회사인 Middlesex Water Company(NASDAQ: MSEX)를 평가 중이다. Kim은 2013년 중반에 분석을 수행 중이다.

모든 나라에 상장된 수도회사가 있는 것은 아니다. 미국에서도 인구의 약 85%는 공공부문에서 수도물을 공급받는다. 하지만 민영 상수도회사도 민간에 물을 공급하고 있다. MSEX는 미국의 10대 상장 상수도회사 중 하나이며, 2013년 중반 시가총액은 $327백만에 달한다. MSEX의 효시는 New Jersey 중부에서 가정용, 산업용, 상업용 용수를 공급했던 Middlesex System이다. MSEX는 현재 여러 자회사를 통해 New Jersey 남부와 Delaware 지역에 용수 공급과 폐수 처리 서비스를 제공하고 있다.

최근의 경기둔화로 이익이 감소하면서 MSEX의 지난 5년간 순이익 성장률은 2.5%에 다소 미치지 못하고 있다. 지난 5년간 MSEX의 자기자본이익률은 큰 변화 없이 평균 7.8%를 기록 중이며, 매출총이익률은 산업 평균을 상회하고 있다. MSEX은 생필품인 물을 안정적인 소비처에 공급하기 때문에 매출의 대부분은 정부의 규제산업에서 발생한다. Kim은 미래 이익과 배당성장률 추정에 확신을 가지고 있다. MSEX는 배당률을 매년 조금씩 인상하는 배당정책을 가진 것으로 보이며, 평균 배당성향은 약 80%를 유지하고 있다. 기타의 사항과 추정치는 다음과 같다.

- 2012년 MSEX의 주당배당금(D_0)은 $0.74였다.
- Kim은 MSEX의 장기 이익성장률을 3.5%로 추정했다. 이는 Zacks Investment Research가 보고한 3~5년 이익성장률 추정치 컨센서스인 2.7%보다 약간 높은 수준이다.
- 60개월 주가수익률을 기초로 한 MSEX의 원시베타와 조정베타는 각각 0.70과 0.80이다. 하지만 베타에 대한 R^2는 20% 미만이다.
- Kim은 MSEX의 Standard & Poor's 신용등급 A-와 현재 회사채 수익률곡선을 바탕으로 MSEX의 세전 타인자본비용(cost of debt)을 5.6%로 추정했다.

- Kim의 MSEX 자기자본에 대한 요구수익률 추정치는 7.0%이다.
- MSEX의 현재 시장가격은 $20.50이다.

1. Kim의 자기자본 요구수익률 추정치를 이용해 고든성장모형에 따른 MSEX의 가치 추정치를 구하라.
2. 고든성장모형 가치 추정치를 바탕으로 MSEX가 적정하게 평가되고 있는지 아니면 저평가 혹은 고평가 되었는지 판단하라.
3. MSEX의 가치평가에 고든성장모형이 적절한지 설명하라.
4. 베타가 평균으로 회귀한다는 가정 하에 MSEX의 CAPM 요구수익률 추정치를 계산하라. (주가 제시 일자에 주식위험프리미엄은 4.5%, 무위험이자율은 3.0%라고 가정한다.)
5. (A) <질문 4>에 따른 자기자본 요구수익률과 (B) 2.5%의 위험프리미엄으로 계산한 위험프리미엄 가산 채권수익률 접근법을 사용하여 두 경우의 고든성장모형 가치 추정치를 계산하라.
6. MSEX에 대한 자기자본 요구수익률의 불확실성이 <질문 2>의 가치평가 결론에 미치는 영향을 평가하라.

Solution 1

수식 (10)을 적용하면,

$$V_0 = \frac{D_0(1+g)}{r-g} = \frac{\$0.74(1.035)}{0.07-0.035} = \$21.88$$

Solution 2

고든성장모형 추정치($21.88)가 시장가격($20.50)보다 $2.38, 약 6.7% 크기 때문에 MSEX는 저평가된 것으로 보인다.

Solution 3

배당이 일정한 비율로 영구히 성장한다고 가정하는 고든성장모형은 다음과 같은 이유로 MSEX에 적절한 가치평가모형으로 보인다.

- 자기자본이익률로 본 MSEX의 수익성은 안정적이다. 이러한 안정성은 상품인 물에 대한 수요와 규제 가격의 예측 가능성을 나타낸다.
- 회사의 배당 증가에 대한 정책과 예측 가능한 배당성향을 통해 판단할 때 회사의 배당은 이익과 이해할 수 있고 지속적인 관계를 가진다.
- 과거 이익성장률 2.5%는 US Bureau of Economic Analysis가 추정한 1947 ~ 2013년 미국의 장기 명목 GDP성장률 3.2%를 다소 하회하는 수준이다.

• 명목 GDP성장률 추정치를 감안할 때 이익성장률 추정치 3.5%는 달성 가능해 보이며, 성장률이 너무 높거나 낮은 기간이 포함되지도 않았다.

Solution 4

평균회귀의 가정은 역사적 조정베타의 근거이다. 평균 1.0으로 평균회귀를 가정하는 조정베타를 사용한 CAPM 주식 요구수익률 추정치는 3% + 0.80(4.5%) = 6.6%이다.

Solution 5

A) 6.6%의 주식 요구수익률을 사용한 MSEX의 고든성장모형 추정치는 $24.71이다.

$$V_0 = \frac{D_0(1+g)}{r-g} = \frac{\$0.74(1.035)}{0.066-0.035} = \$24.71$$

B) 위험프리미엄 가산 채권수익률 접근법에 따른 주식의 요구수익률은 5.6% + 2.5% = 8.1%이다.

$$V_0 = \frac{D_0(1+g)}{r-g} = \frac{\$0.74(1.035)}{0.081-0.035} = \$16.65$$

Solution 6

<질문 5A>의 주식 요구수익률에 따른 CAPM 추정치를 사용하면 MSEX는 매우 저평가된 것으로 보인다. 다만 R^2로 본 베타의 설명력은 MSEX 수익률 변동의 20%에 미치지 못한다. 반면 위험프리미엄 가산 채권수익률 접근법을 사용하면 MSEX는 고평가된 것으로 보인다. (추정치 $16.65는 시장가격 $20.50보다 약 18% 작다.) 그러나 위험프리미엄 가산 채권수익률 접근법에 사용된 위험프리미엄을 지지할 특별한 증가가 제시되지 않았다. 이 경우 추정된 자기자본 요구수익률 추정치의 불확실성으로 인해 MSEX가 고평가되었다는 확신이 쉽지 않다. 두 접근법의 결과를 볼 때 애널리스트는 MSEX가 저평가된 것으로 인식할 가능성이 높다.

앞에서 설명한 바와 같이 고든성장모형의 가치 추정치는 요구수익률과 배당성장률 추정치의 작은 변화에도 매우 민감하게 반응한다. (EXAMPLE 7)은 이와 관련된 민감도 분석 사례이다.

EXAMPLE 7 고든성장모형을 이용한 가치평가 (3)

(EXAMPLE 6)에서는 고든성장모형에 현재 배당 $0.74, 기대 배당성장률 3.5%, 자기자본 요구수익률 7.00%를 적용하여 MSEX의 주식가치를 $21.88로 추정했다. 이때 r과 g 추정치가 각각 25 베이시스포인트(bps) 변동할 때 주식가치 추정치는 어떻게 변동하는지 민감도 분석을 통해 분석하라.

Solution

[표 3]과 같이 고든성장모형의 수학적 특성으로 인해 r과 g의 차이가 가장 큰 경우(즉, r = 7.25%, g = 3.25%)에 GGM 가치 추정치는 $19.10으로 가장 작고, 그 차이가 가장 작은 경우(즉, r = 6.75%, g = 3.75%)에 가치 추정치는 $25.59로 가장 크다. r과 g의 차이가 0으로 줄어들면 모형값은 무한대로 커진다. [표 3]의 최대값인 $25.59는 최소값인 $19.10보다 거의 34%가 크다. [표 3]에서 도출된 가치 추정치들 중 ⅔가 MSEX의 현재 시장가격 $20.50보다 큰데, 이는 MSEX가 저평가되었다는 결론을 지지한다. 요약하면 주어진 가정에 따른 MSEX의 최적 가치 추정치는 [표 3]에서 굵은 글씨로 쓰인 $21.88이지만, 이 추정치는 투입값의 작은 변화에도 상당히 민감하게 변동하는 것을 알 수 있다.

[표 3] 주식가치 추정치 민감도 분석

	g = 3.25%	g = **3.50%**	g = 3.75%
r = 6.75%	$21.83	$23.57	$25.59
r = **7.00%**	$20.37	**$21.88**	$23.62
r = 7.25%	$19.10	$20.42	$21.94

(EXAMPLE 6)과 (EXAMPLE 7)은 유틸리티 주식을 대상으로 고든성장모형을 적용했다. 이런 종류의 주식은 규제환경에서 핵심적인 서비스를 제공하기 때문에 이익과 배당의 안정성이 높아 이런 설명에서 전형적인 사례가 된다. 다만 가치평가모형을 적용하기 전에 애널리스트는 산업보다 기업에 대해 보다 많이 파악할 필요가 있다. 가령 같은 상수도회사지만 Aqua America Inc.(NYSE: WTR)는 적극적 인수 확장 전략으로 2013년 중반 향후 5년 동안 연평균 6.4% 성장할 것으로 예상되었다. 또한 미국의 유틸리티 지주회사들은 정부의 규제를 받지 않는 다수의 사업 자회사들을 보유하여, 유틸리티 회사가 정적이며 느리게 성장한다는 과거의 통념이 더 이상 유효하지 않다는 것을 보여 준다.

고든성장모형은 개별 주식의 가치평가뿐 아니라 주가지수의 가치평가에도 적용되는데, 특히 선진국 주가지수 평가에 잘 적용된다. 선진국 시장에서 상장회사 주식의 가치는 국가 경제의 상당부분을 대표하기 때문에 주가지수는 국가의 경제성장률을 반영하게 된다. 또한 이런 국가에서는 추세상 지속 가능한 성장률도 파악이 가능하다.

고든성장모형은 전통적 우선주인 고정배당영구우선주의 가치평가에도 사용된다. **고정배당영구우선주(fixed-rate perpetual preferred stock)**란 보통주와 같이 만기는 없지만 보통주보다 우선적으로 배당을 지급받을 권리를 가진 주식을 말한다. 영구우선주는 특히 은행과 같은 금융기관의 자기자본 확충에 사용돼왔다. 일반적으로 이런 주식은 일정 기간 후 발행자가 바이 백을 요구할 수 있는 권리를 갖는데, 이때는 가치평가에 발행자가 보유한 콜옵션의 가치를 고려해야 한다. 한편 콜옵션이 없는 영구우선주인 수의상환금지 영구우선주(non-callable fixed-rate perpetual preferred stock)의 가치평가는 매우 간단하다.

만일 조기상환이 금지된 영구우선주가 D의 배당을 영구적으로 지급하면, 회사는 이 주식에 대해 일정한 배당(D)의 **영구연금(perpetuity)**을 지급하는 것이 된다. 우선주의 배당이 영구적으로 일정하기 때문에 성장률(g)은 "0"이 되어, 고든성장모형에 따른 우선주 주식가치는 다음과 같이 표현된다.

$$V_0 = \frac{D}{r} \tag{11}$$

이때의 할인율 r은 배당(D)을 현재 시점으로 자본화하기 때문에 **자본환원율(capitalization rate)**이라고 불린다.

EXAMPLE 8 수의상환금지 고정배당영구우선주

1963년 1월 2일 발행된 Kansan City Southern Preferred 4%(NYSE: KSU-P)의 액면가는 \$25이다. 연간 배당은 0.04(\$25) = \$1.00이다. 이 증권의 요구수익률은 5.5%로 추정된다. 이 우선주의 가치는 얼마로 예상되는가?

Solution

수식 (11)에 따라 KSU-P의 가치는 $D/r = 1.00/0.055 = \$18.18$로 평가된다.

영구우선주는 일정한 금액의 배당을 지급한다. 따라서 배당성장률은 0이 된다. 또 다른 사례는 배당이 감소하는 경우, 즉 배당성장률이 음인 경우이다. (EXAMPLE 9)에서 보는 바와 같이 고든성장모형은 이런 경우에도 사용될 수 있다.

EXAMPLE 9 음(陰)의 성장률을 가진 고든성장모형

Afton Mines는 다음 해 주당배당이 $4.25에 이를 것으로 기대되는 수익성이 우수한 기업이다. 하지만 이 회사의 주된 사업이 광물자원 채굴이기 때문에 배당이 영구적으로 매년 4%씩 감소할 것으로 예상된다. Afton 주식의 요구수익률이 9%일 때 Afton 주식의 가치는 얼마인가?

Solution

Afton의 주식가치는 다음과 같다.

$$V_0 = \frac{4.25}{[0.09 - (-0.04)]} = \frac{4.25}{0.13} = \$32.69$$

음(陰)의 성장률로 인해 이 주식의 가치는 $32.69로 추정된다.

4.2. 고든성장모형의 변수들 간의 관계

고든성장모형에서는 배당성장률 · 이익성장률 · 주식가치 간에 일정한 관계가 존재한다. 배당이 일정한 성장률(g)로 증가하면, 주식가치도 g의 성장률로 증가한다. 고든성장모형의 주식가치는 $V_0 = D_1/(r-g)$이다. 이 수식의 양변에 $(1+g)$를 곱하면 $V_0(1+g) = D_1(1+g)/(r-g)$가 되며, 이는 $V_1 = D_2/(r-g)$와 같다. 결과적으로 (r이 일정하다면) 배당과 주식가치는 g의 비율로 증가하게 된다.[17] 또한 배당성향이 일정할 때, 즉 이익과 배당 간에 일정한 비례적 관계가 있는 경우 배당과 이익은 g의 비율로 증가한다.

요약하면 고든성장모형에서 g는 가치의 증가율 또는 자본증가율이며 때론 자본수익률(capital gain yield)로도 불린다. 가격이 효율적이면 (즉, 가격이 가치와 같다면) 가격은 g의 비율로 성장할 것으로 기대된다. 만일 가격에 괴리가 있다면 (즉, 가격과 가치가 다르면) 실제 자본증가율은 가격 괴리의 원인과 가격 괴리가 얼마나 빨리 교정되는지에 따라 결정된다. 이에 관해서는 수익률 개념을 다루는 장에서 살펴본바 있다.

고정성장모형의 또 다른 특성은 가격이 가치를 정확히 추정하면 총수익률 구성요소(배당수익률과 자본수익률)는 시간이 지나도 일정하게 유지된다는 것이다. $t = 0$일 때 D_1/P_0인 배당수익률은 배당과 가격이 같은 비율로 증가하기 때문에 시간이 지나도 변동하지 않는다. 예를 들어 €50.00에 거래되는 주식의 기대 배당이 €1인, 다시 말해 향후 12개월 동안 예

---

17) 보다 엄밀히 말해 주식가치가 g의 비율로 증가한다는 사실은 다음과 같이 나타낼 수 있다.

$$\frac{V_{t+1} - V_t}{V_t} = \frac{D_{t+2}/(r-g) - D_{t+1}/(r-g)}{D_{t+1}/(r-g)} = \frac{D_{t+2} - D_{t+1}}{D_{t+1}} = 1 + g - 1 = g$$

상되는 배당수익률인 **전방배당수익률(forward dividend yield)**이 2%인 주식이 있다고 해보자. g의 추정치는 연간 5.5%라고 하자. 이럴 경우 t = 0은 물론 미래의 어떤 시점에서도 배당수익률 2%, 자본수익률 5.5%, 총수익률 7.5%는 동일하게 유지된다.

4.3. 자기주식 매입

많은 선진시장에서 자기주식 매입(share repurchase)의 중요성이 증가하고 있다. 기업은 배당뿐 아니라 바이백(buy-backs)이라고도 불리는 자기주식 매입을 통해 주주에게 잉여현금흐름을 돌려준다. 미국에서 배당을 지급하는 기업 중 절반 이상이 정기적으로 자기주식을 매입하고 있다.[18] 이로 인해 DDM을 사용하는 애널리스트는 자기주식 매입을 명확히 이해할 필요가 있다. 자기주식 매입과 배당은 다음과 같은 중요한 차이를 갖는다.

- 자기주식 매입은 (다른 조건이 동일하면) 유통주식의 수를 감소시킨다. 이로 인해 자사주 매입 요청에 응하는 주주의 소유권 지위는 요청에 응하지 않는 주주에 비해 상대적으로 많이 감소하게 된다.
- 배당정책을 가진 기업들은 배당을 축소하거나 건너뛰는 것을 꺼리는 반면 자기주식 매입에 대해서는 특별한 부담을 느끼지 않는 것이 일반적이다.
- 현금 배당은 규모나 시점에서 예측 가능한 경향을 보인다.[19] 미국에서 적극적으로 자기주식을 매입하는 기업의 경우 자기주식 매입과 이익 간에 2년의 시차가 있다는 연구결과가 있기는 하지만 기업은 자기주식 매입에 기회주의적 행태를 보이는 것이 사실이다.[20] 따라서 자기주식 매입은 확인 가능한 배당정책을 가진 기업의 현금 배당보다 일반적으로 예측하기 어렵다.
- 회사가 시장가격에 자기주식을 매입하면 기본적으로 주식을 계속 보유하고 있는 주주의 부에 미치는 영향은 중립적이다.

애널리스트는 이익 규모, 주주에 대한 총 환원액(현금배당 및 자기주식 매입 포함), 유통주식수를 직접 추정하여 자기주식 매입을 설명하기도 한다. 물론 이런 방법이 DDM에서 친숙하거나 활용도가 높은 것은 아니다. 다만 현금 배당에 집중하여 애널리스트가 주당 배당성장률에 예상되는 자기주식 매입의 효과를 고려할 수 있다면 DDM도 이런 접근법에 부합하는 정확한 가치평가 결과를 제공할 수 있다. 정확히 적용되면 DDM은 평가대상 회사에 자기주식 매입이 있더라도 보통주 가치평가에 유효한 접근법이 될 수 있다.

---

18) Skinner(2008)는 기업들이 배당보다는 자기주식 매입으로 이익을 환원하려는 경향이 증가한다는 실증적 증거를 제시했다.
19) Wanger(2007).
20) Skinner(2008).

4.4. 내재배당성장률

고든성장모형에서 배당성장률은 주식가치 추정치에 결정적 영향을 미치기 때문에, 주식가치 추정치와 시장가치의 차이를 배당성장률의 차이로 설명할 수 있다. 따라서 현재 주가, 차기의 기대 배당, 요구수익률 추정치가 주어지면 고든성장모형을 이용해 주가에 반영된 배당성장률을 추론해 낼 수 있다. (물론 다른 DDM을 이용해도 시장가격에 내재된 배당성장률을 추정할 수 있다.) 애널리스트는 이렇게 구한 내재배당성장률(implied dividend growth rate)이 자신이 파악한 평가대상 기업의 성격에 비추어 합리적인지를 평가하게 된다. 이런 점에서 내재배당성장률은 주식가치가 적정한지 아니면 고평가 혹은 저평가되었는지에 관한 중요한 시사점을 제공한다. (EXAMPLE 10)은 고든성장모형을 주식의 내재배당성장률 추정에 어떻게 활용하는지 잘 보여준다.

EXAMPLE 10 현재 주가에 내재된 배당성장률 추정

평가대상 회사의 주식베타가 1.1이라고 가정한다. 무위험이자율은 5.6%이고, 주식위험프리미엄은 6%이다. 현재 $2.00인 배당은 영구적으로 매년 5%씩 증가할 것으로 예상된다. 주식의 시장가격은 $40이다.

1. 이 회사의 주식가치를 추정하라.
2. 현재 주가를 정당화하는데 필요한 배당성장률은 얼마인가?

Solution 1

요구수익률은 5.6% + 1.1(6%) = 12.2%이다. 고든성장모형에 따른 1주당 가치는 다음과 같다.

$$V_0 = \frac{D_0(1+g)}{(r-g)} = \frac{2.00(1.05)}{0.122-0.05} = \frac{2.10}{0.072} = \$29.17$$

Solution 2

모형의 가치 추정치($29.17)가 시장가격($40.00)보다 작다. 따라서 시장가격은 가정한 5%보다 높은 배당성장률을 예상하고 있다. 모형과 요구수익률 가정이 적절하면 고든성장모형에 배당성장률(g)을 제외한 모든 변수들의 추정치를 대입하면 현재 주가($40)를 정당화하는데 필요한 배당성장률은 구할 수 있다.

$$40 = \frac{2.00(1+g)}{0.122-g}$$
$$4.88 - 40g = 2 + 2g$$
$$42g = 2.88$$
$$g = 0.0686$$

결과적으로 현재 주가($40)가 적정주가이기 위해서는 배당이 영구적으로 매년 6.86%씩 증가해야 한다.

4.5. 성장기회의 현재가치

주식가치는 (1) 이익의 재투자가 없는 기업의 가치와 (2) **성장기회의 현재가치(present value of growth opportunity, PVGO)**의 합으로 구분할 수 있다. **성장가치(value of growth)**로도 불리는 PVGO는 미래 이익을 수익성 있는 투자기회에 재투자할 때의 가치 기댓값의 합이다.[21] 여기서는 주식가치를 분해해 봄으로써 회사의 사업과 전망을 바라보는 시장의 시각에 대한 시사점을 얻기로 한다.

이익의 재투자 수익이 투자금의 기회비용보다 큰지 여부에 따라 이익의 증가가 주주의 부(富)를 증가시킬 수도 있고 감소시킬 수도 있다. 주식의 요구수익률이 10%이고 주당 €1의 이익을 내는 회사가 있다고 하자. 이 회사는 현재 이익을 모두 배당하거나 10%의 수익률로 재투자하여 1년 후 배당으로 전체 가치를 배분할지 결정하려 한다. 이익을 재투자하면 투자안의 현재가치는 €1.10/1.10 = €1.00으로 당초의 투자금과 같아 재투자의 순현재가치(NPV)는 0이 된다. 만일 이 회사가 10% 이상의 수익을 내는 성장기회를 발굴한다면, 재투자는 양의 NPV를 가지며 주주의 부는 증가할 것이다. 이 회사가 1년에 25%의 이익을 내는 투자안에 재투자한다고 가정해보자. 이러한 성장기회의 주당NPV는 €1.25/1.10 − €1 ≈ €0.14가 된다. 재투자 수익률이 10% 이하라면 비록 EPS가 증가하더라도 주주의 이익에는 부합하지 않는다는데 유의해야 한다. 이익의 재투자를 통해 투자금의 기회비용 이상을 얻을 수 있을 때(즉, 양의 NPV 프로젝트에 투자한 경우)만 주주의 부가 증가한다.[22] 따라서 투자자들은 기업이 수익성 있는 프로젝트의 투자기회를 가지는지 그리고 그 수익성이 어

21) 보다 기술적으로 PVGO는 미래 프로젝트에서 추정되는 순현재가치의 총액으로 정의될 수 있다. Brealey, Myers, and Allen(2006), p. 259 참조.

22) 이러한 수익성 조건을 ROE > r라고 해석할 수 있다. 이때 ROE의 분모에는 장부가치(book value)가 아닌 시장가치(market value)를 사용한다. 역사적 회계원가를 바탕으로 하는 장부가치는 회사에 대한 주주의 투자가치를 왜곡할 수 있다. ROE = r이라는 조건은 회사가 단지 자본의 기회비용만 얻을 수 있는 투자기회만을 가진 균형 상태에 있다는 것과 맥락을 같이 한다.

느 정도인지를 적극적으로 평가하려 한다. 원칙적으로 양의 NPV 프로젝트에 투자할 기회를 갖지 못한 기업은 배당으로 주주에게 이익의 전부 또는 대부분을 환원해야 주주가 회수된 자본을 매력적인 다른 투자 기회에 투자할 수 있게 된다.

기대되는 양(陽)의 NPV 투자안을 갖지 못한 기업을 **무성장기업(no-growth company)**이라고 정의한다. 즉, 수익성 있는 성장기회가 없는 회사를 말한다. 이런 기업은 이익을 수익성 있게 재투자할 수 없기 때문에 모든 이익을 배당으로 배분해야 하며, 자기자본이익률(ROE)이 일정하다고 보면 이익잉여금이 쌓이지 않기 때문에 자기자본은 일정할 것이다. 만일 이런 기업의 ROE가 평균 수준에서 변동한다면 t = 1시점의 이익인 E_1은 무성장기업의 고정된 이익 수준 또는 평균 이익이 된다. 따라서 **주당무성장가치(no-growth value per share)**는 E_1 영구연금의 현재가치인 E_1/r로 정의되며, 자본환원율 r은 이 회사의 자본에 대한 요구수익률이 된다. E_1/r은 자산의 주당가치로 해석될 수 있는데, 이는 회사가 수익성 있는 신규 투자안을 만들 수 없다는 가정 때문이다. 모든 회사의 실제 주당가치는 주당무성장가치와 성장기회의 현재가치의 합이 된다.

$$V_0 = \frac{E_1}{r} + \text{PVGO} \tag{12}$$

이때 시장가격이 가치를 반영(P_0 = V_0)한다고 보면, P_0에서 E_1/r을 빼면 회사의 성장가치에 대한 시장 추정치를 구할 있다. (EXAMPLE 6)에서 만일 MSEX가 배당으로 모든 이익을 주주에게 환원하면, MSEX의 평균 EPS가 \$0.79로 예상된다고 가정하자. 요구수익률이 9.25%이고 현재 주가가 \$18.39이면,

$$\begin{aligned} \$18.39 &= (\$0.79/0.0925) + \text{PVGO} \\ &= \$8.54 + \text{PVGO} \end{aligned}$$

따라서 PVGO는 \$9.85(= \$18.39 − \$8.54)가 된다. 결과적으로 시장가치에 54%(= \$9.85/\$18.39)는 성장기회에 따른 가치로 해석된다.

2013년 8월 초 자료를 바탕으로 작성한 [표 4]는 기술기업인 Google의 성장가치가 시장가치의 44%에 달하는 반면 McDonald's와 Macy's의 성장가치는 그보다 훨씬 작다는 것을 보여준다. McDonald's의 성장가치가 작은 것은 몇 가지 이유로 설명할 수 있다. McDonald's의 가치에는 패스트푸드 사업의 치열한 경쟁, 원가 압박, 비우호적인 환율(해외 매출이 전체 매출의 65% 이상을 차지함) 등이 반영되어 있을 수 있다. 또한 Google이나 Macy's보다 훨씬 높

은 배당성향도 McDonald's(2012년 53% vs. Google 0%, Macy's 23%)의 가치에 반영되어 있을 수 있는데, 이는 시장으로 하여금 McDonald's의 미래 성장이 느려질 것을 예상하게 한다. 물론 이익이 너무 크게 추정되었거나 주식의 요구수익률이 너무 작게 추정됨에 따라 결과적으로 주당무성장가치가 과대 추정되었을 수도 있다.

[표 4] 시장가격 중 PVGO 추정치 비중

회사	β	r	E_1	가격	E_1/r	PVGO	PVGO/가격
Google, Inc.	0.90	7.1%	$35.80	$896.57	$504.23	$392.34	43.8%
McDonald's Corp	0.60	5.7	5.70	102.14	100.00	2.14	2.1
Macy's Inc.	1.35	9.1	4.00	48.79	43.96	4.83	9.9

자료: Value Line Investment Survey(베타, 이익 추정치, 가격)
(주) 요구수익률은 다음 정보를 바탕으로 CAPM으로 추정: 베타는 Value Line Investment Survey에서 인용, 무위험이자율 3.0%(20년 US T-bond 수익률), 주식위험프리미엄 4.5%.

그렇다면 무엇이 PVGO를 결정하는가? 첫 번째 결정요인은 "기회"라는 단어에 의해 포착되는 회사의 투자옵션의 가치이다. 또한 새로운 환경과 정보에 따른 투자의 유연성도 가치에 큰 영향을 미친다. PVGO의 두 번째 결정요인은 미래의 프로젝트들을 시작하거나 그 규모를 조정하고, 심지어 이를 포기할 수 있는 회사가 가진 의사결정 옵션의 가치이다. 이 요인은 회사가 가진 **실물옵션(real options)**의 가치이다. (여기서는 프로젝트를 상황에 맞게 조절할 수 있는 옵션을 말한다.) 좋은 사업 기회와 시장 상황에 능동적으로 대응할 수 있는 유연성을 가진 기업은 이러한 경쟁우위를 갖지 못한 기업에 비해 큰 PVGO를 가져야 한다. 무엇이 PVGO에 기여하는지를 생각해보는 것은 [표 4]의 결과를 이해하는데 도움이 된다.

애널리스트의 이해를 돕기 위해 수식 (12)를 추정 이익을 이용하여 우리에게 보다 친숙한 P/E의 형태로 나타내보자.

$$\frac{V_0}{E_1} \text{ 또는 } \frac{P_0}{E_1} \text{ 또는 P/E} = \frac{1}{r} + \frac{\text{PVGO}}{E_1} \tag{13}$$

마지막 수식의 첫 번째 항 $1/r$은 무성장기업의 P/E 부분이다. 두 번째 항은 성장기회와 관련된 P/E 부분이다. 위의 MSEX의 경우 P/E는 $18.39/$0.79 = 23.3이다. 이 중에서 무성장 P/E는 1/0.0925 = 10.8이며, 이는 성장기회가 없을 때 주식이 거래되는 주가배수가 된다. $9.85/$0.79 = 12.5의 성장가치 P/E는 기대되는 성장기회의 가치를 반영한다. Leibowitz and Kogelman(1990)과 Leibowitz(1997)는 독창적 연구를 통해 P/E의 성장 부분에 대한 동인을 정교하게 분석했다.

성장의 가치와 보유 자산의 가치는 일반적으로 다른 위험 특성을 가지기 때문에 무성장가치와 성장가치의 차이는 애널리스트에게 관심의 대상이 된다.

4.6. 고든성장모형과 주가수익비율

주가수익비율(price-to-earings ratio, P/E)은 경제신문이나 리서치 보고서의 독자들에게 가장 친숙하고도 널리 활용되는 가치평가지표이다. 고든성장모형을 이용하면 펀더멘털로 P/E 수식을 유도할 수 있다. 이 수식은 다음과 같이 활용된다.

1. 고든성장모형에 주요 변수들의 추정치를 대입하면 **적정P/E(justified P/E)** 또는 **펀더멘털 P/E(fundamental P/E)**를 얻을 수 있다. 적정P/E란 주식의 펀더멘털에 근거할 때 적정하고 보증되며 정당화되는 P/E를 말한다. 애널리스트가 고든성장모형에 따른 가치 추정치를 명시적으로 적시하지 않더라도 적정P/E를 이용하면 주식가치에 대한 자신의 견해를 밝힐 수 있다. P/E가 일반에서 널리 사용된다는 점에서 적정P/E를 통한 커뮤니케이션은 주식가치평가에 효과적일 수 있다.
2. 애널리스트는 또한 현재 주가에 반영된 이익성장률 추정치가 합리적인지를 평가하는데 P/E 수식을 활용할 수 있다. 실제 시장 P/E가 암시하는 예상 이익성장률이 얼마인지를 확인하고, 이러한 이익성장률이 실현 가능한 것인지 검토하는데 도움이 될 수 있다.

P/E 수식은 후행P/E(trailing P/E)와 선행P/E(leading P/E)의 두 가지 형태로 기술될 수 있다. 후행P/E 또는 현재P/E(current P/E)는 현재 주가를 과거 12개월 EPS로 나눈 P/E이며, 선행P/E는 현재 주가를 향후 12개월 EPS 추정치나 경우에 따라 다음 회계연도 EPS로 나눈 P/E이다.

적정 선행·후행P/E 수식은 고든성장모형에서 유도된다. 이 모형을 특정 주식에 적용할 때 이 주식의 배당성향은 일정하다고 간주된다. b는 배당하지 않고 회사에 유보하는 이익의 비율인 유보율(retention rate)을 나타낸다. 정의에 따라 배당성향은 $(1 - b)$ = 주당배당/주당순이익 = D_t/E_t가 된다. 만일 $P_0 = D_1/(r-g)$의 양변을 다음해 주당순이익(E_1)으로 나누면 다음의 수식을 얻을 수 있다.

$$\frac{P_0}{E_1} = \frac{D_1/E_1}{r-g} = \frac{1-b}{r-g} \qquad (14)$$

수식 (14)는 현재 주가를 다음 연도 순이익으로 나눈 선행P/E를 나타낸다. 한편 다음과 같이 $P_0 = D_0(1+g)/(r-g)$의 양변을 현재 주당순이익(E_0)으로 나눌 수도 있다.

$$\frac{P_0}{E_0} = \frac{D_0(1+g)/E_0}{r-g} = \frac{(1-b)(1+g)}{r-g} \tag{15}$$

수식 (15)는 현재 주가를 과거 (또는 올해) 순이익으로 나눈 후행P/E를 나타낸다.

EXAMPLE 11 고든성장모형을 이용한 적정P/E 추정

Harry Trice는 고든성장모형을 이용하여 프랑스의 글로벌 유통업체인 Carrefour SA(NYSE Euronext: CA)의 적정P/E를 계산하고자 한다. Trice는 다음과 같은 정보를 수집했다.

- 현재 주가 = €23.84
- 후행 연간 EPS = €1.81
- 현재 연간 배당 = €0.58
- 배당성장률 = 3.5%
- 무위험이자율 = 2.8%
- 주식위험프리미엄 = 4.0%
- CAC지수에 대한 CA의 주식 베타 = 0.80

1. 고든성장모형을 이용하여 적정 선행P/E와 적정 후행P/E를 계산하라.
2. <질문 1>에서 구한 P/E를 이용하여 CA의 현재 주가를 평가하라.

Solution 1

CA의 CAPM 요구수익율: r_i = 2.80% + 0.80(4.00%) = 6.0%

배당성향: $(1-b) = D_0/E_0 = 0.58/1.81 = 0.32$

적정 선행P/E: $\dfrac{P_0}{E_1} = \dfrac{1-b}{r-g} = \dfrac{0.32}{(0.06-0.035)} = 12.8$

적정 후행P/E: $\dfrac{P_0}{E_1} = \dfrac{(1-b)(1+g)}{r-g} = \dfrac{0.32(1.035)}{0.06-0.035} = 13.2$

Solution 2

현재 주가가 €23.84이고 전년도 이익이 €1.81이면, 현재 후행P/E는 €23.84/€1.81 = 13.2가 된다. 현재P/E와 적정P/E가 (반올림하면) 큰 차이가 없기 때문에 CA는 공정하게 평가되었다고 결론 내릴 수 있다. 이러한 결과는 고든성장모형을 이용해서도 알 수 있다. Trice의 가정을 이용하면 고든성장모형 가치 추정치는 0.58(1.035)/(0.06 − 0.035) = €24.01이고, 이는 현재 주가 €23.84와 큰 차이가 없다.

우리는 뒤에서 다단계 DDM에 대해 살펴볼 것이다. 다단계 DDM에서도 P/E를 유도할 수 있지만, 수식이 복잡해진다고 해서 유용성이 높아지는 것은 아니다. 다단계 모형에서 적정 선행P/E를 구하는 가장 간단한 방법은 모형이 산출한 주식가치를 다음해 기대 주당순이익으로 나누는 것이다. 기본적으로 P/E는 주식의 요구수익률, 기대 배당성장률, 배당성향으로 설명될 수 있다. 다른 조건이 동일하면 높은 주가는 높은 기대 배당성장률과 관련된다.

4.7. 고든성장모형과 요구수익률

효율적 가격 가정($V = P$)에 따라 고든성장모형은 주식의 요구수익률 또는 시가내재기대수익률(market-price-implied expected return) 추정에 사용되어 왔다. 고든성장모형을 r에 대해 풀면 다음과 같다.

$$r = \frac{D_0(1+g)}{P_0} + g = \frac{D_1}{P_0} + g \tag{16}$$

수익률 개념에서 설명한바와 같이 수식 (16)의 r은 기술적으로는 내부수익률(IRR)이 된다. 수익률 r은 배당수익률(D_1/P_0)과 자본수익률(g)의 두 부분으로 구성된다.

EXAMPLE 12 고든성장모형과 기대수익률

Bob Inguigiatto, CFA는 포트폴리오 최적화를 위한 사전 정지 작업으로 투자 가능종목의 평균 수익률 추정 작업을 진행 중이다. 과거 FPL Group이었던 NextEra Energy, Inc.(NYSE: NEE)도 그의 종목 리스트에 올라있다. 분석결과 그는 고든성장모형이 NEE의 가치평가에 적합한 모형이며 현재 주가가 가치를 적절히 반영하고 있다고 결론 내렸다. 이 회사는 2012년 $2.40의 배당을 지급했고 현재 주가는 $80.19이다. 과거 5년간 배당과 이익의 성장률은 각각 7.5%와 10.0%였다. 한편 애널리스트들의 향후 5년간 이익성장률 추정치 컨센서스는 5.0%이다. 자신의 분석을 바탕으로 Inguigiatto는 장기 이익과 배당성장률의 추정치를 5.5%로 결정했다. 이 경우 내년도 배당 D_1은 $2.40(1.055) = $2.532가 된다. 따라서 고든성장모형에 따른 NEE의 기대수익률은 다음과 같다.

$$r = \frac{D_1}{P_0} + g = \frac{2.532}{80.19} + 0.055 = 0.0316 + 0.055 = 0.0866 = 8.66\%$$

기대수익률은 배당수익률(D_1/P_0) 3.16%와 자본수익률(g) 5.50%의 두 부분으로 구성된다.

4.8. 고든성장모형: 결론

고든성장모형은 배당할인 가치평가에서 가장 단순하면서도 실질적인 평가모형이다. 고든성장모형은 미래 배당과 이익이 안정적일 것이라는 핵심 가정이 충족될 때 배당을 지급하는 주식의 가치평가에 적절한 모형이다. 선진국 시장의 시장 주가지수는 이러한 모형의 조건을 충족한다. 따라서 애널리스트는 주식시장이 공정하게 평가되고 있는지 분석하거나 현재 시장 상황에서 주식의 위험프리미엄을 측정하는데 이 모형을 사용해왔다. 다음 절에서 살펴볼 다단계 모형에서는 빠른 성장을 해온 기업이 성숙기에 진입하여 성장률이 지속 가능한 수준으로 하락하는 마지막 단계의 평가에 고든성장모형을 활용한다. 다만 이 모형을 적용할 때 애널리스트는 이익성장률과 요구수익률의 작은 변동에도 모형이 산출하는 가치 추정치가 민감하게 변동한다는 사실에 유의할 필요가 있다.

고든성장모형은 모든 미래 기간을 단일 성장률로 특징지워지는 하나의 성장단계로 보기 때문에 1단계 DDM이라고 할 수 있다. 그러나 대부분의 기업은 여러 단계의 성장 경로를 거친다고 보는 것이 타당하고 합리적이다. 지금부터는 보다 현실적인 DDM인 다단계 DDM에 대해 살펴본다.

5. 다단계 배당할인모형

앞에서 지적한바와 같이 현실적으로 개별 배당을 모두 추정할 수 없기 때문에 수식 (7)과 같은 일반 형식의 DDM을 실무에 적용하는 것은 거의 불가능하다. 또한 일정한 성장률이 영구적으로 지속된다고 보는 것도 너무 엄격한 가정이어서 대부분의 회사에는 현실적이지 않다. 많은 상장기업 평가에서 평가 실무자들은 기업이 다음과 같은 세 단계 중 하나의 성장 단계에 있을 것이라고 가정한다(Sharpe, Alexander, and Bailey 1999).

- **성장기**(*growth phase*). 성장기 기업은 전형적으로 급격한 시장 확대의 수혜를 보기 때문에 높은 이익률을 기록하며, 비정상적으로 높은 이익성장률을 보인다. **초고속성장 (supernormal growth)**을 기록한다. 이 단계 있는 기업은 사업이 급격히 확장됨에 따라 투자 수요가 폭증하기 때문에 음(陰)의 주주현금흐름(FCFE)을 보이는 경우를 찾는 것은 어렵지 않다. 현재보다 미래의 자기자본이익률 전망이 밝기 때문에 성장기 기업은 배당성향이 낮거나 심지어 배당을 하지 않는 경우도 많다. 시간이 경과함에 따라 시장이 성숙해 가고 비정상적인 성장기회를 포착하기 위해 경쟁자가 시장에 진입하면 궁극적으로 이익성장률은 하락하게 된다.

- **전환기**(*transition phase*). 성장기에서 성숙기로 전이하는 이 시기는 경쟁이 심화되고 가격과 수익성에 대한 압박이 증가하며 매출성장률이 정체하고 이익성장률이 하락한다. 이 시기의 이익성장률은 여전히 평균치를 상회하지만 전체 경제성장률 수준으로 성장률이 하락하기 시작한다. 또한 이 시기가 되면 자본투자 수요도 감소한다. 결과적으로 전환기 기업은 양(陽)의 현금흐름을 실현하게 되고 배당을 개시하거나 배당성향이 증가한다.
- **성숙기**(*mature phase*). 성숙기 기업의 투자수익률은 평균적으로 기회비용인 자본비용과 균형을 이루게 된다. 자기자본이익률은 자기자본비용에 근접하며 이익성장률, 배당성향, 자기자본이익률은 장기적으로 지속 가능한 수준에서 안정된다. 이 단계의 배당성장률과 이익성장률을 **성숙기 성장률(mature growth rate)**이라 한다. 사실 이 단계는 고든성장모형에 가장 적합한 성장단계이며, 현재 고속성장 중인 기업의 성숙기 가치평가에 유용하게 적용될 수 있다.

기업은 전략적 초점과 사업의 변화를 통해 성장기를 최대한 유지하기 위해 노력한다. 기술적 진보는 깜짝 놀랄 정도의 속도로 기업의 흥망성쇠에 대한 전망을 바꿔버리기도 한다. 그럼에도 불구하고 기업의 성장단계에 대한 개념은 유용하게 활용될 수 있다. 성장단계의 개념은 다단계 배당할인모형을 포함한 모든 유형의 다단계 DCF모형에 적용이 가능하다. 다단계 모형은 DCF모형을 사용하는 대부분의 투자회사들의 핵심적인 평가기법이다.

이제 2단계 DDM, H-모형(변형된 2단계 DDM), 3단계 DDM 등 가장 친숙한 세 가지 유형의 다단계 DDM을 차례로 소개한다. 기억할 것은 이런 모형들이 모두 정형화된 배당의 성장패턴을 가정하고 있다는 점이다. 따라서 애널리스트는 평가대상 기업의 미래성장률 전망에 가장 가까울 것으로 예상되는 성장패턴을 파악하는데 노력할 필요가 있다.

5.1. 2단계 배당할인모형

2단계 DDM에는 두 가지 유형이 있다. 두 유형은 모두 2단계인 성숙기에 일정한 성장률을 가정한다. 첫째 유형(일반 2단계 모형)은 1단계 전체 기간을 초고속성장기로 보며 2단계에서 갑자기 성숙기에 진입하는 형태의 성장단계를 가정한다. H-모형(H-model)이라고도 불리는 두 번째 유형은 배당성장률이 1단계에서 점진적으로 감소한 후 2단계에 진입하면 일정 수준의 배당성장률이 지속될 것을 가정한다. 가령 처음 15%였던 성장률이 1단계 말 7%가 되도록 점진적으로 하락한 후, 2단계에서는 7%의 배당성장률이 영구적으로 유지되는 형태이다. 우선 첫 번째 일반모형을 설명한 후 두 번째 모형에 대해 살펴보기로 한다.

첫 번째 2단계 DDM은 1단계 기간 동안 상대적으로 높은 배당성장률이 지속되지만, 일정시점이 경과한 후에는 배당성장률이 장기적으로 지속 가능한 수준으로 갑자기 안정화될 것을 가정한다. 2단계 모형은 다음의 다단계 모형에 기초를 둔다.

$$V_0 = \sum_{t=1}^{n} \frac{D_t}{(1 + r)^t} + \frac{V_n}{(1 + r)^n} \tag{17}$$

여기서 V_n은 P_n의 추정치가 된다. 2단계 모형은 처음 n기간 동안 배당이 비정상적인 단기성장률(g_S)로 증가할 것을 가정한다.

$$D_t = D_0(1 + g_S)^t$$

n기간 이후 배당성장률은 정상적인 장기성장률(g_L) 수준으로 안정된다. $n+1$시점에는 $D_{n+1} = D_n(1 + g_L) = D_0(1 + g_S)^n(1 + g_L)$이며, 배당은 g_L의 성장률로 계속 증가한다. D_{n+1}을 이용하면 V_n을 구하는데 고든성장모형을 활용할 수 있다.

$$V_n = \frac{D_0(1 + g_S)^n(1 + g_L)}{r - g_L} \tag{18}$$

결과적으로 $t = 0$ 시점의 주식가치는 (1) 처음 n기간 동안 배당의 현재가치와 (2) n시점에서의 향후 배당 기대가치의 현재가치를 합산한 값이 된다.

$$V_0 = \sum_{t=1}^{n} \frac{D_0(1 + g_S)^t}{(1 + r)^t} + \frac{D_0(1 + g_S)^n(1 + g_L)}{(1 + r)^n(r - g_L)} \tag{19}$$

EXAMPLE 13 2단계 배당할인모형을 이용한 주식가치평가

Carl Zeiss Group이 지분 65%를 보유한 Carl Zeiss Meditec(Deutsche Börse XETRA: AFX)는 안질환 진단 및 치료장비를 공급하고 있다. 2013년 8월 중순 이 회사 주식은 €23.37에 거래되고 있었고, Meditec 담당 애널리스트인 Hans Mattern은 현재 €0.40인 배당이 향후 10년간 매년 9%씩 증가할 것으로 예상한다. 또한 그는 이후에는 배당성장률이 5%로 감소한 후 영구적으로 유지될 것으로 보고 있다.

Mattern은 독일 DAX지수에 대한 주식 베타 0.9, 무위험이자율 2.4%, 주식위험프리미엄 추정치 5.2%를 바탕으로 Meditec의 요구수익률을 7.1%로 추정했다.

[표 5]는 처음 10년 간 배당과 이를 7.1%로 할인한 현재가치를 보여준다. $t = 10$에서의 영구주식가치는 다음과 같이 계산된다.

$$V_{10} = \frac{D_0(1+g_S)^n(1+g_L)}{(r-g_L)} = \frac{0.40(1.09)^{10}(1.05)}{0.071-0.05} = 47.3473$$

[표 5] Carl Zeiss Meditec AG의 가치

시 간	가 치	계산내역	D_t 또는 V_t	현재가치 $D_t/(1.071)^t$ 또는 $V_t/(1.071)^t$
1	D_1	€0.40(1.09)	€0.4360	€0.4071
2	D_2	$0.40(1.09)^2$	0.4752	0.4143
3	D_3	$0.40(1.09)^3$	0.5180	0.4217
4	D_4	$0.40(1.09)^4$	0.5646	0.4291
5	D_5	$0.40(1.09)^5$	0.6154	0.4368
6	D_6	$0.40(1.09)^6$	0.6708	0.4445
7	D_7	$0.40(1.09)^7$	0.7312	0.4524
8	D_8	$0.40(1.09)^8$	0.7970	0.4604
9	D_9	$0.40(1.09)^9$	0.8688	0.4686
10	D_{10}	$0.40(1.09)^{10}$	0.9469	0.4769
10	V_{10}	$0.40(1.09)^{10}(1.05)/(0.071-0.05)$	47.3473	23.8452
합 계				€28.2570

먼저 1단계 10년 동안의 개별 배당을 추정하여, 그 현재가치를 계산한다. 그 후 고든성장모형을 이용하여 2단계 기간 동안 영구적으로 지급받을 배당을 2단계 시작 시점에서의 가치인 영구가치로 계산한다. [표 5]와 같이 영구가치는 $V_{10} = D_{11}/(r-g_L)$이다. 반올림 오차를 무시하면 11차년도 배당은 $D_{11} = D_{10} \times 1.05$ = €0.9469 × 1.05 = €0.9943이다. 이를 고든성장모형에 적용하면 V_{10} = €0.9943 /(0.071 − 0.05) = €47.3473이 된다. 영구가치의 현재가치는 €47.3473 /1.071^{10} = €23.8452이다. 결과적으로 Meditec의 전체 추정가치는 €28.26이다. 여기서 전체 가치의 약 84%인 €23.85는 V_{10}의 현재가치이며, €28.26 − €23.85 = €4.41만 처음 10년 간 배당의 현재가치라는데 주목하자. 고든성장모형이 투입변수에 민감하게 반응하기 때문에 성숙기 성장률을 예상할 수 있는 현실적인 값들로 변경해보면 Meditec의 내재가치의 범위를 효율적으로 추정해 볼 수 있다.

기업이 일정기간 고속 성장한 후 성장률이 지속 가능한 수준으로 하락한다는 가정은 어느 정도 합리적이기 때문에 2단계 DDM은 실제 가치평가에 매우 유용하게 활용된다. 예를 들어 어떤 기업이 일시적으로 시장에서 차별적 경쟁력을 확보할 수 있는 특허나 선점자 우위를 확보하면 초고속성장이 가능하다. 그러나 일정기간이 지나면 경쟁강도와 경제성장률에 부합하는 수준으로 이익률이 하락할 수 있다. 따라서 2단계 모형을 사용하는 이유는 회사가 일정기간의 비정상적인 성장 이후 정상 성장으로 진입하는 경우가 있기 때문이다. 2단계 모형의 단점이라면 초기의 고속성장 기간과 마지막 안정적 성장기간 간의 전이가 갑작스럽게 일어난다고 보는 정도이다.

DDM의 적절한 사용을 위해서는 주식의 **계속가치(continuing value)**라고도 불리는 **주식의 영구가치(terminal value of the stock)**인 V_n의 정확한 추정이 중요하다. 실무에서는 주당순이익(EPS)이나 주당장부가치(BPS) 등 펀더멘털의 영구 추정치에 주가배수를 적용하거나 고든성장모형을 이용하여 V_n을 추정하는 것이 일반적이다. 영구가치의 추정을 위한 주가배수의 적용에 대해서는 7장에서 살펴보기로 한다.

지금까지 우리는 모형의 단순화와 단계별 할인율 조정의 객관적 근거 부족을 이유로 모든 성장단계에 동일한 할인율(r)을 적용했다. 그러나 일부 애널리스트들은 성장단계별로 다른 할인율을 적용하기도 한다.

다음 사례는 DDM과 P/E를 결합해 E.I. DuPont de Nemours and Company의 주식가치를 평가하고 있다.

EXAMPLE 14 DDM과 P/E의 결합

어떤 애널리스트가 2013년 7월 초 $52.72에 거래되고 있는 DuPont(NYSE: DD)의 가치를 분석 중이다. 직전 해 DuPont는 $1.70의 배당금을 지급했는데, 이 애널리스트는 향후 4년간 배당이 매년 4%씩 증가할 것을 예상한다. 4차년도 말 배당은 EPS의 35%에 이르고 후행 P/E는 13.0으로 예상하고 있다. DD 보통주의 요구수익률이 9.0%일 때, 이상의 정보를 바탕으로 DD 보통주의 주당가치를 계산하라.

Solution

계산과정은 [표 6]에 요약되어 있다. 배당이 4%씩 증가할 때 각 기간의 기대 배당과 이를 9.0%로 할인된 현재가치는 표에서 보는 바와 같다. 주식의 영구가치(V_4)는 다음과 같이 계산된다. 이 시점의 배당은 주당순이익의 35%로 예상되기 때문에 4차년도 주당순이익인 EPS_4는 $D_4/0.35 = 1.9888/0.35 = 5.6822$가 된다. 후행P/E가 13.0이므로 4차년도 말 DD의 가치는 13.0(5.6822) = $73.8682가 된다. 따라서 이를 4년에 걸쳐 9%로 할인한 V_4의 현재가치는 $52.3301이다.

[표 6] DuPont 보통주의 가치

시 간	가 치	계산내역	D_t 또는 V_t	현재가치 $D_t/(1.09)^t$ 또는 $V_t/(1.09)^t$
1	D_1	1.70(1.04)	\$1.7680	\$1.6220
2	D_2	$1.70(1.04)^2$	1.8387	1.5476
3	D_3	$1.70(1.04)^3$	1.9123	1.4766
4	D_4	$1.70(1.04)^4$	1.9888	1.4089
4	V_4	$13 \times [1.70(1.04)^4/0.35]$ $= 13 \times [1.9988/0.35]$ $= 13 \times 5.6822$	73.8682	52.3301
합 계				\$58.3852

1~4차년도 배당의 현재가치의 합은 \$6.06이다. 영구가치 \$73.87의 현재가치는 \$52.33이다. 결과적으로 DD의 전체 주당주식가치 추정치는 이들을 합한 \$58.39가 된다.

5.2. 무배당기업의 가치평가

기업이 현재 배당을 지급하지 않는다고 해서 배당할인모형의 원리를 적용할 수 없다는 것은 아니다. 비록 D_0이나 D_1이 영(0)이고 일정기간 동안 배당을 지급하지 않을 것으로 예상되더라도, 여전히 미래 배당의 현재가치를 통해 기업가치를 포착할 수 있다. 다만 기업이 배당을 전혀 지급하지 않아 영구적으로 주주에게 현금을 환원하지 않으면 이런 기업의 주식은 가치 없는 증서에 지나지 않는다.

DDM을 이용한 무배당기업의 가치평가에 애널리스트들은 일반적으로 1단계에서 배당이 영(0)인 다단계 DDM을 사용한다. (EXAMPLE 15)는 이러한 기법에 대해 설명하고 있다.

EXAMPLE 15 무배당주식의 가치평가

어떤 기업이 현재 배당을 지급하지 않고 있으며 향후 몇 년간은 배당을 지급하지 않는다고 가정하자. 이 기업은 지금으로부터 5년 후에 최초로 \$1.0의 배당을 지급할 것으로 기대된다. 배당을 개시 한 후에는 매년 5%씩 배당을 늘려갈 것으로 기대된다. 이런 경우에도 미래 배당흐름을 할인하면 이 회사의 가치를 구할 수 있다. 이 주식의 요구수익률은 11%이다. 향후 기간의 배당을 n 시점의 가치로 평가하는 수식은 다음과 같다.

$$V_n = \frac{D_{n+1}}{r-g}$$

따라서 t = 4의 가치평가에는 t = 5의 배당이 사용된다.

$$V_4 = \frac{D_5}{r-g} = \frac{1.00}{0.11-0.05} = \$16.67$$

이렇게 구한 V_4를 4년의 기간에 대해 할인하면 현재의 주식가치가 구해진다.

$$V_0 = \frac{V_4}{(1+r)^4} = \frac{16.67}{(1.11)^4} = \$10.98$$

비록 이 회사가 향후 5년간 배당을 지급하지 않더라도 이 회사의 주식가치는 $10.98로 평가된다.

기업이 배당을 지급하지 않지만 수익성이 매우 높으면 애널리스트는 기꺼이 미래 배당을 추정하려 한다. 물론 수익성이 없는 기업이 배당을 지급하지 않는 경우는 미래 배당을 추정하기가 매우 어렵다. 또한 2.2절에서 살펴본 바와 같이 배당의 개시 시점과 기업의 미래 배당정책을 추정하는 것도 쉬운 일이 아니다. 따라서 이런 기업의 가치평가에는 잉여현금흐름이나 초과이익모형이 선호된다.

5.3. H-모형

일반 형식의 2단계 모형에서는 일정기간의 고속성장기 동안 배당이 비정상적으로 높은 성장률로 증가한 후 갑자기 지속 가능한 정상수준의 성장률로 안정화된다고 가정한다. (EXAMPLE 13)도 Carl Zeiss Meditec의 배당성장률이 10년간 연 10%를 유지하다가 11차년도부터 5%로 하락한다고 가정했다. 다만 통상의 회사들에게 있어서는 성장률이 성숙기 성장률에 점진적으로 수렴한다고 보는 것이 보다 현실적이다. 이를 감안하여 Fuller and Hsia(1984)는 초기의 비정상적인 성장률이 고속성장기 동안 선형적으로 하락하여 정상성장률에 도달하는 변형된 형식의 2단계 모형인 H-모형을 소개했다. 이 모형에 따른 배당흐름의 가치는 다음과 같다.

$$V_0 = \frac{D_0(1+g_L)}{r-g_L} + \frac{D_0H(g_S-g_L)}{r-g_L} \tag{20}$$

또는

$$V_0 = \frac{D_0(1+g_L) + D_0H(g_S-g_L)}{r-g_L}$$

V_0 : 현재 시점($t=0$)의 주식가치

D_0 : 현재 배당
r : 주식의 요구수익률
H: 고속성장기의 1/2기간(고속성장기 = $2H$)
g_S: 초기의 단기 배당성장률
g_L : $2H$ 기간 이후의 장기 정상 배당성장률

수식 (20)의 우변 첫 번째 항은 기업의 배당이 g_L의 성장률로 영구히 증가하는 배당흐름의 현재가치를 나타낸다. 두 번째 항은 1차년도부터 $2H$차년도까지의 고속성장기($g_S > g_L$라고 가정) 동안에 인식되는 추가적인 주식가치의 근사치이다(세부 유도과정은 Fuller and Hsia 1984 참조).[23] 다른 조건이 동일하다면 논리적으로 고속성장기($2H$)가 길수록 그리고 고속성장기의 성장률이 상대적으로 높을수록($g_S \gg g_L$) 주식가치 추정치는 커진다. 예를 들어 (EXAMPLE 13)에서 애널리스트가 10년에 걸쳐 성장률이 9%에서 5%까지 선형적으로 하락할 것으로 예상했다면, H-모형에 따른 주식가치 추정치는 €23.81(vs. €28.26)이 된다.

$$V_0 = \frac{D_0(1+g_L) + D_0H(g_S - g_L)}{r - g_L}$$

$$= \frac{0.040(1.05) + 0.40(5)(0.09 - 0.05)}{0.071 - 0.05} = \frac{0.42 + 0.08}{0.021} = 23.81$$

(EXAMPLE 13)에서 H는 5가 되는데, 이는 10년의 초고속 성장기간의 절반에 해당하는 수치이다. (EXAMPLE16)은 H-모형의 또 다른 적용 예이다.

EXAMPLE 16 H-모형을 이용한 주식가치평가

미국의 한 글로벌 주식형 펀드의 운용자인 Françoise Delacour는 Vinci SA(NYSE Euronext: DG)의 가치를 평가 중이다. Vinci는 세계 최대 건설사 중 하나이며, 매출의 약 ⅔는 프랑스 지역에서 발생하고 나머지 ⅓은 기타 유럽 지역에서 발생한다. 2003년까지 DG는 연간 1회 배당을 지급했다. 2004년부터 이 회사는 연간 두 번 배당을 지급하고 있는데, 12월에 중간배당과 5월에 정기배당을 지급한다. 비록 지난 5년간 연간 총 배당이 3% 이하로 증가했지만 Delacour는 향후 더 빠른 배당 증가를 기대하고 있다.
DG의 H-모형 가치 추정치를 계산하기 위해 Delacour는 다음과 같은 정보와 추정치를 수집했다.

---

23) 이 수식이 가지는 시사점에 대해 생각해보자. 평균적으로 보면 고속성장기의 기대 초과성장률은 $(g_S - g_L)/2$이다. $2H$의 기간에 걸친 (주어진 장기성장률 g_L 수준과 비교할 때) 총 초과배당금은 $2HD_0(g_S - g_L)/2 = D_0H(g_S - g_L)$으로 예상된다. 이 항은 H-모형의 첫 번째 배당 기간에 대한 높은 배당성장률을 반영하기 위한 것인데, 1단계 기간 동안 성장률이 g_S에서 g_L수준으로 점진적으로 수렴함에 따른 추가 기대배당을 반영한다. 다만 1단계 기간 동안 배당지급 시점을 개별적으로 정확히 고려하지 않기 때문에 모형 추정치는 근사치라는데 유의해야 한다.

- 2013년 8월 주가는 €41.70이다.
- 현재 배당은 €1.77이다.
- 배당성장률은 최초 7%에서 10년 후 4%가 될 때까지 매년 선형적으로 감소한 후 영구적으로 4%로 유지된다.
- Delacour는 DG의 요구수익률을 9.5%로 추정한다.

1. H-모형과 주어진 정보를 이용해 DG의 주식가치를 추정하라.
2. 만일 정상적인 성장기간이 즉시 시작된다면 DG의 주식가치는 얼마로 추정되는가?
3. DG 주식이 시장에서 정당한 평가를 받고 있는지를 판단하라.

Solution 1

H-모형의 수식을 이용하면,

$$V_0 = \frac{D_0(1 + g_L)}{r - g_L} + \frac{D_0H(g_S - g_L)}{r - g_L}$$

$$= \frac{1.77(104)}{0.095 - 0.04} + \frac{1.77(5)(0.07 - 0.04)}{0.095 - 0.04}$$

$$= 33.47 + 4.83 = €38.30$$

Solution 2

DG가 즉시 정상성장률을 경험하게 되면 가치 추정치는 H-모형의 첫 항에 해당하는 €33.47이 된다. 초기의 빠른 성장단계를 가정함에 따라 €4.83의 가치가 추가되어, 주식가치는 €38.30으로 추정된 것이다.

Solution 3

가치 추정치 €38.30은 DG의 현재 시장가격 €41.70 보다 약 8% 작다. 따라서 DG는 시장에서 고평가된 것으로 평가된다.

H-모형은 미래의 배당을 개별적으로 예측하고 할인하여 가치를 추정하는 정확한 모형에 대한 근사치 모형이다. 물론 추정결과는 근사치임에도 불구하고 실제 가치 추정치에 매우 근접한다. 다만 고속성장기가 너무 길거나(H가 매우 큰 값을 가지는 경우) 두 성장률(g_s와 g_L)의 차이가 너무 크면 근사치 모형은 왜곡된 결과를 낳을 수 있다. 다행히 복잡한 모형에 따른 반복적이고 지루한 계산도 스프레드시트를 이용하면 비교적 손쉽게 해결할 수 있게 되었다.

5.4. 3단계 배당할인모형

3단계 DDM에서도 두 가지 유형이 일반적으로 사용되는데, 두 유형간의 차이는 2단계를 모형화하는 방법에 있다. 첫 번째 유형(일반 3단계 모형)에서는 기업이 3개의 구별되는 성장단계를 가진다고 가정하고, 2단계에서도 성장률이 일정할 것을 가정한다. 예를 들어 1단계는 3년간 20%, 2단계는 4년간 10%, 3단계는 계속 5%씩 배당이 성장한다고 가정하는 식이다. 두 번째 유형은 중간 단계인 2단에서 배당성장률이 선형적으로 감소할 것을 가정한다. 2단계와 3단계는 H-모형으로 간주될 수 있다.

(EXAMPLE 17)은 3단계 모형의 첫 번째 유형을 설명하고 있다.

EXAMPLE 17 3단계 배당할인모형을 이용한 주식가치평가

2013년 초 현재 IBM은 연간 \$3.30의 배당을 지급하고 있다. 현재 주가는 \$194.98이다. 애널리스트는 다음과 같이 추정하고 있다.

- 현재 IBM 주식의 요구수익률은 9%이고,
- 배당은 향후 2년간은 14%, 그 다음 5년간은 12%, 이후에는 6.75%씩 매년 증가할 것이다.

주어진 정보를 바탕으로 3단계 DDM을 이용해 IBM의 주식가치를 추정하라.

[표 7] IBM의 주식가치 추정

시 간	가 치	계산내역	D_t 또는 V_t	현재가치 $D_t/(1.09)^t$ 또는 $V_t/(1.09)^t$
1	D_1	3.30(1.14)	\$3.7620	\$3.4514
2	D_2	$3.30(1.14)^2$	4.2887	3.6097
3	D_3	$3.30(1.14)^2(1.12)$	4.8033	3.7090
4	D_4	$3.30(1.14)^2(1.12)^2$	5.3797	3.8111
5	D_5	$3.30(1.14)^2(1.12)^3$	6.0253	3.9160
6	D_6	$3.30(1.14)^2(1.12)^4$	6.7483	4.0238
7	D_7	$3.30(1.14)^2(1.12)^5$	7.5581	4.1346
7	V_7	$3.30(1.14)^2(1.12)^5(1.0675)/(0.09-0.0675)$	\$358.5908	196.1615
합 계				\$222.8171

주어진 가정에 따른 IBM 주식의 3단계 DDM에 따른 공정가격은 \$222.82이며, 이는 현재 주가보다 약 14% 크다. 영구가치의 현재가치(\$191.16)는 전체 가치 추정치에서 압도적 비중(약 88%)을 차지한다.

3단계 DDM의 두 번째 유형은 H-모형의 1단계 기간과 유사한 2단계 기간을 가정한다. 1단계에서는 기업이 높은 배당성장률을 유지하지만, 2단계에 들어서면 H-모형에서 본 바와 같이 배당이 선형적으로 감소한다고 가정한다. 그리고 3단계에 이르게 되면 배당성장률은 장기적으로 지속 가능한 수준에서 안정화된다고 본다. 이 모형을 사용하는 절차는 다음과 같이 요약할 수 있다.

① 다음과 같이 필요한 정보를 수집한다.
- 현재 배당
- 1 · 2 · 3단계의 기간(길이)
- 1단계와 3단계의 기대 배당성장률
- 주식의 요구수익률 추정치

② 1단계의 기대 배당을 계산하여 현재가치로 합산한다.

③ 2단계 시작 시점의 가치 추정치를 얻기 위해 2단계와 3단계에 H-모형을 적용한다. 이렇게 구한 H-모형 가치 추정치를 할인하여 현재가치를 구한다.

④ ②와 ③의 가치를 합산한다.

①과 관련하여 애널리스트는 종종 현재 배당 수준에 성장률을 사용하는 대신 회사에 대한 보다 심도 있는 검토를 통해 가까운 미래(종종 3, 5 또는 10년)의 명시적인 개별 이익과 배당을 추정하기도 한다.

EXAMPLE 18 2단계에서 성장률이 하락하는 3단계 DDM

Elaine Bouvier는 스몰캡 성장주 펀드에 Energen(NYSE: EGN)의 투자 종목 편입 가능성을 검토 중이다. Alabama에 본사를 둔 종합 에너지 기업인 EGN 자회사인 Energen Resources를 통해 석유와 가스 개발에, 또 다른 자회사 Alabama Gas Corporation을 통해 천연가스 유통과 판매에 참여하고 있다. EGN의 적극적인 석유와 가스 구매 프로그램에 힘입어 Bouvier는 EGN이 향후 5년간 평균 이상의 성장률을 기록할 것으로 기대하고 있다. Bouvier는 2013년 8월 초를 기준으로 다음의 정보와 추정치를 수집했다.

- 현재 시장가격은 $56.18이다.
- 현재 배당은 $0.56이다.
- Bouvier는 최초 5년간 EGN의 이익과 배당이 연간 11% 성장할 것으로 예상한다.
- Bouvier는 EGN이 성숙기에도 이익과 배당이 6.5% 성장할 것으로 기대하며, 성숙기 돌입에는 10년이 걸릴 것으로 본다.

- Bouvier는 2년간의 주간 주가수익률 관측치를 바탕으로 얻은 조정베타 1.2, 주식위험프리미엄 추정치 4.2%, 20년 국채 이자율에 따른 무위험이자율 3%를 사용해 CAPM 주식 요구수익률을 추정하기로 한다.
- Bouvier는 주식이 내재가치 추정치의 ±20% 범위에서 거래되면 "공정가치의 범위"에 있다고 간주한다.

1. CAPM을 이용하여 EGN의 요구수익률을 추정하라.
2. 2단계에서 배당성장률이 선형적으로 감소하는 3단계 DDM을 이용해 EGN의 가치를 추정하라.
3. 1단계와 2 · 3단계가 나타내는 주식가치의 비중(%)을 계산하라.
4. Bouvier의 평가결과에 비추어 EGN이 시장에서 적정한 평가를 받고 있는지 판단하라.
5. 또 다른 애널리스트는 2차년도에 EPS와 배당이 증가하지 않을 것으로 보고 있다. 이 애널리스트의 예측과 같이 2차년도에 EPS가 증가하지 않고 11%인 성장률이 3차년도부터 재개될 것으로 가정하여 EGN의 가치를 추정하라.

Solution 1

주식의 요구수익률은 $r = 3\% + 1.2(4.2\%) = 8\%$이다

Solution 2

우선 1단계인 5년간 배당을 구하고 8%의 할인율로 할인한다. 그리고 2단계와 3단계의 배당은 2단계 시작 시점의 가치를 추정하는 H-모형으로 평가한다. 이 가치를 다시 $t = 0$ 시점의 현재가치로 할인한다.

1단계인 5년간 배당과 그 현재가치는 [표 8]에 나와 있다. 2단계 시작 시점($t = 5$)에서의 2단계와 3단계 배당의 가치는 H-모형에 따라 다음과 같다.

$$V_5 = \frac{D_5(1+g_L)}{r-g_L} + \frac{D_5 H(g_S-g_L)}{r-g_L}$$

여기서 $D_5 = D_0(1+g_S)^5 = 0.56(1.11)^5 = \$0.9436$, $g_S = 11.0\%$, $g_L = 6.5\%$, $r = 8.0\%$, $H = 5$(2단계는 $2H = 10$년간 지속)가 된다. 이들을 H-모형 수식에 대입하면,

$$\begin{aligned} V_5 &= \frac{0.9436(1.065)}{0.08-0.065} - \frac{0.9436(5)(0.11-0.065)}{0.08-0.065} \\ &= 66.9979 + 14.1545 \\ &= \$81.1524 \end{aligned}$$

이렇게 구한 V_5의 현재가치는 $\$81.1524/(1.08)^5 = \$55.2310$이다.

[표 8] Energen의 주식가치 추정

시 간	가 치	계산내역	D_t 또는 V_t	현재가치 (할인율 8%)
1	D_1	$0.564(1.11)^1$	\$0.6216	\$0.5756
2	D_2	$0.564(1.11)^2$	0.6900	0.5915
3	D_3	$0.564(1.11)^3$	0.7659	0.6080
4	D_4	$0.564(1.11)^4$	0.8501	0.6249
5	D_5	$0.564(1.11)^5$	0.9436	0.6422
5	V_5	H-모형 참조	\$81.1524	\$55.2310
합 계				\$58.2731

따라서 3단계 DDM에 따른 EGN의 가치는 \$58.27로 추정된다.

Solution 3

[표 8]의 마지막 칸에서 처음 5년간 현재가치의 합은 \$3.0422이다. 1단계는 전체 주식가치의 5.2%(= \$3.0422/\$58.2731)를 나타낸다. 2단계와 3단계는 전체 주식가치의 100% − 5.2% = 94.8%(= \$55.2310/\$58.2731)를 차지한다.

Solution 4

Bouvier의 공정가치 범위는 \$58.27 ± 0.20(\$58.27)이기 때문에 공정가치 하단은 \$58.27 − \$11.65 = \$46.02, 상단은 \$58.27 + \$11.65 = \$69.92이다. 현재 주가(\$56.18)는 \$46.62와 \$69.92 사이에 있기 때문에 Bouvier는 EGN이 공정하게 평가되고 있다고 간주할 것이다.

Solution 5

[표 9]에서 보는 바와 같이 2차년도에 성장이 없는 경우 가치 추정치는 \$52.56이 된다. 이 경우 2단계 개시 시점에서의 2단계와 3단계의 가치 추정치는 다음과 같다.

$$V_5 = \frac{0.8501(1.065)}{0.08 - 0.065} - \frac{0.8501(5)(0.11 - 0.065)}{0.08 - 0.065} = \$73.1103$$

[표 9] 2차년도에 증가하지 않는 경우 Energen의 주가가치 추정

시 간	가 치	계산내역	D_t 또는 V_t	현재가치 (할인율 8%)
1	D_1	$0.564(1.11)^1$	\$0.6216	\$0.5756
2	D_2	성장하지 않음	0.6216	0.5329
3	D_3	$0.564(1.11)^2$	0.6900	0.5477
4	D_4	$0.564(1.11)^3$	0.7659	0.5629

[표 9] (계속)

시 간	가 치	계산내역	D_t 또는 V_t	현재가치 (할인율 8%)
5	D_5	$0.564(1.11)^4$	0.8501	0.5786
5	V_5	H-모형 참조	$73.1103	49.7576
합 계				$52.5553

(EXAMPLE 18)의 <질문 5>에서는 애널리스트가 배당이 1차년도에 11% 성장한 후 2차년도에는 성장하지 않고, 3 · 4 · 5차년도에 다시 11% 성장한다고 보았다. 이처럼 애널리스트는 1단계 기간의 배당과 이익을 개별적으로 추정하기도 한다.

2단계에서 성장률이 하락하는 3단계 모형은 DDM 사용자들 사이에서 널리 활용되는 모형이다. "블룸버그 터미널"을 운영하는 정보 제공업체 Bloomberg L.P.도 투자전문가와 애널리스트에게 이 DDM을 제공하고 있다. Bloomberg DDM은 사용자가 선택한 어떤 주식에 대해서도 가치 추정치를 제공한다. 이 DDM은 2단계에서 성장률이 하락하는 3단계 모형을 기본으로 한다. 이 모형에서는 1단계와 3단계 성장률을 설정하면, 2단계 성장률이 자동적으로 1단계 성장률에서 3단계 성장률로 선형적으로 감소하는 것으로 설정된다. 또한 이 모형은 요구수익률 추정치와 3단계에 대한 각 단계별 성장기간도 설정하는데, 고성장기업에는 성장기(1단계)를 줄이고 전환기를 길게 할당하며, 저성장기업에는 성장기를 길고 전환기를 짧게 할당한다. 성장기와 전환기의 전체 기간은 17년으로 고정되며, Bloomberg는 성장기 · 전환기의 길이에 따른 성장형태에 따라 주식을 4종류로 분류한다. 즉 성장기/전환기가 3년/14년인 주식은 "초성장(explosive growth)", 5년/13년인 주식은 "고성장(high growth)", 7년/10년인 주식은 "평균 성장(average growth)", 9년/8년인 주식은 "저성장/성숙(slow/mature growth)"으로 분류한다. 물론 애널리스트가 평가대상 회사에 대한 보다 정확한 이해를 바탕으로 단계적 특성을 정의하면 이렇게 정형화된 단계적 특성을 사용하는 것보다 가치평가의 정확도를 높일 수 있다.

5.5. 스프레드시트 모델링

앞에서 설명한 고든성장모형이나 다단계 모형과 같은 DDM에서는 배당성장률에 정형화된 패턴을 가정한다. 그러나 전자계산기와 PC가 발달하면서 생각할 수 있는 어떠한 형태의 배당 패턴도 손쉽게 가치평가에 반영할 수 있게 되었다.

스프레드시트를 사용하면 대수적으로 구현하기 어려운 매우 복잡한 가정을 모형화할 수 있다. 나아가 맞춤식 스프레드 기능을 통해 수작업으로는 해를 구하기 불가능하거나 극도로 복잡한 계산도 수학적 알고리즘을 이용하면 해를 쉽게 찾을 수 있게 되었다. 스프레드시트가 광범위하게 보급되면서 여러 애널리스트 간 공동작업 내지 스프레드시트 모형을 교환하는 정보 교류도 가능해졌다. 다음 사례는 시간이 경과함에 따라 배당이 변동하는 기업의 가치평가에 스프레드시트 모델링을 적용한 사례이다.

EXAMPLE 19 스프레드시트를 이용한 주식가치평가

Yang Co.는 다음해 $21의 배당을 지급하지만 그 후 3년간 매년 10%씩 배당이 감소할 것으로 예상된다. Yang은 5차년도에 1주당 $100에 해당하는 자산을 매각할 것으로 보이며, 자산 매각 대금의 일부를 포함해 $60의 배당을 지급할 것으로 예상된다. 6차년도 배당은 $40으로 하락할 것으로 예상되며, 그 다음해에도 배당은 전년도와 동일한 수준에서 유지될 전망이다. 8차년도부터 배당은 매년 5%씩 증가할 것이다. 요구수익률이 12%라면, Yang의 1주당 가치는 얼마인가?

Solution

[표 10]은 추정과정을 보여준다. 각 기간의 배당을 12%로 할인하여 현재가치를 구한다. 8차년도 이후의 배당은 7차년도 말을 기준으로 배당이 5%로 매년 증가하는 고든성장모형을 적용해 가치를 계산한다.

[표 10] Yang Co.의 주식가치 추정

시 간	가 치	D_t 또는 V_t	현재가치 (@ 12%)	설 명 (D_t 또는 V_t 도출)
1	D_1	$21.00	$18.75	예상 배당 $21
2	D_2	18.90	15.07	전년도 배당 × 0.90
3	D_3	17.01	12.11	전년도 배당 × 0.90
4	D_4	15.31	9.73	전년도 배당 × 0.90
5	D_5	60.00	34.05	예상 배당 $60
6	D_6	40.00	20.27	예상 배당 $40
7	D_7	40.00	18.09	예상 배당 $40
7	V_7	600.00	271.41	$V_7 = D_8(r - g)$ $V_7 = (40.00 \times 1.05)/(0.12 - 0.05)$
합 계			$399.48	

[표 10]에서 보는 바와 같이, Yang Co. 전체 배당의 현재가치는 $399.48이다. 이 사례는 1단계(7차년도) 말의 영구가치(V_n)를 구하기 위해 5%의 성숙기 성장률을 고든성장모형에

적용했다. 이때 성숙기 성장률인 영구성장률을 적절히 선택하는 것이 매우 중요한데, 영구성장률(g) 추정에는 다음과 같은 접근법이 사용된다.

- g = (성숙기 b) × (성숙기 ROE)의 관계를 이용한다. 우리는 6절에서 $g = b \times$ ROE의 관계에 대해 보다 자세히 살펴보기로 한다. 애널리스트는 다음과 같은 방법으로 성숙기 ROE를 추정한다.
  - 듀퐁 공식의 구성요소를 추정한 후 재결합하는 방법
  - 성숙기 회사는 투자자의 기회비용 이상의 이익을 창출 할 수 없다고 가정하여 ROE가 요구수익률(r)과 같다고 보는 방법
  - 성숙기 회사의 ROE를 산업 평균 ROE와 같다고 보는 방법
- 애널리스트는 거시경제적 성장 전망으로부터 성장률을 추정하는 모형을 이용하여 성숙기 성장률(g)을 추정한다.

애널리스트가 지속 가능한 성장률 수식을 사용할 때 이익유보율(b)에 과거 경험치를 사용하기도 한다. 예를 들어 Bloomberg L.P.의 모형은 성숙기 이익유보율(b)을 0.55, 다시 말해 배당성향을 45%로 가정한다. 이는 미국의 성숙기 배당 지급 기업의 장기 평균 배당성향이다. 물론 경우에 따라 애널리스트는 개별 기업의 배당성향을 따로 추정하기도 한다.

EXAMPLE 20 지속가능성장률 추정

(EXAMPLE 17)에서 애널리스트는 3단계 모형의 최종 3단계에서 IBM의 배당성장률을 6.75%로 추정했다. 이 값은 다음 수식에 따른 것이다.

$$g = (\text{성숙기 } b) \times (\text{성숙기 ROE})$$

IBM의 배당성향은 지난 10년간 16.5%에서 22.7%까지 증가했다. 만일 마지막 단계 IBM의 배당성향이 25%이고, ROE가 요구수익률 추정치인 9%라면 배당성장률은 다음과 같이 구할 수 있다.

$$g = 0.75(9\%) = 6.75\%$$

5.6. DDM을 이용한 요구수익률 추정

지금까지의 논의는 배당 · 요구수익률 · 기대성장률 가정에 따라 주식가치를 추정하는데 초점을 맞추었다. 한편 요구수익률을 제외한 현재 주가와 DDM의 모든 변수값들이 주어지면 IRR을 구할 수 있다. (순환참조의 문제로 이렇게 구한 IRR을 DDM에 재사용하는 것은 적절

하지 않지만) 이 IRR은 시장가격에 내재된 주식의 요구수익률, 즉 효율적 시장의 기대수익률로 해석된다. 만일 시장가격이 내재가치와 일치하지 않으면 앞에서 논의한바와 같이 가격괴리가 교정될 때 발생하는 추가 수익률 부분을 반영하여 기대수익률은 조정되어야 한다.

경우에 따라서는 IRR을 쉽게 구할 수 있다. 고든성장모형을 r에 대해 풀면 $r = D_1/P_0 + g$가 된다. 즉 요구수익률 추정치는 기대 배당수익률과 배당성장률의 합이 된다. 가령 현재 주가 $10, 예상 배당 $0.50, 기대성장률 8%인 주식의 요구수익률은 13%가 된다.

H-모형에서는 기대수익률이 다음과 같이 유도된다.24)

$$r = \left(\frac{D_0}{P_0}\right)[(1 + g_L) + H(g_S - g_L)] + g_L \tag{21}$$

장 · 단기 성장률이 같을 때 이 모형은 고든성장모형으로 축약된다. 현재 배당이 $1, 주가가 $20, 단기성장률이 10%이고, 10년($H$ = 5)에 걸쳐 배당성장률이 6%가 될 때까지 선형적으로 감소하는 경우 주식의 기대수익률은 다음과 같이 계산된다.

$$r = \left(\frac{\$1}{\$20}\right)[(1 + 0.06) + 5(0.10 - 0.06)] + 0.06 = 12.3\%$$

다단계나 스프레드시트 모형에서는 기대수익률을 구하는 단일 수식을 유도하기 쉽지 않다. 이때는 변동하는 현금흐름 시리즈의 내부수익률(IRR)을 구하는 유사한 과정을 거쳐 기대수익률을 구하는 것이 일반적이다. 컴퓨터나 시행착오법을 이용하여 기대되는 미래배당의 현재가치와 현재 주가를 등가로 만드는 수익률을 찾게 된다.

EXAMPLE 21 배당이 변동하는 주식의 기대수익률 추정

한 애널리스트가 2012년 $2.40인 Johnson & Johnson(JNJ)의 배당이 향후 6년간 7.5%, 그 이후에는 영구적으로 6% 증가할 것으로 예상하고 있다. 2013년 8월 하순 현재 JNJ의 주가는 $86.97이다. JNJ 주식의 투자에 대한 IRR은 얼마인가?

Solution

시행착오법을 사용해 2단계 모형의 기대수익률을 구하기 위해서는 기대수익률의 초기값을 잘 선택하는 것이 중요하다. 이 사례에서는 고든성장모형의 기대수익률 공식과 JNJ의 장기 성장률이 초기값 설정에 이용된다. 이 경우 초기값은 r = ($2.40 × 1.075)/$86.97 + 0.06 = 9%가 된다. 다만 처음 6년간의 성장률이 장기 성장률인 6%보다 높기 때문에 기대수익률 추

24) Fuller and Hsia(1984).

정치는 9% 이상이어야 한다. [표 11]은 9%와 10% 두 할인율에 따른 JNJ의 주식가치 추정치를 보여주고 있다.

[표 11] Johnson & Johnson의 주식가치 추정치

시 간	D_t	D_t와 V_6의 현재가치 (r = 9%)	D_t와 V_6의 현재가치 (r = 10%)
1	$2.5800	$2.3670	$2.3455
2	2.7735	2.3344	2.2921
3	2.9815	2.3023	2.2401
4	3.2051	2.2706	2.1891
5	3.4466	2.2393	2.1394
6	3.7039	2.2085	2.0908
7	3.9262		
소 계 1	(t = 1 ~ 6)	$13.7221	$13.2970
소 계 2	(t = 7 ~ ∞)	$78.0347	$55.4054
합 계		$91.7600	$68.7000
시장가격		$86.9700	$86.9700

[표 11]의 소계1은 1 ~ 6차년도 기대배당의 현재가치이다. 소계2는 영구가치의 현재가치인 $V_6/(1+r)^6 = [D_7/(r-g)]/(1+r)^6$이다. 할인율이 9%이면 영구가치의 현재가치는 $[3.9262/(0.09-0.06)]/(1.09)^6$ = $78.0347이다. r에 다른 값을 적용하면 동일한 방법으로 각 경우의 현재가치를 구할 수 있다.

9%의 할인율을 사용하면 JNJ의 주가치 추정치는 $91.76이 되는데, 이는 JNJ 시가 $86.97보다 약 5.5% 크다. 이런 사실은 IRR이 9%보다는 높아야 한다는 것을 나타낸다. 10%의 할인율을 사용하면 현재가치는 $68.70으로 시장가격보다 상당히 작아진다. 결국 IRR은 9%보다 약간 높은 수준이어야 한다. 계산기나 스프레드시트를 사용해보면 IRR은 9.16%로 추정된다.

5.7. 다단계 DDM: 결론

다단계 배당할인모형은 예상되는 다양한 미래의 배당흐름을 고려할 수 있다.

일반적으로 다단계 DDM은 경기사이클 관점에서 정형화된 기업의 성장패턴을 가정한다. 사례에서 살펴본바와 같이 애널리스트는 경우에 따라 다단계 DDM의 1단계 기간(2 ~ 5년 혹은 그 이상)의 이익과 배당을 개별적으로 추정하기도 한다. 마지막 3단계는 대체로 회사의 지속가능성장률 가정을 바탕으로 고든성장모형으로 모형화한다. H-모형의 경우 기업이 1단계에서 점진적으로 성숙기로 진입한다고 본다. 일반 2단계 모형에서는 2단계에 성장률이 즉시 성숙기 수준에 진입한다고 본다. 3단계 모형에서 중간 단계는 전환기가 된다. 한편 스프레드시트를 사용하면 애널리스트는 거의 제한 없이 다양한 배당 패턴을 모형화할 수 있다.

다단계 모형도 여러 단점을 가진다. 영구가치의 현재가치가 전체 주식가치의 3/4 이상을 나타내기도 한다. 영구가치가 성장률과 요구수익률 가정에 매우 민감하게 반영하는 것은 문제가 될 수 있다. 나아가 기술 혁신도 예상되는 수명주기모형을 무력화시킬 수 있다.

6. 성장률의 결정요인

지금까지 살펴본 많은 사례에서는 배당성장률(g)이 이익유보율(b)과 자기자본이익률(ROE)의 곱이라는 사실을 암묵적으로 이용해왔다. 여기서는 이 관계에 대해 보다 자세히 살펴보기로 한다. 또한 ROE 추정방법인 듀퐁분석(DuPont analysis)과 배당성장률 간의 관계에 대해서도 생각해본다.

6.1. 지속가능성장률

지속가능성장률(sustainable growth rate)은 자본구조가 일정하고 추가적인 주식발행이 없는 경우, 시간 경과에도 불구하고 일정한 수준의 자기자본이익률(ROE)을 유지할 수 있는 배당성장률이나 이익성장률로 정의된다. 우리가 이 개념에 관심을 가지는 이유는 고든성장모형에 적용되는 안정적 성장률을 추정하거나 영구가치 계산에 고든성장모형을 활용하는 다단계 DDM의 성숙기 성장률을 추정하는데 이 개념이 필요하기 때문이다.

지속가능성장률을 구하는 수식은 다음과 같다.

$$g = b \times \text{ROE} \tag{22}$$

g : 배당성장률
b : 이익유보율(= 1 − 배당성향)
ROE : 자기자본이익률

보다 정확하게 말하면 수식 (22)의 성장률은 유보율에 ROE보다 신규 투자에 대한 기대수익률을 곱해야 한다. 다만 보통의 경우 애널리스트는 수식 (22)와 같이 자기자본이익률이 기대수익률의 근사치라고 가정한다. 하지만 실제가 그러한지는 애널리스트가 사례별로 점검할 필요가 있다.

(EXAMPLE 22)는 (주식의 신규 발행이 없고 부채는 g의 성장률로 증가하는 경우)[25] 재

25) 부채가 g의 성장률로 증가하면 일정한 자본구조를 가지게 된다. 만일 자본구조가 일정하지 않으면, ROE는 레버리지에 따라 결정되므로 ROE가 일정하지 않을 수 있다.

투자 이익에 의해서만 자기자본이 증가한다는 사실을 설명하고 있다.

EXAMPLE 22 $g = b \times$ ROE의 예시적 사례

어떤 회사의 ROE가 25%이고, 유보율이 60%라고 가정하자. 지속가능성장률 수식에 따르면 배당은 $g = b \times \text{ROE} = 0.60 \times 25\% = 15\%$씩 매년 증가한다.

이 수식의 적용을 설명하기 위해 이 회사가 $1,000,000의 자기자본을 가지고 사업을 시작해 $250,000의 당기순이익을 얻고, 이 중에서 $100,000을 배당으로 지급했다고 가정하자. 이 경우 다음해 이 회사의 기초 자기자본은 $1,000,000 + $150,000 = 1,150,000이 된다. 주식발행을 통한 자기자본 조달은 없다.

만일 다음해에도 이 회사가 자기자본의 25%를 번다면, 당기순이익은 0.25 × $1,150,000 = $287,500이 되며, 이는 전년 대비 $287,500 − $250,000 = $37,500 또는 $37,500/$250,000 = 15% 증가한 규모이다. 회사는 이익의 60%인 60% × $287,500 = $172,500을 내부에 유보하고, 40%인 40% × $287,500 = $115,000을 배당으로 지급한다. 이 경우 회사 배당은 $100,000에서 $115,000로 정확히 15% 증가하게 된다. 이 회사가 매년 25%의 이익을 얻고 이익의 60% 계속 재투자하면 배당은 지속적으로 15%씩 증가한다.

수식 (22)는 다른 조건이 일정하다면 자기자본이익률이 높을수록 배당성장률도 높다는 것을 암시한다. 이 관계는 신뢰할 수 있는 것으로 보인다. 이 수식의 또 다른 함의는 다른 조건이 일정하면 이익유보율이 낮으면 배당성장률이 낮아진다는 것이다. (반대로 이익유보율이 높으면 배당성장률이 높아진다.) 이러한 관계는 **이익의 배당대체(dividend displacement of earnings)**라고 불린다.[26] 하지만 모든 조건이 동일하지 않을 수 있다. 이익의 재투자수익률이 투자 단계에 따라 일정하지 않을 수 있고 미래 전망이 변동하는 회사는 자신의 배당정책을 변경할 수 있다. Arnott and Asness(2003)와 Zhou and Ruland(2006)는 연구 대상기간 중 배당을 지급하는 기업이 더 높은 미래성장률을 보인다는 미국 시장의 증거를 제시하며 배당이 이익을 대신한다고 가정하는데 주의가 필요하다고 주장한다.

내부적으로 생성된 펀드(이익잉여금)가 지속 가능하다고 정의하는 데는 실용적 논거가 있는데, 외부 자본(신주)이 내부 자본(재투자된 이익잉여금)보다 여러 이유로 상당히 비싸다고 보기 때문이다. 외부 자본의 비용에는 투자은행의 인수수수료 등 신주 발행비용도 포함된다. 또한 일반적으로 계속적인 신주 발행은 기업에게 실질적인 자금조달의 대안이 되지 못한

26) ROE는 수익성과 레버리지(부채)의 함수이다. 반면 유보율이나 배당정책은 ROE와 같은 수준의 펀더멘털 변수는 아니다. 높은 유보율(낮은 배당성향)로 인한 높아진 배당성장률은 그 자체로는 주식가치에 미치는 영향이 중립적이다. 투자정책이 일정할 때, g로 인해 증가한 주식가치의 긍정적 효과는 배당성향의 감소에 따른 주식가치의 부정적 효과에 의해 상쇄되기 때문이다. 자세한 내용에 대해서는 Sharpe, Alexander, and Bailey(1999)를 참고하라.

다.[27] 반면 부채 발행을 통한 자금조달은 상당기간 지속 가능할 수 있다. 나아가 어떤 기업이 목표부채비율을 가지고 자본구조를 관리한다면 재투자 이익으로 자기자본이 증가하게 되면 새로운 부채를 조달해야 한다. 이런 효과로 인해 애널리스트의 변수 추정치에 오류가 없어도 수식 (22)에 의해 예상되는 성장률에서 벗어난 배당성장률이 관측되기도 한다. 그럼에도 불구하고 이 수식이 장기간에 걸친 배당의 평균적인 성장률을 근사적으로 보여준다는 점에서는 여전히 유용하게 활용될 수 있다.

6.2. 배당성장률 · 유보율 · ROE 분석

6.1절에서 정의한 바와 같이 기업의 지속가능성장률은 (투자기회에 따라 결정되는) 자기자본이익률과 유보율의 함수이다. 여기서는 ROE의 결정요인을 파악하기 위해 이를 확장해 보기로 한다. ROE는 다음과 같이 기업의 투하자본이 창출하는 수익(당기순이익)의 비율이다.

$$\text{ROE} = \frac{\text{당기순이익}}{\text{자본총계}} \tag{23}$$

어떤 회사의 ROE가 15%이면, 이 회사는 $100의 자기자본 투자로 $15의 당기순이익을 창출한다. ROE는 다른 재무비율들로 분해할 수 있다. 즉 ROE는 총자산이익률(return on assets, ROA)과 재무레버리지(financial leverage)의 곱으로 분해된다.

$$\text{ROE} = \frac{\text{당기순이익}}{\text{자산총계}} \times \frac{\text{자산총계}}{\text{자본총계}} \tag{24}$$

따라서 ROA를 높이거나 (기업이 ROA보다 낮은 이자율로 자금을 조달할 수 있다면) 레버리지 사용을 늘리면 ROE를 높일 수 있다. ROA는 다시 순이익률과 총자산회전율(자산효율성)의 곱으로 분해된다.

$$\text{ROE} = \frac{\text{당기순이익}}{\text{매출액}} \times \frac{\text{매출액}}{\text{자산총계}} \times \frac{\text{자산총계}}{\text{자본총계}} \tag{25}$$

수식 (25)의 첫 번째 항은 순이익률(profit margin)이다. 순이익률이 높으면 ROE도 높아진

---

27) 장기간 관측결과에 따르면 평균적으로 한 해 동안 미국 상장기업의 약 2%만이 신주를 발행하는 것으로 나타났으며, 이는 기업이 평균적으로 50년마다 한 번씩 증자(secondary equity issue)를 한다는 의미이다. 경영진과 투자자 간 정보비대칭(informational asymmetries)으로 인한 비용 때문에 신주 발행에 접근이 제한될 수 있다. 경영진은 일반투자자에 비해 기업의 미래 현금흐름 정보에 쉽게 접근할 수 있고 주식은 이러한 현금흐름에 대한 청구권(claim)이기 때문에 시장은 기업의 신주 발행을 긍정적 신호라기보다 부정적 신호로 인식하여 반응하는 경향이 있다.

다. 두 번째 항인 총자산회전율(total asset turnover)은 자산 운영의 효율성을 측정하는 재무지표이다. 총자산회전율이 "1"이라는 것은 자산을 $1 투자할 때마다 매출이 $1씩 발생한다는 것을 의미한다. 물론 회전율이 높을수록 ROE도 높아진다. 마지막 세 번째 항은 자기자본승수(equity multiplier)인 레버리지이다. 이러한 관계식을 DuPont모형(DuPont model) 혹은 ROE분석이라고 한다. ROE는 5개 항까지 분해될 수 있지만, 3개 항의 분석만으로도 성장률 추정에 필요한 ROE의 결정요인에 대한 충분한 시사점을 얻을 수 있다. 수식 (22)와 (25)를 결합하면 다음 수식과 같이 배당성장률이 유보율과 ROE의 곱과 같다고 나타낼 수 있다.

$$g = \frac{\text{당기순이익} - \text{배당}}{\text{당기순이익}} \times \frac{\text{당기순이익}}{\text{매출액}} \times \frac{\text{매출액}}{\text{자산총계}} \times \frac{\text{자산총계}}{\text{자본총계}} \tag{26}$$

지속가능성장률을 확장한 이 수식은 PRAT모형(PRAT model)이라고 불린다(Higgins 2007). 성장률은 순이익률(P), 유보율(R), 자산회전율(A), 재무레버리지(T)의 함수이다. ROA는 순이익률과 자산회전율로 결정된다. 유보율과 재무레버리지는 회사의 재무정책에 따라 결정된다. 따라서 배당성장률은 회사의 ROA와 재무정책에 의해 결정된다. 애널리스트는 성숙기 기업의 배당성장률 추정에 수식 (26)을 사용할 수 있다.

이론적으로 지속가능성장률 수식과 ROE를 DuPoint모형으로 분해해 확장하는 것은 (EXAMPLE 22)와 같이 기초 자기자본을 사용해 ROE를 계산할 때만 정확하게 유지된다. 이러한 계산은 이익잉여금이 기말까지 재투자되지 않는다고 가정한다. 일부 애널리스트나 재무 데이터베이스들은 ROE 계산에 평균 자기자본을 사용하는 것을 선호하기도 하며, 실무적으로 이런 정의를 사용해 DuPont분석을 수행하기도 한다.[28] 다음 사례는 성장률의 결정요인에 대해 살펴보고 있다.

EXAMPLE 23 ROA · 재무정책 · 배당성장률의 관계

Baggai Enterprises는 ROA가 10%이고 이익의 30%를 회사 내부에 유보하며 자기자본승수는 1.25이다. 반면 Mondale Enterprises는 ROA가 10%로 같지만 이익의 2/3을 유보하며 자기자본승수는 2.00이다.

1. Baggai Enterprises와 Mondale Enterprises의 지속가능 배당성장률은 얼마인가?
2. Baggai Enterprises와 Mondale Enterprises의 지속가능 배당성장률에 차이를 가져오는 주된 요인은 무엇인가?

28) Robinson, van Greuning, Henry, and Broihahn(2006) 참조.

Solution 1

A. Baggi의 배당성장률(g) = 0.30 × 10% × 1.25 = 3.75%

B. Mondale의 배당성장률(g) = (2/3) × 10% × 2.00 = 13.33%

Solution 2

Mondale은 이익유보율과 재무레버리지가 모두 높기 때문에 배당성장률 역시 Baggi에 비해 훨씬 높다.

만일 향후 5년간 성장률을 전망해야 한다면, 애널리스트는 5년간의 기간 동안 성장을 견인하는 네 가지 요인의 기대치를 사용해야 한다. 만일 성장률을 영구히 추정해야 한다면 애널리스트는 이러한 변수들에 장기적 추정치를 사용해야 한다.

DuPont공식에서 주어진 ROE를 이용하는 지속가능성장률의 계산과 함의에 대해 생각해 보기 위해 성장률이 $g = b \times \text{ROE} = 0.60 \times 15\% = 9\%$라고 해보자. ROE 15%는 매출순이익률 5%, 자산회전율 2.0, 자기자본승수 1.5를 바탕으로 계산된 것이다. 주어진 총자산회전율과 자기자본승수가 일정하면 매출액, 자산, 부채는 모두 9%씩 증가하게 된다. 배당은 순이익의 40%로 일정하기 때문에 배당 역시 같은 비율인 9%로 증가한다. 만일 이 회사가 9% 이상으로 배당을 늘리면 내부적으로 창출된 펀드로는 성장률을 지속 가능하게 유지할 수 없게 된다. 이익 유보가 감소하기 때문에 회사가 외부로부터 자본을 조달하지 않고는 매출 성장에 필요한 자산을 조달할 수 없게 된다.

애널리스트는 미래 재무비율 추정에 과거 재무비율을 사용하려면 세심한 주의를 해야 한다. 비록 어떤 기업이 과거 5년간 매년 25%씩 성장을 지속했다고 하더라도 영구적으로 이렇게 높은 성장률을 지속하는 것은 거의 불가능하다. 경쟁환경이 변화하고 기술이나 수요의 부정적 변화로 인해 고도의 성장을 견인하는 비정상적으로 높은 ROE가 영구적으로 유지될 수는 없다. 다음 사례는 회사가 스스로를 지속적으로 수익성 있는 사업에 포지셔닝함으로써 평균 이상의 영구성장률을 유지하는 사례이다.

EXAMPLE 24 PRAT산식을 이용한 성장률 추정

현재 주당 $3.40의 배당을 지급하고 있는 International Business Machines(NYSE: IBM)는 이 장에서 두 사례의 평가대상이었다. 한 사례에서 애널리스트는 성숙기 ROE가 9%의 요구수익률과 정확히 일치할 것이라고 보고 IBM의 성숙기 성장률을 6.75%로 추정했다. 또 다른 사례에서는 DuPont분석으로 ROE를 분해해 보았다.

지난 10년간 IBM의 ROE를 분석해보면 [표 12]와 같다. 이 기간 동안 EPS는 매년 16%씩 복리로 증가했다. 반면 IBM의 유보율은 2003년 83.5%에서 2012년 77.3%로 감소했다. 명목가치 기준 유형자산 투자도 2003년 $4.4십억에서 2012년 $4.1십억으로 감소했다.

[표 12] IBM Corporation의 ROE 변동

연 도	ROE(%)	매출순이익률(%)	자산회전율	재무레버리지
2012	87.5 =	15.89	×0.88	×6.28
2011	78.4 =	14.83	×0.82	×5.75
2010	64.0 =	14.85	×0.88	×4.90
2009	59.0 =	14.02	×0.88	×4.79
2008	90.8 =	11.90	×0.95	×8.06
2007	36.6 =	10.55	×0.82	×4.23
2006	33.3 =	10.38	×0.89	×3.62
2005	24.0 =	8.71	×0.86	×3.19
2004	23.6 =	7.77	×0.87	×3.50
2003	22.2 =	7.36	×0.84	×3.59

IBM의 직전 5년간 ROE는 그 이전 기간에 비해 상당히 높다. 이러한 변화는 주로 순이익률의 개선과 레버리지 증가에 기인한다. 그러나 세계 경제 성장률이 일반적으로 한자리 수 중반 대인 상황에서 지속가능한 이익성장률이 최근 평균 ROE(지난 5년 평균 75.9%)와 유보율(최근 77.3%)을 곱한 수준에서 유지될 것으로 가정하는 것은 비현실적이다. 이런 추정치는 또한 제시된 과거 평균 EPS성장률 16%와도 부합하지 않는다.

순이익률은 강한 평균회귀 경향을 보인다. 애널리스트가 경쟁기업에 비해 우수한 IBM의 매출순이익률이 성숙기에는 대폭 감소할 것으로 예상한다고 가정하자. 애널리스트는 IBM의 성숙기에 피어그룹은 평균 5% 수준의 매출순이익률을 기록할 것으로 추정했다. 반면 고마진 포착 전략과 강력한 하드웨어-소프트웨어 솔루션 통합 경쟁력을 바탕으로 애널리스트는 IBM의 장기적 세전 매출순이익률을 6%로 추정했다. 30%의 실효세율을 감안할 때 이는 약 4.2%의 세후 매출순이익률에 해당한다.

애널리스트는 또한 IBM이 성숙기에 접어들며 자본투자가 지속적으로 감소하여, 이전에는 투자에 사용되던 현금흐름이 부채상환과 배당지급에 사용될 것으로 보고 있다. 애널리스트는 재무레버리지를 2003~2007년 수준인 3.5로 추정하는데, 이는 2012년 6.28보다 훨씬 낮은 수준이다. 애널리스트는 또한 배당성향이 현재와 같이 지속적으로 상승해서 궁극적으로 40%에 도달할 것으로 예상한다.

자산회전율 0.88([표 12]의 평균값)과 매출순이익률 추정치 4.2%를 사용하면 성장기 ROE 추정치는 (4.2%)(0.88)(3.5) = 12.9%가 된다. 따라서 이 분석에 따른 IBM의 지속가능성장률 추정치는 g = (0.60)(12.9%) = 7.7%가 된다.

6.3. 재무모형과 배당

애널리스트는 회사의 영업 및 재무환경 전반을 고려하는 복잡한 모형으로 배당을 추정할 수 있다. 이런 모형에는 많은 고려사항이 있기 때문에 추정 손익계산서와 대차대조표 작성에 스프레드시트가 사용된다. 이런 모형을 사용하면 회사의 미래 배당지급 능력을 예측하는 데 도움을 얻을 수 있다. 아래 사례는 시간 경과에 따른 경쟁심화로 성장률과 매출순이익률이 감소할 때 수익성이 우수하고 빠르게 성장하는 기업이 배당을 늘리는 사례이다.

EXAMPLE 25 스프레드시트 모형을 이용한 배당 추정

한 애널리스트가 향후 5년간 Hoshino Distributors의 배당을 추정 중이다. 그는 다음 가정을 바탕으로 스프레드시트 모형을 개발했다.

- 매출액은 1차년도 $100백만이며, 2차년도에 20%, 3차년도에 15%, 4차와 5차년도에 각각 10%씩 성장한다.
- 영업이익(EBIT)은 1차와 2차년도에는 매출액의 20%, 3차년도에는 18%, 4차와 5차년도에는 16%로 예상한다.
- 금년도 이자비용은 총부채의 10%이다.
- 법인세율은 40%이다.
- Hoshino는 1차와 2차년도 순이익의 20%, 3차년도 순이익의 30%, 4차년도 순이익의 40%, 5차년도 순이익의 50%를 배당으로 지급할 것으로 본다.
- 이익잉여금은 다음해 자기자본에 가산된다.
- 매년 총자산(자산총계)은 당해 연도 매출의 80%이다.
- 1차년도 부채와 자본은 각각 $40백만이다. 부채는 자산에서 자본을 뺀 값과 같다. 자본은 전년도 자본에 전년도 이익잉여금이 가산된다.
- Hoshino의 유통주식수는 4백만 주이다.
- 주식의 요구수익률은 15%이다.
- 5차년도 말 회사가치는 순이익의 10배로 예상된다.

이 애널리스트는 Hoshino의 현재 주당가치를 추정하려고 한다. [표 13]은 위의 가정에 따른 추정 재무제표이다. 전체 순이익과 배당은 손익계산서의 마지막 줄에 나와 있다.

[표 13] Hoshino Distributors의 추정 재무제표($백만)

	1년	2년	3년	4년	5년
손익계산서					
매출액	$100.00	$120.00	$138.00	$151.80	$166.98
EBIT	20.00	24.00	24.84	24.29	26.72

[표 13] (계속)

	1년	2년	3년	4년	5년
이자비용	4.00	4.83	5.35	5.64	6.18
EBT	16.00	19.17	19.49	18.65	20.54
법인세	6.40	7.67	7.80	7.46	8.22
당기순이익	9.60	11.50	11.69	11.19	12.32
배 당	1.92	2.30	3.51	4.48	6.16
대차대조표					
자산총계	$80.00	$96.00	$110.40	$121.44	$133.58
부채총계	40.00	48.32	53.52	56.38	61.81
자본총계	40.00	47.68	56.88	65.06	71.77

전체 배당금을 유통주식수로 나누면 아래와 같이 주당배당금이 구해진다. 이를 15%로 할인한 현재가치는 다음과 같다.

	1년	2년	3년	4년	5년	합 계
DPS	$0.480	$0.575	$0.877	$1.120	$1.540	$4.59
PV	0.417	0.435	0.577	0.640	0.766	2.84

5차년도 주당순이익은 순이익($12.32백만)을 유통주식수(4백만 주)로 나눈 $3.08이다. P/E가 10이기 때문에 5차년도 주식의 시장가치는 $30.80으로 예측된다. 이를 요구수익률인 15%로 할인하면 5차년도 시장가치의 현재가치는 $15.31이 된다. 여기에 5년간 배당의 현재가치 합계인 $2.84를 더하면 현재의 주식가치 $18.15를 얻을 수 있다.

7. 요약정리

이 장에서는 DCF평가의 기본 개념과 주식의 요구수익률 추정에 대해 알아보고 DCF모형 중 배당할인모형에 대해 자세히 살펴보았다.

- DCF모형에서는 자산의 가치를 기대되는 미래 현금흐름의 현재가치로 본다. 다음 식에서 V_0는 현재 시점($t = 0$)의 자산가치이며, CF_t는 t시점의 현금흐름, r은 할인율 또는 요구수익률이다. 주식과 같이 영구히 유지되는 자산의 경우 n은 무한대가 된다.

$$V_0 = \sum_{t=1}^{n} \frac{\mathrm{CF}_t}{(1+r)^t}$$

- 주식가치평가에서 기대되는 현금흐름에는 배당, 잉여현금흐름, 초과이익이 주로 사용된다. 배당할인모형은 배당정책이 수익성과 이해 가능한 합리적인 관련성을 가지고 배당을 지급하는 기업에 대해 투자자가 경영권 관점을 가지고 있지 않은 경우 (소액주주 관점에서) 적합한 가치평가모형이다.
- 잉여현금흐름(FCFE 또는 FCFF)모형은 기업이 배당을 지급하지 않거나, 배당과 잉여현금흐름 간에 큰 차이가 있고 잉여현금흐름이 수익성과 일관되며, 투자자가 대주주로서 경영권 관점을 가진 경우에 적합한 가치평가모형이다.
- 초과이익모형은 기업이 배당을 지급하지 않거나, 잉여현금흐름이 음(陰)인 경우 유용하게 사용될 수 있다.
- 단일보유기간 DDM모형에 따른 주식가치는 다음과 같다.

$$V_0 = \frac{D_1}{(1+r)^1} + \frac{P_1}{(1+r)^1} = \frac{D_1 + P_1}{(1+r)^1}$$

여기서 D_1은 $t = 1$ 시점에 기대 배당이고 V_0은 $t = 0$ 시점에 주식의 기대 가치이다. V_0이 현재 시장가격 P_0과 같다고 가정하면 기대보유기간수익률은 다음과 같다.

$$r = \frac{D_1 + P_1}{P_0} - 1 = \frac{D_1}{P_0} + \frac{P_1 - P_0}{P_0}$$

- 유한한 n기간의 DDM과 일반 형식의 DDM은 각각 다음과 같다.

$$V_0 = \sum_{t=1}^{n} \frac{D_t}{(1+r)^t} + \frac{P_n}{(1+r)^n}, \quad V_0 = \sum_{t=1}^{\infty} \frac{D_t}{(1+r)^t}$$

- 배당의 추정에는 일반적으로 두 가지 방법이 활용된다. 첫째는 기대되는 미래 배당흐름에 정형화된 성장패턴을 적용하는 것이다. 둘째는 영구기간까지는 각 기간의 배당을 개별적으로 추정하고, 나머지 기간에 대한 잔여배당은 정형화된 성장패턴을 적용하거나 영구시점의 주가를 추정해 평가한다.
- 고든성장모형은 배당이 일정한 성장률(g)로 영구히 증가할 것, 다시 말해 $D_t = D_{t-1}(1 + g)$을 가정한다. 고든성장모형에 따른 배당의 가치는 다음과 같다.

$$V_0 = \frac{D_0(1+g)}{r-g} \text{ 또는 } V_0 = \frac{D_1}{r-g} \quad (\text{단, } r > g)$$

- 수의상환금지 고정배당우선주의 가치는 $V_0 = D/r$이다. D는 고정된 일정액의 연간 배당액이다.
- 가격과 가치가 일치한다고 가정할 때, 고든성장모형에 따른 주식의 기대수익률은 다음과 같다.

$$r = \frac{D_0(1+g)}{P_0} + g = \frac{D_1}{P_0} + g$$

- 다음 기간의 배당과 요구수익률 추정치가 주어진 경우, 고든성장모형을 이용하면 현재 주가에 내재된 배당성장률을 추정할 수 있다.
- 전체 주식가치 V_0의 일부인 성장기회의 현재가치(PVGO)는 이미 가동 중인 자산과 관련된 주식가치를 제외한 미래 성장기회가 창출할 것으로 기대되는 수익에 따른 주식가치를 말한다. 이 관계는 $V_0 = E_1/r + \text{PVGO}$로 나타낼 수 있고, E_1/r은 주식의 무성장가치 부분이다.
- 고든성장모형을 재구성하여 구한 선행P/E(P_0/E_1)와 후행P/E(P_0/E_0)는 다음과 같다.

$$\frac{P_0}{E_1} = \frac{D_1/E_1}{r-g} = \frac{1-b}{r-g} \text{와} \quad \frac{P_0}{E_0} = \frac{D_0(1+g)/E_0}{r-g} = \frac{(1-b)(1+g)}{r-g}$$

  (고든성장모형이 적합한 경우) 위의 수식은 추정 펀더멘털에 기초한 적정 주가수익비율을 나타낸다.
- 고든성장모형은 광범위한 주식을 포괄하는 주가지수와 국가 명목경제성장률과 대등하거나 이보다 다소 낮은 안정적인 이익성장률이 기대되는 회사 주식의 가치평가에 유용하다.
- 고든성장모형의 가치 추정치는 성장률과 요구수익률 가정에 매우 민감하게 반응한다.
- 많은 기업에 있어 성장률은 몇 단계로 정형화할 수 있다. 성장기 기업은 비정상적으로 높은 이익성장률(초고속성장률)을 보인다. 전환기에 접어들면 이익성장률은 하락하기 시작한다. 마지막으로 성숙기에는 이익성장률과 자기자본이익률이 장기적으로 지속 가능한 수준으로 안정화되어 균형 상태에 도달한다. 다단계의 성장전망을 가진 기업의 경우 애널리스트는 다단계 DCF모형을 가치평가에 활용한다.
- 2단계 배당할인모형은 1단계와 2단계에 서로 다른 배당성장률을 가정한다.

$$V_0 = \sum_{t=1}^{n} \frac{D_0(1+g_S)^t}{(1+r)^t} + \frac{D_0(1+g_S)^n(1+g_L)}{(1+r)^n(r-g_L)}$$

여기서 g_S은 1단계 기간의 기대 배당성장률, g_L은 2단계 기간의 기대 배당성장률이다.

- 영구주식가치인 V_n의 추정에는 통상 고든성장모형을 이용하거나 영구시점에 추정된 EPS에 P/E를 곱하는 방법이 사용된다.
- H-모형은 1단계 기간 동안 배당성장률이 선형적으로 감소하여 2단계 시점에 지속 가능한 수준의 성장률로 안정화된다고 가정한다.

$$V_0 = \frac{D_0(1+g_L)}{r-g_L} + \frac{D_0 H(g_S - g_L)}{r-g_L} = \frac{D_0(1+g_L) + D_0 H(g_S - g_L)}{r-g_L}$$

- 3단계 모형에는 두 가지 유형이 있다. 첫째 유형은 세 단계 기간에 각기 다른 일정한 성장률을 가정한다. 둘째 유형은 1단계에서는 배당성장률이 일정하고, 2단계에서 선형적으로 배당성장률이 하락하여, 마지막 3단계에 이르면 정상수준으로 성장률이 안정된다고 가정한다.
- 스프레드시트 모형은 유연하기 때문에 어떤 형태의 기대 배당을 가진 주식의 가치평가에도 적용할 수 있다.
- 자산이 시장에서 정당하게 평가된다고 가정하면 DDM의 IRR을 요구수익률 추정치로 사용할 수 있다. 단일기간모형, 고든성장모형, H-모형과 같이 단순한 모형에서는 요구수익률을 쉽게 구할 수 있다. 하지만 배당흐름이 크게 변동해도 추정된 배당흐름의 현재가치와 현재 주가를 일치시키는 할인율을 반복적으로 찾는 시행착오법을 이용하면 요구수익률을 구할 수 있다.
- 다단계 DDM모형은 다양한 형태의 기대 배당 패턴을 감안할 수 있다. 비록 이 모형이 정형화된 성장률 가정을 사용하지만 매우 유용한 주식가치의 근사치를 제공해준다.
- 배당성장률은 애널리스트의 자체 추정, 통계적 추정모형, 회사의 펀더멘털로부터 얻을 수 있다. 지속가능성장률은 ROE와 이익유보율에 따라 결정되는데, $g = b \times \text{ROE}$가 된다. 이러한 관계는 DuPont공식을 이용하여 다음과 같이 확장할 수 있다.

$$g = \frac{\text{당기순이익} - \text{배당}}{\text{당기순이익}} \times \frac{\text{당기순이익}}{\text{매출액}} \times \frac{\text{매출액}}{\text{자산총계}} \times \frac{\text{자산총계}}{\text{자본총계}}$$

참고문헌

Arnott, Robert D., and Clifford S. Asness. 2003. "Surprise! Higher Dividends = Higher Earnings Growth." *Financial Analysts Journal*, vol. 59, no. 1: 70–87.

Block, Stanley B. 1999. "A Study of Financial Analysts: Practice and Theory." *Financial Analysts Journal*, vol. 55, no. 4: 86–95.

Brealey, Richard A., Stewart C. Myers, and Franklin Allen. 2006. *Principles of Corporate Finance*. New York: McGraw-Hill/Irwin.

DeFusco, Richard, Dennis McLeavey, Jerald Pinto, and David Runkle. 2004. *Quantitative Methods for Investment Analysis*, 2nd edition. Charlottesville, VA : CFA Institute.

Fama, Eugene F., and Kenneth R. French. 2001. "Disappearing Dividends: Changing Firm Characteristics or Lower Propensity to Pay?" *Journal of Financial Economics*, vol. 60, no. 1: 3–43.

Fuller, Russell J., and Chi-ChEGN Hsia. 1984. "A Simplified Common Stock Valuation Model." *Financial Analysts Journal*, vol. 40, no. 5: 49–56.

Gordon, Myron J. 1962. *The Investment, Financing, and Valuation of the Corporation*. Homeward, IL: Richard D. Irwin.

Gordon, Myron J., and Eli Shapiro. 1956. "Capital Equipment Analysis: The Required Rate of Profit." *Management Science*, vol. 3, no. 1: 102–110.

Grullon, Gustavo, Bradley S. Paye, Shane Underwood, and James Weston. 2007. "Has the Propensity to Pay Out Declined?" Working Paper.

Higgins, Robert C. 2007. *Analysis for Financial Management*. 8th ed. Boston, MA: McGraw-Hill.

Julio, Brandon, and David L. Ikenberry. 2004. "Reappearing Dividends." *Journal of Applied Corporate Finance*, vol. 16, no. 4: 89–100.

Leibowitz, Martin L. 1997. "Sales-Driven Franchise Value." Charlottesville, VA : Research Foundation of the ICFA.

Leibowitz, Martin L., and Stanley Kogelman. 1990. "Inside the P/E Ratio: The Franchise Factor." *Financial Analysts Journal*, vol. 46, no. 6: 17–35.

Lintner, John. 1956. "Distribution of Incomes of Corporations among Dividends, Retained Earnings, and Taxes." *American Economic Review*, vol. 46: 97–113.

Miller, Merton, and Franco Modigliani. 1961. "Dividend Policy, Growth, and the Valuation of Shares." *Journal of Business*, vol. 34, no. 4: 411–433.

Robinson, Thomas, Hennie van Greuning, Elaine Henry, and Michael Broihahn. 2006. "Financial Analysis Techniques." *International Financial Statement Analysis*. Hoboken, NJ: John Wiley & Sons.

Sharpe, William, Gordon Alexander, and Jeffery Bailey. 1999. *Investments*. Upper Saddle River, NJ: Prentice Hall.

Skinner, Douglas J. 2008. "The Evolving Relation between Earnings, Dividends, and Stock Repurchases." *Journal of Financial Economics*, vol. 87, no. 3: 582–609.

von Eije, J. Henk, and William L. Megginson. 2008. "Dividends and Share Repurchases in the European Union." *Journal of Financial Economics*, vol. 89: 347–374.

Wanger, Ralph. 2007. "More Dividends, Please." *CFA Magazine*, vol. 18, no. 2: 8–11.

Williams, John Burr. 1938. *The Theory of Investment Value*. Cambridge, MA: Harvard University Press.

Zhou, Ping, and William Ruland. 2006. "Dividend Payout and Future Earnings Growth." *Financial Analysts Journal*, vol. 62, no. 3: 58–69.

연습문제

1. Amy Tanner는 미국의 한 연금펀드 애널리스트이다. 그녀는 상사로부터 General Electric(NYSE: GE)과 General Motors(NYSE: GM) 주식의 가치평가를 지시받았다. Tanner는 GE와 GM을 평가하는데 배당할인모형(DDM)이 적합한지 판단하고자 한다. 그녀는 다음과 같이 2000년부터 2007년까지 두 회사의 자료를 수집했다.

	GE			GM		
연 도	EPS($)	DPS($)	배당성향(%)	EPS($)	DPS($)	배당성향(%)
2007	2.17	1.15	0.53	-68.45	1.00	-0.01
2006	1.99	1.03	0.52	-3.50	1.00	-0.29
2005	1.76	0.91	0.52	-18.50	2.00	-0.11
2004	1.61	0.82	0.51	4.94	2.00	0.40
2003	1.55	0.77	0.50	5.03	2.00	0.40
2002	1.51	0.73	0.48	3.35	2.00	0.60
2001	1.14	0.66	0.47	1.77	2.00	1.13
2000	1.27	0.57	0.45	6.68	2.00	0.30

자료: Compustat

각 주식의 가치평가에 DDM이 적합한지 설명하라.

2. 애널리스트인 Vincent Nguyen은 2008년 초 현재 British Airway(London Stock Exchange: BAY)를 분석 중이다. 그는 애널리스트들의 배당 추정치 컨센서스가 2009년 주당 £4(21명 컨센서스), 2010년 주당 £5(10명)라고 말했다. Nguyen은 2010년 말 BAY의 주가를 £250으로 예상한다. 그는 이 주식의 요구수익률이 11%라고 추정했다. 모든 배당은 연도 말에 지급된다고 가정한다.
   A. DDM을 이용하여 2009년 말 BAY 주식의 가치를 추정하라.
   B. DDM을 이용하여 2008년 말 BAY 주식의 가치를 추정하라.

3. Justin Owens는 영국 주식에 투자하는 주식형 뮤추얼펀드의 애널리스트이다. 2008년 초 현재 Owens는 펀드 편입을 위해 국내 주식을 검토 중이다. 그가 분석 중인 주식 중 하나는 British Sky Broadcasting Group(London Stock Exchange: BSY)이다. 이 주식은 2005년, 2006년, 2007년 말에 각각 £9, £12.20, £15.50의 배당을 지급한바 있다. 애널리스트 컨센서스에 따르면 이 주식은 2008년 말 £18.66(애널리스트 19명), 2009년 말 £20.20(17명)의 배당을 지급할 것으로 예상된다. Owens는 이 주식의 요구수익률을

11%로 추정했다.

A. 2005년부터 2007년(£9에서 £15.50)까지 배당의 복리 연평균 성장률과 2007년부터 2009년까지 배당의 복리 연평균 성장률 컨센서스를 비교하라.

B. Owens는 BSY가 성숙기에 접어들었고 그에 따라 배당성장률이 <질문 A>에서 계산된 2007~2009년 복리 연평균 성장률 컨센서스의 절반 수준에서 안정화될 것으로 믿고 있다. 요구수익률이 11%일 때 2007년 이후 Owens의 성장률 추정치를 바탕으로 2007년 말 시점 이 주식의 가치를 추정하라.

C. 가치 추정치와 r 그리고 가치 추정치와 g의 관계를 설명하라.

4. 1960~2007년 동안 S&P 500 Index 소속 기업의 순이익은 연평균 8.18%, 배당은 연평균 5.9% 증가했다. 기타의 가정은 다음과 같다.
   - 배당은 1960~2007년의 증가율로 계속 성장한다.
   - 주가지수의 요구수익률은 8%이다.
   - 2007년 S&P 500 소속 전체 기업의 총 배당액은 $246.6십억이다.

   고든성장모형을 이용하여 2008년 초 S&P 500 소속 기업의 전체 주식가치를 추정하라.

5. 상장된 유틸리티 지주회사인 Great Plains Energy는 1952년 3월 NYSE Euronext에 누적적으로 4.5%를 배당하는 영구우선주 series E(Ticker: GXPPrE)를 상장했다. 이 우선주의 액면가는 $100이다. 이 주식의 요구수익률이 5.6%라면 주식가치는 얼마로 추정되는가?

6. German Resources는 탄광업체이다. 이 회사는 현재 수익성이 높아 내년 주당 €4의 배당을 지급할 것으로 기대된다. 그러나 이 회사가 탐사를 잠정 중단함에 따라 기존 광산에서 채굴만하는 성숙기 회사로 진입하면서 당신은 이 회사의 배당이 영구적으로 매년 8%씩 감소할 것으로 예상한다. German Resources 주식의 요구수익률은 11%이다. DDM을 이용해 이 주식의 가치를 추정하라.

7. Maspeth Robotics의 주식은 현재 €24에서 거래되고 있고 최근 연도 주당 €1의 배당을 지급했다. 추가적인 정보는 다음과 같다.
   - 무위험이자율은 4%이다.
   - 이 주식의 추정 베타는 1.2이다.
   - 주식위험프리미엄은 5%로 추정된다.

   이상의 정보를 바탕으로 현재 주가 €24를 정당화하는데 필요한 배당성장률을 계산하라.

8. 당신은 고든성장모형이 Reliable Electric Corp.의 주식을 평가하는데 적합하다고 믿고 있다. 이 회사의 2008년 EPS는 $2이고, 유보율은 0.60이다. 이 회사는 투자에서 14%의 ROE를 기대하며, 요구수익률은 11%이다. 모든 배당은 연도 말에 지급된다고 가정한다.
   A. 이 회사의 지속가능성장률을 계산하라.
   B. 2009년 초 이 회사 주식의 가치를 추정하라.
   C. 성장기회의 현재가치(PVGO)를 계산하라.
   D. 이 회사의 전체 주식가치 중에서 성장기회의 가치가 차지하는 비중은 얼마나 되는지 계산하라.

9. 호주 회사인 Stellar Baking Company의 후행P/E는 14이다. 애널리스트들은 Stellar의 배당이 영구적으로 최근 성장률인 4.5%씩 매년 증가할 것으로 예상한다. 현재 주당배당과 EPS가 각각 $0.70과 $2.00이고 요구수익률이 8%일 때, Stellar Baking Company가 시장에서 적절히 평가되고 있는지 판단하라.

10. Mohan Gupta는 인도 기반 주식형 펀드의 포트폴리오 매니저이다. 그는 Tata Chemicals Ltd(Bombay Stock Exchange: TATACHEM)의 가치를 분석 중이다. Tata Chemicals는 인도의 유기화학분야 선도 기업이며, 비료와 식품 첨가제도 생산하고 있다. Gupta는 DDM이 Tata Chemicals의 가치평가에 적합하다는 결론을 내렸다.

    지난 5년 간(2004년 3월 말 종료 회계연도부터 2008년 3월 말 종료 회계연도) 이 회사는 주당 각각 Rs. 5.50, 6.50, 7.00, 8.00, 9.00의 배당을 지급했다. 이러한 배당금은 DPS의 과거 연평균 성장률인 13%를 약간 넘는 수준임을 말해준다. Gupta는 2단계에서 성장률이 선형적으로 감소하는 3단계 DDM을 사용하기로 했다. 그는 Tata Chemicals를 평균적인 성장기업으로 간주하고 1단계(성장기)를 6년, 2단계(전환기)를 10년으로 예상한다. 그는 1단계 동안 14% 성장하며 3단계에는 10% 성장할 것으로 추정한다. Gupta는 Tata Chemicals의 주식 요구수익률을 16%로 추정했다. 이 주식의 현재가치를 추정하라.

11. 당신은 2008년 6월 말 현재 헬스케어 회사인 Ansell Limited(Australian Stock Exchange: ANN)의 주식을 분석 중이다. 이 주식의 가격은 A$9.74이다. 2008년 6월 말로 종료되는 회계연도에 이 회사는 주당 A$0.27의 배당을 지급했다. 당신은 향후 3년간 배당이 10%씩 증가할 것으로 예상하고, 이후에는 8%씩 영구적으로 증가할 것으로 기대한다. 당신은 Ansell Limited 주식의 요구수익률을 12%로 추정한다.
    A. 2단계 배당할인모형을 이용하여 ANN의 가치를 추정하라.
    B. ANN이 시장에서 공정하게 평가되고 있는지 판단하라.

12. Sime Natural Cosmetics Ltd.의 배당수익률은 현재 배당 기준 연 2%이고, 성숙기 배당성장률은 연 5%이다. 현재 배당성장률은 10%지만 향후 6년 동안 성숙기 배당성장률 수준으로 선형적으로 감소할 것으로 예상된다.
    A. Sime Natural Cosmetics가 시장에서 정당한 평가를 받고 있다면 이 주식에 대한 기대수익률은 얼마인가?
    B. Sim이 지금 즉시 성숙기에 접어든다면 다른 조건이 일정할 때 기대수익률은 상승하는가 아니면 하락하는가?

13. Kazuo Uto는 다양한 제품을 생산하는 일본의 복합기업인 Brother Industries, Ltd. (Tokyo Stock Exchange: 64480)를 분석 중이다. Brother는 자사 상표로 제품을 판매하거나 다른 회사와의 주문자상표부착(OEM) 계약에 따라 제품을 유통하기도 한다. Uto는 다단계 DDM이 Brother Industries의 가치평가에 적합하며, 이 회사는 4년 후 성숙기에 진입할 것으로 예상한다. 이 회사의 ROE는 2004 회계연도 16.7%에서 2008 회계연도 12.7%로 감소했다. 배당성향은 2004년 11.5%에서 2008년 22.3%로 증가했다. Uto는 성숙기 Brother의 ROE를 주식의 요구수익률 추정치인 11%로 예상한다. 그는 또 성숙기 배당성향을 40%로 추정했다. 이는 2008년 배당성향보다는 상당히 높지만 일본기업의 평균치인 50%보다는 낮은 수준이다.
    A. 성숙기 Brother의 지속가능성장률을 계산하라.
    B. 지속가능성장률 공식을 이용해 Uto의 한 동료는 g는 b의 정(正)의 함수이기 때문에 이익유보율을 높이면 지속가능성장률을 높일 수 있다고 주장했다. 따라서 이 동료는 배당성향을 줄여야 한다고 주장했다. 이 주장의 오류에 대해 설명하라.

14. Chevron Corp(NYSE Euronext: CVX) 담당 애널리스트는 PRAT모형을 이용해 회사의 지속가능성장률을 추정하고자 한다. 이를 위해 애널리스트는 아래 표의 자료를 축적했다. 자산과 자본은 연말 수치이다. 애널리스트는 총자산과 자기자본을 사용하는 재무비율 계산에 대차대조표 연초와 연말 잔액의 평균치를 사용한다. 예를 들어 2007년 평균 총자산은 (148,786 + 132,628)/2 = $140,707로 계산된다. (참조: EPS와 DPS를 제외한 모든 수치는 $백만임)

구 분	2007	2006	2005	2004
순이익	$18,688	$17,138	$14,099	$13,328
매출액	214,091	204,892	193,641	150,865
총자산	148,786	132,628	125,833	93,208
자기자본	77,088	68,935	62,676	45,230
EPS	8.77	7.80	6.54	6.28
DPS	2.26	2.01	1.75	1.53

자료: Chevron 웹사이트 게재 재무제표

A. 2005 ~ 2007년 기간 PART의 각 구성요소들의 평균값을 계산하라.

B. <질문 A>에서 계산된 각 요소들의 평균값을 이용해 Chevron의 지속가능성장률을 추정하라.

C. Chevron이 성숙기에 도달했는지 판단하라.

15. Casey Hyunh은 Resources Limited의 가치를 평가 중이다. 그녀가 설정한 몇 가지 주요 가정들이 주가가치 추정치에 미치는 영향을 손쉽게 파악하기 위해 스프레드시트 모형을 이용하고 있다. 이 모형은 다음 가정에 근거하여 향후 4년을 예측하고 있다.

- 1차년도 매출은 $300백만이다.
- 2차와 3차년도 매출은 15%, 4차년도 매출은 10% 증가할 것이다.
- 영업이익(EBIT)은 매년 매출액의 17%로 예상한다.
- 이자비용은 연간 $10백만이다.
- 법인세율은 30%이다.
- 이익유보율은 0.60에서 유지될 것이다.
- 최종적인 배당성장률은 4차년도 이후 일정하게 유지될 것이고, 최종 성장률은 3차년도에서 4차년도까지 성장률보다 200 베이시스 포인트(bps) 낮을 것이다.

이 회사의 유통주식수는 10백만 주이다. Hyunh은 Resources 주식의 요구수익률을 13%로 추정했다.

A. 이상의 가정을 바탕으로 4차년도 말 주식가치를 추정하라.

B. 이상의 정보를 바탕으로 주식의 현재가치를 추정하라.

C. Hyunh은 추정된 매출성장률의 변화가 추정가치에 어떤 영향을 미치는지 궁금해 한다. 4차년도 매출성장률이 15%가 아닌 10%라면 주식의 현재가치는 얼마로 추정되는가?

다음 정보를 바탕으로 질문 16 ~ 21에 답하시오.

Jacob Daniel은 미국 연금펀드의 최고투자책임자(CIO)이고, Steven Rae는 연금펀드의 소비재 및 경기방어주 담당 애널리스트이다. 2009년 초에 Daniel은 Rae에게 Tasty Foods Company를 투자 승인 목록에 포함할지 여부를 검토하라고 지시했다. Tasty Foods Company는 냉동식품을 생산하여 자사 상표로 소매상에 판매하고 있다.

Rae는 Tasty Foods Company의 가치평가에 배당할인모형이 적절한지 검토 중이다. 그는 아래 표와 같이 지난 5년간 회사의 EPS와 DPS 자료를 수집했다. 회사의 분기 배당을 합산한 것이 연간 배당이다. Rae는 또한 DPS/EPS를 이용해 배당성향을 구하고, EPS와 DPS의 성장률도 계산했다.

연 도	EPS($)	DPS($)	배당성향	EPS성장률(%)	DPS성장률(%)
2008	2.12	0.59	0.278	2.9	3.5
2007	2.06	0.57	0.277	2.5	5.6
2006	2.01	0.54	0.269	6.3	5.9
2005	1.89	0.51	0.270	6.2	6.3
2004	1.78	0.48	0.270		

Rae는 이 회사의 EPS가 연평균 4.48% 증가했다고 언급한다. 배당성향은 상당히 안정적으로 유지되어 왔고, 배당은 평균적으로 5.3% 증가했다. 회사의 배당과 이익 간에는 설명할 수 있는 관계가 성립된다고 보고 Rae는 DDM이 Tasty Foods의 주식가치 평가에 적합하다고 결론 내린다. 나아가 그는 회사가 안정적인 성장을 지속할 것으로 예상하고 고든성장모형을 사용하기로 결정한다.

Rae는 주식의 요구수익률 계산에 CAPM을 사용한다. 그는 10년물 국채 수익률 4%를 무위험이자율로 사용한다. 그는 시장 대용치로 S&P 500 Index를 사용해 기대 미국 주식위험프리미엄을 6.5%로 추정했다. S&P 500 Index에 대한 Tasty Foods의 베타 추정치는 1.10이다. 따라서 Rae의 Tasty Foods 주식 요구수익률은 0.04 + 1.10(0.065) = 11.15%가 된다.

Rae는 미래의 배당성장률 추정치에 과거 배당성장률인 5.3%를 사용하여 Tasty Foods 주식의 가치를 계산한다. 그는 냉동식품 산업에 특화된 연금펀드에 근무하는 동료 Alex Renteria에게 자신의 분석 내용을 보여주었다. Renteria는 Rae가 사용한 가치평가접근법에 동의했지만 미래 성장률에는 이견을 보였다. Renteria는 현재 주가 $8.42가 이 주식의 적정한 가치라고 믿고 있다.

16. 다음 중 Rae가 계산한 이 주식의 가치 추정치는 얼마에 가장 가까운가?
   A. $10.08
   B. $10.54
   C. $10.62

17. Rae의 주식가치 추정치에 따른 적정 후행P/E는 얼마인가?
   A. 5.01
   B. 5.24
   C. 5.27

18. Rae는 거래 중인 주식의 가격이 자신의 내재가치 추정치의 ±10% 구간에 들어오면 "적정가치 구간"에 있다고 간주한다. 이 기준에 따르면 Tasty Foods는 어떤 상태인가?
   A. 저평가된 상태
   B. 적정하게 평가된 상태
   C. 고평가된 상태

19. Rae가 주식의 요구수익률 계산에 사용한 1.10의 Tasty Foods 베타는 지난 10년간 월간 수익률 자료를 기초로 한다. 만일 Rae가 최근 5년간 일간 수익률 자료를 사용하면 베타 추정치는 1.25가 된다. 베타가 1.25라면 Rae의 Tasty Foods 주식의 가치 추정치는 얼마가 되는가?
   A. $8.64
   B. $9.10
   C. $20.13

20. Alex Renteria는 Tasty Foods의 시장가격이 적정가치라고 본다. 주식의 시장가격에 따른 내재배당성장률은 얼마인가?
   A. 3.87%
   B. 5.30%
   C. 12.1%

21. 만일 Alex Renteria가 언급한바와 같이 Tasty Foods 주식의 현재 가격이 공정한 가치를 평가받은 것이라면 이 주식의 기대 자본수익률은 얼마인가?
   A. 3.87%
   B. 4.25%
   C. 5.30%

다음 정보를 바탕으로 질문 22 ~ 27에 답하시오.

영국 소재 글로벌 분산 주식형 뮤추얼펀드인 Assorted Fund는 Talisman Energy Inc. (Toronto Stock Exchange: TLM)의 펀드 편입을 검토 중이다. Talisman은 캐나다 캘거리에 본사를 둔 독립 업스트림 석유가스회사이다. 이 회사는 캐나다 최대 석유가스회사 중 하나이며 세계 여러 나라에서 사업 중이다. 이 뮤추얼펀드의 애널리스트인 Brian Dobson은 Talisman의 공정가치 추정을 담당하고 있다. Dobson은 공정가치 추정에 사용되는 여러 접근방법을 알고 있다. 회사의 특성과 경쟁자에 대해 자세히 살펴본 후 그는 이 회사가 향후 몇 년간 비정상적인 성장을 기록한 후에 정상성장률로 돌아갈 것이라고 믿게 되었다. 따라서 그는 2단계 DDM이 이 주식의 가치평가에 가장 적합하다고 결론지었다.

Tailsman은 반기마다 배당을 지급한다. 2006, 2007, 2008년 총 배당은 각각 C$0.114, C$0.15, C$0.175였다. 이는 배당성장률이 2007년에 32%, 2008년에 17%라는 것을 의미한다. Dobson은 내년 배당성장률을 14%로 예상한다. 그는 1단계 기간은 8년간 지속될 것으로 추정한다.

Dobson은 Talisman의 주식 요구수익률 추정에 CAPM을 사용한다. 그가 S&P/TSX Composite Index(이전에는 TSE 300 Composite Index)를 바탕으로 측정한 Talisman의 베타는 0.84이다. 10년물 국채의 연간 수익률로 측정된 캐나다 무위험이자율은 4.1%이다. 캐나다 시장의 주식위험프리미엄은 5.5%로 추정된다. 이상의 정보를 바탕으로 Dobson은 Talisman의 요구수익률을 $0.014 + 0.84(0.055) = 8.72\%$로 추정했다. Dobson은 2009년 1월에 이 분석을 진행 중이며, 이때 주가는 C$17이다.

Dobson은 2단계 DDM 안에서도 여러 가지 세부 유형이 있을 수 있다는 것을 깨달았다. 그는 이러한 세부 유형이 주가 추정치에 어떤 영향을 미치는지 파악하려 한다. 특히 그는 다음 각각의 접근방법에 따라 주식가치를 추정하길 원한다.

Ⅰ. 1단계인 향후 8년 동안 배당은 14%씩 매년 증가할 것이다. 이후의 배당성장률은 연7%가 될 것이다.

Ⅱ. 2단계에 7%의 안정적인 성장률 추정치를 사용하는 대신, Dobson은 8년 후 Talisman의 주식이 EPS의 17배(후행P/E: 17)의 가치를 가질 것이라는 본인의 추정치를 사용하고자 한다. 그는 이 시점의 이익유보율을 0.70으로 예상한다.

Ⅲ. 성장률이 8차년도 14%에서 9차년도 7%로 갑자기 떨어지는 첫 번째 접근법과는 달리 성장률이 1차년도 14%에서 9차년도에 7%가 되도록 선형적으로 감소할 것이다. 이후에는 영구적으로 7%씩 성장할 것이다.

22. 첫 번째 접근법에 따른 주식의 영구가치는 얼마인가?
   A. C$17.65
   B. C$31.06
   C. C$33.09

23. 첫 번째 접근법에 따른 전체 주식가치에서 2단계의 주식가치가 차지하는 비중은 얼마나 되는가?
   A. 0.10
   B. 0.52
   C. 0.90

24. 두 번째 접근법의 주가배수에 따른 주식의 영구가치는 얼마인가?
   A. C$12.12
   B. C$28.29
   C. C$33.09

25. 두 번째 접근법에 기초한 주식의 현재가치는 얼마인가?
   A. C$16.24
   B. C$17.65
   C. C$28.29

26. 세 번째 접근법(H-모형)에 따르면 주식은 현재 어떤 상태에 있는가?
   A. 저평가 상태
   B. 공정하게 평가된 상태
   C. 고평가 상태

27. Dobson은 다른 조건이 일정하나 1단계 기간을 8년이 아닌 11년으로 가정하면 어떤 결과가 나올지 궁금해 한다. 이를 변경할 경우 어떻게 될 것으로 예상하는가?
   A. 두 번째 접근법에서 전체 주식가치 중 2단계 기간의 주식가치 비중은 변동하지 않는다.
   B. 세 번째 접근법을 사용하면 전체 주식가치는 증가한다.
   C. 새로운 가정과 첫 번째 접근법을 사용하면 Dobson은 이 주식이 고평가되었다는 결론을 내릴 것이다.

CHAPTER 6

잉여현금흐름 가치평가

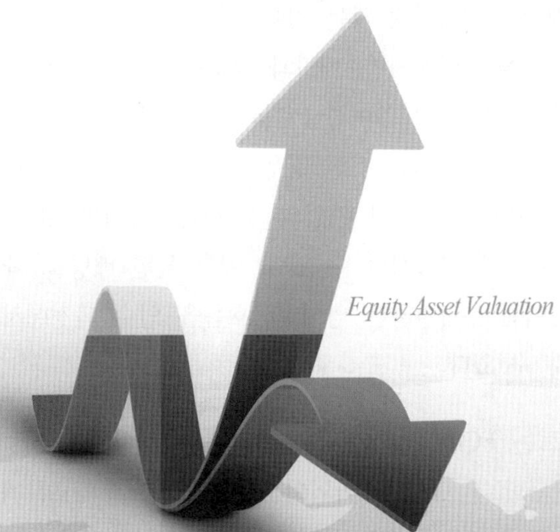

1. 서 론

현금흐름할인(discounted cash flow, DCF) 가치평가접근법에서는 기대되는 미래 현금흐름의 현재가치를 증권의 내재가치로 본다. 배당에 DCF모형을 적용한 것이 배당할인접근법 또는 배당할인모형(DDM)이다. 이 장에서는 DCF분석을 확장해 기업잉여현금흐름(FCFF)과 주주잉여현금흐름(FCFE)의 할인을 통해 기업과 주식의 가치를 평가한다. 배당은 주주에게 실제 지급되는 현금흐름인 반면, 잉여현금흐름은 주주에게 귀속될 수 있는 현금흐름이라는 차이가 있다.

배당과 달리 FCFF와 FCFE는 회사의 회계자료를 직접적으로 사용할 수 없다. 애널리스트는 가용한 재무정보를 이용해 분석에 필요한 현금흐름을 추정해야 하기 때문에 애널리스트에게는 잉여현금흐름의 개념을 명확히 이해하고 관련 정보를 정확히 해석할 수 있는 능력이 요구된다. 또한 미래 잉여현금흐름을 추정하는 것은 상당한 노력이 필요한 요구사항이 많은 작업이다. 애널리스트가 원하는 결과를 얻기 위해서는 회사의 재무제표, 영업과 재무활동, 소속 산업과 경제 전반에서 회사의 역할 등 다양한 정보를 파악해야 한다. 이런 복잡성에도 불구하고 많은 애널리스트들이 실무적으로 DDM보다 잉여현금흐름모형을 더 유용한 DCF모형으로 간주한다. 이는 잉여현금흐름 가치평가가 경제적으로 합리적인 근거를 더 많이 제공한다고 보기 때문이다.

애널리스트는 일반적으로 다음과 같은 경우에 잉여현금흐름할인모형을 적합한 가치평가모형으로 본다.

- 기업이 배당을 지급하지 않는 경우
- 기업이 배당을 지급하지만, 배당과 지급능력이 큰 차이를 보이는 경우
- 합리적 추정기간 동안 잉여현금흐름이 수익성과 합리적인 상관관계를 가지는 경우
- 투자자가 경영권 관점을 가진 경우. 경영권이 있으면 잉여현금흐름 사용에 자유재량을 가진다. 만일 어떤 투자자가 기업의 경영권을 가지면 (또는 다른 투자자가 그렇다고 생각되면) 배당을 크게 변동시킬 수 있다. 예를 들면 배당을 회사의 지급능력에 근접시킬 수 있다. 또한 이런 투자자들은 잉여현금흐름을 인수 과정에서 발생한 부채의 상환 같은 용도에 사용할 수 있다.

애널리스트는 FCFE모형을 이용해 보통주 가치를 직접 평가하거나, FCFF모형을 이용해 기업가치를 구한 후 보통주 이외의 자본(보통은 부채)의 가치를 차감함으로써 보통주 가치를 간접적으로 평가한다. 이 장은 주식가치평가를 위한 FCFF와 FCFE 접근법의 활용에 요

구되는 지식을 습득하는데 목적이 있다.

2절은 기업잉여현금흐름(FCFF)과 주주잉여현금흐름(FCFE)의 개념을 이해하고, 이들을 사용하는 가치평가접근법을 소개한다. 또한 FCFF와 FCFE의 특정 패턴을 가정하는 지속성장모형에 대해서도 살펴본다. 2절에서 FCFF와 FCFE 가치평가의 일반적인 적용 절차를 소개한 후, 3절에서는 FCFF와 FCFE의 세부적인 추정 방법에 대해 설명한다. 4절은 다단계 잉여현금흐름 가치평가모형을 소개하고, 모형의 적용과 관련된 주요 이슈들에 대해 살펴본다. 마지막 5절에서는 회사의 자산을 영업자산과 비영업자산으로 구분해 평가한 후 둘을 합산하는 방식으로 전체 기업가치를 구하는 접근법에 대해 설명한다.

2. FCFF 및 FCFE 가치평가접근법

이 절의 목적은 잉여현금흐름(free cash flows, FCF)과 이를 기초로 하는 가치평가모형의 기본 개념을 이해하는데 있다. 잉여현금흐름을 도출하기 위한 세부적 회계조정과 복잡한 가치평가모형에 대해서는 나중에 논의하기로 한다.

2.1. 잉여현금흐름의 정의

기업잉여현금흐름(free cash flow to the firm, FCFF)은 세금을 포함해 기업의 운영에 필요한 일체의 영업비용을 지출하고 운전자본 및 고정자산에 대한 투자를 집행한 후에 기업의 자본 공급자에게 귀속되는 현금흐름을 말한다. 개략적으로 보면 FCFF를 영업활동 현금흐름(CFO)에서 자본적 지출을 차감한 것으로 이해할 수 있다. 기업에 대한 일반적인 자본 공급자는 보통주주와 채권자인데, 경우에 따라서는 우선주주가 있을 수 있다. FCFF를 계산하는 수식은 어떤 회계정보가 사용 가능한지에 따라 달라진다.

주주잉여현금흐름(free cash flow to equity, FCFE)은 모든 영업비용과 필요한 운전자본 및 고정자산을 지출하고 부채의 원리금(元利金)까지 상환한 후에 보통주주에게 귀속되는 현금흐름이다. FCFE는 영업활동 현금흐름(CFO)에서 자본적 지출과 채권자에 대한 채무 상환액을 차감한 후의 현금흐름이다.

잉여현금흐름이 기타의 현금흐름 지표(당기순이익, 영업활동 현금흐름, EBITDA)와 어떻게 관련되는지 파악하는 것은 중요하다. 애널리스트가 잉여현금흐름과 그 성장률을 추정할 때 보고된 회계자료와 잉여현금흐름의 관계를 정확히 이해하는 것도 필요하다. 기업이 현금흐름표에 영업활동 현금흐름(CFO)을 공시하긴 해도 보고된 CFO가 진정한 의미의 잉여현금흐름은 아니기 때문이다. 다만 당기순이익과 CFO는 잉여현금흐름을 구하는데 유용하게 사용된다.

다른 현금흐름 개념에 비해 FCFF와 FCFE는 기업과 주식가치의 평가에 DCF접근법을 직접 적용할 수 있다는 장점이 있다. CFO, 당기순이익, 영업이익, EBITDA 등의 현금흐름과 이익 지표는 현금흐름을 이중으로 계상하거나 일부 현금흐름을 고려하지 않기 때문에 DCF 접근법에 직접 적용할 수 없다. 예를 들어 투자자에게 귀속되는 현금흐름은 세후 이익지표여야 하지만 EBIT와 EBITDA는 세전 이익지표라는 문제가 있다. 또한 주주 관점에서 EBITDA 같은 지표는 회사 간 자본구조의 차이(세후이자비용과 우선주 배당 차이 등)나 채권자가 영업자산 조달에 공급한 자금을 설명할 수 없다. 또한 이러한 지표는 기업이 장기적 기업가치의 유지와 극대화를 위해 현금흐름을 운전자본과 자본자산에 재투자하는 활동을 설명할 수 없는 문제도 있다.

잉여현금흐름 추정을 위해서는 애널리스트가 영업활동 현금흐름을 투자 및 재무활동 현금흐름과 통합해서 분석해야 하기 때문에 배당보다 잉여현금흐름을 사용하는 가치평가는 도전적인 작업이다. FCFF는 기업의 모든 자본 공급자에게 귀속되는 세후 현금흐름이기 때문에 FCFF를 가중평균자본비용(WACC)로 할인하면 기업가치가 추정된다. 물론 주주에게 귀속되는 잉여현금흐름인 FCFE를 주식의 요구수익률로 할인하면 주식가치를 직접 추정할 수 있다. 이때 주식의 요구수익률은 FCFE를 할인하는 적절한 위험조정수익률이 된다.

만일 모든 조건이 동일하다면 이론적으로 두 잉여현금흐름 접근법은 (직 · 간접적인 방법의 차이에도 불구하고) 동일한 주식가치 추정치를 도출해야 한다. 다만 평가대상 회사의 특성으로 인해 둘 중 하나의 접근법이 선호될 여지는 있다. 가령 회사의 자본구조가 안정적이면 FCFF보다 FCFE평가로 간단히 결론을 도출할 수 있다. 한편 다음의 경우에는 FCFF모형이 더 선호된다.

- **FCFE가 음(陰)인 유부채(有負債) 기업**. 이 경우에는 FCFF로 주식가치를 평가하는 것이 더 유리하다. 애널리스트는 FCFF를 할인해 영업자산의 현재가치를 구한 후 (여기에 초과현금과 시장성 유가증권 및 기타의 중요한 비영업자산의[1] 가치를 더해 기업가치를 구하여) 부채의 시장가치를 차감하면 주식의 내재가치 추정치를 얻게 된다.
- **자본구조가 변동하는 유부채 기업**. 첫째, 과거 자료가 잉여현금흐름 성장률 추정에 사용되면 순부채 규모의 변동을 반여하느 FCFE보다 FCFF가 회사의 펀더멘털을 더 잘 반영할 수 있다. 둘째, 미래 관점에서 주식의 요구수익률은 WACC보다 재무구조의 변동에

1) 초과 현금과 시장성 유가증권 및 비영업자산(nonoperating assets)의 조정에 대해서는 5절에서 다시 살펴본다. “초과”란 영업상 필요한 현금을 넘는 현금 보유액을 의미한다.

훨씬 민감하게 반응하기 때문에 단일 할인율 사용의 정당성을 약화시킨다.

자본구조가 변동할 것으로 예상되면 특수한 DCF접근법이 사용될 수도 있다.[2)] 지금부터는 FCFF와 FCFE 가치평가모형의 일반 형태에 대해 살펴본다.

2.2. 잉여현금흐름의 현재가치

언급한 바와 같이 잉여현금흐름 현재가치 접근법에는 FCFF와 FCFE를 사용하는 두 가지 접근법이 있다. 이러한 가치평가모형의 일반적 형태는 배당할인모형과 매우 유사하다. 배당할인모형에서 1주의 가치는 $t=1$시점으로부터 영구적인 시점까지 지급 받을 배당을 주식의 요구수익률로 할인하여 합산한 것이다.

2.2.1. FCFF의 현재가치

FCFF 가치평가접근법에서는 다음과 같이 FCFF 추정치를 가중평균자본비용(WACC)으로 할인해 기업가치(firm value)를 먼저 추정하게 된다.

$$\text{Firm Value} = \sum_{t=1}^{\infty} \frac{\text{FCFF}_t}{(1+\text{WACC})^t} \tag{1}$$

FCFF는 주주와 채권자 등 모든 자본 공급자에게 귀속될 현금흐름이므로, 이를 WACC로 할인하면 전체 자본(기업)의 가치를 구할 수 있다. 이렇게 구한 전체 기업가치에서 부채의 시장가치를 차감하면 주식가치를 얻게 된다.

$$\text{주식가치} = \text{기업가치} - \text{부채의 시장가치} \tag{2}$$

주식가치를 기업의 유통주식수로 나누면 최종적으로 1주당 주식가치 추정치가 도출된다.

자본비용(cost of capital)은 투자자가 기업에 대한 투자의 대가로 기업이 창출하는 현금흐름에 대해 기대하는 요구수익률이다. WACC는 현금흐름에 수반되는 위험에 따라 결정된다. WACC의 계산과 해석에 대해서는 이미 2장의 수익률 개념에서 살펴본바 있다. WACC는 부채와 주식의 세후 요구수익률의 가중평균이며, 가중치는 기업의 전체 시장가치에서 각 자

---

2) 미래에 기업의 레버리지가 크게 변동할 것이 예상되면 가치평가에 **수정현재가치(adjusted present value**, APV)가 적합하다. APV접근법에서는 (1) 부채를 사용하지 않는 무부채기업의 가치와 (2) 부채가 기업가치에 미치는 영향의 현재가치(부채를 사용할 때 발생하는 세금효과와 재무곤경비용 등)의 합으로 기업가치가 산출된다. 또한 APV접근법에서는 (무부채기업을 가정해 구한) FCFF를 자기자본비용(cost of equity)으로 할인해 무부채 기업가치(unlevered firm value)를 계산한다. 자세한 사항은 자본예산의 맥락에서 APV를 설명한 Ross, Westerfield, and Jaffe(2005)를 참조하라.

본조달 원천(부채와 자본)이 차지하는 비중이다. 다만 알려진 자본구조의 가중치가 현재 시장가치에 따른 가중치와 차이가 있는 경우 애널리스트는 목표자본구조에 따른 가중치를 사용할 수 있다. WACC 수식은 다음과 같다.

$$\text{WACC} = \frac{\text{MV(Debt)}}{\text{MV(Debt)} + \text{MV(Equity)}} r_d(1 - \text{Tax rate}) + \frac{\text{MV(Equity)}}{\text{MV(Debt)} + \text{MV(Equity)}} r \tag{3}$$

MV(Debt)와 MV(Equity)는 각각 채권과 주식의 현재 시장가치인데, 이때 장부가치나 회계적 가치가 아닌 시장가치를 사용한다는 점에 유의해야 한다. 주식과 부채의 시장가치 총액에 대한 MV(Debt)와 MV(Equity)의 비중이 WACC 추정 수식의 가중치가 된다. $r_d(1 - \text{Tax rate})$와 r은 각각 세후 타인자본비용과 세후 자기자본비용이다. (주식의 경우 순이익이 세후에 주주에게 귀속되기 때문에 세후를 붙이지 않고 그냥 자기자본비용이라고 하기도 한다.) 수식 (3)에서 세율은 원칙적으로 한계법인세율(marginal corporate income tax rate)을 말한다.

2.2.2. FCFE의 현재가치

FCFE 가치평가접근법에서 주식가치는 FCFE 추정치를 주식의 요구수익률 r로 할인하여 직접 구한다.

$$\text{Equity Value} = \sum_{t=1}^{\infty} \frac{\text{FCFE}_t}{(1+r)^t} \tag{4}$$

FCFE는 모든 선순위 청구권을 만족시킨 후 주주에게 귀속되는 현금흐름이기 때문에 주식에 대한 요구수익률(r)로 할인하면 주식가치를 얻게 된다. 전체 주식가치를 유통주식수로 나누면 1주당 주식가치를 구할 수 있다.

2.3. 1단계 (고정성장) FCFF · FCFE모형

DDM접근법 중 고든성장모형(고정성장모형)은 배당이 일정한 성장률로 영구히 증가한다고 가정한다. 이와 유사하게 잉여현금흐름이 일정한 성장률로 영구히 증가한다는 가정을 잉여현금흐름 접근법에 적용하면 1단계 고정성장 FCFF 또는 FCFE 가치평가모형이 도출된다.[3)]

3) 비상장회사의 가치평가에서는 이러한 고정성장 잉여현금흐름모형을 **자본화현금흐름모형(capitalized cash flow models)**이라고 부르기도 한다.

2.3.1. 고정성장 FCFF 가치평가모형

FCFF가 일정한 성장률(g)로 증가하면 각 기간의 FCFF는 전기의 FCFF에 $(1+g)$를 곱한 것과 같다.

$$FCFF_t = FCFF_{t-1}(1+g)$$

FCFF가 일정한 성장률(定率)로 증가하면 기업가치는 다음과 같이 추정된다.

$$\text{Firm Value} = \frac{FCFF_1}{WACC - g} = \frac{FCFF_0(1+g)}{WACC - g} \tag{5}$$

이렇게 구한 기업가치에서 부채의 시장가치를 빼면 주식가치를 얻는다.

EXAMPLE 1 고정성장 FCFF모형의 활용

Cagiati Enterprises의 FCFF와 FCFE는 각각 700백만 Swiss francs(CHF)와 CHF620백만이다. Cagiati가 발행한 부채의 세전자본비용은 5.7%이며, 주식에 대한 요구수익률은 11.8%이다. Cagiati는 자본조달에 부채와 자본을 각각 20%와 80%씩 사용하는 것을 이상적인 자본구조로 본다. 법인세율은 33.33%이고, FCFF는 매년 5.0%씩 영구적으로 증가할 것으로 예상된다. 발행된 부채의 시장가치는 CHF2.2십억이며, 유통주식수는 200백만 주이다.

1. Cagiati의 가중평균자본비용(WACC)은 얼마인가?
2. FCFF 가치평가접근법을 사용할 때 Cagiati의 주식가치는 얼마인가?
3. FCFF 가치평가접근법을 사용할 때 주당 가치는 얼마인가?

Solution 1

수식 (3)으로부터,

$$WACC = 0.20(5.7\%)(1 - 0.3333) + 0.80(11.8\%) = 10.2\%$$

Solution 2

Cagiati Enterprises의 기업가치는 WACC로 할인한 FCFF의 현재가치이다. 5%의 고정성장률로 FCFF가 영구히 증가할 때 전체 기업가치는 다음과 같다.

$$\text{Firm Value} = \frac{FCFF_1}{WACC - g} = \frac{FCFF_0(1+g)}{WACC - g} = \frac{700(1.05)}{0.102 - 0.05}$$

$$= \frac{735}{0.052} = \text{CHF14,134.6백만}$$

전체 기업가치에서 부채의 시장가치를 차감하면 전체 주식가치를 얻게 된다.

$$\text{Equity Value} = 14{,}134.6 - 2{,}200 = 11{,}934.6\text{백만}$$

Solution 3

전체 주식가치를 유통주식수로 나누면 1주당 주식가치(V_0)를 얻을 수 있다.

$$V_0 = \text{CHF}11{,}934.6\text{백만}/200\text{백만 주} = 1\text{주당 CHF}59.67$$

2.3.2. 고정성장 FCFE 가치평가모형

고정성장 FCFE 가치평가모형에서는 FCFE가 일정한 성장률(g)로 영구히 증가한다고 가정한다. 따라서 어떤 기간의 FCFE는 전기의 FCFE에 $(1+g)$를 곱한 것과 같다.

$$\text{FCFE}_t = \text{FCFE}_{t-1}(1+g)$$

FCFE가 일정한 성장률로 영구히 증가할 때 주식가치는 다음과 같다.

$$\text{Equity Value} = \frac{\text{FCFE}_1}{r-g} = \frac{\text{FCFF}_0(1+g)}{r-g} \tag{6}$$

할인율(r)은 주식에 대한 요구수익률이다. 참고로 FCFF와 FCFE 성장률은 같을 필요가 없으며 실제로도 종종 차이가 난다.

이 절에서는 잉여현금흐름 가치평가의 기본 아이디어와 가장 단순한 적용 사례인 1단계 잉여현금흐름모형에 대해 살펴보았다. 다음 절에서는 잉여현금흐름의 보다 정확한 정의에 대해 살펴보고 잉여현금흐름 추정과 관련된 이슈들을 소개한다.

3. 잉여현금흐름의 추정

FCFF와 FCFE를 정확히 측정하기 위해서는 회사의 사업과 재무제표에 대한 명확한 이해가 필요하다. FCFF와 FCFE의 추정을 위한 맥락적 이해를 넓히기 위해 잉여현금흐름과 회계적 수익 지표들 간의 관계에 대한 다양한 사례를 살펴보기로 한다.

앞으로 설명하는 사례에서는 회사가 부채와 보통주식의 두 가지 자본조달 원천만 가진다고 가정한다. 부채와 보통주로 자본을 조달하는 기업의 FCFF와 FCFE를 정확히 이해하면 상대적으로 소규모 기업들이 사용하는 우선주를 고려하는 것은 어렵지 않기 때문이다. (3.8절에서는 제3의 자금조달 원천인 우선주를 고려하기로 한다.)

3.1. 당기순이익으로부터 FCFF 도출

FCFF는 일체의 영업비용(세금 포함)과 영업활동에 필요한 투자를 모두 지출한 후에 자본공급자들에게 귀속되는 현금흐름이다. 일반적으로 기업의 자본 공급자는 (우선주주가 자본을 공급하기도 하지만) 보통주주와 채권자이다. 비현금비용(noncash charge)은 실제로 현금유출이 수반되지 않는 비용이기 때문에, 이를 감안하면 FCFF는 다음과 같은 수식으로 나타낼 수 있다.[4]

FCFF = 보통주주에 대한 당기순이익(NI)
Plus: 순비현금비용(NCC)
Plus: 이자비용(Int) × (1 − 법인세율)
Less: 고정자산 투자(FCInv)
Less: 운전자본 투자(WCInv)

이를 간단히 정리하면 다음과 같다.

$$FCFF = NI + NCC + Int(1 - Tax\ \ rate) - FCInv - WCInv \tag{7}$$

이제 FCFF의 개별 구성 요소에 대해 살펴보자. 수식 (7)의 출발점은 손익계산서에 마지막에 나와 있는 보통주주에 대한 당기순이익(net income)이다. 당기순이익은 감가상각비 · 무형자산상각비 · 이자비용 · 법인세 · 우선주 배당금 등을 모두 차감한 후의 순수익이지만, 보통주주에 대한 배당은 고려되지 않는다.

순비현금비용(NCC)은 당기순이익 중 비현금분의 증감에 대한 조정을 나타낸다. 이 조정은 애널리스트가 수행하는 여러 가지 조정 중 가장 먼저 하는 조정이며, 비현금지출에서 비현금수익을 차감해 순액으로 표시한다. 순비현금비용이 증가했다면 실제로는 증가분만큼 현금유출이 발생하지 않았기 때문에 현금흐름에서는 당기순이익에 증가분을 가산하는 조정이 필요하다. 반대로 순비현금비용이 감소했다면 실제로는 감소분만큼 현금유입이 발생하지 않았기 때문에 당기순이익에 감소분을 차감하는 조정이 필요하다. 가장 일반적인 비현금비용은 감가상각비(depreciation expense)이다. 회사가 설비와 같은 고정자산을 취득하면 취득시점에 대차

---

4) 이 장에서 고정자산(fixed capital)이나 운전자본(working capital) 투자란 잉여현금흐름을 산출하는 특정 기간에 이루어진 투자만을 의미한다.

대조표상 현금은 줄어들고 고정자산은 늘어난다. 회사가 취득한 고정자산을 사용하면 감가상각비를 인식하게 된다. 실제 현금유출은 취득시점에 발생했기 때문에 감가상각비 인식 시점에는 현금유출이 발생하지 않는다. 따라서 FCFF를 구할 때는 당기에 인식한 감가상각비를 다시 더해 주어야 한다. 무형자산(intangible assets)의 경우에도 고정자산의 감가상각비와 비슷한 성격의 비현금비용인 무형자산상각비(amortization expense)가 발생한다. FCFF를 구하기 위해서는 역시 당기순이익에 이 비용만큼을 다시 가산해야 한다. 기업에 따라 여러 종류의 비현금비용이 발생할 수 있으며, 이에 관해서는 3.3절에서 상세히 살펴보기로 한다.

FCFF를 구할 때 세후이자비용도 당기순이익에 가산해야 한다. 이자비용(interest expense)은 자본 공급자 중 채권자에게 귀속되는 현금흐름이기 때문에 FCFF를 구할 때 당기순이익에 가산하는 것이다. 다만 당기순이익을 계산할 때 이미 이자비용이 공제되었기 때문에 이자비용의 법인세 절감액을 제외한 순이자비용만 가산하면 된다. 미국 등 대부분의 국가는 차주(회사)의 이자비용을 소득(과세표준액)에서 공제해주고 대신 대주(대출자)의 이자수익에는 소득세를 과세한다. 뒤에 다시 살펴보겠지만 FCFF는 세후자본비용으로 할인하게 된다. 또한 추정 기준의 일관성을 확보하기 위해서는 FCFF 계산에 세후이자지급액을 사용한다.[5)]

회사가 우선주를 발행했다면 세후이자비용과 마찬가지로 당기순이익이 계산될 때 우선주 배당금은 이미 차감된 상태이다. 우선주 배당금 역시 자본 공급자인 우선주주에게 귀속되는 현금흐름이므로 FCFF를 도출하기 위해서는 당기순이익에 다시 가산해야 한다. 우선주의 효과에 관해서는 3.8절에서 자세히 살펴본다.

고정자산 투자는 기업이 영업활동을 유지하고 확장하는데 필요한 자산을 취득하기 위해 현금을 지출하는 행위이다. 회사를 유지하는데 필요한 유형자산(PP&E) 같은 장기자산은 대표적인 고정자산이다. 필수적인 자본적 지출에는 상표권 같은 무형자산의 취득도 포함된다. 기업이 PP&E를 직접 취득하는 대신 다른 기업을 인수하는 경우 인수대금은 회사의 현금흐름을 줄이는 자본적 지출로 취급될 수 있다. 따라서 대규모 인수와 무현금 인수의 경우 애널리스트는 미래 잉여현금흐름에 미치는 영향을 신중히 평가해야 한다. 만일 어떤 회사가 고정자산을 매각하여 현금유입이 발생하면 애널리스트는 이 현금 유입액을 고정자산 투자액에서 차감해야 한다. 예를 들어 어떤 회사가 장비를 $100,000에 매각했다면, 이 현금 유입액은 고정자산 투자에 필요한 회사의 현금 유출액을 감소시킨다.

회사의 현금흐름표는 자본적 지출뿐 아니라 고정자산 매각 등에 관해 상세한 정보를 제공한다. 애널리스트는 일부 회사들이 주식이나 부채교환과 같은 방식으로 현금을 사용하지

5) 세전기준(pretax basis)으로 WACC를 추정하고, 세금혜택을 고려하지 않고 이자비용 전체를 당기순이익에 가산하여 FCFF를 구할 수도 있다. 다만, 어떤 접근법을 사용하더라도 애널리스트는 FCFF와 WACC에 상호 일관된 정의를 사용해야 한다.

않고도 고정자산을 취득한다는 것을 알아야 한다. 이러한 자산취득은 현금흐름표에 나타나지 않지만 금액적 중요성이 크면 주석에 기재하게 된다. 비록 현금을 사용하지 않는 교환방식의 자산취득이 FCFF에 영향을 미치지는 않지만, 미래의 자본적 지출에는 현금이 소요될 것으로 예상된다면 애널리스트는 미래 FCFF 추정에 이를 감안해야 한다.

FCFF 추정에 마지막으로 검토할 사항은 운전자본(working capital)의 순증에 대한 조정이다. 이 조정은 매출채권(accounts receivable)과 같은 유동자산(current assets)에서 매입채무(accounts payable)와 같은 유동부채(current liabilities)를 차감한 운전자본에 대한 순투자액을 나타낸다. 애널리스트가 회사의 대차대조표와 현금흐름표를 살펴보면 이런 정보를 파악할 수 있다.

비록 운전자본이 유동자산에서 유동부채를 뺀 것으로 정의되지만, 현금흐름 추정과 가치평가 목적상 운전자본에는 현금과 (지급어음과 유동성장기부채를 포함하는) 단기차입금은 제외된다. 현금의 변동은 추정하려는 현금흐름이기 때문에 현금과 현금등가물은 제외하는 것이다. 지급어음(notes payable)과 유동성장기부채(current portion of long-term debt)는 명시적으로 이자가 발생하는 차입금으로 이들은 영업활동이 아닌 재무활동 항목에 해당한다.

(EXAMPLE 2)는 당기순이익으로부터 FCFF를 도출하는데 필요한 조정 과정을 보여준다.

EXAMPLE 2 당기순이익으로부터 FCFF 도출

2009년 말 자본 $336,000과 부채 $224,000로 설립된 Cane Distribution은 산업재 물류회사이다. 회사 설립과 함께 $500,000으로 고정자산을 취득하고 나머지 $60,000은 운전자본에 투자했다. 운전자본은 전액 재고자산이다. 고정자산은 토지 등 감가상각 비대상 자산 $50,000과 감가상각 대상 자산 $450,000으로 구분된다. 감가상각 대상 자산의 내용연수(useful life)는 10년이며 잔존가치(salvage value)는 없다. 아래 [표 1], [표 2], [표 3]은 Cane의 과거 3년간 요약 재무제표이다. 이러한 정보를 바탕으로 당기순이익으로부터 Cane의 FCFF를 도출하라.

[표 1] Cane Distribution, Inc. 손익계산서(US$천)

	Years Ending 31 December		
	2010	2011	2012
Earning before interest, taxes, depreciation, and amortization(EBITDA)	$200.00	$220.00	$242.00
Depreciation expense	45.00	49.50	54.45
Operating income	155.00	170.50	187.55
Interest expense(at 7%)	15.68	17.25	18.97
Income before taxes	139.32	153.25	168.58
Income taxes(at 30%)	41.80	45.97	50.58
Net income	$97.52	$107.28	$118.00

[표 2] Cane Distribution, Inc. 대차대조표(US$천)

	Years Ending 31 December			
	2009	2010	2011	2012
Cash	$0.00	$108.92	$228.74	$360.54
Accounts receivable	0.00	100.00	110.00	121.00
Inventory	60.00	66.00	72.60	79.86
Current assets	60.00	274.92	411.34	561.40
Fixed assets	500.00	500.00	550.00	605.00
Less: Accumulated depreciation	0.00	45.00	94.50	148.95
Total assets	$560.00	$729.92	$866.84	$1,017.45
Accounts payable	$0.00	$50.00	$55.00	$60.50
Current portion of long-term debt	0.00	0.00	0.00	0.00
Current liabilities	0.00	50.00	55.00	60.50
Long-term debt	224.00	246.40	271.04	298.14
Common stock	336.00	336.00	336.00	336.00
Retained earnings	0.00	97.52	204.80	322.80
Total liabilities and equity	$560.00	$729.92	$866.84	$1,017.45

[표 3] Cane Distribution, Inc. 운전자본(US$천)

	Years Ending 31 December			
	2009	2010	2011	2012
Current assets excluding cash				
Accounts receivable	$0.00	$100.00	$110.00	$121.00
Inventory	60.00	66.00	72.60	79.86
Total current assets excluding cash	60.00	166.00	182.60	200.86
Current liabilities excluding short-term debt				
Accounts payable	0.00	50.00	55.00	60.50
Working capital	$60.00	$116.00	$127.60	$140.36
Increase in working capital		$56.00	$11.60	$12.76

Solution

수식 (7)을 이용해 당기순이익에서 출발해 FCFF를 계산한다. 먼저 비현금비용(감가상각비)과 세후이자비용을 당기순이익에 가산한 후 고정자본과 운전자본 투자액을 차감한다. 풀이에 있는 괄호안의 숫자는 관행적으로 차감을 나타낸다.

	Years Ending 31 December		
	2010	2011	2012
Net income	$97.52	$107.28	$118.00
Noncash charges: depreciation	45.00	49.50	54.45
Interest expense × (1 − Tax rate)	10.98	12.08	13.28
Investment in fixed capital	(0.00)	(50.00)	(55.00)
Investment in working capital	(56.00)	(11.60)	(12.76)
Free cash flow to the firm	$97.50	$107.26	$117.97

3.2. 현금흐름표로부터 FCFF 도출

FCFF는 주주와 채권자 등 모든 자본 공급자에게 귀속되는 현금흐름이다. 애널리스트는 현금흐름표의 영업활동 현금흐름(CFO)을 잉여현금흐름 추정에 출발점으로 삼기도 한다. 이는 CFO가 감가상각비와 같은 비현금비용뿐 아니라 운전자본의 순투자액을 이미 반영하고 있기 때문이다.

현금흐름표는 회사의 현금흐름을 경영활동의 성격에 따라 영업활동 · 투자활동 · 재무활동 현금흐름으로 구분한다. 이 중 CFO는 영업활동에서 창출된 순현금액이다. 현금흐름표의 영업활동 현금흐름은 고객으로부터의 현금수금과 납품업자에 대한 대금지급과 같은 영업활동과 관련된 현금흐름이다. 투자활동 현금흐름은 유형자산과 유가증권 같은 장기자산의 취득과 처분에 관련된 현금흐름이다. 재무활동 현금흐름은 자기 및 타인자본의 증감에 영향을 미치는 회사의 활동과 관련된다. IFRS는 회사가 이자비용을 영업활동이나 재무활동 중에서 필요에 따라 선택적으로 분류할 수 있도록 허용한다. 반면 흥미롭게도 U.S. GAAP는 채권자에 지급한 이자비용을 영업활동으로 분류하도록 규정하고 주주에 대한 배당은 재무활동으로 분류하도록 규정한다.

[표 4]는 IFRS와 US GAAP의 이자비용과 배당금에 대한 회계처리 기준의 차이를 보여준다.

[표 4] IFRS와 US GAAP의 이자비용과 배당금 회계처리 비교

	IFRS	US GAAP
이자지급액	영업활동 또는 투자활동	영업활동
이자수령액	영업활동 또는 투자활동	영업활동
배당지급액	영업활동 또는 투자활동	영업활동
배당수령액	영업활동 또는 투자활동	재무활동

CFO로부터 FCFF를 추정할 때 가장 먼저 해야 할 것은 이자비용을 어떻게 처리했는지 확인하는 것이다. 만일 세후이자비용이 당기순이익과 CFO에서 이미 차감되어 있다면 FCFF를 구하기 위해서는 이를 CFO에 가산해야 한다. US GAAP의 경우에 FCFF는 다음과 같이 계산된다.

기업잉여현금흐름 = 영업활동 현금흐름(CFO)
Plus: 이자비용(Int) × (1 − 법인세율)
Less: 고정자산 투자(FCInv)

$$FCFF = CFO + Int(1 - Tax\ rate) - FCInv \tag{8}$$

반복해서 말하지만 (CFO의 출발점인) 당기순이익에 세후이자비용이 이미 차감된 상태이기 때문에 FCFF 계산에는 세후이자비용을 다시 가산하는 것이다. 운전자본 투자액은 수식 (8)에 나타나지 않는데, 이는 CFO가 이미 운전자본 투자액을 감안하고 있기 때문이다. (EXAMPLE 3)에서는 CFO를 이용한 FCFF 계산 과정을 설명한다. 이 사례는 CFO를 구하는데 당기순이익에서 시작하는 간접법을 사용하고 있다.[6)]

EXAMPLE 3 CFO로부터 FCFF 도출

[표 5]의 현금흐름표를 이용하여 2010년부터 2012년까지의 FCFF를 계산하라. 법인세율은 30%이다.

[표 5] Cane Distribution, Inc. 현금흐름표(US$천)

	Years Ending 31 December		
	2010	2011	2012
Cash flow from operations			
Net income	$97.52	$107.28	$118.00
Plus: Depreciation	45.00	49.50	54.45
Increase in accounts receivable	(100.00)	(10.00)	(11.00)
Increase in inventory	(6.00)	(6.60)	(7.26)
Increase in accounts payable	50.00	5.00	5.50
Cash flow from operations	86.52	145.18	159.69
Cash flow from investing activities			
Purchases of PP&E	0.00	(50.00)	(55.00)

6) 현금흐름표의 직접법과 간접법에 대한 자세한 사항은 Robinson, Henry, Pirie, and Broilhahn(2011)을 참고하라.

[표 5] (계속)

	Years Ending 31 December		
	2010	2011	2012
Cash flow from financing activities			
Borrowing(repayment)	22.40	24.64	27.10
Total cash flow	108.92	119.82	131.80
Beginning cash	0.00	108.92	228.74
Ending cash	$108.92	$228.74	$360.54
Notes:			
Cash paid for interest	($15.68)	($17.25)	($18.97)
Cash paid for taxes	($41.80)	($45.98)	($50.57)

Solution

수식 (8)에서 보는 바와 같이 CFO에 세후이자비용을 가산하고 고정자산 투자액을 차감하면 FCFF를 구할 수 있다.

	Years Ending 31 December		
	2010	2011	2012
Cash flow from operations	$86.52	$145.18	$159.69
Interest expense × (1 − Tax rate)	10.98	12.08	13.28
Investment in fixed capital	(0.00)	(50.00)	(55.00)
Free cash flow to the firm	$97.50	$107.26	$117.97

3.3. 비현금비용

현금흐름표를 이용하면 과거 비현금비용(noncash charge)을 쉽게 파악할 수 있다. 만일 애널리스트가 FCFF = NI + NCC + Inc(1 − Tax rate) − FCInv − WCInv와 같은 가산법을 사용하고자 하면, FCFF 추정의 합리성을 확보하기 위해서는 비현금비용을 정확히 파악해야 한다. 예를 들어 구조조정이 있으면 현금지출과 비현금비용이 같이 발생할 수 있다. 퇴직자에게 지급하는 퇴직위로금은 현금비용이지만, 자산가치의 손상(write-down)은 현금 지출이 수반되지 않는 구조조정비용이다. (EXAMPLE 4)는 CFO를 구하기 위해서 당기순이익에 가산해야 하는 비현금 구조조정비용에 대해 설명하고 있다.

EXAMPLE 4 비현금비용의 검토

스위스에 본사를 둔 Syngenta AG(SWX: SYNN)는 농약, 종묘, 조경 사업부를 운영 중인 세계적 선도 농업회사이다. 농약사업부는 잡초와 병해충 구제에 필요한 제초제 · 살충제 · 살진균제를 생산하며, 이들 제품은 농작물의 생산성 향상과 품질 개선을 원하는 전 세계 경작자들이 필요로 하는 핵심 농자재이다. 종묘사업부는 고가의 공업용 농작물(옥수수 · 지방종자 · 곡물 · 사탕무 등)과 채소류 종묘를 공급한다. 조경사업부는 전업 재배농과 일반에 화훼 · 잔디 · 조경 제품을 공급한다.

Syngenta의 재무제표는 매출이 주로 발생하는 통화인 미국 달러화로 표시되어 있다. Jane Everett는 FCFF를 이용하여 Syngenta의 가치를 평가하려 한다. 그녀는 회사의 2012년 말 종료 회계연도 10-K에서 정보를 수집했다. 연결현금흐름표의 2011년과 2012년 영업활동 현금흐름은 [표 6]과 같다.

[표 6] Syngenta AG 연결현금흐름표(US$백만)

	2012	2011
Income before taxes	2,152	1,901
Reversal of non-cash items	984	801
Cash (paid)/received in respect of:		
Interest received	135	96
Interest paid	(162)	(174)
Other financial receipts	62	216
Other financial payments	(260)	(252)
Income taxes	(378)	(282)
Restructuring costs	(55)	(71)
Contribution to pension plans, excluding restructuring costs	(78)	(198)
Other provisions	(182)	(116)
Cash flow before change in net working capital	2,218	1,921
Change in net working capital:		
Change in inventories	(555)	(478)
Change in trade and other working capital assets	(814)	(120)
Change in trade and other working capital liabilities	510	548
Cash flow from operating activities	1,359	1,871

Everett는 2012년 현금흐름표에 있는 구조조정비용($55)과 손익계산서에 반영된 구조조정비용($241)이 큰 차이를 보이는데 주목한다. 그녀는 [표 7]과 같이 충당금(provision) 설정 내역을 19번 주석에서 찾았다.

[표 7] 2012년 12월말 현재 충당금 변동 내역(US$백만)

	1 January	Charges to income	Release of provisions credited to income	Payments	Actuarial gains and losses	Transfers offset in defined benefit pension assets	Currency translation effects	31 December
Restructuring provisions								
Employee termination costs	75	10	(2)	(44)	–	–	6	45
Other third-party cost	23	3	–	(11)	–	–	(1)	14
Employee benefits:								
Pensions	288	81	–	(78)	131	(127)	7	302
Other post-retirement benefits	101	3	(54)	(11)	22	–	–	61
Other long-term employee benefits	57	14	(1)	(15)		–	6	61
Environmental provisions	369	4	(3)	(33)		–	6	343
Provisions for legal and product liability settlements	189	86	(10)	(112)		–	(5)	148
Other provisions	98	40	(24)	(11)		–	–	103
Total	1,200	241	(94)	(315)	153	(127)	19	1,077

이상의 정보를 바탕으로 다음 질문에 답하라.

1. 손익계산서와 현금흐름표의 구조조정비용이 왜 차이를 보이는지 설명하라.
2. 미래 현금흐름을 추정할 때 구조조정비용을 어떻게 처리해야 하는지 설명하라.

Solution 1

손익계산서와 현금흐름표상 구조조정비용의 차이는 두 가지 이유 때문이다. 첫째 이유는 손익계산서가 구조조정비용을 현금흐름표보다 포괄적으로 반영하기 때문이다. 가령 [표 7]과 같이 손익계산서에 반영된 $241에는 구조조정비용뿐 아니라 각종 연금수당과 기타의 충당금 계정들이 포함된다. 둘째 이유는 현금흐름표는 비용의 현금지급 여부를 감안하기 때문이다. 현금흐름표에서 비현금 구조조정비용은 당기순이익에 가산되는 비현금비용(reversal) $984의 일부로 반영되었을 것이다.

[표 6]과 [표 7]을 대사해 보면, [표 6]의 restructuring cost $55는 [표 7]의 현금지급 칸에 있는 employee termination costs $44와 other third-party costs $11을 더한 것과 일치한

다. [표 6]의 contribution to pension plans, excluding costs $78은 [표 7]의 현금지급 칸에 있는 pensions $78과 일치한다. 마지막으로 [표 6]의 other provisions $182는 [표 7]의 현금지급 칸에 있는 잔여 항목들의 합($11 + $15 + $33 + $112 + $11)과 일치한다.

Solution 2

구조조정비용이 예측치를 벗어나는 경우는 흔히 있다. [표 7]에서 보는바와 같이 Syngenta AG는 여전히 구조조정에 대비한 충당금 계정들을 보유하고 있다. 미래 현금흐름을 추정할 때 이러한 계정들의 잔액과 과거 비용 지출 내역이 고려될 수 있다.

비현금 구조조정비용은 경우에 따라 당기순이익을 증가시키기도 한다. 회사가 기존 인식액의 전부 또는 일부를 환입하는 경우가 이런 경우에 해당한다. 매각차익·차손과 기타의 비현금항목도 순비현금비용을 변동시킨다. 만일 장부가치가 €60,000인 장비를 €100,000에 매각했다면, 이 회사는 매각차익 €40,000을 순이익의 일부로 보고한다. 이때 매각차익 €40,000은 현금흐름이 아니기 때문에 FCFF 계산에서 제외되어야 한다. 대신 매각액 €100,000이 현금흐름이며 이는 회사의 고정자산 순투자액의 일부가 된다. 반면 매각차손은 당기순이익을 축소하기 때문에 FCFF 계산에는 이를 다시 더해 주어야 한다. 감가상각비와 함께 매각차익·차손은 가장 일반적인 비현금비용으로 FCFF 계산시 당기순이익에 대한 조정을 필요로 한다. 애널리스트는 현금흐름을 정밀하게 검토하여 회사에 특화된 계정과목을 파악해야 하며, 추정 목적에 비추어 이러한 회계 수치를 조정할 필요성이 있는지 결정해야 한다.

[표 8]은 당기순이익(NI)에 영향을 미치는 일반적 비현금비용을 요약하고, 당기순이익으로부터 FCFF를 도출할 때 각 항목을 어떻게 조정할지 정리하고 있다.

[표 8] 비현금항목과 FCFF 조정

비현금항목	NI에서 FCFF계산
감가상각비(Depreciation)	가산
무형자산상각비(Amortization of intangibles)	가산
구조조정비용(Restructuring charges)	가산
구조조정비용환입(Income resulting from reversal)	차감
매각차손(Losses)	가산
매각차익(Gains)	차감
사채할인발행차금상각비(Amortization of long-term bond discounts)	가산
사채할증발행차금상각비(Amortization of long-term bond premiums)	차감
이연법인세(Deferred taxes)	가산(주의 필요)

이연법인세(deferred taxes)는 손익 보고 시점과 세금 납부 시점의 차이로 인해 발생하기 때문에 특별한 주의가 필요하다. 재무보고 목적상 당기순이익을 산출할 때 모든 법인세비용을 반영하지만 회계 보고시점에 법인세비용을 모두 현금으로 납부하는 것은 아니다. 다만 시간이 지나면 장부상 소득(book income)과 과세소득(taxable income)의 차이는 상쇄되기 때문에 전체 현금흐름에는 영향을 주지 않게 된다. 따라서 애널리스트의 목적이 FCFF의 지속적인 부분을 추정하는 것이라면 가까운 장래에 환입될 걸로 예상되는 이연법인세 변동액을 굳이 가산할 필요는 없다. 그러나 어떤 상황에서는 상당한 기간 동안 지속적으로 법인세가 이연될 수 있다. 어떤 회사가 성장하고 있어 이연법인세부채를 영구적으로 이연할 수 있다면 FCFF를 추정할 때 당기순이익에 이연법인세 변동액을 더해줄 수도 있다. 그럼에도 불구하고 회사의 인수자는 이러한 이연법인세를 언젠가는 납부해야 한다는 사실을 인식할 필요가 있다.

구조조정비용과 같은 일부 비용은 재무보고 목적상 비용(손비)으로 인정되나 세무보고 목적상 비용으로 인정되지 않는다. 이때 당기 납부세액이 손익계산서상 법인세보다 크면 이연법인세자산(deferred tax asset)이 보고되는데, 현금흐름표의 현금흐름에 도달하기 위해서는 이를 당기순이익에서 차감해야 하는 항목이다. 하지만 이연법인세자산이 가까운 장래에 환입될 것으로 예상되면 현금흐름을 과소 추정하지 않기 위해서는 현금흐름 추정치에서 이연법인세자산을 차감해서는 안 된다. 다만 이러한 비용이 지속적으로 발생할 것으로 예상되면 미래 현금흐름의 과대 추정을 막기 위해 이를 차감할 필요가 있다.

주식을 이용한 종업원 보상, 즉 스톡옵션(stock option)도 적절한 취급이 필요하다. IFRS와 US GAAP에서 기업은 종업원에게 제공한 스톡옵션 비용을 손익계산서에 반영한다. 옵션을 부여하는 것 자체는 현금유출을 유발하지 않기 때문에 이는 비현금비용에 해당한다. 하지만 옵션 부여는 장기적으로 회사의 현금흐름에 영향을 미친다. 종업원이 스톡옵션을 행사하면 행사 시점에 행사가격(strike price)만큼의 현금이 회사에 유입된다. 이 현금흐름은 재무활동 현금흐름으로 간주된다. 또한 일부의 경우 옵션 발행으로 세무상 혜택을 받을 수도 있는데, 이 경우 당기순이익이 증가하지는 않지만 현금흐름은 증가하게 된다. IFRS와 US GAAP은 모두 이러한 세무상 효과를 현금흐름표상에서 영업현금흐름이 아닌 재무현금흐름을 보고하도록 요구한다. 애널리스트는 현금흐름표와 주석을 검토해 스톡옵션이 영업현금흐름에 미치는 영향을 파악해야 한다. 만일 이러한 현금흐름이 미래에 지속될 것으로 예상되지 않으면 애널리스트는 미래 현금흐름에 이를 포함해서는 안 된다. 애널리스트는 또한 유통주식수에 스톡옵션이 미치는 영향도 고려해야 한다. 자본의 가치를 계산할 때 애널리스트는 현재의 유통주식수가 아닌 스톡옵션의 행사에 따라 발행될 주식의 수를 감안하여 (희석)유통주식수를 사용할 수 있다.

(EXAMPLE 5)는 가치평가 목적으로 현금흐름을 추정할 때, 애널리스트가 잉여현금흐름에 영향을 미치는 과거 운전자본 효과의 지속성을 고려해야 한다는 것을 설명하고 있다.

EXAMPLE 5 FCF에 대한 운전자본 영향의 지속성

Ryanair Holdings PLC(LSE: RYA)는 아일랜드, 영국, 중부 유럽, 모로코 간 단거리 직항 노선을 운영하는 정기 저비용 항공사이다. [표 9]는 이 회사 현금흐름표의 영업활동과 투자활동 섹션의 일부를 발췌한 것이다. 현금흐름표는 IFRS에 따라 작성되었다.

[표 9] Ryanair Holdings 현금흐름표 일부(€백만)

	Years Ending 31 March		
	2012	2011	2010
Operating activities			
Profit before tax	633.0	420.9	341.0
Adjustments to reconcile profits before tax to net cash provided by operating activities			
Depreciation	309.2	277.7	235.4
Increase in inventories	(0.1)	(0.2)	(0.4)
Increase in trade receivables	(0.9)	(6.3)	(2.5)
Decrease (increase) in other current assets	34.5	(20.9)	11.6
Increase (decrease) in trade payables	30.4	(3.2)	21.3
Increase in accrued expenses	11.6	135.0	189.7
Increase (decrease) in other creditors	19.7	(10.0)	30.1
Increase (decrease) in maintenance provisions	6.6	(7.9)	30.7
Gain on disposal of property, plant, and equipment	(10.4)	–	(2.0)
Loss on impairment of available-for-sale financial asset	–	–	13.5
Decrease (increase) in interest receivable	–	1.6	(1.2)
Increase (decrease) in interest payable	1.1	2.3	(0.5)
Retirement costs	(0.1)	(0.1)	(0.1)
Share-based payments	(0.7)	3.3	4.9
Income tax paid	(13.6)	(5.9)	–
Net cash provided by operating activities	1,020.3	786.3	871.5
Investing activities			
Capital expenditure (purchase of PP&E)	(317.6)	(897.2)	(997.8)

애널리스트들은 Ryanair의 성장이 기대됨에 따라 향후 감가상각비가 급증할 것으로 예상하고 있다. 이상의 정보를 바탕으로 다음 질문에 답하라.

1. 보고된 감가상각비와 자본투자를 비교하고 감가상각비 증가가 (다른 조건이 동일하다면) 향후 당기순이익과 영업활동 현금흐름(CFO)에 어떤 영향을 미칠 것으로 예상하는가?
2. 2012년 재고자산, 매출채권, 매입채무 등의 운전자본 계정이 주주잉여현금흐름(FCFE)에 미치는 영향을 설명하고, 이런 변동이 장기적으로 지속될 것으로 보는지에 대한 견해를 밝히라.

Solution 1

2010 ~ 2012년 동안 자본적 지출에 비해 감가상각비가 급격히 변동했다. 즉 2012년 자본적 지출은 €317.6으로 감가상각비 €309.6보다 약간 더 많은 수준이었다. 하지만 2010년 자본적 지출은 €997.8로 감가상각비 €235.4의 4배 이상이었다. 감가상각비 증가율은 미래 자본적 지출에 크게 의존하게 된다.
당기순이익 계산 시 감가상각비는 차감된다. 따라서 감가상각비가 향후 증가함에 따라 당기순이익은 감소할 것이다. 정확하게 순이익은 (감가상각비) × (1 − 법인세율)만큼 감소한다. 그러나 CFO 계산에는 감가상각비가 순이익에 가산된다. 감가상각비(CFO 계산에서 순이익에 가산되는 금액)와 감가상각비로 인한 순이익 감소분의 차이는 (법인세율) × (감가상각비)가 되며, 이 만큼은 CFO의 추가 증가분이 된다. 따라서 추정된 감가상각비의 증가는 미래 순이익에는 부정적 영향을, 미래 CFO에는 긍정적 영향을 미친다. (다만 최악의 경우 회사에 손실이 발생하면 감가상각비의 세금효과로 인해 CFO에 추가적으로 미치는 영향은 없다.)

Solution 2

2012년 재고자산(inventory)과 매출채권(trade receivables)이 증가하면 현금흐름은 순이익을 차감 조정해야 한다. 즉 이런 계정이 증가하면 순이익에 변동은 없지만 현금흐름은 감소한다. 차감 조정하는 것은 현금의 사용이 발생하기 때문이다. 유동부채인 매입채무(trade payables), 미지급비용(accrued expense), 기타 미지급채무가 증가하면 현금흐름은 순이익을 가산 조정해야 한다. 이러한 계정의 증가는 아직까지 지급하지 않은 현금 지급액이 늘어나는 것이기 때문에 현금의 원천이 된다. CFO는 FCFF의 일부이기 때문에 CFO에 양의 효과를 가지는 항목들은 FCFF에도 양의 효과를 가진다. 반대의 경우는 현금유출 효과가 발생한다.
참고로 이 사례는 아니지만 재고자산 등의 영업자산과 매입채무 등의 영업부채는 영구히 감소할 수 없다. 즉 극단적으로 잔액이 0까지 감소할 수는 있어도 더 이상 감소는 불가능하다.
순이익이 증가하고 자본적 지출에 따른 PP&E의 증가가 예상되면, Ryanair는 성장하는 기업으로 볼 수 있고 투자자들은 운전자본 소요도 증가할 것으로 예상해야 한다.

3.4. FCFF로부터 FCFE 도출

주주잉여현금흐름(FCFE)은 오직 주주에게만 귀속되는 현금흐름이다. 따라서 FCFE를 구하기 위해서는 FCFF에서 채권자에게 지급한 세후이자비용을 빼고 순차입액을 더하면 된다. (순차입액이란 현금흐름 창출 기간 중에 조달한 부채에서 상환한 부채를 뺀 금액이다.)

FCFE = FCFF
Less: 이자비용(Int) × (1 − 법인세율)
Plus: 순차입액(Net borrowing)

또는

$$FCFE = FCFF - Int(1 - Tax\ rate) + Net\ borrowing \quad (9)$$

수식 (9)에서 보는 바와 같이 FCFF에서 세후이자비용을 빼고 순차입액을 더하면 FCFE가 된다. 반대로 FCFE에 세후이자비용을 더하고 순차입액을 빼면 FCFF가 된다. 즉, FCFF = FCFE + Int(1 − Tax rate) − Net borrowing이 된다.

[표 10]은 (EXAMPLE 3)에서 계산한 Cane Distribution Company의 FCFF로부터 시작해 FCFE를 계산하는 과정을 보여준다.

[표 10] FCFF로부터 FCFE 도출

	Years Ending 31 December		
	2010	2011	2012
Fee cash flow to the firm	97.50	107.26	117.97
Interest paid × (1 − Tax rate)	(10.98)	(12.08)	(13.28)
New debt borrowing	22.40	24.64	27.10
Debt repayment	(0)	(0)	(0)
Free cash flow to equity	108.92	119.82	131.79

반복해 설명하지만 FCFE는 주주에게 귀속되는 현금흐름이다. (세금을 포함한) 모든 영업비용을 지급하고 자본적 투자를 집행한 후 기타의 자본 공급자와의 거래도 종료된 후에 남게 되는 현금흐름이다. 기타의 자본 공급자에는 채권 투자자 같은 채권자와 우선주주가 포함된다. FCFE를 구하기 위해서는 채권자와 우선주주와의 거래에서 발생한 (세후)현금흐름을 FCFF에서 조정한다.

FCFE는 회사가 배당으로 지급할 수 있는 금원이다. 하지만 실제로는 여러 가지 이유로 회사들은 FCFE보다 월등히 많거나 작은 금액을 배당하기 때문에 배당과 FCFE가 큰 차이를 보이는 경우는 자주 발견된다. 이러한 차이를 일으키는 원인 중 하나는 이사회가 자유재량으로 배당을 결정하기 때문이다. 대부분의 회사는 배당을 관리하려 한다. 전부가 이 경우에 해당하지는 않아도 회사는 배당을 줄이길 원치 않으며 점진적으로 늘려가길 선호한다. 많은 회사들은 이익이 급증해도 배당을 완만하게 늘리려 하고, 이익이 급감해도 현재의 배당을 가급적 유지하려 한다. 배당보다 이익의 변동성이 더 큰 것도 이 때문이다.

수식 (7)과 (8)에서 당기순이익(NI)과 CFO로부터 FCFF를 구하는 공식을 살펴보았다. 수식 (9)에서 보는 바와 같이 FCFE = FCFF − Int(1 − Tax rate) + Net borrowing이다. 따라서 수식 (7)과 (8)을 수식 (9)에 대입하면 세후이자비용을 제외하고 순차입액을 추가하여 NI와 CFO에서 출발해 FCFE를 계산하는 공식을 얻을 수 있다.

$$\text{FCFE} = \text{NI} + \text{NCC} - \text{FCInv} - \text{WCInv} + \text{Net borrowing} \tag{10}$$

$$\text{FCFE} = \text{CFO} - \text{FCInv} + \text{Net borrowing} \tag{11}$$

(EXAMPLE 6)은 당기순이익과 CFO를 조정해 FCFF와 FCFE를 구하는 방법을 소개하고 있다.

EXAMPLE 6 순이익과 CFO로부터 FCFF와 FCFE 도출

Pitts Corporation의 대차대조표, 손익계산서, 현금흐름표는 [표 11]과 같다. 이 현금흐름표는 투자활동과 재무활동에 사용된 현금을 각각 양수(陽數)인 $400백만과 $85백만으로 표시하는데, 이는 현금유출을 나타내는 표기 관습에 따른 것이다. 참고로 애널리스트는 투자활동에 사용된 현금을 ($400)로 표기하는 관습도 접하게 된다.

[표 11] Pitts Corporation 재무제표(US$백만, 1주당 자료 제외)

	Year Ended 31 December	
Balance Sheet	2011	2012
Assets		
Current assets		
Cash and equivalents	$190	$200
Accounts receivable	560	600
Inventory	410	440
Total current assets	1,160	1,240

[표 11] (계속)

Balance Sheet	Year Ended 31 December 2011	2012
Gross fixed assets	2,200	2,600
Accumulated depreciation	(900)	(1,200)
Net fixed assets	1,300	1,400
Total assets	$2,460	$2,640
Liabilities and shareholders' equity Current liabilities		
Account payable	$285	$300
Notes payable	200	250
Accrued taxes and expenses	140	150
Total shareholders' equity	625	700
Long-term debt	865	890
Common stock	100	100
Additional paid-in capital	200	200
Retained earnings	670	750
Total shareholders'equity	970	1,050
Total liabilities and shareholders' equity	$2,460	$2,640

Statement of Income Years Ended December 31	2012
Total revenues	$3,000
Operating costs and expenses	2,200
EBITDA	800
Depreciation	300
Operating income(EBIT)	500
Interest expense	100
Income before tax	400
Taxes(at 40 percent)	160
Net income	240
Dividends	160
Change in retained earnings	80
Earnings per share(EPS)	$0.48
Dividends per share	$0.32

Statement of Cash Flows Years Ended December 31	2012
Operating activities	
Net income	$240
Adjustments	
Deprecation	300
Changes in working capital	
Accounts receivable	(40)
Inventories	(30)
Accounts payable	15
Accrued taxes and expenses	10
Cash provided by operating activities	$495
Investing activities	
Purchases of fixed assets	400
Cash used for investing activities	$400
Financing activities	
Notes payable	(50)
Long-term financing issuances	(25)
Common stock dividends	160
Cash used for financing activities	$85
Cash and equivalents increase(decrease)	10
Cash and equivalents at beginning of year	190
Cash and equivalents at end of year	$200
Supplemental cash flow disclosures	
Interest paid	$100
Income taxes paid	$160

1. 당기순이익에서 출발하여 FCFF를 구하라.
2. <질문 1>에서 구한 FCFF에서 출발하여 FCFE를 구하라.
3. 당기순이익에서 출발하여 FCFE를 구하라.
4. CFO로부터 출발하여 FCFF를 구하라.
5. CFO로부터 출발하여 FCFE를 구하라.

Solution 1

수식 (7)을 이용하여 당기순이익에서 FCFF를 구한다.

Net income available to common shareholders	$240
Plus: Net noncash charges	+300
Plus: Interest expense × (1 − Tax rate)	+60
Less: Investment in fixed capital	−400
Less: Investment in working capital	−45
Free cash flow to the firm	$155

수식을 사용하면 다음과 같다.

$$\begin{aligned} \text{FCFF} &= \text{NI} + \text{NCC} + \text{Inv}(1 - \text{Tax rate}) - \text{FCInv} - \text{WCInv} \\ &= 240 + 300 + 60 - 400 - 45 = \$155\text{백만} \end{aligned}$$

주요 항목에 대한 설명은 다음과 같다. 자본적 지출 $400백만은 대차대조표에 고정자산 취득원가("gross fixed assets")의 증가액으로 나타나며, 현금흐름표에는 투자활동으로 표시된다. 운전자본 증가액 $45백만은 매출채권 증가액 $40백만(= $600백만 − $540백만)과 재고자산 증가액 $30백만(= $440백만 − $410백만)의 합에서 매입채무 증가액 $15백만(= $300백만 − $285백만)과 미지급법인세와 미지급비용 $10백만(= $140백만 − $130백만)의 합을 차감하여 구한다. 운전자본 변동에는 현금의 변동은 감안하지 않는데, 현금 변동액이 구하고자 하는 현금흐름 자체이기 때문이다. 이때 지급어음과 같은 단기 금융부채는 회사에 제공된 자본의 일부여서 영업활동 항목으로 간주되지 않기 때문에 운전자본 변동에서 제외된다. 세후 이자비용은 이자비용에 (1 − 법인세율)을 곱한 $100 × (1 − 0.40) = $60백만이다. 수식 (7)의 나머지 항목은 재무제표에서 직접 찾을 수 있다.

Solution 2

수식 (9)를 이용하여 FCFF로부터 FCFE를 구한다.

Free cash flow to the firm	$155
Less: Interest expense × (1 − Tax rate)	−60
Plus: Net borrowing	+75
Free cash flow to equity	$170

수식을 사용하면 다음과 같다.

$$\begin{aligned} \text{FCFE} &= \text{FCFF} - \text{Int}(1 - \text{Tax rate}) + \text{Net borrowing} \\ &= 155 - 60 + 75 = \$170\text{백만} \end{aligned}$$

Solution 3

수식 (10)을 이용하여 당기순이익(NI)으로부터 FCFE를 구한다.

Net income available to common shareholders	$240
Plus: Net noncash charges	+300
Less: Investment in fixed capital	−400
Less: Investment in working capital	−45
Plus: Net borrowing	+75
Free cash flow to equity	$170

수식을 사용하면 다음과 같다.

$$\begin{aligned}\text{FCFE} &= \text{NI} + \text{NCC} - \text{FCInv} - \text{WCInv} + \text{Net borrowing}\\ &= 240 + 300 - 400 - 45 + 75 = \$170\text{백만}\end{aligned}$$

지급어음 $50백만(= $250백만 − $200백만), 장기부채 $25백만(= $890백만 − $865백만)가 증가하여 전체적으로 순차입액은 $75백만 증가했다.

Solution 4

수식 (8)을 이용하여 CFO로부터 FCFF를 구한다.

Cash flow from operations	$495
Plus: Interest expense × (1 − Tax rate)	+60
Less: Investment in fixed capital	−400
Free cash flow to the firm	$155

수식을 사용하면 다음과 같다.

$$\begin{aligned}\text{FCFF} &= \text{CFO} + \text{Int}(1 - \text{Tax rate}) - \text{FCInv}\\ &= 495 + 60 - 400 = \$155\text{백만}\end{aligned}$$

Solution 5

수식 (11)을 이용하여 CFO로부터 FCFE를 구한다.

Cash flow from operations	$495
Less: Investment in fixed capital	−400
Plus: Net borrowing	+75
Free cash flow to equity	$170

수식을 사용하면 다음과 같다.

$$\begin{aligned}\text{FCFE} &= \text{CFO} - \text{FCInv} + \text{Net borrowing}\\ &= 495 - 400 + 75 = \$170\text{백만}\end{aligned}$$

FCFF가 FCFE보다 큰 것이 일반적이지만, 이 사례에서는 FCFE가 $170백만으로 $155백만인 FCFF보다 크다. 이는 2012년 외부 차입을 늘린 결과이다.

3.5. EBIT · EBITDA로부터 FCFF · FCFE 도출

3.1과 3.2절에서 살펴본 바와 같이 당기순이익이나 CFO에서 출발해서 FCFE나 FCFF를 구하는 것이 일반적이다. 하지만 경우에 따라 손익계산서의 EBIT나 EBITDA을 출발점으로 사용할 수도 있다.

EBIT와 FCFF의 관계를 살펴보기 위하여 수식 (7)로 돌아가 보자. NCC에는 아래와 같이 감가상각비("Dep")만 있다고 가정한다.

$$\text{FCFF} = \text{NI} + \text{Dep} + \text{Int}(1 - \text{Tax rate}) - \text{FCInv} - \text{WCInv}$$

당기순이익(NI)은 다음과 같이 표현될 수 있다.

$$\text{NI} = (\text{EBIT} - \text{Int})(1 - \text{Tax rate}) = \text{EBIT}(1 - \text{Tax rate}) - \text{Int}(1 - \text{Tax rate})$$

이렇게 구한 NI를 수식 (7)에 대입하면,

$$\text{FCFF} = \text{EBIT}(1 - \text{Tax rate}) + \text{Dep} - \text{FCInv} - \text{WCInv} \tag{12}$$

결국 EBIT로부터 FCFF를 얻기 위해서는 EBIT에 (1 − 법인세율)을 곱한 후 감가상각비를 더하고 고정자산과 운전자본 투자액을 빼면 된다.

FCFF와 EBITDA의 관계도 간단히 유도된다. 당기순이익(NI)은 다음과 같이 표현될 수 있다.

$$\begin{aligned}\text{NI} &= (\text{EBITDA} - \text{Dep} - \text{Int})(1 - \text{Tax rate}) \\ &= \text{EBITDA}(1 - \text{Tax rate}) - \text{Dep}(1 - \text{Tax rate}) - \text{Int}(1 - \text{Tax rate})\end{aligned}$$

이렇게 구한 NI를 수식 (7)에 대입하면,

$$\text{FCFF} = \text{EBITDA}(1 - \text{Tax rate}) + \text{Dep}(\text{Tax rate}) - \text{FCInv} - \text{WCInv} \tag{13}$$

따라서 EBITDA와 (1 − 법인세율)의 곱에 감가상각비와 법인세율의 곱을 더하고 고정자산과 운전자본 투자액을 빼면 FCFF가 구해진다. 수식 (12)와 (13)을 비교해보면 두 접근법은 감가상각비의 처리에 차이 있음을 알 수 있다.

EBIT나 EBITDA로부터 출발해 FCFF를 구할 때는 당기순이익에서 출발할 때와 달리 비현금비용에 대한 조정은 많이 필요하지 않다. 당기순이익에 반영되는 비현금비용들이 EBIT나 EBITDA에는 반영되지 않기 때문이다. 따라서 EBIT나 EBITDA로부터 FCFF를 계산할 때 다시 비현금비용을 더할 필요가 없다. 또 다른 중요 고려사항은 감가상각비와 같은 일부 비현금비용이 소득공제 대상이라는 점이다. 세부담에 영향을 미치는 비현금비용이 있다면 이에 대한 고려가 반드시 필요하다.

요약하면 EBIT나 EBITDA로부터 FCFF를 계산할 때, 비현금비용의 조정 여부는 손익계산서에서 당해 비용이 차감되었는지에 따라 결정된다. 또한 필요한 조정의 방식도 당해 비용에 소득공제가 있는지에 따라 달라진다.

EBIT나 EBITDA로부터 FCFE를 구할 수도 있다. EBIT나 EBITDA로부터 FCFE를 구하는 가장 간편한 방법은 EBIT에서 FCFF를 구하는 수식 (12)나 EBITDA에서 FCFF를 구하는 수식 (13)에서 이자비용(1 − 법인세율)을 빼고 순차입액을 더하는 것이다. 이는 수식 (9)와 같이 FCFE가 FCFF와 다음 관계에 있기 때문이다.

$$\text{FCFE} = \text{FCFF} - \text{Int}(1 - \text{Tax rate}) + \text{Net borrowing}$$

(EXAMPLE 7)에서는 Pitts Corporation의 재무제표를 이용하여, EBIT와 EBITDA로부터 FCFF와 FCFE를 구하는 과정을 설명한다.

EXAMPLE 7 EBIT과 EBITDA부터 FCFF와 FCFE 도출

(EXAMPLE 6)에 제시된 Pitts Corporation의 재무제표에 따르면 이 회사의 2012년도 EBIT와 EBITDA는 각각 $500백만과 $800백만이다. 관련 정보를 바탕으로 다음 질문에 답하라.

1. EBIT로부터 출발하여 FCFF와 FCFE를 구하라.
2. EBITDA로부터 출발하여 FCFF와 FCFE를 구하라.

Solution 1

수식 (12)를 이용하여 EBIT로부터 FCFF를 구한다.

EBIT(1 − Tax rate) = 500(1 − 0.04)	$300
Plus: Net noncash charges	+300
Less: Net investment in fixed capital	−400
Less: Net increase in working capital	−45
Free cash flow to the firm	$155

또는

$$\begin{aligned}\text{FCFF} &= \text{EBIT}(1 - \text{Tax rate}) + \text{Dep} - \text{FCInv} - \text{WCInv} \\ &= 500(1 - 0.40) + 300 - 400 - 45 = \$155\text{백만}\end{aligned}$$

FCFE를 구하기 위해 FCFF를 다음과 같이 조정한다.

FCFE = FCFF − Int(1 − Tax rate) + Net borrowing
= 155 − 100(1 − 0.40) + 75 = $170백만

Solution 2

수식 (13)을 이용하여 EBITDA로부터 FCFF를 구한다.

EBITDA(1 − Tax rate) = 800(1 − 0.40)	$480
Plus: Dep(Tax rate) = 300(0.40)	+120
Less: Net investment in fixed capital	−400
Less: Net increase in working capital	−45
Free cash flow to the firm	$155

또는

FCFF = EBITDA(1 − Tax rate) + Dep(Tax rate) − FCInv − WCInv
= 800(1 − 0.40) + 300(0.40) − 400 − 45 = $155백만

FCFE를 구하기 위해 FCFF를 다음과 같이 조정한다.

FCFE = FCFF − Inv(1 − Tax rate) + Net borrowing
= 155 − 100(1 − 0.40) + 75 = $170백만

3.6. 현금의 사용 측면에서 잉여현금흐름 도출

이제까지는 이익과 현금흐름으로부터 FCFF와 FCFE를 계산하는 방법에 대해 살펴보았다. 이런 방식의 잉여현금흐름 추정 접근법은 잉여현금흐름의 원천(sources)을 추적하는 방식이다. 이에 대한 대안적 접근법이 잉여현금흐름의 사용(uses)을 추적하는 방식이다. FCFF와 FCFE 계산에서 사용을 기준으로 잉여현금흐름을 분석하는 것은 원천을 추적하는 방식에 대한 일관성 체크 기능을 하며, 회사의 자본구조 정책이나 현금 포지션을 이해할 수 있는 정보를 제공해준다.

일반적으로 회사가 창출한 양(陽)의 FCFF는 주로 1) 현금으로 유보되어 현금이나 유가증권 보유를 늘리거나 2) (순차입액을 초과하여 원리금을 지급하는 등) 타인자본의 공급자를 위한 현금으로 사용되거나, 3) (현금배당이나 신주발행액을 초과하는 자기주식 매입 등) 자기자본 공급자를 위해 사용된다. 이와 유사한 방식으로 회사는 음(陰)의 잉여현금흐름을 보완할 방법도 가지는데, 현금 보유액의 축소나 추가 차입, 신주발행 등이 이에 해당한다.

자본 공급자와의 거래가 회사의 자본구조에 미치는 영향에도 주목해야 한다. 단순한 사례

로 잉여현금흐름이 0인, 다시 말해 회사의 현금 보유액에 변화가 없는 경우를 가정해보자. 이때 신규 순차입을 통해 현금을 조달해 현금배당이나 자기주식 매입에 사용하면 레버리지가 증가하며, 신주 발행으로 자금을 조달해 차입액을 순상환하면 레버리지는 감소한다.

FCFF의 사용은 다음과 같이 계산된다.

FCFF의 사용 =

Plus: 현금 잔액의 증가(Minus: 현금 잔액의 감소)

Plus: 다음과 같이 계산한 타인자본 공급자에 대한 순지급액

- Plus: 이자비용 × (1 − 법인세율)
- Plus: 신규 차입액을 초과하는 원금상환(Minus: 만일 신규 차입액이 큰 경우 부채 상환액을 초과하는 신규 차입액)

Plus: 다음과 같이 계산한 자기자본 공급자에 대한 지급액

- Plus: 현금 배당액
- Plus: 신주 발행액을 초과하는 자기주식 매입액(Minus: 주식 발행액이 크면 자기주식 매입액을 초과하는 신주 발행액)

현금의 사용에 따른 FCFF는 현금의 원천에 따른 FCFF와 정확히 일치해야 한다. FCFE는 FCFF에서 타인자본 공급자를 위해 지급한 현금을 제외한 현금흐름이다. 따라서 우리는 다음과 같이 FCFE를 계산할 수 있다.

FCFE의 사용 =

Plus: 현금 잔액의 증가(Minus: 현금 잔액의 감소)

Plus: 다음과 같이 계산한 자기자본 공급자에 대한 지급액

- Plus: 현금 배당액
- Plus: 신주 발행액을 초과하는 자기주식 매입액(Minus: 주식 발행액이 크면 자기주식 매입액을 초과하는 신주 발행액)

여기서도 FCFE의 사용은 앞에서 계산된 FCFE의 원천과 일치해야 한다.

(EXAMPLE 6)의 [표 11]에 제시된 Pitts Corporation의 재무제표를 통해 2012년 FCFF와 FCFE의 원천과 사용이 일치하는지 살펴보면,

- 현금과 현금등가물 보유액 증가 = \$200 − \$190 = \$10
- 세후이자비용 = 이자비용 × (1 − 법인세율) = \$100 × (1 − 0.40) = \$60
- 순차입액 = 차입금 증가액 − 부채 상환액 = \$50(지급어음 증가) + \$25(장기부채 증가) = \$75

- 현금배당 = $160
- 자기주식 취득과 신주 발행 = $0

앞에서 계산된 FCFF는 $155백만이었다. Pitts Corporation은 이 FCFF를 다음과 같이 사용했다.[7)]

Increase in balance of cash and cash equivalents		$10
Plus:	After-tax interest payments to providers of debt capital	$60
Minus:	Net borrowing	($75)
Plus:	Payments of dividends to providers of equity capital	$160
Plus:	Share repurchases in excess of share issuances (or minus new share issuance in excess of share repurchases)	$0
Total uses of FCFF		$155

앞에서 계산된 FCFE는 $170백만이었다. Pitts Corporation은 이 FCFE를 다음과 같이 사용했다.

Increase in balance of cash and cash equivalents		$10
Plus:	Payments of dividends to providers of equity capital	$160
Plus:	Share repurchases in excess of share issuances (or minus new share issuance in excess of share repurchases)	0
Total uses of FCFE		$170

요약하면 잉여현금흐름의 사용 분석에 따르면 Pitts Corporation은 부채를 증가시켜 자본구조를 관리하는데 잉여현금흐름을 사용했다. 추가 부채는 자본적 지출에 사용하지 않았다. 현금흐름표를 보면 회사의 영업현금흐름($495)은 자본적 지출($400)을 감당하기에 충분한 수준이다. 대신 추가로 조달한 부채의 상당 부분은 회사 주주들에게 배당을 지급하는데 사용되었다.

3.7. 미래 FCFF와 FCFE의 추정

과거 회계자료를 이용해 FCFF나 FCFE를 구하는 것은 상대적으로 수월하다. 일부의 경우 이런 자료들은 1단계 FCF모형의 FCF를 직접적으로 외삽(外插)해 미래 추정에 사용된다. 그러나 경우에 따라 애널리스트는 회사의 미래 FCF가 과거의 연장선에 있지 않을 수 있다

7) 차입액보다 많은 타인자본(부채) 공급자에 대한 원금 상환은 현금흐름의 사용이다. 여기서 이 회사는 잉여현금흐름을 부채 상환에 사용하지 않았다. 신규 부채를 늘림으로써 자기자본 공급자에게 지급될 수 있는 가용 현금흐름을 증가시킨 것이다.

고 생각할 수 있다. 이런 회사의 미래 FCF는 애널리스트가 그 요소들을 개별적으로 추정해야 한다. 여기서는 과거 자료를 이용한 단순한 FCF의 계산에서 다소 복잡한 미래 FCF의 추정으로 논의를 확장해본다.

잉여현금흐름을 추정하는 간단한 방법은 현재의 잉여현금흐름에 일정한 성장률을 적용하는 것이다. 이렇게 미래 성장률을 정의하는 가장 단순한 근거는 과거 성장률이 미래에도 지속될 것으로 보는 것이다. 이 접근법은 회사의 잉여현금흐름이 정률(定率)로 성장하는 경향이 있고, 잉여현금흐름과 펀더멘털 간에 안정적인 관계가 향후에도 유지될 것으로 기대되는 경우에 적합하다. (EXAMPLE 8)은 (EXAMPLE 6)과 (EXAMPLE 7)에서 2012년 FCFF가 $155였던 Pitts Corporation 사례에 이 접근법을 어떻게 적용하는지 보여준다.

EXAMPLE 8 FCFF의 고정성장(정률성장)

Pitts Corporation 자료를 이용하여 향후 3년간 FCFF를 계산하라. FCFF의 성장률은 역사적 수준인 연간 15%를 유지한다고 가정하자. 해답은 다음과 같다.(단위: $백만)

	2012 (실적)	2013 (추정)	2014 (추정)	2015 (추정)
FCFF	155.00	178.25	204.99	235.74

이 보다 더 복잡한 추정 방법은 잉여현금흐름의 개별 요소를 각각 추정하는 것이다. 이 방법은 개별 요소들의 복잡한 관계를 포착해야 한다. 가장 보편적인 방법은 잉여현금흐름의 개별요소인 EBIT(1 − 법인세율), 비현금비용, 고정자산 투자, 운전자본 투자를 각각 추정하는 것이다.[8] 영업이익(EBIT)은 직접 추정하기도 하고, 과거 실적을 분석하여 현재와 미래의 경제적 여건을 감안해 구한 매출액 추정치와 영업이익률로 구하기도 한다. 비슷하게 애널리스트는 매출 증가액과 고정자산·운전자산 투자액의 역사적 관계를 미래 투자 수요 예측의 근거로 삼기도 한다.

여기서는 다음의 주요 가정에 따라 단순히 매출을 기준으로 FCFE와 FCFF를 추정하는 방법에 대해서만 설명한다.

> "감가상각비 초과 고정자산 투자액(FCInv − Dep)과 운전자본 투자액(WCInv)은 매출 증가액으로 측정되는 회사의 규모 증가와 일정한 관계를 가진다."

---

8) 이 모형의 다양한 변형에 대해서는 Rappaport(1997)를 참조하라.

또한 FCFE 추정에서 부채비율[DR = 부채/(부채 + 자본)]로 대표되는 자본구조는 일정하다고 가정한다. 이 가정에서 DR은 부채로 조달될 감가상각비를 초과하는 고정자산 투자액("고정자산 신규 순투자액")과 운전자본 투자액의 비중을 나타낸다. 다만 여기서는 감가상각비만 유일한 비현금비용으로 간주하기 때문에 다른 비현금비용이 있는 경우에는 이 방법은 적절하지 않을 수 있다는데 유의하자.

감가상각비가 기존 자본스톡(capital stock)을 유지하는 연간 비용을 나타낸다면, 고정자산 투자액과 감가상각비의 차이, 즉 증분의 FCInv은 성장에 필요한 자본적 지출과 관련되어야 한다. 추정을 위해서는 다음의 정보가 필요하다.

- 매출성장률 추정치
- (FCFF 추정을 위한) 세후영업이익률 추정치와 (FCFE 추정을 위한) 순이익률 추정치
- 증분의 FCInv과 매출 증가액 간 관계 추정치
- WCInv과 매출 증가액 간 관계 추정치
- 부채비율(DR) 추정치

FCFF의 경우 EBIT(1 − 법인세율)을 추정하고 고정자산 순투자액과 운전자본 투자액을 빼면 FCFF가 계산된다.[9] 이때 FCInv와 WCInv를 추정하기 위해서는 과거 매출액 증가액에 대한 이들의 비중을 구하여 매출 증가액 추정치를 곱하게 된다. 고정자산 순투자액(FCInv)의 매출 증가액 비중은 다음과 같이 계산된다.

$$\frac{\text{자본적 지출} - \text{감가상각비}}{\text{매출 증가액}}$$

비슷하게 운잔자본 투자액의 매출 증가액 비중은 다음과 같이 계산된다.

$$\frac{\text{운전자본 증가액}}{\text{매출 증가액}}$$

감가상각비가 유일한 중요한 순비현금비용인 경우, 이 방법은 FCFF나 FCFE 추정의 이전 수식과 같은 결과를 도출한다. 즉, 이 접근법에서는 EBIT(1 − 법인세율)에서 출발해 감가상각비를 더하고 모든 자본적 지출을 빼는 대신 감가상각비를 초과하는 신규 자본적 지출만 빼면 된다.

명확히 드러나지는 않았지만 이 접근법은 자본적 지출을 두 가지로 구분하여 인식하고

9) Rappaport(1997)를 참조.

있다. 즉 자본적 지출은 현재 생산능력을 유지하는데 필요한 지출 부분(고정자산의 재조달)과 미래의 성장을 위해 필요한 추가지출 부분으로 나눠진다. 현금흐름 예측에서 전자는 현재 매출 수준과 관련성을 가지는 반면 후자는 매출의 성장률 예측치와 관련성을 가진다.

FCFE를 추정할 때 애널리스트는 “목표” 부채비율을 통해 자금조달에 대한 가정을 세운다. 이때 애널리스트는 (1) 고정자산 순투자액(= 신규 고정자산 투자 − 감가상각비)과 (2) 운전자본 증가액을 합산한 전체 투자액이 사전에 정한 목표DR에 따라 조달된다고 가정한다. 이 가정을 따르면 FCFE 계산은 단순해진다. 감가상각비가 유일한 비현금비용이면, 수식 (10)의 FCFE = NI + NCC − FCInv − WCInv + Net borrowing은 다음과 같이 된다.

$$\text{FCFE} = \text{NI} - (\text{FCInv} - \text{Dep}) - \text{WCInv} + \text{Net borrowing} \tag{14}$$

(FCInv − Dep)는 감가상각비를 차감한 고정자산 투자액이라는데 유의한다. 목표DR을 가정하면, 신규 차입액을 추정할 필요가 없이 다음 수식을 사용할 수 있게 된다.

$$\text{Net borrowing} = \text{DR}(\text{FCInv} - \text{Dep}) + \text{DR}(\text{WCInv})$$

이 수식을 이용하면 신규 차입액을 추정하기 위해 연도별 부채 발행액과 상환액을 추정할 필요가 없다. 결국 수식 (14)는 다음과 같이 된다.

$$\text{FCFE} = \text{NI} - (\text{FCInv} - \text{Dep}) - \text{WCInv} + (\text{DR})(\text{FCInv} - \text{Dep}) + (\text{DR})(\text{WCInv})$$

또는

$$\text{FCFE} = \text{NI} - (1 - \text{DR})(\text{FCInv} - \text{Dep}) - (1 - \text{DR})(\text{WCInv}) \tag{15}$$

수식 (15)는 FCFE가 NI에서 자기자본으로 조달된 고정자산 순투자액(감가상각비 제외)과 운전자본 투자액을 뺀 것과 같다는 것을 나타낸다. 다시 한 번 말하지만 수식 (15)에서는 감가상각비를 유일한 비현금비용이라고 가정한다.

(EXAMPLE 9)와 (EXAMPLE 10)은 이와 같이 매출을 기반으로 FCFF를 추정하는 접근법을 소개하고 있다.

EXAMPLE 9 매출 기반 FCFF 추정

애널리스트인 Carla Espinosa는 2012년 말 현재 Pitts Corporation을 분석 중이다. 그녀는 (EXAMPLE 6)의 자료에서 2012년 회사 매출이 $3,000백만이며, 전년도보다 $300백만 증가한 것을 보았다. Espinosa는 이 회사의 향후 매출이 연간 10%씩 증가할 것으로 기대한다.

Pitts Corporation은 상당히 안정적인 회사이기 때문에, Espinosa는 이 회사의 현재 영업이익률과 매출 증가액에 대한 고정자산과 운전자본 순투자액의 비율이 향후에도 유지될 것으로 기대한다. Pitts Corporation의 2012년 영업이익은 $500백만이며, 영업이익률은 16.67%(= 500/3,000)이다. 법인세율은 40%이다.

[표 11]과 같이 Pitts Corporation 2012년 현금흐름표에 나타난 고정자산 취득액(즉, 자본적 지출)은 $400백만이며 감가상각비는 $300백만이다. 2012년 매출 증가액에 대한 고정자산 순투자액의 비율은 다음과 같다.

$$\frac{\text{자본적 지출} - \text{감가상각비}}{\text{매출 증가액}} = \frac{400-300}{300} = 33.33\%$$

전년도 매출 증가액에 대한 운전자본 증가액의 비율은 다음과 같다.

$$\frac{\text{운전자본 증가액}}{\text{매출 증가액}} = \frac{45}{300} = 15\%$$

따라서 매출이 $100 증가할 때마다 Pitts Corporation은 감가상각 자산의 교체에 더하여 신규 장비의 투자에 $33.33, 운전자본에 $15을 투자한다. 이를 바탕으로 Espinosa는 다음과 같이 2013년도 FCFF를 추정했다. (단위는 $백만이다.)

Sales	$3,300	10% 증가
EBIT	550	매출의 16.67%
EBIT(1 − Tax rate)	330	법인세율 40%
Incremental FC	(100)	매출 증가액의 33.33%
Incremental WC	(45)	매출 증가액의 15%
FCFF	$185	

이 접근법은 여러 기간의 현금흐름 추정에도 사용될 수 있으며, 매출성장률, 영업이익률, 법인세율, 투자액 증가율이 변동하는 경우에도 유연하게 적용될 수 있다.

EXAMPLE 10 성장률 추정을 바탕으로 FCFF 추정

Espinosa는 Pitts Corporation의 향후 5년간 FCFF를 추정하고 있다. 그녀는 향후 Pitts Corporation이 현재의 영업이익률을 유지하기 어려울 것으로 보고, 영업이익률을 16.67%에서 14.5%로 하향 조정했다. [표 12]는 그녀의 추정결과를 요약한 것이다.

[표 12] Pitts Corporation의 FCFF 추정(단위: $백만)

	Year 1	Year 2	Year 3	Year 4	Year 5
Sales growth	10.00%	10.00%	10.00%	10.00%	10.00%
EBIT margin	16.67%	16.00%	15.50%	15.00%	14.50%
Tax rate	40.00%	40.00%	40.00%	40.00%	40.00%
Incremental FC investment	33.33%	33.33%	33.33%	33.33%	33.33%
Incremental WC investment	15.00%	15.00%	15.00%	15.00%	15.00%
Prior year sales	$3,000.00				
Sales forecast	$3,300.00	$3,630.00	$3,993.00	$4,392.30	$4,831.53
EBIT forecast	550.00	580.80	618.92	658.85	700.57
EBIT(1 − Tax rate)	330.00	348.48	371.35	395.31	420.34
Incremental FC	(100.00)	(110.00)	(121.00)	(133.10)	(146.41)
Incremental WC	(45.00)	(49.50)	(54.45)	(59.90)	(65.88)
FCFF	$185.00	$188.98	$195.90	$202.31	$208.05

이 모형은 반드시 매출액에서 출발할 필요는 없으며, 당기순이익이나 CFO 혹은 EBITDA로부터도 출발할 수 있다.

한편, (EXAMPLE 11)과 같이 FCFE에도 비슷한 접근법을 적용할 수 있다. 하지만 FCFE의 경우에는 당기순이익에서 출발해야 하며, 신규 순차입액이나 순(純)우선주발행액을 별도로 추정해야 한다.

EXAMPLE 11 매출 추정을 바탕으로 FCFE 추정

Espinosa는 Pitts Corporation의 2013년 FCFE를 추정하기로 했다. 그녀는 (EXAMPLE 9)에서 도출된 추정치를 사용한다. 더하여 그녀는 이 회사에 대해 다음과 같이 예상한다.

- 매출액순이익률은 8%(= 240/3,000)로 유지될 것이다.
- 50%인 목표DR에 따라 고정자산과 운전자본 순투자액의 50%를 부채로 조달할 것으로 예상한다.

이를 바탕으로 Espinosa의 2013년 FCFE 추정치는 다음과 같이 추정한다.

Sales	$3,300	10% 증가
NI	264	매출($3,300)의 8.0%
Incremental FC	(100)	매출 증가액($300)의 33.33%
Incremental WC	(45)	매출 증가액의 15%
Net borrowing	72.50	(100 FCInv + 45 WCInv) × 50%
FCFE	$191.50	

회사에 감가상각비 이외의 중요한 비현금비용이 있는 경우에 이 접근법을 사용하면 비현금비용을 개별적으로 추정한 것에 비해 부정확한 FCFE 추정치를 얻게 된다. 일부의 경우 애널리스트가 자본적 지출과 같은 특정 항목에 계획된 추정치를 확보하고 있을 수 있다. 그렇지 않다면 애널리스트는 추정을 위해 이전의 자본투자와 매출 수준 같은 역사적 관계를 면밀히 검토하게 된다.

3.8. 잉여현금흐름분석의 기타 이슈

우리는 이미 잉여현금흐름 가치평가에서 발생할 수 있는 여러 가지 실무적 문제에 대해 살펴보았다. 여기서 추가로 살펴볼 이슈는 CFO의 조정, FCF와 배당의 관계, 복잡한 자본구조를 가진 회사의 가치평가 등이 있다.

3.8.1. CFO의 조정

많은 기업의 재무제표가 적절하게 작성되지만 회계적으로 투명하지 않은 기업도 있다. 보고된 수치와 공시의 품질에 문제가 있을 수 있다는 뜻이다. 대부분 실제 회사의 상황은 우리가 제시한 Pitts Corporation의 사례보다 복잡하기 때문에 분석에 어려움이 생긴다.

예를 들어 많은 재무제표에서 자산 증가와 부채 감소 같은 대차대조표 항목의 변동액은 현금흐름표상 변동액과 다르게 보고된다. 또한 현금흐름표의 감가상각비도 손익계산서의 감가상각비와 다르게 보고될 수 있다. 이런 문제는 어디서 오는 것일까?

대차대조표 계정의 변동액과 현금흐름표에 보고된 변동액의 차이를 일으키는 요인에는 인수, 매각, 해외 자회사의 존재 등이 있다. 예를 들어 재고자산은 공급자로부터 물품을 매입(영업활동)하면 증가하지만, 다른 회사를 인수(투자활동)해도 증가한다. 또 두 재무제표의 차이는 해외 자회사가 보유한 자산의 이익을 자국통화로 환산하는 과정에서도 발생할 수 있다.

현금흐름표상 영업활동 현금흐름(CFO)은 재무활동 현금흐름(CFF)이나 투자활동 현금흐름(CFI)에 의해 오염될 수 있기 때문에 애널리스트가 CFO를 가치평가에 이용하기 위해서는 잉여현금흐름을 계산하기 전에 오염요인을 제거해야 한다. 이렇게 조정한 CFO가 잉여현금흐름 계산의 출발점이 되어야 한다.

3.8.2. 배당 등 기타의 현금흐름과 잉여현금흐름의 관계

많은 애널리스트들은 배당할인모형보다 FCF모형을 선호한다. 어떤 한 모형이 이론적으로 더 우수하다고 말하긴 어렵지만, FCF모형을 선호하는 데는 나름의 이유가 있다. 첫째, 많은 회사들이 배당을 지급하지 않거나 지급해도 아주 소액만을 지급한다는 것이다. 가치평가에 DDM을 이용하기 어려운 것은 배당의 개시 시점과 이때의 배당 수준 그리고 향후의 배당성장률 추정이 요구되기 때문이다. 둘째, 배당 결정이 전적으로 이사회의 결정에 달려있다는 것이다. 따라서 배당은 회사의 장기적 수익성에 대한 신호가 되기 어렵다. 어떤 기업은 잉여현금흐름보다 현저히 적은 배당을 지급하며, 또 다른 기업은 과도히 많은 배당을 지급하는 것도 이와 관련된다. 마지막으로 앞에서 언급한 바 있지만 배당은 주주에게 실제 지급되는 현금흐름인 반면 FCFE는 회사의 가치를 훼손하지 않고 주주에게 귀속되는 현금흐름이다. 분석대상 회사가 인수대상일 때 잉여현금흐름은 적절한 현금흐름 척도가 될 수 있다. 하지만 인수가 되고 나면 새로운 소유주가 (배당 지급을 포함해) 잉여현금흐름의 사용에 재량권을 가지게 된다.

지금까지 FCFF와 FCFE를 정의하고 계산하는 여러 방법을 살펴보았다. 이제 독자들은 FCFF와 FCFE의 구성요소에 상당히 익숙해졌을 것으로 생각된다. 그러나 일부 현금흐름을 잉여현금흐름 계산에 제외하는데 대해서는 여전히 의아해 할 수 있다. 특히 배당, 자사주 매입, 신주 발행, 레버리지 변화가 FCFF와 FCFE에 미치는 영향에 대해 궁금해 할 수 있다. 이러한 궁금증에 대한 대답은 간단하다. 별다른 영향이 없다가 답이다. 그 이유를 살펴보기 위해 FCFF와 FCFE에 대한 다음 수식을 상기해 보자.

$$\text{FCFF} = \text{NI} + \text{NCC} + \text{Inv}(1 - \text{Tax rate}) - \text{FCInv} - \text{WCInv}$$

$$\text{FCFE} = \text{NI} + \text{NCC} - \text{FCInv} - \text{WCInv} + \text{Net borrowing}$$

이들 수식에는 배당, 신주발행, 자기주식 매입이 포함되지 않았다는데 주목하자. 이는 FCFF와 FCFE가 투자자들과 주주에게 귀속되는 현금흐름이기 때문이다. 따라서 간단히 말해 현금배당, 자기주식 매입, 신주발행과 같은 회사와 주주 간 거래는 잉여현금흐름에 영향을 미치지 않는다. 부채의 증가와 같은 레버리지의 변화는 이자비용의 절세효과(이자비용의 손금산입에 따른 법인세 절감)를 수반하며, 주주에게 귀속되는 현금흐름을 줄이기 때문에 FCFE에는 영향을 미친다. 다만 장기적으로 현재의 투자와 재무활동에 대한 결정은 미래 현금흐름에 영향을 미칠 수 있다.

모든 투입값이 알려져 있고 각 요소들이 상호 일관된 관계를 가지면, 배당할인모형과 FCFE모형은 같은 평가결과를 도출한다. 대표적으로 FCFE와 현금 배당이 일치하는 경우가 그렇다. 두 연속적 현금흐름을 주식의 요구수익률로 할인하면 동일한 현재가치를 얻게 된다.

일반적으로 FCFE와 배당은 다르지만, 배당을 작게 만드는 경제적 힘은 FCFE도 작게 만든다. 반대의 경우도 그렇다. 예를 들어 우수한 투자 기회를 가지고 빠르게 성장하는 기업은 이익의 상당부분을 유보하고 소액의 배당만 지급할 것이다. 이런 회사는 고정자산과 운전자본에 대한 대규모 투자로 인해 FCFE도 줄어든다. 이런 추론은 FCFE = NI + NCC −

FCInv − WCInv + Net borrowing의 관계에서 확인된다. 반대로 우수한 투자 기회가 상대적으로 적은 성숙기 회사는 고배당을 지급하고 투자 부담이 줄면서 FCFE도 증가한다. 다만 이런 경향에도 불구하고 FCFE와 배당에 차이가 있는 것이 일반적이다.

여기서 정의된 FCFF와 FCFE는 기업과 주식의 가치평가를 위해 설계된 현금흐름의 척도이다. 한편 다른 교과서나 논문 또는 상장기업 재무 데이터베이스 등에서 "잉여현금흐름"을 이와 다른 방식으로 정의하는 경우는 흔히 있다. 대부분의 경우 이런 잉여현금흐름은 가치평가 목적으로 설계된 것이 아니기 때문에 가치평가에 사용해서는 안 된다. 정확한 정의를 모르는 상태에서 제3자가 제공한 수치를 그냥 사용하는 것은 평가의 오류 가능성을 높인다. 애널리스트는 리서치의 소비자로서 사용된 잉여현금흐름의 정의를 정확히 이해하고 있어야 하는 동시에 리서치의 생산자로서 자신의 리서치에 잉여현금흐름의 정의를 명확히 해야 한다.

잉여현금흐름분석은 상당한 주의와 이해를 요구하는 고난도 작업이기 때문에 일부 실무자들은 NI, EBIT, EBITDA, CFO 등과 같은 척도를 현금흐름할인모형에 사용하는 오류를 범하기도 한다. 이러한 오류는 체계적으로 주식가치를 과소 혹은 과대평가하게 만든다. 지름길이 더 비싼 비용을 치룰 수 있음에 유의해야 한다.

일반적인 지름길은 FCFF의 대용치로 EBITDA를 사용하는 것이다. 그러나 수식 (13)은 EBITDA와 FCFF 간에 분명한 차이가 있음을 보여준다.

$$\text{FCFF} = \text{EBITDA}(1 - \text{Tax rate}) + \text{Dep}(\text{Tax rate}) - \text{FCInv} - \text{WCInv}$$

감가상각비의 세금효과(= 감가상각비 × 세율)가 기업과 산업에 따라 상당한 차이가 있는 것처럼 EBITDA에 대한 감가상각비의 비율도 기업과 산업에 따라 상당한 차이가 있다. 이때 FCFF는 이러한 차이를 고려하는 반면 EBITDA는 그렇지 못하다. 또한 EBITDA는 회사의 고정자산과 운전자본 투자를 설명하지 못한다. 결국 EBITDA는 회사의 투자자에게 귀속되는 현금흐름 추정치로 적절하지 않은 것이다. DCF모형에 잉여현금흐름 대신 EBITDA를 사용하면 또 다른 고려사항이 야기된다. 즉 EBITDA는 세전 척도이기 때문에 할인에도 세전할인율이 필요하다. 하지만 FCFF를 할인하는데 사용되는 WACC는 세후자본비용이다.

EBITDA는 감가상각비의 세금효과와 투자자본 및 운전자본 투자액을 설명할 수 없기 때문에 FCFF의 대용치로 적합하지 않을 뿐 아니라, FCFE의 대용치로는 더욱 부적합하다. 주주의 관점에서 볼 때 EBITDA의 또 다른 문제점은 이것이 세후이자비용이나 신규 차입 · 상환에 따른 현금흐름을 설명할 수 없다는 것이다. (EXAMPLE 12)는 현금흐름 논의에서 빈번히 발생하는 오류를 보여준다.

EXAMPLE 12 NI나 EBITDA를 FCF의 대용치로 사용하는 오류

한 지원자가 FCFE와 FCFF에 관한 질문에 흥미로운 답을 내놓았다. “저는 FCFE와 FCFF의 정의에 관심이 없습니다. 그런 정의는 불필요하게 복잡하고 혼란스럽기만 하다고 생각합니다. 배당의 지급능력을 나타내는 FCFE에 대한 최적의 대용치 척도는 그냥 당기순이익입니다. 당기순이익은 손익계산서에서 바로 찾을 수 있고 추가적인 조정도 필요하지 않습니다. 또한 모든 자본 공급자에게 귀속되는 FCFF에 대한 최적 대용치 척도는 EBITDA입니다. EBITDA도 손익계산서에서 쉽게 계산할 수 있기 때문에 다른 것을 사용할지 고민할 필요가 없습니다.”
이 지원자의 (1) FCFE와 (2) FCFF에 대한 정의를 어떻게 생각하는가?

Solution 1

FCFE는 기업의 영업활동으로부터 창출된 순현금에서 추가적인 자산에 대한 재투자액을 빼고 순차입액을 더한다. NI에서 출발해 FCFE를 구하는 수식 (10)은 다음과 같다.

주주잉여현금흐름 = 보통주주 앞 당기순이익
Plus: 순비현금비용
Less: 고정자산 투자액
Less: 운전자본 투자액
Plus: 순차입액

이와 같이 당기순이익은 여러 현금흐름을 고려하지 못한다. 결국 순이익은 전체 그림의 일부만 보여주는 것이다. 부채 상환이 그런 것처럼 고정자산이나 운전자본 투자도 주주에게 귀속될 수 있는 현금을 감소시킨다. 신규 차입금은 가용 현금을 증가시킨다. FCFE는 영업활동에서 창출된 현금뿐 아니라 투자와 재무활동에 따른 현금도 설명할 수 있다. 물론 당기순이익과 FCFE가 일치하는 아주 특수한 경우도 존재한다. 이런 경우는 신규 투자액이 감가상각비(순비현금비용)와 정확히 일치하고, 운전자본의 추가 투자와 순차입액이 없는 경우로 한정된다.

Solution 2

EBITDA와 FCFF가 동일하다고 간주하는 것은 여러 가지 오류를 발생시킨다. 수식 (13)은 이런 오류를 잘 보여준다.

기업잉여현금흐름 = EBITDA(1 − 법인세율)
Plus: 감가상각비(법인세율)
Less: 고정자산 투자액
Less: 운전자본 투자액

이 지원자는 기업의 자본 공급자에게 귀속되는 현금흐름을 명확히 감소시키는 세금마저 간과하고 있다.

3.8.3. 잉여현금흐름과 복잡한 자본구조

지금까지 FCFF와 FCFE에 대한 논의는 부채와 주식의 두 가지 자본 원천으로만 구성된 단순한 자본구조를 가진 기업을 가정해왔다. 제3의 자본 원천인 우선주(preferred stock)를 자본구조에 반영하기 위해서는 애널리스트가 우선주에 대한 배당 지급과 우선주의 발행과 매입을 설명할 수 있는 항을 수식에 추가하면 된다. 앞의 모든 수식에서 우선주에 대한 항이 포함되지 않았는데, 이는 아주 일부 기업들만 우선주를 사용하기 때문이다. 하지만 우선주를 발행한 기업의 경우 우선주의 효과는 가치평가에 반영되어야 한다.

가령 NI로부터 출발하여 FCFF를 구하는 수식 (7)에서 우선주 배당은 FCFF를 구할 때 현금흐름에 더해진다. NI로부터 출발하여 FCFE를 구하는 수식 (10)에서는 NI를 구할 때 이미 우선주 배당이 차감되어 있기 때문에 우선주 배당에 대한 추가 조정은 필요하지 않다. 우선주 발행(상환)은 보통주주에 귀속되는 현금흐름을 증가(감소)시키기 때문에, 이 항이 추가되어야 한다. 부채의 이자와는 달리 우선주 배당은 소득공제가 되지 않는다는 점만 빼면 자본구조에서 우선주의 존재는 부채와 동일한 효과를 갖는다.

(EXAMPLE 13)은 우선주를 발행한 기업의 WACC, FCFE, FCFF 계산에 대해 설명한다.

EXAMPLE 13 우선주를 발행한 기업의 FCFF 가치평가

Welch Corporation은 채권, 우선주, 보통주로 자금을 조달했다. 각 자금조달 원천의 시장가치와 세전요구수익률은 [표 13]과 같다.

[표 13] Welch Corporation의 자본 구조(단위: $백만)

	시장가치($)	요구수익률(%)
Bonds	400	8.0
Preferred stock	100	8.0
Common stock	500	12.0
Total	1,000	

기타의 재무정보는 다음과 같다. (단위: $백만)

- 주주에게 귀속되는 당기순이익 = $110
- 이자비용 = $32
- 우선주 배당 = $8
- 감가상각비 = $40
- 고정자산 투자액 = $70

- 운전자본 투자액 = $20
- 순차입액 = $25
- 법인세율 = 30%
- FCFF의 고정성장률 = 4.0%
- FCFE의 고정성장률 = 5.4%

1. Welch Corporation의 WACC를 계산하라.
2. FCFF의 현재가치를 계산하라.
3. 1차년도 FCFF 추정치를 바탕으로 Welch의 기업과 주식가치를 계산하라.
4. FCFE의 현재가치를 계산하라.
5. 1차년도 FCFE 추정치를 바탕으로 Welch의 주식가치를 계산하라.

Solution 1

각 자본 원천의 가중치로 세후자본비용을 가중평균하면 WACC를 얻는다.

$$\text{WACC} = \frac{400}{1,000}8\%(1-0.30) + \frac{100}{1,000}8\% + \frac{500}{1,000}12\% = 9.04\%$$

Solution 2

우선주가 없는 경우 FCFF는 다음과 같다.

$$\text{FCFF} = \text{NI} + \text{NCC} + \text{Int}(1 - \text{Tax rate}) - \text{FCInv} - \text{WCInv}$$

만일 우선주에 배당을 지급하면 (당기순이익은 보통주에 귀속되고), 세후이자비용처럼 우선주 배당은 당기순이익에 가산되어야 한다. 우선주 배당(“PreDiv”)을 포함한 FCFF의 수정 수식은 다음과 같다.

$$\text{FCFF} = \text{NI} + \text{NCC} + \text{Int}(1 - \text{Tax rate}) + \text{PreDiv} - \text{FCInv} - \text{WCInv}$$

Welch Corporation의 FCFF는 다음과 같다.

$$\text{FCFF} = 110 + 40 + 32(1 - 0.30) + 8 - 70 - 20 = \$90.4\text{백만}$$

Solution 3

기업가치는 다음과 같다.

$$\text{Firm Value} = \frac{\text{FCFF}_1}{\text{WACC} - g} = \frac{90.4(1.04)}{0.0904 - 0.04} = \frac{94.016}{0.0504} = \$1,865.40\text{백만}$$

주식의 가치는 기업가치에서 부채와 우선주의 시장가치를 차감하여 구한다.

$$\text{Equity Value} = 1{,}865.40 - 400 - 100 = \$1{,}365.40\text{백만}$$

Solution 4

우선주가 없는 경우 FCFE는 다음과 같다.

$$\text{FCFE} = \text{NI} + \text{NCC} - \text{FCInv} - \text{WCInv} + \text{Net borrowing}$$

우선주를 가진 기업이라도 FCFE 수식은 기본적으로 동일하다. 이 사례에서 순차입액은 부채 순발행액과 우선주 순발행액의 합이 된다. Welch Corporation의 FCFE는 다음과 같다.

$$\text{FCFE} = 110 + 40 - 70 - 20 + 25 = \$85\text{백만}$$

Solution 5

성장률이 5.4%인 FCFE의 가치를 평가하면 주식가치를 얻는다.

$$\text{Equity Value} = \frac{\text{FCFE}_1}{r - g} = \frac{85(1.054)}{0.12 - 0.054} = \frac{89.59}{0.066} = \$1{,}357.42\text{백만}$$

보통주에 대한 현금배당은 모든 투자자나 보통주주에 귀속될 수 있는 현금흐름인 FCFF나 FCFE에 영향을 미치지 않는다. 현금배당은 가용 현금의 사용에 불과하다. 보통주의 자기주식 매입도 FCFF나 FCFE에 영향을 미치지 않는다. 자기주식 매입은 여러 가지 측면에서 현금배당의 대체재이기 때문이다. 비슷하게 보통주의 발행도 FCFF나 FCFE에 영향이 없다.

하지만 기업의 자본구조에서 부채가 차지하는 비율인 레버리지의 변동은 FCFE에 큰 영향을 미친다. 반면 레버리지의 변동은 (FCFF의 계산과정에는 영향을 미칠 수 있지만) FCFF 자체에는 영향을 미치지 않는다. 레버리지의 증가는 두 가지 측면에서 FCFE에 영향을 미친다. 첫째, 부채를 발행한 해에는 발행액만큼 FCFE가 증가한다. 둘째, 부채를 발행한 이후에는 세후이자비용만큼 FCFE가 감소한다.

3절에서는 FCFF와 FCFE의 개념과 추정방법에 대해 살펴보았다. 다음 4절은 FCFF나 FCFE의 추정치를 사용하는 다양한 형태의 가치평가모형에 대해 살펴본다. 비록 잉여현금흐름 추정이 배당 추정에 비해 많은 노력을 필요로 하는 작업이지만, FCF모형은 배당할인모형과 유사한 구조를 가진다.

4. 잉여현금흐름모형의 확장

이 절에서는 앞에서 학습한 FCF모형을 현실성 있게 확장한다. 인플레이션이 심하고 변동성이 크면 명목가치 대신 실질가치(인플레이션 조정 가치)를 사용한 가치평가가 도움이 될 수 있다. 배당할인모형과 마찬가지로 잉여현금흐름모형도 입력값에 민감하게 반응하므로 애널리스트들이 민감도 분석을 수행하는 것은 일반적이다.

2.3절에서 우리는 일정한 성장률로 FCF가 증가하는 1단계 잉여현금흐름모형을 살펴보았다. 여기서는 이 1단계 FCF모형을 이용해 가치평가와 관련된 주요 이슈들을 살펴본 후 다단계 FCF모형으로 논의를 넓혀가기로 한다.

4.1. 1단계 모형의 국제적 적용

인플레이션이 심하고 변동성이 큰 경우 명목가치보다 실질가치를 이용하면 가치평가에 설득력을 높일 수 있다. 많은 애널리스트들이 국내외 주식에 이 방법을 사용하지만, 특히 해외 주식의 가치평가에 실질가치 사용은 유용하다. 이자율 · 물가상승률 · 경제성장률 등 국가마다 다른 경제 상황을 어떻게 반영할지와 국가별 회계기준의 차이는 해외 주식평가에 주된 어려움이다. 또한 여러 국가의 주식을 분석하는 경우 애널리스트(특히 여러 애널리스트들에 의한 공동 분석의 경우에)가 모든 국가에 일관된 가정을 적용하게 하는 것도 쉬운 일이 아니다.

여러 증권회사들이 해외 주식의 가치평가의 이러한 어려움을 해결하기 위해 1단계 FCFE모형을 사용해왔다. 이 증권회사들은 실질현금흐름을 실질할인율로 할인하여 기업을 분석한다. 실질할인율 추정에는 수익률 개념을 다룬 2장에서 살펴본 집적법(集積法, build-up method)을 수정해 사용한다. 즉 특정 국가의 주식에 대한 실질 요구수익률인 국가이자율(country return)에 산업 · 규모 · 레버리지 효과를 조정해 평가대상 주식의 실질할인율을 구한다.

국가이자율(실질)	x.xx%
+/− 산업 조정	x.xx%
+/− 규모 조정	x.xx%
+/− 레버리지 조정	x.xx%
요구수익률(실질)	x.xx%

이 모형의 조정에는 합리적인 경제적 타당성이 있어야 한다. 조정 사항은 투자와 관련된 상대적 위험과 수익률에 영향을 미칠 것으로 예상되는 요인들을 고려해야 한다.

이런 조정을 하는 증권회사들은 FCFE의 성장률도 실질 기준으로 추정한다. 이 증권회사들은 자신의 애널리스트에게 각 국가의 실질 경제성장률 추정치를 제공하며, 애널리스트는 국가 실질 경제성장률을 벤치마킹하여 평가대상 주식의 실질성장률을 결정한다. 이 접근법은 물가상승률이 높거나 변동이 심한 경우에 특히 유용하다.

수식의 모든 변수들에 실질가치를 사용한다는 것을 제외하면 수식 (6)과 근본적으로 동일한 수식으로 주식의 가치를 구한다.

$$V_0 = \frac{\text{FCFE}_0(1 + g_{\text{real}})}{r_{\text{real}} - g_{\text{real}}}$$

실질할인율과 성장률을 명목할인율과 성장률보다 신뢰성 있게 추정할 수 있다면 이 방법이 더 바람직하다. (EXAMPLE 14)는 이 방법의 적용 사례를 소개하고 있다.

EXAMPLE 14 실질현금흐름과 할인율을 이용한 해외 주식평가

YPF Sociedad Anonima(NYSE: YPF)는 아르헨티나 부에노스아이레스에 본사를 둔 종합 석유화학 회사이다. 이 회사의 현금흐름이 안정적인 것은 아니지만, 애널리스트는 이 회사의 작년도 정규화한 주당FCFE를 7.05 Argentine pesos (ARS)로 추정했다. 아르헨티나의 실질 국가이자률은 7.3%이다. 국가이자율에 대한 YPF 주식의 요구수익률 조정 사항은 산업 조정 +0.8%P, 규모 조정 −0.33%P, 레버리지 조정 −0.12%P로 알려져 있다. 아르헨티나의 장기 실질성장률은 3.0%로 추정되는데, YPF의 실질성장률은 국가성장률을 약 0.5%P 하회할 것으로 예상된다. 이때 YPF의 실질요구수익률은 다음과 같다.

국가이자율(실질)	7.30%
산업 조정	+0.80%
규모 조정	−0.33%
레버리지 조정	−0.12%
요구수익률(실질)	7.65%

FCFE의 실질성장률은 2.5%(= 3.0% − 0.5%)로 예상되며, 따라서 주당가치는 다음과 같다.

$$V_0 = \frac{\text{FCFE}_0(1 + g_{\text{real}})}{r_{\text{real}} - g_{\text{real}}} = \frac{7.05(1.025)}{0.0765 - 0.025} = \frac{7.22625}{0.0515} = \text{ARS}140.32$$

4.2. FCF 가치평가의 민감도 분석

FCFF와 FCFE의 많은 부분은 기업의 미래 수익성에 따라 결정된다. 매출의 증가와 순이익률의 개선은 미래의 순이익 증가를 나타낸다. 매출과 순이익률은 회사의 성장단계와 산업의 수익성에도 영향을 받는다. 고성장 산업에 속한 기업은 상당기간 이익 증가를 누릴 수 있다. 그러나 종국에는 경쟁 심화에 따라 순이익률이 잠식되며, 시장규모와 시장점유율 확장의 기회가 줄어들고 매출 성장도 위축된다. 성장률과 성장기간을 예측하는 것은 어려운 일이다.

가치평가에 FCFF나 FCFE의 고정성장모형을 사용할 때 기준년도의 값을 어떻게 정하는지가 매우 중요하다. 동일한 요구수익률과 성장률을 가정해도 FCFF와 FCFE의 기준년도 값에 따라 기업과 주식가치 추정치는 크게 달라진다.

애널리스트는 가치평가의 결과가 모형을 구성하는 각 독립변수의 변화에 얼마나 민감한지 살펴보기 위해 민감도 분석을 실행할 수 있다. 일부의 독립변수는 주식가치 평가결과에 큰 영향을 미친다. (EXAMPLE 15)는 네 가지 변수의 변화가 Petroleo Brasileiro의 가치평가에 어떤 영향을 미치는지 보여주는 사례이다.

EXAMPLE 15 FCFF 가치평가의 민감도 분석

(2012년 재무제표가 공개되기 전인) 2013년 초순 Steve Bono는 1단계 고정성장 FCFE모형을 이용해 (통상 Petrobras로 불리는) Petroleo Brasileiro(NYSE: PBR)의 주식을 평가 중이다. Bono의 2012년 FCFE 추정치는 1.05 Brazilian reais(BRL)이다. Bono의 분석에 사용된 투입값의 기준 추정치는 다음과 같다.

- FCFE 성장률은 6.0%이다.
- 무위험이자율은 5.2%이다.
- 주식위험프리미엄은 5.5%이다.
- 베타는 1.2이다.

자본자산 가격결정모형(CAPM)을 이용하여 Bono는 Petrobras의 요구수익률을 다음과 같이 추정했다.

$$r = E(R_i) = R_F + \beta_i[E(R_M) - R_F] = 5.2\% + 1.2(5.5\%) = 11.8\%$$

이를 바탕으로 계산된 1주당 주식가치 추정치는 다음과 같다.

$$V_0 = \frac{\text{FCFE}_0(1+g)}{r-g} = \frac{1.05(1.06)}{0.118 - 0.06} = \text{BRL}19.19$$

[표 14]는 Bono의 기준 추정치와 최대 · 최소 추정치를 보여준다. "최소추정치 사용 평가결과"는 같은 줄에 있는 변수에는 "최소 추정치"의 추값을 사용하고 나머지 변수들에는 "기준 추정치"의 추정값을 사용해 구한 주식가치 추정치이다. "최대추정치 사용 평가결과"도 같은 줄에 있는 변수에는 "최대 추정치"의 추정값을 이용해 동일한 계산을 반복한 결과이다.

[표 14] Petrobras 가치평가의 민감도 분석

변 수	기준 추정치	최소 추정치	최대 추정치	최소추정치 사용 평가결과	최대추정치 사용 평가결과
베타	1.2	1.0	1.4	BRL23.68	BRL16.13
무위험이자율	5.20%	4.20%	6.20%	BRL23.19	BRL16.37
주식위험프리미엄	5.50%	4.50%	6.50%	BRL24.20	BRL15.90
FCFE 성장률	6.00%	4.00%	8.00%	BRL14.00	BRL29.84

[표 14]에서와 같이 Petrobras 주식가치는 투입값에 매우 민감하다. 네 개 변수 중 무위험이자율이나 베타에는 주식가치가 상대적으로 덜 민감한 것으로 보인다. 두 변수의 추정치 변화에 따른 주식가치 추정치는 비교적 좁은 범위(무위험이자율의 경우 BRL16.37에서 BRL23.19, 베타의 경우 BRL16.13에서 BRL23.68)에서 변동한다. 하지만 FCFE 성장률과 주식위험프리미엄 변화에는 주식가치 추정치가 민감하게 변동한다. 물론 주식가치가 어떤 변수에 가장 민감한지는 경우에 따라 다르다. 민감도 분석은 애널리스트가 최종 가치평가의 핵심적 변수를 파악하는 길잡이가 된다.

4.3. 2단계 FCF모형

배당 흐름의 가치평가에 다양한 모형이 있는 것처럼 잉여현금흐름 가치평가에도 여러 단계 모형이 있다. FCF모형은 FCFF나 FCFE를 구하는데 매출액, 수익성, 투자, 자본조달 비용 및 신규 자본조달 등을 고려해야 하기 때문에 배당할인모형에 비해 복잡할 수밖에 없다.

2단계 FCF모형에서 2단계 성장률은 장기적인 지속가능성장률(sustainable growth rate)이다. 일반적으로 사양산업의 2단계 성장률은 GDP성장률을 다소 하회할 가능성이 높다. 경제 전체보다 빠르게 성장이 예상되는 산업의 경우 2단계 성장률은 GDP성장률을 다소 상회할 수 있다.

2단계 FCF모형의 가장 대중적인 두 형태는 1단계 성장률 패턴에 따라 결정된다. 첫째 형태는 2단계의 지속가능성장률로 하락하기 전까지 1단계 기간 동안 성장률이 일정하게 유지된다고 가정한다. 둘째 형태는 1단계 기간 동안 성장률이 점진적으로 하락하여 2단계가 시작되는 시점에 지속가능성장률 수준에 도달한다고 가정한다. 이는 5장에서 살펴본 배당성장률이 1단계에서 점진적으로 하락하다가 2단계에서 일정하게 유지되는 H-모형과 유사한 형태의 모형이다.

다단계 DDM에서 성장률은 일관되게 배당성장률을 지칭했다. 하지만 FCF모형에서 성장률은 여러 종류의 성장률을 지칭할 수 있다. 성장률은 맥락에 따라 FCFF나 FCFE의 성장률, 이익(순이익이나 영업이익)의 성장률, 매출의 성장률을 말할 수 있다. 만일 순이익 성장률이라면 FCFF나 FCFE는 영업자산에 대한 투자나 자본조달 정책에 영향을 받게 된다. 1단계와 2단계 사이에 이익성장률이 하락하면 영업자산의 투자도 같이 감소하게 된다. 성장률이 매출성장률을 지칭하면 매출순이익률 변화뿐 아니라 영업자산에 대한 투자와 자본조달 정책도 FCFF와 FCFE에 영향을 미친다.

2단계 FCFF 가치평가모형의 일반 수식은 다음과 같다.

$$\text{Firm Value} = \sum_{t=1}^{n} \frac{\text{FCFF}_t}{(1+\text{WACC})^t} + \frac{\text{FCFF}_{n+1}}{(\text{WACC}-g)} \frac{1}{(1+\text{WACC})^n} \tag{16}$$

수식 우변의 첫째 항은 처음 n년 간 FCFF의 현재가치이며, 둘째 항은 $n+1$년 이후 FCFF의 영구가치인 $\text{FCFF}_{n+1}/(\text{WACC}-g)$를 n기간에 대해 WACC로 할인한 현재가치이다. 이렇게 구한 기업가치에서 부채의 시장가치를 빼면 전체 주식가치를 얻을 수 있다. 전체 주식가치를 유통주식수로 나누면 주당주식가치를 구할 수 있다.

한편 2단계 FCFE 가치평가모형의 일반 수식은 다음과 같다.

$$\text{Equity Value} = \sum_{t=1}^{n} \frac{\text{FCFE}_t}{(1+r)^t} + \frac{\text{FCFE}_{n+1}}{(r-g)} \frac{1}{(1+r)^n} \tag{17}$$

수식 우변의 첫째 항은 처음 n년 간 FCFE의 현재가치이며, 둘째 항은 $n+1$년 이후 FCFE의 영구가치인 $\text{FCFE}_{n+1}/(r-g)$를 n기간에 대해 주식의 요구수익률인 r로 할인한 현재가치이다. 이렇게 구한 전체 주식가치를 유통주식수로 나누면 주당주식가치를 구할 수 있다.

수식 (17)은 n시점 주식의 영구가치 계산에 고정성장모형을 사용한다. 이 경우 $\text{TV}_n = \text{FCFE}_{n+1}/(r-g)$이다. (물론 애널리스트는 P/E 추정치에 EPS 추정치를 곱하는 방법으로 영구가치 추정치를 구할 수도 있다.) 영구가치 추정치는 주식가치 추정에서 매우 중요하다. 영구가치의 현재가치가 전체 주식가치에서 큰 비중을 차지하기 때문이다. 예를 들어 수식 (17)에서 애널리스트는 처음 n기간 FCFE 전체의 현재가치보다 n기간 이후의 FCFE에 대한 영구가치의 현재가치가 큰 경우를 흔히 보게 된다. 이후의 사례에서도 영구가치의 중요성은 쉽게 확인된다. 실무에서도 영구가치의 평가는 매우 중요하다.

4.3.1. 1단계와 2단계의 성장률이 일정한 FCF모형

가장 단순한 형태의 2단계 FCFF 또는 FCFE 성장모형은 각 성장단계에 일정한 성장률을 가정하는 것이다. (EXAMPLE 16)은 1단계와 2단계의 매출성장률이 각각 20%와 6%인 기업의 주식가치를 평가하고 있다.

EXAMPLE 16 일정한 성장률을 가진 2단계 FCFE 가치평가

애널리스트인 Uwe Henschel은 다음 정보를 이용하여 TechnoShaft의 가치를 평가하고 있다.

- 전년도(Year 0) 주당매출액 = €25
- 매출성장률 = 3년간 20%, 이후 기간에는 6%
- 매출액순이익률 = 영구적으로 10%
- (감가상각비 차감) 고정자산 순투자액 = 매출액 증가액의 50%
- 운전자본 증가액 = 매출액 증가액의 20%
- 부채를 통한 자본조달 = 고정자산 순투자액과 운전자본 증가액의 40%
- TechnoShaft 베타 = 1.20, 무위험이자율 = 7%, 주식위험프리미엄 = 4.5%

주식의 요구수익률은 다음과 같다.

$$r = E(R_i) = R_F + \beta_i[E(R_M) - R_F] = 7\% + 1.2(4.5\%) = 12.4\%$$

[표 15]는 FCFE의 계산 과정을 보여준다.

[표 3-12] TechnoShaft의 FCFE 추정

	연 도					
	1	2	3	4	5	6
매출액 성장률	20%	20%	20%	6%	6%	6%
주당매출액	30.000	36.000	43.200	45.792	48.540	51.452
매출액순이익률	10%	10%	10%	10%	10%	10%
주당순이익	3.000	3.600	4.320	4.579	4.854	5.145
주당 고정자산 순투자액	2.500	3.000	3.600	1.296	1.374	1.456
주당 운전자본 증가액	1.000	1.200	1.440	0.518	0.550	0.582
주당 부채조달액	1.400	1.680	2.016	0.726	0.769	0.815
주당FCFE	0.900	1.080	1.296	3.491	3.700	3.922
FCFE 성장률		20%	20%	169%	6%	6%

[표 15]에서 매출액은 처음 3년간 매년 20%씩 증가하고 그 이후에는 6%씩 증가한다. 순이익은 매출의 10%로 일정하기 때문에 매출액과 같은 성장률로 증가한다. 고정자산과 운전자본 순투자액은 매출액 증가액의 각각 50%와 20%이다. 고정자본 순투자액과 운전자본 증가액의 40%는 순부채발행으로 조달한다. 주당FCFE는 주당순이익(EPS)에서 주당 고정자산 순투자액과 운전자본 증가액을 빼고 주당 부채조달액을 더하면 얻어진다.

FCFE는 초기 3년간(t = 0 ~ 3) 20%씩 증가하는데 주목하자. 4차년도에 매출성장률이 전년도 20%에서 6%로 급락하면 FCFE는 169%나 급증한다. 이는 순이익이 6% 증가에 그치지만, 고정자산과 운전자본 투자가 전년도에 비해 대폭 감소(동시에 부채도 조달)한데 따른 것이다. 5차와 6차년도의 매출액 · 순이익 · 투자액 · 부채조달액 · FCFE는 모두 6%씩 증가한다. 이 회사의 주식가치는 초기 3년간 FCFE의 현재가치와 4차년도부터 예상되는 FCFE 영구가치의 현재가치를 합산한다. 이때 영구가치는 다음과 같다.

$$\text{TV}_3 = \frac{\text{FCFE}_4}{r - g} = \frac{3.491}{0.124 - 0.06} = €54.55$$

모든 FCFE와 영구가치(TV)의 현재가치인 주식가치는 다음과 같다.

$$V_0 = \frac{0.900}{1.124} + \frac{1.080}{(1.124)^2} + \frac{1.296}{(1.124)^3} + \frac{54.55}{(1.124)^3}$$
$$= 0.801 + 0.855 + 0.913 + 38.415 = €40.98$$

결과적으로 TechnoShaft의 1주당 주식가치 추정치는 €40.98이 된다.

이미 언급한 바와 같이 영구가치는 전체 주식가치에서 상당부분을 차지할 수 있다. TechnoShaft 사례에서 주당주식가치 €40.98 중 €38.415가 영구가치의 현재가치 몫이다. TechnoShaft 주식가치에서 영구가치의 현재가치는 거의 94%에 달하는 것으로 평가된다.

4.3.1. 성장률이 점진적으로 하락하는 2단계 FCF모형

앞에서 살펴본 2단계 모형은 성장률이 2단계 시작과 함께 급락한다고 가정하지만, 실제에서는 시간이 경과하면서 성장률이 점진적으로 하락하는 것이 일반적이다. 고성장 기업은 시장점유율이 상승함에 따라 과거의 성장률을 유지하기 어려워진다. 어떤 기업이 고수익을 누리면 경쟁자가 시장에 진입할 유인을 제공하기 때문에 높은 이익률을 계속 유지하는 것이 어려워지기 때문이다.

여기서는 1단계 기간 동안 수익성이 둔화되는 두 사례를 살펴볼 것이다. 첫 사례에서는 1단계 기간 EPS성장률이 하락한다. 회사의 수익성이 하락하여 더 이상 고수익을 창출할 수 없으면 회사는 영업자산에 대한 신규투자를 줄이려 한다. 신규투자에 필요한 타인자본 조달도 동시에 줄어든다. 고성장을 기록하는 여러 회사들이 당장은 미미한 수준의 잉여현금흐름을 보이거나 심지어 음의 잉여현금흐름을 나타내기도 한다. 나중에 이익의 성장이 둔화되면 투자가 줄어들면서 회사는 대규모 잉여현금흐름을 향유하게 된다. 고성장기에 발생하는 음의 현금흐름은 미래 기간에 발생하는 양의 현금흐름의 기반이 된다고 볼 수 있다.

아래 (EXAMPLE 17)은 1단계 기간 동안 점진적으로 하락하는 EPS의 함수로 주당FCFE를 추정한다. 이익성장률이 하락하기 때문에 이 회사는 시간이 지날수록 신규투자를 줄이게 된다. 이 회사의 가치는 고성장 기간이 경과한 이후의 현금흐름에 크게 의존한다.

EXAMPLE 17 이익성장률이 점진적으로 하락하는 2단계 FCFE모형

Vishal Noronha는 Sindhuh Enterprises의 가치평가를 준비 중이다. Noronha는 분석을 위해 다음의 정보를 수집했다. 분석 시점은 2013년 초순이다.

- 2012년 EPS는 $2.40이다.
- 향후 5년간 EPS 성장률은 아래와 같고, 2017년 이후에는 매년 7%씩 증가할 것이다.

	2013	2014	2015	2016	2017
EPS 성장률	30%	18%	12%	9%	7%

- 향후 5년간 (감가상각비 차감) 고정자산 순투자액은 아래와 같다. 2017년 이후에는 자본적 지출이 매년 7%씩 증가할 것으로 예상된다.

	2013	2014	2015	2016	2017
주당 고정자산 순투자액	$3.00	$2.50	$2.00	$1.50	$1.00

- 매년 운전자본 투자액은 고정자산 순투자액의 50% 수준으로 예상한다.
- 고정자산 순투자액과 운전자본 투자액의 30%는 부채발행을 통해 조달한다.
- 현재 무위험이자율은 6%, 주식위험프리미엄은 4%, Sindhuh Enterprise의 베타는 1.10이다.

1. 2013년 첫째 날을 기준으로 Sindhuh Enterprises의 주당가치는 얼마인가?
2. 2013년 첫째 날과 2017년 첫째 날의 후행P/E는 각각 얼마인가?

Solution 1

Sindhuh Enterprises의 요구수익률은 다음과 같다.

$$r = E(R_i) = R_F + \beta_i[E(R_M) - R_F] = 6\% + 1.1(4\%) = 10.4\%$$

2013년부터 2017년까지 Sindhuh의 FCFE는 [표 16]과 같다.

[표 16] Sindhuh Enterprises의 FCFE 추정

	연 도				
	2013	2014	2015	2016	2017
EPS 성장률	30%	18%	12%	9%	7%
EPS	3.120	3.682	4.123	4.494	4.809
주당 고정자산 순투자액	3.000	2.500	2.000	1.500	1.000
주당 운전자본 투자액	1.500	1.250	1.000	0.750	0.500
주당 부채조달액[a]	1.350	1.125	0.900	0.675	0.450
주당FCFE[b]	−0.030	1.057	2.023	2.919	3.759
FCFE의 PV(할인율 10.4%)	−0.027	0.867	1.504	1.965	

a (고정자산 순투자액 + 운전자본 투자액) × 30%
b EPS − 주당 순자본적 지출액 − 주당 운전자본 투자액 + 주당 부채조달액

주당순이익은 2012년 $2.40이며, 주어진 성장률에 따라 증가한다. Noronha는 자신의 가정에 따라 고정자산 순투자액(= 고정자산 투자액 − 감가상각비)을 추정했다. 운전자본 증가액은 고정자산 순투자액의 50%로 추정했다. 매년 고정자산 순투자액과 운전자본 투자액의 30%는 부채를 통해 조달한다. 각 연도 FCFE는 당기순이익에서 고정자산 순투자액과 운전자본 투자액을 차감한 후 신규 차입금을 합산하여 구한다. 마지막으로 이렇게 구한 2013~2016년의 FCFE를 주식의 요구수익률 10.4%로 할인한다.

2017년 이후 FCFE는 매년 7%씩 일정하게 증가하기 때문에 가치평가에 고정성장 FCFE모형을 이용한다. 이렇게 구한 2016년 말 현재 미래 FCFE의 가치는 주당 $110.56이다.

$$V_{2016} = \frac{FCFE_{2017}}{r - g} = \frac{3.759}{0.104 - 0.07} = \$110.56$$

2012년 말 현재 V_{2016}의 현재가치를 계산하기 위해 4년의 기간에 대해 10.4%로 할인한다.

$$PV = 110.56/(1.104)^4 = \$74.425$$

초기 4년간 FCFE의 현재가치와 영구가치의 현재가치를 합산하면, 주식가치 추정치를 얻는다.

$$V_{2012} = -0.027 + 0.867 + 1.504 + 1.965 + 74.42 = \$78.73$$

Solution 2

주가 추정치 $78.73을 이용해 2013년 초의 후행P/E를 계산한다.

$$P/E = 78.73/2.40 = 32.8$$

2017년 초 주가 추정치는 $110.56이고 직전 연도 주당순이익은 $4.494이므로 후행P/E는 다음과 같다.

$$P/E = 110.56/4.494 = 24.6$$

고속 성장기가 끝나자마자 이 회사의 P/E는 급격히 하락하는 모습을 보인다.

(EXAMPLE 17)에서 FCFE는 미래 EPS 추정치를 기초로 추정했다. 애널리스트는 일반적으로 기업의 매출을 먼저 예측한 후 매출액에 따른 이익, 투자, 자금조달 등을 순차적으로 추정한다. 대기업의 가치를 평가할 때에는 각 사업부문과 종속회사의 매출, 수익성, 투자, 자금조달을 별도로 추정하기도 한다. 이때도 각 사업부문과 종속회사의 잉여현금흐름을 모두 합한 것이 회사 전체의 잉여현금흐름이 된다.

아래 (EXAMPLE 18)에서는 기업의 이익, 투자, 자금조달이 매출과 밀접하게 관련되어 있고, 1단계 기간 동안 매출성장률이 점진적으로 하락하는 2단계 FCFE모형을 소개한다. 기업이 성숙기에 접어들어 경쟁이 치열해지면서 성장률이 둔화됨에 따라 1단계 기간 동안 기업의 매출성장률과 순이익률이 모두 감소하는 사례이다.

EXAMPLE 18 매출성장률이 점진적으로 하락하는 2단계 FCFE모형

캐나다에 본사를 둔 제조업체인 Medina Werks의 경쟁력은 시간이 지나면서 점차 약화될 것으로 생각된다. 애널리스트인 Flavio Torino는 이러한 경쟁력 약화가 매출성장률뿐 아니라 순이익률의 감소로 나타날 것으로 본다. 이 회사를 평가하기 위해 Torino는 다음과 같은 정보를 수집하였다.

- 현재 매출은 C$600백만이다. 향후 6년간 연간 매출증가율과 순이익률은 다음과 같다.

	Year 1 (%)	Year 2 (%)	Year 3 (%)	Year 4 (%)	Year 5 (%)	Year 6 (%)
매출성장률	20	16	12	10	8	7
순이익률	14	13	12	11	10.5	10

- 6차년도부터 매출성장률과 순이익률은 각각 7%와 10% 수준에서 영구적으로 유지될 것이다.
- 매년 매출 증가액의 60%에 해당하는 자본적 순지출(감가상각비 차감)이 필요하다.
- 운전자본 투자액은 매년 매출 증가액의 25%로 예상된다.

• 자본적 순지출액과 운전자본 투자액의 40%는 부채의 발행을 통해 조달한다.
• Medina Werks의 베타는 1.10이고 무위험이자율은 6.0%이다. 주식위험프리미엄은 4.5%이다.
• Medina Werks의 유통주식수는 70백만 주이다.

1. Medina Werks 주식의 시장가치는 얼마로 추정되는가?
2. 주당주식가치 추정치는 얼마인가?

Solution 1

Medina의 요구수익률은 다음과 같다.

$$r = E(R_i) = R_F + \beta_i[E(R_M) - R_F] = 6\% + 1.10(4.5\%) = 10.95\%$$

아래 [표 17]은 연간 매출액과 순이익 등에 대한 계산과정을 보여준다.

[표 17] Medina Werks의 FCFE 추정(단위: C$백만)

	연 도					
	1	2	3	4	5	6
매출성장률	20.0%	16.0%	12.0%	10.0%	8.0%	7.0%
매출순이익률	14.0%	13.0%	12.0%	11.0%	10.5%	10.0%
매출액	720.000	835.200	935.424	1028.966	1111.284	1189.074
순이익	100.800	108.576	112.251	113.186	116.685	118.907
고정자산 순투자액	72.000	69.120	60.134	56.125	49.390	46.674
운전자본 투자액	30.000	28.800	25.056	23.386	20.579	19.447
부채조달액	40.800	39.168	34.076	31.804	27.988	26.449
FCFE	39.600	49.824	61.137	65.480	74.703	79.235
FCFE의 PV(@10.95%)	35.692	40.475	44.763	43.211	44.433	

각 연도 매출액은 감소하는 매출성장률에 따라 증가한다. 각 연도 순이익은 매년 순이익률에 매출액을 곱한다. 자본적 순지출액(감가상각비 차감)은 매출 증가액의 60%이다. 운전자본 투자액은 매출 증가액의 25%이다. 자본적 순지출액과 운전자본 투자액의 40%는 부채 발행을 통해 조달한다. FCFE는 순이익에서 자본적 순지출액과 운전자본 투자액을 차감한 후 타인자본(부채) 조달액을 합산하여 구한다. 마지막으로 각 연도의 FCFE를 주식의 요구수익률인 10.95%로 할인한다.
Torino는 6차년도부터 매출이 연 7%씩 증가할 것으로 예상한다. 순이익은 매출의 10%로 예상되어, 순이익도 매년 7%씩 증가할 것이다. 매출성장률에 연동되어 있기 때문에 자본투자 및 운전자본 투자액과 부채 조달액도 모두 연간 7% 증가한다. 결국 6차년도 순이익, 고정자산 순투자액, 운전자본 투자액, 부채조달액, FCFE는 모두 전년 대비 7%씩 증가한다.

6차년도 이후 FCFE의 영구가치는 다음과 같다.

$$TV_5 = \frac{FCFE_6}{r-g} = \frac{79.235}{0.1095 - 0.07} = \text{C\$2,005.95백만}$$

영구가치의 현재가치는 다음과 같다.

$$\text{PV of } TV_5 = \frac{2,005.95}{(1.1095)^5} = \text{C\$1,193.12백만}$$

주식의의 시장가치 추정치는 5차년도까지 FCFE의 현재가치에 영구가치의 현재가치를 합산하여 구한다.

$$\begin{aligned}\text{주식의 시장가치} &= 35.692 + 40.475 + 44.763 + 43.211 + 44.433 + 1,193.12 \\ &= \text{C\$1,401.69백만}\end{aligned}$$

Solution 2

이렇게 구한 시장가치 C$1,401.69백만을 7백만 주의 유통주식수로 나누면 C$20.02의 주당 주식가치 추정치를 얻게 된다.

4.4. 3단계 FCF모형

3단계 모형은 2단계 모형을 직접 확장한 형태이다. 3단계 모형의 일반 형태는 세 개의 성장단계에 각기 다른 성장률을 가정한다. 이때 성장률은 상황에서 따라 매출, 이익, 고정자산과 운전자본 투자액에 적용될 수 있다. 외부로부터의 자금조달은 매출액이나 매출 증가액의 함수가 될 수 있다. 보다 단순한 모형은 FCFF나 FCFE에 직접 성장률을 적용하는 것이다.

3단계 모형의 또 다른 일반적인 형태는 1단계와 3단계에 일정한 성장률을 가정하되, 2단계 기간 동안 성장률이 하락한다고 가정하는 모형이다. 앞의 일반 모형에서와 같이 성장률을 매출액에 적용할 수 있고, 직접 FCFF나 FCFE에 적용할 수도 있다. 미래의 FCFF나 FCFE가 이러한 가정을 따르지 않을 수 있으나, 애널리스트는 이런 모형이 종종 매우 유용한 근사치를 제시한다는 것을 알게 된다.

(EXAMPLE 19)는 2단계 기간 동안 성장률이 하락하는 3단계 FCFF 가치평가모형을 소개한다. 이 사례에서는 영업활동 현금흐름과 고정자산 및 운전자본 투자액을 추정하는 복잡한 모형으로 FCFF를 도출하는 대신 성장률 가정을 FCFF에 바로 적용해 직접 추정하고 있다.

EXAMPLE 19 2단계 기간 중 성장률이 하락하는 3단계 FCFF모형

Charles Jones는 3단계 성장모형을 활용해 Reliant Home Furnishings를 평가 중이다. 그는 다음과 같은 정보를 수집했다.

- 현재 FCFF = $745백만
- 유통주식수 = 309.39백만 주
- 주식 베타 = 0.90, 무위험이자율 = 5.04%, 주식위험프리미엄 = 5.5%
- 부채의 자본비용 = 7.1%
- 한계세율 = 34%
- 자본구조 = 부채 20%, 주식 80%
- 장기부채 = $1.518십억
- FCFF의 성장률
  - 1단계: 1~4차년도 매년 8.8% 성장
  - 2단계: 5차년도 7.4%, 6차년도 6.0%, 7차년도 4.6% 성장
  - 3단계: 8차년도부터 매년 3.2% 성장

Jones가 수집한 이상의 정보를 바탕으로 다음을 추정하라.

1. WACC
2. 전체 기업가치
3. 전체 주식가치
4. 주당주식가치

Solution 1

주식의 요구수익률은 다음과 같다.

$$r = E(R_i) = R_F + \beta_i[E(R_M) - R_F] = 5.04\% + 0.9(5.5\%) = 9.99\%$$

이 주식의 가중평균자본비용(WACC)은 다음과 같다.

$$\text{WACC} = 0.20(7.1\%)(1 - 0.34) + 0.80(9.99\%) = 8.93\%$$

Solution 2

아래 [표 18]은 향후 8년간 FCFF의 추정치와 이를 8.93%로 할인한 현재가치를 보여준다.

[표 18] Reliant Home Furnishings의 FCFF 추정(단위: $백만)

	연 도							
	1	2	3	4	5	6	7	8
성장률	8.80%	8.80%	8.80%	8.80%	7.40%	6.00%	4.60%	3.20%
FCFF	811	882	959	1,044	1,121	1,188	1,243	1,283
PV(@8.93%)	744	743	742	741	731	711	683	

7차년도의 영구가치는 다음과 같다.

$$TV_7 = \frac{FCFF_8}{WACC - g} = \frac{1,283}{0.0893 - 0.032} = \$22,391\text{백만}$$

영구가치를 7년의 기간에 대해 WACC(8.93%)로 할인한 현재가치는 다음과 같다.

$$\text{PV of } TV_7 = \frac{22,391}{(1.0893)^7} = \$12,304\text{백만}$$

초기 7년간 FCFF 현재가치의 합은 $5,097백만이다. 따라서 전체 기업가치는 $12,304 + $5,097 = $17,401백만이다.

Solution 3

전체 주식가치는 기업가치에서 부채의 시장가치를 뺀다.

전체 주식가치 = $17,401 − $1,518 = $15,883백만

Solution 4

주당주식가치는 전체 주식가치를 유통주식수로 나눈다.

주당주식가치 = $15,833백만/309.39백만 = $51.34

다음은 가치평가의 중요한 기술적 이슈인 비영업자산의 처리에 대해 살펴본다.

5. 비영업자산과 기업가치

잉여현금흐름 가치평가는 영업현금흐름을 창출하거나 그의 창출에 필요한 영업자산의 가치에 집중한다. 만일 회사가 상당한 규모의 여유 현금(excess cash)[10]이나 유가증권 또는 비업무용 부동산 등 비영업자산을 가지고 있다면, 이 기업의 가치는 (FCF로 계산된) 영업자산(operating assets)의 가치에 비영업자산(nonoperating assets)의 가치를 합산해야 한다.

$$\text{기업가치} = \text{영업자산의 가치} + \text{비영업자산의 가치} \tag{18}$$

일반화하면 회사가 보유한 자산 중 어떤 것이라도 미래 현금흐름 추정에 고려된 자산에서 제외되었다면 애널리스트는 제외된 자산의 가치 추정치를 현금흐름을 기반으로 추정된 가치에 합산해 주어야 한다. 어떤 회사는 상당한 규모의 자회사가 아닌 회사의 주식이나 채권을 재무적 투자 차원에서 보유하기도 한다. 이때 이러한 투자의 가치는 시가로 반영되어야 한다. 따라서 회계기준에 따라 장부가로 보고된 증권의 가치는 시장가치로 재평가하여 반영해야 한다.

6. 요약정리

현금흐름할인모형은 애널리스트의 기업가치평가에 널리 활용된다.

- 기업잉여현금흐름(FCFF)은 기업의 모든 투자자에게, 주주잉여현금흐름(FCFE)은 기업의 주주에게 귀속되는 현금흐름이다.
- 애널리스트는 다음의 경우에 잉여현금흐름(FCFF나 FCFE)을 기업의 가치평가에 적용하려 한다.
  - 기업이 배당을 지급하지 않는 경우
  - 배당을 지급하지만 기업의 배당지급능력과 실제 배당액 간에 큰 차이가 있는 경우
  - 애널리스트가 편안하게 생각할 수 있는 합리적인 추정기간 동안 잉여현금흐름이 수익성과 관련성을 가지는 경우
  - 투자자가 경영권 관점을 가진 경우
- FCFF 가치평가접근법에서는 FCFF를 가중평균자본비용(WACC)으로 할인한 현재가치로

10) 여기서 "여유(excess)"는 영업현금흐름 창출에 얼마의 현금이 필요한지와 관련되어 있다. 얼마가 여유 현금인지를 추정하는 것은 쉽지 않을 수 있다. 예를 들어 어떤 애널리스트는 회사의 총자산에 산업의 평균적인 "현금 대 총자산 비율"을 곱해 구한 금액 이상을 여유 현금으로 간주하기도 한다.

기업가치를 추정한다.

$$\text{Firm Value} = \sum_{t=1}^{\infty} \frac{\text{FCFF}_t}{(1+\text{WACC})^t}$$

주식가치는 기업가치에서 부채의 가치를 빼서 구한다.

주식가치 = 기업가치 − 부채의 시장가치

전체 주식가치를 유통주식수로 나누면 주당주식가치를 얻을 수 있다.
WACC를 구하는 수식은 다음과 같다.

$$\text{WACC} = \frac{\text{MV(Debt)}}{\text{MV(Debt)} + \text{MV(Equity)}} r_d(1 - \text{Tax rate}) + \frac{\text{MV(Equity)}}{\text{MV(Debt)} + \text{MV(Equity)}} r$$

- FCFF가 일정한 성장률로 증가하면 기업가치는 다음과 같다.

$$\text{Firm Value} = \frac{\text{FCFF}_1}{\text{WACC} - g} = \frac{\text{FCFF}_0(1+g)}{\text{WACC} - g}$$

- FCFE 가치평가접근법에서는 미래 FCFE를 주식의 요구수익률(r)로 할인하여 주식가치를 구한다.

$$\text{Equity Value} = \sum_{t=1}^{\infty} \frac{\text{FCFE}_t}{(1+r)^t}$$

이렇게 구한 주식가치를 유통주식수로 나누면 주당주식가치를 얻을 수 있다.

- FCFE가 일정한 성장률로 증가하면 주식가치는 다음과 같다.

$$\text{Equity Value} = \frac{\text{FCFE}_1}{r - g} = \frac{\text{FCFE}_0(1+g)}{r - g}$$

- 당기순이익에서 출발해 FCFF와 FCFE를 구하는 수식은 다음과 같다.

$$\text{FCFF} = \text{NI} + \text{NCC} + \text{Int}(1 - \text{Tax rate}) - \text{FCInv} - \text{WCInv}$$
$$\text{FCFE} = \text{NI} + \text{NCC} - \text{FCInv} - \text{WCInv} + \text{Net borrowing}$$

- FCFF와 FCFE는 다음과 같은 관계를 갖는다.

$$\text{FCFE} = \text{FCFF} - \text{Int}(1 - \text{Tax rate}) + \text{Net borrowing}$$

- 영업활동 현금흐름(CFO)에서 출발해 FCFF와 FCFE를 구하는 수식은 다음과 같다.

$$\text{FCFF} = \text{CFO} + \text{Int}(1 - \text{Tax rate}) - \text{FCInv}$$

$$\text{FCFE} = \text{CFO} - \text{FCInv} + \text{Net borrowing}$$

- EBIT나 EBITDA로부터도 FCFF를 구할 수 있다.

$$\text{FCFF} = \text{EBIT}(1 - \text{Tax rate}) + \text{Dep} - \text{FCInv} - \text{WCInv}$$

$$\text{FCFF} = \text{EBITDA}(1 - \text{Tax rate}) + \text{Dep}(\text{Tax rate}) - \text{FCInv} - \text{WCInv}$$

FCFE = FCFF − Int(1 − Tax rate) + Net borrowing을 이용하면 FCFE를 구할 수 있다.

- CFO, FCFF, FCFE를 이용하거나 계산할 때 기업이 발표하는 재무제표를 적절히 해석하는 것이 중요하다. 필요한 정보에 회계적 투명성이 확보되지 않을 수 있기 때문이다.
- 순이익, EBIT, EBITDA, CFO와 같은 이익이나 현금흐름 척도를 가치평가에 현금흐름의 대용치로 사용해서는 안 된다. 이런 척도들은 현금흐름을 이중으로 계산하거나 일부 현금흐름을 감안하지 않기 때문이다.
- 우선주 등 복잡한 자본구조를 가진 기업의 경우에도 FCFF나 FCFE 가치평가 수식을 손쉽게 적용할 수 있다.
- 2단계 FCFF 가치평가모형의 일반 수식

$$\text{Firm Value} = \sum_{t=1}^{n} \frac{\text{FCFF}_t}{(1+\text{WACC})^t} + \frac{\text{FCFF}_{n+1}}{(\text{WACC} - g)} \frac{1}{(1+\text{WACC})^n}$$

- 2단계 FCFE 가치평가모형의 일반 수식

$$\text{Equity Value} = \sum_{t=1}^{n} \frac{\text{FCFE}_t}{(1+r)^t} + \frac{\text{FCFE}_{n+1}}{(r - g)} \frac{1}{(1+r)^n}$$

- 일반적인 2단계 모형의 일반적 형태는 (1) 각 단계에 별도의 일정한 성장률을 가정하거나 (2) 1단계에서 성장률이 하락한 후 2단계에서 장기적으로 지속 가능한 수준의 성장률이 유지되는 것을 가정한다.
- FCFF와 FCFE를 추정하기 위해 애널리스트는 여러 가지 추정모형을 개발한다. 가장 일

반적인 방법은 수익성, 투자, 자본조달에 직접적인 영향을 미치는 매출액을 먼저 추정한 후 이를 바탕으로 이익, 투자, 자본조달을 추정하는 것이다.

- 3단계 모형은 연도별로 현금흐름의 변화가 심한 경우에도 훌륭한 근사치를 제공한다.
- 여유 현금이나 유가증권, 비유동의 투자증권, 무수익자산 같은 비영업자산은 기업의 영업자산과 구별해 평가하는 것이 일반적이다. 기업가치는 개별적으로 평가한 영업자산과 비영업자산의 가치를 합산하여 구한다.

참고문헌

Rappaport, Alfred. 1997. *Creating Shareholder Value: A Guide for Managers and Investors*. Revised and Updated. New York: The Free Press.

Robinson, Thomas, Elaine Henry, Wendy Pirie, and Michael Broihahn. 2011. "Understanding the Cash Flow Statement." *International Financial Statement Analysis*, 2nd edition. Hoboken, NJ: John Wiley & Sons.

Ross, Stephen, Randolph Westerfield, and Jeffrey Jaffe. 2005. *Corporate Finance*, 7th edition. New York: McGraw-Hill/Irwin.

연습문제

1. 아래 각 항목의 변화가 FCFF와 FCFE에 어떤 영향을 미치는지 설명하라. 각 항목은 $100 증가하고 법인세율은 40%라고 가정한다.
   A. 당기순이익(net income)
   B. 현금영업비용(cash operating expenses)
   C. 감가상각비(depreciation)
   D. 이자비용(interest expense)
   E. 영업이익(EBIT)
   F. 매출채권(accounts receivable)
   G. 매입채무(accounts payable)
   H. 유형자산(property, plant, and equipment, PP&E)
   I. 지급어음(notes payable)
   J. 현금배당금(cash dividends paid)
   K. 신주 발행액(proceeds from issuing new common shares)
   L. 자기주식 취득액(common stock share repurchases)

2. LaForge Systems, Inc.,의 2008년도 당기순이익은 $285백만이다. 아래의 이 회사 재무제표를 이용하여 당기순이익을 조정해 다음 잉여현금흐름을 계산하라.
   A. FCFF
   B. FCFE
   C. FCFF를 조정해 FCFE를 구하라.

LaForge Systems, Inc. Balance Sheet(in Millions)

Years Ended 31 December	2007	2008
Assets		
Current assets		
Cash and equivalents	$210	$248
Accounts receivable	474	513
Inventory	520	564
Total current assets	1,204	1,325
Gross fixed assets	2,501	2,850
Accumulated depreciation	(604)	(784)
Net fixed assets	1,897	2,066
Total assets	$3,101	$3,391

Liabilities and Shareholders' equity		
Current liabilities		
Accounts payable	$295	$317
Notes payable	300	310
Accrued taxes and expenses	76	99
Total current liabilities	671	726
Long-term debt	1,010	1,050
Common stock	50	50
Additional paid-in-capital	300	300
Retained earnings	1,070	1,265
Total shareholders'equity	1,420	1,615
Total liabilities and shareholders' equity	$3,101	$3,391

Statement of Income In Millions, except Per-Share Data	31 December 2008
Total revenues	$2,215
Operating cost and expenses	1,430
EBITDA	785
Depreciation	180
EBIT	605
Interest expense	130
Income before tax	475
Taxes(at 40 percent)	190
Net income	285
Dividends	90
Addition to retained earnings	$195

Statement of Cash Flows In Millions	31 December 2008
Operating activities	
Net income	$285
Adjustments	
Depreciation	180
Change in working capital	
Accounts receivable	(39)
Inventories	(44)
Accounts payable	22
Accrued taxes and expenses	23
Cash provided by operating activities	$427

Investing activities	
Purchases of fixed assets	349
Cash used for investing activities	$349
Financing activities	
Notes payable	$(10)
Long-term financing issuances	(40)
Common stock dividends	90
Cash used for financing activities	$40
Cash and equivalents increase (decrease)	38
Cash and equivalents at beginning of year	210
Cash and equivalents at end of year	$248
Supplemental cash flow disclosures	
Interest paid	$130
Income taxes paid	$190

(주) 현금흐름표는 회계 관습을 따르는데, 양의 값으로 표시된 $349의 투자활동에 사용된 현금과 $40의 재무활동에 사용된 현금은 "사용된 현금"이 유출을 뜻하기 때문에 차감으로 해석된다.

3. <질문 2>의 LaForge Systems 재무제표를 이용해 CFO($427백만), EBIT($605백만), EBITDA($785백만)로부터 다음을 구하는 조정 과정을 설명하라.
   A. FCFF
   B. FCFE

4. "잉여현금흐름(free cash flow)"이란 용어가 종종 기업가치평가에 사용되는 FCFF의 정의와 다른 현금흐름을 지칭하기도 한다. 아래에는 잉여현금흐름의 두 가지 다른 정의가 주어져 있다. 이러한 두 정의와 이 책에서 사용된 FCFF의 정확한 기술적 정의를 비교하라.
   A. FCF = 당기순이익 + 감가상각비와 무형자산상각비 - 현금배당금 - 자본적 지출액
   B. FCF = 현금흐름표의 영업활동 현금흐름 - 자본적 지출액

5. Proust Company의 FCFF는 $1.7십억이며 FCFE는 $1.3십억이다. Proust의 WACC는 11%, 주식에 대한 요구수익률은 13%이다. FCFF는 연간 7%씩, FCFE는 연간 7.5%씩 영구적으로 증가할 전망이다. Proust의 부채 잔액은 $15십억이다.
   A. FCFF 가치평가접근법을 이용해 Proust의 전체 주식가치를 구하라.
   B. FCFE 가치평가접근법을 이용해 Proust의 전체 주식가치를 구하라

6. Quinton Johnston은 타이완에 본사를 둔 TMI Manufacturing Company, Ltd.를 분석 중이다. Johnston이 분석을 수행하는 2008년 현재 이 회사의 수익성은 좋지 않은 상태이다. 또한 TMI는 보통주에 배당을 지급하지 않고 있다. Johnston은 FCFE 추정치를 사용해 TMI Manufacturing의 가치를 평가하기로 했다. Johnston은 다음의 정보와 가정을 수집했다.
   - 회사의 유통주식수는 17.0십억 주이다.
   - 2009년 매출은 $5.5십억으로 예상되며, 2013년까지 향후 4년간 매년 28%씩 증가할 것으로 예상된다.
   - 당기순이익은 매출액의 32%로 예상된다.
   - 고정자산 투자액, 운전자본 투자액, 감가상각비는 매출액의 각각 35%, 6%, 9%로 예상된다.
   - 자산의 순투자액 중 20%는 부채로 조달한다.
   - 이자비용은 매출액의 2%에 불과할 것이다.
   - 법인세율은 10%이다. TMI Manufacturing의 베타는 2.1, 무위험국채의 수익률은 6.4%, 주식위험프리미엄은 5.0%이다.
   - Johnston은 TMI의 2013년 말 시점 주식의 영구가치를 순이익의 18배로 예상한다.

   TMI Manufacturing Company의 보통주 1주의 가치는 얼마인가?

7. Do Pham은 FCFF와 FCFE 접근법을 이용해 Phaneuf Accelerateur의 가치를 평가 중이다. Pham은 다음의 정보를 수집하였다.
   - Phaneuf의 순이익은 €250백만, 감가상각비는 €90백만, 자본적 지출액은 €170백만, 운전자본 증가액은 €40백만이다.
   - 고정자산 순투자액(= 자본적 지출액 − 감가상각비)과 운전자본 증가액의 40%는 부채발행을 통해 조달할 것으로 Pham은 예상한다.
   - 이자비용은 €150백만이며, Phaneuf가 발행한 부채의 시장가치는 €1,800백만이다.
   - FCFF는 영구적으로 매년 6.0%씩 성장할 것으로 예상되며, FCFE는 매년 7.0%씩 성장할 것으로 기대된다.
   - 법인세율은 30%이다.
   - Phaneuf는 부채와 자본을 40:60의 비율로 조달한다. 부채의 세전자본비용은 9%이고 주식의 세전자본비용은 13%이다.
   - Phaneuf의 유통주식수는 10백만 주이다.

A. FCFF 가치평가접근법을 이용해 전체 기업가치, 전체 주식가치, 주당주식가치를 추정하라.
B. FCFE 가치평가접근법을 이용해 전체 주식가치와 주당주식가치를 추정하라.

8. PHB Company는 현재 주당 $32.50에 거래되고 있다. 애널리스트는 PHB가 시장에서 공정한 가격에 거래되고 있는지를 알아보기 위해 다음 정보를 수집하였다.
   - PHB가 발행한 부채, 우선주, 보통주의 세전요구수익률은 각각 7.0%, 6.8%, 11.0%이다.
   - 이 회사의 목표자본구조는 부채 30%, 우선주 15%, 보통주 55%로 구성된다.
   - PHB가 발행한 부채의 시장가치는 $145백만이며, 우선주의 시장가치는 $65백만이다.
   - PHB의 작년 FCFF는 $28백만이다. FCFF는 예측 가능한 기간 동안 매년 4%의 성장률로 일정하게 증가할 것으로 예상된다.
   - 세율은 35%이다.
   - PHB의 유통주식수는 8백만 주이다.

   PHB의 주당주식가치는 얼마로 추정되는가? PHB 주식은 저평가되었다고 할 수 있는가?

9. Watson Dunn은 산업용 금속 및 광물류 공급업체 BBC Corporation의 가치평가를 계획하고 있다. Dunn은 1단계 FCFF모형을 사용하기로 했다. 가치평가를 위해 Dunn이 수집한 재무정보는 다음과 같다.
   - 이 회사의 발행주식은 1,852백만 주이다.
   - 부채의 시장가격은 $3.192십억이다.
   - 현재 FCFF는 $1.1559십억이다.
   - 주식의 베타는 0.90, 주식위험프리미엄은 5.5%, 무위험이자율은 5.5%이다.
   - 부채의 세전자본비용은 7.0%이다.
   - 법인세율은 40%이다.
   - WACC를 계산할 때 부채의 비중은 25%로 가정한다.
   - FCFF의 성장률은 4%이다.

   Dunn이 수집한 자료를 바탕으로 다음을 구하라.

   A. WACC
   B. 기업가치
   C. 전체 주식의 시장가치
   D. 주당주식가치

10. Kenneth McCoin은 McInish Corporation의 가치를 평가하고, 민감도 분석을 실행중이다. McCoin은 1단계 FCFF모형을 사용한다. 민감도 분석을 위하여 아래와 같이 Base Case, Low, High의 세 가지 시나리오를 검토 중이다.

Variable	Base Case Value	Low Estimate	High Estimate
Normalized $FCFE_0$	\$0.88	\$0.70	\$1.14
Risk-free rate	5.08%	5.00%	5.20%
Equity risk premium	5.50%	4.50%	6.50%
Beta	0.70	0.60	0.80
FCFE growth rate	6.40%	4.00%	7.00%

A. Best Case의 변수값을 이용하여 McInish Corporation의 현재 주식가치를 추정하라.
B. $FCFE_0$의 Base Case Value를 Low Estimate와 High Estimate로 대체하여 주가 추정치 범위를 계산하라. 즉 다른 변수들에 대해서는 Base Case Value를 사용하되 각 줄에 있는 베타, 무위험이자율, 주식위험프리미엄, 성장률에 대해서는 Low Estimate와 High Estimate를 사용하여 주가 추정치의 범위를 계산하다. 이렇게 계산된 주가 범위를 바탕으로 주가에 민감도가 큰 변수를 순서대로 나열하라.

11. 저평가된 주식을 발굴하는 탁월한 방법을 가지고 있다고 주장하는 적극적인 재무설계사가 고객을 설득 중이다. 그는 주식가치를 구하는 최선의 방법은 EBITDA를 무위험채권이자율로 나누는 것이라고 주장하고, 이 방법에 따라 고객에게 NewMarket에 대한 투자를 권유하고 있다. 이 재무설계사는 NewMarket의 EBITDA \$1,580백만을 7%의 장기국채수익률로 나누어, \$22,571.4백만의 주식가치를 추정했다. 유통주식수가 318백만 주이므로, 이 방법에 따른 NewMarket의 주당주식가치는 \$70.98이다. 현재 NewMarket의 주식은 \$36.50에 거래되고 있다.

A. 당신의 2단계 FCFE 가치평가접근법을 이용하여 당신의 NewMarket 가치평가 결과를 고객에게 제시하라. 다음 가정을 사용한다.
- 현재 순이익은 \$600백만이며, 향후 3년간 순이익은 매년 20%씩 성장할 것으로 기대된다.
- 다음해 영업자산에 대한 순투자액(= 자본적 지출액 - 감가상각비 + 운전자본 투자액)은 \$1,150백만으로 예상하며, 다음 2년간은 매년 15%씩 증가할 것으로 예상한다.
- 영업자산 순투자액의 40%는 신규 순부채로 조달한다.
- NewMarket의 베타는 1.3, 무위험채권수익률은 7%, 주가위험프리미엄은 4%이다.
- 3년 후 순이익성장률은 8%로 전망되며, 영업자산에 대한 순투자액(= 자본적 지출액

- 감가상각비 + 운전자본 투자액)은 순이익의 30% 수준으로 하락할 것으로 예상된다.

• 부채는 총자산의 40%를 계속 유지할 전망이다.

• NewMarket의 유통주식수는 318백만 주이다.

B. 이 공격적인 재무설계사가 사용한 가치평가접근법을 비판하라.

12. Bron의 2002년 주당순이익은 $3.00이며, 다음해 21% 증가할 것으로 기대된다. 주당순이익(EPS) 성장률은 아래 표에서 보는 바와 같이 향후 5년간 하락할 것으로 예상된다.

연도	2003	2004	2005	2006	2007	2008
주당 순이익 성장률	21%	18%	15%	12%	9%	6%
주당 자본적 순지출	$5.00	$5.00	$4.50	$4.00	$3.50	$1.50

이 경우 2008년 자본적 순지출액은 주당 $1.50이 되고 이후 연간 6%씩 증가할 것으로 예상한다. 2002년 자본적 순지출액(= 자본적 지출액 – 감가상각비)은 주당 $5.00이며, 이후로는 표에서 예상한 패턴을 따른다. 운전자본 투자액은 자본적 순지출액과 병행해 증가하는데, 매년 자본적 순지출액의 25%가 될 것으로 예상된다. 2008년 운전자본 투자액은 주당 $0.375이며, 그 이후로는 6%씩 매년 증가할 전망이다. 한편 Bron은 자본적 순지출액과 운전자본 투자액의 40%를 부채로 조달할 것이다. Bron의 요구수익률은 12%이다.

2단계 FCFF 가치평가접근법을 이용하여 Bron의 1주당 주식가치를 구하라.

13. (CFA Level II 기출문제) 미국의 다국적 복합기업인 Telluride의 경영진은 최근 우수한 실적을 보이고 있는 의료분야 100% 자회사인 Sundanci의 실적이 주가에 잘 반영되지 않는다고 믿고 있다. Telluride는 시장에서 Sundanci가 제대로 가치를 평가 받도록 Sundanci의 (면세) 분사계획을 발표했다.

Sue Carroll, CFA는 Kessen and Associates의 리서치 담당 책임자이다. Carroll은 Sundanci에 대한 투자의견을 제시하기 위해 아래 [표 1]과 [표 2]의 정보를 수집했다.

[표 1] Sundanci Actual 2007 and 2008 Financial Statements for Fiscal Years Ending 31 May(Dollars in Millions except per-share data)

Income Statement	2007	2008
Revenue	$474	$598
Depreciation	20	23
Other operating costs	368	460

[표 1] (계속)

Income Statement	2007	2008
Income before taxes	86	115
Taxes	26	35
Net Income	60	80
Dividends	18	24
EPS	$0.714	$0.952
Dividend per share	$0.214	$0.286
Common shares outstanding	84.0	84.0

Balance Sheet	2007	2008
Current assets(included $5 cash in 1999 and 2000)	$201	$326
Net property, plant, and equipment	474	489
Total assets	675	815
Current liabilities(all non-interest-bearing)	57	141
Long-term debt	0	0
Total liabilities	57	141
Shareholders' equity	618	674
Total liabilities and equity	675	815
Capital expenditures	34	38

[표 2] Selected Financial Information

Required rate of return on equity	14%
Industry growth rate	13%
Industry P/E	26

Carroll은 Abbey Naylor, CFA에게 FCFE모형을 이용한 Sundanci의 가치평가를 지시했다. Naylor는 Sundanci의 FCFE가 향후 2년간 매년 27% 성장하고, 이후에는 13%씩 성장할 것으로 믿고 있다. 자본적 지출액, 감가상각비, 운전자본은 모두 FCFE와 동일한 비율로 증가할 것으로 기대한다.

A. [표 1]의 자료를 이용해 2008년 주당FCFE를 구하라.

B. 2단계 FCFE모형을 이용해 Sundanci 주식의 현재가치를 계산하라.

C. 2단계 DDM과 FCFE모형이 공통적으로 가지고 있는 단점에 대해 설명하라.

14. (CFA Level II 기출문제) John Jones, CFA는 Peninsular Research의 리서치 책임자다. 그는 미국 소재 제조업체인 Mackinac Inc.의 분석을 담당하고 있다. Mackinac은 2007년 6월 아래와 같은 재무제표를 공시했다.

[표 1] Mackinac Inc. Annual Income Statement June 30, 2007 (in Thousands, except Per-Share Data)

Sales	$250,000
Cost of goods sold	125,000
Gross operating profit	125,000
Selling, general, and administrative expenses	50,000
EBITDA	75,000
Depreciation and amortization	10,500
EBIT	64,500
Interest expense	11,000
Pretax income	53,500
Income taxes	16,050
Net income	$37,450
Shares outstanding	13,000
EPS	$2.88

[표 2] Mackinac Inc. Balance Sheet June 30, 2007(in Thousands)

Current Assets			
Cash and equivalents		$20,000	
Receivables		40,000	
Inventories		29,000	
Other current assets		23,000	
Total current assets			$112,000
Noncurrent Assets			
Property, plant, and equipment	$145,000		
Less: Accumulated depreciation	(43,000)		
Net Property, plant, and equipment		102,000	
Investments		70,000	
Other noncurrent assets		36,000	
Total noncurrent assets			208,000
Total assets			$320,000

[표 2] (계속)

Current Liabilities		
Accounts payable	$41,000	
Short-term debt	12,000	
Other current liabilities	17,000	
Total current liabilities		$70,000
Noncurrent Liabilities		
Long-term debt	100,000	
Total noncurrent liabilities		100,000
Total liabilities		170,000
Shareholders' Equity		
Common equity	40,000	
Retained earnings	110,000	
Total equity		150,000
Total liabilities and equity		$320,000

[표 3] Mackinac Inc. Cash Flow Statement June 30, 2007(in Thousands)

Cash Flow from Operating Activities		
Net income		$37,450
Depreciation and amortization		10,500
Change in Working Capital		
(Increase) Decrease in receivables	($5,000)	
(Increase) Decrease in inventories	(8,000)	
Increase (Decrease) in payables	6,000	
Increase (Decrease) in other current liabilities	1,500	
Net change in working capital		(5,500)
Net cash from operating activities		$42,450
Cash Flow from Investing Activities		
Purchase of property, plant, and equipment	($15,000)	
Net cash from investing activities		($15,000)
Cash Flow from Financing Activities		
Change in debt outstanding	$4,000	
Payment of cash dividends	(22,470)	
Net cash from financing activities		(18,470)
Net change in cash and cash equivalents		$8,980
Cash at beginning of period		11,020
Cash at end of period		$20,000

Mackinac은 현재 외국 기업이 장악하고 있는 북미지역에서 제품을 생산하는 계약을 체결했다고 발표했다. Jones는 배당할인모형(DDM)과 주주잉여현금흐름(FCFE)모형을 이용하여 Mackinac의 가치를 평가하기로 했다. Jones는 Mackinac의 재무제표와 신규 생산계약과 관련된 내용을 검토한 후 다음과 같은 결론을 내렸다.

- Mackinac의 순이익과 FCFE는 향후 3년간 매년 17%씩 성장할 것으로 기대되며, 이후에는 매년 9%씩 성장할 것으로 기대된다.
- Mackinac은 현재 배당성향을 유지할 것이다.
- Mackinac의 베타는 1.25이다.
- 국채수익률은 6%이며, 주식위험프리미엄은 5%이다.

A. 2단계 DDM을 이용하여 Mackinac 보통주의 1주당 가치를 계산하라.

B. 2단계 FCFE모형을 이용하여 Mackinac 보통주의 1주당 가치를 계산하라.

C. Jones는 Mackinac의 지분 70%를 인수하려는 어떤 기업 고객과 논의를 진행 중이다. 기업 고객의 가치평가 목적에 비추어 DDM과 FCFE모형 중 어느 모형을 사용하는 것이 더 적절하다고 생각하는가?

15. SK Telecom Co.는 한국의 대표적 이동통신업체이다. 이 회사 주식은 한국, 뉴욕(NYSE: SKM), 런던 증권거래소에 동시 상장되어 있다. Sol Kim은 연말 SK Telecom의 주당 정상FCFE를 1,300원으로 추정한다. 한국의 실질 국가이자율은 6.50%이다. SK Telecom의 요구수익률 추정에 필요한 실질 국가이자율 조정치는 산업조정 +0.6%P, 규모조정 -0.10%P, 레버리지조정 +0.25%P이다. 한국의 장기 실질성장률은 3.5%로 추정되는데, Kim은 SK Telecom의 실질성장률이 국가의 성장률을 추적해 갈 것으로 예상한다.

A. SK Telecom의 실질 요구수익률은 얼마인가?

B. 실질 할인율과 실질 FCFE성장률을 적용한 1단계 FCFE 접근법으로 SK Telecom의 1주당 가치를 추정하라.

16. Lawrence McKibben은 QuickChange Auto Centers, Inc.의 가치평가를 준비중이다. McKibben은 3단계 FCFE모형과 다음의 추정치를 평가에 사용하기로 했다. 올해 이 회사의 주당 FCFE는 $0.75이다. FCFE는 다음해 10% 증가한 후 다음 3년간 매년 26%씩 증가하며, 5차년부터 6%씩 성장할 것으로 예상한다. QuickChange의 베타 추정치는 2.00이며, McKibben은 무위험이자율을 4.5%로, 주식위험프리미엄을 5.0%로 추정했다. McKibben의 가정과 3단계 가치평가모형을 이용하여 QuickChange의 주식가치를 계산하라.

17. Clay Cooperman은 Johnson Extrusion의 영업자산 가치를 $720백만으로 평가했다. 이 회사는 $60백만 상당의 현금과 단기금융상품을 보유하고 있다. 비유동성 투자자산도 장부가치 기준으로 $30백만을 가지고 있고, 이의 시장가치는 $45백만에 이른다. 또한 Johnson은 부채가 $170백만이고 적립 자산이 $210백만인 퇴직연금을 가지고 있다. Johnson Extrusion이 발행한 부채의 시장가치는 $215백만이며, 유통주식수는 100백만 주이다. Johnson Extrusion의 1주당 주식가치는 얼마인가?

다음 정보를 바탕으로 질문 18 ~ 23에 답하시오.

Ryan Leigh는 투자 리스트의 타당성을 검토하기 위해 Emerald Corporation과 Holt Corporation 등 두 보통주의 가치를 분석 중이다. Leigh는 FCFE모형을 이용해 두 회사를 잠정적으로 평가했고, Eerald에 대해서는 배당할인모형을 이용한 평가도 준비했다. GAAP에 따라 작성된 Holt의 2007년과 2008년 재무제표는 [표 1]과 [표 2]와 같다.

[표 1] Holt Corporation Consolidated Balance Sheets(US$ Millions)

	As of 31 December			
		2008		2007
Assets				
Current assets				
Cash and cash equivalents		$372		$315
Accounts receivable		770		711
Inventories		846		780
Total current assets		1,988		1,806
Gross fixed assets	4,275		3,752	
Less: Accumulated depreciation	1,176	3,099	906	2,846
Total assets		$5,087		$4,652
Liabilities and shareholders' equity				
Current liabilities				
Accounts payable		$476		$443
Accrued taxes and expenses		149		114
Notes payable		465		450
Total current liabilities		1,090		1,007
Long-term debt		1,575		1,515
Common stock		525		525
Retained earnings		1,897		1,605
Total liabilities and shareholders' equity		$5,087		$4,652

[표 2] Holt Corporation Consolidated Income Statement for the Year Ended 31 December 2008(US$ Millions)

Sales	$3,323
Cost of goods sold	1,287
Selling, general, and administrative expenses	858
EBITDA	1,178
Depreciation expense	270
Operating income	908
Interest expense	195
Pretax income	713
Income taxes(at 32 percent)	228
Net income	$485

Leigh는 자신의 상사인 Alice Smith에게 Emerald와 Holt 주식의 가치평가 결과를 보고했다. 이에 대해 Smith는 다음과 같은 질문과 코멘트를 했다.

1. “나는 Emerald의 장기적인 예상 배당성향을 20%, 장기적인 주식의 요구수익률을 10%로 추정합니다.”
2. “당신은 왜 Holt의 보통주 평가에 FCFE모형을 사용했습니까? 대신 DDM을 사용할 수 있습니까?”
3. “Holt의 2008년 FCFE와 FCFF를 비교하면 어떻습니까? 나는 Holt가 과거 레버리지를 변경한 역사적 경험을 가지고 있기 때문에 Holt의 가치평가에는 FCFE모형보다 FCFF모형을 추천하고 싶습니다.”
4. “지난 3년간 Holt의 FCFE가 약 5% 성장해온 것은 재고자산의 감소에 따른 것입니다.”

Leigh는 Smith의 코멘트에 대해 다음과 같이 답했다.

1. “저는 당신의 추정치를 사용해서 Emerald의 장기적인 지속가능성장률을 계산하겠습니다.”
2. “제가 Holt의 주식가치평가에 DDM 대신 FCFE모형을 사용한데는 두 가지 이유가 있습니다. 첫째 이유는 Holt의 배당이 회사의 배당 지급능력과 큰 차이가 있기 때문입니다. 둘째 이유는 Holt는 인수 대상이어서 인수된 후에는 새로운 소요주가 잉여현금흐름 사용에 재량을 가질 것이기 때문입니다.”
3. “저는 Holt의 2008년 FCFF를 계산한 후 FCFF모형으로 Holt 보통주의 가치를 추정하도록 하겠습니다.”
4. “Holt는 성장하는 기업입니다. 따라서 저는 Holt의 FCFE나 FCFF 성장률 추정에 장기적 성장의 원천으로 재고자산의 감소를 고려하지는 않을 것입니다.”

18. 다음 중 Emerald에 관한 사실과 명시된 정책에 가장 부합하는 FCFE성장률은 얼마인가?
    A. 5% 이하
    B. 2% 이상
    C. 8% 이상

19. Leigh가 Holt의 가치평가에 DDM 대신 FCFE모형을 사용한 것은 합리적인가?
    A. 그렇다.
    B. 아니다. Holt의 배당 상황을 보면 DDM 사용이 유리하다.
    C. 아니다. FCFE는 경영권 관점을 보유한 투자자에게 적절하지 않다.

20. Holt의 2008년 FCFF의 근사치(백만)는 얼마인가?
    A. $308
    B. $370
    C. $422

21. Holt의 2008년 FCFE의 근사치(백만)는 얼마인가?
    A. $175
    B. $250
    C. $364

22. Holt의 잉여현금흐름에 대한 장기적 성장 원천으로 재고자산의 감소를 고려하지 않겠다는 Leigh의 답변은 어떠한가?
    A. 추정 전망에 부합하지 않는다.
    B. 재고자산 감소는 현금의 원천이 아닌 현금의 사용이기 때문에 오류이다.
    C. 재고자산 감소에는 한계가 있기 때문에 성장기업이란 추정 전망에 부합한다.

23. Holt의 가치평가에 FCFF를 사용하라는 Smith의 제안은 어떠한가?
    A. Holt의 자본구조 변경 전망에 비추어 논리적이다.
    B. FCFF모형은 전체 기업가치 평가에만 사용되기 때문에 논리적이지 않다.
    C. FCFE는 잉여현금흐름 가치평가에서 보다 더 직접적인 접근법이기 때문에 논리적이지 않다.

CHAPTER 7

시장기반 가치평가: 주가배수와 기업가치배수

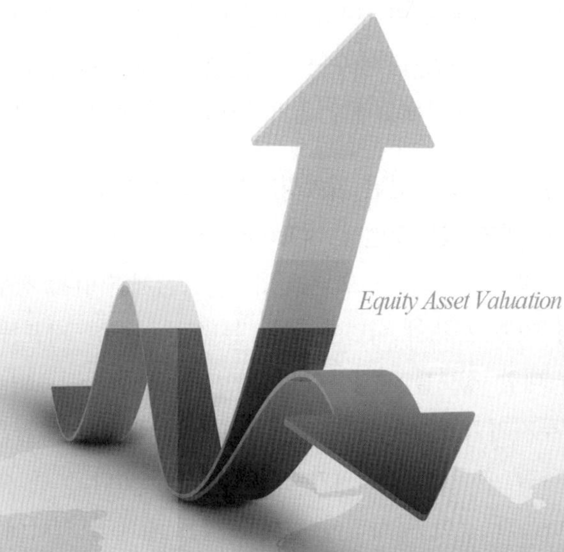

1. 서 론

주가배수와 기업가치배수는 가장 친숙하고 널리 사용되는 가치평가기법이다. **주가배수(price multiples)**는 주식의 시가에 대한 회사의 특정 펀더멘털의 주당 값의 비율이다. 반면 **기업가치배수(enterprise value multiples)**는 기업의 모든 자본 원천의 전체 시장가치에 대한 회사의 특정 펀더멘털의 값의 비율이다.

주가배수의 이면에 깔린 경제적 직관은 투자자들이 주식 1주로 기업의 1주당 순이익, 순자산, 현금흐름 등을 얼마나 매입할 수 있는지 살펴보면 주가를 평가할 수 있다는 것이다. 즉, 주가가 공정하게 평가된 것인지 아니면 과대·과소평가되었는지 판단할 수 있다는 것이다. 기업가치배수의 배경이 되는 직관도 비슷하다. 투자자들은 기업이 창출하는 EBITDA, 매출액, 영업현금흐름의 규모에 대비해 기업의 전체 시장가치를 평가한다는 것이다. 가치평가지표로써 배수(multiple, 멀티플)는 사용하기 쉽고 단순해 커뮤니케이션이 용이하다는 매력적인 특성을 가지고 있다. 배수는 회사 주식(또는 전체 자본)의 시장가치와 이익, 매출, (회계적인 자기자본 가치인) **장부가치(book value)** 같은 펀더멘털 값의 관계를 하나의 숫자로 요약해준다.

다음은 이 장에서 답해야 할 주요 질문들이다. 가치평가기법으로써 배수를 정확히 사용하기 위해서는 이들 질문에 답할 수 있어야 한다.

- 어떤 회계적 이슈들이 특정 주가배수와 기업가치배수에 영향을 미치며, 애널리스트들은 이에 어떻게 대처해야 하는가?
- 주가배수는 순이익성장률 같은 펀더멘털과 어떤 관계를 가지며, 애널리스트는 여러 주식의 밸류에이션 비교에 이 정보를 어떻게 활용할 수 있는가?
- 특정 주가배수나 기업가치배수는 어떤 가치평가 상황에서 적합한가?
- 글로벌 환경에서 주가배수와 기업가치배수를 적용할 때 발생하는 문제점은 무엇인가?

배수는 개별 증권과 관련된 가치평가지표로 이해될 수 있다. 증권의 종목선정에 사용되는 또 다른 가치평가지표는 **모멘텀 지표(momentum indicators)**이다. 이 지표는 통상 가격이나 (이익 같은) 어떤 펀더멘털을 그 자신의 과거 시계열이나, 경우에 따라서는 기댓값과 관련시킨다. 모멘텀 지표 사용의 이면에 있는 논리는 이러한 지표들이 일정 기간 동안의 미래 수익률 패턴에 대한 정보를 제공한다는 것이다. 모멘텀 지표의 목적이 잠재적으로 보상을 받을 수 있는 투자기회를 파악하는 것이기 때문에 관심의 초점은 다르지만 주가배수나 기업가치배수를 보완할 수 있는 가치평가지표의 범주에 있다고 볼 수 있다.

이 장은 다음과 같이 구성되어 있다. 2절은 경제적 맥락에서 주가배수와 기업가치배수의 사용에 대해 살펴보고, 모든 배수(멀티플)의 사용에 공통적으로 적용되는 주제들에 대해 알아본다. 3절은 주가배수에 대해 소개한다. 각 배수는 별도의 세부 절에서 상세히 살펴본다. 각 주가배수의 적용에 관한 설명은 각각에 대해 (1) 적용상의 고려사항, (2) 투자자의 펀더멘털에 대한 기대와 주가배수의 관계, (3) 유사비교를 통한 배수의 가치평가 활용의 순으로 공통적 형식을 따른다. 4절은 기업가치배수에 대해 설명하며, 3절과 유사한 구조로 기술된다. 5절에서는 배수의 활용과 관련된 국제적 고려사항에 대해 살펴본다. 모멘텀 지표에 관해서는 6절에서 다룬다. 7절은 가치평가지표의 사용에서 발생할 수 있는 실무상 이슈에 대해 살펴본다. 마지막에는 전체 내용을 정리하고 연습문제로 마무리한다.

2. 주가배수와 기업가치배수

실무에서 애널리스트는 주가배수와 기업가치배수를 유사비교법과 추정 펀더멘털 평가법 등 두 가지 방법으로 활용한다. 물론 각 방법은 나름의 명확한 경제적 논거를 가진다. 여기서는 두 가지 접근법을 소개하고 관련된 경제적 합리성에 대해 살펴보기로 한다.

2.1. 유사비교법

유사비교법(method of comparables)은 비교대상이 되는 유사한 자산의 배수에 기초해 평가대상 자산의 가치를 평가하는 것을 말한다. 즉 유사한 자산의 배수를 벤치마크로 사용해 가치를 평가하는 것이다. 유사한 자산은 **유사기업(comparables)**, **컴스(comps)**, 또는 **가이드라인 자산(guideline assets)** 혹은 (비상장) 주식가치평가에서는 **가이드라인 회사(guideline companies)**로도 불린다. 예를 들어 벤치마크의 주가수익비율(P/E)에 평가대상 회사의 EPS 추정치를 곱해 시장가치와 비교되는 평가대상 주식가치의 간편 추정치를 얻는 것이다. 비슷한 방식으로 평가대상 주식의 실제 주가배수와 적절한 벤치마크의 주가배수를 비교하면 평가대상 주식이 시장에서 상대적으로 공정하게 평가되고 있는지 아니면 가격에 상대적 괴리가 있는지에 관한 결론을 얻을 수도 있다.

주가배수의 기본 아이디어는 주가는 혼자 스스로 평가될 수 없다는 것이다. 좀 더 자세히 말하면 주가는 1주의 주식으로 회사의 이익이나 순자산 등의 가치척도를 얼마나 구매할 수 있는지와 관련되어 평가되어야 한다는 것이다. 주가를 1주당 가치척도로 나눈 주가배수는 가치가 어떤 방식으로 측정되든 가치의 한 단위를 구매하는데 필요한 가격을 표시한다. 가령 P/E가 20이라는 것은 1단위 이익(예를 들어 €1)을 구입하기 위해서는 통화 20단위(즉

€20)가 필요하다는 의미이다. 주가를 1주당의 가치로 표준화하는 것은 여러 주식의 주가를 쉽게 비교할 수 있게 한다. 예를 들어 P/E가 20인 주식에 비해 25인 주식을 구입하면 투자자는 이익 한 단위를 구매하는데 더 많은 돈을 지불한 것이 된다. 유사비교법을 적용할 때 애널리스트는 두 주식이 (위험, 이익률, 성장전망 등에서) 밀접한 유사성을 가지면 P/E가 20인 주식이 25인 주식에 비해 저평가된 것이라고 판단할 것이다.

여기서 "상대적"이란 용어가 필요하다. 평가대상 자산은 비교대상 자산이나 비교대상 자산군(資産群)에 비해 상대적으로 저평가될 수 있고, 이 경우 애널리스트는 상대적 관점에서 평가대상 자산이 비교대상보다 우수한 성과를 낼 것으로 예상한다. 하지만 비교대상 자산(혹은 자산군)의 가격이 효율적으로 평가되지 않은 경우에는 평가대상 주식은 저평가된 것이 아닐 수 있다. 다시 말해 (절대적 관점에서, 즉 내재가치에 비추어) 평가대상이 이미 공정하게 평가되었거나 고평가된 상태일 수도 있다는 것이다. (EXAMPLE 1)은 가장 단순한 유사비교법의 적용 사례이다.

EXAMPLE 1 단순한 유사비교법 적용

A사의 EPS는 $1.50이다. 직접적 경쟁자인 B사는 P/E가 22에 거래되고 있다. 두 회사는 유사한 영업 및 재무 프로파일을 가진다고 가정하자.

1. 만일 A사 주식이 $37.50에 거래 중이면, A사 주식은 B사 주식에 비해 시장에서 가치를 어떻게 평가받고 있는 것인가?
2. A사와 B사 주식이 같은 P/E에 거래되어야 한다면, A사 주식의 적정 주가는 얼마로 추정되는가?

Solution 1

A사 주식이 $35.70에 거래 중이면 P/E는 25(= $37.50/$1.50)가 된다. 두 회사가 비슷하다면 계산된 P/E는 B사에 비해 A사가 상대적으로 고평가되었다는 사실을 말해준다.

Solution 2

A사와 B사의 주식이 같은 P/E에 거래되어야 한다면 A사의 적정 주가는 $33(= $1.50 × 22)이 된다.

유사비교법은 기업가치배수에도 적용된다. 이 경우 모든 자본의 공급자들에게 적합한 가치척도로 회사의 전체 시장가치를 평가하게 된다. 예를 들면 벤치마크 기업가치(EV)배수에 회사의 EBITDA를 곱해 전체 기업가치의 간편 추정치를 구하는 것이다. 또한 회사의 실제

기업가치배수와 벤치마크의 기업가치배수를 비교하면 회사가 시장에서 공정하게 평가받는지 아니면 고평가 내지 저평가되었는지에 대한 판단 근거를 얻게 된다.

벤치마크 배수에는 상당히 유사한 특정 주식의 배수나 평가대상 주식이 속한 피어그룹(peer group)의 평균 혹은 중간값 벤치마크 배수를 사용할 수 있는데, 벤치마크 배수의 선택지는 넓게 열려있다. 유사비교법의 근간이 되는 경제적 합리성은 **일물일가(一物一價)의 법칙(law of one price)**이다. 즉 두 개의 동일한 자산은 동일한 가격에 거래되어야 한다는 경제적 원리이다.[1] 유사비교법은 주가배수를 통해 애널리스트가 밸류에이션에 대한 판단을 보고하는 아마도 가장 보편적인 접근법으로 사용되고 있다. 이런 이유로 주가배수를 통한 가치평가가 상대가치평가 접근법의 한 유형으로 인식되기도 한다. 하지만 다음 절에서 논의하는 바와 같이 배수는 펀더멘털에서도 도출될 수 있으며, 펀더멘털을 이용해서도 표시할 수 있다.

2.2. 추정 펀더멘털 평가법

추정 펀더멘털 평가법(method based on forecasted fundamentals)[2]은 추정된 펀더멘털, 즉 수익성, 성장성 또는 재무적 강점 등과 관련된 회사의 특성으로부터 유도된 배수를 가치평가에 사용하는 접근법이다. 펀더멘털은 현금흐름을 견인하기 때문에 현금흐름할인모형에서도 주가배수를 회사의 펀더멘털과 연계시킬 수 있다. 펀더멘털을 이용하는 주가배수의 대수적 수식은 펀더멘털 기대치에 따라 밸류에이션이 어떻게 달라지는지 살펴보는데 도움을 준다. 이 개념은 배당할인모형을 설명한 5장에서 이미 설명한바 있는데, 이때는 기대 배당성장률을 사용하는 가장 단순한 DCF모형인 고든성장모형으로 P/E를 설명했었다.

배수와 추정 펀더멘털을 연결하는 한 방법은 DCF모형으로 가치를 평가하는 것에서 시작한다. DCF모형은 기대되는 현금흐름의 현재가치를 통해 회사나 주식의 내재가치를 추정하는데, 이때 펀더멘털이 현금흐름을 견인한다는 것을 기억하자. 배수는 하나의 펀더멘털 값으로 표현되지만, 어떤 주가배수나 기업가치배수도 DCF가치 추정치를 통해 미래에 기대되는 현금흐름과 연결될 수 있다.

기대되는 전체 미래 현금흐름의 현재가치를 추정한 후 그 결과를 추정 펀더멘털과 연결시키면 이 개념을 쉽게 이해할 수 있다. 예를 들어 한 영국 주식의 DCF가치 추정치가 £10.20이고 추정 EPS가 £1.2라면, 이 DCF가치 추정치에 따른 선행P/E는 £10.20/£1.20 = 8.5가 된

---

1) 현실적으로 애널리스트는 기업 간 특성이나 시간 경과적 특성을 대략적으로 일치시킬 수밖에 없다. 그럼에도 불구하고 일물일가(一物一價)의 법칙은 유사비교법의 근간이 되는 기본 아이디어이다. 설명의 편의상 여기서는 유사비교법의 비교대상으로 시장지수와 평가대상 주식의 역사적 배수만을 살펴보기로 한다.

2) 이 접근법으로 도출된 배수를 기술할 때 "펀더멘털 평가법"이라는 용어를 사용하기도 한다.

다. (선행P/E는 예상 EPS를 기초로 계산되는데, 나중에 자세히 살펴본다.) 가치평가와 주가배수를 연계하는 것은 어떤 주가배수와 DCF모형 또는 초과이익모형에서도 가능하다.[3)]

요약하면 우리는 배수에 두 가지 관점을 가지고 가치평가에 접근할 수 있다. 하나는 유사비교법을 사용해 평가대상 자산의 배수를 비교대상 자산의 배수와 비교하는 것이다. 유사한 자산은 유사한 가격에 거래되어야 한다고 보기 때문이다. 또 하나는 다른 비교대상과 비교하는 대신 펀더멘털을 추정하는 추정 펀더멘털 평가법이다. 주가배수는 기대되는 미래 현금흐름과 관련성을 가져야 한다. 또한 정확한 비교대상을 찾기 어렵기 때문에 추정 펀더멘털 평가법으로부터 얻은 시사점을 유사비교법에 따른 밸류에이션 차이를 설명하는데 적용할 수 있다. 우리는 뒤에서 각 배수를 설명할 때 추정 펀더멘털 평가법과 유사비교법의 순으로 살펴보는데, 유사비교법을 설명할 때 추정 펀더멘털 평가법이 어떻게 연결되는지 살펴볼 것이다.

어느 방법을 사용하든 애널리스트가 주식가치에 대한 자신의 시각을 어떻게 전달할 수 있을까? 물론 애널리스트가 주식가치가 공정하게 평가되었다든지 아니면 저평가 혹은 고평가되었다는 정도의 단순한 정성적 판단(과 일부 근거)만 제공하는 것도 가능하다. 하지만 애널리스트가 정성적 판단에 더해 보다 명시적으로 주식의 **적정주가배수(justified price multiple)**를 제시할 수도 있다. 적정주가배수란 유사비교법이나 추정 펀더멘털 평가법에 따라 정당화될 수 있는 주가배수의 공정가치 추정치를 말한다.

적정주가배수가 유사비교법에서 어떻게 사용되는지 생각해보자. 가령 가치평가에 주가장부가비율(P/B)을 사용하고, 평가대상의 피어그룹 P/B 중간값이 2.2라고 가정해보자.[4)] 이 경우 유사비교법에 따른 이 주식의 적정P/B는 (펀더멘털에 대한 조정이 없다면) 피어그룹의 P/B 중간값인 2.2가 된다. 우리는 적정P/B와 시장가격에 따른 실제 P/B를 비교해 가치에 대한 판단 근거를 형성할 수 있다. 만일 적정P/B가 실제 P/B보다 크면(작으면) 이 주식은 저평가(고평가)된 것일 수 있다. 또한 우리는 비교대상 자산이 공정하게 평가되었다는 가정하에 유사비교법으로 도출한 적정P/B를 주식의 절대 공정가치(fair value) 추정치로 변환할 수 있다. 위의 경우 현재 장부가치가 \$23이라면 주식의 공정가치 추정치는 2.2 × \$23 = \$50.60이 된다. 이렇게 구한 공정가치는 시장가치와 비교된다.

적정주가배수는 펀더멘털 평가법에도 활용된다. 초과이익모형을 이용해 추정한 주가가치가 \$46이라고 가정해보자. 이 경우 추정 펀더멘털 평가법에 따른 적정P/B는 \$46/\$23 = 2.0

---

3) 초과이익모형에서는 주당장부가치와 기대되는 미래 주당초과이익의 현재가치를 합산해 주식의 내재가치를 추정했던 것을 기억하자. 초과이익은 순이익에서 자기자본의 사용대가를 차감한다.

4) 우리는 이상치에 의한 왜곡을 회피하기 위해 피어그룹의 배수값에 평균(mean)이 아닌 중간값(median)을 사용하는데 유의하자. 이 이슈는 피어그룹을 다룰 때 중요한데, 이는 피어그룹이 비교적 적은 수의 회사들로 구성되기 때문이다. 대안으로 조화평균(harmonic mean)이 사용되기도 하는데, 이에 대해서는 뒤에서 자세히 살펴본다.

이 된다. 이렇게 구한 적정P/B는 이 주식의 실제 P/B와 비교된다. 또한 우리는 이 주식의 절대적인 공정가치를 2 × \$23 = \$46로 추정한다. 이 공정가치 추정치는 시가와 비교된다. (애널리스트는 DCF가치를 직접 적시하여 DCF모형에 관한 자신의 밸류에이션 판단을 보고할 수 있다. 하지만 경우에 따라 주가배수가 밸류에이션에 관한 진술에 더 친숙한 형식이 되기도 한다.) 나아가 우리는 유사비교법에 따른 결과의 차이를 설명하는데 추정 펀더멘털 평가법에서 얻은 시사점을 활용하기도 한다.

다음 절에서 우리는 가치평가에 사용되는 각 주가배수와 기업가치배수에 대해 하나씩 살펴보기로 한다.

3. 주가배수

이 절에서는 우리에게 가장 친숙한 주가배수인 주가수익비율부터 살펴본다. 이 과정에서 우리는 대부분의 주가배수에 적용되는 다양한 실무적 이슈에 대해 살펴보게 된다. 이러한 이슈에는 정확성과 비교가능성을 높이기 위한 주가배수의 분모를 조정하는 문제와 역의 주가배수를 사용하는데 대한 논의가 포함된다. 그리고 난 후 동일한 실무적 관점에서 나머지 중요한 가치배수들에 대해 살펴보기로 한다.

3.1. 주가수익비율

1934년 Benjamin Graham과 David L. Dodd는 자신들의 저서 "증권분석(*Security Analysis*)" 1판(p. 351)에서 당대의 표준 가치평가기법으로 주가수익비율(price to earnings, P/E)을 이용한 가치평가를 소개했는데, P/E는 현재도 가장 친숙한 가치평가지표로 활용되고 있다.

우리는 애널리스트가 P/E를 가치평가에 활용하는 합리성과 사용상 문제점으로부터 논의를 시작한다. 우리는 P/E를 두 가지 주요 형태로 정의한다. 계산방식에 따라 P/E는 후행P/E (trailing P/E)와 선행P/E(leading P/E) 또는 전방P/E(forward P/E)의 두 가지로 정의한다. 이 주가배수의 분자인 시장가격은 (다른 주가배수에서도 마찬가지로) 절대적으로 확인 가능하기 때문에 해석에 특별한 문제를 일으키지 않는다. 하지만 분모인 EPS는 발생주의 회계의 복잡한 회계처리에 기반을 두고 있어 중요한 해석상 이슈를 만든다. 우리는 먼저 이 이슈들에 대해 살펴보고, 보다 유용한 P/E를 구하기 위해 애널리스트에게 필요한 조정 사항에 대해 알아본다. 마지막으로 우리는 애널리스트가 추정 펀더멘털 평가법과 유사비교법을 사용해 주식가치를 평가할 때 P/E를 어떻게 사용하는지 살펴보는 것으로 이 절을 마무리한다. 설명한바와 같이 펀더멘털 평가법을 먼저 살펴보고, 이로부터 얻은 시사점을 유사비교법 사용에 활용하기로 한다.

가치평가에 P/E 배수를 사용하는 주요 근거는 다음과 같다.

- 이익 창출력은 기업가치의 핵심 동인이기 때문에 P/E의 분모인 EPS는 애널리스트의 중요 관심 대상이다.[5] 대표적으로 2007년 CFA Institute 회원 대상 설문에서 P/E는 시장기반 가치평가에 가장 널리 사용되는 주가배수로 선정되었다.[6] 또한 *2012 BofA Merrill Lynch Institutional Factor Survey*에서는 응답자의 81%가 투자결정에 P/E를 고려한다고 답해 가장 인기 있는 가치평가지표인 것으로 조사되었다.
- P/E는 투자자들 사이에 널리 알려져 있고 빈번히 사용된다.
- 실증연구에 따르면 P/E의 차이는 주식의 장기적인 평균 주가수익률 차이와 관련되어 있다고 한다.[7]

하지만 EPS가 가진 특성으로 인해 P/E 사용에는 다음과 같은 잠재적인 문제점도 있다.

- EPS가 0일 수 있고 심지어 음의 값이거나 주가에 비해 의미가 거의 없을 정도로 작을 수 있는데, 이런 경우에는 P/E는 경제적 의미를 갖지 못한다.
- 내재가치 결정에 가장 중요한 계속적 혹은 반복적 이익 부분을 현실적으로 일시적 이익 부분과 구분하기 어려울 수 있다.
- 회계기준은 기업 경영진이 재무보고에 허용 가능한 보고방식을 선택하고 추정치를 사용하도록 요구하고 있다. 하지만 보고방식의 선택과 추정치 사용 과정에서 경영진은 (비록 회계기준의 허용 범위 내라고 하더라도) 회사의 경제적 성과의 결과치인 EPS를 왜곡할 여지를 가진다. 이러한 왜곡은 기업 간 P/E의 비교가능성에 영향을 미칠 수 있다.

이러한 잠재적인 문제점을 완화하기 위한 방안에 대해서는 뒤에서 살펴보기로 한다. 다음은 이익을 정의하는 방법에 따라 P/E의 여러 대안적 정의가 있을 수 있다는 것을 알아본다.

---

5) 미국의 실증연구들에 따르면 다른 펀더멘털을 이용하는 배수로부터 도출된 가치평가 결과보다 이익을 이용하는 배수들로부터 도출된 가치평가 결과가 실제 시장가격에 좀 더 가까운 경향을 보인다(Liu, Nissim, and Thomas 2002, 2007). 만일 주식의 가격이 평균적으로 효율적이라면, 이러한 연구결과는 보통주 가격결정에 이익의 중요성을 지지하는 것이다.

6) 보다 자세한 사항은 Pinto, Robinson, and Stowe(2015)를 참조하라.

7) Chan and Lakonishok(2004)은 주가배수(예: P/E)가 낮은 주식에 집중하는 가치투자가 연구대상 13개국 대부분에서 우수한 투자수익률을 거두었다는 실증적 증거를 통해 기존 연구 결과를 확인했다. O'Shaughnessy(2005)는 비록 낮은 P/E 주식에 투자하는 투자전략의 수익률이 낮은 P/E, P/S, P/CF 주식에 투자하는 투자전략의 수익률에 미치지는 못했지만, 미국시장에서 장기적인 가치투자가 우수한 수익률을 보인다는 실증적 증거를 제시했다. 다만 일반적으로 가치주식에 대한 투자의 수익률이 장기적으로 성장주식보다 우수한 것이 가치주식의 위험이 성장주식보다 더 큰데 기인하는지와 이러한 증거의 해석에 다른 요인이 역할을 하는지에 대해서는 논란이 계속되고 있다.

3.1.1. P/E의 정의

P/E 계산에서 공통적으로 사용되는 분자는 현재 주가이다. 상장회사 주가는 시장에서 쉽게 확인되고 명확하기 때문에 이에 대한 논란은 없다. 하지만 분모에 사용되는 EPS의 선택은 단순하지 않다. 다음과 같은 두 가지 이슈가 고려되어야 한다.

- 이익의 측정기간에 따라 P/E의 정의가 달라질 수 있다.
- 여러 기업의 P/E를 비교하기 위해서는 애널리스트가 동일한 기준으로 회계적 이익을 조정해야 한다.

P/E는 EPS의 선택에 따라 보통 후행P/E와 전방P/E로 나뉜다.

- **현재P/E(current P/E)**[8]로도 불리는 **후행P/E(trailing P/E)**는 현재 주가를 직전 4개 분기 동안의 EPS로 나눈다. 이때 이런 EPS를 "후행 12개월 EPS(trailing 12 months EPS, TTM EPS)"라고도 부른다.
- **선행P/E(leading P/E)**나 **전망P/E(perspective P/E)**로도 불리는 **전방P/E(forward P/E)**는 현재 주가를 다음 해 기대 EPS로 나눈다.
- 대부분의 재무 데이터베이스가 주식 프로파일 설명에 후행P/E를 기본으로 제공하지만, 많은 경우 전방P/E에 대한 정보도 제공하고 있다. 실무적으로 3.1.3절에서 설명하는바와 같이 "다음 해"를 어떻게 정의하느냐에 따라 다양한 P/E의 변형들이 존재한다.

P/E에는 다양한 명칭과 측정기간의 정의가 존재한다. 예를 들어 Thomson First Call[9]은 분자에 과거 12개월 EPS, 최근 보고된 연간 EPS, 향후 1년에서 3년까지 추정 EPS 등을 사용하는 다양한 P/E를 제공한다. 또 다른 사례로 Value Line의 회사 리포트는 과거 10년간 연평균 P/E 중 4개 중간값의 평균값으로 정의된 중간값 P/E를 보여준다.

애널리스트가 P/E를 이용하기 위해서는 평가대상인 모든 회사와 측정기간에 동일한 정의를 사용해야 한다. 그렇지 않으면 특정 회사의 시간 흐름에 따른 P/E의 변동을 파악하거나 특정 시점에 여러 회사들을 P/E를 비교하는 것이 적절하지 않게 되기 때문이다. 다른 방법으로 계산된 P/E가 차이를 보이는 것은 계산방법의 체계적 차이에 따른 것일 수 있다. 가령 이익이 증가하는 경우 전방P/E의 EPS가 후행P/E의 EPS보다 크기 때문에 전방P/E가 체계적으로 후행P/E보다 작아진다.

---

8) 그러나 *The Value Line Investment Survey*는 가장 최근 6개월의 EPS 실적과 향후 6개월 EPS 추정치를 합산한 EPS로 계산된 "현재P/E"를 사용한다. 이 계산법은 과거와 향후의 이익 요소를 조합한 형태가 된다.

9) Thomson First Call은 현재 Reuters에 합병되었다. 하지만 Reuters와 Thomson First Call의 데이터베이스는 아직 분리되어 있어, 이러한 추정치는 Thomson First Call 추정치로 계속 불린다.

가치평가는 미래 지향적인 작업이기 때문에 이익 추정치를 확보할 수 있다면 애널리스트가 전방P/E에 더 관심을 갖는 것은 합리적이다. 대형 상장회사의 경우 애널리스트는 자체적으로 이익을 추정하거나 상업 데이터베이스에서 이익 추정치 컨센서스를 확인할 수 있다. 물론 이익을 즉시 추정할 수 없을 때는 후행P/E가 전방P/E보다 적절할 수 있다. 경우에 따라서는 논리적으로 P/E의 특정 정의가 적절하지 않을 수 있다. 예를 들어 중요한 인수나 분할 또는 재무 레버리지의 중대한 변동은 회사의 영업과 재무위험에 큰 변화를 가져오기 때문에 과거 EPS에 기초한 후행P/E는 미래에 대한 유익한 정보를 제공할 수 없다. 결국 가치평가에 적절하지 않은 것이다. 이런 경우에는 전방P/E가 적절한 지표가 된다. 이와 관련하여 우리는 뒤에서 선행 및 후행P/E의 계산에서 발생하는 이슈들에 대해 알아보기로 한다.

후행P/E와 전방P/E는 단일 연도의 EPS를 기초로 한다. 그러나 현재의 EPS가 음이거나 장래의 이익 창출력을 대표할 수 없다면 장기적인 예상 평균 EPS를 가지고 P/E를 계산할 수 있다. 정규화한 EPS 자료를 가지고 계산된 P/E를 **정상P/E(normalized P/E)**라고 한다. 정상P/E는 일반적으로 분모에 역사적 자료를 사용하기 때문에 아래 후행P/E 계산에서 함께 살펴보기로 한다.

3.1.2. 후행P/E의 계산

P/E에 과거 이익을 사용할 때 애널리스트는 분자인 EPS의 결정에 주의해야 한다. 애널리스트는 다음을 고려해야 한다.

- EPS의 잠재적 희석[10)]
- 특정 회사에만 있는 일시적이고 비반복적인 일회성 손익
- (사업이나 산업의) 경기순환에 따른 일시적 손익
- (여러 주식을 비교할 때) 회계처리 방법의 차이

고려사항 중에서 EPS의 잠재적 희석 문제는 애널리스트에게 큰 회계적 전문성을 요구하지 않는다. 회사들이 기본EPS와 희석EPS 정보를 모두를 공개하도록 요구받기 때문이다. **기본EPS(basic earnings per share)**는 당기순이익을 일정 기간 동안 실제 유통된 주식의 가중평균 주식수로 나눈 값이다. **희석EPS(diluted earnings per share)**는 실제 유통 중인 주식의 수에 스톡옵션, 주식 워런트, 전환사채 등 주식연계증권의 보유자가 보통주로의 전환권이나 교환권(옵션)을 행사할 때 새로 발행되어 유통될 수 있는 잠재적인 주식의 수를 합산한 전체 주식의 수로 당기순이익을 나눈다. 즉 희석EPS는 분자인 EPS에 주식연계증권의 보통주

10) **희석(dilution)**이란 신주 발행에 따라 기존 주주의 소유권 지분이 비례적으로 감소하는 것을 말한다.

전환 효과를 반영하는 EPS이다.[11] 회사들은 두 EPS를 모두 제공하기 때문에 애널리스트가 이들을 굳이 계산할 필요는 없다. EPS 계산의 세부 내역은 재무제표 주석에 공개된다. 당연한 것일지는 몰라도 (EXAMPLE 2)는 기본EPS보다 희석EPS를 사용할 때 P/E가 더 크다는 사실을 보여준다.

EXAMPLE 2 기본EPS와 희석EPS

2012년 12월 31일 종료 회계연도 WPP Group PLC(London: WPP)는 기본EPS £66.2, 희석EPS £62.8을 보고했다. 이 회사가 언론을 통해 실적을 공개한 날인 2013년 2월 1일 WPP의 종가는 £1058.0이다. 이 가격을 기준으로 계산한 WPP의 후행P/E는 기본EPS를 사용할 때 16.0이고, 희석EPS를 사용할 때 16.8이다.

회사들을 비교할 때 애널리스트는 희석EPS 사용을 선호하는데, 이는 희석 가능성이 있는 증권을 반영하면 여러 주식의 EPS를 비교하는데 용이하기 때문이다. 언급한 고려사항 중 나머지 세 가지는 애널리스트가 보고된 이익을 조정하게 만드는데, 이에 대해서는 아래에서 살펴보기로 한다.

3.1.2.1. 일회성 항목의 조정

가치평가를 미래 현금흐름에 집중하기 위해 애널리스트는 미래에 다시 발생할 것으로 예상되지 않는 손익 항목을 제거해야 한다. 다시 말해 애널리스트의 관심은 **지속이익(persistent earnings)**, **계속이익(continuing earnings)**, **핵심이익(core earnings)**라고도 불리는 **근원이익(underlying earnings)**의 추정에 초점이 맞춰진다. 이는 일회성 항목이 제거된 이익을 말한다. 근원이익의 증가는 애널리스트가 미래에도 지속될 것으로 예상하는 이익이 증가한다는 의미이다. 회사가 조정된 이익을 공시하기도 하는데 이는 (IFRS에 따라 보고된 이익과 다르다는 점에서) 비IFRS이익 혹은 (US GAAP에 따라 보고된 이익과 다르다는 점에서) 비GAAP이익으로도 불리며, 경우에 따라 예상이익, 조정이익 또는 (EXAMPLE 3)과 같이 핵심이익 등으로 불린다. 이런 용어를 사용하는 이익은 어떤 부분이든 회계기준에 따른 이익과 차이가 있다는 것을 나타낸다. (EXAMPLE 3)은 보고된 EPS의 일회성 항목 조정과 그에 따른 P/E 변동에 대해 설명한다.

11) 예를 들어 전환사채의 전환은 EPS 계산에서 분자인 순이익과 분모인 주식의 수 모두에 영향을 미친다. 전환사채 보유자가 이를 주식으로 전환하는 옵션을 행사하면 전환사채의 발행자인 회사는 더 이상 채권에 대한 이자 지급의 의무를 부담하지 않아 순이익에 영향을 미치며, 전환에 따른 주식 발행으로 다른 조건이 동일하다면 유통주식수도 증가한다.

EXAMPLE 3 후행(TTM)EPS 계산과 일회성 항목의 조정

당신은 2013년 4월 1일 현재 AstraZeneca PLC(NYSE, LSE: AZN)의 후행P/E를 계산하고 있다. 이날 뉴욕 시장 종가는 $50.11(런던 시장 종가는 £28.25)이었다. AZN은 IFRS에 따라 3월말 종료 2013년 1분기 기본 및 희석EPS를 $0.81로 보고했는데, 이는 구조조정비용 $0.34, 인수시 발생한 무형자산상각비 $0.26이 반영된 수치이다. AZN은 이러한 항목들을 조정한 1분기 핵심EPS(core EPS)를 $1.41로 보고했다. 2012년도 1분기 핵심EPS는 $1.81로 보고된바 있다. AZN은 핵심EPS와 IFRS에 따른 EPS의 차이와 그 조정 내역을 제공하고 있다. 2013년 3월 31일 현재 EPS 관련 기타 자료는 아래와 같다. 참고로 후행 12개월 희석EPS는 2013년 첫 한 분기와 2012년 세 분기의 EPS로 구성된다.

척 도	2012년 전체 (a)	Less 2012년 1분기 (b)	2012년 2~4분기 (c = a − b)	Plus 2013년 1분기 (d)	후행 12개월 EPS (e = c + d)
보고된 희석EPS	$4.98	$1.27	$3.71	$0.81	$4.52
핵심EPS	$6.41	$1.81	$4.60	$1.41	$6.01
2012년 법정충당금 제외 EPS	$5.07	$1.28	$3.79	$0.81	$4.60

AZN에 대한 이상의 정보를 바탕으로 다음 질문에 답하라.

1. 회사가 보고한 EPS를 바탕으로 2013년 3월 31일 현재 AZN의 후행P/E를 계산하라.
2. 회사가 제시한 핵심EPS를 바탕으로 2013년 3월 31일 현재 AZN의 후행P/E를 계산하라.

당신은 상각비가 향후에도 계속 발생할 것으로 예상하고 있다. 비록 AZN이 핵심이익 계산에서 구조조정비용을 제외했지만, 과거에도 구조조정비용을 보고해왔다고 하자. 모든 자료를 검토한 후, 당신은 이 사례에서 이전에 공시된 법정충당금만 일회성 비용으로 보아야 한다고 결론지었다.

3. 당신이 조정한 EPS에 기초하여 후행P/E를 계산하라.

Solution 1

일회성 항목을 조정하지 않고 보고된 EPS를 사용하면 후행P/E는 $50.11/$4.52 = 11.1이다.

Solution 2

회사가 보고한 핵심이익을 사용하면 후행EPS는 $6.01이 되고, 후행P/E는 $50.11/$6.01 = 8.3이 된다.

Solution 3

당신이 생각하는 일회성 비용만 제거하면 후행EPS는 $4.60이 되고, 후행P/E는 $50.11/$4.60 = 10.9가 된다.

(EXAMPLE 3)으로부터 다음과 같은 몇 가지 시사점을 얻을 수 있다.

- 명칭에 관계없이 근원이익이나 핵심이익 등은 조정에 정형화된 규칙이 없는 비IFRS적인 개념이다.
- 애널리스트가 계산한 근원이익은 회사가 보고한 이익과 차이가 있을 수 있다. 계산 기준이 다르기 때문에 회사들이 보고한 핵심이익을 비교할 수 없다. 따라서 애널리스트는 계산에 주의를 기울여야 하며, 회사가 보고한 핵심이익에 의존하지 않도록 해야 한다.
- 일반적으로 가치평가에 애널리스트가 사용하는 P/E에는 회사의 근원이익에 대한 자신의 판단이 반영되어야 하며, 평가대상인 모든 주식에 일관된 기준이 적용되어야 한다.

일회성 항목의 파악에는 별도의 작업이 요구된다. 특히 손익계산서와 주석, 경영자 의견과 분석(MD&A) 섹션에 대한 검토가 필요하다. 애널리스트는 일회성 이익 검토에 있어 손익계산서의 분류에 의존해서는 안 된다. (자산매각 손익, 자산손상, 영업권 상각, 장래의 손실충당금, 회계적 추정치의 변동 등) 일회성 항목은 회사의 손익계산서의 계속사업 이익 부분에도 종종 나타나기 때문이다.[12] 또한 중단사업의 자산을 회사의 영업기반으로 다시 활용할 경우 애널리스트는 중단사업 손익을 제외하지 않을 수 있다. 액면가로 재무제표를 분류하는 애널리스트는 가치평가에 잘못된 결론을 도출할 수 있다.

지금까지 논의가 미래에 지속될 것으로 예상되는 이익과 그렇지 않은 이익을 구분하는데 필요한 분석의 전부는 아니다. 가령 이익은 현금흐름 부분과 발생주의 부분으로 나눠진다.[13] 일부 연구는 가치평가시 이익 중 발생주의 부분보다 현금흐름 부분에 더 큰 가중치를 부여해야 한다고 주장하며[14], 애널리스트는 P/E 계산에 사용되는 이익에 이러한 결론을 반영할 수 있다.

---

12) **감액(write-down)**은 대차대조표상에 표시된 자산의 가치를 줄이는 것을 말한다. 감액의 시점이나 규모는 최소한 일부에 대해서는 회사의 재량이다. **회계 추정치(accounting estimates)**에는 여러 가지가 있다. 대표적인 예로 자산의 내용(상각)연수, 자산의 잔존가치, 보증비용, 제품 반품, 회수불능 미수채권 등이 있다.

13) Sloan(1996) 등의 연구를 요약한 Richardson and Tuna(2008)를 참조하라. 발생주의 이익 부분은 (IFRS나 US GAAP 같은) 적절한 회계기준에 따라 보고된 이익과 현금주의 이익 부분의 차이를 말한다. 예를 들어 매출의 발생주의 부분에는 특정 기간 동안 인식된 모든 매출이 포함된다. 즉, 특정 기간 동안 수금되는 금액과 미래에 수금될 것으로 예상되어 기간 말에도 여전히 매출채권으로 남게 되는 금액이 모두 포함된다. 또한 발생주의 매출에는 예상되는 반품에 대한 충당금이 조정되며, 매출채권에도 회수불능채권의 추정치가 조정된다.

14) Richardson and Tuna(2008)를 참조하라.

3.1.2.2. 경기순환에 따른 조정

기업의 이익은 구조조정비용과 같은 기업 고유의 요인뿐 아니라 산업이나 사업의 경기순환에 따라서도 일시적인 영향을 받는다. 이러한 영향은 기업 고유의 효과와는 다소 차이가 있다. 경기순환은 반복적이기 때문에 일시적이긴 해도 효과는 연속적인 사이클에서 반복적으로 나타난다고 예상되기 때문이다.

경기순환의 효과로 인해 최근의 네 분기 이익에는 회사의 평균적 혹은 장기적 이익창출력이 정확히 반영되지 않을 수 있다. 특히 자동차나 철강 같이 산업과 사업의 경기사이클에 민감도가 높은 **경기순환기업(cyclical businesses)**에서 문제가 될 수 있다. 이런 주식의 후행 EPS는 경기 저점에서 축소되거나 음의 값을 가질 수 있고, 경기 고점에서 비정상적으로 커질 수 있다. 실증적으로도 경기순환기업의 P/E는 사업전망에 변화가 없는 경우에도 경기사이클에 따라 큰 변동성을 보이기도 한다. 경기 저점에서 EPS가 축소되면 P/E가 커지고, 경기 고점에서 EPS가 커져 P/E가 줄어드는 특성을 **몰로도브스키효과(Molodovsky effect)**라고 하는데, P/E의 경기 역행적 특성을 나타낸다.[15] 애널리스트는 이 문제를 EPS의 정규화로 해결하는데, 이는 회사가 경기사이클의 평균 수준에서 달성할 것으로 예상되는 정상 수준의 EPS를 추정하는 것이다. 이러한 정상 수준의 EPS를 **정상EPS(normalized EPS)** 혹은 **정규EPS(normal EPS)**라고 한다.[16] 정상EPS를 계산하는 방법에는 크게 두 가지가 있다.

- **역사적 평균** EPS **활용**. 최근의 경기사이클 전체의 평균 EPS로 정상EPS를 구한다.
- **평균 자기자본이익률 활용**. 최근의 경기사이클 전체의 평균 자기자본이익률(ROE)에 현재 주당장부가치를 곱해 정상EPS를 구한다.

첫 번째 방법은 이익의 경기순환 문제를 통계적 접근법으로 해결하려 한다. 그러나 이 방법은 회사의 규모 변화를 설명하지 못하는 문제가 있다. 반면 두 번째 방법은 최근 주당장부가치를 사용하기 때문에 회사의 규모 변화가 EPS에 미치는 영향을 정확히 반영할 수 있다. 이런 이유로 평균 ROE를 사용하는 방법이 선호된다.[17] (대규모 자산손상 등으로 인해) 보고된 현재 장부가치가 과거 장부가치에 비해 회사의 규모 변화를 적절히 반영하지 못하면 적절한 회계적 조정이 필요하게 된다. 또한 애널리스트는 총자산에 장기적인 총자산이익률

---

15) 이 효과는 1950년대 이 주제를 연구한 Nicholas Molodovsky의 이름을 딴 것으로, 그는 회사의 근원이익 창출력을 이해하는 출발점으로 평균적 이익의 사용에 대해 연구했다. 우리는 몰로도브스키효과를 다른 방식으로 표현할 수 있다. 즉 P/E는 기대되는 이익 반등으로 인해 최근 이익성장률과 음의 상관관계를 가지지만, 기대되는 미래 이익성장률과는 양의 상관관계를 가질 수 있다.

16) 여기서 "정상이익(normalized earnings)"이란 용어는 경기순환의 효과를 조정한 이익을 말한다. 일부에서는 이 용어를 일회성 항목이 조정된 이익을 지칭하는데 사용하기도 한다.

17) 이 접근법은 가치평가 리서치에도 사용된다. 예를 들어 Michaud(1999)는 정규P/E를 대신해 (EPS를 주가로 나눈) 정상이익수익률(normalized earnings yield)을 연구에 사용했다.

(ROA)[18] 추정치를 곱하거나, 자기자본에 장기적인 자기자본이익률(ROE)을 곱해 정상EPS를 추정하기도 한다. 이런 방법은 평가기간 중 손실을 실현한 경기순환기업에 특히 유용할 수 있다.

(EXAMPLE 4)는 경기순환에 따른 EPS의 정규화에 대한 사례이다. 사례는 **미국주식예탁증서(American Depositary Receipt, ADR)**의 예를 들고 있지만 주식에도 적용이 가능하다. ADR은 미국 투자자들이 손쉽게 해외기업에 투자할 수 있도록 고안되었다. 이는 해외기업이 예탁한 주식의 소유권을 대표하는 수탁은행이 예탁주식 대신 발행한 양도성주식예탁증서이다. (ADR의 原株는 해외기업 소재 본국 증권시장의 수탁은행에 예탁된다.) 예탁주식 1주당 ADR 1주가 발행되기도 하지만 발행 비율을 달리 정할 수도 있다. ADR 1주가 대표하는 예탁주식의 수나 비율을 "ADR비율"이라고 한다.

EXAMPLE 4 경기순환에 따른 EPS 정규화

당신은 세계 최대의 반도체 파운드리 회사(www.tsmc.com)인 Taiwan Semiconductor Manufacturing Company(NYSE: TSM, TAIEX: 2330)의 가치를 평가 중이다. 당신의 리서치는 현지 Taiwan Stock Exchange에 상장된 주식보다 ADR에 관심을 갖는 미국 투자자들을 위한 것이다. 2013년 7월 5일 NYSE에 상장된 TSM의 ADR 종가는 $18.21이었다. 반도체산업은 전형적인 경기순환산업이어서 분석에는 이익을 정규화하기로 했다. 당신은 2006년부터가 최근 경기사이클의 시작점을 포착하는 것으로 보고 정상P/E를 추정하기로 했다. [표 1]은 (중국 GAAP에 따른) ADR 1주의 EPS, ADR 주당장부가치(BVPS), 회사 ROE 자료이다.[19]

[표 1] Taiwan Semiconductor Manufacturing Company (미국 달러화)

척 도	2006	2007	2008	2009	2010	2011	2012
EPS (ADR)	$0.74	$0.63	$0.61	$0.54	$1.07	$0.88	$1.08
BVPS (ADR)	$3.00	$2.93	$2.85	$2.99	$3.80	$4.03	$4.82
ROE	24.7%	21.5%	21.4%	18.1%	28.2%	21.8%	22.4%

자료: *The Value Line Investment Survey*

18) 이 방법의 대표적 연구 사례는 Dow Jones Industrial Average의 내재가치에 대한 연구를 수행한 Lee, Myers, and Swaminathan(1999)이다. 저자들은 회사의 이익이 음인 기간의 배당성향을 추정함에 있어 총자산의 6%를 정규이익(normal earnings)의 대용치로 사용했다. 저자들에 따르면 미국의 장기적인 총자산이익률은 약 6%라고 한다.

19) 이 사례는 한 회사를 대상으로 한다. 다만 애널리스트가 정상EPS로 계산된 P/E를 통해 여러 회사들을 비교할 경우 평가대상 회사들의 ROE에 일관된 기준이 적용되어야 한다는데 유의하자. 이 사례는 각 연도의 ROE 계산에 연말 BVPS와 정규화한 후행이익을 사용했다.

[표 1]의 자료를 이용하여 다음 질문에 답하라.

1. 역사적 평균 EPS를 사용하여 TSM의 정상EPS와 그에 따른 정상P/E를 계산하라.
2. 역사적 평균 ROE를 사용하여 TSM의 정상EPS와 그에 따른 정상P/E를 계산하라.
3. 두 방법에 의해 계산된 정상EPS에 차이가 나는 이유를 설명하고, 정상P/E 추정치에 미치는 영향을 비교 · 설명하라.

Solution 1

2006 ~ 2012년 EPS의 평균은 ($0.74 + $0.63 + $0.61 + $0.54 + $1.07 + $0.88 + $1.08)/7 = $0.79이다. 역사적 평균 EPS에 따른 TSM의 정상EPS는 $0.79이며, 그에 따른 정상P/E는 $18.21/$0.79 = 23.1이다.

Solution 2

2006~2012년 평균 ROE는 (24.7% + 21.5% + 21.4% + 18.1% + 28.2% + 21.8% + 22.4%)/7 = 22.6%이다. 현재 BVPS가 $4.82이기 때문에 평균 ROE에 따른 TSM의 정상EPS는 0.226 × $4.82 = $1.09이며, 그에 따른 정상P/E는 $18.21/$1.09 = 16.7이다.

Solution 3

2006 ~ 2012년 동안 BVPS는 $3.00에서 $4.82로 약 61% 증가했다. 평균 ROE로 구한 정상EPS($1.09)는 역사적 평균 EPS로 구한 정상EPS($0.79)보다 회사의 현재 규모를 더 잘 반영한다. 이러한 차이로 인해 평균 ROE를 사용할 때 (P/E가 작아지면서) TSM이 더 보수적으로 평가된다.

3.1.2.3. 비교가능성 확보를 위한 조정

애널리스트가 P/E의 비교가능성을 확보하기 위해서는 평가대상과 비교대상 회사의 회계처리 차이를 고려하여 EPS를 조정해야 한다. 예를 들어 애널리스트가 재고자산 회계처리에 (IFRS에서는 허용되지 않지만 US GAAP에서 허용되는) 후입선출법(LIFO)을 사용하는 회사와 선입선출법(FIFO)을 사용하는 회사를 비교하기 위해서는 이익을 같은 기준으로 조정해 주가배수와 가치평가의 비교가능성을 확보해야 한다. 회계처리의 차이로 인해 P/E와 기타의 주가배수 분석에는 재무보고 목적으로 작성된 재무수치를 조정하는 과정이 수반되는 것이 일반적이다.

3.1.2.4. 비정상적인 이익의 처리

일회성 손익과 경기순환으로 인해 발생하는 P/E 계산의 문제를 해결하고 비교가능성을 확보하는 방법으로 이익이 비정상적인 수준에 있을 때 애널리스트가 이 문제를 어떻게 처리할 것인지에 대해 생각해보자.

P/E를 포함한 주가배수를 종목선정의 기준으로 사용하면 배수가 가장 작은 주식부터 가장 큰 주식으로 순위를 매기는 경우가 있다. 이때 (양의 값을 가지는 경우에 한해) P/E가 작은 주식은 P/E가 큰 주식에 비해 이익 한 단위를 구매하는 비용이 적다. 하지만 이익이 0이거나 음인 경우에는 P/E를 가치평가에 활용하는데 문제가 발생한다. 일단 주식 가격을 0으로 나누는 것이 정의가 되지 않는다.

이익이 음인 경우에도 기술적으로 P/E를 계산할 수는 있다. 하지만 이익이 음이면 P/E도 음의 값을 갖는다. 기계적으로 해석하면 P/E가 음인 주식은 가장 작은 양의 P/E 주식보다 종목선정에 우선순위를 부여 받아야 하지만, 이익이 음이기 때문에 실제로는 P/E가 음인 주식은 구매하는 이익을 기준으로 보면 가장 비싼 주식이 된다. 따라서 음의 P/E는 경제적 의미를 갖지 못한다.

이런 경우 일부 애널리스트는 EPS를 정규화하여 음의 EPS 문제를 해결하려 한다. 또한 후행EPS가 음의 값일 때 1년 후의 EPS가 양일 수 있고 결과적으로 전방P/E는 양의 값일 수 있다. 이런 방법들을 통해 양의 이익을 사용하려는 것은 회사가 계속기업으로 적절히 간주된다면 손실이 정상적인 영업활동의 결과일 수 없다는 것을 논거로 한다.

만일 애널리스트가 P/E의 순위에 관심을 가진다면 (이익이 0이거나 음이라도 어떤 주가배수에도 적용이 가능한) 해결책은 **역의 주가배수(inverse price ratio)**를 사용하는 것이다. 주가배수의 역수를 사용하면 주가는 분모에 놓인다. 주가는 음의 값이 될 수 없기 때문에 역의 주가배수를 사용하면 우선순위의 일관성을 확보할 수 있다.[20] P/E의 역수(역의 주가배수)는 **이익수익률(earnings yield)**로 알려진 수익주가비율(E/P)이다. 이익수익률이 높은 주식부터 낮은 주식으로 순위화하면 주식은 통화 한 단위로 구매할 수 있는 이익의 크기를 기준으로 가장 싼 주식에서 가장 비싼 주식의 순으로 정확히 정렬된다.

[표 2]는 맥주회사들 중 어떤 회사의 EPS가 음인 사례를 통해 순위의 일관성 문제를 어떻게 해결하는지 설명한다. 참고로 이익이 음인 경우 애널리스트는 P/E를 보고할 때 "의미없음(NM)"이라고 기록한다.

---

20) 이익수익률도 정상EPS를 사용하거나 다음해 예상 EPS, 또는 후행EPS로 계산할 수 있다. 이러한 경우에도 이익수익률을 사용하면 일관된 순위를 얻을 수 있다.

[표 2] 5개 맥주회사의 P/E와 E/P(2013년 9월 5일 현재; 미국 달러화)

회 사	현재 주가	희석EPS (TTM)	P/E (TTM)	E/P(%)
Molson Coors Brewing Co. (NYSE: TAP)	49.19	3.14	15.7	6.38
Anheuser-Busch Cos. (NYSE: BUD)	94.73	8.04	11.8	8.49
Boston Beer Co. (NYSE: SAM)	223.57	4.73	47.3	2.12
Craft Brew Alliance, Inc. (NASDAQ GM: BREW)	12.30	0.02	615.0	0.16
Mendocino Brewing Company, Inc. (OTC Markets: MENB)	0.29	−0.02	NM	−6.90

자료: Yahoo! Finance.

이익이 0이나 음인 경우는 아니라도 극단적으로 작은 경우도 P/E 사용에 문제가 될 수 있다. 특히 검토대상 주식들의 P/E 분포를 평가할 때 그렇다. 이 경우에도 역의 주가배수가 유용할 수 있다. 극단적으로 이익이 작으면 주식의 P/E는 극단적으로 커질 수 있다. 극단적으로 큰 P/E(이상치 P/E)는 평균 P/E 계산에서 다른 주식들의 P/E 효과를 압도할 수 있다. 중간값 P/E를 사용하거나 기타의 통계적 기법을 활용하면 이상치에 의한 분포의 비대칭(왜도) 문제를 완화할 수 있지만, 역의 주가배수의 분포는 근본적으로 이상치에 따른 왜도(歪度)에 덜 민감한 장점이 있다.

언급한 바와 같이 이익수익률은 역의 주가배수의 한 사례이며, 역의 주가배수는 모든 주가배수에 적용이 가능하다. [표 3]은 주요 주가배수에 대한 역의 주가배수에 대한 요약이다.

[표 3] 주가배수와 역의 주가배수

주가배수	역의 주가배수	비 고
주가수익비율 (price-to-earnings, P/E)	이익수익률 (earnings yield, E/P)	두 형태 모두 일반적으로 사용됨.
주가장부가비율 (price-to-book, P/B)	장부가시가비율 (book-to-market, B/P)*	장부가는 보통 음의 값을 갖지 않음. 장부가시가비율은 연구목적으로는 선호되지만 실무에서는 잘 사용되지 않음.
주가매출비율 (price-to-sale, P/S)	매출주가비율 (sales-to-price, S/P)	다른 배수들이 역의 주가배수로 같이 기술되는 경우가 아니면 거의 사용되지 않음. 계속기업이면 매출은 0이거나 음일 수 없음.

[표 3] (계속)

주가배수	역의 주가배수	비 고
주가현금흐름비율 (price-to-cash flow, P/CF)	현금흐름수익률 (cash flow yield, CF/P)	두 형태 모두 일반적으로 사용됨.
주가배당비율 (price-to-dividends, P/D)	배당수익률 (dividend yield, D/P)	배당하지 않는 주식은 P/D를 계산할 수 없기 때문에 배당수익률이 훨씬 더 일반적으로 사용됨. D/P와 P/D는 모두 인덱스(지수) 가치평가에 사용됨.

* "장부가시가(book-to-market)"가 "장부가주가(book-to-price)"보다 일반적으로 사용되는 용어이다. 장부가시가를 나타내는데 B/M, BV/MV, B/P 같이 다양한 약어가 사용된다.

(주) B, S, CF, D는 모두 주당 기준임.

3.1.3. 전방P/E

가치평가는 본질적으로 전방주시적(前方注視的) 작업이기 때문에 전방P/E(forward P/E)는 후행P/E에 대응되는 중요한 논리적 대안이다. 전방P/E를 정의함에 있어 애널리스트는 "다음 해 기대이익"을 다음 중 하나로 해석한다.

- 다음 네 분기 동안의 EPS 추정치
- 향후 12개월 동안의 EPS 추정치
- 다음 회계연도 EPS 추정치

우리는 특별한 언급이 없는 한 전방P/E 계산에는 첫 번째 정의인 다음 네 분기 동안의 EPS 추정치를 사용하는데, 이는 DCF 가치평가에서 현금흐름의 발생 시점을 측정하는 방식에 가장 가깝다.[21] 예를 들어 어떤 주식의 2013년 3월 1일 현재 주가는 $15이고, 최근 분기(2012년 12월말 종료된 분기)에 보고된 EPS는 $0.22라고 가정해보자. 향후의 분기별 EPS 추정치는 다음과 같다고 하자.

- 2013년 1분기(3월 31일에 종료되는 분기)는 $0.15
- 2013년 2분기(6월 30일에 종료되는 분기)는 $0.18
- 2013년 3분기(9월 30일에 종료되는 분기)는 $0.18
- 2013년 4분기(12월 31일에 종료되는 분기)는 $0.24

향후 4개 분기의 EPS 추정치 합은 $0.15 + $0.18 + $0.18 + $0.24 = $0.75이고, 이 주식의 전방P/E는 $15/$0.75 = 20.0이 된다.

21) 애널리스트들은 부분적인 시간 간격을 고려하는 DCF모형을 개발해왔다. 그러나 실무적으로 볼 때 현금흐름의 발생시점을 정의하는 문제보다 현금흐름 추정치의 불확실성이 적정P/E 추정에 더 큰 영향을 미치는 것이 사실이다.

전방P/E와 관련된 또 하나의 중요한 개념은 향후 12개월 P/E인 **NTM P/E(next twelve months P/E)**이다. 이는 후행P/E 중 후행 12개월 P/E인 **TTM P/E(trailing twelve months P/E)**에 대응되는 전방주시적 성격의 개념이다. 어떤 주식의 NTM P/E는 현재 주가를 향후 12개월 EPS 추정치로 나누어 구하는데, 이때 향후 EPS는 2개 회계연도 연간 EPS 추정치를 남아 있는 기간의 비율로 가중 평균해 구한다. 가령 2013년 8월 현재 어떤 애널리스트가 Microsoft Corporation (NASDAQ GS: MSFT)을 리서치 중이라고 해보자. Microsoft는 6월 결산법인이어서, 애널리스트의 분석 시점에는 2014 회계연도 종료까지 2013년 9월부터 2014년 6월까지 아직 10개월이 남아 있다. 이 경우 Microsoft의 NTM EPS 추정치는 [(10/12) × FY14E EPS] + [(2/12) × FY15E EPS]로 계산된다. NTM P/E는 확보되지 않은 분기 이익 추정치를 사용하지 않고도 결산기가 다른 회사들의 비교에 유용할 수 있다.

회계연도의 개념을 적용할 때 Thomson First Call은 두 가지 방법으로 전방P/E를 보고한다. 첫째는 애널리스트들의 현재 회계연도(FY1 = Fiscal Year 1) 이익 추정치 평균을 기초로 한 것인데, 이 경우 애널리스트는 일부 분기의 실제 EPS를 확보할 수도 있다. 둘째는 애널리스트의 다음 회계연도(FY2 = Fiscal Year 2) 이익 추정치를 기초로 하는 것이다. 이는 완전히 추정치에 기초를 둔다. Thomson First Call의 경우에는 전방P/E를 최근 보고된 연간 EPS를 사용하는 현재P/E(current P/E)와 구분하고 있다.

분명한 것은 전방P/E로 주식을 비교할 때 애널리스트는 일관된 정의를 사용해야 한다는 것이다. (EXAMPLE 5)와 (EXAMPLE 6)은 전방P/E 계산의 두 가지 방법을 소개하고 있다.

EXAMPLE 5 전방P/E의 계산 (1)

2013년 9월 초 IBM 보통주(NYSE: IBM)의 주가는 $184.15였다. IBM의 회계연도는 달력연도와 일치한다. Thomson First Call의 자료에 따르면 2013년 9월 현재 2013 회계연도(FY1) EPS 추정치 컨센서스는 $16.19이며, 2014 회계연도(FY2) EPS 추정치 컨센서스는 $18.35이다.

1. Thomson First Call의 EPS 정의와 FY1 EPS 추정치 컨센서스를 바탕으로 IBM의 전방P/E를 계산하라.
2. 회계연도 정의와 FY2 EPS 추정치 컨센서스를 바탕으로 IBM의 전방P/E를 계산하라.

Solution 1

FY1 EPS 추정치 컨센서스에 따른 전방P/E는 $184.15/$16.19 = 11.4이다. 2013년 8월 현재 이 연간 EPS 추정치 컨센서스에는 연말까지 2개 분기의 추정치가 포함되어 있다는데 유의하자.

Solution 2

FY2 EPS 추정치 컨센서스에 따른 IBM의 전방P/E는 $184.15/$18.35 = 10.0이다.

(EXAMPLE 5)에서는 회사의 EPS 추정치가 13% 정도만 증가할 것으로 예상됨에 따라 전방P/E가 급격히 하락하지는 않았다. 반면 (EXAMPLE 6)은 이익이 급격히 변동하는 회사의 P/E 관련 이슈에 대해 설명한다.

EXAMPLE 6 전방P/E의 계산 (2)

이 사례는 전방P/E의 계산에 여러 가지 "전방"의 정의를 사용하고 있다. [표 4]는 네바다, 미시시피, 일리노이, 뉴저지, 인디애나, 아이오와, 루이지에나 등의 지역에서 21개 엔터테인먼트 시설을 운영 중인 Boyd Gaming Corp.(NYSE: BYD)의 EPS 실제치와 추정치이다.

[표 4] BYD의 분기 EPS(미국 달러화; 일회성 항목과 중단사업 손익 제외)

연 도	3월 31일	6월 30일	9월 30일	12월 31일	연간 추정치
2013	0.01	0.00	E(0.01)	E(0.05)	(0.05)
2014	E0.07	E0.08	E0.03	E(0.03)	0.15

자료: *The Value Line Investment Survey*

2013년 8월 9일 BYD의 종가는 $12.20이다. BYD의 회계연도는 12월 말에 종료된다. 2013년 8월 9일을 기준으로 [표 4]의 정보를 이용하여 다음 질문에 답하라.

1. 다음 네 분기의 EPS 추정치에 따른 BYD의 전방P/E를 계산하라.
2. BYD의 NTM P/E를 계산하라.
3. 회계연도 정의와 현재 회계연도(2013년) EPS 추정치에 따른 BYD의 전방P/E를 계산하라.
4. 회계연도 정의와 다음 회계연도(2014년) EPS 추정치에 따른 BYD의 전방P/E를 계산하라.

Solution 1

다음과 같이 합산하여 EPS 추정치를 구한다.

3Q: 2013 EPS(추정치)	($0.01)
4Q: 2013 EPS(추정치)	($0.05)
1Q: 2014 EPS(추정치)	$0.07
2Q: 2014 EPS(추정치)	$0.08
합 계	$0.09

이 정의에 따른 전방P/E는 $12.20/$0.09 = 135.6이다.

Solution 2

2013년 8월 9일 현재 FY2013은 약 5개월이 남아 있다. 따라서 BYD의 NTM EPS 추정치는 [표 4]의 마지막 칸에 있는 연간 EPS 추정치가 기준이 된다. NTM EPS는 [(5/12) × FY13E EPS] + [(7/12) × FY14E EPS] = (5/12)(−0.05) + (7/12)(0.15) = 0.067이 된다. 따라서 NTM P/E는 $12.20/$0.067 = 182.1이다.

Solution 3

다음과 같이 합산하여 EPS 추정치를 구한다.

1Q: 2013 EPS(실제치)	$0.01
2Q: 2013 EPS(실제치)	$0.00
3Q: 2013 EPS(추정치)	($0.01)
4Q: 2013 EPS(추정치)	($0.05)
합 계	($0.05)

이 정의에 따른 전방P/E는 $12.20/($0.05) = −244.0로 계산되지만, 이는 경제적인 의미를 갖지 못한다.

Solution 4

다음과 같이 합산하여 EPS 추정치를 구한다.

1Q: 2014 EPS(추정치)	$0.07
2Q: 2014 EPS(추정치)	$0.08
3Q: 2014 EPS(추정치)	$0.03
4Q: 2014 EPS(추정치)	($0.03)
합 계	$0.15

이 정의에 따른 전방P/E는 $12.20/$0.15 = 81.3이다.

(EXAMPLE 6)의 BYD와 같이 이익의 변동성이 큰 기업의 경우 전방P/E와 이에 근거한 가치평가는 이익의 정의 방식에 따라 극단적인 영향을 받는다. 이런 경우 애널리스트는 BYD의 EPS를 정규화할 필요가 있다. 엔터테인먼트 산업은 소비자의 재량적 지출에 민감한 산업이다. 따라서 BYD의 이익도 대단히 경기 순응적인 성향을 보인다.

지금까지 P/E 계산에 관련된 이슈들에 대해 살펴보았다. 이제 우리는 가치평가에 P/E를 활용하는 방법에 대해 살펴보기로 한다.

3.1.4. 추정 펀더멘털을 이용한 가치평가

DCF모형을 이해하는 애널리스트는 DCF모형을 이용해 주식의 적정P/E(justified P/E)를 도출할 수 있을 뿐 아니라 유사비교법을 사용할 때 밸류에이션의 차이가 어디서 오는지에 대한 시사점을 얻을 수 있다. 평가회사의 수익성, 성장성, 자본비용에 관한 정보가 주어질 때 P/E를 DCF모형에 연계시키면 시장이 EPS 한 단위에 대해 얼마의 가치를 부여하는지 파악할 수 있다.

3.1.4.1. 적정P/E

DCF모형 중 가장 단순한 형태는 배당할인모형(DDM)의 하나인 고든성장모형(GGM)이다. 배당할인 가치평가의 프레젠테이션은 공통적으로 고든성장모형에서 유도된 다음 수식과 같이 주식의 P/E가 주식의 가치와 관련될 수 있다는 것을 나타낸다. 고든성장모형에 따른 전방P/E는 다음과 같다.

$$\frac{P_0}{E_1} = \frac{D_1/E_1}{r-g} = \frac{1-b}{r-g} \tag{1}$$

한편 고든성장모형에 따른 후행P/E는 다음과 같다.

$$\frac{P_0}{E_0} = \frac{D_0(1+g)/E_0}{r-g} = \frac{(1-b)/(1+g)}{r-g} \tag{2}$$

여기서 P는 가격, E는 이익, D는 배당, r은 요구수익률, g는 배당성장률, b는 유보율이다.

배당이 정률로 증가한다고 가정하면 수식 (1)은 적정 전방P/E, 수식 (2)는 적정 후행P/E가 된다. 두 P/E 수식은 주식의 위험을 대표하는 요구수익률 r과 기대되는 배당성장률 g 등 두 개 펀더멘털의 함수이다. 배당성향$(1-b)$도 수식에 포함된다.

이 처럼 P/E는 펀더멘털의 추정치 집합 및 배당성향과 관련된다. 이런 P/E가 추정된 펀더멘털에 기초한 주식의 **적정P/E(justified P/E)** 또는 **펀더멘털P/E(fundamental P/E)**이다. 즉, 추정된 펀더멘털에 의해 정당화되는 P/E이다. 다른 조건이 동일하면 배당성장률이 높거나 주식의 요구수익률이 낮을수록 주식의 내재가치와 적정P/E는 커진다.

이런 추론은 보다 복잡한 DCF모형에도 적용된다. 어떤 DCF모형을 사용해도 다른 조건이 일정하면 적정P/E는 다음 조건을 만족한다.

- 적정P/E는 주식의 요구수익률과 역의 상관관계를 가진다.
- 적정P/E는 기대되는 미래 현금흐름의 성장률과 양의 상관관계를 가진다.

우리는 (EXAMPLE 7)을 통해 적정 전방P/E의 계산 방법을 설명한다.

EXAMPLE 7 추정 펀더멘털에 기초한 전방P/E (1)

BP p.l.c.(London: BP)는 세계 최대 석유메이저 중 하나이다. 2013년 9월 초순 이 회사는 2010년 발생한 드릴링 리그의 폭발 사고와 관련된 소송을 진행 중이었다. 에너지 애널리스트인 Jan Unger는 BP의 장기 이익유보율을 10%로, 장기 성장률을 3%로 추정한다. BP의 주주들은 소송의 불확실성에 직면하고 있었기 때문에 Unger는 BP의 요구수익률을 12.5%로 높게 추정했다. Unger의 펀더멘털 추정치와 수식 (1)에 따른 BP의 적정 전방P/E는 다음과 같다.

$$\frac{P_0}{E_1} = \frac{1-b}{r-g} = \frac{1-0.10}{0.125-0.03} = 9.5$$

주식가치평가에 (성장률이나 배당이 변동한다고 가정하는 등) 복잡한 DCF모형을 사용할 때는 애널리스트가 P/E를 펀더멘털들의 함수로 나타내기 어려울 수 있다. 하지만 이 경우에도 (EXAMPLE 8)과 같이 애널리스트가 (DCF모형으로부터 도출된) 주당가치를 추정 EPS로 나누면 적정P/E를 구할 수 있다. 이와 유사한 접근법은 다른 종류의 적정주가배수를 구하는데도 사용될 수 있다.

EXAMPLE 8 추정 펀더멘털에 기초한 전방P/E (2)

Toyota Motor Corporation(TYO: 7203, NYSE: TM)은 세계 최대 자동차회사 중 하나이다. 이 회사의 최근 회계연도는 2013년 3월 31일에 종료되었다. 2013년 9월 초 당신은 Toyota 주식의 가치를 평가 중인데, 전날 주가는 ¥6,340이였다. 당신은 이 주식의 가치평가에 주주잉여현금흐름(FCFE)을 사용해왔고, 주식가치를 주당 ¥6,722로 평가했었다. 당신은 이 회사의 2014 회계연도 EPS를 ¥600로 예상하고 있다. 고객과의 효과적인 커뮤니케이션을 위해 당신은 EPS 추정치를 바탕으로 한 전방P/E로 가치평가 결과를 표현하고자 한다. Toyota의 2014 회계연도는 2013년 4월 1일부터 2014년 3월 31일까지이다.

1. 추정 펀더멘털에 따른 Toyota 주식의 적정P/E는 얼마인가?
2. 현재 주가 ¥6,340과 당신의 내재가치 추정치 ¥6,722를 비교해보면 이 주식은 약 6% 저평가된 것으로 나타난다. P/E를 이용하여 이 평가결과를 진술하는데 <질문 1>의 답변을 활용하라.

Solution 1

FCFE모형으로 구한 주식가치 = ¥6,722
2014년 EPS 추정치 = ¥600
적정 전방P/E = ¥6,722/¥600 = 11.2

Solution 2

적정P/E 11.2는 현재 시장가격에 따른 전방P/E ¥6,340/¥600 = 10.6보다 약 6% 크다.

다음은 일반적으로 사용되지는 않아도 가격배수와 펀더멘털을 연결시키는 또 다른 접근법에 대해 설명한다.

3.1.4.2. 횡단면 회귀분석에 기초한 예측P/E

적정P/E와 개념적으로 유사한 예측P/E(predicted P/E)는 증권의 밸류에이션을 견인할 것으로 여겨지는 펀더멘털들에 대한 P/E의 횡단면 회귀분석을 통해 추정된다. Kisor and Whitbeck(1963)과 Malkiel and Cragg(1970)는 이 접근법의 선구적 연구로 간주된다. 연구들은 먼저 주식 그룹의 P/E와 개별 회사의 P/E를 결정할 것으로 여겨지는 특성(이익성장률, 배당성향, 이익 변동의 표준편차나 베타 등 변동성 지표 등)을 측정했다. 이 정보를 가지고 애널리스트는 투자가치를 결정할 것으로 간주되는 설명변수들의 집합을 사용해 횡단면 회귀분석을 실행한다. 다만 이때 애널리스트는 설명변수들 사이의 다중공선성(multicollinearity) 때문에 잠재적 왜곡이 발생할 수 있음을 유념해야 한다. (EXAMPLE 9)는 횡단면 회귀분석을 이용한 P/E의 예측에 대해 설명하고 있다.

EXAMPLE 9 횡단면 회귀분석에 기초한 예측P/E

당신은 베타가 0.9, 배당성향이 0.45, 이익성장률이 0.08인 어떤 식품회사의 가치를 평가 중이다. 식품산업에 속한 이 회사 주식의 예측P/E를 도출하는 회귀식은 다음과 같다.

$$\text{예측P/E} = 12.12 + (2.25 \times \text{DPR}) - (0.20 \times \text{Beta}) + (14.43 \times \text{EGR})$$

여기서 DPR은 배당성향, EGR은 5년 이익성장률을 나타낸다.

1. 횡단면 회귀분석 결과를 바탕으로 이 식품회사의 예측P/E를 구하라.
2. 이 주식의 실제 후행P/E가 18.0이라면, 이 주식은 공정하게 평가되고 있는가 아니면 저평가 혹은 고평가되었는가?

Solution 1

$$\text{예측}P/E = 12.12 + (2.25 \times 0.45) - (0.20 \times 0.9) + (14.43 \times 0.08) = 14.1$$

Solution 2

예측P/E(14.1)가 실제 P/E(18.0)보다 작기 때문에 이 주식은 고평가된 것으로 보인다. 즉 이 주식은 펀더멘털로 정당화되는 배수보다 높은 배수에 거래되고 있다.

횡단면 회귀분석은 하나의 수식으로 대규모 자료를 요약할 수 있어 또 다른 관점에서 가치평가에 유용한 시사점을 제공한다. 하지만 이 분석은 최소한 세 가지 제약으로 인해 주된 분석 기법으로는 사용되지 않는다.

- 이 방법은 오직 특정 기간 동안의 특정 주식(혹은 주식 샘플)에 한해 가치평가의 관련성을 포착한다. 평가대상 주식이나 평가기간을 달리하면 회귀분석의 예측력은 의미를 갖지 못한다.
- 회계분석의 회계계수와 설명력은 평가기간에 따라 상당한 차이를 보인다. 이 경우 P/E와 펀더멘털들의 관계도 시간에 따라 변동한다. 실증연구에 따르면 P/E와 이익성장률, 배당성향, 베타 등의 특성 간 관계는 시간 흐름에 따라 안정적이지 않은 것으로 나타났다(Damodaran 2012). 또한 주가배수의 분포가 시간에 따라 변동하기 때문에 특정 시점에서의 회귀분석의 설명력은 시간이 가면 사라질 수 있다고 한다(Damodaran 2012).
- 이 방법에 따른 회귀분석은 (독립변수들의 조합이 선형적인 상관관계를 가지기 때문에) 다중공선성을 보이기 쉬워 개별 회귀계수의 해석을 어렵게 한다.

전체적으로 보면 다수의 자본시장 연구는 주식의 P/E와 경제변수들 사이의 관계를 살피기보다 회사들의 주가(또는 주가수익률)와 설명변수들(이들 중 하나는 이익 혹은 비기대이익) 간의 관계를 살펴보고 있다. 이러한 연구의 고전이 1963년부터 1990년까지의 횡단면 주가수익률을 설명하는 요인들을 연구한 Fama and French(1992)이다. 이 연구에서 주가수익률을 설명하는 변수로는 E/P, 규모, 레버리지, 장부가시가비율이 사용되었다. 하지만 이런 변수들을 결합해서 사용하면 규모와 장부가시가비율만 횡단면 주가수익률에 설명력을 가지고, 다른 변수들의 역할은 흡수되는 것으로 나타났다. 이 연구결과로부터 규모, 장부가시가비율, 베타를 설명변수로 하는 Fama-French 3요인 모형이 도출되었다. 회계적 변수가 주식수익률에 예측력을 가진다는 증거를 제시하는 또 하나의 고전적 연구는 Lakonishok, Shleifer, and Vishny(1994)이다. 이 연구에서는 이익, 장부가치, 현금흐름, 매출성장률에 비추어 상대적으로 낮은 가격의 주식을 매입하는 가치주 보유 전략이 성장주 보유 전략보다 근본적인 위험을 더 수반하지 않고도 1968~1990년의 기간 동안 5년 매입보유전략(buy-and-hold) 수익률에서 우수한 성과를 거두었다는 증거를 제시했다.

3.1.5.유사비교법에 따른 가치평가

P/E 접근법을 가치평가에 적용하는 가장 일반적인 방법은 회사의 실제 혹은 추정 이익에 벤치마크 가격배수를 적용하여 평가대상 주식의 가치를 추정하는 것이다. 이는 주식의 실제 가격배수와 벤치마크 가격배수를 비교하는 것과 기본적으로 동일한 어프로치이다. 이 절에서는 P/E의 비교에 대해 살펴보기로 한다. 어떤 종류의 주가배수를 사용하든지 유사비교법을 가치평가에 적용하기 위해서는 다음 절차를 따르게 된다.

- 비교에 사용할 주가배수를 선택하여 평가대상 주식의 주가배수를 계산한다.
- 비교대상 자산(혹은 자산군)을 선택하여 해당 주가배수를 계산한다. 비교대상 자산군의 경우 개별 자산들의 평균 혹은 중간값 주가배수를 계산한다. 어느 경우에든 결과치는 **벤치마크 주가배수(benchmark value of the multiple)**가 된다.
- 평가대상 주식의 가치평가에 (펀더멘털의 차이가 있다면 가능한 경우 주관적으로 조정하여) 벤치마크 주가배수를 적용한다. (이는 평가대상 주식과 벤치마크 주가배수를 비교하는 것과 기본적으로 동일하다.)
- 가능하다면 평가대상 주식의 추정가치와 현재 주가의 차이가 주가배수의 펀더멘털 결정요인에 의해 설명되는지를 평가하고, 그에 따라 상대가치평가에 대한 결론을 조정한다. (평가대상의 실제 가격배수와 벤치마크 가격배수 간 차이가 펀더멘털의 차이로 설명되는지 평가하는 절차와 기본적으로 같다.)

이 절차는 유사비교법에 대한 이 책의 설명 구조를 보여준다. 비교에 사용될 첫 번째 주가배수는 P/E이다. 평가 실무자는 비교대상 자산을 선택해 벤치마크 P/E를 도출하는데 다음과 같은 방법 중 하나를 선택한다.

- 산업 내 평가대상 회사의 피어그룹(peer group)의 P/E 평균 혹은 중간값(피어그룹 P/E에 대비한 평가대상 주식의 역사적 평균 P/E의 비율 포함)
- 평가대상 회사의 산업이나 섹터의 P/E 평균 혹은 중간값(산업 혹은 섹터 P/E에 대비한 평가대상 주식의 역사적 평균 P/E의 비율 포함)
- 대표 주가지수의 P/E(주가지수 P/E에 대비한 평가대상 주식의 역사적 평균 P/E의 비율 포함)
- 평가대상 주식의 과거 P/E 평균

첫 번째 방법의 적용에 대해 생각해보자. 평가대상 회사의 현재 P/E가 15이고 피어그룹의 P/E 중간값이 10이면, 이 둘의 비율인 15/10 = 1.5를 과거 평균비율과 비교하는 것이다. 이때 평가대상 주식과 가장 잘 매치되는 개별 주식의 P/E를 벤치마크로 사용할 수도 있다. 다만 평균화 효과를 감안하면 주식들의 그룹이나 주가지수를 벤치마크로 사용하는 것이 개별 주식보다 가치평가의 오류를 줄이는데 일반적으로 도움이 된다. 3.3절에서는 밀접한 관련성을 가진 유사한 단일 주식과의 비교에 대해 설명한다.

경제학자들과 투자분석가들은 회사의 영업상 유사점과 차이점을 바탕으로 회사들을 구분하려 노력해왔다. 한 국가의 경제 전반은 가장 넓게 **경제섹터(economic sectors)**나 대규모 산업그룹으로 분류된다. 이러한 분류는 재무정보의 소스에 따라 달라지는데, 애널리스트는 데이터 원천의 차이를 알고 있어야 한다. 분류는 종종 회사가 공급하는 상품과 서비스의 대상(에너지, 소비재 등), 수요 특성(자유소비재 등), 금융시장 또는 경제적 "테마"(예: 경기순환적 소비재 또는 경기비순환적 소비재 등)에 따라 이루어진다.

주식분석에 널리 사용되는 두 가지 업종분류체계는 Standard & Poors와 MSCI가 공동 개발한 Global Industry Classification System(GICS)과 2006년 Dow Jones와 FTSE가 공동 개발한 FTSE Global Classification System을 개편한 Industrial Classification Benchmark(ICB)이다. 그 외에도 여러 상업적 조직과 정부기관 그리고 학술단체들이 다양한 분류체계를 개발한바 있다.[22)]

GICS는 154개 세부산업, 68개 산업, 24개 산업그룹, 10개 섹터(자유소비재, 필수소비재, 에너지, 금융서비스, 헬스케어, 산업재, 정보기술, 소재, 통신서비스, 유틸리티)의 분류체계를 가진다.[23)] 각 회사는 주로 매출에 따른 주된 비즈니스 활동에 따라 분류체계에 할당된다. 각 회사는 주된 비즈니스 활동에 따라 분류되기 때문에 분류체계상 각 수준의 한 그룹에만 속하게 된다. 한편 자본재 섹터에는 주된 비즈니스 활동에 따라 할당될 수 없는 회사를 위한 분류 단위("industrial conglomerates")도 존재한다.

GICS 같이 ICB도 4단계 분류체계를 가지고 있지만, ICB의 용어는 "섹터"와 "산업"이 거의 반대의 의미를 갖는 구조이다. 4단계 중 최하위 분류단계는 114개 서브섹터이며 그 위에 41개 섹터, 29개 슈퍼섹터, 그리고 최상위 분류단계로 10개 산업이 있다.[24)] 10개 산업은

---

22) 가장 주목할 만한 학술적 분류체계는 Fama and French에 의해 고안되었다. Bhojraj, Lee, and Oler(2003)와 Chan, Lakonishok, and Swaminathan(2007)은 투자 맥락에서 여러 분류체계의 상대적 투자성과에 대한 일부 정보를 제공하고 있다.

23) 이 분류체계는 2008년 8월 8일을 기준으로 한다. 분류체계는 수시로 변동될 수 있다. 자세한 사항은 www.gics.standardandpoors.com을 참조하라.

24) 이 분류체계는 2008년 8월 8일을 기준으로 한다. 분류체계는 수시로 변동될 수 있다. 자세한 사항은 www.icbenchmark.com을 참조하라.

석유가스, 기초소재, 산업재, 소비재, 헬스케어, 소비자 서비스, 정보통신, 유틸리티, 금융, 기술로 구성된다.[25)]

애널리스트는 비교대상 자산을 파악하는데 이러한 분류체계의 가장 최하위 단계(즉, GICS에서는 세부산업, ICB에서는 서브섹터)를 출발점으로 삼는 경우가 많다. 예를 들어 독일 하노버에 분사를 둔 자동차 부품업체 Continental AG(Xetra Level 1: 543900, ADR로도 거래; OTC Pink: CTTAY)는 ICB의 “타이어” 서브섹터로 분류된다. 이 서브섹터에는 Michelin(NYSE Euronext Paris: ML), Goodyear Tire & Rubber Company(NYSE: GT), Bridgestone(Tokyo Stock Exchange: 5108; BRDCY라는 티커로 ADR로도 거래), Cooper Tire and Rubber(NYSE: CTB) 등의 타이어 회사들이 포함된다. 한 단계 위의 분류단계인 “자동차 및 부품” 섹터에는 타이어 회사를 포함해 자동차 제조업체와 기타의 여러 부품회사 등 이질적인 회사들도 포함된다. 서브섹터 내에서 비교대상 후보를 압축하기 위해 애널리스트는 (매출이나 시가총액으로 측정되는) 회사의 규모에 관한 정보와 서비스 대상인 특정 시장에 대한 정보를 이용하기도 한다.

애널리스트는 분류체계들이 회사들을 전반적으로 유사한 방식으로 분류하긴 해도 경우에 따라 분류를 달리할 수 있다는 사실을 기억할 필요가 있다. 가령 여러 구분되는 사업부문을 소유한 GATX Corporation(NYSE: GMT)을 Reuter Company Research는 “운송장비” 섹터 내의 “기타 운송장비”로, GICS는 “산업재” 섹터 내의 “트레이딩 및 유통”으로, Yahoo! Finance는 “서비스” 섹터 내 “렌탈 및 리스”로 분류하는 등 분류기관에 따른 피어그룹의 소속 회사 리스트도 상당한 차이를 보인다.

앞에서 언급한 선택기준에 따라 선정된 유사기업들은 벤치마크 주가배수 계산에 기초가 된다. 이때 평가대상의 주가배수와 벤치마크의 주가배수의 차이를 분석하는데 재무비율 분석이 유용한 수단이 될 수 있다. 재무비율은 다음 사항들에 대한 정보를 제공한다.

- 회사의 단기 채무상환 능력(유동성 비율)
- 매출을 창출하는데 사용되는 자산의 효율성(자산회전율)
- 자본조달에 부채의 사용 정도(레버리지 비율)
- 이익이나 현금흐름으로 이자비용 등의 고정비용을 충당하는 정도(보상배율)
- 수익성(수익성 비율)

---

25) ICB와 GICS 체계의 주된 차이의 하나는 ICB는 상품과 서비스를 구분한다는데 있다. (반면 GICS의 “자유소비재”와 “필수소비재” 섹터는 모두 상품과 서비스 부분을 포함한다.) 두 체계는 다른 체계들과는 공유하지 않는 유사점도 가지는데, 최상위 수준을 10개 그룹으로 분류한 것과 명명법에서 경기순환 혹은 경기비순환을 구분하지 않은 것 등이 대표적인 예이다.

이상과 같은 용어들을 이해하면서 유사비교법의 사용 논의로 다시 돌아가 보자. 우리는 산업의 피어그룹으로부터 횡단면 P/E를 도출하는 것을 시작으로 평가대상 주식과 다소 유사성이 떨어지는 비교대상 자산을 기초로 (이를 조정함으로써) P/E를 도출하는 것으로 논의를 이동하기로 한다. 그리고 역사적 P/E를 이용해 회사 자신의 과거로부터 P/E를 도출해본다. 마지막으로 펀더멘털 및 유사비교를 기반으로 하는 모형으로 얻은 P/E를 다단계 DCF 가치평가의 영구가치 계산에 어떻게 사용하는지 살펴보기로 한다.

3.1.5.1. 유사기업 주가배수의 활용

평가대상 회사가 속한 산업에서 활동하는 회사들(즉, 피어그룹)이 비교대상 자산으로 자주 이용된다. 피어그룹을 사용하는 것은 그룹에 속한 회사들이 평가대상 회사와 유사한 비즈니스 믹스를 가진다는 장점 때문이다. 이 접근법은 유사비교법의 기본 아이디어와 맥락을 같이한다. 즉, 유사한 자산은 유사한 가격에 거래되어야 한다. 상대가치평가의 결론을 얻기 위해 평가대상 주식의 P/E는 피어그룹의 평균 혹은 중간값 P/E와 비교된다. 이와 비슷하게 벤치마크 P/E에 평가대상 회사의 EPS를 곱하면 시장가격과 비교되는 주식가치 추정치를 구할 수도 있다. 비교대상 자산의 가격이 효율적으로 (공정하게) 매겨진 상태라면 이 방법으로 추정된 가치는 주식의 내재가치 추정치가 된다.

실무적으로 애널리스트는 평가대상 주식의 특성이 비교대상 자산의 중간값이나 평균적 특성에서 크게 벗어난 경우를 쉽게 접하게 된다. 이런 이유로 유사비교법을 적용할 때 애널리스트는 일반적으로 벤치마크와 평가대상 주가배수의 차이가 주가배수에 영향을 미치는 것으로 여겨지는 펀더멘털 요인들의 차이로 설명되는지 평가하려 노력하게 된다. 다른 조건이 동일하다면 P/E에는 다음의 관계가 유지된다.

- 평가대상 주식이 벤치마크 평균(혹은 중간값)보다 높은 기대 이익성장률을 가지면, 벤치마크 P/E보다 높은 P/E가 정당화된다.
- 평가대상 주식이 벤치마크 평균(혹은 중간값)보다 큰 (영업 및 재무)위험을 가지면, 벤치마크 P/E보다 낮은 P/E가 정당화된다.

이러한 두 가지 관계는 다른 조건이 동일하면 유사기업 주식들에 비추어 기대성장률이 가장 높은 (혹은 위험이 가장 작은) 주식이 가장 매력적으로 평가된다고 요약 · 정리할 수 있다. (EXAMPLE 10)은 피어그룹에 대한 간단한 비교 사례이다.

EXAMPLE 10 단순한 피어그룹 비교

증권회사 정보통신 담당 애널리스트인 당신은 세계적 정보통신회사인 Verizon Communications, Inc.(NYSE: VZ)의 가치를 평가 중이다. 당신이 선택한 가치평가지표는 후행P/E이다. 당신은 벤치마크로 피어그룹 회사들의 중간값 후행P/E를 사용하고 있다. GICS에 따르면 VZ는 "정보통신서비스" 섹터, 이 중에서도 "종합정보통신서비스" 세부산업으로 분류된다. [표 5]는 피어그룹에 관한 자료이다. (참고: BCE Inc.는 캐나다 회사지만 피어그룹으로 분류함)

[표 5] 정보통신서비스 회사의 후행P/E(2013년 9월 11일 현재)

회 사	후행P/E
AT&T(NYSE: T)	25.73
BCE Inc.(NYSE: BCE; TSX: BCE)	14.49
Centurytel(NYSE: CTL)	18.86
Equinix(NASDAQGS: EQIX)	131.28
Frontier Communications Corp.(NASDAQ GS: FTR)	43.30
Verizon Communications(NYSE: VZ)	86.06
Windstream Corp.(NYSE: WIN)	36.91
Mean(평균)	50.95
Median(중간값)	36.91

자료: Thomson Financial

[표 5]의 정보를 바탕으로 다음 질문에 답하라.

1. 위에서 언급한 벤치마크의 정의에 따라 VZ에 대해 가장 적합한 벤치마크 P/E 값을 결정하라.
2. 피어그룹 회사들의 펀더멘털에 차이가 없다고 가정할 때, VZ는 공정하게 평가되었는지 아니면 저평가 혹은 고평가되었는지 기술하고 그 근거를 제시하라.
3. 후행P/E의 중간값을 벤치마크로 사용할 때 종합정보통신서비스 그룹에 속한 회사들 중 상대적으로 저평가된 것으로 보이는 회사를 파악하고, 이 결론이 확신을 갖는데 필요한 추가 분석방안에 대해 설명하라.

Solution 1

앞에서 설명한바와 같이 중간값을 사용하면 이상치가 가치평가에 미치는 영향을 완화할 수 있다. 이 경우 EQIX는 분명한 이상치이다. 따라서 후행P/E 중간값 36.91이 평균값 50.95보다 P/E의 벤치마크 값으로 적합하다. (참고) 이 사례와 같이 피어그룹의 수가 홀수이면 순위화하여 중간에 위치하는 값이 중간값이 된다. 만일 피어그룹의 수가 짝수이면 순위의 중간에 위치하는 두 값의 평균이 중간값이 된다.

Solution 2

당신이 피어그룹 회사들 사이의 펀더멘털에 차이가 없다고 가정하면, VZ의 P/E가 피어그룹의 중간값 P/E보다 크기 때문에 VZ는 고평가된 것으로 볼 수 있다.

Solution 3

T, BCE, CTL의 후행P/E는 피어그룹 중간값 P/E보다 작기 때문에 피어그룹에 비추어 상대적으로 저평가된 것으로 보인다. WIN의 P/E는 중간값 P/E와 같기 때문에 공정하게 평가된 것으로 볼 수 있다. 한편 VZ, FTR, EQIX는 고평가된 것으로 볼 수 있다.

당신이 이 가치평가 결론에 확신을 갖기 위해서는 다른 지표들을 살펴볼 필요가 있다. 정보통신서비스 업체의 이슈 중 하나는 이익이 현금흐름과 상당한 차이를 보일 수 있다는 것이다. 이런 회사들은 지중선로를 확장하고 모바일 사용자를 위해 통신대역을 넓히는 등 네트워크 구축에 엄청난 투자를 한다. 이로 인해 정보통신서비스 업체는 기반시설에 대한 대규모 비현금비용을 인식하게 되기 때문에 보고된 이익이 큰 변동성을 보이고 그 규모도 현금흐름보다 작은 경우가 흔히 있다.

P/E에 이익성장률의 영향을 설명하는 지표가 **주가수익성장비율(P/E-to-growth ratio, PEG ratio)**이다. PEG는 주식의 P/E를 기대되는 이익성장률(백분율)로 나누어 계산한다. 이 비율은 기대성장률 1% 포인트 당 주식의 P/E가 얼마인지 알아보는 것이다. 다른 조건이 동일하다면 PEG가 작은 주식이 큰 주식보다 매력적이다. 일부에서는 PEG가 1 이하인 경우를 매력적인 가치 수준에 있다고 간주한다. PEG는 유용하지만 다음과 같은 이유로 사용에 주의를 필요로 한다.

- PEG는 P/E와 이익성장률 간 선형관계를 가정한다. 하지만 DDM을 이용한 P/E 모형을 보면 이 관계가 이론적으로 선형이 아니라는 것을 알 수 있다.
- PEG는 P/E의 핵심적 결정요소인 위험의 차이를 고려하지 않는다.
- PEG는 성장하는 기간의 차이를 고려하지 않는다. 예를 들어 P/E를 단기(5년) 성장률 추정치로 나누면 장기 성장전망에 따른 차이를 포착하지 못할 수 있다.

(EXAMPLE 11)은 펀더멘털이 유사비교에 어떤 시사점을 제공하는지 설명해 주고 있다.

EXAMPLE 11 펀더멘털에 의해 조정된 피어그룹 비교

정보통신서비스 업체에 대한 가치평가를 계속하기 위해 당신은 위험(베타), 수익성(5년 이익성장률 추정치), 가치평가(후행 및 전방P/E)와 관련된 주요 펀더멘털 정보를 수집했다.[26] (표 6)은 자료를 이익성장률에 따라 내림차순으로 정리한 것이다. 전방P/E를 사용하면 회사들의 후행P/E 차이가 이익의 일시적 효과에 의한 것인지 파악할 수 있다.

[표 6] 정보통신서비스 회사의 밸류에이션 자료(2013년 9월 11일 현재)

회 사	후행P/E	전방P/E	5년 EPS 성장률 추정치	전방PEG	베타
EQIX	131.28	43.97	25.30%	1.74	1.26
FTR	43.30	18.83	21.80	0.86	0.78
VZ	86.06	14.40	10.22	1.41	0.38
T	25.73	12.62	6.46	1.95	0.40
BCE	14.49	14.12	3.00	4.71	0.76
CTL	18.86	12.04	1.35	8.92	0.89
WIN	36.91	18.66	−11.55	NM	0.89
Mean(평균)	50.95	19.23	8.08%	3.27	0.77
Median(중간값)	36.91	14.40	6.46	1.85	0.78

(주) NM = not meaningful. WIN의 5년 EPS 성장률 추정치는 음의 값이어서, 의미 없는 음의 PEG가 도출된다.
자료: www.finviz.com.

[표 6]의 정보를 바탕으로 다음 질문에 답하라.

1. (EXAMPLE 10)의 <질문 3>에서 T, BCE, CTL은 전체적으로 피어그룹과 비교할 때 상대적으로 저평가되었고, WIN은 상대적으로 공정하게 평가될 가능성이 있다고 파악되었다. 그렇다면 수익성 및 위험에 관한 [표 6]의 추가 정보는 이러한 주식의 상대가치평가에 무엇을 말해주는가?
2. T의 1년 후 EPS 추정치 컨센서스는 $2.69이다. T의 P/E는 T의 우수한 수익성과 평균보다 낮은 위험을 감안하여, 피어그룹의 중간값 P/E 14.40을 주관적으로 15.00으로 상향 조정한다고 가정하자. T의 내재가치를 추정하라.
3. T의 현재 시장가격은 $33.99이다. <질문 2>의 답변에서 추정된 내재가치와 비교할 때 T는 공정하게 평가되었는지 아니면 저평가 혹은 고평가되었는지 설명하라.

26) 애널리스트는 비교에 재무레버리지 같은 위험, ROA 같은 수익성 척도를 사용할 수도 있다.

Solution 1

[표 6]에 주어진 수익성 자료와 PEG를 보면 EQIX, FTR, VZ가 가장 저평가된 것으로 나타난다. 이 세 주식 중에서 FTR은 두 번째로 높은 이익성장률 추정치 컨센서스를 가지며, 전방P/E에 따른 PEG는 가장 작은 값을 갖는다.

세 주식 중 EQIX의 베타가 가장 큰데, 이는 가치주보다 성장주의 베타가 큰 경향을 보인다는 연구결과에 부합한다. 후행P/E와 전방P/E가 높다는 점에서 EQIX의 투자자들은 이 회사의 미래 이익 잠재력에 높은 기대치를 가진다고 보인다. 그러나 베타가 크다는 것은 이익 추정치와 관련된 불확실성과 실제 미래 이익이 예상치를 하회할 가능성이 반영된 것일 수 있다.

일부 애널리스트들은 PEG가 1 이하라는 것을 저평가의 신호로 간주하는데, 이 기준에 따르면 FTR이 가장 매력적인 투자대상이 된다. 다만 PEG는 산업이나 경제 전체의 성장률을 설명하지 못한다는 문제가 있다. 따라서 투자자가 주식의 PEG를 산업이나 전체 시장의 평균 또는 중간값 PEG와 비교하면 주식이 공정하게 평가되는지를 보다 정확히 판단하는데 도움을 얻을 수 있다. FTR은 PEG가 1 이하일 뿐 아니라 다른 회사들의 PEG보다 상당히 작은 값을 갖는다. 이는 FTR이 상대적으로 저평가되었다는 것을 추가로 나타낸다.

Solution 2

내재가치 추정치는 $2.69 × 15.0 = $40.35이다.

Solution 3

내재가치 추정치($40.35)가 현재 주가($33.99)보다 크기 때문에 T는 절대 기준에서 저평가된 것으로 보인다.

(EXAMPLE 11)의 <질문 2>에서는 피어그룹 중간값 P/E 14.40을 주관적으로 15.00으로 조정했다. 이렇게 적절한 벤치마크 값으로 임의로 조정한 15.00을 사용함에 따라 정당성의 문제가 발생할 수 있다. 이러한 이슈를 피하기 위해서는 분석 결과를 다음과 같은 방식으로 표현할 필요가 있다. 즉, "성장률은 비슷하고 위험이 낮다는 점을 감안할 때 T는 피어그룹 중간값 P/E 14.40보다 할증되어 거래되어야 한다."고 표현하는 것이다.

애널리스트들은 종종 회사의 피어그룹 대신 보다 대규모의 자산 집합의 중간값 혹은 평균 주가배수를 벤치마크로 사용한다. 다음 절에서는 이 같은 대규모 그룹과의 비교에 대해 살펴본다.

3.1.5.2. 산업과 섹터의 주가배수 활용

산업과 경제섹터의 중간값 또는 평균 P/E도 상대가치평가에 자주 사용된다. 중간값 P/E가 이상치에 덜 민감하다는 장점을 갖지만 일부 데이터베이스는 산업의 경우 평균 주가배수에 대한 정보만 제공하기도 한다.

산업의 주가배수를 사용하는 메커니즘도 피어그룹 비교와 동일하다. 적절한 펀더멘털 정보를 고려하고자 할 때 우리는 회사의 배수를 회사가 속한 산업의 평균이나 중간값 배수와 비교한다.

산업과 섹터정보는 애널리스트가 비교대상 자산인 피어그룹의 가격이 적절히 평가되고 있는지 판단하는데 도움을 준다. 경제의 보다 넓은 세그먼트와의 비교는 유사기업을 기초로 한 상대가치평가가 내재가치를 정확히 반영하는지에 대한 통찰력을 제공할 수 있다. 예를 들어 Value Line은 평가대상 주식의 현재P/E(current P/E)를 Value Line의 분석대상 모든 주식의 중간값 P/E로 나눈 “상대P/E”를 보고한다. 평가대상 주식의 성격이 비교대상과 차이를 보일수록 이질성이 커져 애널리스트는 자료 해석에 어려움을 겪게 된다. 그러나 비교대상 자산의 수가 증가하면 개별 자산의 가격괴리가 상쇄될 가능성이 높아진다. 이렇게 되면 우리는 산업이나 섹터 전반에 대한 추론을 얻을 수 있다. 예를 들어 1998~2000년 인터넷 버블기 동안 인터넷 개별주식의 가치와 전체 시장을 비교했다면 인터넷 주식들 사이에서 상대가치를 비교한 것보다 인터넷 주식의 버블을 더 잘 파악할 수 있었을 것이다.

3.1.5.3. 시장 주가배수의 활용

비록 유사비교법의 기본적 논리가 평가대상 기업이 속한 산업이나 피어그룹을 비교대상으로 할 것을 제안하지만, 주가지수도 비교대상으로 사용되어 왔다. 이때 사용자는 평가대상 주식과 선택된 지수에 포함된 주식들 간에 어떤 규모의 차이가 있는지를 인식하고 있어야 한다. 다만, 유사비교법 사용의 메커니즘에는 차이가 없다.

전체 시장의 가치가 공정하게 평가되고 있는지에 대한 의문은 투자 역사를 통틀어 모든 애널리스들의 관심사였다. 우리는 앞에서 (DDM을 이용해) 시장 밸류에이션 접근법에 대해 언급한바 있다.

(EXAMPLE 12)는 P/E를 기초로 주가지수에 대한 상대적 밸류에이션의 비교를 보여준다.

EXAMPLE 12 시장지수를 비교대상으로 하는 상대가치평가

당신은 거의 동일한 이익성장률 전망과 위험을 가진 것으로 판단되는 세 대형주 미국 주식을 분석 중이다. 분석의 첫 단계로 당신은 S&P 500 Composite Index에 대한 세 주식의 상대적인 밸류에이션을 점검하기로 했다. [표 7]은 관련 자료이다.

[표 7] 시장배수와의 비교(가격과 EPS – 달러; 2013년 3월 31일 현재)

척 도	주식 A	주식 B	주식 C	S&P 500
현재 주가	23	50	80	1569.19
P/E	12.5	25.5	12.5	17.9
5년 평균 P/E (S&P 500 P/E의 %)	80	120	105	

자료: S&P 500 자료 www.us.spindices.com

[표 7]의 정보를 바탕으로 다음 질문에 답하라.

1. S&P 500과 비교할 때 어떤 주식이 상대적으로 저평가된 것으로 보이는지 설명하라.
2. 5년 평균 P/E와 비교하는데 기초가 되는 가정에 대해 기술하라.

Solution 1

S&P 500과 비교할 때 주식 C가 저평가된 것으로 보인다. S&P 500의 후행P/E가 17.9인데 반해 주식 A와 C는 모두 후행P/E가 12.5에 거래되고 있다. 하지만 [표 7]의 마지막 줄의 정보를 보면 주식 A는 과거 S&P 500에 비추어 20% 할인된 P/E에 거래돼왔다는 것을 알 수 있다. (S&P 500의 현재 수준을 기초로 할 때 역사적 관계에 따른 P/E는 $0.8 \times 17.9 = 14.3$임을 암시한다.) 반면 주식 C는 과거 S&P 500에 통상적으로 할증되어 거래돼왔지만, 현재는 할인되어 거래되고 있다. 주식 B는 P/E가 가장 높으며, 심지어 S&P 500에 대한 역사적 관계가 암시하는 것($1.2 \times 17.9 = 21.5$)보다 더 높은 P/E에 거래되고 있다.

Solution 2

투자결정에 과거의 상대 가치 정보를 이용하기 위해서는 근본적인 경제적 관계가 안정적이라는 가정이 충족되어야 한다. 즉, 과거를 통해 미래의 예측이 가능하도록 근본적인 경제적 관계가 안정적으로 유지되어야 한다는 것이다.

많은 주가지수가 시가총액으로 가중 평균하여 지수화되기 때문에 재무 데이터베이스들은 종종 지수에 속한 회사의 시가총액으로 각사의 P/E를 가중 평균한 “시장 평균 P/E”를 제공하기도 한다. 이 경우 대형주일수록 시장 P/E에 큰 영향을 미친다. 만일 P/E가 시가총액에 따라 체계적으로 달라진다면, 평가대상 회사와 주가지수의 P/E 차이는 단순히 시가총액의 차이로 설명될 수 있다. 따라서 중형주 주식의 경우 애널리스트는 벤치마크 배수값으로 주가지수의 중간값 P/E를 사용하는 것이 바람직하다.

다른 비교대상 자산들과 마찬가지로 애널리스트는 주가지수 자체가 효율적으로 가격이 평가되고 있는지에 관심을 가진다. 이를 확인하는 일반적인 방법 중 하나는 지수의 현재 P/E를 역사적 P/E와 비교해보는 것이다. Siegel(2002)은 2001년 시장 P/E가 지난 130년(1871~2001) 동안 미국의 평균 P/E인 14.5보다 두 배 이상 높다고 보고했다. 이렇게 과거 평균보다 높은 P/E를 설명할 수 있는 요인으로는 평균 이하인 이자율과 평균 이상인 기대 성장률을 들 수 있다. 이런 상황에 대한 또 다른 설명은 Siegel이 언급한바와 같이 시장 전체가 고평가(그래서 2002년 미국 증시는 폭락을 기록함)되었거나 이익이 비정상적으로 작은 상태라고 보는 것이다.

평균 주가배수의 비교에는 타임 프레임이 중요하다. 예를 들어 2008년 2분기 말 현재 2008년 이익 추정치 컨센서스에 따른 S&P 500의 P/E는 17.6이었다. 이는 1935년 이후 역사적 평균인 15.8보다 높지만 이전 5, 10, 20년간의 역사적 평균인 20~26보다는 낮은 수준으로 볼 수 있다. 이처럼 과거 자료를 사용하기 위해서는 과거(경우에 따라 먼 과거)가 미래의 설명에 적절하다는 핵심 가정이 만족되어야 한다.

우리는 P/E를 기초로 주식시장 자체의 밸류에이션을 평가해보는 것으로 이 절의 논의를 마치고자 한다. 통상 널리 알려진 평가 방법은 주식의 이익수익률(E/P)과 채권수익률을 비교하는 것이다. 미국 연준 소속의 세 애널리스트가 작성한 보고서에 제시된 소위 Fed모형(Fed Model)은 이익수익률 추정치와 채권수익률간의 관계에 기초해 S&P 500의 수익률을 예측했다(Lander, Orphanides, and Douvogiannis 1997). (EXAMPLE 13)은 Fed모형에 대해 설명하고 있다.

EXAMPLE 13 Fed모형

시장 전체 P/E의 핵심 결정요인 중 하나는 이자율 수준이다. 무위험이자율은 요구수익률의 일부이며, 요구수익률은 주식가치와 역의 상관관계를 가진다. 따라서 주식가치와 이자율의 역관계는 이러한 펀더멘털로 정의되는 P/E 수식에서 확인이 가능하다. Fed모형은 S&P 500의 이익수익률을 10년물 미국 국채(US Treasury) 만기수익률과 연결시킨다. Fed모형은 이익수익률 계산에 향후 12개월 예상 이익 추정치를 사용한다.

평균적으로 두 수익률이 밀접한 관련성을 가져야 한다는 전제에 따라 Fed모형에 기초한 트레이딩 규칙에서는 주식시장의 현재 이익수익률(E/P)이 10년물 국채(T-bond)수익률보다 낮으면 주식시장이 고평가된 것으로 간주한다. 무위험자산인 국채의 수익률이 위험자산인 주식의 수익률보다 높다는 것은 주식이 매력적인 투자처가 아니라는 것이다. 이 모형에 따르면 S&P 500의 적정P/E 또는 공정한 P/E는 10년물 국채수익률의 역수가 된다. 2013년 9월 11일 현재 10년물 국채수익률은 2.93%이기 때문에, 이 모형에 따른 S&P 500의 적정P/E는 1/0.0293 = 34.1이 된다. 참고로 같은 날 S&P 500의 보고된 2014년 이익 추정치를 적용한 선행P/E는 16.1이었다.

앞에서 우리는 고든성장모형을 통해 적정P/E를 구하는 수식을 도출한바 있다. 이 수식은 배당이나 이익의 기대성장률이 주식(혹은 주가지수)의 내재가치를 결정하는 변수라는 것을 말해준다. 이를 통해 보면 Fed모형이 가진 문제점은 이 변수가 포함되지 않았다는 것이다.[27] (EXAMPLE 14)는 이익의 기대성장률을 포함하는 주식시장 가치평가모형을 제시하고 있다.

EXAMPLE 14 야데니(Yardeni)모형

Yardeni(2000)는 Fed모형이 고려하지 않은 이익의 기대성장률을 반영한 주식시장 평가모형을 제시했다.[28] 야데니모형은 다음과 같다.

$$\text{CEY} = \text{CBY} - b \times \text{LTEG} + \text{잔차}$$

이때 CEY는 시장 주가지수의 현재 이익수익률(E/P), CBY는 현재 무디스사 A등급 회사채 수익률, LTEG는 향후 5년간 시장의 이익성장률 추정치 컨센서스이다. 계수 b는 5년간 이익성장률에 대한 시장이 부여하는 가중치를 나타낸다. (고든성장모형에서 P/E 수식은 장기적인 지속가능성장률을 가정하지만, 5년 성장률 추정치는 지속 가능하지 않을 수 있다는데 유의하자.) CBY는 국채(T-bonds)에 대한 채무불이행위험 프리미엄을 감안하긴 해도, 주식의 위험프리미엄을 감안하지는 않는다. 이러한 이유로 자기자본비용 계산에 집적법을 사용하는 애널리스트는 회사채 수익률에 300 ~ 400 베이시스 포인트를 가산하는 것이 일반적이다.

Yardeni는 2000년 이 모형을 발표하기 이전 계수 b가 평균적으로 0.1이라는 사실을 발견했다. CEY는 E/P이기 때문에 수식의 양변을 모두 역수로 취하여 Yardeni는 시장의 적정P/E를 구하는 다음 수식을 얻었다.

27) 사실 (가격과 가치가 일치한다는 가정 하에) 이익수익률은 이익이 성장하지 않는 주식의 기대수익률이다. 가격과 가치를 같다고 가정하면 $P_0 = E_1/r + \text{PVGO}$이다. 이때 성장기회의 현재가치(PVGO)를 0으로 하여 수식을 재정렬하면 $r = E_1/P_0$이 된다.

28) 야데니모형은 Fed모형보다 복잡한 모형의 한 예로 소개한 것이다. 실제 많은 투자회사의 경제 애널리스트들은 성장률에 더하여 시장지수와 국채 간 역사적 상관관계를 반영하는 독자적 모형을 가지고 있다.

$$\frac{P}{E} = \frac{1}{\text{CBY} - b \times \text{LTEG}}$$

야데니모형에 따르면 회사채 수익률이 높으면 적정P/E는 작아지고, 장기적인 이익성장률 높으면 적정P/E가 커진다. 이러한 시사점은 가치평가 이론에 부합하는 것이다.

Fed모형에 대한 비판 중 하나는 이 모형이 주식위험프리미엄을 고려하지 않는다는 것이다(Stimes and Wilcox 2011). 또한 이 모형은 인플레이션의 영향을 적절히 고려하지 못해, 이익과 이자 지급에 대한 인플레이션의 차별적 효과를 적절히 반영하지 못한다는 비판도 받는다(Siegel 2002 등). 일부의 실증연구에서는 단순한 P/E가 국채수익률과 비교하는 Fed모형보다 미래 수익률을 더 잘 예측하는 것으로 나타났다. (미국 시장의 경우 Arnott and Asness 2003, 그 외 9개 시장의 경우 Aubert and Giot 2007을 참조하라.)

Fed모형의 또 다른 단점은 이자율과 이익수익률의 관계가 선형이 아니라는 것이다. 이 문제는 이자율이 낮은 수준에 있을 때 특히 두드러진다. (EXAMPLE 13)은 Fed모형의 이러한 단점을 잘 보여주는 사례이다. 이자율 또는 회사의 이익이 조금만 변동해도 모형이 예측하는 적정P/E가 크게 변동할 수 있다. 결론적으로 말하면 애널리스트가 이러한 Fed모형을 주식시장 가치평가의 가늠자의 하나로 사용할 수는 있지만 그렇다고 이 모형에 의존해서는 안 되며, 특히 인플레이션과 이자율이 낮은 기간에는 더욱 그렇다.

3.1.5.4. 역사적 P/E의 활용

어떤 주식의 밸류에이션을 다른 주식과 비교하는 접근법의 대안은 평가대상인 해당 주식의 과거 P/E 값을 비교대상으로 사용하는 것이다. 이 접근법의 기본적인 아이디어는 어떤 주식의 P/E는 역사적 평균 수준으로 회귀한다고 보는 것이다.

애널리스트는 여러 방법으로 이 접근법의 벤치마크 값을 구할 수 있다. Value Line은 각 주식의 직전 10년간 연평균 P/E의 네 개 중간값을 평균한 "P/E median"을 보고한다. 5년 평균 후행P/E 역시 합리적인 벤치마크가 될 수 있다. 이러한 접근법은 역사적 접근법이기 때문에 계산에는 선행P/E보다 후행P/E가 일반적으로 사용된다. 이러한 벤치마크보다 "크다" 혹은 "작다"는 식의 상대적 비교와 함께 역사적 접근법을 이용하면 다음과 같이 적정주가도 계산할 수 있다.

$$\text{적정주가} = (\text{주식의 역사적 P/E}) \times (\text{가장 최근 EPS}) \tag{3}$$

최근 EPS가 음의 값을 갖거나 기타의 조정이 필요한 경우에는 수식 (3)의 실제 EPS를 정상EPS로 대체할 수 있다.

(EXAMPLE 15)에서는 가치평가의 결론 도출에 평가대상 주식의 과거 P/E를 사용하는 방법을 소개한다.

EXAMPLE 15 역사적 P/E를 이용한 상대가치평가

2013년 9월 중순 당신은 일본 자동차회사 Honda Motor Company(TSE: 7267; NYSE ADR: HMC)의 가치를 평가 중이다. 당신은 분석에 유사비교법을 적용하기로 하고, 주가배수의 벤치마크로 HMC의 5년 평균 P/E를 사용하고 있다. [표 8]은 관련 자료이다.

[표 8] HMC의 역사적 P/E

2012	2011	2010	2009	2008	평균	중간값
15.8	23.1	10.0	19.8	35.8	20.9	19.8

자료: 연평균 P/E 자료 *The Value Line Investment Survey*(평균, 중간값은 자체 계산)

1. Honda P/E의 벤치마크 값에 대해 설명하라.
2. 2013 회계연도의 EPS가 ¥203.71일 때 Honda의 적정주가를 구하라.
3. 이렇게 구한 적정주가와 현재의 주가 ¥3,815를 비교하라.

Solution 1

[표 8]을 보면 중간값 P/E에 따른 벤치마크 값은 19.8이고, 평균 P/E에 따른 벤치마크 값은 20.9이다.

Solution 2

Honda의 적정주가는 중간값 기준 벤치마크를 사용하면 19.8 × ¥203.71 = ¥4,033이고, 평균값 기준 벤치마크를 사용하면 20.9 × ¥203.71 = ¥4,258로 추정된다.

Solution 3

현재 주가는 역사적 중간값 P/E 기준 적정주가보다 5.4%(= 3,815/4,033 − 1), 역사적 평균 P/E 기준 적정주가보다는 10.4%(= 3,815/4,258 − 1) 작다. 이 주식은 저평가된 것으로 보이지만, 다소 잘못 평가된 측면도 있다. 분석기간이 2007~2009년 글로벌 금융위기의 영향을 반영하고 있다는 점에서 이러한 분석만으로 결론을 내리는 것은 어려울 수 있다. 금융위기 이전 HMC의 P/E는 이 분석에 사용된 중간값이나 평균값보다 훨씬 작은 수준에 있었다. 특히 역사적으로 볼 때 2008년 P/E 35.8은 이상치로 간주돼야 한다.

비교에 역사적 P/E를 사용할 때 애널리스트는 회사의 비즈니스 믹스와 레버리지의 변화가 P/E의 수준에 미치는 영향에 관심을 가져야 한다. 만일 회사의 비즈니스가 평가대상 기간 동안 크게 변동했다면 자신의 과거 P/E를 바탕으로 한 비교에는 오류가 있을 가능성이 높다. 재무레버리지가 변동하는 경우에도 과거 평균 P/E와의 비교는 비교가능성이 훼손될 수 있다.

시간 경과에 따른 이자율 환경과 기본적 경기여건의 변동도 특정 주식의 벤치마크로 자신의 과거 평균 P/E를 사용하는데 제약요인이 된다. 인플레이션이 보고된 이익의 경제적 의미를 왜곡할 수 있다는 사실에 특별한 주의를 기울여야 한다. 결과적으로 현재 주식의 P/E와 이 주식의 과거 평균 P/E에 반영된 인플레이션 환경이 다르다면 두 P/E를 비교하는 것은 잘못된 결론을 유도하게 된다. 원가 인상요인을 시장가격에 전가할 수 있는 회사의 경쟁력이 변화하는 것도 다음 절의 (EXAMPLE 16)에 설명하는 바와 같이 이러한 비교의 신뢰성에 영향을 미친다.

3.1.6. 국가 간 비교

여러 나라 회사들의 P/E를 비교할 때 애널리스트는 비교에 영향을 미칠 수 있는 다음 사항을 검토해야 한다.

- **회계기준의 차이가 EPS에 미치는 영향**. 다른 회계기준에 따라 재무제표를 보고하는 회사들 간의 비교는 (이를 적절하게 조정하지 않으면) 왜곡된 결과를 가져올 수 있다. 예를 들어 매출, 비용 또는 수익 인식의 회계기준이 다를 경우 비교 결과에는 왜곡이 발생할 수 있다.
- **거시경제적 환경의 차이가 시장 벤치마크에 미치는 영향**. 거시경제적 환경의 차이는 다른 시장에서 영업 중인 회사들의 벤치마크 P/E 수준의 비교에 왜곡을 일으킬 수 있다.

두 번째 사항과 관련된 전형적인 사례로 물가상승률의 차이와 인플레이션에 따른 비용부담을 제품가격 인상으로 고객에게 전가할 수 있는 기업의 능력 차이를 들 수 있다. 만일 두 기업의 인플레이션 전가 능력이 같다면 인플레이션 높은 환경에서 영업 중인 회사의 적정P/E가 더 작아야 한다. 한편 물가상승률은 동일하지만 전가 능력에 차이가 있다면 전가 능력이 떨어지는 회사의 적정P/E가 더 작아야 한다. (EXAMPLE 16)은 이런 결론을 지지하는 사례를 보여주고 있다.

EXAMPLE 16 P/E와 인플레이션 분석[29]

실질 이익의 증가가 없는 회사, 즉 이익 증가가 오직 인플레이션으로 결정되는 회사가 모든 이익을 배당으로 지급한다고 가정해보자. 이 경우 고든성장모형에 따른 주식의 가치는 다음과 같이 정의된다.

$$P_0 = \frac{E_0(1+I)}{r-I}$$

여기서

P_0 = 현재 주가(적정P/E 분석을 목적으로 내재가치 V_0을 P_0로 대체)

E_0 = 현재 EPS(모든 이익을 배당으로 지급한다고 가정하기 때문에 현재 주당배당 D_0을 E_0로 대체)

I = 물가상승률(회사 이익의 성장이 오직 물가상승에 의해서만 가능하다고 가정하기 때문에 기대성장률 g를 대체)

r = 요구수익률

이 회사가 고객에게 인플레이션의 전부 또는 일부를 전가할 수 있을 때, 매출(가격)을 통해 비용 인플레이션을 전가할 수 있는 비율을 λ라고 하자. 이때 회사의 이익성장률은 λI로 표시되며, 결과적으로 위의 수식은 다음과 같이 표시된다.

$$P_0 = \frac{E_0(1+\lambda I)}{r-\lambda I} = \frac{E_1}{r-\lambda I}$$

이제 $r - I$로 정의되는 실질이자율(real rate of return)을 도입하여, ρ라고 표시하자. 이렇게 하면 주식가치와 적정 선행P/E는 각각 다음과 같이 표시된다.[30]

$$P_0 = \frac{E_1}{\rho+(1-\lambda)I} \quad \text{그리고} \quad \frac{P_0}{E_1} = \frac{1}{\rho+(1-\lambda)I}$$

만일 회사가 모든 인플레이션을 전가할 수 있다면 λ는 1(100%)이 되고 P/E는 $1/\rho$가 된다. 한편 회사가 인플레이션을 일체 전가할 수 없다면, λ는 0이 되고 P/E는 $1/(\rho+I)$, 즉 $1/r$이 된다.

29) 이 사례는 Solnik and McLeavey(2004, pp. 289~290)를 참조했다.

30) 이 수식의 분모는 다음과 같이 이전 수식에서 유도된다. $r-\lambda I = r - I + I - I\lambda = (r-I)+(1-\lambda)I = \rho+(1-\lambda)I$

당신은 회사 M과 회사 P 두 회사를 분석 중이다. 두 회사의 주식에 대한 실질 요구수익률은 모두 연 3%이다. 이상에서 제시된 분석 프레임워크를 이용해 다음 질문에 답하라.

1. 회사 M과 회사 P 모두 비용 증가의 75%를 가격에 전가할 수 있다고 가정하자. 다만 비용 인플레이션은 회사 M의 경우 6%지만, 회사 P는 단 2%이다.
   A. 각 회사의 적정P/E를 추정하라.
   B. <질문 1A>의 추정 결과를 해석하라.
2. 회사 M과 회사 P는 모두 연간 6%의 인플레이션에 노출되어 있다고 가정하자. 회사 M은 비용 인플레이션의 90%를 가격에 전가할 수 있는 반면 회사 P는 비용 인플레이션의 70%만을 전가할 수 있다.
   A. 각 회사의 적정P/E를 추정하라.
   B. <질문 2A>의 추정 결과를 해석하라.

Solution 1

A. 회사 M의 적정 P/E $= \dfrac{1}{0.03 + (1 - 0.75)0.06} = 22.2$

회사 P의 적정 P/E $= \dfrac{1}{0.03 + (1 - 0.75)0.02} = 28.6$

B. 인플레이션의 100%를 전가할 수 없기 때문에 적정P/E는 비용 인플레이션과 역의 관계를 가진다. (비용 인플레이션이 높으면 적정P/E가 작아진다.)

Solution 2

A. 회사 M의 적정 P/E $= \dfrac{1}{0.03 + (1 - 0.90)0.06} = 27.8$

회사 P의 적정 P/E $= \dfrac{1}{0.03 + (1 - 0.70)0.06} = 20.8$

B. 인플레이션이 동일하다면 비용의 전가율이 높은 기업의 적정P/E가 크다.

(EXAMPLE 16)은 비용 인플레이션을 100% 전가할 수 없는 경우 적정P/E는 인플레이션과 역의 관계를 가진다는 것을 설명한다. (인플레이션을 전부 전가할 수 있다면 적정P/E는 인플레이션의 영향을 받지 않는다.) 인플레이션이 높을수록 비용 전가율이 적정P/E에 미치는 영향이 커진다. (EXAMPLE 16)으로부터 인플레이션이 높을수록 전가율이 100%가 아닌 한 적정P/E에 미치는 영향이 크다는 추론도 가능하다.

3.1.7. P/E와 영구가치 추정

(일정 기간 동안의 개별적인 현금흐름을 추정하는) 다단계 모형이나 스프레드시트 모델링 등 어떤 DDM으로 주식가치를 평가하더라도 주식의 영구가치 추정은 매우 중요하다. 영구가치는 반드시 기업의 장기적인 지속 가능한 이익성장률을 반영해야 한다. 애널리스트는 영구가치 추정에 주가배수(특히, P/E와 P/B)를 자주 활용한다. 이러한 주가배수를 **영구주가배수(terminal price multiples)**라고 한다. 주가배수를 이용한 영구가치 추정방법에는 다음과 같은 접근방법이 있다.

3.1.7.1. 추정 펀더멘털에 따른 영구주가배수

앞에서 설명한바와 같이 애널리스트는 고든성장모형의 양변을 EPS로 나누면 모형을 주가배수로 전환할 수 있다. 즉, 고든성장모형의 양변을 마지막 단계가 시작되는 n시점의 EPS인 E_n으로 나누면 영구 후행P/E가 구해진다. 한편 고든성장모형의 양변을 $n+1$시점의 EPS인 E_{n+1}로 나누면 영구 선행P/E가 된다. 물론 애널리스트는 영구주가배수를 유도한 후 펀더멘털 값을 곱하는 절차를 밟지 않고, 고든성장모형을 이용해 영구가치를 추정할 수 있다. 하지만 주가배수의 친숙성으로 인해 영구가치의 커뮤니케이션에 주가배수가 유용할 수 있다.

3.1.7.2. 유사비교에 따른 영구주가배수

애널리스트는 다음과 같이 벤치마크 선택에 다양한 선택권을 갖는다.

- 산업의 중간값 P/E
- 산업의 평균 P/E
- 평가대상 주식의 역사적 평균 P/E

영구P/E배수를 이용할 때 영구가치는 다음과 같이 추정된다. (여기서 V_n은 n시점의 영구가치이다.)

$$V_n = \text{영구 후행P/E의 벤치마크 값} \times E_n$$

또는

$$V_n = \text{영구 전방P/E의 벤치마크 값} \times E_{n+1}$$

유사비교법은 전적으로 시장 데이터를 기초한다는 장점이 있다. 반면 고든성장모형은 요구수익률, 배당성향, 성숙기 기대성장률 등에 대한 추정이 필요하며, 모형의 추정 결과는 이러한 추정치에 매우 민감하게 반응한다. 유사비교법의 단점 중 하나는 벤치마크 값의 가치가 적정하게 평가되지 않은 경우, 즉 벤치마크가 고평가되었거나 저평가된 경우 영구가치 추정치에도 오류가 발생한다는 것이다. (EXAMPLE 17)은 P/E와 고든성장모형을 이용해 영구가치를 추정하는 예를 보여준다.

EXAMPLE 17 성숙기 가치평가에 P/E와 GGM 적용

에너지 컨설턴트인 당신은 어떤 석유개발업체의 주식가치를 평가하고 있다. 당신은 이 회사의 향후 3년간(t = 3까지) 이익과 배당 추정치를 가지고 있고, 다음과 같은 자료와 추정치를 수집했다.

- 요구수익률 = 0.10
- 성숙기업의 시장 평균 배당성향 = 0.45
- 산업 평균 ROE = 0.13
- E_3 = \$3.00
- 산업 평균 P/E = 14.3

이상의 정보를 바탕으로 다음 질문에 답하라.

1. 벤치마크로 산업 평균 P/E를 사용하여 유사비교법에 따른 영구가치를 계산하라.
2. <질문 1>에 따른 영구가치와 고든성장모형으로 구한 영구가치 추정치를 비교하라.

Solution 1

$$V_n = \text{P/E의 벤치마크 값} \times E_n = 14.3 \times \$3.00 = \$42.90$$

Solution 2

고든성장모형의 내재가치 V는 배당을 요구수익률 r에서 성장률 g를 뺀 값으로 나누어 구한 미래 배당 흐름의 현재가치이다. 수식적으로는 $V_0 = D_0(1+g)/(r-g)$이다. 여기서는 영구가치를 추정하기 때문에 적절한 추정 수식은 $V_n = D_n(1+g)/(r-g)$이 된다. t = 3의 배당은 3차년도 이익 \$3.00에 평균 배당성향 0.45를 곱한 D_n = \$3.00 × 0.45 = \$1.35로 추정한다. 한편 지속가능성장률은 $g = b \times \text{ROE}$이며, 유보율인 b는 1에서 배당성향을 뺀 것과 같다. 이 사례에서는 b = (1 − 0.45) = 0.55이고, 산업 평균을 사용하면 ROE = 0.13이다. 따라서 지속가능성장률은 $g = b \times \text{ROE}$ = 0.55 × 0.13 = 0.0715가 된다. 요구수익률이 10%이므로, 고든성장모형에 따르면 V_n = (\$1.35)(1 + 0.0715)/(0.10 − 0.0715) = \$50.76이다. 결과적으로 고든성장모형에 따른 영구가치 추정치는 <질문 1>의 유사비교법에 따른 영구가치 추정치보다 18.3%[= (\$50.76/\$42.90) − 1] 크게 추정된다.

3.2. 주가장부가비율

P/E와 같이 주가장부가비율(price to book value, P/B)도 (Graham and Dodd 1934에서 논의한 바와 같이) 가치평가 실무에서 오랜 역사를 가진 평가지표이다. *2012 BofA Merrill Lynch Institutional Factor Survey*에서도 응답자의 53%가 투자결정에 P/B를 고려하는 것으로 조사되었다.

P/E의 분모인 EPS는 손익계산서상의 유량(流量)변수이다. 반면 P/B의 분모인 주당장부가치는 대차대조표상의 저량(貯量)변수이다. (장부(book)란 측정값이 회계보고 또는 장부가에서 온 것이라는 것을 나타낸다는 점에서 시장가치와 대비된다.) 따라서 주당장부가치는 직관적으로 보통주주의 회사에 대한 1주당 투자액을 나타낸다고 할 수 있다. 주당장부가치를 정확히 정의하기 위해서는 먼저 대차대조표에서 (자산총계에서 부채총계를 뺀) **자본총계(shareholders' equity)**를 찾는다. 우리의 목적은 보통주식의 가치를 평가하는 것이기 때문에 보통주 자기자본 또는 간단히 **장부가치(book value)**라고도 부르는 자기자본의 장부가치(book value of equity)를 구하기 위해서는 우선주 자본이 대차대조표상 자본총계에서 제외된다.[31] 이렇게 구한 장부가치를 보통주의 유통주식수로 나누면 P/B의 분모인 **주당장부가치(book value per share)**가 구해진다.

균형 잡힌 시각을 위해 이 절에서는 애널리스트가 P/B를 활용하는 이유와 사용상의 잠재적 문제점에 대해 먼저 살펴본다. 그리고 난 후 P/B의 계산 방법과 P/B에 영향을 미치는 주요 요인에 대해 살펴본다. 마지막에는 유사비교법에 따른 P/B의 활용에 대해 알아본다.

애널리스트가 P/B를 사용하는 데는 다음과 같은 이유가 있다. 이 중 일부는 특히 P/E와 비교되는 장점이다.

- 장부가치는 대차대조표상 자본의 누적치이기 때문에 EPS가 영이거나 음인 경우라도 일반적으로 양의 값을 갖는다. 따라서 EPS가 영이거나 음일 경우 P/E는 의미가 없기 때문에 사용할 수 없는 반면 P/B는 이 경우에도 사용이 가능하다.
- 주당장부가치는 EPS보다 안정적이기 때문에 EPS가 비정상적으로 크거나 작은 경우 또는 변동성이 큰 경우에는 P/B가 P/E보다 의미 있는 주가배수로 활용 가능하다.
- 주당순자산의 측정치인 주당장부가치는 금융, 투자, 보험, 은행 등과 같이 대규모 유동자산을 보유한 한 기업(금융회사)의 가치평가에 적합한 것으로 알려져 있다(Wild, Bernstein, and Subramanyam 2001, p. 233). 이런 기업의 경우 자산의 장부가치는 시장가치에 근접하는 것이 일반적이다. 개별적인 회사자산에 대한 정보가 있다면 애널리스트는 시장가치

31) 보통주의 가치가 아닌 기업의 전체 가치를 평가하고자 하는 경우에는 우선주의 가치를 차감할 필요가 없다.

를 반영해 보고된 장부가치를 조정할 수 있다.

- 장부가치는 계속기업 가정을 만족하지 않는 기업가치의 평가에도 사용되어 왔다(Martin 1998, p. 22).
- 실증연구 결과에 따르면 P/B의 차이는 기업 간 장기 평균수익률 차이와 관련성을 가진다고 한다.[32]

하지만 P/B는 실무적으로 다음과 같은 잠재적 문제점도 가지고 있다.

- 재무제표에 인식되지 않는 자산도 기업 운영의 핵심 요소가 될 수 있다. 예를 들어 서비스 회사라면 인력이 보유한 기술과 지식의 가치인 **인적자본(human capital)**이 물적자본보다 기업 운영의 중요한 요소가 된다. 또한 회사가 지속적으로 고품질의 제품과 서비스를 제공함으로써 쌓은 고객의 신뢰는 회사의 중요한 자산이지만 대차대조표에는 자산으로 보고되지 않는 문제가 있다.
- 조사대상 기업들이 보유하고 있는 자산의 수준에 차이가 큰 경우 P/B가 잘못된 가치평가 결론을 도출할 수 있다. 이러한 차이는 비즈니스 모델의 차이에 따른 것일 수 있다.
- 회계처리 방법은 장부가치에 영향을 미치기 때문에 경우에 따라서는 장부가치가 주주의 투자액을 적절히 반영하지 못할 가능성도 있다. 일반적으로 (인수된 것이 아닌) 내부적으로 창출된 무형자산은 회사 대차대조표에 나타나지 않는다. 예를 들어 기업의 광고나 마케팅 활동으로 비용을 지출함으로써 기업 내부에 창출한 브랜드 가치는 IFRS나 US GAAP상 대차대조표에 자산으로 보고되지 않는다. 이와 유사하게 회계기준이 연구개발(R&D)에 대한 지출을 비용으로 처리할 것을 요구하기 때문에 내부적으로 개발된 특허의 가치는 자산으로 표시되지 않는다. 회계기준에 따라 차이가 있지만 일부의 R&D 지출은 자본화할 수 있다. 이러한 회계처리의 영향으로 인해 애널리스트가 이러한 차이를 적절히 조정하지 않으면 P/B를 이용한 기업과 국가 간 비교에 어려움이 발생할 수 있다.
- 장부가치는 자산과 부채의 보고된 가치를 반영한다. 금융상품과 같은 일부의 자산과 부채는 대차대조표에 공정가치(fair value)로 보고된다. 반면 유형자산(PP&E) 같은 자산은 일반적으로 상각누계액을 차감한 역사적 원가로 보고된다. 따라서 재무제표 주석을 살펴 자산과 부채가 어떻게 측정되어 보고되는지 확인하는 것이 중요하다. 역사적 원가로 측정되는 자산의 경우 인플레이션과 기술 발전은 궁극적으로 자산의 장부가치와 시장가치의 괴리를 유발한다. 결과적으로 주당장부가치가 주주의 투자가치를 정확히 반영하지 못하는 상황을 발생시킬 수 있다. 따라서 회사들을 비교할 때 자산의 평균 연령에 상당한 차이

32) 실증연구의 주요 내용은 Bodie, Kane, and Marcus(2008)를 참조하라.

가 있으면 P/B의 비교가능성이 약화될 가능성이 높아진다.

- 자기주식 취득이나 신주 발행은 역사적 비교를 왜곡시킨다.

자기주식 매입의 영향을 살펴보기 위해 Colgate-Palmolive Company(NYSE: CL)의 사례를 생각해보자. 2013년 9월 13일 현재 CL의 후행P/E와 P/B는 각각 24.84와 36.01이었다. 5년 전 CL의 후행P/E와 P/B는 23.55와 15.94였다. 다시 말해 회사의 P/E는 5.5%(= 24.84/23.55 − 1) 증가하지만 P/B는 125.9%(= 36.01/15.94 − 1)나 증가한 것이다. 이렇게 두 주가배수의 차이가 벌어진 주된 이유는 CL이 5년간 자기주식을 대량으로 매입하면서 장부가치가 2008년 6월 30일 $2.48십억에서 2013년 6월 30일 $1.53십억으로 대폭 감소한데 기인한다. 대규모 자기주식 매입으로 인해 CL의 장부가치는 매년 평균적으로 9.2% 감소했다. 요약하면 회사가 현재 주당장부가치보다 높은 가격에 주식을 매입했기 때문에 주당장부가치가 크게 줄어든 것이다. 모든 조건이 동일하다면 현재 P/B를 역사적으로 과거의 P/B 값과 비교하면 주식이 비싸 보이게 하는 효과가 나타날 수밖에 없는 것이다.

(EXAMPLE 18)은 가치평가에 P/B를 사용할 때 발생하는 또 다른 잠재적 문제점을 설명하고 있다.

EXAMPLE 18 P/B에 반영된 비즈니스 모델의 차이

2013년 말 미국에서 은행업보다 회사들 간에 P/B의 편차가 큰 산업은 없었다. 이렇게 은행 간 P/B의 편차가 커진 것은 회사별 고유 비즈니스 모델의 차이 때문으로 볼 수 있다. [표 9]는 2013년 9월 13일 현재 주요 은행의 P/B를 보여준다.

[표 9] 미국 내 주요 은행의 P/B

은 행	P/B
Citigroup, Inc.(NYSE: C)	0.77
Wells Fargo & Company(NYSE: WFC)	1.46
US Bancorp(NYSE: USB)	1.93

자료: S&P Capital IQ

경쟁사들에 비해 Citigroup의 P/B가 작은 것은 1990년대 Citigroup을 포함 일부 은행들이 추구했던 "원스톱 쇼핑" 사업모델이 고전한데 따른 것이다. Citigroup은 글로벌 금융위기 동안 대규모 손실을 기록했고 2008년 말에는 미국 정부의 구제금융을 받게 된다.

Wells Fargo 매출의 대부분은 대출과 서비스 수수료에서 나온다. 이 회사의 사업모델은 여러 금융상품의 교차판매에 집중하여, 2012년 전미 주택 대출의 약 ⅓을 공급했다. 다른 은행들이 해외 진출에 집중한 반면 Wells Fargo는 국내 사업에 집중했다.

US Bancorp는 상대적으로 위험회피 성향의 사업모델을 추구하고 개인과 기업의 자금결제와 및 신탁사업에 집중했다. 그 결과 다른 은행과 비교할 때 US Bancorp은 투자은행과 자본시장 부문에 노출이 상대적으로 적었다. 이 은행의 P/B가 상대적으로 높은 또 다른 이유로는 경제위기 이후에도 성장을 위해 적극적인 인수활동에 나섰던 것을 들 수 있다.

3.2.1. 장부가치의 결정

지금부터는 장부가치의 구하는 방법과 P/B의 기업 간 비교가능성을 높이는데 필요한 장부가치 조정에 대해 살펴본다. 주당장부가치를 계산하기 위해서는 기업의 대차대조표상 자본총계를 참조해야 한다. 주당장부가치를 계산하는 절차는 다음과 같다.

- (자본총계) − (보통주보다 선순위인 지분증권의 전체 가치) = 보통주 자본총계
- (보통주 자본총계)/(보통주 유통주식수) = 주당장부가치

회계상 자본총계에서 빠지는 보통주보다 선순위 청구권을 가진 지분증권에는 우선주와 미지급 우선주 배당금이 포함된다.[33] (EXAMPLE 19)는 장부가치의 계산 사례이다.

EXAMPLE 19 주당장부가치 계산

캐나다 토론토에 본사를 둔 Toronto-Dominion Bank와 자회사들은 합해 TD Bank Group (TSX: TD, NYSE: TD)로 알려져 있다. 캐나다 개인 및 상업뱅킹, 미국 개인 및 상업뱅킹, 홀세일 뱅킹, 자산관리와 보험 등 4개 사업부문을 산하에 둔 TD는 2012년 기준 약 22백만 고객에게 금융서비스를 제공하고 있다. [표 10]은 2010~2012년 TD의 연결재무제표에서 발췌한 자기자본 항목 자료이다.

[표 10] TD Bank Group의 자기자본 자료(단위: 백만)

	2012.10.31	2011.10.31	2010.11.01
자가자본			
보통주	CAD18,691	CAD17,491	CAD15,804
발행 및 유통주식수			
2012: 918.2			
2011: 902.4			
2010: 879.7			

33) 일부 우선주는 청산될 때 청산프리미엄(liquidation premium)을 지급받을 권리를 갖는다. 이런 우선주를 발행한 경우에는 청산프리미엄 역시 선순위 청구권이므로 장부가치 계산에서 제외해야 한다.

[표 10] (계속)

	2012.10.31	2011.10.31	2010.11.01
우선주	3,395	3,395	3,395
발행 및 유통주식수 2012: 135.8 2011: 135.8 2010: 135.8			
자기주식: 보통주	(166)	(116)	(91)
보유주식수 2012: 2.1 2011: 1.4 2010: 1.2			
자기주식: 우선주	(1)	-	(1)
보유주식수 2012: 0 2011: 0 2010: 0			
납입잉여금	196	212	235
이익잉여금	21,763	18,213	14,781
기타포괄손익누계액	3,645	3,326	4,256
	47,523	42,521	38,379
종속회사 비지배지분	1,477	1,483	1,493
자본총계	**CAD49,000**	**CAD44,004**	**CAD39,872**

자료: TD Bank Group 2012년 애뉴얼 리포트

1. [표 10]의 자료를 이용하여 2010~2012년 주당장부가치를 구하라.
2. 2012년 10월 31일 종가가 CAD81.23일 때 TD의 2012년 P/B를 계산하라.

Solution 1

우선주는 보통주보다 이익과 자산에 대해 선순위 청구권을 가지기 때문에 우선주 발행액과 그 취득액을 자본총계에서 조정한다. 이렇게 구한 보통주 자본총계를 유통주식수로 나눈다.

2012년 주당장부가치 = (49,000 − 3,395 + 1)/918.20 = CAD49.67

2011년 주당장부가치 = (44,004 − 3,395)/902.4 = CAD45.00

2010년 주당장부가치 = (39,872 − 3,395 + 1)/879.7 = CAD41.46

Solution 2

P/B = CAD81.23/CAD49.67 = 1.64

(EXAMPLE 19)는 특별한 조정이 없는 주당장부가치 계산 사례이다. P/B를 조정하는 것은 (1) 주당장부가치가 주주의 투자가치를 보다 정확하게 반영하고, (2) 주식 간 비교에서 P/E의 유용성을 높이는데 목적이 있다. 일반적인 조정 사항은 다음과 같다.

- 일부 정보서비스와 애널리스트는 **주당유형자산장부가치(tangible book value per share)**를 제공하기도 한다. 주당유형자산장부가치는 보통주 자본총계에서 보고된 무형자산의 가치를 제외한 장부가치이다. 애널리스트는 이런 계산에 익숙할 필요가 있지만, 재무이론의 관점에서 모든 무형자산을 무차별적으로 제외하는 것은 적절하지 않다. 특허권과 같이 회사로부터 분리하여 매각할 수 있는 무형자산의 경우에는 이를 제외해서는 안 된다. 다만 인수과정에서 발행한 영업권은 제외하는 것이 적절할 수 있는데, 비교 목적에서는 특히 그렇다. **영업권(goodwill)**은 유형자산의 인수가액에서 그 공정가치를 초과하는 가액이며 특히 식별 가능한 무형자산을 나타낸다. 많은 애널리스트들은 영업권을 회사에서 분리할 수 없고 단순히 인수 시점의 초과 지급액으로 보기 때문에 이를 진정한 자산으로 간주하지 않으려 한다.
- 비교가능성을 높이기 위한 조정이 필요할 수 있다. 가령 어떤 회사는 FIFO(선입선출법)을 사용하는 반면 또 다른 회사는 인플레이션 상황에서 재고자산의 가치가 축소되어 보고되는 LIFO(후입선출법)을 사용한다고 하자. 이 경우 두 회사의 정확한 상대가치평가를 위해 애널리스트는 LIFO를 사용하는 회사의 장부가치를 FIFO로 재산정할 필요가 있다. 대차대조표 조정에 대한 자세한 사항은 재무제표 분석을 다루는 서적을 참조하라.
- 주당장부가치가 현재 가치를 정확히 반영하기 위해서는 중요한 부외자산과 부외부채를 재무제표에 반영해야 한다. 대표적인 부외부채로는 다른 회사의 채무불이행시 대지급 의무의 이행을 보증하는 것이다. 미국 회계기준은 기업에 부외부채를 반드시 공시하도록 요구하고 있다.

(EXAMPLE 20)은 정확한 기업가치를 구하기 위한 금융회사의 P/B를 조정하는 사례이다.

EXAMPLE 20 장부가치의 조정

Edward Stavos는 미국의 주요 연기금의 주니어 애널리스트이다. Stavos는 자신의 담당 펀드인 Credit Services Portfolio를 위해 Barclays PLC(LSE: BARC, NYSE: BCS)를 분석하고 있으며, 조만간 있을 은행과의 미팅을 위한 기초 자료를 작성 중이다. 영국 런던에 본사를 둔 Barclays는 유럽, 미주, 아프리카, 아시아 등 세계 전역을 대상으로 개인뱅킹, 신용카드, 기업 및 투자금융, 자산관리와 투자관리 서비스를 제공하는 글로벌 메이저 금융회사이다.

Stavos는 특히 Barcalys의 P/B에 관심을 두고 있으며, 자산과 부채 계정을 현재 공정가치로 조정하면 이 비율에 어떤 영향이 있는지 살펴보고 있다. 그는 [표 11]과 같이 Barclays 홈페이지에서 (12월말 현재) 2012년 요약대차대조표와 주석을 확인했다.

[표 11] Barclays PLC의 2012년 요약 연결대차대조표와 주석(£백만)

	2012
Assets	
Cash and balances at central banks	£86,175
Items in the course of collection from other banks	1,456
Trading portfolio assets	145,030
Financial assets designated at fair value	46,061
Derivative financial instruments	469,146
Available for sale investments	75,109
Loans and advances to banks	40,489
Loans and advances to customers	425,729
Reserve repurchase agreements and other similar secured lending	176,956
Preparements, accrued income, and other assets	4,360
Investments in associates and joint ventures	570
Property, plant, and equipment	5,754
Goodwill and intangible assets	7,915
Current tax assets	252
Deferred tax assets	3,016
Retirement benefit assets	2,303
Total assets	£1,490,321
Liabilities	
Deposits from banks	77,010
Items in the course of collection due to other banks	1,573
Customer accounts	385,707
Repurchase agreements and other similar secured borrowing	217,342
Trading portfolio liabilities	44,794
Financial liabilities designated at fair value	78,280
Derivative financial instruments	462,468
Debt securities in issue	119,581
Subordinated liabilities	24,018
Accruals, deferred income and other liabilities	12,232
Provisions	2,766
Current tax liabilities	621
Deferred tax liabilities	719
Retirement benefit liabilities	253
Total liabilities	1,427,364

	2012
Shareholders's equity	
Shareholders' equity excluding non-controlling interests	53,586
Non-controlling interests	9,371
Total shareholders' equity	62,957
Total liabilities and shareholders' equity	£1,490,321

Barclays 재무제표 주석: 자산 및 부채의 장부가액과 공정가치

	2012	
	장부가액	공정가치
Financial assets		
Loan and advances to banks	£40,489	£40,489
Loans and advances to customers:		
− Home loans	174,988	164,608
− Credit cards, unsecured and other retail lending	66,414	65,357
− Corporate loans	184,327	178,492
Reverse repurchase agreements and other similar secured lending	176,956	176,895
	£643,174	£625,841
Financial liabilities		
Deposits from banks	77,010	77,023
Customer accounts:		
- Current and demand accounts	127,819	127,819
- Savings accounts	99,875	99,875
- Other time deposits	158,013	158,008
Debt securities in issue	119,581	119,725
Repurchase agreements and other similar secured borrowing	217,342	217,342
Subordinated liabilities	24,018	23,467
	£823,658	£823,259

자료: Barclays 2012년 애뉴얼 리포트

2012년 12월 31일 Barclays의 주가는 £2.4239였고, 가중평균 희석주식수는 12,614백만 주였다. Stavos는 당초 자본총계를 이 주식수로 나누어 £4.9910(= £62,957/12,614)의 주당장부가치와 0.49(= £2.4239/£4.9910)의 P/B를 구했다.

그 후 Stavos는 (자본총계 £62,957에서 영업권과 무형자산 £7,915를 뺀 후 이를 다시 주식수 12,614로 나누어) £4.3636의 주당유형자산장부가치를 구했다. 유형자산장부가치에 따른 P/B는 0.56(= £2.4239/£4.3636)이 된다.

그리고 Stavos는 공정가치를 검토하기 위해 주석을 살펴보았다. 그는 금융자산의 공정가치가 장부가치보다 £17,333백만(= £643,174 − £625,841) 작지만, 금융부채의 공정가치도 장부가치보다 £399백만(= £823,658 − £823,259) 작다는 것을 확인했다. 유형자산장부가치에 이러한 사항을 반영해 조정한 주당장부가치는 £3.0211[= (£62,957 − £7,915 − £17,333 + £399)/12,614]이다. 결과적으로 Stavos의 최종적으로 조정된 P/B는 0.80(= £2.4239/£3.0211)이 된다.

Stavos는 자신이 계산한 P/B의 범위가 너무 넓다는데 신경을 쓰고 있다. 그는 금융자산과 부채의 공시가격이 존재하지 않으면 IAS 39가 공정가치 추정에 가치평가모형의 사용을 허용한다는 사실을 알고 있다. 그는 부채, 자산, 파생상품의 가치평가와 함께 이자율과 환율 변동이 이런 계정들에 미치는 영향(민감도)을 측정하는데 가치평가모형을 사용할 수 있는지 경영진에 문의하기로 했다.

애널리스트는 회계기준의 차이가 재무제표의 부채와 자산에 어떤 영향을 미치는지 알고 있어야 한다. 현행 회계기준은 일부의 자산과 부채를 **공정가치(fair value)**[34)]로, 일부를 (조정된) 역사적 원가로 보고하도록 요구한다.

매도가능증권(marketable securities)과 같은 금융자산은 통상 공정가치로 보고된다. 예외적으로 만기보유금융자산(held-to-maturity)으로 분류되는 증권은 역사적 원가로 보고된다. ("만기보유금융자산"이란 용어 대신 IFRS는 이런 분류의 투자를 상각 후 원가로 측정되는 금융자산으로 부른다.) 일부의 금융부채 역시 공정가치로 보고된다.

토지와 장비 같은 비금융자산은 일반적으로 역사적 취득원가로 보고되고, 장비 같은 유형자산은 내용연수에 따라 상각된다. 하지만 시간이 경과하면 이런 자산의 가치가 증가하거나 감가상각누계액 보다 더 감소할 수 있다. 자산의 보고된 금액, 즉 장부가액이 회수 가능액보다 클 때 국제회계기준(IFRS)과 미국회계기준(GAAP)은 보고된 장부가액을 줄이고, 줄어든 부분을 손상차손(impairment loss)으로 표시하게 한다.[35)] 다만 US GAAP은 손상차손의 반제를 금지하는 반면 IFRS는 이러한 반제를 허용하는 차이가 있다. 또한 언급한 바와 같이 IFRS는 회사가 역사적 원가모형이나 재평가모형을 이용해 고정자산을 현재가치로 보고할 수 있게 허용한다. 자산이 공정가치로 보고되면 기업들 사이에서 P/B가 비교가능성을 확보할 수 있다. 이런 이유로 P/B는 금융자산이 많은 회사들 간 비교에 더 유용한 것으로 간주된다.

---

34) **공정가치(fair value)**란 "측정일에 시장 참여자들 사이에서 질서 정연한 거래로 자산을 매각할 때 수령하거나 부채를 인도할 때 지급하는 가격"으로 정의된다. 이 정의는 IFRS나 US GAAP에서도 동일하다.

35) 두 회계기준은 손상차손의 측정을 달리 정의한다.

3.2.2. 추정 펀더멘털을 이용한 가치평가

우리는 회사의 펀더멘털 추정치를 이용해 주식의 적정P/B를 추정할 수 있다. 예를 들어 고든성장모형의 지속가능성장률이 $g = b \times \text{ROE}$라는 수식을 이용하면 최근의 장부가치(B_0)에 따른 적정P/B를 다음과 같이 유도할 수 있다.[36]

$$\frac{P_0}{B_0} = \frac{\text{ROE} - g}{r - g} \tag{4}$$

예를 들어 어떤 회사의 ROE가 12%, 요구수익률이 10%, 기대성장률이 7%라면 이런 펀더멘털에 따른 적정P/E는 (0.12 − 0.07)/(0.10 − 0.07) = 1.67이 된다.

수식 (4)에 따르면 다른 조건이 동일할 경우 적정P/B는 ROE의 증가함수이다. 분자와 분모는 ROE와 r에서 각각 g를 뺀 것이기 때문에, 수식 (4)의 적정P/E는 요구수익률 r에 대해 ROE가 얼마나 큰지에 따라 결정된다. 따라서 r에 비해 ROE가 클수록 펀더멘털에 따른 적정P/E는 커진다.[37]

수식 (4)로부터 얻을 수 있는 실무적 시사점은 우리가 비즈니스의 수익성을 고려하지 않고서는 특정 P/B 값만으로 저평가 여부의 결론을 내릴 수 없다는 것이다. 수식 (4)는 P/B가 같은 두 주식을 비교할 때 다른 조건이 동일하다면 ROE가 높은 주식이 상대적으로 저평가 되었을 가능성을 시사한다. 이러한 관계는 횡단면회귀분석을 통해서도 확인된다.[38]

뒤에서 다루게 되는 초과이익모형으로부터도 P/B에 대한 또 다른 시사점을 얻을 수 있다. 초과이익모형에 따른 적정P/B는 다음과 같이 나타낼 수 있다.[39]

---

36) 고든성장모형에 따르면 $V_0 = E_1 \times (1-b)/(r-g)$이다. ROE를 E_1/B_0로 정의하면 $E_1 = B_0 \times \text{ROE}$가 되고 이를 앞의 수식에 대입하면 $V_0 = B_0 \times \text{ROE} \times (1-b)/(r-g)$가 되며, $V_0/B_0 = \text{ROE} \times (1-b)/(r-g)$가 된다. 한편 지속가능성장률은 $g = b \times \text{ROE}$이기 때문에 $b = g/\text{ROE}$를 V_0/B_0 수식에 대입하면 $V_0/B_0 = (\text{ROE}-g)/(r-g)$가 된다. 적정주가는 내재가치 V_0이기 때문에 최종적으로 수식 (4)가 도출된다.

37) 성장률 g를 0으로 놓으면 (다시 말해 장부가치가 증가하지 않는다고 보면 $P_0/B_0 = \text{ROE}/r$) 이러한 관계가 보다 명확해진다.

38) Harris and Marston(1994)은 1982.7.～1989.12. 기간의 대규모 표본을 이용하여 BV/MV(장부가시가비율로 P/B의 逆數)에 대한 성장률 변수(애널리스트 평균 추정치)와 위험(베타)의 설명력을 회귀분석하였다. 추정 회귀식은 B/P = 1.172 - (4.15)(Growth) + (0.093)(Risk), R^2 = 22.9%와 같다. 음(陰)의 계수값(- 4.15)은 기대성장률이 B/P와 역(逆)의 상관관계를 나타내기 때문에 P/B와는 정(正)의 상관관계를 가진다는 것을 보여준다. 위험은 B/P와 정(正)의 상관관계를 가지기 때문에 P/B와는 역의 상관관계를 가지게 된다. 두 변수는 모두 통계적으로 유의하기 때문에 각 변수값이 크게 변동할수록 B/P에 유의하게 큰 영향을 미친다. Fairfield(1994) 역시 P/B가 ROE의 미래 기대치와 관련된다는 사실을 발견했다.

39) $(\text{ROE}-r) \times B_0$은 초과이익 흐름의 수준값을 정의한다는 점에서 수식 (4)가 (일반 수식인) 수식 (5)와 같이 밀접한 관련성을 가진다는 점을 확인할 수 있다. 다시 말해 $P_0/B_0 = (\text{ROE}-g)/(r-g)$에서 분자는 $(\text{ROE}-g) + r - r = (r-g) + (\text{ROE}-r)$로 표시할 수 있다. 따라서 $P_0/B_0 = [(r-g) + (\text{ROE}-r)]/(r-g)$가 되고 $P_0/B_0 = 1 + [(\text{ROE}-r)/(r-g)] \times B_0/B_0 = 1 + [(\text{ROE}-r) \times B_0/(r-g)]/B_0$로 변환할 수 있다. 이때 마지막 수식의 두 번째 항은 수식 (5)에서 초과이익의 현재가치를 B_0으로 나눈 값을 나타낸다.

$$\frac{P_0}{B_0} = 1 + \frac{\text{기대되는 미래 초과이익의 현재가치}}{B_0} \tag{5}$$

성장률에 대한 특별한 가정을 하지 않는 수식 (5)는 다음과 같은 시사점을 제공한다.

- 기대되는 미래 초과이익의 현재가치가 0인 경우, 다시 말해 기업이 매 기간 투자액의 요구수익률만큼만 이익을 창출하면 적정P/B는 1이 된다.
- 기대되는 미래 초과이익의 현재가치가 양(陽)이면 적정P/B는 1보다 큰 값을, 음(陰)이면 1보다 작은 값을 갖는다.

3.2.3. 유사비교법을 이용한 가치평가

P/B를 이용하는 유사비교법으로 주식가치를 평가하기 위해서도 3.1.5절에서 설명한 절차를 따르게 된다. 다만 EPS와는 달리 금융정보 제공업체들은 보통 장부가치 추정치를 제공하지 않는다. 실무적으로 대부분의 애널리스트는 P/B 계산에 후행장부가치를 이용한다.[40] 유의할 것은 P/B를 통한 상대가치평가 시에는 ROE, 위험, 기대이익성장률의 차이를 고려해야 한다는 것이다. (EXAMPLE 21)은 P/B를 유사비교법에 적용한 사례이다.

EXAMPLE 21 P/B 유사비교 접근법

당신은 증권 중개회사의 가치평가 프로젝트를 수행 중이다. 당신은 2007~2009년 금융위기 동안 이 산업의 밸류에이션이 크게 하락했다는 것을 알고 있다. 당신은 E*TRADE Financial Corp.(NASDAQ: ETFC), The Charles Schwab Corporation(NASDAQ: SCHW), TD Ameritrade Holding Corp.(NYSE: AMTD) 등 3개 회사의 시계열분석을 실행하기로 했다. [표 12]는 이들 회사의 관련 정보이다.

[표 12] 경쟁 증권 중개회사의 P/B 비교

	주가장부가비율(P/B)								
회사	2006	2007	2008	2009	2010	2011	2012	2013. 7.19 현재	평균
ETFC	2.37	2.38	0.68	0.88	0.84	0.74	0.54	0.65	1.14

장부가치 성장률 추정치: 1.5%
매출 성장률 추정치: −1.0%
베타: 1.65

40) 다음해 재무제표의 자본항목은 전년도 손익계산서의 당기순이익과 연결되어 있기 때문에 배당 추정치가 주어진 경우 주주와의 자본거래를 고려하면 애널리스트는 EPS 추정치를 상응하는 장부가치 추정치로 전환할 수 있다.

[표 12] (계속)

회사	주가장부가비율(P/B) 2006	2007	2008	2009	2010	2011	2012	2013. 7.19 현재	평균
SCHW	4.23	6.69	6.14	3.54	3.15	2.50	1.96	2.31	3.81
장부가치 성장률 추정치: 10.5%									
매출 성장률 추정치: 5.0%									
베타: 1.20									
AMTD	6.96	4.85	3.33	2.60	2.68	2.44	2.20	2.53	3.45
장부가치 성장률 추정치: 9.0%									
매출 성장률 추정치: 3.5%									
베타: 1.10									

자료: *The Value Line Investment Survey*. P/B는 연고점 및 연저점 주가의 평균과 연말 장부가치를 기준으로 산출

[표 12]의 정보를 바탕으로 다른 두 회사에 대비한 ETFC의 상대적 밸류에이션에 대해 논하라.

Solution

현재 SCHW와 AMTD의 P/B에 비추어 ETFC는 30% 작은 P/B에 거래되고 있다. 또한 ETFC의 현재 P/B는 표에 나타난 역사적 평균 P/B의 60%에 미치지 못하는 수준이다. ETFC의 장부가치와 매출의 성장률이 낮고 SCH와 AMTD에 대비해 베타가 높은 것이 이 회사의 P/B가 낮은데 대한 설명이 될 수 있다. 참고로 ETFC가 저평가 혹은 고평가되었는지를 결정하는데 있어 애널리스트는 자신의 성장률 추정치와 추정의 불확실성을 시장 컨센서스와 비교해 보아야 한다.

3.3. 주가매출액비율

자산운용사나 파트너십 형태의 회사같이 일부 비공개회사의 경우 전통적으로 매출액의 배수로 주식가치를 평가해왔다. 최근 수 십 년간 주가매출액비율(price to sales, P/S)은 상장주식에도 유용한 가치평가지표로 활용돼왔다. 관련하여 O'Shaughnessy (2005)는 미국 자료를 사용한 저평가 주식의 발굴에 P/S가 최적의 지표라고 주장하기도 했다.

*2012 BofA Merrill Lynch Institutional Factor Survey*에 따르면 약 30%의 설문 응답자가 자신들의 투자 프로세스에 일관되게 P/S를 사용한다고 답하기도 했다. 애널리스트는 다음과 같은 이유로 P/S를 가치평가에 활용한다.

- EPS나 장부가치 같은 펀더멘털과 비교할 때 매출액은 일반적으로 왜곡이나 조작이 상대적으로 쉽지 않다. 예를 들어 경영진은 비용의 회계처리를 변경함으로써 경제적 성과의

반영인 EPS을 왜곡할 여지가 있다. 반면 손익계산서의 맨 위에 있는 매출액은 비용이 전혀 공제되지 않았기 때문에 왜곡 가능성이 적다.

- EPS가 심지어 음인 경우에도 매출액은 양의 값을 가진다. 따라서 EPS가 영이거나 음인 경우 P/E는 경제적 의미가 없지만, EPS가 음인 경우에도 애널리스트는 P/S를 사용할 수 있다.
- 영업과 재무레버리지가 반영된 매출액은 EPS보다 일반적으로 안정적이기 때문에 P/S도 P/E보다 안정적이다. EPS가 비정상적으로 높거나 낮은 경우 P/S가 P/E보다 의미 있는 지표가 될 수 있다.
- P/S는 성숙기업, 경기순환기업, 적자기업의 가치평가에 적합한 것으로 알려져 있다 (Martin 1998).
- 실증연구에 따르면 P/S의 차이는 기업의 장기 평균수익률의 차이와 관련이 있다고 한다.[41)]

그러나 실무적으로 P/S 사용에는 다음과 같은 잠재적 문제점도 있다.

- 이익이나 영업현금흐름 측면에서 수익성이 없는 기업도 높은 매출성장률을 기록할 수 있다. 기업이 계속기업으로서 경제적 가치를 갖기 위해서는 궁극적으로 이익과 현금흐름을 창출해야 한다.
- 주가는 부채 조달을 통한 자본구조가 수익성과 위험에 미치는 영향을 반영한다. 하지만 P/S는 주가에 부채 조달의 효과를 감안하기 전의 실적 지표인 매출액을 사용하기 때문에 논리적 합리성이 제한된다.
- P/S는 기업 간 비용구조의 차이를 반영하지 못한다.
- 왜곡 가능성이 상대적으로 낮다고는 해도 매출의 인식방법에 따라 P/S도 왜곡에 노출된다.

P/S와 P/E의 차이에도 불구하고 애널리스트는 두 비율 간의 관계를 정확히 알고 있어야 한다. 즉 (매출액) × (순이익률) = (당기순이익)의 관계를 변환하면, (P/E) × (순이익률) = P/S가 된다. 따라서 P/E가 양인 경우 P/S가 큰 주식의 순이익률[= (P/S)/(P/E) = E/S]이 더 높다.

3.3.1. 매출액의 결정

P/S는 주식의 주당가격을 주당순매출액으로 나누어 구한다. 이때 순매출액은 총매출액에서 환불이나 매출할인을 제외한 매출액이다. 애널리스트는 일반적으로 (EXAMPLE 22)와 같이 P/S 계산에 회사의 최근 회계연도 매출액을 사용한다. 다만 가치평가는 원론적으로 미래 지향적 작업이기 때문에 애널리스트는 다음해 매출액 추정치에 따른 P/S를 개발하여 사용하기도 한다.

---

41) Nathan, Sivakumar, and Vijayakumar(2001), O'Shaughnessy(2005), Senchack and Martin(1987) 참조.

EXAMPLE 22 P/S 계산

Stora Enso Oyj(Helsinki Stock Exchange: STERV)는 핀란드에 본사를 둔 종이와 포장지 사업을 병행하는 종합 펄프회사이다. 2012년 12월말 종료 회계연도 Stora Enso는 순매출액이 €10,814.8백만이며, 유통주식수가 788.6백만 주라고 보고했다. 2013년 9월 1일 종가 €6.72를 사용하여 Stora Enso의 P/S를 계산하라.

Solution

주당매출액 = €10,814.8백만/788.6백만 주 = €13.71. 따라서 P/S = €6.72/€13.71 = 0.490이다.

매출액을 결정하는 것은 이익의 결정에 비해 명확하고 직접적이지만, 애널리스트는 회사의 매출인식 방법을 살펴볼 필요가 있다. 특히, 회사가 매출을 조기에 인식하는 매출인식 방법을 사용하는지에 주의를 기울여야 한다. 매출 인식에 대한 회계의 질을 평가하고 않고 P/S를 가치평가에 사용하면 평가결과가 왜곡될 수 있다. (EXAMPLE 23)은 이러한 문제점에 대해 설명한다.

EXAMPLE 23 매출인식 프랙티스 (1)

애널리스트들은 시장가격이 내재가치보다 높을 때 주식시장에 거품이 있다고 평가한다. 많은 애널리스트에게 있어 1998~2000년 미국 인터넷 주식의 가격 급등은 거품의 전형이었다. 이 기간 많은 애널리스트들은 이익이나 현금흐름이 마이너스인 대부분의 인터넷 기업의 가치평가에 P/S를 사용했다. 최소한 일부 인터넷 기업에 있어서는 높은 주가를 정당화하기 위하여 진실성이 매우 의심스러운 매출인식 방법을 동원해 매출을 부풀리려는 시도가 있었던 것이 사실이다. 매출을 늘리기 위해 동원된 대표적인 방법이 인터넷 기업 간에 배너광고를 교환하는 것이었다. 예를 들어 InternetRevenue.com은 RevenueIsUs.com과 100백만 불 규모의 배너광고를 상호 교환하였다. 이 거래로 두 회사는 각자 100백만 불의 매출과 100백만 불의 비용을 인식하게 된다. 두 회사 모두 순이익이나 현금흐름에 변화가 없었지만, 회사의 매출증가에 따라 (최소한 일시적이라도) 시장 밸류에이션은 상승했다. 이런 종류의 배너광고 맞교환에서 가치가 창출되었는지는 의문스럽기 짝이 없는데도 말이다.

이러한 의문스러운 활동에 대해 미국 증권거래위원회(SEC)는 엄중한 경고 조치를 발동했고, Staff Accounting Bulletin No. 101을 통해 배너광고에 대한 매출인식 프랙티스를 수립하게 된다. 비슷하게 국제회계기준위원회도 광고 서비스에 수반되는 배너 거래의 매출인식 방법을 정의한 Standing Interpretations Committee Interpretation 31을 발표했다. 애널리스트는 회사가 매출을 조기에 인식하거나 공격적으로 인식하는지를 파악하기 위해 우선적으로 재무제표 주석을 면밀히 검토할 필요가 있다.

(EXAMPLE 24)는 애널리스트가 회계적 숫자의 이면을 주의 깊게 살펴보아야 할 또 하나의 고전적 사례를 소개하고 있다.

EXAMPLE 24 매출인식 프랙티스 (2)

빌앤드홀드방식(bill-and-hold basis)의 판매는 제품을 판매하되 제품 인도는 일정 기간이 지난 후에 이루어지는 판매 방식을 말한다.[42] 이러한 방식의 판매는 매출을 조기에 인식하는 효과가 있다. 2008년 9월 30일에 공시된 Diebold(NYSD: DBD)의 Form 10-K는 다음과 같이 매출에 대한 주석을 달고 있다.

매 출

빌앤드홀드－매출인식의 최대 조정사항은 북미와 해외 영업부문의 Standing Accounting Bulletin 104, Revenue Recognition in Financial Statement(SAB 104)에 따른 빌앤드홀드거래의 오랜 회계처리 관행과 관련된 것이다. 2008년 1월 15일 회사는 북미 비즈니스 세그먼트의 빌앤드홀드거래에 따른 매출인식 프랙티스와 관련하여 OCA와의 논의를 종결했다고 발표했다. 논의 결과 회사는 이전의 오래된 빌앤드홀드방식의 회계처리에 오류가 있고, GAAP을 잘못 적용했다는 결론을 내렸다. 이러한 오류를 수정하기 위해 회사는 북미와 해외 사업부문의 매출인식 방법 중 빌앤드홀드방식의 사용을 중단하고 수정사항을 반영해 재무제표를 다시 작성하겠다고 발표했다.

회사는 거래분석을 완료하고 빌앤드홀드방식에 따라 이전에 인식된 매출과 비용에 대한 수정 분개를 기록했다. 현재는 고객이 있는 장소에서 제품이 인도되는 시점에 매출과 비용이 인식된다. 북미 사업부문의 경우 회사가 계약에 따른 설치 책임을 지는 경우 고객의 인수 시점은 현장에 모든 아이템이 설치되고 작동 가능한 상태의 확인을 위한 시운전이 완료된 때가 매출인식 시점이 된다. 계약상 아이템이 고객에게 인도되어야 하는 경우 계약 조건에 따라 고객이 위치한 장소에 아이템을 배송·배달할 때까지 매출인식은 유보된다. 해외 사업부문의 경우 고객의 인수는 고객과의 계약상 조건에 따른 인도나 설치 완료시에 이루어진다. 회사는 이전에 빌앤드홀드방식으로 인식되었던 하드웨어 판매와 설치 등 서비스 매출에 영향을 미치는 거래를 모두 다시 기록했다.

기타의 매출 조정－회사는 또한 주로 오류기간 매출을 인식한 거래와 관련하여 북미와 해외 사업부문 모두에서 기타의 특정 매출을 조정했다. 이러한 조정은 대부분 SAB 104에서 정의된 매출인식 기준과 관련된 GAAP의 오적용에 관련된 것이다. 전반적으로 회사는 과거 고객에게 소유권이나 손실위험이 이전되기 전에 매출을 인식한 거래에 대한 조정을 기록했다.

---

42) 미국 증권거래위원회(SEC)의 회계기준은 제품 이전에 따른 손실위험이 매수자에게 전가되지 않거나 기타의 기준이 충족되지 않으면 빌앤드홀드방식으로 매출을 인식할 수 없도록 하고 있다. (세부 기준에 대한 사항은 SEC Staff Accounting Bulletin 101을 참조하라.)

2010년 DBD는 SEC와 최소한 2002년부터 2007년의 이익 조작에 대해 25백만 불의 벌금납부에 합의했다. 이 기간 동안 회사는 최소 127백만 불의 세전이익을 잘못 보고했다.
SEC에 따르면 DBD의 재무책임자는 회사의 실제 이익과 애널리스트의 이익 추정치를 비교하는 보고를 수시로 (경우에 따라 매일) 받았다고 한다. DBD의 경영진은 회사의 실제 재무성과와 애널리스트 추정치 간 차이를 메우기 위해 소위 "기회 리스트"라는 것을 작성했다. 이는 매출을 부적절하게 인식하거나 DBD의 재무성과를 부풀리기 위해 고안된 사기적인 거래를 위한 목록이었다. SEC가 파악한 사기적인 프랙티스에는 빌앤홀드회계의 부적절한 사용, 이면에 바이백 거래가 부가된 리스계약의 매출 인식, 충당금과 발생액의 조작, 부적절한 비용의 이연과 자본화, 중고 재고자산 가치의 증액 등이 대표적이다.

(EXAMPLE 25)는 과도한 매출인식의 또 다른 사례이다.

EXAMPLE 25 매출인식 프랙티스 (3)

Groupon(NASDAQ GS: GRPN)은 전국의 모든 제휴업체에서 사용 가능한 할인상품권을 판매하는 핫딜 웹사이트이다. 2011년 상장 이전 GRPN은 여덟 차례나 상장 심사 서류를 수정했다. 한번은 감사인이 허용한 매출인식 방법을 SEC가 수정하도록 요구해 매출이 50% 이상 축소되기도 했다. GRPN은 회원들이 쿠폰이나 상품권 구매에 지불한 금액을 모두 매출로 인식한 것이다. (실제로는 구입 대금의 절반 이상이 제휴업체에게 지급되어야 하는데도 이를 제외하지 않고 전부 매출로 계상한 것이다.) SEC는 또한 GRPN이 상장 심사 서류에서 GAAP에 따르지 않고 회사가 자체적으로 작성한 재무지표인 "조정된 연결 사업부문 영업이익"을 삭제하도록 요구하기도 했다. 이 지표는 마케팅 비용을 고려하지 않았기 때문에 오해의 소지가 충분한 것으로 간주되었는데, 이는 GRPN 비즈니스 모델의 주요한 위험 중 하나였다.

회사가 매출인식 방법을 공개했다고 해도 애널리스트가 매출액이 부풀려졌는지 모두 파악할 수는 없다. 만일 회사의 의문스러운 매출인식 방법으로 인해 조작 가능성이 있다면 애널리스트는 자신의 고객에게 이런 회사의 주식에 대한 투자에 유의할 것을 권고하는 것이 최선일 수 있다. 그렇게 하기 어렵다면 최소한 합리적인 의심에 기초하여 추가적인 위험프리미엄을 부과해 적정P/S가 작아지도록 해야 한다.

3.3.2. 추정 펀더멘털을 이용한 가치평가

다른 주가배수와 마찬가지로 P/S 역시 DCF모형과 연결될 수 있다. 고든성장모형을 이용하면 P/S를 다음과 같이 나타낼 수 있다.[43]

$$\frac{P_0}{S_0} = \frac{(E_0/S_0)(1 - b)(1 + g)}{r - g} \qquad (6)$$

여기서 E_0/S_0은 회사의 순이익률이다. 순이익률이 과거 매출과 이익으로 표시되지만 애널리스트는 수식 (6)에 장기 추정 순이익률을 적용할 수도 있다. 수식 (6)을 보면 적정P/S가 순이익률과 이익성장률의 증가함수라는 것을 알 수 있고, 이와 같은 시사점은 보다 복잡한 DCF모형에도 동일하게 적용된다.

순이익률은 적정P/S의 직접적 결정요인인 동시에 g를 통한 간접적 결정요인이기도 하다. 이러한 사실은 지속가능성장률 수식[g = (유보율 b) × ROE]을 다음과 같이 풀어보면 쉽게 이해할 수 있다.

$$g = b \times \text{PM}_0 \times \frac{\text{매출액}}{\text{자산총계}} \times \frac{\text{자산총계}}{\text{자본총계}}$$

여기서 PM_0은 순이익률(profit margin)이며, 이를 포함한 마지막 3개의 항은 ROE의 듀퐁분석이다. 결과적으로 매출이 비례적으로 감소(증가)하지 않는 한 순이익율이 증가(감소)하면 지속가능성장률은 증가(감소)한다.[44] (EXAMPLE 26)은 적정P/S의 사용과 그 적용에 대해 설명한다.

EXAMPLE 24 추정 펀더멘털에 따른 적정P/S

헬스케어 애널리스트인 당신은 2013년 3월 스웨덴 회사인 Getinge AB (Stockholm: GETI) 등 의료장비 3개사의 주식가치를 평가 중이다. 자본자산 가격결정모형(CAPM)과 집적법으로 구한 요구수익률 추정치를 평균해 당신은 GETI의 요구수익률을 9%로 추정했다. 당신은 2012년 애뉴얼 리포트로부터 다음 자료를 수집했다. (단위는 백만 스웨덴 크로네, SEK이다.)

	2003	2004	2005	2006	2007	2008	2009	2010	2011	2012
순매출액	9,160	10,889	11,880	13,001	16,445	19,272	22,816	22,712	21,854	24,248
증가율(기하평균)										
2003 ~ 2012 11.4%										
2008 ~ 2012 5.9%										

43) 고든성장모형은 $P_0 = D_0(1+g)/(r-g)$이다. 이때 $D_0 = E_0(1-b)$이기 때문에, 이를 앞의 식에 대입하면 $P_0 = E_0(1-b)(1+g)/(r-g)$가 된다. 이때 양변을 S_0으로 나누면, $P_0/S_0 = (E_0/S_0)(1-b)(1+g)/(r-g)$가 된다.

44) 즉, 총자산회전율(= 매출액/자산총계)의 감소(증가)로 순이익율 증가(감소)가 상쇄될 수도 있다.

	2003	2004	2005	2006	2007	2008	2009	2010	2011	2012
YoY		18.9%	9.1%	9.4%	26.5%	17.2%	18.4%	-0.5%	-3.8%	11.0%
순이익	778	915	1,150	1,259	1,233	1,523	1,914	2,280	2,537	2,531
증가율										
2003 ~ 2012 14.0%										
2008 ~ 2012 13.5%										
YoY		17.6%	25.7%	9.5%	-2.1%	23.5%	25.7%	19.1%	11.3%	-0.2%
순이익률	8.5%	8.4%	9.7%	9.7%	7.5%	7.9%	8.4%	10.0%	11.6%	10.4%
평균										
2003 ~ 2012 9.2%										
2008 ~ 2012 9.7%										
배당성향	35.1%	36.4%	35.4%	35.4%	39.3%	33.2%	34.3%	34.0%	35.3%	39.2%
평균										
2003 ~ 2012 35.8%										
2008 ~ 2012 35.2%										

비록 2012년 매출성장률이 증가세로 돌아서긴 했어도 최근 매출 부진으로 당신은 이러한 추세가 궁극적으로 순이익률에 반영될 것을 우려한다. 이런 상황에서 당신은 다음과 같은 장기 추정치를 구했다.

- 매출액순이익률 = 9.0%
- 배당성향 = 35.0%
- 이익성장률 = 7.0%

1. 이상의 정보를 바탕으로 GETI의 적정P/S를 계산하라.
2. 2013년 GETI의 주당매출액 추정치가 SEK108.9로 주어질 때 GETI 주식의 내재가치를 추정하라.
3. 2013년 3월 31일 GETI의 주가가 SEK196.2이고 <질문 2>의 답변이 주어진 경우 GETI 주식은 공정하게 가치를 평가받고 있는지 아니면 고평가 혹은 저평가된 것인지 결정하라.

Solution 1

수식 (6)으로부터 GETI의 적정P/S는 다음과 같이 계산된다.

$$\frac{P_0}{S_0} = \frac{(E_0/S_0)(1-b)(1+g)}{r-g} = \frac{0.09 \times 0.35 \times (1+0.07)}{0.09 - 0.07} = 1.7$$

Solution 2

GETI 주식의 내재가치 추정치는 1.7 × SEK108.9 = SEK185.13이다.

Solution 3

GETI의 현재 주가 SEK196.20이 내재가치 추정치인 SEK185.13보다 크기 때문에 GETI 주식은 고평가된 것으로 보인다.

3.3.3. 유사비교법을 이용한 가치평가

주식가치평가에 P/S를 이용한 유사비교법의 적용도 3.1.5절의 절차를 따른다. 언급한바와 같이 P/S는 통상 후행 매출액을 기준으로 보고된다. 다만 애널리스트는 매출 추정치로 계산된 P/S를 상대가치평가의 기초로 삼을 수 있다. 이를 위해서는 애널리스트가 직접 매출을 추정하거나 정보 제공업체의 추정치를 사용하게 된다.[45] 유사비교법을 이용해 주식가치를 평가하려면 애널리스트는 순이익률, 기대이익성장률, 위험에 관한 정보도 필요하다. 물론 항상 회계의 질에 대한 검토는 가치평가에 도움이 된다. (EXAMPLE 27)은 P/S를 유사비교법에 적용한 사례이다.

EXAMPLE 27 P/S를 이용한 유사비교

Getinge AB의 가치평가 프로젝트를 준비하기 위해 당신은 [표 13]에서 보는바와 같이 GETI와 그 경쟁회사인 Smith & Nephew plc(London: SN)와 CR Brand Inc.(NYSE: BCR)에 관한 정보를 수집했다.

[표 13] P/S 컴스(2013.10.04. 현재)

척 도	GETI	SN	BCR
주가/매출액(ttm)	2.14	2.66	3.07
순이익률(ttm)	8.82%	13.21%	6.25%
분기 매출성장률(YoY)	7.20%	4.40%	2.30%
부채총계/자기자본(mrq)	115.86	9.83	94.97
기업가치/매출액(ttm)	2.79	2.73	3.28

자료: Yahoo! Finance.

[표 13]의 정보를 바탕으로 다음 질문에 답하라.

1. 다른 정보는 고려하지 않고 P/S만을 가지고 볼 때, GETI의 상대적인 밸류에이션을 평가하라.
2. GETI는 SN와 BCR 중 어느 회사와 더 유사하며, 그 이유는 무엇인지 설명하라.

45) 비록 과거부터 매출 추정치가 이익 추정치보다 덜 가용하긴 했지만 현재 미국의 시장 선도 데이터 서비스 업체들은 매출액 추정치뿐 아니라 주당현금흐름과 주당배당금 추정치도 제공하고 있다.

Solution 1

GETI의 P/S 2.14가 가장 작기 때문에 다른 정보를 고려하지 않는다면 GETI는 상대적으로 저평가된 것으로 보인다.

Solution 2

주어진 정보를 바탕으로 할 때 GETI는 BCR보다 SN에 더 가까운 것으로 보인다. BCR의 P/S는 GETI나 SN의 P/S보다 상당히 크다. 순이익률과 매출성장률은 P/S 접근법에서 핵심 결정요인이데, BCR의 P/S는 크지만 순이익률과 매출성장률은 모두 GETI와 SN보다 낮다. GETI와 SN의 가장 큰 차이는 GETI는 자본원천으로 부채에 훨씬 더 의존한다는 것이다. 이로 인해 논란은 있지만 기업가치매출액(EV-to-revenue)이 P/S보다 적절한 가치평가지표가 되기도 한다. 기업가치배수에 대해서는 뒤에서 자세히 살펴보기로 한다.

3.4. 주가현금흐름비율

주가현금흐름비율(price to cash flow, P/CF)도 널리 사용되는 가치평가지표이다. *2012 BofA Merrill Lynch Institutional Factor Survey*에 따르면 주가잉여현금흐름(P/FCF)은 P/E, 베타, EV/EBITDA, ROE, 규모, P/B의 뒤를 잇는 중요한 가치평가 요인으로 조사되었으며, 조사대상 기관의 거의 절반이 이를 가치평가에 사용하는 것으로 나타났다.

이 절에서는 여러 종류의 현금흐름 개념에 따른 주가현금흐름비율을 제시한다.[46] 분석에 기초가 되는 "현금흐름"의 개념이 다양하기 때문에 애널리스트는 각 현금흐름의 정확한 정의를 이해하고 커뮤니케이션에 주의를 기울여야 한다.

애널리스트가 주가현금흐름비율을 사용하는 이유는 다음과 같다.

- 회사의 경영진은 이익보다 현금흐름을 조작하기가 더 어렵다.
- 일반적으로 이익에 비해 현금흐름이 안정적이기 때문에 주가현금흐름비율도 P/E에 비해 안정적이다.
- P/E보다 주가현금흐름비율을 사용하면 회사 간 회계처리의 차이(이익의 질 차이)에 따른 이슈를 완화할 수 있다.
- 실증연구에 따르면 주가현금흐름비율의 차이는 회사의 장기 수익률의 차이와 관련이 있다고 한다.[47]

46) 여기서 "주가현금흐름비율"은 주가에 대한 여러 종류의 현금흐름 정의 중 어느 하나를 사용하는 재무비율을 통칭하고 있다. P/CF는 뒤에서 설명하는 주가에 대한 순이익-비현금비용-합산액으로 정의하는 현금흐름의 비율로 유보해둔다.

47) O'Shaughnessy(2005)를 참조하라.

반면 주가현금흐름비율은 다음과 같은 잠재적인 단점도 가지고 있다.

- 영업활동 현금흐름을 "EPS + 비현금비용"으로 정의하면, 비현금수익이나 운전자본의 순증감과 같이 실제 영업활동 현금흐름에 영향을 미치는 일부 항목들이 무시되는 문제가 발생한다. 가령 선취수수료를 매출로 인식하는 것과 같이 매출을 적극적으로 인식하게 되면 "이익-비현금비용-합산법(이익 + 비현금비용)"의 정의에 따른 현금흐름이 실제 현금흐름을 적절하게 포착하지 못하게 된다. 이는 보고된 매출액과 그에 따른 실제 현금의 수금액 간에 상당한 차이를 보이기 때문이다.
- 재무이론은 영업활동 현금흐름보다 주주잉여현금흐름(FCFE)이 가치평가 배수로 적합하다고 본다. 이 경우 P/FCFE를 주가현금흐름비율로 사용하게 되지만, FCFE는 많은 회사에서 영업활동 현금흐름보다 변동성이 크다는 잠재적 문제점이 있다.
- 애널리스트의 현금흐름 활용이 증가하면서 회사들은 가능하면 회계상 현금흐름을 개선할 수 있는 회계처리 방법을 모색하게 되었다. 예를 들어 매출채권을 유동화하여 영업현금의 유입을 촉진하거나, 매입채무 지급을 외주화하여 영업현금의 유출 속도를 늦춰 (외주회사는 적기에 대금을 지급하고 시점 차이를 금융으로 제공하면) 영업활동 현금흐름을 개선하려 할 수 있다. Mulford and Comiskey(2005)는 보고된 영업현금흐름을 개선하기 위한 회사들의 여러 가지 기회주의적 회계 선택에 대해 설명하고 있다.
- IFRS와 US GAAP에 따른 현금흐름표상 영업활동 현금흐름은 비교하기 어려울 수 있는데, 이는 IFRS가 지급이자, 이자수입, 수입배당금의 분류에 보다 유연하기 때문이다. US GAAP는 이 세 가지 항목을 모두 영업현금흐름으로 분류하도록 요구한다. 반면 IFRS는 이자수입과 수입배당금의 경우 영업활동이나 투자활동, 지급이자의 경우 영업활동이나 재무활동 중에서 회사가 선택할 수 있게 허용한다.

실무에서는 EPS에 1주당 감가상각비, 무형자산상각비, 감모상각비를 더한 금액을 주당현금흐름의 근사치로 사용하기도 한다. (EXAMPLE 28)은 이 같은 근사치를 통해 가치평가에서 애널리스트가 관심을 가져야 하는 이슈들을 설명하고 있다.

EXAMPLE 28 회계처리방법과 현금흐름

가상의 회사 A와 회사 B가 있다고 하자. 두 회사는 모두 2010 ~ 2012년 동안 유통주식수, 현금매출, 현금비용에 변동이 없었다. 두 회사의 3년간 주당 총 감가상각비는 모두 $15.00이다. 하지만 두 회사는 재무보고에 다른 감가상각 방법을 적용한다. 회사 A는 감가상각비를 3년간 균등하게 인식하는 정액법(straight-line depreciation, SLD)을 사용한다. 회사 A의 매출,

비용, 감가상각비는 매년 일정하기 때문에 EPS도 일정하다. 이 사례에서 회사 A의 EPS는 [표 14]의 (1)에서 보는바와 같이 매년 $10이라고 가정한다.

회사 B는 감가상각에 가속상각법(accelerated depreciation)을 사용한다는 것을 제외하면 다른 것은 회사 A와 동일하다. 회사 B의 감가상각비는 (5)에서 보는바와 같이 2010년 SLD의 150%에서 2012년 SLD의 50%로 감소한다.

[표 14] 이익성장률과 현금흐름(단위: $/주)

	회사 A			회사 B		
연 도	순이익 (1)	감가상각 (2)	현금흐름 (3)	순이익 (4)	감가상각 (5)	현금흐름 (6)
2010	$10.00	$5.00	$15.00	$7.50	$7.50	$15.00
2011	10.00	5.00	15.00	10.00	5.00	15.00
2012	10.00	5.00	15.00	12.50	2.50	15.00
합 계		$15.00			$15.00	

두 회사는 재무보고에 다른 감가상각 방법을 적용하기 때문에 회사 A의 EPS는 (1)과 같이 매년 $10으로 일정한 반면 회사 B의 EPS는 (4)와 같이 복리로 연간 29%[= ($12.50/$7.50)$^{1/2}$ − 1.00]씩 증가한다. 이로 인해 회사 B는 이익 모멘텀이 있는 것처럼 보인다. 애널리스트가 조정하지 않은 보고된 EPS만으로 회사 A와 회사 B를 비교 · 평가하면 잘못된 결론에 도달할 수 있다. 두 회사의 주당현금흐름은 모두 $15로 같은데도 말이다.

감가상각비는 아마도 손상차손과 기타의 비현금비용이 이익 관리에 사용될 수 있다는 것을 이해하게 하는 가장 단순한 비현금비용이다.

3.4.1. 현금흐름의 결정

실무에서 애널리스트와 데이터 밴더들은 주가현금흐름비율 계산에 영업활동 현금흐름을 현금흐름의 대용치로 사용하곤 한다. 많은 기업들이 영업활동 현금흐름 계산에 순이익에 감가상각비와 무형자산상각비를 더하는 가산법을 사용하는 것은 이들이 중요한 비현금비용이어서 근사치로써 관심의 대상이기 때문이다. 대표적인 근사치로 EPS에 1주당 감가상각비, 무형자산상각비, 감모상각비를 더한 수치가 사용된다.[48] 우리는 이러한 추정치를 "순이익-비

48) 이러한 현금흐름을 사용하는 대표적인 사례는 Value Line의 현금흐름 정의이다. 즉 2008년 7월 현재 Value Line의 웹사이트 용어해설에 나와 있는 현금흐름의 정의는 "순이익에 비현금비용(감가상각비, 무형자산상각비, 감모상각비)을 가산하고 우선주 배당금을 차감한 금액"이다. 주당현금흐름은 이렇게 구한 현금흐름을 유통주식수로 나누어 얻는다. 감가상각비는 유형자산, 무형자산상각비는 무형자산, 감모상각비는 천연자원에 대응되는 회계상 용어이다. 이 세 용어는 각 기간에 체계적으로 할당되는 지출을 의미한다.

현금비용-합산액(earnings-plus-noncash-charges)”이라고 부르고, CF로 표시하기로 한다. 다만 이 정의는 주가현금흐름 계산에만 통상적으로 사용되며, 회계적 관점에서 보면 기술적으로 정확한 정의는 아니라는데 유의하자. 기술적으로 보다 정확한 현금흐름을 정의하는 영업활동 현금흐름, 주주잉여현금흐름, (이자 및 세금지급 전 영업현금흐름인) EBITDA 등에 대해서는 뒤에서 살펴보기로 한다.[49)]

가장 빈번히 사용되는 것이 후행주가현금흐름비율이다. 후행주가현금흐름비율은 현재의 시장 주가를 최근 4개 분기 동안 주당현금흐름의 합산액으로 나누어 구한다. 물론 EPS의 경우와 같이 회계연도 정의를 사용할 수도 있다.

(EXAMPLE 29)는 이익-비현금비용-합산액을 현금흐름으로 정의한 P/CF의 계산 사례이다.

EXAMPLE 29 순이익-비현금비용-합산액을 이용한 주가현금흐름비율

Koninklijke Philips Electronics N.V.(Euronext: PHIA, NYSE: PHG)는 2012년 €262백만의 순이익을 보고했는데, 이 순이익에 따른 EPS는 €0.28이다. 이 회사의 감가상각비와 무형자산상각비는 €1,433백만이며, 이를 주당으로 환산하면 €1.53이다. 2013년 7월 31일 PHIA의 Euronext 주가는 €24.06이다. PHIA의 P/CF를 계산하라.

Solution

주당CF를 EPS에 주당 감가상각비, 무형자산상각비, 감모상각비를 더한 것으로 정의하면, 주당CF = €0.28 + €1.53 = €1.81이다. 따라서 P/CF = €24.06/€1.81 = 13.3이 된다.

애널리스트는 현금흐름 근사치에 이익-비현금비용-합산액 대신 현금흐름표의 영업활동 현금흐름(cash flow from operation, CFO)을 사용할 수 있다. 이때 이익을 정규화함으로써 미래 기간에 지속될 것으로 예상되지 않는 현금흐름 항목을 CFO에서 제외·조정할 필요가 있다. 또한 다른 회계기준을 사용하는 회사들을 비교할 때도 CFO의 조정이 요구된다. 가령 설명한바와 같이 IFRS는 이자수입, 지급이자, 수입배당금 분류에 재량을 부여하는 반면 US GAAP은 이들을 영업활동 현금흐름으로 분류하게 요구하는데, 이런 경우가 비교를 위해 CFO를 조정해야 하는 경우에 해당한다.

애널리스트가 CF나 CFO 대신 가치평가 이론에 가장 충실한 현금흐름 개념인 FCFE와 주가를 연결시킬 수도 있다. 이때 CFO에 대한 자본적 지출 규모는 비교대상 회사에 따라

49) Grant and Parker(2001)는 운전자본 계정의 변화는 중요하지 않다고 보고 EBITDA를 현금흐름의 근사치로 사용했다. 이익-현금성비용-합산액도 이와 같은 가정을 따르는 것이다. (기본적으로 현금흐름을 상각비 반영 전 이익으로 보는 것이다.)

다르기 때문에 P/CFO와 P/CF에 따른 주식 간 순위가 P/FCFE에 따른 순위와 다를 수 있다. 그러나 FCFE는 기간별로 CFO나 CF에 비해 변동성이 크기 때문에 후행P/FCFE는 가치평가에서 유용한 정보가 되지 못할 수 있다. 예를 들어 2년간 CFO와 자본적 지출이 동일한 두 유사회사를 가정해보자. 한 회사는 기간 초에 자본적 지출이 집중된 반면 또 다른 회사는 기간 말에 자본적 지출이 집중되었다면, 두 회사 사이에는 경제적 성과에 의미 있는 차이가 없음에도 불구하고 두 주식의 P/FCFE는 크게 다를 수 있다.[50] 이런 문제점을 (최소한 부분적으로라도) 완화하기 위해 Hackel, Livnat, and Rai(1994)는 평균적인 잉여현금흐름을 사용하기도 했다.

주가배수에 사용되는 또 다른 현금흐름으로 EBITDA(earnings before interest, taxes, deprecation, and amortization)가 있다.[51] 애널리스트는 실무상 EBITDA 추정을 위해 EBIT를 먼저 추정한 후 단순히 감가상각비와 무형자산상각비를 합산한다. 과거 실적으로부터 EBITDA를 추정할 때는 일회성 항목을 제외하고 계속사업(continuing operation)의 이익에서 출발한다. 이렇게 계산된 이익에 이자, 세금, 감가상각비, 무형자산상각비를 가산한다.

실무에서는 EV/EBITDA와 P/EBITDA 모두 애널리스트의 가치평가지표로 사용된다. 하지만 P/EBITDA보다는 EV/EBITDA가 더 선호되는데, 이는 분모가 부채의 가치를 포함하고 있기 때문이다. 즉 EBITDA는 세전 지표여서 부채와 주식 모두에 대한 현금흐름이기 때문에 EV/EBITDA가 이론적으로 더 적절할 수 있다. EV/EBITDA에 대해서는 뒤에서 상세히 다루기로 한다.

3.4.2. 추정 펀더멘털을 이용한 가치평가

현재가치모형을 수학적으로 살펴보면 적정주가현금흐름비율(justified price to cash flow)과 펀더멘털들 간의 관계를 쉽게 이해할 수 있다. 다른 조건이 동일하다면 주가현금흐름비율은 주식의 요구수익률과 역(逆)의 관계를 가지는 반면, 기대되는 미래 현금흐름의 성장률과는 정(正)의 관계를 가진다. 우리는 최적 DCF모형을 이용하여 구한 주식가치를 (현금흐름 특정 정의에 따라 계산된) 현금흐름 추정치로 나누면 펀더멘털에 기초한 적정주가현금흐름비율을 얻게 된다. (EXAMPLE 30)은 이러한 절차를 소개한다.

---

50) 하지만 애널리스트는 모든 미래 잉여현금흐름을 설명하는 FCFE모형이 도출하는 내재가치를 주가 대신 사용할 수도 있다.

51) 점차 활용도가 높아지는 또 다른 현금흐름 개념이 현금이익(cash earnings)인데, 이익에 무형자산상각비를 가산하기도 하고 EBITDA에서 순금융비용을 차감하기도 하는 등 여러 방법으로 정의된다.

EXAMPLE 30 추정 펀더멘털에 기초한 적정주가현금흐름비율

기술주 담당 애널리스트인 당신은 하드디스크 제조업체 Western Digital (NYSE: WDC)의 가치를 평가 중이다. 당신은 FCFE의 장기적인 안정적 증가를 가정하여 가치평가에 다음의 FCFE모형을 사용하기로 했다.

$$V_0 = \frac{(1+g)\text{FCFE}_0}{r-g}$$

여기서 g는 FCFE의 기대성장률이다. 당신은 후행FCFE를 \$7.96으로, (이익-비현금비용-합산액으로 계산된) 후행CF를 \$12.00으로 추정한다. 그 외 요구수익률은 12%, FCFE의 기대성장률은 3.0%로 가정한다.

1. 고정성장 FCFE모형에 따른 WDC의 내재가치는 얼마인가?
2. 추정 펀더멘털에 따른 적정P/CF를 계산하라.
3. 추정 펀더멘털에 따른 적정P/FCFE를 계산하라.

Solution 1

내재가치는 (1.03 × \$7.96)/(0.12 − 0.03) = \$91.10이다.

Solution 2

적정P/CF는 \$91.10/\$12.00 = 7.6이다.

Solution 3

적정P/FCFE는 \$91.10/\$7.96 = 11.4이다.

3.4.3. 유사비교법을 이용한 가치평가

주가현금흐름비율을 이용한 유사비교법도 앞의 P/E, P/B, P/S와 동일한 절차를 따른다. (EXAMPLE 31)은 주가현금흐름비율을 이용한 유사비교법의 간단한 적용 사례이다.

EXAMPLE 31 주가현금흐름비율을 이용한 유사비교

[표 15]는 두 가상회사에 대한 2012년 4월 16일 현재 P/CF, P/FCFE와 일부 펀더멘털 정보를 보여주고 있다. [표 15]의 정보를 이용하여 두 회사의 밸류에이션을 비교하라.

[표 15] 회사 비교 (1주당 기준)

회 사	주가 (£)	후행 주당CF (£)	P/CF	후행 주당FCFE (£)	P/FCFE	5년 CF성장률추정치 컨센서스	베 타
회사 A	17.98	1.84	9.8	0.29	62	13.4%	1.50
회사 B	15.65	1.37	11.4	−0.99	NM	10.6%	1.50

Solution

회사 A의 P/CF는 9.8로 회사 B의 11.40보다 약 14% 작다. 이 비교에 따르면 다른 조건이 일정하다면 투자자들은 회사 B에 보다 높은 성장률을 기대하게 된다. 하지만 이러한 기대와는 반대로 회사 A의 5년 평균 이익성장률 추정치 컨센서스가 회사 B보다 280 베이시스 포인트 높다. 따라서 비교일 현재 P/CF와 기대성장률을 바탕으로 평가하면 회사 A가 회사 B에 비해 상대적으로 저평가된 것으로 보인다. [표 15]의 FCFE 정보는 회사 A가 상대적으로 저평가되었다는 주장을 지지한다. 회사 A가 양의 FCFE를 창출한다는 것은 영업현금흐름과 순차입액으로 자본적 지출을 충당할 수 있다는 의미이다. 반면 회사 B의 FCFE는 음이기 때문에 성장을 위해서는 외부조달이 필요하다는 것을 나타낸다.

3.5. 주가배당비율과 배당수익률

자기자본이익률(return on equity)은 자본이익 부분과 배당수익 부분으로 구성된다. 배당수익률(dividend yield) 자료는 종종 투자자들에게 총수익률 중 배당수익률 부분의 추정치를 제공하기 위해 보고된다. 배당수익률은 가치평가지표로도 사용된다. *2012 BofA Merrill Lynch Institutional Factor Survey*는 이 지표에 대해 조사하지 않았지만, 1989~2006 동안의 같은 조사에서는 응답자의 1/4 이상이 투자결정에 배당수익률을 고려한다고 보고한바 있다.

애널리스트는 다음과 같은 합리성을 이유로 배당수익률을 가치평가에 고려한다.

- 배당수익률은 총수익률의 일부분이다.
- 총수익 중 배당은 자본이득보다 위험(불확실성)이 낮다.

배당수익률은 다음과 같은 잠재적인 문제점을 가진다.

- 배당수익률은 총수익률의 일부이기 때문에 기대수익률에 대한 모든 정보를 사용할 수 없게 된다.
- 투자자는 당장 많은 배당을 받기 위해 미래 이익성장을 포기하기도 한다. 자기자본이익률이 일정하다면 현재 지급하는 배당금은 모든 미래 기간 이익의 대체라고 볼 수 있다. (이러한 개념은 **이익의 배당대체(dividend displacement of earnings)**로 알려져 있다.)[52]

• 배당의 상대적 안정성을 주장하는 것은 시장가격이 수익률 요소의 상대적인 위험 차이를 적절히 반영하지 못한다고 보기 때문이다.

3.5.1. 배당수익률의 계산

우리가 지금까지 살펴본 주가배수들은 공통적으로 분자에 시장가격(혹은 시가총액)을 사용했다. P/D가 가치평가에 사용되지만 주로는 주가지수의 평가에 사용된다. 무배당주식은 P/D의 분모가 0이 되어 정의할 수 없는 경우가 발생하기 때문이다. 다만 무배당주식의 경우에도 P/D의 역수인 배당수익률은 언제나 정의된다. 즉 무배당주식의 배당수익률은 0이 된다. 따라서 실무상 배당을 이용한 주가배수보다 배당수익률이 우선적으로 고려된다.

후행배당수익률(trailing dividend yield)은 일반적으로 배당액을 현재 시장가격으로 나누어 계산한다. 가장 최근 배당금의 연간 금액이 **배당액(dividend rate)**이 된다. 분기배당금을 지급하는 회사의 경우 가장 최근 분기 주당배당금을 4배하는 방식으로 배당액을 구한다. (일부 정보서비스는 후행배당수익률의 배당액에 지난 4개 분기 동안의 실제 배당금을 사용한다.) 중간배당금의 규모가 연말배당금과 큰 차이를 보이는 반기 배당을 실시하는 회사의 경우 보통 가장 최근 연도 주당배당금을 배당액으로 사용한다.

배당액은 시간이 지나도 배당이 변동하지 않는다는 가정 하에서의 연간 주당배당액을 나타낸다. 다만, 애널리스트가 미래 배당금이 변동할 수 있다고 예상하면 선행배당금을 사용해 선행배당수익률을 구하게 된다. **선행배당수익률(leading dividend yield)**은 다음해 주당배당금 추정치를 현재 주가로 나누어 계산된다. (EXAMPLE 32)는 배당수익률 계산에 대해 설명하고 있다.

EXAMPLE 32 배당수익률의 계산

[표 16]은 캐나다 통신회사 BCE Inc.(NYSE: BCE)의 분기 배당과 과거 British Telecom이었던 BT Group의 ADR 반기 배당 정보를 보여준다.

[표 16] BCE와 BT Group ADR의 배당금

기 간	BCE($)	BT ADR($)
4Q:2011	0.508	
1Q:2012	0.518	0.390
2Q:2012	0.543	
3Q:2012	0.543	0.884
계	2.112	1.274

52) 하지만 Arnott and Asness(2003)과 Zhou and Ruland(2006)는 배당이 미래 이익을 대체한다고 가정하는데 주의가 필요하다는 것을 보여준다. 배당성향은 미래의 수익성과 상관관계를 가질 수 있기 때문이다.

[표 16] (계속)

기 간	BCE($)	BT ADR($)
4Q:2012	0.568	
1Q:2013	0.568	0.451
2Q:2013	0.583	
3Q:2013	0.583	0.994
계	2.302	1.445

자료: Value Line

1. 2013년 4분기 BCE의 주가가 $42.70일 때, 이 회사의 후행배당수익률을 계산하라.
2. 2013년 4분기 BT의 ADR가격이 $55.30일 때, 이 ADR의 후행배당수익률을 계산하라.

Solution 1

BCE의 배당액은 $0.583 × 4 = $2.332이다. 따라서 배당수익률은 $2.332/$42.70 = 0.0546 또는 5.46%이다.

Solution 2

BT는 중간과 연말배당금 사이에 차이가 큰 반기배당을 실시하기 때문에 BT ADR의 배당에 가장 최근 연도의 총배당금 $1.445을 사용한다. 따라서 배당수익률은 $1.445/$55.30 = 0.0261 또는 2.61%이다.

3.5.2. 추정 펀더멘털을 이용한 가치평가

고든성장모형을 이용하면 배당수익률과 펀더멘털 간의 관계 쉽게 이해할 수 있다. 고든성장모형을 재구성하면 다음의 수식을 얻을 수 있다.

$$\frac{D_0}{P_0} = \frac{r-g}{1+g} \qquad (7)$$

수식 (7)에 따르면 배당수익률은 배당의 기대성장률과 역(逆)의 관계를 가지며, 주식의 요구수익률과는 정(正)의 관계를 가진다. 배당성장률과 기대성장률 간 역의 관계는 배당수익률이 높은 종목은 성장투자 스타일보다는 가치투자 스타일에 부합한다는 것을 나타낸다.

3.5.3. 유사비교법을 이용한 가치평가

배당수익률을 이용한 유사기업 간 비교도 다른 주가배수와 유사한 절차를 따른다. 애널리스트는 배당수익률과 위험을 기준으로 평가대상 주식이 유사기업 주식에 비해 상대적으로 매력적인지를 평가한다. 이때 애널리스트는 기대성장률의 차이가 배당수익률의 차이를 설명할 수 있는지 검토해야 한다. 일부 투자자들은 배당의 안정성(배당이 감소하거나 중단될 확률)도 중요하게 고려한다. 배당의 안정성을 평가하는데 유용한 지표는 배당성향(payout ratio)이다. 동일 산업의 다른 회사들보다 상대적으로 배당성향이 높다는 것은 배당이 안정적이지 않을 수 있음을 나타내는데, 이는 배당이 이익으로 충분히 충당되지 않을 수 있기 때문이다. 그 외에도 이자보상배율이나 순부채-EBITDA배율과 같은 재무지표도 배당의 안정성을 평가하는데 중요하게 고려된다. (EXAMPLE 33)은 유사비교에 배당수익률을 사용한 사례이다.

EXAMPLE 33 배당수익률을 이용한 유사비교

William Leiderman은 한 퇴직연금의 국내주식 포트폴리오 담당 펀드매니저이다. 이 포트폴리오는 면세이기 때문에 세무상 배당소득과 자본이득에 차이는 없다. Leiderman의 고객은 대체로 단기에 높은 투자수익률을 추구하는 투자자들이다. Leiderman은 2013년 11월 현재 자신의 펀드에 유틸리티 주식의 편입을 고려중이다. 검토 결과 그는 4개 대형 전력회사 주식을 편입 후보로 압축했다.

[표 17] 배당수익률 비교

회 사	이익성장률 추정치 컨센서스 (%)	베 타	배당 수익률 (%)	배당성향 (%)
Duke Energy (NYSE: DUK)	3.66	0.34	4.4	110
Pepco Holdings (NYSE: POM)	3.82	0.37	5.6	NM
Portland General Electric Co. (NYSE: POR)	6.45	0.55	3.7	88
PPL Corp. (NYSE: PPL)	−2.40	0.26	4.8	58

자료: www.finviz.com과 Yahoo! Finance.

후보 주식들은 모두 비슷한 수준의 낮은 시장위험을 나타낸다. 즉 이들 주식의 베타는 1보다 작다. 비록 POM의 배당수익률이 가장 높지만, EPS가 음이기 때문에 배당성향은 의미를 갖지 못한다. DUK의 배당성향은 110%로 전체 중 가장 높은데 이는 배당의 안정성이 가장 취약할 수 있다는 것을 나타낸다. Leiderman은 PPL의 배당성향이 상대적으로 낮다는 점이 배당의 안정성을 의미할 수 있다는데 주목한다. 하지만 PPL의 기대 이익성장률이 음이라는 것은 감점 요인이다. Leiderman은 POR의 배당수익률과 기대이익성장률을 합한 예상 총수익률을 약 10.2%로 추정한다. 총수익률이 상대적으로 매력적이며 POR의 지표들이 유의한 음의 값을 갖지 않기 때문에 Leiderman은 POR의 추가 분석에 집중하기로 한다.

4. 기업가치배수

기업가치배수(enterprise value multiple)는 회사의 기업가치와 특정 가치척도(일반적으로 세전손익 척도)를 연결시키는 가치배수이다. 가치평가에서 주가배수 대신 기업가치배수를 사용하는 가장 최신의 논거는 레버리지가 다른 회사들을 비교할 때 주가배수보다 기업가치배수가 재무레버리지에 덜 민감하다는 것이다. 기업가치배수는 분자인 기업가치가 정의하는바와 같이 경영권 관점을 가진다. (자세한 사항은 뒤에서 다시 다루기로 한다.) 따라서 레버리지의 차이가 이슈가 아닌 경우라도 기업가치배수는 주가배수의 관점을 보완할 수 있다. 실제 일부 애널리스트들은 가치평가에 특정 가치배수를 선호하지만 또 다른 애널리스트들은 주가배수와 기업가치배수를 모두 보고한다.

4.1. EV/EBITDA

EV/EBITDA는 확실히 가장 널리 사용되는 기업가치배수이다.

앞에서는 EBITDA를 이자 및 세금 지급전 영업현금흐름으로 소개했다. 설명한바와 같이 EBITDA는 부채와 주식 모두에 귀속되는 현금흐름이기 때문에 배수의 분자에도 EV와 같이 전체 기업가치 척도를 사용하는 것이 합리적이다. **기업가치(enterprise value, EV)**는 전체 기업의 가치(부채, 보통주, 우선주의 시장가치)에서 현금과 단기금융상품의 가치를 뺀 것임을 기억하자. 따라서 EV/EBITDA는 보통주가 아닌 기업 전체에 대한 가치평가지표이다. 이때 애널리스트가 부채와 우선주의 가격이 효율적으로 평가되어 있다고 가정할 수 있다면 EV/EBITDA를 통해 보통주의 주식가치를 추론할 수 있다. 실제 이런 추론은 합리적인 경우가 많다.

애널리스트가 EV/EBITDA를 가치평가에 활용하는 이유는 다음과 같다.

- 세후이익인 EPS와 달리 EBITDA는 세전이익이기 때문에 재무레버리지가 다른 기업 간 비교에 P/E보다 EV/EBITDA가 적합하다.
- 감가상각비와 무형자산상각비를 가산한 EBITDA는 이들 비용을 제외한 순이익보다 기업 간 이런 비용의 차이를 잘 통제할 수 있다. 이런 이유로 EV/EBITDA는 (케이블 회사나 철강회사 같이) 자본집약적 회사의 가치평가에 자주 활용된다. 이런 회사에는 보통 대규모의 상각비가 발생한다.
- EPS가 음(陰)인 경우에도 EBITDA는 양(陽)인 것이 일반적이다.

반면 EV/EBITDA는 다음과 같은 잠재적인 단점도 가지고 있다.[53]

- 운전자본이 증가하는 경우 EBITDA는 현금흐름을 과대평가할 수 있다. 또한 EBITDA는 영업활동 현금흐름에 매출인식 기준의 차이가 미치는 영향을 고려하지 못한다.
- 자본적 지출의 효과를 고려하는 기업잉여현금흐름(FCFF)이 EBITDA보다 가치평가이론에 더 부합한다. 감가상각비와 자본적 지출이 일치할 때만 EBITDA가 회사들의 자본구조 차이를 반영할 수 있다. EBITDA의 이런 특성으로 인해 EV/EBITDA는 자본집약적 사업에 특히 의미가 있을 수 있다.

4.1.1. 기업가치의 결정

우리는 앞에서 EBITDA의 계산에 대해 설명한바 있다. 논의한바와 같이 애널리스트는 기업가치(EV)를 통상 다음과 같이 정의한다.

보통주의 시장가치(= 유통주식수 × 주가)
Plus: 우선주의 시장가치[54]
Plus: 부채의 시장가치
Less: 현금과 투자금융상품(현금과 현금등가물 및 단기금융상품 등)[55]
Equals: 기업가치

수식과 같이 EV에는 **무수익자산(nonearning assets)**으로도 불리는 현금과 투자금융상품을

53) 이와 관련된 이슈에 대해서는 Moody's(2000)와 Grant and Parker(2001)를 참조하라.

54) 비재배지분이 포함되어 있지 않다면 이를 가산해주어야 한다. 비지배지분(minority interest)은 50% 이상 100% 미만의 종속회사 지분을 보유한 모회사의 연결재무제표에 나타난다. 비지배지분(외부주주지분)은 모회사가 보유하지 않은 연결대상 종속회사의 소수주주 지분을 말한다.

55) 일부 애널리스트들은 현금과 투자금융상품을 회사의 영업활동에 필요한 부분과 그렇지 않은 부분으로 구분하고, 이 계산에서 비영업부분에 해당하는 현금과 투자금융상품만 차감하기도 한다. 하지만 이러한 구분이 항상 실용적인 것은 아니다.

제외하는데, 이는 EV가 기업 전체에 대해 인수자가 지불하는 대가를 측정하도록 고안되었기 때문이다. 인수자는 현재 주식과 부채의 제공자에게 인수대가를 지불하지만 인수 후 현금과 금융상품에 접근할 수 있다는 점을 감안한 것이다. (즉 인수되는 회사가 보유한 현금과 금융상품을 인수금융에 사용된 부채와 대출의 상환에 사용할 수 있다.) 이러한 논리는 시장가치를 사용하는 이유가 된다. 즉 부채를 상환할 때 인수자는 시장가격을 지불해야 하기 때문이다. 다만 일부 부채는 비상장이고 거래되지 않는다. 또한 어떤 부채는 상장되어 있지만 거래가 빈번하지 않을 수 있다. 시장가치를 알 수 없을 때 애널리스트는 종종 대차대조표상 장부가치를 시장가치로 사용하기도 한다.[56] (EXAMPLE 34)는 EV/EBITDA의 계산에 대해 설명한다.

EXAMPLE 34 EV/EBITDA 계산

Western Digital Corporation(NYSE: WDC)은 하이디스크 드라이버 생산업체이다. [표 18]은 2013년 3월 29일 현재 이 회사의 연결대차대조표이다.

[표 18] Western Digital Corporation (비감사) 연결대차대조표(단위: 백만)

Assets	
Current assets:	
Cash and cash equivalents(현금과 현금등가물)	$4,060
Account receivable, net(순매입채무)	1,700
Inventories(재고자산)	1,197
Other current assets(기타의 유동자산)	383
Total current assets(유동자산 합계)	7,340
Property and equipment, net(순유형자산)	3,803
Goodwill and other intangible assets, net(순무형자산)	2,610
Other noncurrent assets(기타의 비유동자산)	174
Total assets(자산총계)	$13,927

Liabilities and Shareholders' Equity	
Current liabilities:	
Accounts payable(매입채무)	$2,037
Accrued expenses(미지급비용)	837
Accrued warranty(미지급보증)	122
Current portion of long-term debt(유동성장기부채)	230

56) 이런 경우 가용하다면 부채 시장가치의 소위 매트릭스 가격 추정치(matrix price estimate)를 사용하는 것이 보다 정확할 수 있다. 매트릭스 가격 추정치는 부채의 특성과 시장이 이러한 특성을 어떻게 평가하는지에 따라 결정된다.

[표 18] Western Digital Corporation (비감사) 연결대차대조표(단위: 백만)

Total current liabilities(유동부채 합계)	3,226
Long-term debt(장기부채)	1,783
Other liabilities(기타의 장기부채)	495
Total liabilities(부채총계)	5,504
Commitments and contingencies(Notes 4 and 5)	
Shareholders' equity(자기자본)	
Preferred stock, $0.1 par value; authorized – 5 shares; outstanding – none	–
Common stock, $0.1 par value; authorized – 450 shares; outstanding – 238 shares	3
Additional paid-in capital(주식발행초과금)	2,232
Accumulated comprehensive income(loss)(포괄손익누계액)	20
Retained earings(이익잉여금)	7,073
Treasury stock(자기주식) – common shares at cost(보통주 취득액)	(905)
Total shareholders' equity(자본총계)	8,423
Total liabilities and shareholders' equity(부채 및 자본총계)	$13,927

자료: 회사 10-Q

이 재무제표는 외부감사인의 감사를 받지 않았다고 표시되어 있는데, 이는 이 재무제표가 분기 말 대차대조표로 미국 기업은 연간 재무제표에 대해서만 감사를 받으면 되기 때문이다. 2012년 6월 29일 종료되는 해와 2013년 3월 29일과 2012년 3월 30일 기준 9개월 간 WDC의 손익계산서와 현금흐름표에서 다음 정보를 확인할 수 있다. (단위: 백만)

계정과목	출 처	2012.06.29 종료 연도	2013.03.29 기준 9개월	2012.03.30 기준 9개월
당기순이익	손익계산서	$1,612	$1,245	$867
이자비용(수입이자 감안 순이자비용)	손익계산서	14	35	8
법인세 충당금	손익계산서	145	207	88
감가상각비와 무형자산상각비	현금흐름표	825	931	486

2013년 7월 1일 현재 이 회사의 주가는 $63.06이다. 이상의 정보를 바탕으로 이 회사의 EV/EBITDA를 계산하라.

Solution

- EV를 구하기 위해서는 WDC 자기자본의 시장가치를 먼저 계산한다. 238백만 주에 주당 $63.06을 곱하면 보통주 시가총액은 $15,008백만이 된다.

WDC는 한 종류(class)의 보통주만을 발행했고, 우선주와 비지배지분은 없다. 보통주의 여러 종류주식을 가지고 있는 기업의 경우 시가총액은 이러한 모든 보통주 종류주식의 총가치가 된다. 우선주나 외부주주지분을 가진 기업의 경우에도 우선주의 시장가치와 비지배지분 금액을 보통주 시가총액에 가산해야 한다.

EV는 또한 장기부채의 가치를 포함한다. WDC의 대차대조표상 장기부채 금액은 $2,013백만(= $1,783백만 + 유동성 장기부채 $230백만)이다. 일반적으로는 장기부채의 장부가치가 EV의 계산에 사용된다. 다만 부채의 시장가치가 즉시 가용하고, 장부가치와 유의한 차이가 있다면 시장가치를 사용해야 한다.

EV에는 현금, 현금등가물, 단기금융상품이 제외된다. WDC의 대차대조표에 따르면 회사의 현금과 현금등가물은 $4,060백만이다.

따라서 WDC의 EV는 $15,008백만 + $2,013백만 − $4,060백만 = $12,961백만이 된다.

- EBITDA를 구하기 위해 현재 회계연도 9개월의 성과와 직전 회계연도 마지막 3개월의 성과를 활용해 후행12개월(TTM) 순이익을 먼저 계산한다. 사례에서 TTM 순이익은 2013년 3월 29일 기준 9개월 순이익 $1,245백만에 직전 회계연도 마지막 3개월 순이익 $745백만(= $1,612백만 − $867백만)을 더한 $1,990백만이 된다. 마지막으로 이 순이익에 이자비용, 세금, 감가상각비와 무형자산상각비를 더하면 EBITDA가 구해진다. 이렇게 계산한 TTM EBITDA는 총 $3,565백만이 된다. 계산과정은 다음과 같이 요약할 수 있다.

EBITDA 세부항목	2012.06.29 종료 연도	2013.03.29 기준 9개월	2012.03.30 기준 9개월	TTM 합계
당기순이익	$1,612	$1,245	$867	$1,990
이자비용	14	35	8	41
법인세	145	207	88	264
감가상각비와 무형자산상각비	825	931	486	1,270
EBITDA	$2,596	$2,418	$1,449	$3,565

WDC에는 우선주가 없다. 우선주를 가진 회사들은 보통 재무제표에 보통주주에게 귀속되는 순이익을 구분해 표시한다. 이런 경우 EBITDA는 우선주와 보통주 주주 모두에게 귀속되는 순이익을 사용한다.

이상의 과정을 거쳐 최종적으로 계산된 EV/EBITDA는 ($12,961백만)/($3,565백만) = 3.6이다.

4.1.2. 추정 펀더멘털을 이용한 가치평가

다른 주가배수들과 같이 EV/EBITDA의 핵심 동인을 이해하는 것은 유사비교법 적용에 도움이 된다. 다른 조건이 동일하다면 추정 펀더멘털에 바탕을 둔 적정EV/EBITDA는 기대되는 FCFF와 투하자본이익률로 측정되는 예상 수익성과 양의 상관관계를 가져야 하며, 회사의 가중평균자본비용과 음의 상관관계를 가져야 한다. **투하자본이익률(return on invested capital, ROIC)**은 세후영업이익을 총투하자본으로 나누어 구한다. EV/EBITDA 같은 비율을 분석할 때 EBITDA는 모든 자본 공급자에 대한 현금흐름이기 때문에 총투하자본의 수익성 지표인 ROIC는 적절한 수익성 척도가 된다.

4.1.3. 유사비교법을 이용한 가치평가

피어그룹에 비해 EV/EBITDA가 작다는 것은 다른 조건이 동일하다면 평가대상 회사가 상대적으로 저평가되었다는 것을 나타낸다. 다만 애널리스트의 종목추천은 EV/EBITDA의 상대적 비교에만 의존하는 것은 아니다. 애널리스트의 관점에서 EV/EBITDA는 종목추천에 고려해야 할 정보 중 하나라고 봐야 한다.

(EXAMPLE 35)는 피어그룹 회사들의 기업가치배수를 비교하고 있다. 사례에서는 **투하자본 시장가치(market value of invested capital)**로도 불리는 총기업가치의 지표 중 하나인 **총투하자본(total invested capital, TIC)**을 가업가치(EV)와 함께 사용하고 있다. TIC는 주식과 부채의 시장가치를 포함한다는 점에서 EV와 유사하지만 현금과 투자금융상품을 제외하지 않는 차이가 있다.

EXAMPLE 35 기업가치배수를 이용한 유사비교

[표 19]는 데이터 스토리지 디바이스 산업에 속한 Western Digital Corporation(NYSE: WDC), Net App(NASDAQ GS: NTAP), EMC Corporation(NYSE: EMC), Seagate Technology(NASDAQ GS: STX) 등 4개 회사의 기업가치배수 관련 자료이다.

[표 19] 피어그룹의 EV배수(단위: 백만)

척 도	WDC	NTAP	EMC	STX
주가	$70.72	$39.12	$23.64	$48.04
× 유통주식수(백만)	237	340	2,080	357
= 주식의 마켓캡	16,761	13,301	49,171	17,150
+ 부채(가장 최근 분기)	1,960	995	7,190	2,780
+ 우선주	–	–	–	–
= 총투하자본(TIC)	18,721	14,296	56,361	19,930
− 현금	4,310	5,080	11,150	2,190
= 기업가치(EV)	$14,411	$9,216	$45,211	$17,740

척 도	WDC	NTAP	EMC	STX
EBITDA(TTM)	$3,320	$890	$5,330	$2,960
TIC/EBITDA	5.6	16.1	10.6	6.7
EV/EBITDA	4.3	10.4	8.5	6.0
부채/자본(장부가치)	24.8%	24.8%	30.0%	79.2%
순이익률(TTM)	6.38%	8.17%	12.45%	12.81%
분기 매출성장률(YoY)	−21.6%	27.9%	5.7%	−23.6%

자료: Yahoo! Finance

1. [표 19]에는 TIC/EBITDA와 EV/EBITDA 등 2개의 대안적 기업가치배수가 제시되어 있다. 두 기업가치배수 모두에서 우선순위는 동일한 것으로 나타난다. 일반적으로 두 순위가 달라지는 것은 무엇 때문인가?
2. EBITDA는 기업가치와 비교되고 있는데, 이 배수는 주가현금흐름배수와 어떻게 다른가?
3. [표 19]의 정보만을 가지고 WDC의 밸류에이션을 다른 세 회사와 비교하라.

Solution 1

TIC와 EV의 차이는 EV가 현금, 현금등가물, 금융상품을 제외한다는 것이다. 따라서 회사 간에 EBITDA에 대한 현금, 현금등가물 또는 금융상품의 차이가 상당하다면 기업가치배수의 우선순위가 바뀔 수 있다.

Solution 2

이러한 기업가치배수들은 세전이익 척도인 분모와의 일관성을 확보하기 위해 분자에 주가가 아닌 기업가치 척도를 사용한다는 점에서 분자에 주가를 사용하는 주가현금흐름배수와 다르다. 이러한 배수들은 회사들의 자본구조가 매우 다른 경우 주가현금흐름비율보다 회사 간 비교에 적합할 수 있다.

Solution 3

TIC/EBITDA와 EV/EBITDA가 각각 5.6과 4.3으로 상대적으로 작다는 점에서 WDC는 다른 세 회사에 비해 상대적으로 저평가된 것으로 보인다. 하지만 이러한 가치평가비율은 WDC의 낮은 순이익률과 매출 감소 때문일 수 있다. STX와 비교할 때 WDC의 기업가치배수가 다소 작은 수준인데, 이는 STX보다 낮은 수익성(순이익률 WDC 6.38% vs. STX 12.81%)과 부합한다. NTAP의 기업가치배수는 WDC보다 훨씬 큰데, 아마도 이는 최근 NTAP의 높은 매출성장률이 반영된 것일 수 있다. 또한 WDC의 기업가치배수는 EMC보다 작은데 이는 수익성과 성장성의 차이 때문으로 보인다.

4.2. 기타의 기업가치배수

비록 EV/EBITDA가 가장 널리 사용되는 기업가치배수지만 특정 산업의 경우에는 EV/EBITDA와 병행하거나 이를 대신하는 다른 기업가치배수가 가치평가에 더 적합할 수 있다. 예를 들어 EV/FCFF도 널리 사용되는 기업가치배수 중 하나이다. 또한 항공산업의 가치평가에는 애널리스트가 특수한 목적의 가치평가지표인 EV/EBITDAR을 선호하기도 한다. (이때 R은 임대료를 나타낸다.) 이 절에서는 (다음 절에서 다루는 EV/매출액을 제외한) 일반적으로 사용되는 기타의 기업가치배수에 대해 살펴본다. 이러한 가치평가지표에는 EV를 대신해 TIC가 사용되기도 한다.

기업가치배수의 분자에 EBITDA 대신 FCFF(기업잉여현금흐름), EBITA(이자, 세금, 상각비 차감전 이익), EBIT(이자 및 세금 차감전 이익)가 사용되기도 한다. [표 20]은 이러한 척도의 구성 요소와 이들 척도가 당기순이익과 어떻게 관련되는지 보여주고 있다. 실무에서 애널리스트들은 EBIT를 추정해 감가상각비와 무형자산상각비를 더하는 EBITDA를 일반적으로 가장 많이 사용한다.

[표 20] 기업가치배수의 분자 대안

FCFF =	당기 순이익	Plus 이자비용	Minus 이자의 세금효과	Plus 감가 상각비	Plus 무형자산 상각비	Less 운전자본 투자액
EBITDA =	당기 순이익	Plus 이자비용	Plus 세금	Plus 감가 상각비	Plus 무형자산 상각비	
EBITA =	당기 순이익	Plus 이자비용	Plus 세금		Plus 무형자산 상각비	
EBIT =	당기 순이익	Plus 이자비용	Plus 세금			

[표 20]의 모든 척도의 계산에는 이자비용이 순이익에 가산되는데, 이는 이러한 척도들이 부채와 주식의 모든 공급자와 관련된 이익의 흐름이라는 것을 반영한다. 비록 각 척도가 합리적이라도 [표 20]에서 밑으로 내려올수록 각 척도는 회사의 세금 포지션과 자본투자에 대해 보다 덜 정확한 정보를 포함한다. 가령 유형자산과 관련된 감가상각비는 주요 비용이 아니지만 무형자산상각비는 주요 비용인 회사들 간 비교에는 EBITA가 선택될 수 있다. 한편 감가상각비와 무형자산상각비가 모두 주요 비용이 아닌 경우에는 EBIT를 선택할 수 있다.

재무적 척도를 기초로 하는 기업가치배수에 더해 일부 산업이나 섹터에서는 애널리스트가 비재무 척도를 기초로 하는 기업가치배수를 사용하는 것이 적절한 경우가 있다. 예를 들면 위성방송이나 케이블TV의 경우 애널리스트가 EV 대 가입자 수를 살펴보는 것이 유용할 수 있다. 천연자원 회사의 경우에는 자원의 매장량을 기초로 하는 기업가치배수가 적절할 수 있다.

기업가치배수의 분모에 어떤 척도를 사용하든 그 개념은 동일하다. 즉 회사 전체의 시장가치를 회사의 재무적 펀더멘털이나 비재무 척도와 연결시키는 것이다.

4.3. 기업가치매출액비율

기업가치매출액비율(enterprise value to sale, EV/S)은 주가매출액비율의 주요한 대체 지표이다. P/S는 부채를 사용하는 기업의 경우 모든 매출이 주식 투자자에게 귀속되는 것이 아님을 인식하지 못한다는 개념적인 약점을 가진다. 회사 매출 중 일부는 부채 자본의 공급자에 대한 원리금 지급에 사용되기 때문이다. 예를 들어 부채를 (거의) 사용하지 않는 기업의 P/S를 부채에 대한 의존도가 높은 기업의 P/S와 비교하는 것은 합리적이지 않다. 반면 EV/S는 이런 경우에도 유효한 비교 지표가 될 수 있다. 요약하면 EV/S는 다양한 자본구조를 가진 기업들을 비교할 때 특히 유용한 매출기반의 상대가치평가지표가 될 수 있다. (EXAMPLE 36)은 EV/S의 계산을 설명하고 있다.

EXAMPLE 36 기업가치매출액비율(EV/S)의 계산

(EXAMPLE 22)에서 본바와 같이 Stora Enso Oyi(Helsinki Stock Exchange: STERV)는 2012년 €10,814.8백만의 순매출을 보고했다. 2013년 9월 16일 현재 유통주식수(788.6백만주)와 주가(€6.72)를 기준으로 계산한 이 회사의 시가총액은 €5,299.4백만이다. 이 회사는 부채가 €4,522.3백만, 비지배지분이 €91.5백만, 현금이 €1,849.9백만이라고 밝히고 있다. 부채의 시장가치가 보고된 금액과 같다고 가정할 때 이 회사의 EV/S를 계산하라.

Solution

기업가치는 €5,299.4백만 + €4,522.3백만 + €91.5백만 − €1,849.9백만 = €8,063.3백만이다. 따라서 EV/S는 €8,063.3백만/€10,814.8백만 = 0.75가 된다.

4.4. 업종별 유사비교

이제까지 우리는 중요한 여러 주가배수와 기업가치배수에 대해 살펴보았다. 밀접하게 유사한 회사들을 기초로 하는 주가배수나 벤치마크를 사용하는 애널리스트는 피어그룹 회사들의 배수값이 어떤 범위를 갖는지 알아야 하며, 이러한 배수값의 차이를 설명할 수 있는 펀더멘털을 파악해야 한다. [표 21]은 2007 회계연도 GICS 섹터별 주가배수 및 기업가치배수, 배당성향, 다음과 같은 선택된 펀더멘털의 중간값 등의 정보를 보여주고 있다.

- ROE와 그 결정 요소인 순이익률, 자산회전율, 재무레버리지
- FY2007 포함 3년간 복리 영업이익증가율("3년 CAGR Op마진")

[표 21]은 S&P 500, S&P MidCap 400 Index, S&P SmallCap 600 Index로 구성된 미국 주식의 Standard & Poor's Super 1500 Composite Index를 기초로 작성되었다.

[표 21] GICS 경제섹터별 펀더멘털 및 밸류에이션 통계량: FY2007 S&P 1500 중간값 기준

	GICS 섹터 (회사수)	에너지 (85)	소재 (85)	산업재 (207)	자유소비재 (279)	필수소비재 (80)	헬스케어 (167)	금융 (257)	정보기술 (13)	통신서비스 (13)	유틸리티 (75)	전체 (1,500)
밸류에이션 통계량	후행 P/E	14.406	15.343	17.275	15.417	19.522	23.027	14.648	20.205	19.585	16.682	17.148
	P/B	2.531	2.254	2.578	2.254	3.048	3.088	1.559	2.444	2.485	1.784	2.246
	P/S	2.186	0.888	1.045	0.789	1.122	2.061	1.888	2.162	1.527	1.151	1.398
	P/CF	8.622	9.588	11.642	9.986	13.379	15.762	11.186	45.073	5.266	8.405	11.328
	배당 수익률(%)	0.4	1.4	1.0	0.7	1.4	0	3.1	0	0.8	3.1	0.8
	EV/ EBITDA	7.733	7.686	8.979	7.634	10.660	11.623	9.482	11.594	6.681	9.056	9.108
	EV/S	2.640	1.095	1.209	0.928	1.237	2.274	4.017	1.811	2.345	1.903	1.626
펀더멘털 통계량	순이익률 (%)	13.942	5.568	6.089	4.777	5.306	6.637	13.113	7.929	7.109	7.210	7.318
	자산 회전율	0.573	0.995	1.139	1.383	1.351	0.830	0.113	0.743	0.471	0.439	0.839
	재무 레버리지	2.103	2.465	2.143	2.120	2.208	1.854	5.848	1.587	2.367	3.520	2.227
	ROE (%)	19.688	15.728	15.262	13.289	17.264	12.399	10.348	10.444	5.430	11.853	12.701
	배당성향 (%)	4.024	17.874	16.066	0	23.133	0	41.691	0	6.862	52.738	8.051
	3년 CAGR Op마진 (%)	12.035	4.157	5.337	−2.682	−0.880	−1.708	−4.124	1.524	−2.421	0.361	0.181

자료: Standard & Poor's Insight.

일부 논란이 있을 수는 있어도 전체적으로 보면 [표 21]의 데이터는 섹터별 상대적 밸류에이션을 가장 잘 보여준다고 할 수 있다. 개별 회사의 가치평가를 위해서 애널리스트는 보다 좁게 정의된 산업이나 섹터 분류를 사용할 필요가 있다.

5. 국제적 고려

상대가치의 분석을 위해 애널리스트는 유사기업을 파악하고 유사비교법 적용에 필요한 재무정보를 수집하게 된다. 다만 이는 국제적인 상대가치평가의 적용을 어렵게 하는 요인으로 작용하기도 한다. 국경을 가로질러 여러 나라 기업을 비교하기 위해서는 회계방법, 문화, 경제적 차이가 고려되어야 하며, 위험과 성장기회에도 차이가 있다는 사실도 알아야 한다. 동일한 산업에 있어도 여러 나라 기업들의 P/E가 큰 차이를 보인다는 것은 이미 알려진 사실이다.[57] 나아가 특정 시점에서의 국가별 P/E도 빈번히 큰 차이를 보인다.

현재 각국의 회계기준이 국제적으로 통합되고 있지만 여전히 국가 간 회계기준에 큰 차이가 있어 비교에 장애로 작용한다. 나아가 국제사회가 회계기준 단일화에 완전히 합의하더라도 비교가능성을 확보하기 위한 조정 필요성은 여전히 있을 것이 확실하다. 앞에서 살펴본 바와 같이 한 국가의 회계기준 내에서도 회사 간 경영성과의 차이가 회계적 선택의 차이(예: 재고자산 원가 회계처리시 FIFO vs 평균원가)에 기인할 수 있기 때문이다. 2008년 이전 US SEC는 미국 시장에 증권을 발행한 해외 기업들에게 소재국 회계기준에 따른 이익과 US GAAP에 따른 이익의 대사 자료를 의무적으로 제시하도록 요구한바 있다. 이 요구사항은 애널리스트들이 회계기준의 차이를 조정하는데 도움이 되었을 뿐 아니라, 이런 자료를 의무적으로 제공하지 않아도 되는 회사들의 회계기준 차이 조정에도 유용한 시사점을 제공했다. 2007년 12월 SEC는 IFRS를 도입한 해외 기업에 한해 대사 자료의 제출을 면제했다. 미국에 상장된 EU국가 기업들의 대사 자료를 분석한 결과에 따르면 이들 중 대부분의 회사들이 US GAAP보다 IFRS에서 당기순이익은 더 많게, 자기자본은 더 적게 보고된 것으로 나타났다. 결과적으로 표본기업 중 더 많은 기업들이 US GAAP보다 IFRS에서 ROE가 높게 보고되는 것으로 나타났다.[58]

[표 22]는 ASM International(Euronext: ASM; NASDAQ: ASMI)의 IFRS와 US GAAP에 따른 순이익과 자기자본의 대사 결과를 보여준다. 네덜란드 Almere에 본사를 두고 있는

---

57) Copeland, Koller, and Murrin(1994, p. 375)은 이와 관련된 흥미로운 사례를 제시하고 있다.

58) Henry, Lin, and Yang(2009)에 따르면 US GAAP보다 IFRS를 사용할 때 ROE가 5% 포인트 이상 높은 경우는 표본기업의 28%에 달하는 반면 ROE가 5% 포인트 이상 낮은 경우는 10%에 미치지 못했다.

ASM은 웨이퍼 프로세싱 분야의 선도적 반도체 프로세스 장비업체이다.

[표 22] ASM의 IFRS와 US GAAP 간 주요 차이 내역(12월말 기준, €천)

척 도	2012	2011
Net earnings in accordance with IFRS	48,453	324,146
Allowance for inventory obsolescence	-335	1,639
Tax rae difference on eliminated intercompany profit	718	-768
Pensions	691	-
Debt issuance expenses credit facility	-446	55
Development expenses	-8,650	-8,908
Net earnings in accordance with US GAAP	40,431	316,164
Total equity in accordance with IFRS	1,095,366	991,841
Goodwill	10,481	10,647
Allowance for inventory obsolescence	-2,009	-1,626
Tax rate difference on eliminated intercompany profit	-49	-768
Debt issuance expenses credit facility	735	1,181
Development expenses	-51,386	-43,740
Pension plans	-3,329	179
Total equity in accordance with US GAAP	1,049,809	957,714

자료: ASM 2012 애뉴얼 리포트.

이와 같은 US GAAP의 대사 결과를 공시하는 회사들에 대한 연구에서 Harris and Muller(1999)는 [표 23]과 같이 7개 항목의 일반적 차이를 분류해냈다.

[표 23] US GAAP에 대한 IFRS 대사 조정: 통상적 조정사항

구 분	통상적인 조정방향	
	이 익	자기자본
영업권 처리의 차이	감소	증가
이연법인세	증가	증가
외화환산조정	증가	감소
연구개발비	감소	감소
연금비용	감소	증가
유형자산 재평가	증가	감소
기타	감소	감소

대사 자료에 대한 보다 최신 연구인 Henry, Lin, and Yang(2009)에 따르면 20개 대사 항목 중에서 가장 빈번하게 조정이 발생하는 것은 연금 관련(퇴직연금 포함) 항목이며, 조정

액이 가장 큰 것은 영업권 항목이라고 한다.

비록 SEC의 결정으로 공시에서 대사 자료가 제외되면서 애널리스트에게 중요한 분석 자료도 사라졌지만 회계 검토를 통해서도 IFRS와 US GAAP 간에 차이가 발생하는 영역에 대한 시사점을 얻을 수 있다. 나아가 애널리스트는 회계기준의 차이를 파악하고 가용한 공시 자료를 확보할 수 있다면 이런 차이를 조정해야 한다.

국제적으로 회계기준과 회계처리의 차이는 모든 종류의 주가배수의 비교가능성에 영향을 미친다. 이 책에서 다룬 주가배수 중 P/CFO와 P/FCFE는 회계기준의 차이에 따른 영향을 비교적 적게 받기는 하지만 P/B, P/S, 그리고 회계적 이익으로부터 출발하는 EBITDA 등을 사용하는 주가배수는 회계기준의 차이에 큰 영향을 받는다.

6. 모멘텀 가치평가지표

우리가 모멘텀 지표(momentum indicator)라고 부르는 가치평가지표는 주가 혹은 펀더멘털(이익 등)을 자신의 과거 시계열에 연결시키거나, 경우에 따라서는 해당 펀더멘털의 기댓값과 연결시킨다. 성장투자 스타일 중 하나는 양의 모멘텀을 가진 종목을 선택하는 전략인데, 실무자들은 이런 전략을 "성장/모멘텀 투자전략(growth/momentum investment strategies)"이라고 부른다. 우리가 다루게 될 상대강도지표와 같은 주가기반의 모멘텀 지표는 **기술적 지표(technical indicators)**로도 불린다. *BofA Merrill Lynch Institutional Factor Survey*에 따르면 다양한 모멘텀 지표가 다수의 기관투자자들 사이에서 사용된다고 한다. 이 절에서는 대표적 모멘텀 지표인 어닝서프라이즈(비기대이익), 표준비기대이익, 상대강도에 대해 살펴본다.

표준비기대이익(standardized unexpected earnings, SUE)을 정의하기 위해 먼저 다음과 같이 **어닝서프라이즈(earnings surprise)**라고도 불리는 **비기대이익(unexpected earnings, UE)**을 보고된 이익과 기대이익의 차이로 정의한다.

$$UE_t = \text{EPS}_t - E(\text{EPS}_t)$$

여기서 UE_t는 t분기의 비기대이익, EPS_t는 t분기에 보고된 EPS, $E(EPS_t)$는 t분기에 실현할 것으로 예상되었던 기대 EPS이다. 예를 들어, 분기의 기대 이익이 $1.00이었으나 실제 보고된 분기 이익이 $1.05라면, $0.05에 해당하는 양의 어닝서프라이즈가 발생한 것이 된다. 정보 제공업체에 따라서는 어닝서프라이즈 백분율(즉, 어닝서프라이즈를 기대 EPS로 나눈 값)을 제공하기도 한다. 이 경우의 어닝서프라이즈 백분율은 $0.05/$1.00 = 0.05 또는

5%가 된다. 어닝서프라이즈가 가치평가지표로 직접 사용될 때 애널리스트 EPS 추정치의 변산도(variability)나 범위(range)를 고려할 수 있는 척도로 표준화한 어닝서프라이즈를 사용하는 것이 일반적이다. 이렇게 하는 것은 애널리스트 추정치 사이에 이견이 크지 않을수록 평균에 대한 EPS 추정치의 오차가 더 큰 의미를 가지기 때문이다. 표준화하는 방법은 비기대이익을 애널리스트 이익 추정치의 표준편차로 나누는데, 이를 **표준어닝서프라이즈(scaled earnings surprise)**라고 부른다. (EXAMPLE 37)은 표준어닝서프라이즈의 계산 사례를 설명한다.

EXAMPLE 37 애널리스트 추정치를 이용한 표준어닝서프라이즈 계산

BP plc(LSE: BP.L; NYSE: BP)의 2012년 12월 말 종료 회계연도 평균 이익 추정치 컨센서스는 $0.91이었다. 33개의 애널리스트 추정치 중 최소 이익 추정치는 $0,87, 최대 이익 추정치는 $1.20, 표준편차는 $0.0952였다. 만일 2012년 실제 보고된 이익이 최대 추정치와 같았다면 애널리스트 추정치의 분포를 고려하여 BP의 어닝서프라이즈를 표준화한 표준어닝서프라이즈는 얼마인가?

Solution

이 경우 표준어닝서프라이즈는 ($1.20 − $0.91)/$0.0952 = 3.05이다.

가치평가나 종목선택에 어닝서프라이즈를 사용하는 근거는 어닝서프라이즈가 일관되게 비정상초과수익률(abnormal returns) 또는 알파(alpha)와 정(正)의 관계를 가진다고 보기 때문이다. 이때 자주 사용되는 모멘텀 지표가 **표준비기대이익(standardized unexpected earnings, SUE)**이다. SUE는 다음과 같이 정의된다.

$$\mathrm{SUE}_t = \frac{\mathrm{EPS}_t - E(\mathrm{EPS}_t)}{\sigma[\mathrm{EPS}_t - E(\mathrm{EPS}_t)]}$$

여기서 EPS_t는 t기간의 실제 EPS, $E(\mathrm{EPS}_t)$는 t기간의 기대 EPS, $\sigma[\mathrm{EPS}_t - E(\mathrm{EPS}_t)]$는 일정 기간의 $\mathrm{EPS}_t - E(\mathrm{EPS}_t)$의 표준편차이다.

요약하면 분자는 t기간의 비기대이익이고, 분모는 t시점까지 일정 기간 동안의 과거 비기대이익의 표준편차이다. SUE의 개념을 도입한 Latané and Janes(1979)는 t기 전 20분기 동안의 비기대이익의 표준편차를 사용했다.[59] SUE에서는 비기대이익의 크기를 역사적 예측오차의 척도로 나누어 표준화한다. 원칙적으로 역사적 예측오차가 작을수록 주어진 EPS 예측오차의 의미가 커진다.

어닝서프라이즈가 $0.05이고 과거 어닝서프라이즈의 표준편차가 $0.20인 주식이 있다고 가정하자. $0.05인 어닝서프라이즈는 과거 예측오차와 비교해 상대적으로 작기 때문에 SUE는 $0.05/$0.20 = 0.25가 된다. 만일 과거 어닝서프라이즈의 표준편차가 더 작아서 $0.07이었다면, SUE는 $0.05/$0.07 = 0.71로 커지게 된다. (EXAMPLE 38)은 두 회사에 대한 SUE 분석이다.

EXAMPLE 38 비기대이익과 SUE 분석

[표 24]와 [표 25]는 Exxon Mobil Corporation(NYSE: XOM)과 Volkswagon AG(Xetra: VOW) 두 회사의 어닝서프라이즈 정보이다.

[표 24] Exxon Mobil Corporation의 역사적 어닝서프라이즈($)

분기 말	EPS 발표일	EPS 추정치 평균 컨센서스	실제 EPS	% 어닝 서프라이즈	표준편차	SUE 스코어
2013.09.	2013.10.31.	1.77	1.79	0.88	0.1250	0.16
2013.06.	2013.08.01.	1.90	1.55	−18.39	0.0997	−3.51
2013.03.	2013.04.25.	2.05	2.12	3.59	0.0745	0.94
2012.12.	2013.02.01.	2.00	2.20	10.20	0.0463	4.32

[표 25] Volkswagen AG의 역사적 어닝서프라이즈(€)

분기 말	EPS 발표일	EPS 추정치 평균 컨센서스	실제 EPS	% 어닝 서프라이즈	표준편차	SUE 스코어
2013.09.	2013.10.30.	4.53	3.79	−16.37	0.2846	−2.60
2013.06.	2013.07.31.	5.10	5.86	14.99	0.3858	1.97
2013.03.	2013.04.24.	4.15	4.24	2.17	1.1250	0.08
2012.12.	2013.02.22.	5.56	3.54	−36.33	0.5658	−3.57

자료: Thomson Surprise Report.

1. 2013년 9월 말 XOM의 SUE 스코어 0.16은 어떻게 계산된 것인가?
2. 표의 정보를 바탕으로 할 때 과거 네 분기 동안 어느 회사의 추정치 컨센서스가 더 부정확하였는가?

59) SUE에 관한 연구결과의 종합 정리는 Reilly and Brown(2006) 또는 Brown(1997)을 참조하라.

3. 2013년 3월 종료되는 분기 XOM과 VOW의 추정치 컨센서스 중 어느 것이 더 정확하게 예측되었는가?

Solution 1

2013년 9월말로 종료되는 분기의 XOM의 비기대이익(즉, 어닝서프라이즈)은 \$1.79 − \$1.77 = \$0.02이다. 이를 표준편차 \$0.1250으로 나누면 SUE 스코어 0.16이 도출된다.

Solution 2

답은 정확도를 "% 어닝서프라이즈"나 "SUE 스코어" 중 어느 것으로 측정하는냐에 따라 달라진다. 만일 정확도를 % 어닝서프라이즈로 측정하면 VOW의 추정치 컨센서스가 더 부정확했다. 즉 VOW의 경우 % 어닝서프라이즈가 −36.33%에서 +10.20%의 범위에서 변동한 반면, XOM의 경우에는 −18.39%에서 +10.20%의 범위에서 변동했기 때문이다. 반면 SUE 스코어를 사용하면 XOM 추정치 컨센서스가 더 부정확했다. 즉 SUE 스코어의 범위는 XOM의 경우 −3.51에서 +4.32인 반면 VOW의 경우 −3.57에서 +1.13이기 때문이다. 결과가 이렇게 달라지는 이유는 XOM의 이익 추정치의 표준편차가 VOW보다 작기 때문이다.

Solution 3

2013년 3월 종료 분기의 추정치 컨센서스는 XOM보다 VOW가 더 정확했다. 이 분기에는 VOW의 % 어닝서프라이즈와 SUE 스코어 모두 XOM보다 더 작기 때문이다.

또 다른 가치평가지표인 **상대강도지표(relative strength indicators)**는 주식의 성과(즉 주가수익률)를 특정 기간 동안의 자신 혹은 주식군(株式群)의 성과와 비교한다. 특정 기간 동안 주식의 성과를 자신의 과거 성과와 비교하는 가장 단순한 형태의 상대강도지표는 6개월 혹은 1년 등 특정된 기간 동안의 해당주식에 대한 복리 주가수익률이다. 이 지표는 학술문헌에서 **가격 모멘텀(price momentum)**으로 불린다. 단순성에도 불구하고 이 척도는 다양한 연구에서 활용되고 있다.[60] 이 지표를 사용하는 논리적 근거는 경험적으로 볼 때 주가수익률이 투자자의 투자기간에 걸쳐 지속과 반전의 패턴을 보인다는 것이다(Lee and Swaminathan 2000).

상대강도의 또 다른 정의는 최근 기간의 주가수익률을 (최근 기간을 포함하는) 장기간의 주가수익률과 연결시키는 것이다. 예를 들어 기술적 모멘텀 지표에 관한 고전적 연구 중 하나인 Brock, Lakonishok, and Lebaron(1992)은 두 가지 기술적 거래 규칙, 즉 단기 이동평

60) 사용 사례에 대해서는 Salsman(1997)을 참조하라.

균과 장기 이동평균 사이(그리고 이러한 평균의 범위)의 관계에 따라 매매 신호를 보내는 이동평균 오실레이터와 거래범위 브레이크(예: 저항선과 지지선)에 따른 거래전략의 성과를 살펴보았다. 독자들은 역사적 주가수익률의 패턴에 대한 리서치가 소위 데이터 긁어모으기(data snooping)나 사후확신편향(hindsight biases)에 매우 취약하다는 것을 인지해야 한다. 나아가 순수하게 기술적 모멘텀 지표에만 기초한 투자전략은 투자 실패로 이어질 가능성이 높은데, 이는 "아무리 유용한 기술적 규칙(혹은 가격패턴)이라도 이것이 공개되는 순간 대규모 트레이더들이 이를 모방하기 때문에 규칙이 무력화된다."고 봐야하기 때문이다(Bodie, Kane, and Marcus 2008, p. 377). 그러나 다수가 이를 사용하기 전에 수익성 있는 트레이딩 규칙을 찾아 이용하려는 노력이 이 분야에 대한 리서치에 계속적인 동기부여가 되는 것도 사실이다.

특정 주식의 성과를 주식군(株式群)의 성과와 비교하는 두 번째 유형의 단순한 상대강도 지표는 해당 주식의 성과를 주가지수의 성과로 나누는 것이다. 이 비율이 증가하면 해당 주식의 주가가 지수에 비해 더 많이 상승한다는 것을 의미하며, 양의 상대강도를 나타낸다. 종종 상대강도지표는 평가기간 개시 시점의 값을 1.0으로 표준화한다. 만일 특정 주식의 주가가 주가지수보다 빨리 상승하면 상대강도는 1.0 이상이 된다. 표준화 기법을 이용하면 개별 주식의 상대강도뿐만 아니라 산업의 상대강도도 계산할 수 있다. (EXAMPLE 39)를 통해 이 지표에 대해 보다 자세히 살펴보자.

EXAMPLE 39 주가지수에 대한 상대강도

[표 26]은 2012년 4월부터 2013년 9월까지 18개월 동안 월별 S&P 500과 3개 상장지수펀드(ETF)의 종가를 보여준다. 각 ETF는 각각 장기 미국 국채증권, STOXX Europe 50 Index, 유럽 신흥국 SPDR을 추적한다. SPDR은 S&P 주식예탁증서(Standard & Poor's Depository Receipt)를 나타낸다.

[표 26] 상대강도의 비교

일 자	S&P 500 Index	SPDR Barclays Long-Term Treasury (TLO)	SPDR Stoxx Europe 50 Index (FEU)	SPDR S&P Emerging Europe ETF (GUR)
2012. 04. 02.	1397.91	65.77	29.46	39.55
2012. 05. 01.	1310.33	70.86	26.32	32.42
2012. 06. 01.	1362.16	69.98	28.45	35.96
2012. 07. 02.	1379.32	72.29	28.71	36.06
2012. 08. 01.	1406.58	71.38	29.75	37.89

[표 26] (계속)

일 자	S&P 500 Index	SPDR Barclays Long-Term Treasury (TLO)	SPDR Stoxx Europe 50 Index (FEU)	SPDR S&P Emerging Europe ETF (GUR)
2012. 09. 04.	1440.67	69.93	30.52	39.46
2012. 10. 01.	1412.16	69.76	30.92	39.05
2012. 11. 01.	1416.18	70.49	31.51	39.25
2012. 12. 03.	1426.19	68.72	32.62	42.90
2013. 01. 02.	1498.11	66.81	33.98	43.54
2013. 02. 01.	1514.68	67.62	32.80	40.86
2013. 03. 01.	1569.19	67.53	33.12	40.26
2013. 04. 01.	1597.57	70.35	34.49	39.93
2013. 05. 01.	1630.28	65.86	34.26	38.78
2013. 06. 03.	1606.28	63.56	32.87	36.89
2013. 07. 01.	1685.73	62.60	34.85	37.81
2013. 08. 01.	1632.97	61.82	34.31	36.81
2013. 09. 03.	1639.77	61.02	34.67	36.67

[표 27]의 표준화된 상대강도지표를 구하기 위해 각 ETF 종가를 같은 달의 S&P 500 종가로 나눈 후 2012년 4월의 상대강도지표(RSTR) 값이 1.0이 되도록 표준화한다. 예를 들면 2012년 4월 2일의 경우 TLO의 종가를 S&P 500의 종가로 나누면 65.77/1,397.91 = 0.0470이 된다. 같은 날 TLO의 RSTR은 정의에 따라 0.0470/0.0470 = 1.0이 된다. 5월 1일의 경우 TLO 종가를 S&P 500의 종가로 나누면 70.86/1,310.33 = 0.0541이 되고, 우리는 이를 4월의 이 값으로 표준화한다. 결국 2012년 5월 1일 TLO의 RSTR은 [표 27]과 같이 0.0541/0.0470 = 1.1494가 된다.

[표 27] 상대강도지표

일 자	RSTR SPDR Barclays Long-Term Treasury (TLO)	RSTR SPDR Stoxx Europe 50 Index (FEU)	RSTR SPDR S&P Emerging Europe ETF (GUR)
2012. 04. 02.	1.000	1.000	1.000
2012. 05. 01.	1.149	0.953	0.875
2012. 06. 01.	1.092	0.991	0.933
2012. 07. 02.	1.114	0.988	0.924
2012. 08. 01.	1.079	1.004	0.952
2012. 09. 04.	1.032	1.005	0.968
2012. 10. 01.	1.050	1.039	0.977
2012. 11. 01.	1.058	1.056	0.980

[표 27] (계속)

일 자	RSTR SPDR Barclays Long-Term Treasury (TLO)	RSTR SPDR Stoxx Europe 50 Index (FEU)	RSTR SPDR S&P Emerging Europe ETF (GUR)
2012. 12. 03.	1.024	1.085	1.063
2013. 01. 02.	0.948	1.076	1.027
2013. 02. 01.	0.949	1.028	0.953
2013. 03. 01.	0.915	1.002	0.907
2013. 04. 01.	0.936	1.024	0.883
2013. 05. 01.	0.858	0.997	0.841
2013. 06. 03.	0.841	0.971	0.812
2013. 07. 01.	0.789	0.981	0.793
2013. 08. 01.	0.805	0.997	0.797
2013. 09. 03.	0.785	0.995	0.784

[표 26]과 [표 27]를 바탕으로 다음 질문에 답하라.

1. 2012년 4월부터 2013년 9월까지 전체 기간에 대한 세 ETF의 상대강도에 대해 설명하라. 이 기간 각 ETF의 상대강도를 해석하라.
2. 2012년 12월 3일 종료되는 기간(월)의 STOXX Europe 50 Index ETF와 Emerging Europe ETF의 상대성과를 논하라.

Solution 1

장기 US Treasury ETF의 상대강도지표는 0.785이다. 이 수치는 같은 기간 S&P 500에 비해 0.785 - 1.000 = - 0.215 즉, 21.5%의 상대적 성과부진을 나타낸다. STOXX Europe 50 Index의 상대강도지표는 0.995이다. 이 수치 역시 같은 기간 S&P 500에 비해 0.995 - 1.000 = - 0.005, 즉 5%의 상대적 성과부진을 나타낸다. Emerging Europe ETF의 상대강도지표는 0.784로 같은 기간 동안 S&P 500 대비 21.6%의 상대적 성과부진을 나타낸다.

Solution 2

STOXX Europe 50 Index의 2012년 12월 RSTR은 1.085로 전달 대비 2.9% 높은 반면 Emerging Eurpoe ETF의 RSTR은 1.063으로 전달 대비 8.3% 높다. 2012년 12월 Emerging Europe ETF가 STOXX Europe 50 Index EFT보다 우수한 성과를 보인 것이다. 즉 1개월간 상대성과는 전체 기간의 상대성과와는 다르며, 전체 기간 동안은 STOXX Europe 50 Index의 성과가 Emerging Europe ETF보다 우수하다.

전체적으로 모멘텀 지표는 투자 전문가들 사이에서 널리 사용되고 있다. 일부는 모멘텀 지표를 애널리스트가 해당 주식이 평가모형이나 주가배수로부터 도출된 펀더멘털 벨류에이션에서 멀어지거나 근접하는지 즉시 파악하게 해주는 신호로 간주한다. 다시 말하면 애널리스트가 회사의 내재가치를 정확히 파악하면 모멘텀 지표는 시장가격이 그러한 내재가치에 언제 수렴하는지에 관한 단서를 제공한다. 이러한 지표의 사용은 업계와 학계의 적극적인 연구대상이 되고 있다.

7. 가치평가지표 사용의 실무상 이슈

지금까지 이 장에서 다룬 가치평가지표들은 모두 투자에 도움을 주지만 종목선택의 해법까지 제공하는 것은 아니다. 이 절에서 우리는 벤치마크 주가배수에 평균을 사용할 때 발생하는 이슈에 대해 살펴보고, 여러 가치평가지표를 병행해 사용하는 종목선택 방법에 대해 설명한다.

7.1. 배수의 평균: 조화평균

조화평균과 가중조화평균이 복수의 주가배수를 평균하는데 종종 사용된다.

두 주식을 편입한 어떤 포트폴리오가 있다고 하자. 단순화를 위해 이 포트폴리오는 각 주식의 100%를 보유한다고 가정하자. 한 주식의 시가총액은 €715백만이고 순이익은 €71.5백만이어서 P/E는 10이다. 또 다른 주식의 시가총액은 €585백만이고 순이익은 €29.25백만이어서 P/E는 20이다. 각 회사의 시가총액과 순이익을 합산해 나누면 이 포트폴리오의 P/E가 구해진다는데 주목하자. 즉 (€715 + €585)/(€71.50 + €29.25) = €1,300/€100.75 = 12.90이 된다. 이때 궁금증이 제기될 수 있다. 즉 어떻게 하면 개별 주식의 P/E를 기초로 하여 포트폴리오의 P/E 12.90을 가장 손쉽게 구할 수 있는지에 관해서 말이다.

만일 개별 주식의 주가배수를 X_i라고 하면, 주가배수의 단순 **조화평균(harmonic mean)**의 수식은 다음과 같다.

$$X_H = \frac{n}{\sum_{i=1}^{n}(1/X_i)} \tag{8}$$

이는 역수의 산술평균을 역수로 나타낸 것과 같다.

가중조화평균(weighted harmonic mean)의 수식은 다음과 같다.

$$X_{WH} = \frac{1}{\sum_{i=1}^{n}(\omega_i/X_i)} \tag{9}$$

여기서 ω_i는 포트폴리오의 가치 가중치($\sum_{i=1}^{n}\omega_i = 1$)이며, $i = 1, 2, \cdots, n$에 대해 $X_i > 0$이다.

[표 28]은 위에서 설명한 가상의 포트폴리오에 대한 단순 산술평균, 가중평균, (단순) 조화평균, 가중조화평균에 따른 P/E의 계산과정을 보여준다.

[표 28] 여러 평균 P/E의 계산

	시가총액		순이익	주식				
	(€백만)	%	(€백만)	P/E	(1)	(2)	(3)	(4)
주식 A	715	55	71.50	10	0.5 × 10	0.55 × 10	0.5 × 0.1	0.55 × 0.1
주식 B	585	45	29.25	20	0.5 × 20	0.45 × 20	0.5 × 0.05	0.45 × 0.05
					15	14.5	0.075	0.0775
산술평균 P/E (1)					**15**			
가중평균 P/E (2)						**14.5**		
조화평균 P/E (3)							1/0.075 = **13.33**	
가중조화평균 P/E (4)								1/0.0775 = **12.90**

가중조화평균 P/E는 포트폴리오 P/E 12.90과 정확히 일치한다. 이 사례는 왜 인덱스펀드 정보 제공업체들이 종종 "평균 P/E"나 주가지수의 주가배수 평균값 계산에 가중조화평균을 사용하는지를 잘 설명해 준다. 물론 경우에 따라서는 애널리스트가 가중조화평균 산출에 필요한 시가총액 가중치 정보를 구하길 원치 않거나 구할 수 없을 수도 있다. 이런 경우라도 단순 조화평균을 구하는 데는 문제가 없다.

이 사례에서 단순 조화평균 P/E(13.33)가 산술평균(15)보다 작고 개별 정보로 직접 계산한 12.90에 가깝다는 사실에 주목하자. 조화평균은 본질적으로 큰 P/E에 낮은 가중치를 부여하고, 작은 P/E에 높은 가중치를 부여한다. 따라서 자료 집합 내 모든 관측치가 같은 값을 갖지 않는 한 조화평균이 산술평균보다 작아야 한다.

이미 설명한바와 같이 평균 배수를 사용할 때 산술평균보다 중간값을 사용하면 이상치(outlier)에 의한 왜곡을 완화할 수 있다. 조화평균도 경우에 따라 (일반적으로 산술평균 주가배수 사용에서 주된 문제점으로 지적되는) 큰 이상치의 영향을 축소하는데 사용된다. 하지만 작은 이상치(즉 0에 근접하는 관측치)의 영향을 완화하지는 못한다. 즉 조화평균은 큰 이상치의 영향을 축소하는 경향을 갖는다. 조화평균이 작은 이상치의 영향을 심화시킬 수 있지만, 이런 이상치의 하한은 0으로 제한된다.

산술평균과 조화평균의 차이를 설명하기 위해 [표 5]에서 검토한 통신회사들의 사례를 살펴보자. 이 그룹에는 Equinix의 P/E 131.28과 Verizon의 P/E 86.06 등 두 개의 큰 이상치가 포함되어 있다. [표 29]는 이상치를 포함한 경우와 제외한 경우의 평균값을 보여준다.

[표 29] 산술평균 vs. 조화평균

회 사	후행P/E (이상치 포함)	후행P/E (이상치 제외)
AT&T (NYSE: T)	25.73	25.73
BCE Inc. (NYSE: BCE; TSX: BCE)	14.49	14.49
Centurytel (NYSE: CTL)	18.86	18.86
Equinix (NASDAQ GS: EQIX)	131.28	
Frontier Communications Corp. (NASDAQ GS: FTR)	43.30	43.30
Verizon Communications (NYSE: VZ)	86.60	
Windstream Corp. (NYSE: WIN)	36.91	36.91
산술평균(arithmetic mean)	50.95	27.86
중간값(median)	36.91	25.73
조화평균(harmonic mean)	30.39	23.69

그룹 전체의 산술평균(50.95)은 중간값(36.91)보다 상당히 큰데, 이는 Equinix와 Verizon의 영향 때문이다. 조화평균(30.39)은 중간값에 훨씬 가까우며, 집중경향성이 반영되어 훨씬 타당하다. 이상치들을 제외한 산술평균(27.86), 중간값(25.73), 조화평균(23.69)은 훨씬 더 집중된 모습을 보인다. 조화평균이 작게 계산되는 것은 이 접근법이 상대적으로 P/E가 큰 Frontier(43.30)와 Windstream(36.91)의 영향을 완화하기 때문이다.

이 사례는 애널리스트가 특히 다른 애널리스트가 준비한 정보를 검토할 때 어떻게 평균을 계산하는지를 이해하는 것이 얼마나 중요한지, 그리고 여러 요약 통계량을 함께 살펴보는 것이 왜 중요한지를 설명하고 있다.

7.2. 복수의 가치평가지표 사용

신중하게 선택되고 계산된 주가배수, 모멘텀 지표, 펀더멘털은 모두 조금이마나 주식가치평가라는 퍼즐을 풀 수 있는 유용한 정보가 되기 때문에 많은 투자자와 애널리스트들이 가치평가와 종목선택에 복수의 가치평가지표를 사용하고 있다. (EXAMPLE 40)에서 복수의 지표 사용에 대해 살펴보자.

EXAMPLE 40 주식가치평가에 복수 지표 사용

아래는 과거 발행된 주식 애널리스트 보고서의 일부인데, 이들 보고서는 어떤 주식의 가치에 대한 견해를 밝히면서 복수의 가치평가지표를 사용하고 있다. 첫 번째 발췌본은 Colorpark Ltd.(Australian Stock Exchange: CKL) 보고서에서 인용한 것으로, 애널리스트는 일차적인 분석방법론으로 잉여현금흐름 가치평가를 사용하지만 주가수익비율(이 보고서에서는 PER)을 통해 주식의 매력도를 평가하고 있다. 두 번째 발췌본은 AB InBev(Euronext Belgium: ABI) 보고서에서 인용한 것으로, 애널리스트는 주가수익비율(P/E)과 EV/EBITDA 등 두 가지 배수를 사용해 추정한 목표가 대비 당시 주가(이 당시 42.80에 거래)를 평가하고 있다.

Colorpak Ltd. (Australian Stock Exchange: CKL)

CKL에 대한 우리의 DCF값은 A$0.82ps이며, 이는 현재 주가에 44%의 프리미엄(상승 여력)이 있다는 것을 나타낸다. 우리는 DCF평가를 가치평가방법론으로 선호하지만, CKL의 다른 가치평가지표에서도 이 주식이 매력적이라는 것을 확인할 수 있다.

중간사이클 PER (시장 대비 30%를 할인한) 10.5×를 FY08 EPS 7.6cps에 적용하면, A$0.80의 가치 추정치를 얻게 된다. 관심을 가져야 할 것은 이 주식이 12개월 내에 목표주가인 A$0.75ps에 도달하더라도 CKL의 전방PER은 9.1×에 지나지 않아, 이는 부담스러운 수준이 아니라고 본다. 또한 현재 주가 수준에서 이 주식의 배당수익률은 5.7%로 매력적이라 판단된다.

Mario Maia, CFA
Merrill Lynch (Australia)

AB InBev(Euronext Belgium: ABI)

다소 상향 조정한 추정치에 근거하더라도 이 주식은 2012년 P/E 12.4×와 EV/EBITDA 9×로 평가되는데, 이는 대형 FMCG(일용소비재)와 증류주 회사의 평균적인 벨류에이션보다 여전히 다소 낮은 수준이다. 이익 증가가 빠르기 때문에 이 맥주회사(ABI)는 프리미엄을 기대할 수 있다. 결과적으로 우리는 목표주가를 EUR52에서 EUR53로 상향조정하며, 이는 시장가격 대비 24%의 업사이드를 의미한다. 매수 추천.

Ton van Ooijen, CFA
Kepler Research

1989년부터 2012년 실시한 (응답자 부족으로 2008~2010년은 제외) *BofA Merrill Lynch Institutional Factor Survey*에 참여한 기관투자자들은 종목선정에 평균적으로 9.3개의 요인을 고려하는 것으로 나타났다. 조사대상 요인에는 주가배수, 모멘텀 지표, DDM뿐 아니라 펀더멘털 ROE, 부채비율, 5년 EPS 성장률 추정치, EPS 변동성, EPS 추정치 분산, 규모, 베타, 외환노출, 저가주, 소외주 등이 포함되었다. [표 30]은 2012년 137명의 응답자 중 투자결정에 사용하는 요인을 밝힌 투자자의 백분율 순위로 요인들을 열거한 것이다.

[표 30] 투자결정 요인의 투자자 사용 빈도

높은(•) > 50%, 30% < 중간(◆) < 50%, 낮음(○) < 30%

요 인	빈 도
P/E	●
베타(beta)	●
EV/EBITDA	●
ROE	●
규모(size)	●
P/B	●
P/FCF	◆
자기주식매입	◆
이익 추정치 변경	◆
이익률	◆
상대강도	◆
EPS 모멘텀	◆
D/E	◆
EPS 변동성	◆
DDM/DCF	◆
PEG	◆
장기 가격 추세	◆
P/CF	◆
애널리스트 소외주	◆
배당성장률	◆
5년 EPS 성장률 추정치	◆
평균회귀	◆
정상P/E	◆
P/S	◆
순부채/EBITDA	○
EPS 서프라이즈	○
ROC	○
ROA	○

EPS 추정치 분산	○
애널리스트 레이팅 변경	○
외환 익스포저	○
장기 가격 추세 (단기 반전 포함)	○
거래량	○
목표가격	○
소유권	○
단기 가격 추세	○
EV/매출	○
저가주	○
알트만 Z-스코어	○
이퀴티 듀레이션	○

자료: *2012 BofA Merrill Lynch Institutional Factor Survey.*

투자전략에서 배수 사용과 관련된 이슈는 전방주시편향이다. **전방주시편향(look-ahead bias)** 이란 이러한 배수 계산에 현재는 가용하지 않는 정보를 사용하는데 따른 문제이다. 투자 애널리스트들은 과거 자료를 활용하여 주가배수와 여러 요인에 따라 종목선정의 투자전략을 백테스팅(back-testing)하곤 한다. 백테스팅을 실시할 때 애널리스트는 재무성과의 보고가 지연되는 것이 잠재적으로 전방주시편향의 문제를 일으킨다는 점을 인식하고 있어야 한다. 예를 들어 2014년 1월 초순 대부분의 회사들은 2013년 4분기 EPS를 아직 보고하지 않았기 때문에 이때 회사 후행P/E는 2013년 1~3분기와 2012년 4분기 자료를 이용하게 된다. 2013년 4분기 실제 EPS를 사용하는 후행P/E를 기반으로 의사결정을 하는 투자전략은 이 자료가 발표된 이후에나 실행이 가능하게 된다. 따라서 어떤 분석에서 투자가 2013년 전체 연도의 데이터를 기반으로 2014년 1월 초에 실행되었다면, 이 분석은 전방주시편향에 노출된다. 이러한 편향을 줄이기 위해 애널리스트는 최근에 보고된 4개 분기 동안의 EPS를 기초로 후행P/E를 계산하게 된다. 후행 기준으로 계산되는 다른 주가배수의 경우에도 동일한 원리가 적용된다.

투자유니버스를 보다 작은 투자 대안군으로 축소하기 위해 일정한 종목선택 기준을 적용하는 절차를 **스크리닝(screening)**이라 부른다. 종목 스크리닝에는 지금까지 논의한 가치평가지표뿐 아니라 이러한 지표의 차이를 설명할 수 있는 펀더멘털이 포함된다. 전산화된 종목 스크리닝은 검토대상의 범위를 효과적으로 줄이는 수단이며 종목선택 과정의 일부가 된다. 전산화된 스크리닝의 편의성에도 불구하고 상업적 데이터베이스와 스크리닝 툴이 가진 단점은 중요한 (EPS 같은) 투입값의 계산 과정을 사용자가 통제할 수 없다는 것이다. 대부분의 데이터베이스가 질적 자료(요인)를 제공하지 않는다는 점도 문제점으로 지적된다. (EXAMPLE 41)은 종목선택을 위한 스크리닝 과정을 보여준다.

EXAMPLE 41 종목선택 스크리닝

기관 포트폴리오를 운영 중인 Janet Larsen은 현재 포트폴리오에 대한 신규 종목 편입을 검토 중이다. Larsen은 미국 주식에 대한 정보 데이터베이스를 가지고 있다. 그녀는 P/E와 P/B가 낮은 종목을 선택하기 위해 여러 스크린을 디자인했다. Larsen은 저(低) P/E와 P/B 주식만 선택하면 기대성장률이 낮은 종목을 고르는 것이라는 사실을 알기 때문에 이런 문제를 완화하기 위해 동시에 PEG가 1.0 이하인 주식을 선택하고자 한다. 또한 그녀는 배당수익률이 최소 3.0% 이상이고 시가총액이 $100억 이상인 종목을 고르기로 했다. [표 31]은 2014년 1월 현재 5개 기준에 순차적으로 부합하는 종목의 수를 보여준다. (5개 기준 모두에 부합하는 최종적인 종목의 수는 6개이다.)

[표 31] 주식 스크린

기 준	순차적인 기준 부합 종목의 수
P/E < 20.0	1,674
P/B < 2.0	1,135
PEG < 1.0	156
배당수익률 ≥ 3.0%	113
시가총액 $100억 이상	6

기타 정보:

- 스크리닝 기준일 현재 데이트베이스에 표시된 S&P 500의 정보는 P/E 19.4, P/B 2.6, 배당수익률 2.1%이다.
- S&P의 *US Style Indices Methodology*에 따르면 스타일 인덱스는 다음 6개 요인에 따라 성장형과 가치형으로 구분하는데, S&P가 이들 요인을 표준화해 각 회사의 성장지수와 가치지수를 구하게 된다.

  3개 성장 요소
  - 주가 대비 3년 EPS 변동
  - 3년 주당 매출성장률
  - 모멘텀(12개월 주가 변동 백분율)

  3개 가치 요소
  - 장부가치주가비율(B/P)
  - 수익주가비율(E/P)
  - 매출액주가비율(S/P)
- 2013년 7월 S&P Dow Jones US Index Committee는 S&P 500, S&P Mid-Cap 400, S&P Small-Cap 600 종목선정을 위한 시가총액 가이드라인을 상향 조정했다. 새로운 가이드라인은 다음과 같다.

S&P 500: $4.6십억 이상

S&P Mid-Cap 400: $1.2십억에서 $5.1십억

S&P Small-Cap 600: $350백만에서 $1.6십억

이상에서 제공된 정보를 바탕으로 다음 질문에 답하라.

1. Larsen은 종목 스크린에 어떤 종류의 가치평가지표를 포함하지 않았는가?
2. 투자스타일 측면에서 Larsen의 전반적인 투자 성향을 정의하라.
3. Larsen의 주식 스크린에 대한 단점을 두 가지 기술하라.

Solution 1

Larsen은 스크린에 모멘텀 지표를 포함하지 않았다.

Solution 2

제시된 시가총액 기준에 따르면 Larsen은 대형주(라지캡) 가치투자자로 분류될 수 있다. 그녀의 스크린이 PEG를 포함하긴 해도 S&P가 사용하는 것과 같은 명시적인 성장률 조건이 제외되었고, 양의 어닝서프라이즈 같은 성장지향과 관련된 모멘텀 지표도 적용되지 않았다. Larsen은 또한 S&P 500의 평균 P/B보다 낮은 P/B 기준을 적용하고 있다. 모든 주가배수에 “미만”의 기준을 적용하는 것도 주목할 필요가 있다.

Solution 3

Larsen은 수익성이나 위험에 관한 기준 척도를 사용하지 않는다. 주식의 P/E가 낮은 것이 기대 수익성이 낮고 위험이 큰데 따른 것일 수 있다는 점에서 이들을 제외하는 것은 문제점으로 지적될 수 있다. 또 하나의 문제점은 상업적 데이터베이스가 제공하는 가치평가지표의 경우 투입값에 대한 적절한 조정사항이 반영되지 않을 수 있다는 것이다. 질적 기준이 없는 것도 잠재적인 단점이 될 수 있다.

투자자들이 지금까지 개별 주식에 대해 설명한 모든 가치평가지표를 산업섹터나 경제섹터에 적용하는 것도 가능하다. 예를 들어 평균 주가배수와 모멘텀 지표를 통해 상대적으로 저평가 혹은 고평가된 섹터를 찾아 투자하는 섹터로테이션전략(sector rotation strategy)이 가능하다.[61] 섹터로테이션전략이란 전체 주식시장보다 성과가 우수할 것으로 예상되거나 시장을 선도할 것으로 기대되는 경제섹터에 투자 비중을 확대하는 투자전략을 말한다.

---

61) Chan, Jegadeesh, and Lakonishok(1999)와 Lee and Swaminathan(2000) 참조.

8. 요약정리

이 장에서는 가치평가 실무에서 가장 중요한 가치평가지표들에 대해 설명하고, 다양한 가치평가 문제에 이를 적용하는 방법에 대해 살펴보았다.

- 주가배수는 주가와 1주당 특정 가치척도 간 비율을 말한다.
- 주가배수는 유사비교법을 통한 가치평가에 가장 빈번히 사용되는 가치평가지표이다. 유사비교법에서는 평가대상 주식과 그 주식의 벤치마크 주가배수를 비교함으로써 평가대상 주식이 상대적으로 공정하게 평가되었는지 아니면 고평가 혹은 저평가되었는지 평가한다.
- 벤치마크 주가배수로는 유사기업의 주가배수, 유사기업군 · 산업 · 경제섹터 · 주가지수의 평균(또는 중간값) 주가배수, 평가대상 기업 자신의 과거 역사적 평균(또는 중간값) 주가배수 등이 사용된다.
- 유사비교법 적용의 기본원리는 "一物一價의 법칙"이다.
- 주가배수는 추정 펀더멘털을 이용하는 가치평가에도 적용된다. 현금흐름할인모형은 이 평가방법에 논리적 기초와 근거를 제공한다. 평가대상 주식과 벤치마크 간 펀더멘털의 차이가 주가배수의 차이를 설명할 수 있기 때문에, 유사비교법을 사용하는 애널리스트는 펀더멘털에 관심을 가지게 된다.
- 주가수익비율(P/E) 사용의 기본 아이디어는 수익력이 투자가치의 핵심 동인이라는 것이며, 이로 인해 주당순이익(EPS)은 증권 애널리스트의 일차적 관심대상이 된다. 하지만 EPS는 왜곡 가능성이 있고, 변동성이 크며 때로는 음(陰)의 값을 가지는 단점이 있다.
- P/E를 정의하는 방법에는 최근 네 분기의 EPS를 이용하는 후행P/E와 다음 연도 기대 EPS를 이용하는 선행P/E 등 두 가지가 있다.
- 애널리스트는 평균적인 경기상황에서 달성할 수 있는 정상EPS를 이용해 경기변동에 따른 EPS 순환의 문제를 완화할 수 있다.
- EPS를 정규(정상)화하는 방법에는 최근 경기순환 사이클 전체에 걸친 역사적 평균 EPS를 사용하거나 평균 자기자본이익률(EPS = 평균 ROE × 현재 주당장부가치)을 사용하는 방법이 있다.
- P/E는 EPS가 음인 주식에 적용할 수 없으나, P/E의 역수인 이익수익률(E/P)은 이런 경우에도 적용이 가능하다는 장점이 있다.
- 역사적 후행P/E를 사용할 때 전방주시편향의 문제가 발생하는데, 이를 완화하기 위해서는 분석시점과 어느 정도 충분한 시차를 둔 과거 EPS를 사용할 필요가 있다. 이 원칙은 후

행기준을 사용하는 다른 주가배수에도 동일하게 적용된다.

- P/E의 핵심 동인은 기대 이익성장률과 요구수익률이다. 펀더멘털에 기초한 적정P/E는 기대 이익성장률과는 정(正)의 상관관계를 가지지만 요구수익률과는 역(逆)의 상관관계를 가진다.
- 주가수익성장비율(PEG)은 P/E를 이익성장률 추정치 컨센서스로 나눈 비율로, P/E에 이익성장률의 영향을 고려하기 위한 지표이다. 다른 조건이 동일하다면 PEG가 작은 주식일수록 더 매력적이라고 할 수 있다.
- 유사비교법으로 추정한 주가배수는 다단계 DCF모형의 영구가치 추정에 활용될 수 있다. P/E를 이용할 경우 n시점의 영구가치 추정치 V_n은 다음과 같다.

$$V_n = \text{후행P/E의 벤치마크 값} \times E_n$$

또는

$$V_n = \text{전방P/E의 벤치마크 값} \times E_{n+1}$$

- 주당장부가치는 1주당 보통주 주주의 기업에 대한 투자 규모를 나타내는 것을 목적으로 하는 지표이다. 하지만 인플레이션, 기술변화, 회계적 왜곡 등으로 인해 장부가치의 측정 목적이 훼손되기도 한다.
- 보통주 자본총계를 유통주식수로 나누면 주당장부가치를 구할 수 있다. 이때 애널리스트는 주주 투자액의 가치를 보다 정확히 반영하고 주식 간 P/B의 비교가능성을 높이기 위해 장부가치를 적절히 조정하기도 한다.
- 주가장부가비율(P/B)의 핵심 동인은 ROE와 요구수익률이다. 펀더멘털에 기초한 적정P/E는 ROE와는 정의 상관관계를 가지지만 요구수익률과는 역의 상관관계를 가진다.
- 주가매출액비율(P/S)의 사용이 합리성을 가지는 것은 매출액은 손익계산서의 맨 위에 위치하고 있어 일반적으로 EPS나 장부가치 같은 펀더멘털보다 왜곡이나 조작 가능성이 낮기 때문이다. 매출액은 이익보다 안정적이며 음의 값을 갖는 경우가 거의 없다는 것도 사용상의 장점이다.
- P/S는 기업 간 비용구조의 차이를 고려하지 않는다는 문제점이 있다. 또한 회사가 손실을 내는 상황을 적절히 고려할 수 없고, 매출인식 관행에 따라 조작 여지도 있다.
- P/S의 핵심 동인은 순이익률, 이익성장률, 요구수익률이다. 펀더멘털에 기초한 적정P/S는 순이익률 및 성장률과는 정의 상관관계를 가지지만 요구수익률과는 역의 상관관계를 가진다.

- 기업가치(EV)는 기업의 전체 가치(부채, 보통주, 우선주 시장가치의 합)에서 현금과 투자 금융상품의 가치를 차감한 것이다.
- 기업가치매출액비율(EV/S)은 P/S보다 개념적으로 선호되는데, 이는 EV/S가 다양한 자본 구조를 가진 회사 간 비교에 도움이 되기 때문이다.
- 주가현금흐름비율(price-to-cash-flow)의 장점은 이익에 비해 조작이 쉽지 않은 현금흐름을 사용한다는 점이다. 또한 주가현금흐름비율이 P/E에 비해 안정적이라는 것도 긍정적이다. 하지만 통상 근사치로 사용되는 영업활동 현금흐름은 조작 가능성이 있는 항목을 고려하지 않는 단점이 있다.
- 주가배수에 사용되는 대표적인 현금흐름에는 이익-비현금비용-합산액(CF), 영업활동 현금흐름(CFO), 주주잉여현금흐름(FCFE), EBITDA 등이 있다.
- 주가현금흐름비율 계산에 FCFE을 사용하는 것이 재무이론에 가장 부합하지만, 실무에서는 이익-비현금비용-합산액이 널리 사용되고 있다.
- CF와 EBITDA는 비현금수익과 운전자본의 변동을 감안하지 않기 때문에 현금흐름을 정확히 반영하지 못한다.
- 주가현금흐름비율의 핵심 동인은 현금흐름의 기대성장률과 요구수익률이다. 펀더멘털에 기초한 적정주가현금흐름비율은 기대성장률과는 정의 상관관계를 가지며 요구수익률과는 역의 상관관계를 가진다.
- EV/EBITDA가 P/EBITDA보다 선호되는데, 이는 세전수치인 EBITDA가 모든 자본 공급자에게 귀속되는 현금흐름이어서 기업가치인 EV에 더 부합하는 지표이기 때문이다.
- EV/EBITDA의 핵심 동인은 기업잉여현금흐름(FCFF)의 기대성장률과 가중평균자본비용이다. 펀더멘털에 기초한 적정EV/EBITDA는 FCFF성장율과는 정의 상관관계를 가지지만 WACC와는 역의 상관관계를 가진다.
- 배당수익률은 총수익률의 일부이며 자본수익률보다 안정적이기 때문에 가치평가지표로 사용되고 있다.
- 후행배당수익률은 최근 분기 주당배당을 4배한 후 이를 현재의 주가로 나누어 구한다.
- 배당수익률의 핵심 동인은 배당의 기대성장률과 요구수익률이다.
- 국경을 넘어 여러 나라 기업을 비교할 때 회계기준, 문화, 경제상황, 위험과 성장기회 등에 대한 차이를 조정할 필요가 있다.
- 모멘텀 지표는 주가 혹은 특정 펀더멘털을 주가 시계열이나 해당 펀더멘털의 과거값(혹은 기대값)과 연결시키는 지표이다.

- 모멘텀 가치평가지표에는 어닝서프라이즈(비기대이익), 표준비기대이익(SUE), 상대강도 등이 있다.
- 비기대이익(어닝서프라이즈)은 보고된 이익과 기대 이익 간의 차이를 말한다.
- 표준비기대이익(SUE)은 비기대이익을 과거 비기대이익의 표준편차로 나누어 구한다.
- 상대강도지표는 평가대상 주식의 특정기간 성과를 자신의 과거 성과와 비교(1차 유형)하거나 복수의 주식으로 구성된 주식군의 성과와 비교(2차 유형)한다. 상대강도를 사용하는 논리적 근거는 수익률에는 지속이나 반전과 같은 정형화된 패턴이 있다고 보기 때문이다.
- 스크리닝은 투자 유니버스를 더 적은 수의 잠재적 투자대상으로 축소하기 위해 일단의 기준을 적용하는 절차이며 종목선택 과정의 일부이다. 종목 스크리닝에서 나타나는 일반적인 문제점은 데이터 제공업체가 제공한 주요 투입값의 계산에 대한 통제가 부족하다는 것과 질적 요인에 대한 고려가 없다는 것이다.

참고문헌

Arnott, Robert D., and Clifford S. Asness. 2003. "Surprise! Higher Dividends = Higher Earnings Growth." *Financial Analysts Journal*, vol. 59, no. 1: 70–87.

Aubert, Samuel, and Pierre Giot. 2007. "An International Test of the Fed model." *Journal of Asset Management*, vol. 8, no. 2: 86–100.

Bhojraj, Sanjeev, Charles M.C. Lee, and Derek K. Oler. 2003. "What's My Line? A Comparison of Industry Classification Schemes for Capital Market Research." *Journal of Accounting Research*, vol. 41, no. 5: 745–774.

Bodie, Zvi, Alex Kane, and Alan J. Marcus. 2008. *Investments*, 7th edition. New York: McGraw-Hill.

Brock, William, Joseph Lakonishok, and Blake LeBaron. 1992. "Simple Technical Trading Rules and the Stochastic Properties of Stock Returns." *Journal of Finance*, vol. 47, no. 5: 1731–1764.

Brown, Lawrence D. 1997. "Earnings Surprise Research: Synthesis and Perspectives." *Financial Analysts Journal*, vol. 53, no. 2: 13–20.

Chan, L.K.C., and J. Lakonishok. 2004. "Value and Growth Investing: Review and Update." *Financial Analysts Journal*, vol. 60, no. 1: 71–86.

Chan, Louis K.C., Narasimhan Jegadeesh, and Josef Lakonishok. 1999. "The Profitability of Momentum Strategies." *Financial Analysts Journal*, vol. 55, no. 6: 80–90.

Chan, Louis K.C., Josef Lakonishok, and Bhaskaran Swaminathan. 2007. "Industry Classifications and Return Comovement." *Financial Analysts Journal*, vol. 63, no. 6: 56–70.

Copeland, Tom, Tim Koller, and Jack Murrin. 1994. *Valuation: Measuring and Managing the Value of Companies*, 2nd edition. New York: John Wiley & Sons.

Damodaran, Aswath. 2012. *Investment Valuation: Tools and Techniques for Determining the Value of Any Asset*, 3rd edition. Hoboken, NJ: John Wiley & Co.

Fairfield, Patricia M. 1994. "P/E, P/B and the Present Value of Future Dividends." *Financial Analysts Journal*, vol. 50, no. 4: 23–31.

Fama, Eugene F., and Kenneth R. French. 1992. "The Cross-Section of Expected Stock Returns." *Journal of Finance*, vol. 47, no. 2: 427–465.

Graham, Benjamin, and David L. Dodd. 1934. *Security Analysis*. New York: McGraw-Hill Professional Publishing.

Grant, Julia, and Larry Parker. 2001. "EBITDA!" *Research in Accounting Regulation*, vol. 15: 205–211.

Hackel, Kenneth S., Joshua Livnat, and Atul Rai. 1994. "The Free Cash Flow/Small-Cap Anomaly." *Financial Analysts Journal*, vol. 50, no. 5: 33–42.

Harris, Robert S., and Felicia C. Marston. 1994. "Value versus Growth Stocks: Book-to-Market, Growth, and Beta." *Financial Analysts Journal*, vol. 50, no. 5: 18–24.

Harris, Mary, and Karl A. Muller. 1999. "The Market Valuation of IAS versus U.S. GAAP Accounting Measures using Form 20-F Reconciliations." *Journal of Accounting and Economics*, vol. 26, no. 1-3: 285–312.

Henry, E., S. Lin, and Y. Yang. 2009. "The European–.S. GAAP Gap: Amount, Type, Homogeneity, and Value Relevance of IFRS to U.S. GAAP Form 20-F Reconciliations." *Accounting Horizons*, vol. 23, no. 2: 121–150.

Kisor, Manown, and Volkert S. Whitbeck. 1963. "A New Tool in Investment Decision-Making." *Financial Analysts Journal*, vol. 19, no. 3: 55–62.

Lakonishok, J., A. Shleifer, and R.W. Vishny. 1994. "Contrarian Investment, Extrapolation and Risk." *Journal of Finance*, vol. 49, no. 5: 1541–1578.

Lander, Joel, Athanasios Orphanides, and Martha Douvogiannis. 1997. "Earnings, Forecasts and the Predictability of Stock Returns: Evidence from Trading the S&P." *Journal of Portfolio Management*, vol. 23, no. 4: 24–35.

Latané, Henry A., and Charles P. Jones. 1979. "Standardized Unexpected Earnings—971–7." *Journal of Finance*, vol. 34, no. 3: 717–724.

Lee, Charles M.C., and Bhaskaran Swaminathan. 2000. "Price Momentum and Trading Volume." *Journal of Finance*, vol. 55, no. 5: 2017–2069.

Lee, Charles M.C., James Myers, and Bhaskaran Swaminathan. 1999. "What Is the Intrinsic Value of the Dow?" *Journal of Finance*, vol. 54, no. 5: 1693–1741.

Liu, Jing, Doron Nissim, and Jacob Thomas. 2002. "Equity Valuation Using Multiples." *Journal of Accounting Research*, vol. 40, no. 1: 136–172.

Liu, Jing, Doron Nissim, and Jacob Thomas. 2007. "Is Cash Flow King in Valuations?" *Financial Analysts Journal*, vol. 63, no. 2: 56–68.

Malkiel, Burton, and John Cragg. 1970. "Expectations and the Structure of Share Prices." *American Economic Review*, vol. 60, no. 4: 601–617.

Martin, Thomas A. 1998. "Traditional Equity Valuation Methods." *Equity Research and Valuation Techniques*. Charlottesville, VA: AIMR.

Michaud, Richard. 1999. *Investment Styles, Market Anomalies, and Global Stock Selection*. Research Foundation of the ICFA: AIMR.

Moody's. 2000. *Putting EBITDA in Perspective*. Moody's Investors Service Global Credit Research.

Mulford, Charles W., and Eugene E. Comiskey. 2005. *Creative Cash Flow Reporting: Uncovering Sustainable Financial Performance*. Hoboken, NJ: John Wiley & Sons.

Nathan, Siva, Kumar Sivakumar, and Jayaraman Vijayakumar. 2001. "Returns to Trading Strategies Based on Price-to-Earnings and Price-to-Sales Ratios." *Journal of Investing*, vol. 10, no. 2: 17–28.

O'Shaughnessy, James P. 2005. *What Works on Wall Street: A Guide to the Best-Performing Investment Strategies of All Time*, 3rd edition. New York: McGraw-Hill Professional Publishing.

Pinto, Jerald, Thomas Robinson, and John Stowe. 2015. "Equity Valuation: A Survey of Professional Practices." Working paper, 27 August.

Reilly, Frank K., and Keith C. Brown. 2006. *Investment Analysis and Portfolio Management*, 8th edition. Mason, OH: South-Western.

Richardson, Scott, and Irem Tuna. 2008. "Evaluating Financial Reporting Quality." *International Financial Statement Analysis*. Thomas Robinson, Hennie van Greuning, Elaine Henry, Michael Broihahn, eds. Hoboken, NJ: John Wiley & Sons.

Salsman, Richard M. 1997. "Using Market Prices to Guide Sector Rotation." *Economic Analysis for Investment Professionals*. Charlottesville, VA: AIMR. 48–55.

Senchack, A.J., and John D. Martin. 1987. "The Relative Performance of the PSR and PER Investment Strategies." *Financial Analysts Journal*, vol. 43, no. 2: 46–56.

Siegel, Jeremy. 2002. *Stocks for the Long Run*, 3rd edition. New York: McGraw Hill.

Sloan, Richard G. 1996. "Do Stock Prices Fully Reflect Information in Accruals and Cash Flows About Future Earnings?" *Accounting Review*, vol. 71, no. 3: 289–315.

Solnik, Bruno, and Dennis McLeavey. 2004. *International Investments*, 5th edition. Boston: Pearson Addison-Wesley.

Stimes, Peter C., and Stephen E. Wilcox. 2011. "Equity Market Valuation," Ch. 11. *Investments: Principles of Portfolio and Equity Analysis*. Hoboken, NJ: John Wiley & Sons, Inc.

Wild, John J., Leopold A. Bernstein, and K.R. Subramanyam. 2001. *Financial Statement Analysis*, 7th edition. New York: McGraw-Hill Irwin.

Yardeni, Edward. 2000. "How to Value Earnings Growth." *Topical Study #49*. Deutsche Banc Alex Brown.

Zhou, Ping, and William Ruland. 2006. "Dividend Payout and Future Earnings Growth." *Financial Analysts Journal*, vol. 62, no. 3: 58–69.

연습문제

1. 2008년 2월 당신은 가상의 회사인 Jonash International을 리서치 중인데, 이 회사가 제공하는 서비스 수요는 경기순환에 노출되어 있다. 2007년 2월 2일 Jonash의 주가는 $57.98이었다. 당신은 2003~2006년이 이 회사의 평균적인 수익성을 합리적으로 포착할 수 있는 기간으로 믿고 있다.

척 도	2007	2006	2005	2004	2003
EPS	E$3.03	$1.45	$0.23	$2.13	$2.55
BVPV	E$19.20	$16.21	$14.52	$13.17	$11.84
ROE	E16.0%	8.9%	1.6%	16.3%	21.8%

A. 정상EPS를 정의하라.
B. 역사적 평균 EPS를 이용하여 Jonash의 정상EPS를 계산하고, 이를 바탕으로 이 주식의 P/E를 구하라.
C. 역사적 평균 ROE를 이용하여 Jonash의 정상EPS를 계산하고, 이를 바탕으로 이 주식의 P/E를 구하라.

2. 애널리스트는 P/E를 이용한 유사비교법으로 두 PDA업체 중 한 회사를 매수 추천하려 한다. 현재까지 어떤 회사도 수익을 내고 있지 못하며, 다음 해에도 두 회사는 모두 적자가 예상된다. 두 회사의 주가, 후행EPS, 예상 매출성장률 자료는 다음과 같다.

회 사	주 가	후행EPS	P/E	예상 매출성장률
Hand	$22	−$2.20	NM	45%
Somersault	$10	−$1.25	NM	40%

두 회사 모두 적자이기 때문에 P/E는 의미를 갖지 못한다. 이상의 정보를 바탕으로 다음 질문에 답하라.

A. 애널리스트가 이 사례에서 두 주식의 상대적 가치를 어떻게 평가하는 것이 좋을지 설명하라.
B. 애널리스트는 어느 주식을 추천해야 하는가?

3. 소매업 담당 애널리스트인 May Stewart, CFA는 2009년 초 가상의 두 보석회사의 P/E를 비교·분석중이다. 그녀는 Hallwhite Stores(HS)와 Ruffany(RUF)에 대해 다음과 같은 정보를 수집하였다.

- HS의 주가는 $44이며, RUF의 주가는 $22.50이다.
- HS는 단순한 자본구조를 가지고 있다. (기본 및 희석) 주당순이익은 2008년 $2.00이며, 2009년에는 $2.20으로 증가할 것으로 예상된다.
- RUF는 스톡옵션이 발행되어 복잡한 자본구조를 가지고 있다. RUF의 손익계산서에는 다수의 특이 항목의 영향으로 2008년 기본EPS는 $0.50으로 축소되었다(2007년 기본EPS $0.75).
- Stewart는 2009년 RUF가 $30백만의 순이익을 실현할 것으로 기대한다. RUF의 유통주식수는 30백만 주이며, 3,333,333주에 해당하는 스톡옵션이 발생되어 있다.

A. Stewart는 두 회사의 밸류에이션 비교에서 어떤 (후행 또는 선행) P/E를 사용해야 하는가?

B. (다른 모든 요인이 거의 동일하다고 가정하면) P/E를 바탕으로 가치를 평가할 때 어느 주식이 더 매력적인가?

4. 당신은 음식물 처리업체의 주식가치를 평가 중이다. 당신은 음식물 처리산업의 전방P/E 평균을 벤치마크 주가배수로 사용하려 한다고 가정하자. 벤치마크 P/E 평균은 18.0이다. 이 주식의 다음해 선행EPS 추정치는 $2.00이다. 이러한 정보를 바탕으로 계산한 이 주식의 내재가치는 18.00 × $2.00 = $36이다. 이렇게 구한 내재가치 추정치($36)를 현재 시장가격($30)과 비교한 결과 당신은 이 주식이 저평가되었다는 결론을 얻었다.

   A. 이 주식이 저평가되었다는 당신의 결론에 오류가 있다면 그 원인을 두 가지만 제시하라.

   B. 당신이 내린 당초의 결론을 지지하기 위해서는 회사(주식)나 유사기업군에 대한 어떤 정보가 추가로 필요한가?

5. 어떤 애널리스트가 주식의 가치평가에 비교대상 자산으로 주가지수를 사용한다고 가정하자. 개별 주식의 매수 추천 여부를 판단할 때 어떤 주가배수를 사용하면 주가지수의 잠재적 고평가에 관한 우려가 발생할 수 있는가?

6. (CFA Level II 기출문제) Christie Johnson, CFA는 Sundanci 분석담당이다. Johnson은 Sundanci의 순이익과 배당이 안정적이어서 매년 13%씩 일정하게 성장할 것으로 예상한다. [표 1]과 [표 2]는 최근 2년(2007 ~ 2008)간 Sundanci의 재무제표와 주요 재무정보이다.

[표 1] Sundanci 2007년과 2008년 재무제표(결산: 3월 말, 단위: 백만)

Income Statement	1999	2000
Revenue	$474	$598
Depreciation	20	23
Other operating costs	368	460
Income before taxes	86	115
Taxes	26	35
Net Income	60	80
Dividends	18	24
Earnings per share	$0.714	$0.952
Dividend per share	$0.214	$0.286
Common shares outstanding	84.0	84.0

Balance Sheet	1999	2000
Current assets (included $5 cash in 1999 and 2000)	$201	$326
Net property, plant, and equipment	474	489
Total assets	675	815
Current liabilities (all non-interest bearing)	57	141
Long-term debt	0	0
Total liabilities	57	141
Shareholders' equity	618	674
Total liabilities and equity	675	815
Other Information		
Capital expenditures	34	38

[표 2] 주요 재무정보

ROE의 요구수익률	14%
산업의 성장률	13%
산업 평균 P/E	26

A. [표 1]와 [표 2]의 정보와 Johnson의 가정을 바탕으로 Sundanci의 적정 후방 및 적정 전방P/E를 계산하라.

B. 고정배당성장모형의 관점에서 다음의 각 펀더멘털의 변화는 P/E에 어떤 영향을 미치는지 설명하라.

i. Sundanci의 위험(베타)이 크게 증가한다.

ii. Sundanci의 순이익과 배당의 성장률이 증가한다.
iii. 시장위험프리미엄이 증가한다.

[참고] 답안 작성 시 펀더멘털은 각각 독립적으로 변화한 것으로 가정하며, 펀더멘털 간의 상호작용 효과는 고려하지 않는다. 기업의 다른 상황은 변동하지 않는다고 가정하라.

7. Tom Smithfield는 한 음식물 처리업체의 주식가치를 평가 중이다. 그는 이 회사의 3년(t = 3) 간의 이익과 배당 추정에 확신을 가지고 있다. 기타의 정보와 추정치는 다음과 같다.

- 요구수익률 = 0.09
- 성숙기 회사들의 평균 배당성향 = 0.45
- 산업 평균 ROE = 0.10
- E_3 = \$3.00
- 산업 평균 P/E = 12

이상의 정보를 바탕으로 다음 질문에 답하라.
A. 유사비교법을 이용하여 영구가치(V_3)를 구하라.
B. <질문 A>에 대한 답과 고든성장모형을 이용하여 구한 영구가치 추정치를 비교하라.

8. 애널리스트가 가치평가에 P/B를 적절하게 활용할 수 있는 주식의 유형과 투자 상황을 세 가지만 제시하라.

9. Aratatech는 반도체 칩과 관련 부품을 공급하는 다국적 유통업체이다. 세계 시장에서 이 회사의 주된 경쟁업체는 Trymye Electronics이다. Aratatech의 현재 주가는 $10, 유통주식수는 20백만 주, 연매출액은 $1십억, 순이익률은 5%이다. 반면 Trymye의 주가는 $20, 유통주식수는 30백만 주, 연매출액은 $1.6십억, 순이익률은 4.9%이다. 이상의 정보를 바탕으로 다음 질문에 답하라.
A. P/S를 기준으로 할 때 어느 회사의 주식이 더 매력적인가?
B. 가치평가지표로써 P/E에 비해 P/S가 가진 장점은 무엇인가?

10. Wilhelm Müller, CFA는 다음과 같이 4개 식료품 회사의 자료를 아래와 같이 수집하였다. (TTM은 과거 12개월을 의미한다.)

	Hopplli Foods	Telli Foods	Drisket Co.	Whiteline Foods
주가	$25.70	$11.77	$23.65	$24.61
유통주식수(천 주)	138,923	220,662	108.170	103,803
시가총액($백만)	3,570	2,597	2,558	2,523
기업가치(EV, $백만)	3,779	4,056	3,846	4,258
매출($백만)	4,124	10,751	17,388	6,354
영업이익($백만)	285	135	186	396
영업이익률	6.91%	1.26%	1.07%	6.23%
순이익($백만)	182	88	122	252
TTM EPS	$1.30	$0.40	$1.14	$2.31
자기자본이익률	19.20%	4.10%	6.40%	23.00%
순이익률	4.41%	0.82%	0.70%	3.99%

이상의 정보를 바탕으로 다음 질문에 답하라.

A. 각 회사의 후행P/E와 후행EV/매출액을 계산하라.

B. 주어진 펀더멘털을 바탕으로 회사 간 EV/매출액의 차이가 어디서 오는것인지 설명하라.

11. (CFA Level II 기출문제) John Jones, CFA는 Peninsular Research의 리서치 책임자이다. Peninsular는 어떤 고객으로부터 다음과 같은 특성을 지닌 산업 내 기업들의 비교에 어떤 가치평가지표가 가장 적합한지에 대한 질문을 받았다.

- 산업 내 주된 경쟁자는 미국, 프랑스, 일본, 브라질에 위치하고 있다.
- 현재 이 산업은 경기 저점을 통과 중이어서 많은 기업들이 적자를 기록하고 있다.

Jones는 다음 가치평가지표를 고려할 것을 고객에게 추천했다.

1. P/E
2. P/B
3. EV/S

이 산업의 기업들을 비교하는데 세 가지 가치평가지표 중에서 어느 것이 가장 적합한가? 이 지표가 다른 두 개의 지표보다 우수한 이유는 무엇인지 설명하라.

12. Giantin Growing AG(GG)의 현재 주가는 $38.50이며, 과거 12개월(TTM) EPS와 주당배당은 각각 €1.36과 €0.91이다. 이 회사의 P/E는 28.3, P/B는 7.1, P/S는 2.9이다. 자기자본이익률은 27%, 매출액순이익률은 10.24%이다. 국채수익률은 4.9%, 주식위험프리미엄은 5.5%, 주식의 베타는 1.2이다.

A. 자본자산 가격결정모형(CAPM)에 따른 GG의 요구수익률은 얼마인가?
B. 배당과 이익의 성장률이 모두 9%라고 가정하자. <질문 A>의 요구수익률, 현재의 배당성향, ROE, 순이익률로 정당화되는 적정P/E, P/B, P/S를 각각 계산하라.
C. 주어진 가정과 적절한 가치평가모형으로 고정성장모형을 사용할 때, 추정된 펀더멘털에 기초하여 GG 주식은 적정하게 평가되고 있는가 아니면 고평가 혹은 저평가되고 있는가?

13. Jorge Zaldys, CFA는 항공방위산업 분야의 두 기업인 NCI Heavy Industry(NCI)와 Relay Group International(RGI)의 상대가치를 검토 중이다. 그가 수집한 관련 정보는 다음과 같다.

EBITDA 비교(€백만, 주당 €)

회 사	RGI	NCI
주가(price per share)	150	100
유통주식수(shares outstanding)	5백만	2백만
부채의 시장가치(market value of debt)	50	100
부채의 장부가치(book value of debt)	52	112
현금과 단기투자상품(cash and investments)	5	2
순이익(net income)	49.5	12
계속사업의 순이익(NI from continuing operations)	49.5	8
이자비용(interest expense)	3	5
감가상각비와 무형자산상각비(deprecation & amortization)	8	4
세금(taxes)	2	3

이상의 정보를 바탕으로 다음 질문에 답하라.
A. NCI와 RGI의 P/EBITDA를 계산하라.
B. NCI와 RGI의 EV/EBITDA를 계산하라.
C. Zaldys는 어느 회사가 상대적으로 저평가되었다고 추천할 수 있는가? 그러한 선택의 이유는 무엇인가?

14. 주요 대안적 현금흐름의 개념을 정의하고, 각각이 가진 단점을 한 가지씩 기술하라.

15. 아래 표는 가상의 제약업체인 DriveMed와 MAT Technology의 재무정보이다. 두 회사의 전년도 고정자산과 운전자본 지출은 예측 가능한 미래 기간의 평균적인 지출을 반영하고 있다고 한다.

	DriveMed	MAT Technology
현재 주가	$46.00	$78.00
주당 후행CF	$3.60	$6.00
P/CF	12.8	13.0
주당 후행FCFF	$1.00	$5.00
P/FCFF	46.0	15.6
5년 성장률 추정치 컨센서시	15%	20%
베타	1.25	1.25

이상의 정보를 바탕으로 DriveMed에 대한 MAT Technology의 상대적 밸류에이션에 대해 논하고, 그러한 결론의 근거를 설명하라.

16. 가치투자를 지향하는 자산운용사는 생명공학과 바이오 분야 전문성을 인정해 Bob Westard를 신입 애널리스트로 채용했다. 이 회사의 모든 애널리스트는 주간 투자전략회의에서 편입종목을 추천하게 된다. Westard는 Human Cloning International(HCI)을 추천 종목으로 정했다. 그는 투자전략회의에서 이 주식에 대해 두 가지 추천 사유를 제시했다. 첫째, HCI가 보유하고 있는 특허의 상용화가 임박한바 특허상품 출시에 따른 수혜를 고려할 때 현재 P/E는 과도히 낮은 수준이라고 보았다. 둘째, HCI는 S&P 500과 비교할 때 지난 달 높은 상대강도를 보였다는 것이다.
    A. Westard의 두 접근법, 즉 주가배수와 상대강도접근법의 차이를 설명하라.
    B. Westard가 제시한 종목추천 근거가 가치투자를 지향하는 이 회사의 투자정책과 부합하는지 설명하라.

17. 포트폴리오 매니저인 Kirstin Kruse의 주요 고객은 자신의 주식 포트폴리오를 변경하길 원한다. 이 고객은 현재 60개국의 보통 주식에 투자하는 분산투자 포트폴리오를 보유하고 있다. 경기둔화 우려 속에 필수소비재가 경기침체기에 다른 주식보다 안전하다는 생각으로 고객은 필수소비재 섹터의 주식을 포트폴리오에 편입하길 원한다. 또한 이 고객은 편입 주식이 다음 기준에 부합할 것도 요구하고 있다.

    • 편입 주식은 대형주(라지캡)로 분류된 주식이어야 한다.
    • 편입 주식은 배당수익률이 최소 4.0% 이상이어야 한다.
    • 편입 주식의 전방P/E가 15보다 커서는 안 된다.

    다음 표는 2008년 7월 현재 얼마나 많은 주식이 각 스크린에 부합하는지를 보여주고 있다.

Screen	만족하는 주식의 수
필수소비재 섹터	277
라지캡(시가총액 $9.7십억 이상)	446
배당수익률 4.0% 이상	1,609
P/E 15 이하	2,994
상기 5가지 스크린 부합	6

4개 스크린을 모두 만족하는 주식은 Altria Group, Inc.; British American Tabacco (ADR); Reynolds American Inc.; Tesco PLC(ADR); Unilever N.V.(ADR); Unilever PLC (ADR) 등 6개이다.

A. 스크린 구성에 대해 비판하라.

B. 이러한 기준으로 고객의 포트폴리오에 적합한 편입종목을 발굴할 수 있는가?

다음 정보를 바탕으로 질문 18~24에 답하시오.

Mark Cannan은 2011년 1분기 실적 보고가 공개되기 전 시장에서 확고한 입지를 구축하고 있는 두 개의 소비재 회사에 대한 리서치 보고서를 업데이트 중이다. 그의 상사인 Sharolyn Ritter는 Cannan에게 보고서의 업데이트에 시장기반 가치평가를 사용할 것을 지시했다.

Delite Beverage는 소프트 드링크 제조 및 유통회사로 제품라인 확대를 위해 최근 생수 보틀링 업체를 인수했다. 이 인수는 Delite의 향후 성과에 상당한 영향을 미칠 전망이다.

You Fix It은 미국의 주택개조 용품 소매 유통업체로, 특히 셀프 개조를 원하는 고객을 주요 타켓으로 한다. 주택개조 산업은 경기에 민감한 산업이다. 따라서 이 산업은 최근 경기 침체, 주택에 대한 저당 증가, 주택 판매 부진으로 어려움을 겪고 있다. You Fix It은 매출과 이익 부진에도 불구하고 고객들이 더 많은 주택개조 프로젝트를 착수함에 따라 동일 점포 매출은 증가하고 있다. 한편 부진한 점포를 철수함에 따라 2010년 대규모 구조조정비용이 발생했다.

Cannan의 작업 결과를 승인하기 전에 Ritter는 Delite와 You Fix It의 가치평가에 사용된 계산내역과 선택에 대한 토론을 원했다. Cannan이 분석에 사용한 데이터는 [표 1]에 요약되어 있다.

[표 1] Delite와 You Fix It의 주요 재무 데이터

	Delite Beverage	You Fix It
2010년 EPS	$3.44	$1.77
2011년 추정 EPS	$3.50	$1.99

	Delite Beverage	You Fix It
연말 주당장부가치	$62.05	$11.64
현재 주가	$65.50	$37.23
매출(십억)	$32.13	$67.44
주당잉여현금흐름	$2.68	$0.21
연말 유통주식수	2,322,034,000	1,638,821,000

Cannan은 Ritter에게 You Fix It 주식의 평가를 위해 세 가지 접근법을 고려했다고 말했다.

접근법 1: 주가장부가치비율(P/B)

접근법 2: 후행이익을 사용하는 주가수익비율(후행P/E)

접근법 3: 정규이익을 사용하는 주가수익비율(정규P/E)

Cannan은 Ritter에게 You Fix It의 P/S를 계산했지만 가치평가에는 사용하지 않았다고 말했다. Cannan은 Ritter에게 P/S보다 P/E를 사용하는 것이 다음과 같은 이유로 더 적합하다고 말했다.

이유 1: 이익이 매출보다 안정적이다.

이유 2: 이익은 매출보다 조작이 쉽지 않다.

이유 3: P/E는 재무레버리지를 반영하는 반면 P/S는 그렇지 않다.

Cannan은 또한 Ritter에게 자신이 Delite와 You Fix It의 가치평가에 주가현금흐름배수를 사용하지 못했다고 말했다. 그 이유는 자신이 운전자본과 비현금수익을 모두 설명하고 이자비용을 감안한 후 주가와 미스매치가 되지 않는 현금흐름 척도를 찾을 수 없었기 때문이라고 했다. Ritter는 Cannan에게 그러한 현금흐름 척도가 존재한다고 조언했다.

Ritter는 Cannan에게 [표 2]와 같이 Delite의 세 주요 경쟁사와 전체 음료 섹터에 대한 재무 데이터를 제시했다. Ritter는 Cannan에게 주가수익성장비율(PEG)에 따라 Delite 주식이 공정하게 평가되었는지 아니면 저평가 혹은 고평가되었는지 평가하라고 요구했다.

[표 2] 음료 섹터 데이터

	전방P/E	이익성장률
Delite	–	12.41%
Fresh Iced Tea Company	16.59	9.52%
Nonutter Soda	15.64	11.94%
Tasty Root Beer	44.10	20.00%
음료 섹터 평균	16.40	10.80%

Ritter의 질문에 답한 후 Cannan은 유사비교 분석에 Tasty Root Beer가 포함된 것에 이의를 제기했다. 특히 Cannan은 Rotter에게 다음과 같이 질문했다.

"저는 우리가 음료 섹터 P/E 계산에 큰 이상치의 효과를 완화해야 하지만 작은 이상치(즉, 0에 가까운)의 효과는 그렇게 할 필요가 없다고 생각합니다. 우리가 이 문제를 해결하는데 어떤 중심 집중의 척도를 사용해야 하는지 알려주십시오."

Ritter는 Cannan에게 최종 보고서 제출 전에 논의된 포인트들을 모두 감안하도록 요구했다.

18. [표 1]의 정보를 바탕으로 Delite의 가치평가에 사용할 주가수익비율의 근사치는 얼마인가?
    A. 18.71
    B. 19.04
    C. 24.44

19. [표 1]의 정보를 바탕으로 You Fix It의 주가매출액비율의 근사치는 얼마인가?
    A. 0.28
    B. 0.55
    C. 0.90

20. 어떤 접근법이 You Fix It 주식의 가치평가에 가장 적합한가?
    A. 접근법 1
    B. 접근법 2
    C. 접근법 3

21. Cannan이 P/S보다 P/E를 선호하는 것은 어떤 이유를 근거로 하는가?
    A. 이유 1
    B. 이유 2
    C. 이유 3

22. Cannan의 걱정을 해결하기 위해 Ritter가 제안할 가능성이 가장 높은 현금흐름 척도는 무엇인가?
    A. 주주잉여현금흐름(FCFE)
    B. 이익-비현금비용-합산액
    C. EBITDA

23. [표 1]과 [표 2]의 정보를 바탕으로 Cannan이 Delite 주식에 대해 내릴 결론은 무엇인가?

A. 고평가

B. 저평가

C. 공정한 평가

24. Ritter가 제안할 가능성이 가장 높은 중심 집중의 척도는 무엇인가?

A. 중간값

B. 조화평균

C. 산술평균

CHAPTER 8

초과이익 가치평가

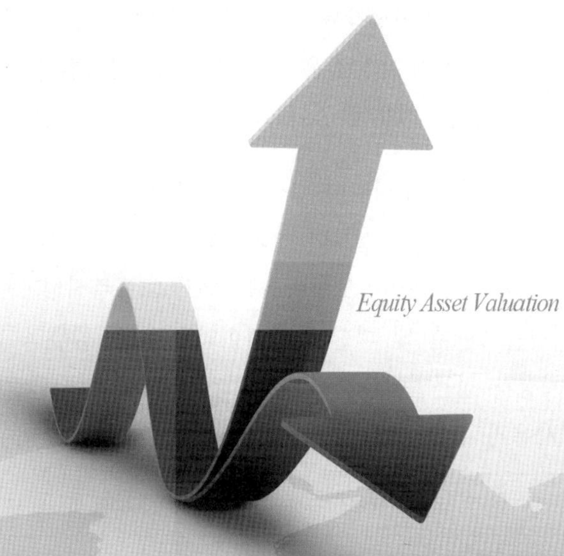

1. 서 론

초과이익모형(residual income model)은 투자 실무나 리서치 모두에서 널리 활용되는 주식의 가치평가모형이다. 개념적으로 초과이익(超過利益, residual income)은 당기순이익에서 이를 창출하는데 필요한 보통주주의 기회비용을 빼고 남은 순이익을 말한다. 이것은 결국 회사의 모든 자본에 대한 비용을 감안한 후의 초과이익 또는 잔여이익이다. 초과이익모형이 관심을 받는 이유는 전통적 회계가 가지는 단점 때문이다. 특히 회사의 손익계산서는 이자비용의 형식으로 타인자본의 비용은 감안하지만 자기자본의 비용은 감안하지 않는다. 어떤 회사가 당기순이익을 실현해도 자기자본비용 이상의 이익을 내지 못했다면 주주의 부를 증가시키지 못한다. 이 때문에 초과이익모형은 순이익을 창출하는데 사용된 모든 자본의 비용을 명시적으로 인식하려 한다.

경제적 개념으로써 초과이익은 오랜 역사를 가지고 있는데, 기원은 1800년대 후반 Alfred Marshall까지 거슬러 올라간다.[1] 1920년대에 오면 General Motors가 사업부문 평가에 이 개념을 사용하게 된다.[2] 최근에는 경제적 이윤(economic profits), 비정상이익(abnormal earnings), 경제적 부가가치(economic value added, EVA) 등의 이름으로 불리며 초과이익이 새로운 관심의 대상이 되었다. 초과이익 개념이 기업의 내부 성과평가 지표로 사용되는 등 여러 맥락에서 사용되어 왔지만, 여기서는 주식의 내재가치 추정을 위한 평가모형에 집중한다. 우리가 학습하게 될 초과이익모형의 적용에 필요한 주요 질문들은 다음과 같다.

- 어떻게 초과이익을 추정하며, 애널리스트는 초과이익을 어떻게 가치평가에 사용하는가?
- 초과이익은 ROE나 이익성장률 같은 펀더멘털과 어떤 관계를 가지는가?
- 초과이익모형은 주가배수와 같은 기타의 가치평가기법과 어떻게 연결되는가?
- 초과이익 가치평가의 적용에 있어 회계상 문제점은 무엇인가?

이 장은 다음과 같이 구성된다. 2절은 초과이익의 기본 개념과 가치평가에 초과이익을 어떻게 적용하는지 소개하고, 실무에서 사용하는 초과이익의 대안적 척도에 대해서도 간단히 살펴본다. 3절에서는 초과이익모형을 제시하고 보통주식의 가치평가에 대한 적용 방법을 살펴본다. 여기서는 1단계 및 다단계 초과이익모형 등 실무적 적용기법에 대해 알아본다. 4절은 다른 가치평가 접근법에 대비되는 초과이익모형의 장단점에 대해 살펴본다. 5절은 초과이익모형의 사용과 관련된 회계적 이슈에 대해 살펴본다. 마지막에는 전체 내용을 요약하고

1) Alfred Marshall, Book Two: Some Fundamental Notions, Chapter 4, "Income, Capital," in *Principles of Economics* (London; Macmillan and Co., Ltd., 1890).

2) 예를 들어 Young(1999)와 Lo and Lys(2000) 참조.

실무적 문제를 풀어본다.

2. 초과이익

전통적 재무제표, 특히 손익계산서는 주주에게 귀속되는 이익이 얼마인지 알아보는데 주안점을 둔다. 결과적으로 손익계산서는 타인자본에 대한 비용인 이자비용을 차감한 후의 순이익을 보여준다. 하지만 손익계산서는 배당이나 기타의 자기자본에 대한 비용은 차감하지 않는다. 따라서 전통적 재무제표에서는 기본적으로 주주 스스로 회사의 이익이 자신의 기회비용을 감당할 수 있는지 판단해야 한다. 반면 초과이익의 경제적 개념은 주주의 기회비용을 측정하는 재무적 개념인 자기자본의 비용도 이익에서 명시적으로 차감한다. 자기자본비용은 자기자본의 한계비용(marginal cost)이며, 주식(자기자본)에 대한 요구수익률(required rate of return)로도 불린다. (EXAMPLE 1)은 초과이익의 계산과 해석에 대한 전형적 사례를 보여준다.[3)]

EXAMPLE 1 초과이익의 계산

스몰캡 주식인 Axis Manufacturing Company, Inc.(AXCI)의 총자산은 €2백만이며, 이는 부채 50%와 자본 50%로 조달되었다. 부채의 세전자본비용은 7%이다. 이 사례는 이자비용이 세무상 손금에 산입되는 것으로 가정하기 때문에 부채의 세후이자비용은 4.9%가 된다.[4)] 이 회사의 영업이익은 €200,000이고, 적용되는 법인세율은 30%이다. AXCI의 당기순이익은 다음과 같이 결정된다.

EBIT	€200,000
Less: 이자비용	70,000
세전이익	€130,000
Less: 법인세비용	39,000
당기순이익	€91,000

€91,000의 당기순이익을 실현한 AXCI는 회계적 관점에서 분명히 수익성이 있는 기업이다. 그렇다면 이 회사의 당기순이익은 주주를 만족시키기에 충분한 것일까? 불행히도 그렇지 못하

3) 설명의 편의를 위해 여기서는 당기순이익이 후술하는 순수잉여금회계(clean surplus accounting)를 정확히 따른다고 가정한다. 이 장에서는 기업의 자본이 주식과 부채로만 구성된다고 가정한다. 우선주로 자본을 조달한 경우 초과이익 계산을 위해서는 당기순이익에서 우선주의 배당도 제외해야 한다.

4) 이자비용을 손금에 산입하지 않는 국가에서는 타인자본의 세후와 세전자본비용이 같다.

다. 자기자본비용을 고려하기 위해 초과이익을 계산해보자. 초과이익을 구하는 한 방법은 당기순이익에서 자기자본의 사용대가인 **자기자본대가(equity charge)**를 빼면 된다. (자기자본대가란 화폐로 계량화한 자기자본의 기회비용 추정치이다). 자기자본대가는 다음과 같이 구한다.

자기자본대가 = 자기자본 × 자기자본비용
= €1,000,000 × 12% = €120,000

언급한 바와 같이 당기순이익에서 자기자본의 사용대가를 빼면 초과이익이 구해진다.

당기순이익	€91,000
Less: 자기자본대가	120,000
초과이익	€(29,000)

결론적으로 AXCI는 자기자본의 사용대가를 충당할 수 있는 만큼의 이익을 실현하지 못했다. 음(陰)의 초과이익이 창출되었기 때문이다. AXCI는 회계적 관점에서 수익성 있는 기업이지만, 경제적 관점에서 수익성이 없는 것으로 평가된다.

(EXAMPLE 1)에서는 당기순이익과 자기자본대가를 이용해 초과이익을 구하였다. 도출된 초과이익의 결론은 같지만 애널리스트는 다른 접근법을 사용해 초과이익을 구할 수 있다. 이 접근법은 모든 자본(부채와 주식) 공급자의 관점에서 (화폐로 환산한 회사의 자본비용 총액인) **자본사용대가(capital charge)**를 세후영업이익에서 차감하는 것이다. (EXAMPLE 1)의 AXCI 사례에서 자본사용대가는 다음과 같이 €169,000이 된다.

자기자본대가	0.12 × €1,000,000 =	€120,000
타인자본대가	0.07(1 − 0.30) × €1,000,000 =	49,000
자본사용대가 총액		€169,000

회사의 세후순영업이익(net operating profit after taxes, NOPAT)은 €140,000(= €200,000 − 30% 세금)이다. 따라서 자본사용대가 €169,000가 세후순영업이익 €140,000보다 €29,000 만큼 크기 때문에 (EXAMPLE 1)과 동일한 결론을 얻게 된다.

아래 표에서 설명하는 바와 같이 두 접근법은 두 가지 가정 때문에 동일한 결론에 도달한다. 첫째, 이 사례는 한계타인자본비용(marginal cost of debt)이 당기순이익 결정에 사용된 현재 타인자본비용과 같다고 가정한다. 예를 들면 순이익에 반영된 세후이자비용 [€49,000 = €70,000 × (1 − 30%)]이 자본사용대가에 포함된 부채의 세후자본비용과 같다고 본다. 둘째, 이 사례는 자본사용대가 계산에 사용된 가중치가 부채와 자본의 장부가로부터 도출된다고 가정한다. 특별히 이 사례는 부채와 자본의 가중치를 각각 50%로 가정했다.

접근법 1		대 사	접근법 2	
당기순이익	€91,000	Plus €49,000 세후이자비용	세후순영업이익	€140,000
Less: 자기자본대가	120,000	Plus €49,000 부채의 세후자본대가	Less: 자본사용대가	169,000
초과이익	€(29,000)		초과이익	€(29,000)

이 회사가 경제적 측면에서 수익성이 없다는 결론은 회사의 자본이익률과 자본비용의 비교에서도 알 수 있다. 즉 회사의 자본사용대가가 세후총자산이익률보다 높기 때문이다. 총자산에 대한 세후순영업이익률은 이익을 총자산으로 나누어 계산한다. 이 사례에서 총자산 세후순영업이익률은 7%(= €140,000/€2,000,000)인데, 이는 회사의 실효적 자본사용대가인 8.45%(= €169,000/€2,000,000)보다 1.45% 포인트 작다.5)

2.1. 주식가치평가에 초과이익 활용

자본비용 이상의 이익을 창출하는 회사, 즉 초과이익이 양인 회사만이 경제적 가치를 창출한다. 반대로 자본비용을 충당할 수 있는 이익을 창출하지 못하는 회사, 즉 초과이익이 음인 회사는 기업의 가치를 파괴한다. 따라서 다른 조건이 동일하다면 초과이익이 클수록 밸류에이션이 높아진다.

[표 1]에서 제시된 AXCI 사례의 초과이익을 주식가치평가에 어떻게 적용하는지 설명하기 위해 다음과 같이 가정한다.

- 최초 AXCI의 시가총액은 장부가치와 같은 €1,000,000이고, 유통주식수는 100,000주이다. 따라서 AXCI의 주당장부가치와 최초 주가는 €10이다.
- 주당순이익(EPS)은 €0.91(= €91,000/100,000주)이다.
- 이익은 영구적으로 현재 수준을 유지한다.
- 모든 당기순이익은 배당으로 지급된다.

(EXAMPLE 1)에서 본 바와 같이 AXCI는 자본사용대가만큼 이익을 창출하지 못했기 때문에 주가가 하락할 것이다. 주어진 정보에 따르면 AXCI는 연간 €29,000의 가치를 파괴

5) 세후순영업이익을 총자산(총자본)으로 나누면 **투하자본이익률(return on invested capital, ROIC)**이 된다. 초과이익은 (ROIC – 실효자본대가) × (기초 총자본)으로도 계산된다.

하며, 이는 1주당 €0.29(= €29,000/100,000주)에 해당한다. 이를 12%의 자기자본비용으로 할인한 영구연금의 현재가치는 €2.42(= €0.29/12%)이다. 따라서 최초 주가에서 파괴된 가치의 현재가치를 빼면 주식가치는 €7.58(= €10 - €2.42)이 된다.

이런 자료를 해석하는 또 다른 방법은 무성장기업(無成長企業)의 이익수익률(earings yield, E/P)이 기대수익률 추정치라는 점을 생각해보는 것이다. E/P가 주식의 요구수익률과 같아지는 수준에 주가가 도달하면, 이 주식에 대한 투자로는 요구수익률에 해당하는 수익만 얻게 된다. EPS가 €0.91이면 주가가 €7.58333일 때 이익수익률이 정확히 (AXCI의 자기자본비용인) 12%(= €0.91/€7.58333)가 된다. 주가가 €7.58333이면 AXCI 주식의 시가총액은 €758,333이 된다. 어떤 회사가 음의 초과이익을 실현하면 이 회사의 주식은 장부가치에서 할인된 가격에 거래될 것으로 기대된다. 이 사례에서도 AXCI의 주가장부가비율(price-to-book ratio, P/B)은 장부가치에서 할인된 0.7583이 되어야 한다. 반면 AXCI가 양의 초과이익을 실현했다면 이 주식은 장부가치에 비해 할증되어 거래되어야 한다. 요약하면 다른 조건이 동일하다면 초과이익을 클수록 시장가격과 P/B가 높아질 것으로 예상된다.

초과이익모형(RIM)은 개별 주식[6]이나 Dow Jones Industrial Average[7]의 평가에 사용되어 왔다. 이 모형은 회계당국(American Accounting Association Financial Accounting Standards Committee 2001)의 영업권 상각을 측정하는 해법으로 제안되었다. 기억하겠지만 회계상 **손상(impairment)**이란 자산가치의 하향 조정을 의미하며, **영업권(goodwill)**은 다른 회사를 인수할 때 대차대조표상에 표시되는 무형자산을 말한다.

초과이익과 초과이익모형은 다양한 이름으로 불려왔다. 초과이익은 모든 자본의 비용을 차감한 후 회사에 귀속되는 이익 추정치라는 점에서 때론 **경제적 이윤(economic profit)**으로 불려왔다. 미래의 초과이익의 추정에는 **비정상이익(abnormal earnings)**이란 용어가 사용되기도 한다. 장기적으로 회사의 이익은 (모든 자본 원천에 대한) 자본비용에 수렴한다는 가정 하에 자본비용을 초과하는 어떤 이익도 비정상이익으로 간주된다. 초과이익모형은 **비정상이익할인모형(discounted abnormal earnings model)**이나 연구자의 이름을 딴 **Edward-Bell-Ohlson모형**으로도 불린다. 여기서는 공개 자료와 통상적인 조정을 바탕으로 일반적인 초과이익 가치평가모형에 초점을 맞춘다. 일반적 초과이익모형을 다루는 3절로 넘어가지 전에 초과이익의 상업적 적용 사례와 관련 개념인 경제적 부가가치에 대해 간단히 살펴보기로 한다.

6) Fleck, Craig, Bodenstab, Harris, and Huh(2001) 참조.
7) Lee and Swaminathan(1999)과 Lee, Myers, and Swaminathan(1999) 참조.

2.2. 상업적 적용

초과이익의 개념을 상업적으로 적용한 대표적 사례가 **경제적 부가가치(economic value added, EVA)**이다.[8] 앞에서는 세후영업이익에서 출발해 초과이익을 계산하는 방법에 대해 설명했는데, 경제적 부가가치도 동일한 접근법을 따른다. 정확히는 EVA를 다음과 같이 정의한다.

$$EVA = NOPAT - (C\% \times TC) \quad (1)$$

여기서 NOPAT는 기업의 세후순영업이익, C%는 자본비용, TC는 총자본이다. 이 모형에서 NOPAT와 TC는 일반적으로 인정되는 회계기준(GAAP)과 일부 항목에 대한 조정에 의해 결정된다.[9] 일반적인 조정 사항은 다음과 같다.

- 연구개발비(R&D expenses)는 비용화하지 않고 자본화하여 상각한다. (무형자산상각비를 제외한 연구개발비는 이익에 가산하여 NOPAT를 조정한다.)
- 즉시 수익을 창출할 것으로 기대되지 않는 전략적 투자에 대한 자본비용은 일정 시점까지 유예한다.
- 이연법인세(deferred taxes)는 제거하고 오직 현금 법인세만 비용으로 반영한다.
- 재고자산의 후입선출법에 따른 LIFO적립금(LIFO reserve)은 자본에 가산하고, LIFO적립금의 증가분은 NOPAT에 가산한다.
- 운용리스(operating leases)는 자본리스(capital leases)로 처리하고, 일회성 항목은 제거하여 조정한다.

EVA 계산에서 조정 사항의 반영으로 인해 실제 계산 결과는 (EXAMPLE 1)에서 제시된 간단한 계산 결과와 차이를 보이는 것이 일반적이다. 실제 일반적인 초과이익 가치평가에서는 회계처리 방법이 보고된 결과에 어떤 영향을 미쳤는지 고려하게 된다. 다만 초과이익 추정을 위한 애널리스트의 보고된 회계결과 조정은 상업적 적용 사례인 EVA의 정형화된 조정과는 다소 차이가 있다. 초과이익의 계산을 위한 회계상 고려사항에 대해서는 5절에서 보다 자세히 살펴보기로 한다.

기업이 시장가치를 증가시키기 위해서는 경제적 이윤을 창출해야 한다. 경제적 이윤 또는 경제적 부가가치와 관련된 개념이 아래와 같이 정의되는 시장부가가치(market value added,

8) EVA는 Stern Stewart & Co.의 등록상표이며 이 회사가 제안한 특정 조정사항을 일반적으로 부르는 말이다. 이러한 조정의 목적은 경제적 이윤의 최적 근사치를 산출하는데 있다. 자세한 사항은 Stewart(1991)와 Peterson and Peterson(1996)을 참조하라.

9) Ehrbar(1998) 참조.

MVA)이다.

$$\text{MVA} = \text{기업의 시장가치} - \text{총자본의 회계상 장부가치} \quad (2)$$

양(陽)의 EVA를 창출하는 기업의 시장가치(market value)는 자본의 회계상 장부가치(accounting book value)보다 커야 한다. 다만 부가가치가 주식가치나 주가수익률을 설명할 수 있는지에 관해 연구결과들이 일관된 결론을 보이지는 않는다. Peterson and Peterson (1996)은 부가가치 척도가 총자산이익률이나 자기자본이익률 같은 전통적 지표보다 주가수익률을 조금이나마 더 잘 설명한다는 사실을 발견했다. 반면 Bernstein and Pigler(1997)와 Bernstein, Bayer, and Pigler(1998)는 부가가치 척도가 이익성장률과 같은 척도보다 주가수익률을 더 잘 설명하지 못한다고 보고했다.

회계법인과 컨설팅회사들이 초과이익과 관련된 다양한 개념을 상업적으로 적용하고 있다. 흥미롭게도 이들 모형은 일반적으로 주식의 가치평가를 목적으로 하지 않는다. 그보다는 초과이익의 개념을 기업 내부의 성과관리와 경영진 보상에 주로 활용한다.

3. 초과이익모형

2절에서 우리는 초과이익의 개념을 살펴보고 주식가치와의 관계에 대해 알아보았다. 장기적으로 자본비용 이상의 이익을 실현하는 기업은 장부가치보다 비싼 가격에 거래되어야 하며, 자본비용 이하의 이익을 실현하는 기업은 장부가치보다 낮은 가격에 거래되어야 한다. **초과이익모형(residual income model)**은 다음 두 부분으로 주식의 내재가치를 분석한다.

- 자기자본의 현재 장부가치
- 기대되는 미래 초과이익의 현재가치

전체 주식의 가치가 아닌 보통주 1주의 가치를 평가할 때에는 당기순이익이 아닌 주당순이익을 이용한다. 초과이익모형에 따른 보통주의 내재가치는 다음과 같다.

$$V_0 = B_0 + \sum_{t=1}^{\infty} \frac{\text{RI}_t}{(1+r)^t} = B_0 + \sum_{t=1}^{\infty} \frac{E_t - rB_{t-1}}{(1+r)^t} \quad (3)$$

V_0 = 현재(t = 0) 주당주식가치

B_0 = 주식의 현재 주당장부가치

B_t = t시점에 기대되는 주당장부가치
r = 주식에 대한 요구수익률(자기자본비용)
E_t = t기간의 기대 EPS
RI_t = 기대 주당초과이익(= $E_t - rB_{t-1}$)

t기간의 주당초과이익 RI_t는 이 기간의 EPS인 E_t에서 1주당 자기자본대가를 차감하는데, 주당 자기자본대가는 자기자본에 대한 요구수익률에 기초 주당장부가치를 곱한 rB_{t-1}이다. 주당순이익이 주당 자기자본대가보다 크면 주당초과이익은 양(陽)의 값이 되고, 반대로 주당순이익이 그보다 작으면 주당초과이익은 음(陰)의 값이 된다. (EXAMPLE 2)는 주당초과이익의 계산 과정을 설명하고 있다.

EXAMPLE 2 주당초과이익의 추정

David Smith는 2013년 8월 말 현재 Silver Wheaton Corporation(NYSE: SLW)의 초과수익을 추정중이다. 2004년 British Columbia의 Vancouver에서 설립된 Silver Wheaton은 세계 최대 귀금속업체이다. 이 회사는 선수금 지급 조건으로 세계 곳곳의 광산에서 생산된 은(혹은 경우에 따라 금)의 전부 또는 일부를 구매할 수 있는 권리를 갖는 다수의 구매계약을 체결하고 있다. Smith는 TSX 300 Index에 대한 조정베타 1.50, 10년물 국채수익률 2.8%, 추정 주가위험프리미엄 4.2%를 바탕으로 CAPM을 이용해 Silver Wheaton의 요구수익률(r)을 9.1%[= 2.8% + 1.50(4.2%)]로 추정했다. Smith는 2013년 8월 23일 장종료 후 다음 정보를 수집했다.

현재 시장가격	\$27.70
2012년 12월 31일 현재 주당장부가치	\$8.77
연간 이익추정치 컨센서스	
FY2013 (12월말 종료)	\$1.40
FY2014 (12월말 종료)	\$1.60
연간 주당배당금 추정치	
FY2013	\$0.52
FY2014	\$0.60

2013년 12월 말과 2014년 12월 말 종료되는 회계연도의 초과이익 추정치는 각각 얼마인가?

Solution

추정 초과이익과 그 계산과정은 [표 1]과 같다.

[표 1] Silver Wheaton Corporation의 초과이익

연 도	2013		2014	
주당장부가치 추정				
기초 주당장부가치(B_{t-1})		$8.77		$9.65
주당순이익 추정치(E_t)	$1.40		$1.60	
Less 배당 추정치(D_t)	0.52		0.60	
Plus 이익잉여금 변동($E_t - D_t$)		0.88		1.00
기말 주당장부가치 추정치($B_{t-1} + E_t - D_t$)		$9.65		$10.65
자기자본 사용대가 계산				
기초 주당장부가치	$8.77		$9.65	
자기자본비용	× 0.091		× 0.091	
주당자기자본대가(rB_{t-1})		$0.80		$0.88
주당초과이익 추정				
EPS 추정치	$1.40		$1.60	
Less 자기자본대가	0.80		0.88	
주당초과이익		$0.60		$0.72

수식 (3)을 이용한 보통주의 내재가치 추정에 대해서는 (EXAMPLE 3)에서 소개하고 있다.

EXAMPLE 3 초과이익모형의 적용 (1)

Bugg Properties의 향후 3년간 EPS 추정치는 각각 $2.00, $2.50, $4.00이다. 애널리스트들은 Bugg가 3년간 $1.00, $1.25, $12.25의 배당을 지급할 것으로 기대한다. 회사는 3년 후 사업을 종료할 예정이어서, 마지막 배당은 청산배당이 될 것으로 본다. Bugg의 현재 주당장부가치는 $6.00이고, 주식의 요구수익률은 10%이다.

1. 향후 3년간 주당장부가치와 주당초과이익을 계산하라.
2. 수식 (3)의 다음 초과이익모형을 이용해 주식가치를 계산하라.

$$V_0 = B_0 + \sum_{t=1}^{\infty} \frac{E_t - rB_{t-1}}{(1+r)^t}$$

3. 배당할인모형(즉, 기대되는 미래 배당의 현재가치로 주식의 가치를 추정)을 이용해 <질문 2>의 가치평가 추정치를 점검하라.

Solution 1

향후 3년간 주당장부가치와 주당초과이익은 다음과 같다.

[표 2] Bugg Properties의 초과이익

연 도	1	2	3
기초 주당장부가치(B_{t-1})	\$6.00	\$7.00	\$8.25
주당순이익(EPS)	2.00	2.50	4.00
Less 주당배당금(D)	1.00	1.25	12.25
Plus 이익잉여금 변동(EPS − D)	1.00	1.25	− 8.25
기말 주당장부가치 추정치(B_{t-1} + EPS − D)	\$7.00	\$8.25	\$0.00
기말 주당순이익(EPS)	2.00	2.50	4.00
Less 주당자기자본대가(rB_{t-1})	0.60	0.70	0.825
주당초과이익(EPS − 자기자본대가)	\$1.40	\$1.80	\$3.175

Solution 2

초과이익모형에 따른 주식가치 추정치는 다음과 같다.

$$V_0 = 6.00 + \frac{1.40}{(1.10)} + \frac{1.80}{(1.10)^2} + \frac{3.175}{(1.10)^3}$$
$$= 6.00 + 1.2727 + 1.4876 + 2.3854 = \$11.15$$

Solution 3

배당할인모형(DDM)에 따른 주식가치 추정치는 다음과 같다.

$$V_0 = \frac{1.00}{(1.10)} + \frac{1.25}{(1.10)^2} + \frac{12.25}{(1.10)^3}$$
$$= 0.9091 + 1.031 + 9.2036 = \$11.15$$

(EXAMPLE 3)으로부터 우리는 초과이익모형(RI모형)에 관한 중요한 두 가지 시사점을 얻을 수 있다. 첫째, RI모형은 배당할인모형과 같은 다른 가치평가모형과 근본적으로 유사하며, 일관적 가정을 적용하면 동일한 결과를 도출한다. 둘째, DDM보다는 RI모형에서 가치를 더 빨리 인식한다. (EXAMPLE 3)에서 RI모형은 첫 번째 기간이 총 \$11.15의 가치 중

$6.00을 인식한다. 반면 DDM은 마지막 기간이 총 $11.15의 가치 중 $9.2036을 인식한다. 3절의 나머지 부분에서는 우리에게 가장 친숙한 RI모형의 일반 수식을 도출하고 이 모형의 적용에 대해 설명한다.

3.1. 일반 초과이익모형

초과이익모형은 배당할인모형과 같은 다른 가치평가모형과 명확한 관련성을 가진다. 사실 수식 (3)의 초과이익모형은 배당할인모형으로부터 유도될 수 있다. 배당할인모형의 일반 형식은 다음과 같다.

$$V_0 = \frac{D_1}{(1+r)^1} + \frac{D_2}{(1+r)^2} + \frac{D_3}{(1+r)^3} + \dots$$

한편 **순수잉여금관계(clean surplus relation)**란 이익, 배당, 장부가치가 다음 관계를 만족하는 것을 말한다.

$$B_t = B_{t-1} + E_t - D_t$$

다시 말해 주주와의 자본거래가 없다면, 주식의 기말 장부가치는 기초 장부가치에 이익을 더하고 배당을 뺀 금액과 같다는 것이다. 주주와의 자본거래가 없다면 주식의 장부가치가 이익에 의해서만 변동하는 조건은 순수잉여금회계(clean surplus accounting)라고 한다. 순수잉여금관계를 재배열하면 각 기간의 배당은 이 기간의 이익에서 이 기간에 유보된 이익을 뺀 것 혹은 이익에서 장부가치의 증가분을 뺀 것이 된다.

$$D_t = E_t - (B_t - B_{t-1}) = E_t + B_{t-1} - B_t$$

V_0을 구하는 수식에서 D_t를 $E_t + B_{t-1} - B_t$로 대체하면 다음과 같이 된다.

$$V_0 = \frac{E_1 + B_0 - B_1}{(1+r)^1} + \frac{E_2 + B_1 - B_2}{(1+r)^2} + \frac{E_3 + B_2 - B_3}{(1+r)^3} + \dots$$

이 수식은 다음과 같이 나타낼 수 있다.

$$V_0 = B_0 + \frac{E_1 - rB_0}{(1+r)^1} + \frac{E_2 - rB_1}{(1+r)^2} + \frac{E_3 - rB_2}{(1+r)^3} + \dots$$

시그마 기호를 사용하여 표현하면, 이 수식을 수식 (3)과 같은 초과이익모형으로 다시 쓸 수 있다.

$$V_0 = B_0 + \sum_{t=1}^{\infty} \frac{\mathrm{RI}_t}{(1+r)^t} = B_0 + \sum_{t=1}^{\infty} \frac{E_t - rB_{t-1}}{(1+r)^t}$$

위의 수식에 따르면 주식의 가치는 현재 주당장부가치와 기대되는 미래 주당초과이익의 현재가치의 합이 된다. 이때 기대되는 미래 주당초과이익의 현재가치가 양(陽)이면, 주식의 내재가치(V_0)는 주당장부가치(B_0)보다 커진다. 반대의 경우 내재가치는 주당장부가치보다 당연히 작아진다.

미국에서는 1920년대부터 중소기업의 세무 소송에서 초과이익모형이 가치평가모형으로 사용되어 왔으며[10], 현재 실무에서 사용되고 있는 초과이익모형은 Edwards and Bell (1961)의 초기 연구를 발전시킨 Ohlson(1995)과 Feltham and Ohlson(1995)의 학술연구에 기반을 두고 있다. 이들 연구[11]에 기초가 된 초과이익모형의 일반 형식은 다음과 같다.

$$V_0 = B_0 + \sum_{t=1}^{\infty} \frac{(\mathrm{ROE}_t - r)B_{t-1}}{(1+r)^t} \tag{4}$$

t기간의 초과이익이 $\mathrm{RI}_t = (\mathrm{ROE}_t - r)B_{t-1}$이기 때문에 수식 (4)는 이전에 주어진 V_0과 일치한다. 보통주에 대한 요구수익률을 제외한 초과이익모형의 모든 투입값은 회계자료로부터 얻을 수 있다. 여기서 ROE는 분모에 기초 자기자본 장부가치를 사용하는 반면 재무제표 분석에서 ROE는 분모에 자기자본 장부가치의 평균치를 사용한다. (EXAMPLE 4)는 수식 (4)를 이용해 가치를 추정하는 사례이다.

EXAMPLE 4 초과이익모형의 적용 (2)

(EXAMPLE 3)을 다시 반복하면, Bugg Properties의 향후 3년간 EPS 추정치는 각각 \$2.00, \$2.50, \$4.00이며, 애널리스트들은 매년 \$1.00, \$1.25, \$12.25의 배당을 지급할 것으로 기대한다. 애널리스트들은 이 회사가 3년 후 사업을 종료할 예정이기 때문에 마지막 배당은 청산배당이 될 것으로 예상한다. Bugg의 현재 주당장부가치는 \$6.00이고, 주식의 요구수익률은 10%이다.

10) 세무 목적의 가치평가에서 이 방법은 **초과이익법(excess earnings method)**으로 알려져 있다. 관련 내용은 Hitchner (2006)와 US IRS Revenue Reserve Rulings 68-609를 참조하라.

11) 관련 내용은 Hirst and Hopkins(2000)를 참조하라.

이상의 자료를 바탕으로 다음의 초과이익모형을 이용해 Bugg Properties의 주식가치를 추정하라.

$$V_0 = B_0 + \sum_{t=1}^{\infty} \frac{(\text{ROE}_t - r)B_{t-1}}{(1+r)^t}$$

Solution

주식가치의 평가를 위해 먼저 초과이익을 추정한다. [표 3]은 초과이익의 계산과정을 보여준다. [표 3]은 (EXAMPLE 3)의 [표 2]에서 보는 초과이익 추정치와 같은 결과를 도출한다는 데 주목하자.

[표 3] Bugg Properties의 초과이익

연 도	1	2	3
주당순이익	\$2.00	\$2.50	\$4.00
÷ 기초 주당장부가치	÷ 6.00	÷ 7.00	÷ 8.25
ROE	0.3333	0.3571	0.4848
Less 주식의 요구수익률	−0.1000	−0.1000	−0.1000
비정상이익(ROE − r)	0.2333	0.2571	0.3848
× 기초 주당장부가치	× 6.00	× 7.00	× 8.25
초과이익 = (ROE − r) × 기초 주당장부가치	\$1.400	\$1.800	\$3.175

주식가치는 다음과 같이 추정된다.

$$\begin{aligned} V_0 &= 6.00 + \frac{1.40}{(1.10)} + \frac{1.80}{(1.10)^2} + \frac{3.175}{(1.10)^3} \\ &= 6.00 + 1.2727 + 1.4876 + 2.3854 = \$11.15 \end{aligned}$$

동일한 가정을 채택하고 있고 수식 (3)과 수식 (4)가 같기 때문에 도출된 주식가치 역시 (EXAMPLE 3)에서 설명한 수식 (3)의 추정치와 정확히 일치한다.

$$V_0 = \underbrace{B_0 + \sum_{t=1}^{\infty} \frac{E_t - rB_{t-1}}{(1+r)^t}}_{\text{수식 (3)}} = \underbrace{B_0 + \sum_{t=1}^{\infty} \frac{(\text{ROE} - r)B_{t-1}}{(1+r)^t}}_{\text{수식 (4)}}$$

(EXAMPLE 4)는 주식의 현재 장부가치, 순이익 추정치, 장부가치 추정치, 요구수익률 추정치 등을 이용하여 초과이익의 가치를 구하는 과정을 보여준다. 또한 주당순이익과 장부가치 추정치는 ROE 추정치로 변환될 수 있다.

EXAMPLE 5 일반 초과이익모형을 이용한 가치평가

애널리스트인 Robert Sumargo는 Google(NDQ: GOOG)의 가치를 평가 중이며, 2013년 연말 최근 종가는 $896.57이다. Sumargo는 지난 10년 간 GOOG가 지속적으로 매우 높은 ROE를 달성했고, 향후 5년간 애널리스트 EPS 추정치 컨센서스에 반영된 예상 ROE가 19%라고 말했다. 하지만 Sumargo는 이처럼 높은 ROE가 미래에 지속 가능할 것으로 보지 않는다. Sumargo는 가치평가에 보통 현재가치 접근법을 사용한다. 가치평가 기준일 현재 GOOG는 배당을 지급하지 않는다. 비록 배당할인모형이 가능하더라도 Sumargo는 배당 개시 시점을 자신하지 못한다. 그래서 그는 GOOG의 평가에 초과이익모형을 적용하기로 하고, 다음 자료와 가정을 적용하기로 했다.

- 자본자산 가격결정모형(CAPM)에 따라 추정한 GOOG의 요구수익률은 8.5%이다.
- 2012년 12월 31일 현재 GOOG의 주당장부가치는 $217.54이다.
- 2013년 ROE는 21%로 예상된다. 경쟁이 심해짐에 따라 Sumargo는 향후 GOOG의 ROE가 하락할 것으로 보고, CAPM에 따른 요구수익률 수준까지 ROE가 매년 0.5% 포인트씩 감소한다고 가정한다.
- GOOG는 현재 배당을 지급하지 않는다. Sumargo는 GOOG가 예측 가능한 미래 시점까지 배당을 지급하지 않고 모든 이익을 재투자할 것으로 예상한다. 또한 Sumargo는 자기주식 매입액이 신주 발행액을 거의 상쇄할 것으로 예상한다.

수식 (4)의 초과이익모형을 이용하여 GOOG의 주식가치를 평가하라.

Solution

최초 주당장부가치는 $217.54이다. 첫해의 예상 ROE 21%에 따른 EPS 추정치는 $45.68이다. 배당을 지급하지 않고 순수잉여금관계를 만족한다고 가정하기 때문에, 기말 장부가치 추정치는 $263.22(= $217.54 + $45.68)가 된다. 2013년 초과이익은 EPS 추정치 $45.68에서 자기자본대가 $18.49를 뺀 $27.19가 된다. 자기자본대가는 기초 주당장부가치 $217.54에 21%인 ROE에서 8.5%인 r의 차이를 곱한 것[$217.54(0.21 − 0.085) = $27.19]이다. 1년의 기간에 대해 8.5%로 할인한 $27.19의 현재가치는 $25.06이다. 이런 절차를 [표 4]와 같이 매년에 대해 반복 실행한다. 초과이익모형을 이용한 GOOG의 가치는 매년 초과이익의 현재가치와 현재 주당장부가치의 합이 된다. 2038년부터는 초과이익이 0이 되기 때문에 그 이상의 추정은 필요하지 않다. [표 4]에서 보는 바와 같이 이 모형에 따라 추정된 가치는 $920.24가 된다.

[표 4] 초과이익모형을 이용한 Google의 가치평가

연 도	추정 순이익 (EPS)	주당 배당금 추정치	주당 장부가치	ROE 추정치 (기초 장부가치 기준)	자기자본 비용	자기자본 사용대가	초과이익 (RI)	BV·RI의 현재가치
	[Plus]	[Minus]	$217.54					217.57
2013	$45.68	$0.00	236.22	21.0%	8.5%	18.49	27.19	25.06
2014	53.96	0.00	317.18	20.5	8.5	22.37	31.59	26.83
2015	63.44	0.00	380.62	20.0	8.5	26.96	36.48	28.56
2016	74.22	0.00	454.84	19.5	8.5	32.35	41.87	30.21
2017	86.42	0.00	541.26	19.0	8.5	38.66	47.76	31.76
2018	100.13	0.00	641.40	18.5	8.5	46.01	54.13	33.18
2019	115.45	0.00	756.85	18.0	8.5	54.52	60.93	34.42
2020	132.45	0.00	889.30	17.5	8.5	64.33	68.12	35.47
2021	151.18	0.00	1,040.48	17.0	8.5	75.59	75.59	36.27
2022	171.68	0.00	1,212.15	16.5	8.5	88.44	83.24	36.81
2023	193.94	0.00	1,406.10	16.0	8.5	103.03	90.91	37.06
2024	217.95	0.00	1,624.04	15.5	8.5	119.52	98.43	36.98
2025	243.61	0.00	1,867.65	15.0	8.5	138.04	105.56	36.55
2026	270.81	0.00	2,138.46	14.5	8.5	158.75	112.06	35.76
2027	299.38	0.00	2,437.84	14.0	8.5	181.77	117.62	34.60
2028	329.11	0.00	2,766.95	13.5	8.5	207.22	121.89	33.04
2029	359.70	0.00	3,126.66	13.0	8.5	235.19	124.51	31.11
2030	390.83	0.00	3,517.49	12.5	8.5	265.77	125.07	28.80
2031	422.10	0.00	3,939.59	12.0	8.5	298.99	123.11	26.13
2032	453.05	0.00	4,392.64	11.5	8.5	334.86	118.19	23.12
2033	483.19	0.00	4,875.83	11.0	8.5	373.37	109.82	19.80
2034	511.96	0.00	5,387.79	10.5	8.5	414.45	97.52	16.20
2035	538.78	0.00	5,926.57	10.0	8.5	457.96	80.82	12.38
2036	563.02	0.00	6,489.60	9.5	8.5	503.76	59.27	8.37
2037	584.06	0.00	7,073.66	9.0	8.5	551.62	32.45	4.22
2038	601.26	0.00	7,674.92	8.5	8.5	601.26	0.00	0.00
합 계							$920.24	

주: BV는 장부가치이다. 이 표는 엑셀로 만들었기 때문에 반올림 오차로 인해 계산기로 계산한 결과와 차이가 있을 수 있다.

(EXAMPLE 5)는 순수잉여금회계의 가정을 따른다. 앞에서 설명한바와 같이 초과이익모형은 순수잉여금회계를 가정한다. [표 4]와 같이 순수잉여금회계에서 기말 주당장부가치는 기초 주당장부가치에 순이익을 더하고 배당을 뺀 것과 같다. 국제회계기준(IFRS)과 US GAAP에서는 증권의 시가 변동과 같이 수익과 비용의 일부 계정이 손익계산서를 우회하여 자기자본에 직접 영향을 미친다.[12] 엄격히 말해 초과이익모형에는 (순수잉여금회계에 따라) 모든 수익과 비용 항목이 반영되어야 한다. 만일 애널리스트가 미래에 순수잉여금회계에 신뢰할 수 있는 중요한 위반을 예상할 수 있다면, 이러한 위반을 순이익에 조정할 필요가 있다. 순수잉여금회계 가정의 위반에 대해서는 5.1절에서 보다 자세히 알아보기로 한다.

3.2. 초과이익의 결정요인

일반적으로 초과이익모형은 미래 이익과 배당 증가에 특별한 가정을 두지 않는다. 만일 이익과 배당이 일정하게 증가하는 모형을 가정하면 초과이익의 핵심 동인을 설명하는데 유용한 초과이익모형을 유도할 수 있다. 다음 수식은 고든성장모형과 지속가능성장률 수식($g = b \times \text{ROE}$)으로부터 추정 펀더멘털을 기초로 적정P/B 구하는 수식이다.[13]

$$\frac{P_0}{B_0} = \frac{\text{ROE} - g}{r - g}$$

이 수식은 수학적으로 아래와 같이 변환될 수 있다.

$$\frac{P_0}{B_0} = 1 + \frac{\text{ROE} - r}{r - g}$$

적정주가는 주식의 내재가치이므로 $P_0 = V_0$이다. 따라서 위의 수식을 이용하고 초과이익이 이익에서 자기자본비용 뺀 것[$= (\text{ROE} \times B_0) - (r \times B_0)$]이라는 사실을 기억하면, 성장률이 일정하다고 가정한 초과이익모형에서 주식의 내재가치는 다음과 같이 나타낼 수 있다.

$$V_0 = B_0 + \frac{\text{ROE} - r}{r - g} B_0 \tag{5}$$

---

12) 손익계산서를 우회하는 손익 항목을 혼합잉여금항목(dirty surplus items)이라 하는데, 이들은 **기타포괄손익**(other comprehensive income)으로 분류된다. "포괄손익(comprehensive income) = 당기순이익 + 기타포괄손익"의 관계를 갖는다.

13) 지속가능성장률 공식 자체가 순수잉여금관계로부터 도출된다는데 유의하자.

이 모형에서 주식가치 추정치는 주당장부가치인 B_0과 예상되는 초과이익 현금흐름의 현재가치인 $(\text{ROE}-r)B_0/(r-g)$의 합이다. 따라서 ROE와 자기자본비용이 정확히 일치하는 기업의 경우 내재가치는 주당장부가치와 같아진다. 수식 (5)는 1단계 초과이익모형 또는 고정성장모형으로 간주될 수 있다.

자기자본의 장부가치가 순자산의 공정가치를 나타내고 순수잉여금회계가 만족되는 이상적 조건에서 첫 번째 항인 B_0은 부채를 제외한 주주가 소유한 자산의 가치를 나타낸다. 두 번째 항인 $(\text{ROE}-r)B_0/(r-g)$은 자기자본비용을 초과하는 수익의 창출능력을 나타내기 때문에 미래에 예상되는 추가적인 가치를 대표한다. 그러나 IFRS와 US GAAP는 기업에게 일부 부채 항목을 대차대조표에 보고하지 않아도 되도록 허용하고, 다수의 자산에 공정가치를 반영하지 않은 회계보고를 허용한다. 다만 국제적으로 공정가치 회계가 대세가 되고 있고, 특히 금융자산의 경우는 더욱 그런 상황이다. 나아가 미국 Enron Corporation의 회계부정과 같은 논란은 부외부채를 통한 자금조달 기법에 대한 확인이 중요하다는 사실을 일깨워주었다.

초과이익모형은 P/B와 가장 밀접하게 관련되어 있다. 주식의 적정P/B는 기대되는 미래 초과이익과 직접적으로 연결되기 때문이다. 초과이익모형과 밀접히 관련된 또 다른 개념은 부채와 자본의 시장가치를 총자산의 대체원가(replacement cost)로 나눈 토빈의 q(Tobin's q)이다.[14]

$$\text{토빈의 } q = \frac{\text{부채와 자본의 시장가치}}{\text{총자산의 대체원가}}$$

P/B와 비슷해 보이지만 토빈의 q에는 명확한 차이가 있다. 분자에는 주식과 부채 모두의 시장가치가 포함된다. 분모에는 자기자본이 아닌 총자산이 사용된다. 또한 총자산은 역사적 회계원가(historical accounting cost)가 아닌 대체원가로 평가된다. 대체원가는 인플레이션의 영향을 감안한다. 다른 조건이 일정하면 토빈의 q가 클수록 회사 자산의 생산성이 높다.[15] 토빈의 q를 계산하기 어려운 것은 자산의 대체원가에 대한 정보가 부족하기 때문이다. 만일 정보를 구할 수만 있다면 자산의 시장가치나 대체원가가 역사적 원가보다 가치평가에 유용할 수 있다.

14) Tobin(1969)이나 보다 최근의 Landsman and Shapiro(1995)를 참조하라.
15) Tobin은 자산에서 얻게 되는 경제적 지대(economic rents)나 경제적 이윤(economic profits)은 평균적으로 0이기 때문에 전체 기업에 대한 토빈의 q 평균값은 1이라고 보았다.

3.3. 1단계 초과이익모형

1단계 (혹은 고정성장) 초과이익모형은 시간 경과에도 불구하고 회사의 자기자본이익률과 이익성장률이 일정하게 유지될 것을 가정한다. 이 모형은 수식 (5)에서 보는 바와 같다.

$$V_0 = B_0 + \frac{\text{ROE} - r}{r - g} B_0$$

EXAMPLE 6 1단계 초과이익모형 (1)

Joseph Yoh는 Canon, Inc.(NYSE: CAJ)의 매입을 고려하고 있다. (2013년 7월 26일 Value Line에 따르면) 현재 주당장부가치는 $26.24이고 주가는 $34.68이다. Yoh는 Canon의 장기 ROE를 11%, 장기성장률을 5.5%로 예상한다. 자기자본비용이 9.5%일 때 초과이익모형에 따른 Canon 주식의 내재가치는 얼마인가?

Solution

$$V_0 = \$26.24 + \frac{0.11 - 0.095}{0.095 - 0.55}\$26.24 = \$36.08$$

고든성장모형과 유사하게 1단계 RI모형에 현재 주가를 대입하고 g에 대해 풀면 초과이익 성장률에 대한 시장의 기대치인 내재성장률(implied growth rate)을 추정할 수 있다.

EXAMPLE 7 1단계 초과이익모형 (2)

Joseph Yoh는 자신의 추정치들에 따른 시장이 인지하는 성장률에 관심을 가지고 있다. 현재 $34.68인 주가를 이용하여 Canon의 내재성장률을 구하라.

Solution

$$\$34.68 = \$26.24 + \frac{0.11 - 0.095}{0.095 - g}\$26.24$$

이 수식을 g에 대해 풀면, 4.84%의 내재성장률을 얻을 수 있다.

(EXAMPLE 6)과 (EXAMPLE 7)에서 이 회사는 장부가치의 1.3배 이상으로 평가되는데, 이는 ROE가 자기자본비용보다 높기 때문이다. 만일 ROE가 자기자본비용과 크다면 이

회사는 장부가치로 평가된다. 또한 ROE가 자기자본비용보다 작다면 이 회사는 음의 초과이익을 가지며 장부가치보다 작게 평가된다. (회사가 자본비용을 충당할 수 없다고 예상되면 회사를 청산하거나 자산을 재배치하는 것이 타당하다.)

실무적으로 1단계 모형의 단점은 자기자본비용을 초과하는 ROE가 영구적으로 지속된다고 가정하는 것이다. 현실적으로는 회사의 ROE는 시간이 경과하면 평균에 수렴하여 어느 순간이 되면 초과이익은 0이 된다. 만일 특정 산업 내의 어떤 회사가 비정상적으로 높은 ROE를 향유하면, 경쟁기업의 시장진입을 부르고 경쟁이 심화되어 결국에는 모든 회사들의 수익성이 낮아질 것이다. 반대로 어떤 산업의 ROE가 낮다면 (파산 등으로 인해) 일부 회사가 산업을 떠나고 산업의 ROE는 서서히 개선될 것이다. 하지만 1단계 DDM과 같이 1단계 초과이익모형도 시간 경과에도 불구하고 일정한 성장률을 가정하고 있다. 이러한 가정의 현실성을 감안하여 실무에서는 초과이익이 감소하는 초과이익모형을 적용해왔다. 예를 들어 Lee and Swaminathan(1999)과 Lee, Myers, and Swaminathan(1999)은 ROE가 시간이 경과하면 산업 평균에 수렴할 것으로 가정하는 초과이익모형을 사용해 Dow 30의 가치를 평가했다. Lee and Swaminathan은 초과이익이 전통적 주가배수보다 미래 수익률 예측에 더 큰 설명력을 갖는다는 사실을 발견했다. 다행히도 애널리스트가 초과이익의 영구적 지속성 가정을 완화할 수 있는 여러 초과이익모형들이 존재한다. 다음 절에서는 다단계 초과이익모형에 대해 알아본다.

3.4. 다단계 초과이익 가치평가모형

DDM과 FCF모형에서 본 바와 같이, RI모형에서도 특정 추정기간의 초과이익을 추정하고 이 추정기간 종료시점에 측정한 계속초과이익으로부터 영구가치를 추정하는 다단계 접근법을 사용할 수 있다. **계속초과이익(continuing residual income)**이란 특정 추정기간 이후의 초과이익을 말한다. 다른 가치평가모형에서와 마찬가지로 최초 추정기간을 어느 정도로 할 것인지는 모형의 투입값을 얼마나 정확히 예측할 수 있느냐에 따라 결정된다. ROE가 시간이 경과하면 평균 수준에 회귀하고 경쟁심화로 자기자본비용 수준으로 하락한다고 알려져 있기 때문에 초과이익접근법은 종종 ROE가 자기자본비용에 접근하는 패턴을 모형화한다. ROE가 자기자본비용과 같아지면 초과이익은 더 이상 창출되지 않는다.

초과이익접근법에서 현재의 장부가치는 전체 주식가치의 상당한 부분을 포착한다. 시간이 경과하면 경쟁심화로 회사의 ROE가 산업 평균에 수렴하고 자기자본비용에 접근하기 때문에 영구가치는 전체 가치에서 큰 부분을 차지하지 않는다. 이는 영구가치의 현재가치가 빈번히 전체 가치의 중요한 부분을 차지하는 다른 다단계 접근법(DDM과 FCF)과 대조된다.

애널리스트가 계속초과이익을 구할 때 여러 가정을 만들 수 있다. 통상은 다음 중 하나를 가정하게 된다.

- 양(陽)의 초과이익이 영구적으로 유지된다.
- 영구기간(terminal year) 이후의 초과이익은 "0"이다.
- 시간이 경과하면서 ROE가 자기자본비용에 접근함에 따라 초과이익은 "0"에 수렴한다.
- 초과이익은 ROE가 일정한 평균 수준에 수렴할 것을 반영한다.

지금부터의 사례들은 이러한 가정들 중 하나를 설명하게 된다.

초과이익모형 중 단일유한기간모형(one finite-horizon model)은 추정기간인 T기 말의 장부가치에 프리미엄($P_T - B_T$)이 존재한다고 가정하며, 이 경우 현재가치는 다음과 같다.16)

$$V_0 = B_0 + \sum_{t=1}^{T} \frac{(E_t - rB_{t-1})}{(1+r)^t} + \frac{P_T - B_T}{(1+r)^T} \quad (6)$$

또는

$$V_0 = B_0 + \sum_{t=1}^{T} \frac{(\text{ROE}_t - r)B_{t-1}}{(1+r)^t} + \frac{P_T - B_T}{(1+r)^T} \quad (7)$$

두 수식에서 마지막 항은 추정기간 종료시점의 장부가치에 대한 주식가치의 프리미엄을 나타낸다. 추정기간이 길어지면 길어질수록 초과이익은 "0"으로 수렴할 가능성이 높아진다. 따라서 추정기간이 충분히 긴 경우에는 마지막 항은 "0"으로 간주될 수 있다. 반면 추정기간이 짧은 경우에는 프리미엄을 추정해야 한다.

EXAMPLE 8 다단계 초과이익모형 (1)

Diana Rosato, CFA는 대만 반도체 업체인 Taiwan Semiconductor Manufacturing Ltd.에 투자를 검토 중이다. 대만증권거래소(2330)에 상장된 이 회사 주식은 뉴욕증권거래소(NYSE: TSM)에도 상장되어 있다. Rosato는 2013년 8월 현재 다음 정보와 추정치를 구했다.

- 현재 주가는 TWD95.6이다.
- 자기자본비용은 12%이다.
- 2008~2012년 기간 Taiwan Semiconductor의 ROE는 18%에서 22.9% 사이였다. ROE가 20% 이하로 하락한 시기는 2009년이 유일하다.

16) Bauman(1999)를 참조하라.

- 2012년 이 회사는 TWD2.9995의 현금배당을 지급했다.
- 2012년 말 주당장부가치는 TWD28.8517이다.
- Rosato의 EPS 추정치는 2013년 TWD7.162, 2014년 TWD8.356이다. 그녀는 2013년 TWD2.9995, 2014년 TWD3.2995의 배당 지급을 예상한다.
- Rosato는 Taiwan Semiconductor의 ROE가 2015년부터 2019년까지는 25%로 유지되며, 이후부터 2032년까지 20%로 하락해 유지될 것으로 예상한다.
- Rosato는 2014년 이후 이익유보율을 60%로 가정한다.
- Rosato는 2032년 이후 ROE는 12%가 되어 초과이익은 0이 될 것이라고 가정한다. 따라서 영구가치도 0이다. Rosato의 초과이익모형은 [표 5]에서 보는바와 같다.

[표 5] Taiwan Semiconductor

연 도	장부 가치 (TWD)	추정 이익 (TWD)	주당 배당금 (TWD)	추정ROE (기초BV, %)	자기 자본 비용 (%)	자가 자본 비용 (TWD)	초과 이익 (TWD)	초과이익 현재가치 (TWD)
2012	28.8517							28.85
2012	33.0142	7.1620	2.9995	24.82	12.00	3.4622	3.6998	3.30
2014	38.0707	8.3560	3.2995	25.31	12.00	3.9617	4.3943	3.50
2015	43.7813	9.5177	3.8071	25.00	12.00	4.5685	4.9492	3.52
2016	50.3485	10.9453	4.3781	25.00	12.00	5.2538	5.6916	3.62
2017	57.9008	12.5871	5.0349	25.00	12.00	6.0418	6.5453	3.71
2018	66.5859	14.4752	5.7901	25.00	12.00	6.9481	7.5271	3.81
2019	76.5738	16.6465	6.6586	25.00	12.00	7.9903	8.6562	3.92
2020	85.7626	15.3148	6.1259	20.00	12.00	9.1889	6.1259	2.47
2021	96.0541	17.1525	6.8610	20.00	12.00	10.2915	6.8610	2.47
2022	107.5806	19.2108	7.6843	20.00	12.00	11.5265	7.6843	2.47
2023	120.4903	21.5161	8.6065	20.00	12.00	12.9097	8.6065	2.47
2024	134.9492	24.0981	9.6392	20.00	12.00	14.4588	9.6392	2.47
2025	151.1431	26.9898	10.7959	20.00	12.00	16.1939	10.7959	2.47
2026	169.2802	30.2286	12.0914	20.00	12.00	18.1372	12.0914	2.47
2027	189.5938	33.8560	13.5424	20.00	12.00	20.3136	13.5424	2.47
2028	212.3451	37.9188	15.1675	20.00	12.00	22.7513	15.1675	2.47
2029	237.8265	42.4690	16.9876	20.00	12.00	25.4814	16.9876	2.47
2030	266.3657	47.5653	19.0261	20.00	12.00	28.5392	19.0261	2.47
2031	298.3296	53.2731	21.3093	20.00	12.00	31.9639	21.3093	2.47
2032	334.1291	59.6659	23.8664	20.00	12.00	35.7996	23.8664	2.47
							현재가치 TWD	86.41

영구 프리미엄 = 0.00

현재 주가(TWD95.6)는 주식가치 추정치(TWD86.41)보다 크다. 시장가격에는 2032년까지 기간 Rosato 추정치보다 큰 초과이익이나 영구프리미엄 혹은 작은 자기자본비용이 반영된 것일 수 있다. 만일 Rosato가 자신의 추정치에 확신을 가지면, 그녀는 이 회사가 시장에서 고평가되었다고 결론을 내릴 것이다.

Lee and Swaminathan(1999)과 Lee, Myers, and Swaminathan(1999)은 3년간 초과이익 추정치에 근거한 초과이익모형을 제시했다. 그리고 ROE는 산업 평균 ROE에 수렴할 것으로 보았다. 추정기간(T) 말의 영구가치는 영구연금을 할인한 영구기간 초과이익으로 측정된다. Lee and Swaminathan(1999)은 이는 T시점 이후에는 어떤 이익성장률도 가치에는 중립적이라 가정한 것이다. [표 6]은 Yahoo.com에서 찾은 Hemscott Americas의 섹터별 ROE 자료이다. (특정 산업의 ROE 역시 같은 자료에서 얻을 수 있다.) 평가대상 회사의 ROE가 줄어드는 모습을 추정할 때 애널리스트는 산업 ROE의 추세 역시 고려해야 한다.

[표 6] 미국의 산업별 ROE

섹 터	ROE(%)
기초소재	11.96
복합기업	22.60
소비재	14.54
금융	9.78
헬스케어	18.60
산업재	15.57
서비스	17.69
기술	16.47
유틸리티	5.69

자료: 2013.08.28. http://biz.yahoo.com의 Hemscott Americas

EXAMPLE 9 다단계 초과이익모형 (2)

Rosato의 상사는 추정기간 종료시점에 Taiwan Semiconductor의 프리미엄이 없을 것이라는 Rosato의 가정에 이의를 제기했다. 상사의 지적에 따라 그녀는 2032년 초과이익 영구연금의 영구가치를 분석해 보았다. 그녀가 계산한 영구가치는 다음과 같다.

$$\text{TV} = \text{TWD}23.8664/0.12 = \text{TWD}198.8867$$

이를 현재가치로 환산하면 다음과 같다.

$$PV = TWD198.8867/(1.12)^{20} = TWD20.6179$$

이렇게 구한 영구가치의 현재가치 TWD20.6179를 앞에서 (영구가치가 없을 것이라고 가정하고) 구한 TWD86.41에 합하면 주식가치는 TWD107.03이 된다. 현재 시장가격(TWD95.6)이 가치 추정치(TWD107.03)보다 작기 때문에 시장 참여자들은 수정한 가정에서보다 계속초과이익이 작거나 중간 단계의 ROE가 낮을 것으로 예상하고 있다. 만일 Rosato가 상사의 의견에 동의하고 새로운 추정치에 자신감을 갖는다면 그녀는 이 회사가 저평가되었다고 결론내릴 것이다.

또 다른 다단계모형에서는 시간의 경과에 따라 ROE가 자기자본비용으로 점진적으로 수렴할 것을 가정하기도 한다. 이 접근법을 사용하기 위해서는 ROE가 자기자본비용에 접근할 때까지 매 기간의 ROE를 추정해야 한다. ROE가 자기자본비용과 같아지면 영구가치는 0이 된다.

Dechow, Hutton, and Sloan(1999)은 다음과 같이 시간경과에 따라 초과이익이 점차 사라지는 초과이익모형을 제시했다.[17)]

$$V_0 = B_0 + \sum_{t=1}^{T-1} \frac{(E_t - rB_{t-1})}{(1+r)^t} + \frac{E_T - rB_{T-1}}{(1+r-\omega)(1+r)^{T-1}} \tag{8}$$

이 모형은 기존 초과이익모형에 0에서 1사이의 값을 갖는 지속계수(持續係數, persistence factor), ω를 도입한다. 지속계수가 1이라는 것은 초과이익이 전혀 사라지지 않는다는 것을 나타낸다. 대신 영구히 일정한 금액으로 지속(즉 영구연금)되는 것이다. 지속계수가 0이라는 것은 최초 추정기간 이후에는 초과이익이 지속되지 않는다는 것을 나타낸다. 지속계수가 클수록 최종 단계 초과이익의 흐름이 커진다. Dechow et al.은 1976~1995년까지 대기업의 평균 지속계수가 0.62라고 분석했는데, Bauman(1999)의 해석과 같이 이는 1년에 초과이익이 평균적으로 38% 축소되는 것과 같다. 지속계수는 ROE가 r로 회귀하고 그 결과 초과이익이 0으로 사라진다고 가정하여, 장기적인 ROE의 평균 회귀를 고려하는 것이다. 분명한 것은 회사들마다 지속계수가 다르다는 것이다. 예를 들어 강력한 시장 리더십을 가진 기업은 가치가 천천히 붕괴된다(Bauman, 1999). Dechow et al.은 [표 7]과 같이 초과이익의 지속성에 영향을 미치는 기업의 특성에 대한 시사점을 제공하고 있다.

17) Dechow, Hutton, and Sloan(1999)과 Bauman(1999)을 참조하라.

[표 7] 최종 단계 초과이익의 지속성

초과이익의 지속성이 낮은 경우	초과이익의 지속성이 높은 경우
• 회계적 ROE가 극도로 높은 경우 • (일회성 항목 등) 특별한 이익 항목이 과도한 경우 • 발생주의 계정의 잔액이 과도한 경우	• 배당성향이 낮은 경우 • 산업의 과거 초과이익 지속성이 높은 경우

(EXAMPLE 10)은 ROE가 주식의 요구수익률에 근접함에 따라 계속초과이익이 0으로 감소하는 사례를 보여준다.

EXAMPLE 10 다단계 초과이익모형 (3)

Rosato는 2032년 초과이익의 영구연금을 사용하는 대신 2033년부터 ROE가 r을 향해 천천히 축소될 가능성을 고려할 수 있게 자신의 분석을 확장한다. Rosato는 지속계수를 0.60으로 추정했다. 이 경우 영구가치의 현재가치는 다음의 수식으로 추정된다.

$$\frac{E_T - rB_{T-1}}{(1 + r - \omega)(1 + r)^{T-1}}$$

여기서 T는 21이고, 2033년 초과이익은 26.7304(= 23.8664 × 1.12)가 된다. 이때 초과이익의 성장계수 1.12는 유보율에 ROE를 곱한 (0.60)(20%) = 12%를 반영한다. 영구가치의 현재가치는 다음과 같이 계산된다.

$$\frac{26.73}{(1 + 0.12 - 0.60)(1.12)^{20}} = 5.33$$

영구가치의 현재가치 TWD5.33을 앞에서 (영구가치가 없을 것이라고 가정하고) 구한 TWD86.41에 합하면 주식가치는 TWD91.74가 된다. 만일 Taiwan Semiconductor의 초과이익이 2032년 이후 서서히 감소한다면 현재 주가 TWD95.6은 다소 고평가되었다고 결론 내릴 것이다.

4. 다른 접근법과의 관계

초과이익모형의 사용과 관련된 회계적 이슈를 설명하기 전에 먼저 초과이익모형과 다른 가치평가모형의 관계를 정리해 보기로 한다.

배당할인이나 현금흐름할인에 기초한 가치평가모형들은 초과이익모형과 마찬가지로 이론적 합리성을 갖는다 하지만 초과이익모형과 달리 DDM이나 FCF모형은 미래 현금흐름을 추정하여 요구수익률로 할인함으로써 주식가치를 구한다. DDM과 FCFE모형에서 요구수익률은 자기자본비용이다. FCFF모형의 요구수익률은 가중평균자본비용이다. RI모형은 이 절차를 다르게 접근한다. 이 모형은 대차대조표상의 가치인 자기자본의 장부가치에서 출발하여 기대되는 미래 초과이익의 현재가치를 가산한다. 다만 가치 인식의 이론적 차이에도 불구하고 기대 배당이나 현금흐름을 사용하든, 장부가치에 기대 초과이익을 더하든 전체 현재가치에는 일관된 결과가 도출되어야 한다.[18)]

(EXAMPLE 11)은 초과이익모형이 배당할인모형보다 전형적으로 가치를 조기에 인식한다는 중요한 사실을 설명한다. 다시 말해 초과이익모형에서는 나중에 발생하는 이익이 전체 주식가치에서 상대적으로 적은 부분을 차지하는 경향을 보인다. 이 사례는 금액이 X인 영구연금의 현재가치가 X/r로 계산된다는 것을 이용하고 있다.

EXAMPLE 11 초과이익모형을 이용한 영구연금의 가치평가

어떤 회사의 가치평가에 다음을 가정하자.

- 이 회사의 주당순이익은 영구적으로 $1.00일 것으로 예상된다.
- 이 회사는 모든 이익을 배당으로 지급한다.
- 현재 주당장부가치는 $6.00이다.
- 이 주식의 요구수익률(자기자본비용)은 10%이다.

1. DDM을 이용하여 이 주식의 가치를 계산하라.
2. 각 연도에 발생하는 주당초과이익을 계산하라.
3. RI모형을 이용하여 이 주식의 가치를 계산하라.
4. DDM과 RI모형에 따른 가치평가의 연도별 가치 인식 요약표를 작성하라.

Solution 1

이 회사는 배당 D를 영구적으로 지급하기 때문에 D의 현재가치는 D/r로 계산된다.

$$V_0 = D/r = \$1.00/0.1 = \$10.00$$

Solution 2

모든 해의 이익이 배당으로 지급되기 때문에 주당장부가치는 $6.00으로 일정할 것이다. 따라서 주식의 요구수익률 10%를 사용하면 매년의 주당초과이익은 다음과 같이 계산된다.

18) Shrieves and Wachowicz(2001)를 참조하라.

$$RI_t = E_t - rB_{t-1} = \$1.00 - 0.10(\$6.00) = \$1.00 - \$0.60 = \$0.40$$

Solution 3

초과이익모형을 이용하면 가치 추정치는 현재 주당장부가치와 기대되는 미래 주당초과이익 흐름의 현재가치의 합이 된다. 이때 초과이익 흐름의 현재가치는 일정한 초과이익의 영구연금으로 계산된다.

V_0 = 장부가치 + 기대되는 미래 주당초과이익의 현재가치

= \$6.00 + \$0.40/0.10

= \$6.00 + \$4.00 = \$10.00

Solution 4

[표 8]은 DDM과 RI모형에 따른 연도별 가치 인식을 요약하고 있다.

[표 8] DDM과 RI모형의 가치 인식

	배당할인모형		초과이익모형	
연 도	D_t	D_t의 현가	B_0 또는 RI_t	B_0 또는 RI_t의 현가
0			\$6.00	\$6.000
1	\$1.00	\$0.909	0.40	0.364
2	1.00	0.826	0.40	0.331
3	1.00	0.751	0.40	0.301
4	1.00	0.683	0.40	0.273
5	1.00	0.621	0.40	0.248
6	1.00	0.564	0.40	0.226
7	1.00	0.513	0.40	0.205
8	1.00	0.467	0.40	0.187
⋮	⋮	⋮	⋮	⋮
합계		\$10.00		\$10.00

RI모형에서는 대부분의 주식가치가 조기에 인식된다. 특히 \$6.00인 현재 장부가치는 주식의 총 현재가치 \$10의 60%를 차지한다.

반면 DDM에서는 주식가치가 배당의 수령으로 인식되기 때문에 전형적으로 초기에는 전체 주식가치의 일부만이 인식된다. 첫 해 배당으로부터 인식되는 가치는 총 \$10 중에서 \$1.00에 미치지 못하고, 첫 5년간 누적 배당액의 현재가치(\$0.909 + \$0.826 + \$0.751 + \$0.683 + \$0.621 = \$3.79)도 전체 현재가치 \$10의 약 38%에 불과하다.

앞에서 설명하고 (EXAMPLE 11)에서 확인한바와 같이 배당할인모형과 초과이익모형은 이론적으로 상호 일관성을 갖는다. 그러나 실무상 먼 장래의 현금흐름 예측에 대한 불확실성이 큰 다른 현재가치 접근법과 비교할 때 주식가치를 조기에 인식하는 초과이익모형이 경쟁우위를 갖는다. DDM이나 DCF모형에서 주식의 가치는 영구시점까지 개별적으로 추정된 배당이나 잉여현금흐름의 현재가치와 기대되는 주식의 영구가치의 현재가치의 합으로 추정된다. 하지만 영구가치에는 상당한 불확실성이 존재한다. 그에 반해 초과이익모형은 영구가치 추정치에 덜 민감하다. (이런 이유로 일부의 초과이익모형에서는 영구가치가 실질적으로 0으로 설정된다.) 추정기간 중 조기에 주식가치를 인식하는 특성은 초과이익모형이 유용한 가치평가기법으로 사용되는 하나의 이유가 된다.

4.1. 초과이익모형의 장단점

이제까지 우리는 초과이익모형을 몇몇 사례에 적용해 보았는데, 여기서는 이 모형의 장단점을 정리해 보기로 한다.

초과이익모형의 일반적인 장점은 다음과 같다.

- 다른 모형에 비해 영구가치 부분이 전체 주식가치에서 큰 부분을 차지하지 않는다.
- 즉시 가용한 회계 자료를 사용한다.
- 배당을 지급하지 않거나 단기간 내 양의 잉여현금흐름을 기대할 수 없는 기업에도 적용될 수 있다.
- 현금흐름을 예측할 수 없는 경우에도 사용될 수 있다.
- 경제적 수익성(economic profitability)에 관심을 둔다.

초과이익모형은 다음과 같은 잠재적 단점을 가지고 있다.

- 경영진의 조작이 가능한 회계 자료를 기초로 한다.
- 회계 자료를 사용하기 위해서는 상당한 조정이 필요할 수 있다.
- 순수잉여금관계가 충족되거나 충족되도록 적절한 조정이 요구된다. 순수잉여금관계(순수잉여금회계)에 대해서는 5.1절에서 자세히 살펴본다.
- 초과이익모형에서 회계적 이익을 사용하는 것은 타인자본비용이 이자비용으로 적절히 반영되었다고 가정하기 때문이다.

4.2. 초과이익모형의 활용 가이드라인

위에서 열거한 잠재적 단점들은 회계적 고려사항을 살펴보는 다음 절의 주요 내용을 이해하는데 도움이 된다. 초과이익모형의 장단점을 고려하여 보통주식의 가치평가에 초과이익모형을 사용하는 개략적인 가이드라인은 다음과 같다.

초과이익모형은 다음의 경우에 적절하다.

- 기업이 배당을 지급하지 않거나 배당의 지급을 예측할 수 없는 경우
- 애널리스트의 추정기간 내 기업의 잉여현금흐름이 음의 값일 것으로 예상되는 경우
- 다른 현재가치접근법을 사용할 때 영구가치 추정에 불확실성이 큰 경우

초과이익모형은 다음의 경우에 가장 부적절하다.

- 순수잉여금회계의 위반이 상당한 경우
- 장부가치와 ROE 같은 초과이익의 중요 결정요인을 예측할 수 없는 경우

동일한 근원적 이론모형에서 다양한 가치평가모형들이 도출될 수 있기 때문에 풀세트의 추정 재무제표를 통해 이익, 현금흐름, 배당, 장부가치, 초과이익 추정에 완전히 일관된 가정은 사용하고 동일한 요구수익률을 할인율로 적용하면 각 모형이 도출한 가치 추정치는 같아야 한다. 그러나 실무적으로 동일한 확실성을 가지고 모든 개별 항목을 추정하는 것은 사실상 불가능하다.[19] 예를 들어 어떤 회사가 단기간 내에 음의 현금흐름이 예상되고 영구가치의 추정도 불확실하면 초과이익모형이 더 적절할 수 있다. 물론 배당을 지급하지는 않아도 예측 가능한 양의 현금흐름이 예상되는 회사에는 FCF모형이 더 적절할 수 있다.

DDM과 FCF모형 같이 초과이익모형도 주가수익비율(P/E)이나 주가장부가비율(P/B) 같은 적정주가배수를 정의하는데 사용될 수 있다. 예를 들어 초과이익모형을 사용해 가치 추정치를 구하고 이를 이익으로 나누면 적정P/E를 결정할 수 있다.

초과이익모형은 평가결과의 일관성을 확보하기 위해 다른 모형과 함께 사용될 수 있다. 만일 각 모형이 적절해 보이는데도 가치 추정치들이 큰 편차를 보인다면 모형들에 사용된 가정의 일관성에 문제가 있을 수 있다. 애널리스트는 가정들이 상호 일관성을 가지는지, 그리고 어떤 모형이 평가대상 회사에 가장 적절한지를 결정하는 추가적인 검토를 수행해야 한다.

---

19) 이 이슈에 대한 생생한 논쟁을 확인하고 싶다면 Penman and Sougiannis(1998), Penman(2001), Lundholm and O'Keefe (2001a), Lundholm and O'Keefe(2001b)를 참조하라.

5. 초과이익모형 적용의 고려사항

실무적으로 초과이익모형을 정확하게 사용하기 위해서는 부외거래를 반영하여 자기자본 장부가치를 조정하고 (주주의 기여나 주주에 대한 환원 이외의 자기자본 변동이 반영된) **포괄손익(comprehensive income)**이 되도록 보고된 당기순이익을 조정해야 한다. 이 절에서는 이 작업과 관련된 이슈에 대해 살펴본다.

Bauman(1999)은 순수잉여금관계가 충족되면 모형의 두 요소인 장부가치와 미래 초과이익이 서로에 대해 균형된 효과를 가지는 것이 초과이익 모형의 장점이라고 지적했다.

> 다른 조건이 모두 동일할 경우 적극적 회계기준을 채택한 기업은 장부가치는 크게, 미래 이익을 작게 보고한다. 반면 보수적 회계기준을 채택한 기업은 장부가치는 작고, 미래 이익을 크게 보고한다. 이 모형에서 미래 이익의 현재가치 차이는 최초 장부가치 차이와 정확하게 상쇄된다. (Baumann 1999, p. 31)

불행히도 이 주장은 실무적으로 몇 가지 문제점을 가지고 있다. 이는 순수잉여금관계가 일반적으로 충족되지 않으며, 애널리스트가 종종 미래 이익을 예측하는데 과거 이익을 사용하기 때문이다. IFRS와 US GAAP는 여러 항목들이 손익계산서를 우회하여 자기자본에 직접 보고되는 것을 허용한다. 또한 부외부채(off-balance sheet liabilities)와 비영업수익이나 일회성 손익 항목이 회사의 재무성과를 이해하기 어렵게 만들 수 있다. 따라서 애널리스트가 초과이익모형에 투입값으로 보고된 자기자본 장부가치와 ROE를 사용하길 원한다면 이런 항목들의 영향을 잘 파악하고 있어야 한다.

공격적 회계정책을 채택함에 따라 미래의 보고된 이익이 줄어드는 사례로써 오늘의 투자를 비용화하는 대신 자본화하는 회사의 사례를 생각해보자. 이렇게 되면 이 회사의 현재 이익과 장부가치는 과대 계상된다. 만일 애널리스트가 미래 초과이익 추정에 현재의 이익이나 ROE를 그냥 사용하면, RI모형은 회사의 가치를 과대 추정하게 된다. 가령 $1,000,000의 장부가치를 가진 회사가 $50,000의 지출을 비용으로 처리하고 $200,000의 세전이익을 얻었다고 하자. 법인세가 없다면 이 회사의 ROE는 20%이다. 하지만 지출을 비용으로 인식하는 대신 자본화하면 ROE는 23.81%(= $250,000/$1,050,000)가 된다. 비록 이렇게 자본화된 항목이 미래에 상각되거나 손상을 통해 미래 이익을 줄이기는 해도 애널리스트의 기대는 종종 역사적 자료에 의존한다. 만일 규모가 안정적인 회사가 지출의 자본화를 상당기간 지속하면 당기순이익은 장기적으로 정상화되지만 장부가치는 과대 계상되기 때문에 ROE는 감소할 수 있다. 반면 성장하는 기업의 경우에는 문제가 되는 지출이 증가하면 ROE는 장시간 높은 수준을 유지할 수 있다. 실무상 RI모형은 주로 회계자료를 투입값으로 사용하기 때문에 이 모형은 회계기준에 민감하게 반응할 수 있다. 즉 매출의 조기인식이나 비용의 이연 같은 공격적 회계 관행은 가치평가에 오류를 일으킬 수 있다. 따라서 애널리스트는 초과이익모형에 사용할 회사가 보고한 자료 분석에 특히 주의를 기울어야 한다.

초과이익의 두 가지 핵심 동인은 ROE와 장부가치이다. 미래 ROE와 장부가치 추정에 과거 자료를 활용하기 위해서는 애널리스트가 보고된 회계 자료를 어떻게 이용할지 정확히 이해하고 있어야 한다. 우리는 앞에서 추정 기법으로 ROE의 듀퐁분석에 대해 설명했고 장부가치 계산에 대해서도 살펴본바 있다. 우리는 이러한 논의를 초과이익모형의 적용과 관련된 다음의 고려사항을 중심으로 확장해 보기로 한다.

- 순수잉여금관계의 위반
- 대차대조표의 공정가치 조정
- 무형자산
- 일회성 항목
- 공격적 회계 관행
- 국제적 고려사항

가치평가에 어떤 모형을 사용하든 평가대상 회사의 회계 관행에 주의가 요구된다. 이제 이상의 고려사항이 초과이익 가치평가에 어떤 영향을 미치는지 하나씩 살펴본다.

5.1. 순수잉여금관계의 위반

초과이익모형의 적용과 관련된 잠재적 회계적 이슈는 순수잉여금회계 가정의 위반 문제이다. 이 가정의 위반은 회계기준이 손익계산서를 우회하여 자기자본에 바로 영향을 미치는 회계처리를 허용할 때 발생한다. US GAAP상 "매도가능증권(available-for-sale)"과 IFRS상 "공정가치로 기타포괄손익에 표시된 지분증권"의 시가 변동이 이런 경우에 해당한다. IFRS (IFRS 9 Financial Instruments, paragraph 5.7.5)와 US GAAP(ASC 320-10-35-1)에 따라 이런 종류의 투자자산은 대차대조표에 시가로 표시된다. 하지만 이런 투자자산의 시장가격 변동에 따른 미실현손익은 손익계산서의 손익이 아닌 대차대조표의 기타포괄손익에 반영된다.

앞에서 언급한바와 같이 포괄손익은 주주의 자본 기여나 주주에 대한 자본 환원 이외의 모든 자기자본의 변동으로 정의된다. 포괄손익에는 손익계산서상 보고된 순이익과 기타포괄손익(other comprehensive income)이 포함되는데, 기타포괄손익은 손익계산서상에 보고되지 않고 자기자본의 변동을 초래하는 기타의 사건 또는 거래의 결과를 나타낸다. 통상적으로

손익계산서를 거치지 않는 손익 항목은 다음과 같다.[20]

- 금융상품의 공정가치 변동에 따른 미실현손익
- 외화환산조정
- 연금 관련 조정사항
- 헤지 상품의 평가손익
- 고정자산이나 무형자산 관련 재평가 차익(IFRS는 자산재평가를 허용하지만 US GAAP는 자산재평가를 불허함)
- 일부 특정 부채의 경우 부채의 신용위험에 변동을 초래하는 공정가치의 변동(IFRS는 허용하나 US GAAP는 불허함)

국제 및 미국 회계기준에서 금융자산의 공정가치 변동과 외화환산조정 같은 항목은 손익계산서를 우회한다. 또한 US GAAP와 달리 IFRS에서는 고정자산의 재평가(IAS, paragraph 39-42)가 허용되고 고정자산의 공정가치 변동은 손익계산서를 거치지 않고 자기자본에 직접 반영된다.

손익계산서를 우회하는 모든 계정과목은 대차대조표상 자기자본의 일부인 "기타포괄손익누계액(accumulated other comprehensive income)"에 반영되기 때문에 자기자본의 장부가치에는 정확하게 보고된다. 그러나 초과이익 가치평가의 관점에서는 당기순이익이 적절히 기록되지 않는다. 애널리스트는 이러한 항목들이 순이익과 ROE의 추정, 나아가 초과이익의 도출에 어떤 영향을 미치는지 면밀히 살펴보아야 한다.[21] 이는 이상에서 열거한 항목을 포함해 일부 항목들이 손익계산서를 우회하여 역사적 ROE 계산에서 제외되기 때문이다. Frankel and Lee(1999)가 주장한바와 같이 현재 순수잉여금관계 위반의 기대값이 0으로 상쇄되지 않는 한 가치평가에는 오류가 개입될 수 있다. 다시 말해 특정 기간의 수익 감소가 다른 기간의 수익 증가로 상쇄되지 않는다면 말이다. 애널리스트는 손익계산서를 우회하는 대차대조표의 자기자본 항목, 자기자본 관련 재무제표인 자본변동표, 포괄손익 등을 주의 깊게 살펴보아야 한다. 그래야만 상쇄효과가 있는지 확인하고 미래 ROE에 어떤 영향을 미치는지 분석할 수 있다.

20) Frankel and Lee(1999)를 참조하라.

21) 애널리스트는 EPS를 주당장부가치로 나누기보다 당기순이익을 자기자본 장부가치로 나누는 방식으로 전체 수준에서 역사적 ROE를 계산해야 보다 정확한 결과를 얻을 수 있다. 이는 신주 발행이나 자기주식 취득과 같은 활동이 주당 기준으로 계산된 ROE를 왜곡할 수 있기 때문이다.

EXAMPLE 12 순수잉여금관계의 위반

[표 9]와 [표 10]은 두 회사의 자본변동표(statement of changes in stockholders' equity)를 발췌한 것이다. 2012년 12월 31일 기준 IFRS에 따라 작성된 첫 번째 재무제표는 핀란드에 본사를 두고 산하에 휴대전화, 멀티미디어, 기업솔루션, 네트워크 등 4개 사업부를 운영 중인 휴대폰 제조업체 Nokia Corporation(NYSE: NOK)의 자본변동표이다. 2012년 12월 31일 기준 US GAAP에 따라 작성된 두 번째 재무제표는 독일에 본사를 두고 기업자원관리, 고객관계관리, 공급망관리 소프트웨어 등을 공급하는 고객 어플리케이션 소프트웨어 분야의 세계적 공급업체 SAP AG(NYSE: SAP)의 자본변동표이다.

Nokia의 경우 2012년 손익계산서를 우회하는 항목은 "Share Issue Premium", "Translation Differences", "Fair Value and Other Reserves", "Reserve for Invested Non-restricted Equity"이다. SAP의 경우 2012년 손익계산서를 우회하는 항목은 "Share Premium", "Exchange Differences", "Available-for-Sale Financial Assets", "Cash Flow Hedges"이다.

이런 항목을 어떻게 해석할 것인지를 알아보기 위해 Nokia의 "Translation Differences"와 SAP의 "Exchange Differences"에 대해 생각해보자. 이 칸에 있는 금액들은 손익계산서를 우회하는 자기자본의 외환환산조정을 나타낸다. Nokia의 2012년 조정액은 －€27백만이다. 자기자본에 대한 음의 조정이기 때문에, 이를 손익계산서에 보고했다면 그 만큼 수익이 감소했을 것이다. 그러나 잔액이 증가하는 것으로 보이지는 않는다. 이는 시간이 경과하면 0으로 회귀할 수 있다는 것을 나타낸다. SAP의 2012년 환산조정액은 －€217백만이다. 역시 자기자본에 대한 음의 조정이기 때문에, 이를 손익계산서에 보고했다면 수익이 감소했을 것이다. 이는 시간이 경과해도 상쇄되지 않아 0으로 수렴하지 않을 것으로 보인다. 만일 애널리스트가 이런 상황이 지속될 것으로 예상하며 초과이익모형에 ROE의 초기 추정치의 근거로 역사적 자료를 사용하다면, 미래 ROE 추정치는 과거 ROE에서 하향 조정할 필요가 있다. 다만 미래의 환율 움직임에 따라서는 환차손 누적액이 반전될 가능성도 있다.

[표9] Nokia Corporation의 자본시장변동표(€백만, 주당자료 제외)

	Number of Shares (1,000's)	Share Capital	Share Issue Premium	Treasury Shares	Translation Differences	Fair Value and Other Reserves	Reserve for Invested Non.-Restrict. Equity	Retained Earnings	Before Non-Controlling Interests	Non-Controlling Interests	Total
Balance as of December 31, 2011	**3,710,189**	**246**	**362**	**–644**	**771**	**154**	**3,148**	**7,836**	**11,873**	**2,043**	**13,916**
Translation differences					40				40	–2	38
Net investment hedges, net of tax					–67				–67		–67
Cash flow hedges, net of tax						–67			–67	47	–20
Available-for-sale investments, net of tax						36			36		36
Other increase, net								7	7	3	10
Loss								–3,106	–3,106	–683	–3,789
Total comprehensive income					**–27**	**–31**		**–3,099**	**–3,157**	**–635**	**–3,792**
Share-based compensation			1								
Excess tax benefit on share-based compensation			3								
Settlement of performance and restricted shares	796		–5	15			–12		–2		–2
Dividend								–742	–742	–22	–764
Convertible bond-equity component			85						85		85
Total of other equity movements	**796**		**84**	**15**			**–12**	**–742**	**–655**	**–22**	**–677**
Balance at December 31, 2012	**3,710,985**	**246**	**446**	**–629**	**744**	**123**	**3,136**	**3,995**	**8,061**	**1,386**	**9,447**

자료: www.nokia.com.

[표 10] SAP AG와 종속회사의 연결 자본시장변동표(€백만)

	Equity Attributable to Owners of Parent									
				Other Components of Equity						
	Issued Capital	Share Premium	Retained Earnings	Exchange Differences	Available-for-Sale Financial Assets	Cash Flow Hedges	Treasury Sales	Total	Non-Controlling Interests	Total Equity
December 31, 2011	**1,228**	**419**	**12,466**	**–19**	**9**	**–27**	**–1,377**	**12,699**	**8**	**12,707**
Profit after tax			2,823					**2,823**	0	**2,823**
Other comprehensive income			–8	–217	13	47		**–165**		**–165**
Comprehensive income	**0**	**0**	**2,815**	**–217**	**13**	**47**	**0**	**2,658**	**0**	**2,658**
Share-based payments		41						**41**		**41**
Dividends			–1,310					**–1,310**		**–1,310**
Issuance of shares under share-based payments	1	14						**15**		**15**
Purchase of treasury shares							–53	**–53**		**–53**
Reissuance of treasury shares under share-based payments		18					93	**111**		**111**
Other			2					**2**	0	**2**
December 31, 2012	**1,229**	**492**	**13,973**	**–236**	**22**	**20**	**–1,337**	**14,163**	**8**	**14,171**

자료: www.sap.com.

이 장에서 제시된 사례들은 순이익 추정에 기초 자기자본과 ROE 추정치(기초 자기자본 이익률)를 사용했다. 자기자본에는 기타포괄손익누적액(accumulated other comprehensive income, AOCI)이 포함되기 때문에 미래 기타포괄손익(other comprehensive income, OCI)에 대한 가정은 순이익 추정치에 영향을 미치고 나아가 초과이익 추정에도 영향을 준다. 이를 설명하기 위해 [표 11]과 같은 가상의 회사에 대한 재무제표를 생각해보자. 1년 전 수치는 $t-1$에 표시했고, 그 다음 2년에 대해서는 세 가지 추정치를 제시한다. $t-1$년에 회사는 $120의 당기순이익을 보고했고, 이는 기초 자기자본 $1,000을 기준으로 12%의 이익률에 해당한다. 이 회사는 배당을 지급하지 않기 때문에 연말 이익잉여금은 순이익인 $120이 된다. $t-1$년에 회사가 −$100의 기타포괄손익(OCI)을 보고하면, 기타포괄손익누적액(AOCI)은 −$100이 된다. (회사들은 통상 이 계정항목을 "기타포괄손익누적액"이라고 표시하는데, 괄호가 있는 경우는 누적손실액을 나타낸다.)

[표 11]의 세 추정에서 ROE는 모두 12%이고, t년과 t+1년의 순이익 추정에는 (0.12 × 기초 장부가치)의 수식을 사용한다고 가정한다. 그러나 각 추정치는 미래 OCI에 다른 가정을 적용하고 있다. Forecast A는 t년과 t+1년에 OCI가 발생하지 않아 AOCI가 변동하지 않는다고 가정한다. Forecast B는 t년과 t+1년에도 직전 연도와 동일한 금액의 OCI가 발생해서, 매년 음의 AOCI가 커질 것으로 가정한다. Forecast C는 t년에 OCI가 반전되어, t년 말에 AOCI가 0이 될 것을 가정한다. [표 11]과 같이 순이익 추정치 계산에 예상 ROE를 적용하기 때문에 t+1년의 순이익과 초과이익 추정치는 상당한 차이를 보인다.

이 사례는 모든 이익을 유보한다고 가정하기 때문에 12%의 ROE 추정치는 순이익과 초과이익도 12%씩 증가할 것을 암시한다. 하지만 이런 관계는 OCI가 발생하지 않는다고 가정한 Forecast A의 오직 t년에서 t+1년에서만 정확히 유지된다. Forecast A의 경우 t년에서 t+1년간 순이익은 $122.40에서 $137.09로 12%[= ($137.09/122.40) − 1] 증가한다. 초과이익도 $20.40에서 $22.85로 12%[= ($22.85/$20.40) − 1] 증가한다. Forecast A와는 달리 Forecast B와 Forecast C는 ROE와 이익(순이익과 초과이익)의 증가율이 정확히 일치하지 않는다. 이로 인해 Forecast B의 경우 t년에서 t+1년간 초과이익은 2.2% 증가하고, Forecast C의 경우에는 21.8% 증가한다.

반면 미래 ROE 추정치와 초과이익 계산에 포괄손익(= 순이익 + OCI)을 고려하면 초과이익의 계산 결과는 상당히 달라진다. 예를 들어 동일한 OCI가 계속 발생한다고 가정한 Forecast B에서 포괄손익을 사용하면 추정된 미래 ROE는 2%[= ($120 − $100)/$1,000 = $20/$1,000]가 된다. 만일 초과이익 계산에 t시점 추정된 포괄손익을 사용하면 초과이익은 음의 값이 된다. 즉 t기간 포괄손익 추정치는 $22.40(= 순이익 $122.40 + OCI − $100)이고 자기자본대가는 $102(= 요구수익률 10% × 기초 자기자본 $1,20)이기 때문에 초과이익은 −$79.60(= 포괄손익 $22.40 − 자기자본대가 $102)이 된다. 이 기준에 따른 초과이익은 순수잉여금관계의 위반을 무시한 이전의 +$20.40에 비춰 심히 작은 규모로 추정된다. 이 사례에서 설명하는 바와 같이 순수잉여금관계의 위반을 무시하는 ROE 추정치나 순이익 추정치를 사용하면 초과이익 추정치가 왜곡될 수 있다. 이러한 왜곡의 현재가치가 0으로 상쇄되지 않는 한 이런 추정치를 사용하는 것은 가치평가 결과를 왜곡한다.

[표 11] 포괄손익 가정에 따른 초과이익 추정 차이

	Actual	Forecast A		Forecast B		Forecast C	
Year	$t-1$	t	$t+1$	t	$t+1$	t	$t+1$
Beginning Balance Sheet							
Assets	$1,000.00	$1,020.00	$1,142.40	$1,020.00	$1,042.40	$1,020.00	$1,242.40
Liabilities	–	–	–	–	–	–	–
Common Stock	1,000.00	1,000.00	1,000.00	1,000.00	1,000.00	1,000.00	1,000.00
Retained earnings	–	120.00	242.40	120.00	242.40	120.00	242.40
AOCI	–	(100.00)	(100.00)	(100.00)	(200.00)	(100.00)	–
Total equity	1,000.00	1,020.00	1,142.40	1,020.00	1,042.40	1,020.00	1,242.40
Total liabilities and total equity	$1,000.00	$1,020.00	$1,142.40	$1,020.00	$1,042.40	$1,020.00	$1,242.40
Net income	120.00	122.40	137.09	122.40	125.09	122.40	149.09
Dividends	–	–	–	–	–	–	–
Other comprehensive income	(100.00)	–	–	(100.00)	(100.00)	100.00	–
Ending Balance Sheet							
Assets	$1,020.00	$1,142.40	$1,279.49	$1,042.40	$1,067.49	$1,242.40	$1,391.49
Liabilities	–	–	–	–	–	–	–
Common stock	1,000.00	1,000.00	1,000.00	1,000.00	1,000.00	1,000.00	1,000.00
Retained earnings	120.00	242.40	379.49	242.40	367.49	242.40	391.49
AOCI	(100.00)	(100.00)	(100.00)	(200.00)	(300.00)	–	–
Total equity	$1,020.00	$1,142.40	$1,279.49	$1,042.40	$1,067.49	$1,242.40	$1,391.49
Total liabilities and total equity	$1,020.00	$1,142.40	$1,279.49	$1,042.40	$1,067.49	$1,242.40	$1,391.49
Residual income calculation based on beginning total equity							
Net income	120.00	122.40	137.09	122.40	125.09	122.40	149.09
Equity charge at 10%	100.00	102.00	114.24	102.00	104.24	102.00	124.24
Residual income	$20.00	$20.40	$22.85	$20.40	$20.85	$20.40	$24.85

초과이익 기반의 가치평가를 실행할 때 이와 관련된 시사점은 무엇일까? 순이익에 대비하여 상당한 규모의 OCI가 예상되거나 OCI의 연도별 금액이 상쇄되지 않을 경우 애널리스

트는 이를 고려해 초과이익 추정치를 순수잉여금관계가 만족하는 상황에 근접시켜야 한다. 가능하다면 미래 OCI 금액에 대한 명시적 가정을 분석에 포함시켜야 한다.

(EXAMPLE 13)은 DDM과 대비하여 (애널리스트가 미래 OCI 추정에 근거를 가지고 있다고 가정하고) OCI를 초과이익 계산에서 제외할 때 발생하는 오류에 대해 설명한다.[22] 이 사례는 또한 초과이익의 성장률이 순이익이나 배당의 성장률과 일반적으로 같지 않다는 사실도 보여준다.

EXAMPLE 13 초과이익모형의 조정 사항 반영

[표 12]는 가상의 소매 유통회사 Mannistore, Inc.의 주당 추정치 자료이다. 이 회사의 자기자본비용은 10%이다.

[표 12] Mannistore, Inc. 추정치

	Year				
구 분	1	2	3	4	5
자기자본$_{t-1}$	\$8.58	\$10.32	\$11.51	\$14.68	\$17.86
PLUS 당기순이익	2.00	2.48	3.46	3.47	4.56
LESS 배당금	0.26	0.29	0.29	0.29	0.38
LESS 기타포괄손익	0.00	1.00	0.00	0.00	0.00
자기자본$_t$	\$10.32	\$11.51	\$14.68	\$17.86	\$22.04

1. 5차년도 말($t=5$) Mannistore 주식의 영구가치 추정치를 \$68.40라고 가정할 때, DDM을 사용하여 Mannistore의 주당가치를 추정하라.
2. 5차년도 말($t=5$) Mannistore 주식의 영구가치 추정치를 \$68.40라고 가정할 때, RI모형을 이용하여 Mannistore의 다음 조건에 따른 연도별 초과이익과 이때 주당가치를 추정하라.
   A. 보고된 당기순이익
   B. 보고된 당기순이익에 기타포괄손익 합산
3. <질문 2A>와 <질문 2B>의 결과를 비교 · 해석하라.
4. 5차년도 말($t=5$) Mannistore 주식의 영구가격 추정치는 가용하지 않다고 가정하자. 대신 고든성장모형에 따른 영구가격 추정치가 적절하다고 보자. 애널리스트는 $t=5$에서 $t=6$의 순이익과 배당성장률을 8%로 예측했다. 8%의 성장률 추정치를 바탕으로 6차년도 초과이익을 예측하고, $t=5$에서 $t=6$의 초과이익 추정치의 성장률을 계산하라.

22) Lundholm and O'Keefe(2001a and 2001b)를 참조하라. 이들은 애널리스트가 초과이익 계산에서 OCI를 고려하지 않거나 순이익, 배당, 초과이익 성장률에 일관된 가정을 적용하지 않았을 때 RI모형과 DDM의 가치평가결과가 어떻게 달라지는지 보여주고 있다.

Solution 1

DDM을 이용한 가치 추정치는 다음과 같다.

$$V_0 = \frac{\$0.26}{(1.10)^1} + \frac{\$0.29}{(1.10)^2} + \frac{\$0.29}{(1.10)^3} + \frac{\$0.29}{(1.10)^4} + \frac{\$0.38}{(1.10)^5} + \frac{\$68.40}{(1.10)^5} = \$43.59$$

Solution 2A

1차년도부터 5차년도까지 순이익(NI)에서 기초 자기자본(SE)에 자기자본비용(r)을 곱한 자기자본대가를 차감하여 초과이익을 구한다.

	연 도				
초과이익	1	2	3	4	5
$RI = NI - (SE_{t-1} \times r)$	\$1.14	\$1.45	\$2.30	\$2.00	\$2.77

당기순이익에 기초하여 계산된 초과이익을 가지고 수식 (6)의 RI모형을 이용하여 구한 가치 추정치는 다음과 같다.

$$V_0 = \$8.58 + \frac{\$1.14}{(1.10)^1} + \frac{\$1.45}{(1.10)^2} + \frac{\$2.30}{(1.10)^3} + \frac{\$2.00}{(1.10)^4} + \frac{\$2.77}{(1.10)^5} + \frac{\$68.40 - \$22.04}{(1.10)^5}$$

$$= \$8.58 + \$35.84 = \$44.42$$

Solution 2B

1차년도부터 5차년도까지 OCI를 조정한 순이익(NI)에서 기초 자기자본(SE)에 자기자본비용(r)을 곱한 자기자본대가를 차감하여 초과이익을 구한다.

	연 도				
초과이익	1	2	3	4	5
$RI = (NI + OCI) - (SE_{t-1} \times r)$	\$1.14	\$0.45	\$2.30	\$2.00	\$2.77

OCI를 조정한 당기순이익에 기초하여 계산된 초과이익을 가지고 RI모형을 이용하여 구한 가치 추정치는 다음과 같다.

$$V_0 = \$8.58 + \frac{\$1.45}{(1.10)^1} + \frac{\$0.45}{(1.10)^2} + \frac{\$2.30}{(1.10)^3} + \frac{\$2.00}{(1.10)^4} + \frac{\$2.77}{(1.10)^5} + \frac{\$68.40 - \$22.04}{(1.10)^5}$$

$$= \$8.58 + \$35.01 = \$43.59$$

Solution 3

<질문 2A>의 계산에는 순수잉여금관계의 위반을 조정하지 않은 오류가 있다. 반면 <질문 2B> 계산에는 조정 사항이 반영되어 정확한 초과이익이 추정됨에 따라 DDM 추정치와 일관된 결과를 얻었다.

Solution 4

6차년도 순이익과 배당의 성장률이 8%이면 6차년도 순이익은 $4.92(= $4.56 × 1.08), 배당금은 $0.42(= $0.38 × 1.08)로 추정된다.
따라서 순이익($4.92)에서 기초 장부가치($22.04)에 10%의 자기자본비용을 곱한 자기자본대가($2.72)를 빼면 초과이익은 $2.72가 된다. 따라서 초과이익 성장률은 약 −2%(= $2.72/$2.77 − 1)로 계산된다.

미래 OCI 추정에 관한 명시적 가정의 근거가 부족하더라도 애널리스트는 초과이익에 대한 OCI의 잠재적 영향이 반영되도록 ROE를 적절히 조정해야 한다. 마지막으로 이미 언급한 바 있듯이 애널리스트는 RI모형보다 적합한 가치평가모형이 있는지도 함께 찾아보아야 한다.

5.2. 대차대조표의 공정가치 조정

신뢰성 있는 주식의 장부가치를 측정하기 위해 애널리스트는 중요한 부외자산과 부채가 있는지 파악해야 한다. 또한 가능하다면 보고된 자산과 부채를 공정가치로 조정해야 한다. 재무제표 주석은 부외자산과 부채를 파악하는데 도움을 준다. 이와 관련된 대표적 사례는 아마도 운용리스(operating leases)일 것이다. 운용리스는 부외자산인 동시에 부외부채로 상쇄되기 때문에 자기자본에 영향을 미치지는 않지만, 가치의 초과이익 부분에 해당하는 미래 이익의 평가에는 영향을 미친다. 일부의 자산과 부채가 공정가치가 아닌 가액으로 기재될 수 있다. 예를 들어 재고자산이 (IFRS에서는 허용되지 않지만) LIFO(후입선출법)로 보고되었다면 시장가격을 반영해 적절한 조정이 필요할 수 있다. 다음은 대차대조표의 조정이 필요한지 살펴보아야 하는 대표적 항목들이다. 다만 이 항목들이 전부는 아니라는데 유의하자.

- 재고자산
- 이연법인세자산과 이연법인세부채
- 운용리스
- 적립금과 충당금(예: 대손충당금)
- 무형자산

아울러 애널리스트는 평가대상 회사에만 특별히 존재하는 항목에 대해서도 재무제표와 주석을 주의 깊게 살펴보아야 한다.

5.3. 무형자산의 고려

무형자산(intangible assets)은 장부가치에 큰 영향을 미친다. 기업에서 분리(예: 매각)될 수 있는 특정적으로 식별 가능한 무형자산의 경우 자기자본의 장부가에 반영하는 것이 일반적으로 적절하다. 만일 이러한 자산이 유한한 내용연수(useful life)를 가진다면 이는 해당 기간에 걸쳐 비용으로 상각된다. 그러나 무형자산은 인수에 의해 획득되지 않는 한 자산으로 인식되지 않기 때문에 특별한 주의가 요구된다. 가령 광고비 지출은 브랜드 가치를 창출하고, 이는 분명히 무형자산을 형성한다. 하지만 광고비 지출은 비용으로 인식되며, 브랜드를 보유한 회사를 인수하지 않는 한 브랜드 가치는 재무제표에 자산으로 등재되지 않는다.

이를 설명하기 위해 다음의 요약 재무제표를 가진 가상의 갑과 을 두 회사의 단순한 사례를 생각해보자.

	갑	을
현금	€1,600	€100
유형자산(PP&E)	3,400	900
총자산	€5,000	€1,000
자기자본	5,000	1,000
순이익	€600	€150

두 회사는 당기순이익을 모두 배당으로 지급하는 무성장기업이고, 순수잉여금회계를 만족하고 있다. 갑의 ROE는 12%, 을의 ROE는 15%이고, 이러한 수익성이 영구적으로 지속될 것으로 예상된다. 요구수익률은 두 회사 모두 10%이다. 각 회사 유형자산의 공정시장가치는 장부가치와 같다. 이런 경우 초과이익 접근법에 따른 각 회사의 가치는 얼마일까?

주당 자료가 아닌 전체 장부가치를 이용해서 구한 갑의 가치는 아래와 같이 €6,000이다.[23)]

$$V_0 = B_0 + \frac{\text{ROE} - r}{r - g} B_0 = 5{,}000 + \frac{0.12 - 0.10}{0.10 - 0.00} 5{,}000 = 6{,}000$$

동일한 방법으로 계산한 을의 주식가치는 €1,500이다.

23) 1주당으로 계산해도 결과는 동일하다.

$$V_0 = B_0 + \frac{\text{ROE} - r}{r - g} B_0 = 1{,}000 + \frac{0.15 - 0.10}{0.10 - 0.00} 1{,}000 = 1{,}500$$

이때 두 회사를 합병하면 합병회사의 가치는 €7,500이 된다. 두 회사는 모두 ROE가 요구수익률보다 높기 때문에 장부가치보다 높은 가격으로 평가되고 있다는데 유의하자. 인수합병 거래가 없다면 갑과 을의 재무제표에는 이러한 가치가 반영되지 않는다. 하지만 한쪽이 인수되면 인수자는 인수한 자산의 공정가치를 초과하는 인수가격을 무형자산으로 표시한다.

갑이 을의 주주에게 €1,500의 현금을 지급하고 을을 인수했다고 가정해보자. 이 경우 갑은 을의 보고된 총자산의 가치 €1,000보다 €500을 더 지불한 것이 된다. 을의 유형자산이 이미 공정시장가치로 표시된 것이라고 가정하면 €500은 을이 보유한 라이센스, 즉 서비스 독점 공급권의 공정가치로 간주된다. 또한 당초 이 라이센스의 취득원가는 회계적으로 중요하지 않은 신청비 수준이어서 을의 대차대조표에 반영되지 않았고, 라이센스 기간은 10년이라고 가정하자. 인수 시점에 전체 인수가인 €1,500이 식별 가능한 자산에 할당되기 때문에 무형자산이 인식된다. 인수 직후 갑의 대차대조표는 다음과 같다.[24)]

	갑
현금	€200
유형자산(PP&E)	4,300
라이센스	500
총자산	€5,000
자기자본	€5,000

현금 인수여서 갑이 신주를 발행할 필요가 없기 때문에 갑의 자기자본의 전체 장부가치는 변동하지 않는데 주목하자.

라이센스가 10년간 상각된다고 가정하면 합병회사의 예상 순이익은 €700(= €600 + €150 − €50 상각비)이 된다. 예상 ROE 계산에 이 순이익 수치를 사용하면 예상 ROE는 14%가 된다. 무형자산상각비를 조정하지 않고 초과이익모형을 이용한 합병회사의 가치는 다음과 같이 평가된다.

$$V_0 = B_0 + \frac{\text{ROE} - r}{r - g} B_0 = 5{,}000 + \frac{0.14 - 0.10}{0.10 - 0.00} 5{,}000 = 7{,}000$$

왜 합병회사의 가치가 합병 전 두 회사의 가치보다 작은 것일까? 을의 주주에게 공정가

24) 예를 들어 현금 €200은 갑의 현금 €1,600 + 을의 현금 €100 − 을의 인수대금 €1,500으로 계산된다.

격을 지불했다면 합병회사의 가치가 줄어들어서는 안 된다. 초과이익모형에서 가치가 축소된 것은 무형자산인 라이센스의 상각으로 ROE가 축소된데 따른 것이다. 만일 이 자산을 상각하지 않았거나 상각비를 ROE 계산 전에 순이익에 가산해 주었다면 순이익은 €750이 되고, ROE는 15%가 된다. 이 경우 합병회사의 가치는 다음과 같다.

$$V_0 = B_0 + \frac{\text{ROE} - r}{r - g} B_0 = 5{,}000 + \frac{0.15 - 0.10}{0.10 - 0.00} 5{,}000 = 7{,}500$$

€7,500은 별도 기준 두 회사의 가치 합계와 일치한다.

만일 인수회사가 현금 인수를 하지 않고 신주를 발행해 교환하는 방식을 사용했다면 합병회사의 가치는 어떻게 달라질까? 결론부터 말하면 거래대금 지급 형태는 전체 가치에 영향을 주지 않는다. 갑이 을의 인수에 €1,500의 신주를 지급했다면 갑의 대차대조표는 다음과 같이 된다.

	갑
현금	€1,700
유형자산(PP&E)	4,300
라이센스	500
총자산	€6,500
자기자본	€6,500

라이센스의 상각비를 제외하면 추정 순이익은 €750이어서, 추정 ROE는 11.538%(= 750/6,500)가 된다. 이때 초과이익모형에 따른 가치 추정치는 다음과 같다.

$$V_0 = B_0 + \frac{\text{ROE} - r}{r - g} B_0 = 6{,}500 + \frac{0.11538 - 0.10}{0.10 - 0.00} 6{,}500 = 7{,}500$$

결과적으로 회사 가치에는 변동이 없다. 자기자본의 장부가치는 크지만 낮은 ROE로 인해 장부가치의 증가 효과가 상쇄되기 때문이다. 반복해 말하지만 이 사례는 인수자가 인수에 공정가치를 지불했다고 가정한다. 만일 인수자가 공정가치 이상을 지불한다면 과다지급액은 미래 초과이익을 더 축소시키게 된다.

연구개발비도 특별한 주의를 필요로 하는 무형자산 중 하나이다. US GAAP에서 R&D는 (제품 타당성이 인정된 경우 소프트웨어 개발과 관련된 R&D 비용의 자본화를 허용하는 ASC 985-20-25 같은 예외를 제외하면) 손익계산서에 직접 비용으로 인식된다. IFRS에서는 일부 R&D비용을 자본화하여 상각할 수 있다. R&D 지출이 회사의 ROE에 반영되면 지출로 인해 초과이익이 줄어든다. 만일 회사가 생산성 있는 R&D 비용을 지출하면 매출 증가로 R&D 비용이 회수되어야 한다. 요약하면 성숙기 기업의 계속적 관점에서 보면 ROE는 R&D 지출을 특별히 조정하지 않더라도 이 지출의 생산성을 반영할 수 있어야 한다.

Lundholm and Sloan(2007)이 주장한바와 같이 회사의 보고된 자산에서 빠진 자산을 인식하여 순차적으로 상각하는 조정은 초과이익모형의 가치평가에 영향을 미치지 않는다. 이러한 조정은 0시점에 해당자산이 장부가치에 더해지기 때문에 그 만큼 주식가치 추정치를 증가시키지만, ① 미래의 상각 시점에 자산의 현재가치와 ② 자산규모에 자기자본비용을 곱한 기간별 자기자본대가의 현재가치를 더한 동일한 금액(= ① + ②)만큼 주식가치 추정치를 줄어들게 한다. R&D의 비용화는 즉각적으로 ROE를 낮추지만 자본화는 그 반대가 된다. 그러나 자본화된 R&D 비용은 미래에 상각되기 때문에 R&D의 비용화는 자본화에 비해 장래의 ROE를 약간은 높이는 효과가 있다. ROE는 초과이익모형으로부터 도출된 여러 수식과 순이익 추정에도 사용되기 때문에 애널리스트는 회사의 R&D 지출과 이 지출이 장기적인 ROE에 미치는 영향을 주의 깊게 고려해야 한다.

5.4. 일회성 항목의 조정

초과이익모형을 적용할 때 반복적 항목에 기초하여 미래 초과이익을 추정하는 것이 중요하다. 회사가 보고한 이익에는 종종 일회성 항목(nonrecurring items)이 포함되는데, 이를 조정하지 않으면 미래의 초과이익을 과대 혹은 과소 추정할 수 있다. 다만 일회성 손익은 보유 자산의 가치에 이미 반영되어 있기 때문에 이런 항목에 대한 장부가치의 조정은 필요하지 않다. Hirst and Hopkins(2000)는 일회성 항목이 회계기준 때문에 발생하기도 하지만 회사의 "전략적" 의사결정에 따른 결과이기도 하다고 주장했다. 그들은 발생 원인이 무엇이든 반복적 이익을 결정하기 위해서는 재무제표와 주석을 확인하여 대표적으로 다음과 같은 항목의 조정 필요성을 면밀히 검토해야 한다고 강조했다.

- 비경상적 항목
- (US GAAP에서는 허용되나 IFRS에서는 허용되지 않는) 특별한 항목
- 구조조정비용
- 중단사업
- 회계정책 변경

일부의 회사들은 정기적으로 구조조정비용이나 비경상적 비용을 보고하기도 한다. 이런

경우에는 이들 항목을 통상적인 영업비용으로 볼 수 있기 때문에 그에 대한 조정이 필요하지 않을 수 있다.

회사는 경우에 따라 영업외이익을 (판관비와 같은) 영업비용의 감소로 부적절하게 처리하기도 한다. 만일 이 규모가 회계적으로 중요하다면 애널리스트는 재무제표 주석과 언론 보도 등을 면밀히 검토해야 한다. 애널리스트는 이런 항목들이 지속적으로 발생하는 것인지 그리고 초과이익에 어떤 영향을 미치는지 검토해야 한다. 바람직한 것은 이들 항목을 영업이익에서 제거하고 초과이익을 추정하는 것이다.

5.5. 적극적 회계 관행

기업이 자산의 장부가치나 이익을 부풀리는 회계 관행을 가진 경우가 있다. 우리는 이미 앞에서 이러한 관행에 대해 살펴보았다. 이들 기업은 현재 매출은 적극적으로 인식하고 비용은 미래로 이연시키는 활동에 집중한다.[25] 이런 활동은 이익과 장부가치를 동시에 증가시킨다. 예를 들어 연말에 고객이 주문하지도 않은 상품을 배송하고 매출과 매출채권을 인식하는 식이다. 또 다른 예는 현금 지급을 비용으로 처리하지 않고 자산으로 처리하는 것인데, 이렇게 하면 비용은 줄고 자산은 늘어난다.

반면 보수적으로 어떤 회사들은 "쿠키단지" 적립금("cookie jar" reserve)을 사용한다고 비판받는데, 이는 (M&A나 구조조정과 관련된) 과도한 손실이나 비용을 조기에 인식하여 미래의 비용을 줄이고 이익을 부풀리는데 사용된다. 초과이익을 구할 때 애널리스트는 적립금 사용에 대해서도 면밀히 검토해야 한다. 요약하면 애널리스트는 초과이익모형의 투입값 결정에 회사의 회계정책을 심도 있게 평가하고 경영진의 윤리성을 고려할 필요가 있다.

5.6. 국제적 관행

회계기준은 국가마다 다르다. 회계기준의 국제적 차이는 장부가치와 이익의 측정에 차이를 가져오며, 이는 국제적 맥락에서 발생주의 회계에 기초한 가치평가모형과 기타의 현재가치모형이 적절히 작동하지 않을 수 있다는 것을 말한다. 다만 흥미롭게도 Frankel and Lee(1999)는 초과이익모형이 국제적 기준에서 가치평가에 잘 작동한다는 사실을 발견했다. 앞에서 논의한 조정 사항을 반영하지 않은 단순한 초과이익모형을 적용해도 이 모형이 20개국 주가 횡단면 변동의 70%를 설명한다는 사실을 발견했다. Frankel and Lee는 국제적으로 초과이익모형을 적용할 때 세 가지 주요 고려 사항이 있다고 결론지었다.

25) Schilit and Petler(2010)를 참조하라.

- 신뢰성 있는 이익 추정치의 가용성
- 순수잉여금가정의 체계적 위반
- 가치변동을 늦게 인식하는 낮은 품질의 회계기준

애널리스트는 신뢰할 수 있는 이익 추정치가 있고 순수잉여금 위반이 제한적이며 회계기준이 가치변동을 즉시 반영할 수 있는 상황이라면 초과이익모형이 잘 작동할 수 있다는 것을 인식해야 한다. Frankel and Lee의 연구결과에서 조정하지 않은 회계자료를 사용해도 초과이익모형이 높은 설명력을 가지기 때문에 보고된 자료에 순수잉여금관계의 위반을 교정하고 고려사항을 조정하면 국제적 비교 가능성을 확보할 수 있다. 순수잉여금관계의 위반이 있거나 비용인식을 지연하는 회계기준을 사용하는데도 주석 등을 통해 이를 확인하고 조정할 수 없는 상황이라면 초과이익모형이 적절하지 않을 수 있다. 이 경우 애널리스트는 FCFE모형과 같이 회계 자료에 덜 의존하는 모형을 고려해야 한다.

그러나 IFRS의 적용이 점차 확대되고 있음에도 유의해야 한다. 2012년 현재 약 120개 국가의 회계당국이 자국 상장기업에 IFRS의 채택을 허용하거나 요구하고 있으며, 약 90개 국가는 IASB의 결정에 따라 IFRS 전체를 의무 적용하고 감사보고서에도 이의 준수에 대한 진술문을 첨부하도록 하고 있다. 나아가 다수의 국가에서 회계당국이 지속적으로 IFRS와 자국 GAAP의 차이를 줄여가고 있다. 따라서 회계기준의 차이에 따른 우려는 점차 완화되는 상황이다. 다만 단일 회계기준을 적용하는 상황이 되더라도 기업이 가치평가에 영향을 끼칠 수 있는 회계적 선택과 추정치를 사용할 여지를 가지는 것은 사실이다.

6. 요약정리

이 장에서는 초과이익모형을 활용한 가치평가에 대해 살펴보았다. 초과이익은 모든 자본의 기회비용을 고려한 후 기업에 남게 되는 이익인 경제적 이윤을 측정한다는 점에서 매력적인 경제적 개념이다.

- 초과이익은 당기순이익에서 자기자본비용을 차감한다. 자기자본비용은 자기자본대가라고도 하며, 자기자본에 주식의 요구수익률(자기자본비용%)을 곱해 구한다.
- 경제적 부가가치(EVA)는 초과이익 개념의 대표적인 상업적 적용 사례이다. EVA = NOPAT − (C% × TC)인데, 여기서 NOPAT는 세후순영업이익, C%는 자본비용, TC는 총자본을 나타낸다.

- (상업적 적용을 포함해) 초과이익모형은 주식의 가치평가뿐 아니라 기업 내부의 성과관리와 경영진 보상에도 사용된다.
- 주당초과이익은 주당순이익에서 주식의 요구수익률에 기초 주당장부가치를 곱한 값을 뺀다. 또한 기초 주당장부가치에 추정 ROE와 주식 요구수익률의 차이(= ROE − r)를 곱해도 주당초과이익을 구할 수 있다.
- 초과이익모형에서 보통주의 내재가치는 주당장부가치와 기대되는 미래 주당초과이익의 현재가치를 합산한 값이 된다. 초과이익모형에서 보통주의 내재가치를 추정하는 수식은 다음과 같다.

$$V_0 = B_0 + \sum_{t=1}^{\infty} \frac{\text{RI}_t}{(1+r)^t} = B_0 + \sum_{t=1}^{\infty} \frac{E_t - rB_{t-1}}{(1+r)^t} = B_0 + \sum_{t=1}^{\infty} \frac{(\text{ROE}_t - r)B_{t-1}}{(1+r)^t}$$

V_0 = 현재(t = 0) 주식가치
B_0 = 주식의 현재 주당장부가치
B_t = t시점에 기대되는 주당장부가치
r = 주식의 요구수익률(자기자본비용)
E_t = t기간의 기대 EPS
RI_t = 기대 주당초과이익[= $E_t - rB_{t-1}$ = (ROE − r) × B_{t-1}]

- 초과이익모형은 배당할인모형과 같은 현재가치모형보다 가치를 조기에 인식하는 특성을 가진다.
- 초과이익모형은 다음과 같은 장점을 가진다.
  - 다른 가치평가모형에 비해 영구가치가 전체 가치에서 큰 부분을 차지하지 않는다.
  - 즉시 가용한 회계자료를 사용한다.
  - 배당을 지급하지 않거나 단기적으로 기대 잉여현금흐름이 음(陰)인 경우에도 적용할 수 있다.
  - 현금흐름의 예측이 어려운 경우에도 사용할 수 있다.
- 초과이익모형은 다음과 같은 단점을 가진다.
  - 조작이나 왜곡에 취약한 회계자료를 기초로 한다.
  - 투입값으로 사용되는 회계자료는 상당한 조정이 필요할 수 있다.
  - 순수잉여금관계가 만족되지 않으면 이를 만족시키는 조정이 요구된다.
- 초과이익모형은 다음의 경우에 가장 적합한 가치평가모형이다.
  - 기업이 배당을 지급하지 않거나 예측하기 어려운 배당 패턴을 보이는 경우

- 기업이 상당기간 음의 잉여현금흐름을 보이겠지만 미래의 일정 시점에는 양의 잉여현금흐름을 창출할 것으로 기대되는 경우
- 영구가치 추정에 불확실성이 큰 경우

• 초과이익의 핵심 동인은 장부가치와 자기자본이익률(ROE)이다.

• 초과이익 가치평가모형은 P/B와 밀접하게 관련된다. 기대되는 미래 초과이익의 현재가치가 양(陽)이면 펀더멘털에 따른 적정P/B는 1보다 커야 한다. 반대인 경우 적정P/B는 1보다 작아야 한다.

• 일관된 가정에 따라 당기순이익, 현금흐름, 배당, 장부가치, 초과이익 등을 추정하고 동일한 요구수익률로 할인하면, 초과이익모형, 배당할인모형, 잉여현금흐름모형 모두에서 동일한 가치 추정치가 도출된다. 그러나 실무적으로는 상황에 따라 특정 모형의 적용이 더 용이할 수 있으며, 모형에 따라 다른 결과가 도출되기도 한다.

• 계속초과이익은 추정기간 이후의 초과이익을 말한다. 계속초과이익의 추정에는 대체로 다음 중 하나의 가정이 적용된다.
  - 양(陽)의 초과이익이 영구적으로 유지된다. (이 가정의 변형으로 초과이익은 물가상승률에 따라 영구적으로 일정할 것으로 가정할 수도 있는데, 이는 실질기준으로는 초과이익이 일정하다는 의미이다.)
  - 영구기간 이후의 초과이익은 "0"이다.
  - 시간이 경과하면 ROE가 자기자본비용에 접근함에 따라 초과이익은 점진적으로 "0"에 수렴한다.
  - 초과이익은 일정 평균 수준으로 감소한다.

• 초과이익모형은 $B_t = B_{t-1} + E_t - D_t$의 순수잉여금관계가 만족될 것을 가정한다. 다시 말해 주주와의 자본거래가 없다면 기말 자기자본 장부가치는 기초 자기자본 장부가치에서 이익을 더하고 배당을 뺀 것과 같아야 한다.

• 실무에서 초과이익모형을 정확히 적용하기 위해서 애널리스트는 다음의 조정을 검토하게 된다.
  - 자기자본 장부가치의 조정: 부외항목, 공정가치 차이, 무형자산의 상각
  - 순수잉여금회계 만족을 위한 보고된 순이익 조정
  - 보고된 순이익의 일회성 항목 조정

참고문헌

Bauman, Mark P. 1999. "Importance of Reported Book Value in Equity Valuation." *Journal of Financial Statement Analysis*, vol. 4, no. 2: 31–40.

Bernstein, Richard, and Carmen Pigler. 1997. "An Analysis of EVA®." Quantitative Viewpoint. Merrill Lynch. 19 December.

Bernstein, Richard, Kari Bayer, and Carmen Pigler. 1998. "An Analysis of EVA® Part II." *Quantitative Viewpoint*. Merrill Lynch. 3 February.

Dechow, Patricia M., Amy P. Hutton, and Richard G. Sloan. 1999. "An Empirical Assessment of the Residual Income Valuation Model." *Journal of Accounting and Economics*, vol. 26, no. 1-3: 1–34.

Edwards, Edgar O., and Philip W. Bell. 1961. *The Theory and Measurement of Business Income*. Berkeley, California: University of California Press.

Ehrbar, Al. 1998. EVA: *The Real Key to Creating Wealth*. New York: John Wiley & Sons, Inc.

Feltham, Gerald A., and James A. Ohlson. 1995. "Valuation and Clean Surplus Accounting for Operating and Financial Activities." *Contemporary Accounting Research*, vol. 11, no. 4: 689–731.

Fleck, Shelby A., Scott D. Craig, Michael Bodenstab, Trevor Harris, and Elmer Huh. 2001. *Technology: Electronics Manufacturing Services*. Industry Overview; Morgan Stanley Dean Witter. 28 March.

Frankel, Richard M., and Charles M.C. Lee. 1999. "Accounting Diversity and International Valuation." Working Paper, May.

Hirst, D. Eric, and Patrick E. Hopkins. 2000. *Earnings: Measurement, Disclosure, and the Impact on Equity Valuation*. Charlottesville, VA: Research Foundation of AIMR and Blackwell Series in Finance.

Hitchner, James R. 2006. *Financial Valuation: Applications and Models*, 2nd edition. Hoboken, NJ: John Wiley & Sons.

Landsman, Wayne, and Alan C. Shapiro. 1995. "Tobin's q and the Relation Between Accounting ROI and Economic Return." *Journal of Accounting, Auditing & Finance*, vol. 10: 103–121.

Lee, Charles M.C., and Bhaskaran Swaminathan. 1999. "Valuing the Dow: A Bottom-Up Approach." *Financial Analysts Journal*, vol. 55, no. 5: 4–23.

Lee, Charles M.C., James Myers, and Bhaskaran Swaminathan. 1999. "What Is the Intrinsic Value of the Dow?" *Journal of Finance*, vol. 54, no. 5: 1693–1741.

Lo, Kin, and Thomas Lys. 2000. "The Ohlson Model: Contributions to Valuation Theory, Limitations, and Empirical Applications." *Journal of Accounting, Auditing & Finance*, vol. 15, no. 3: 337–367.

Lundholm, Russell J., and Terrence B. O'Keefe. 2001a. "Reconciling Value Estimates from the Discounted Cash Flow Model and the Residual Income Model." *Contemporary Accounting Research*, vol. 18, no. 2: 311–335.

Lundholm, Russell J., and Terrence B. O'Keefe. 2001b. "On Comparing Residual Income and Discounted Cash Flow Models of Equity Valuation: A Response to Penman 2001." *Contemporary Accounting Research*, vol. 18, no. 4: 693–696.

Lundholm, Russell J., and Richard G. Sloan. 2007. *Equity Valuation and Analysis with eVal*, 2nd edition. McGraw-Hill Irwin. New York.

Ohlson, James A. 1995. "Earnings, Book Values, and Dividends in Equity Valuation." *Contemporary Accounting Research*, vol. 11, no. 4: 661–687.

Penman, Stephen H. 2001. "On Comparing Cash Flow and Accrual Accounting Models for Use in Equity Valuation: A Response to Lundholm and O'Keefe." *Contemporary Accounting Research*, vol. 18, no. 4: 681–692.

Penman, Stephen H., and Theodore Sougiannis. 1998. "A Comparison of Dividend, Cash Flow and Earnings Approaches to Equity Valuation." *Contemporary Accounting Research*, vol. 15, no. 3: 343–383.

Peterson, Pamela P., and David R. Peterson. 1996. *Company Performance and Measures of Value Added*. Charlottesville, VA: The Research Foundation of the ICFA.

Schilit, Howard, and Jeremy Perler. 2010. *Financial Shenanigans: How to Detect Accounting Gimmicks & Fraud in Financial Reports*, 3rd edition. New York: McGraw-Hill.

Shrieves, Ronald E., and John M. Wachowicz. 2001. "Free Cash Flow (FCF), Economic Value Added (EVA™), and Net Present Value (NPV): A Reconciliation of Variations of Discounted-Cash-Flow (DCF) Valuation." *Engineering Economist*, vol. 46, no. 1: 33–52.

Stewart, G. Bennett. 1991. *The Quest for Value*. New York: HarperCollins.

Tobin, James. 1969. "A General Equilibrium Approach to Monetary Theory." *Journal of Money, Credit and Banking*, vol. 1, no. 1: 15–29.

Young, S. David. 1999. "Some Reflections on Accounting Adjustments and Economic Value Added." *Journal of Financial Statement Analysis*, vol. 4, no. 2: 7–19.

연습문제

1. 다음 정보를 바탕으로 Vertically Integrated Manufacturing(VIM)이 주주에게 초과이익을 실현시켜 주는지 결정하라.
   - VIM의 총자산은 $3,000,000이며 타인자본과 자기자본을 2:1의 비율로 조달한다.
   - VIM가 발행한 부채의 세전자본비용은 6%이고, 자기자본비용은 10%이다.
   - VIM의 영업이익은 $300,000이고, 법인세율은 40%이다.

2. 다음 정보를 바탕으로 초과이익모형을 이용해 VIM 보통주의 내재가치를 계산하라.
   - VIM의 총자산은 $3,000,000이며 타인자본과 자기자본을 2:1의 비율로 조달한다.
   - VIM가 발행한 부채의 세전자본비용은 6%이고, 자기자본비용은 10%이다.
   - VIM의 영업이익은 $300,000이고, 법인세율은 40%이다. 영업이익은 영구적으로 $300,000로 예상된다.
   - VIM의 주당장부가치는 $20이다.
   - VIM의 유통주식수는 50,000주이다.

3. Palmetto Steel, Inc.(PSI)는 성장 잠재력이 크지 않아 80%의 높은 배당성향을 유지하고 있다. 이 회사의 자기자본이익률(ROE)은 15%이다. PSI 주식의 요구수익률은 12%이며, 장기성장률은 3%이다. 초과이익모형과 일정한 성장률 가정을 바탕으로 추정 펀더멘털에 기초한 적정P/B를 계산하라.

4. 생필품을 생산하는 New Market Product(NMP)는 부채의 의존도가 높아 $450,000,000의 총자산 중 90%를 부채로 조달했다. NMP의 세전타인자본비용은 8%이며, 자기자본비용은 12%이다. 한편 NMP는 2006년 $5,100,000의 세전이익을 실현하였으며, 40%의 법인세율을 적용받는다. NMP의 초과이익은 얼마인가?

5. 2007년 Smithson-Williams Investment(SWI)는 €100백만의 총자산으로 €10백만의 세후영업이익을 얻었다. 이 기간 중 SWI는 총자산의 절반을 부채를 통해 조달하였는데, 부채의 세전자본비용은 9%였다. 또한 SWI의 자기자본비용은 12%로 알려져 있으며, 법인세율은 40%이다. SWI는 양의 초과이익을 달성했는가?

6. 다음 각 경우의 경제적 부가가치(EVA) 혹은 초과이익을 계산하라.

   A. NOPAT = $100
      부채의 기초 장부가치 = $200

자본의 기초 장부가치 = $300
WACC = 11%
EVA를 계산하라.

B. 당기순이익 = €5.00
배당 = €1.00
자기자본의 기초 장부가치 = €30.00
자기자본에 대한 요구수익률 = 11%
초과이익을 계산하라.

C. 자기자본이익률 = 18%
자기자본에 대한 요구수익률 = 12%
자기자본의 기초 장부가치 = €30.00
초과이익을 계산하라.

7. (CFA Level Ⅱ 기출문제) Jim Martin은 경제적 부가가치(EVA)와 시장부가가치(MVA)를 이용해 Sundanci의 경영성과를 평가한다. Martin은 분석에 아래의 2000 회계연도 자료를 이용한다.
   - 조정 세후순영업이익(NOPAT)은 $100백만이다.
   - 총자본은 $700백만이며, 부채는 사용하지 않는다.
   - 주식의 종가는 $26이다.
   - Sundanchi의 유통주식수는 84백만 주이다.
   - 자기자본비용은 14%이다.

   이상의 정보를 이용하여 다음을 계산하라.

   A. 2000 회계연도 EVA
   B. 2000 회계연도 말 기준 MVA

8. Protected Steel Corporation(PSC)의 주당장부가치는 $6이다. PSC는 영구적으로 주당 $0.6의 당기순이익을 실현하고, 이를 모두 배당으로 지급할 것으로 예상된다. PSC 주식에 대한 요구수익률이 12%라면 다음의 각 모형에 따른 주식가치를 평가하라.
   A. 배당할인모형
   B. 초과이익모형

9. Notable Books(NB)는 소매 서적 시장을 주도하는 가족기업이다. NB의 주당장부가치는 $10이며, 영구적으로 주당 $2의 이익을 실현할 것으로 기대된다. 또한 모든 이익은 배당으로 지급할 것으로 예상된다. NB의 자기자본비용이 12.5%일 때, 다음의 각 모형을

이용하여 NB의 주식가치를 평가하라.

A. 배당할인모형

B. 초과이익모형

10. Simonson Investment Trust International(SITI)은 향후 3년간 주당 $4.00, $5.00, $8.00의 순이익이 기대된다. SITI는 매년 주당 $2.00, $2.50, $20.50을 배당할 예정이다. 마지막 배당은 펀드를 해산할 때 청산배당이 포함될 것이다. SITI의 주당장부가치는 $8이며, 자기자본에 대한 요구수익률은 10%로 알려져 있다.

A. 배당할인모형에 따라 계산한 SITI의 주당가치는 얼마인가?

B. 향후 3년간 SITI의 주당장부가치와 초과이익을 계산하고, 이 결과를 바탕으로 초과이익모형을 이용하여 SITI의 주식가치를 계산하라.

C. 자기자본이익률(ROE)을 계산하고, 이를 초과이익모형에 적용하여 SITI의 주식가치를 계산하라.

11. 시장을 선도하는 식자재 공급업체인 Foodsco Incorporated(FI)는 자기자본이익률과 성장률에서 괄목할만한 성장세를 이어가고 있다. 2007년 말 FI의 주당장부가치는 $30이다. 예측 가능한 추정기간 동안 FI는 후행장부가치를 기준으로 15%의 ROE를 실현할 것으로 예상된다. 또한 당기순이익의 1/3을 배당으로 지급할 것으로 예상된다. FI의 요구수익률이 12%라면, 2012년 12월 31일을 결산일로 하는 연도의 초과이익을 추정하라.

12. Lendex Electronics(LE)에는 최근 잦은 경영진 교체가 있었고, 이 같은 문제로 인해 애널리스트들의 관심에서 멀어져 있었다. 그러나 지난 3년간 회사의 경영 상태는 지속적으로 호전되었다. 애널리스트인 Steve Kent는 최근 커버리지에 LE를 다시 포함시킬 것을 결정했다. LE 경영진과의 면담에서 Kent는 LE의 영업전략을 긍정적으로 평가하고, 심도 있는 분석이 필요하다는 사실을 확인했다. 그는 LE의 재무제표를 면밀히 검토한 결과 지난 5년간 매도가능증권의 가치 하락으로 음(陰)의 기타포괄손익이 발생했다는 사실을 발견했다. LE의 기타포괄손익에 대해 발견한 사실은 이 기간 동안 Kent가 사용하는 회사의 ROE와 장부가치에 어떤 영향을 미치는지 설명하라.

13. 소매업종 펀드매니저인 Seymour Simms는 최근 급성장 중인 소매업체 Hot Topic Stores(HTS)의 주식 편입을 검토 중이다. 현재 HTS의 주당장부가치는 $20이며, 시가는 $35이다. Simms는 HTS의 장기ROE를 18%, 장기성장률을 10%, 자기자본비용을 14%로 예상한다. 1단계 초과이익모형을 이용하여 HTS의 주식가치를 평가하면, Simms는 HTS에 대해 어떤 결론을 내릴 것으로 보는가?

14. Dayton Manufactured Homes(DMH)는 조립 및 이동식 주택 공급업체이다. 레저 인구 증가와 함께 시장점유율이 점진적으로 증가하겠지만 시간 경과에도 불구하고 DMH의 ROE는 15%, 성장률은 10%를 유지할 것으로 예상된다. DMH의 주당장부가치는 $30이고, 주식의 요구수익률은 12%로 알려져 있다. 이상의 정보를 가지고 1단계 초과이익모형을 이용하여 DMH의 주식가치를 평가하라.

15. 아래 정보와 유한한 추정기간을 가진 초과이익모형을 이용해 2007년 12월 31일 현재 Southern Trust Bank(STB)의 주식가치를 평가하라.
    - STB의 ROE는 향후 5년간 15%를 유지한 후, 이후에는 10% 수준으로 하락할 전망이다. 모든 이익은 재투자되어 배당은 지급하지 않는다.
    - 자기자본비용 = 10%
    - B_0 = 주당 $10 (2007년 말 기준)
    - 5차년도 말 가치 프리미엄은 장부가치의 20%로 예상된다.

16. Shunichi Kobayashi는 United Postal Service(NYSE: UPS)의 주식가치를 평가 중이다. Kobayashi는 가치평가에 다음 가정을 수립했다.
    - 2007년 12월 31일 말 현재 주당장부가치는 $9.62이다.
    - 향후 8년간 EPS는 기초 주당장부가치의 22%로 예상된다.
    - 현금배당은 EPS의 30%로 예상된다.
    - 8차년도 말 주당시장가격은 주당장부가치의 3배가 될 것으로 예상된다.
    - UPS의 베타는 0.60, 무위험이자율은 5%, 주식의 위험프리미엄은 5.5%로 본다.

    현재 UPS의 주가는 $59.38이며, 이에 따른 현재 P/B는 6.2이다.

    A. 8년의 추정기간에 대해 연도별 기초와 기말의 장부가치, 당기순이익, 현금배당을 계산하는 표를 작성하라.
    B. 8년간 초과이익과 그 현재가치를 추정하라.
    C. 초과이익모형을 이용하여 UPS 주식의 주당가치를 평가하라.
    D. 배당할인모형을 이용하여 UPS 주식의 주당가치를 평가하라. 초과이익모형의 추정치와 어떤 차이가 있는가?

17. Boeing Company(NYSE: BA)의 현재 주가는 $49.86이다. 이 회사의 P/B는 3.57이고 주당장부가치는 $13.97이다. 1단계 성장모형이 BA의 가치평가에 적절한 모형이라고 하자. Boeing의 베타는 0.80이며 무위험이자율은 5%, 주식 위험프리미엄은 5.5%이다.

A. 성장률이 6%이고 ROE가 20%일 때, Boeing의 적정P/E는 얼마인가?
B. 성장률이 6%일 때 Boeing의 현재 P/B를 정당화하기 위해서는 ROE가 얼마가 되어야 하는가?
C. ROE가 20%일 때 현재 P/B를 만족하기 위해 요구되는 성장률(내재성장률)은 얼마인가?

다음 정보를 바탕으로 질문 18 ~ 25에 답하시오.

남아공 소재 Robertson-Butler Investments의 선임 주식 애널리스트인 Mangoba Nkomo, CFA의 가치평가를 돕기 위해 최근 졸업생인 Manga Mahlangu이 배치되었다. Mahlangu는 주식분석 분야에서 경력을 쌓을 예정이다. 첫 번째 미팅에서 Nkomo와 Mahlangu는 초과이익의 개념과 그 상업적 적용에 대해 의견을 나눴다. Nkomo는 Mahlangu에게 [표 1]에서 제시된 자료를 사용해 가상의 남아공 회사의 시장부가가치(MVA)를 계산하는 방법에 대해 물었다.

[표 1] 가상기업 자료(남아프리카공화국 통화 Rand)

현재 주가	R25.43
주당장부가치	R20.00
유통주식수	30백만
자기자본비용	13%
부채의 시장가치	R55백만
총자본의 회계상 장부가치	R650백만
초과이익모형으로 도출한 주식의 내재가치	R22.00

또한 Nkomo는 Mahlangu에게 자신이 작성한 이 가상회사의 가치평가 보고서를 보여주었다. Nkomo 보고서의 결론은 초과이익모형에 기초한 이 가상회사의 내재가치가 주당 R22.00이라는 것이다. 초과이익모형에 대한 Mahlangu의 지식을 평가하기 위해 Nkomo는 Mahlangu에게 이 가상회사에 대해 다음과 같이 두 가지를 질문했다.

질문 1: 현재의 주당장부가치와 내가 추정한 주당내재가치 추정치가 주어졌는데, 미래의 초과이익에 대해 우리는 어떤 결론을 내릴 수 있는가?

질문 2: 고정성장 초과이익모형을 이용하여 주식의 내재가치를 추정한다고 할 때, 당신이 내재가치 추정치가 주당장부가치와 같다는 것을 발견했다고 하자. 이 결과는 회사의 자기자본이익률에 대해 무엇을 암시하는가?

Mahlangu의 대답에 만족한 Nkomo는 Mahlangu에게 1단계 초과이익모형을 이용해 [표 2]에서 제공된 자료를 바탕으로 맥주회사인 Jackson Breweries 주식의 내재가치를 평가해보라고 지시했다.

[표 2] Jackson Breweries 자료(남아공 Rand)

장기적 고정성장률	9.5%
장기적 ROE	13%
현재 주당시장가격	R150.70
주당장부가치	R55.81
자기자본비용	11%

Nkomo는 또한 식품 소매업체 Amersheen의 기존 가치평가를 업데이트하길 원했다. 2010년 말에 작성된 기존 가치평가 보고서는 Amersheen의 주당내재가치를 R11.00으로 결론지었다. 그때의 주가는 R8.25였다. Nkomo는 Mahlangu에게 2010년 하반기 Amersheen이 R2백만으로 추정되는 대규모 구조조정비용을 발표했고, 이는 2010년 Amersheen의 손익계산서에 영업이익으로 반영하여 공시했다고 말했다. Nkomo는 구조조정비용과 관련해 Mahlangu에게 다음과 같이 질문했다.

질문 3: 2010년 가치평가 보고서에서 R2백만의 구조조정비용 추정치를 어떻게 처리하는 것이 올바른 방법이라 생각하는가?

Mahlangu의 대답에 만족한 Nkomo는 Mahlangu에게 Amersheen이 최근 (2011년 말 경) 한 편의점 체인 인수를 완료했다고 설명했다. Nkomo는 2012년 초를 기준으로 Mahlangu가 다음 두 시나리오에 따라 Amersheen의 가치평가 보고서를 업데이트하라고 요구했다.

시나리오 1: [표 3]에서 제공된 자료를 가지고 다기간 초과이익모형을 이용해 Amersheen 주식의 가치를 추정하라. 시나리오 1에서 예상 ROE는 2015년 26%지만 이후 이 회사의 자기자본비용을 향해 점진적으로 감소한다고 가정하라.

시나리오 2: [표 3]에서 제공된 자료를 가지고 다기간 초과이익모형을 이용해 Amersheen 주식의 가치를 추정하라. 다만, 2014년 말의 주가는 주당장부가치와 같아진다고 가정하라.

[표 3] Amersheen 자료(남아공 Rand)

2015년부터의 장기성장률	9.0%
2015년 예상 ROE	26%
현재 주당시장가격	R16.55
2012년 초 주당장부가치	R7.60
자기자본비용	10%
지속계수	0.70

	2012	2013	2014
예상 주당순이익	R3.28	R3.15	R2.90
예상 주당배당금	R2.46	R2.36	R2.06

18. [표 1]의 정보를 바탕으로 할 때 이 가상회사의 시장부가가치(MVA)는 얼마로 추정되는가??
    A. R65백만
    B. R113백만
    C. R168백만

19. Nkomo의 <질문 1>에 대한 가장 적절한 대답은 미래 초과이익의 현재가치를 어떻게 예상하는 것인가?
    A. 0
    B. 양(positive)
    C. 음(negative)

20. Nkomo의 <질문 2>에 대한 가장 적절한 대답은 회사의 ROE를 어떻게 예상하는 것인가?
    A. 회사의 자기자본비용과 같다.
    B. 회사의 자기자본비용보다 낮다.
    C. 회사의 자기자본비용보다 높다.

21. [표 2]의 정보를 바탕으로 Jackson Breweries의 주당내재가치 추정치는 얼마인가?
    A. R97.67
    B. R130.22
    C. R186.03

22. Nkomo가 2010년 말 추정한 Amersheen 주식의 내재가치가 정확하다면 Amersheen 주식은 어떤 상태라고 평가할 수 있는가?
    A. 고평가되어 있다.
    B. 저평가되어 있다.
    C. 공정하게 평가되어 있다.

23. Nkomo의 <질문 3>에 대답으로 추정된 구조조정비용을 가장 적절하게 처리하는 방법은 무엇인가?
    A. 장부가치를 상향 조정한다.

B. 자기자본비용을 상향 조정한다.

C. 순이익 추정치에서 이를 제외한다.

24. <시나리오 1>에 따른 Amersheen 주식의 주당내재가치는 얼마로 추정되는가?

A. R13.29

B. R15.57

C. R16.31

25. <시나리오 2>에 따른 Amersheen 주식의 주당내재가치는 얼마로 추정되는가?

A. R13.29

B. R15.57

C. R16.31

CHAPTER 9

비상장회사 가치평가

Equity Asset Valuation

1. 서 론

비상장회사(private company) 주식의 가치평가는 가치평가 분야의 주요 응용분야 중 하나이다.[1] 일반 투자 실무자들이 이와 관련된 이슈에 보다 친숙해질 필요성도 증가하고 있다. 많은 상장회사들이 높은 가치를 인정받을 수 있는 스타트업이나 벤처기업을 보유하고 있다. 성장을 위해 비상장회사를 포함해 경쟁기업을 인수하려는 회사의 애널리스트는 적절한 거래대금을 산정해야 한다. 또한 인수과정에서 영업권을 포함해 상당한 규모의 무형자산이 인식될 수 있고, 이는 인수회사의 대차대조표에 반영된다. IFRS와 US GAAP는 매년 정기적으로 (혹은 손상징후가 있는 경우에는 즉시) 영업권에 대한 손상검사(impairment test)를 실행하도록 요구한다. 손상검사와 기타의 재무보고 기준들은 재무제표가 가급적 공정가치(fair value) 추정치를 반영하도록 유도한다. 이 장에서 논의되는 개념과 방법들은 이런 측면에서 재무보고에 중요한 역할을 한다. 또한 많은 투자자들이 보유한 포트폴리오의 상당 부분을 차지하는 벤처캐피탈과 사모펀드의 투자에서 이 장에서 다루는 이슈들이 제기되기도 한다. 사모펀드(private equity fund)가 보유한 투자자산의 보고된 가치에 집중되었던 투자자들의 관심이 사용된 가치평가 프로세스와 결과 추정치에 대한 철저한 검토로 이동하고 있다.

이 장에서는 비상장회사의 가치평가와 관련된 주요 사항에 대해 살펴본다. 이 장은 다음과 같이 구성된다. 2절은 상장회사와 비상장회사의 일반적 비교와 비상장회사 가치평가의 주요 목적을 살펴보면서 비상장회사 평가에 대한 이해를 넓힌다. 3절은 비상장회사 가치평가에 적용된 "가치"의 여러 정의에 대해 살펴보고, 특정 사례에 적합한 가치의 정의에 대해 설명한다. 4절에서는 이익의 정상화(정규화)와 현금흐름 추정에 대해 살펴보고, 비상장회사 가치평가의 세 가지 주요 접근법, 가치평가의 할증과 할인, 비즈니스 가치평가의 기준과 실제에 대해서도 알아본다. 5절에서는 전체 내용을 요약한다.

2. 비상장회사 가치평가의 범위

1인 기업에서 비법인사업자, 경영자매수 등으로 비상장회사가 된 과거 상장회사에 이르기까지 비상장회사의 범위는 매우 넓다. 유럽에서는 IKEA와 Bosch, 미국에서는 Cargill과 Bechtel 같은 많은 성공한 대기업들이 창업 이래로 여전히 비상장회사로 남아있다. 한편 다양한 비상장회사 가치평가 프랙티스가 개발되어 왔는데, 이는 비상장회사의 특성이 다양한데

1) 이 장에서는 종종 맥락에 따라 "감정평가(appraisal)"라는 용어가 "가치평가(valuation)"를 대체하기도 한다. 감정인(appraiser)과 평가사(valuator)의 관계가 그런 것처럼 감정평가와 가치평가는 동의어이다.

다 가치평가 방법론을 제공하는 권위 있는 조직이나 단체가 없었던 것도 영향을 미쳤다.

2.1. 상장 · 비상장회사 가치평가의 유사점과 차이점

상장과 비상장회사 가치평가에 중요한 차이점을 만드는 기업과 주식고유요인들을 살펴보면 비상장회사 가치평가에 유용한 시사점을 얻을 수 있다.

2.1.1. 기업고유요인

기업고유요인(company-specific factors)이란 회사의 수명주기단계, 규모, 시장, 경영의 목표와 특성 등 기업 자체를 특징짓는 요인을 말한다.

- **수명주기단계**. 비상장회사는 개발 초기 단계에 있는 회사가 많은 반면 상장회사는 일반적으로 더 진전된 수명주기단계에 있는 회사이다. 비상장회사는 자본, 자산, 인력에서 열세를 보인다. 하지만 비상장회사에는 대규모의 안정적인 계속기업과 청산과정에 있는 실패한 기업도 포함될 수 있다. 수명주기단계는 기업의 가치평가에 영향을 미친다.
- **기업의 규모**. 손익계산서나 대차대조표 등에 나타난 상대적 규모가 상장회사와 비상장회사를 구분 짓기도 한다. 단일한 사업을 가진 비상장회사는 상대적으로 규모가 작은 경향이 있다. 규모는 리스크 수준에 영향을 미치며 결국 상대가치평가에도 영향을 미친다. 규모가 작으면 리스크 수준이 증가하고, 이러한 추가적 위험은 비상장회사의 요구수익률 추정에 규모에 대한 위험프리미엄으로 반영된다. 소형 비상장회사는 사업 확장에 필요한 자금을 조달하는데 제한을 받아 성장 전망이 축소될 수 있다. 주식시장은 일반적으로 이러한 자금조달에 최적 수단이 된다. 하지만 소규모 기업에게는 컴플라이언스 비용 등 상장 유지비용이 자금조달에 따른 혜택보다 클 수 있다.
- **주주와 경영진의 중복**. 대부분의 상장회사와 달리 비상장회사의 다수는 최고 경영진이 경영권 지분(ownership interest)을 보유한다. 따라서 비상장회사는 상장회사가 외부 투자자로부터 받는 수준의 압력을 받지는 않는다. 대리인 이슈도 비상장회사에서는 약화된다.[2] 이런 이유로 비상장회사 경영진은 상장회사에 비해 보다 장기적인 관점에서 의사결정을 할 수 있는 여지를 가진다.
- **경영진의 자질과 깊이**. 소규모 비상장회사는 (특히 성장 잠재력이 제한적인 경우) 경영진 후보자의 관점에서 상장회사에 비해 매력이 떨어지며, 기업 내부에 경영진 후보도 많지 않다. 사업규모가 작을수록 상장회사에 비해 매니지먼트의 깊이가 얕아진다. 회사의 이런

2) **대리인 문제(agency issues)**란 본인인 소유주와 대리인인 경영진 간 이해상충으로 발생하는 감시비용과 같은 이슈를 말한다. 자세한 사항은 Aggarwal, Harrington, Kobor, and Drake(2008)을 참조하라.

정도가 심해지면 리스크는 증가하고 성장전망은 축소된다.

- **재무 및 경영정보의 품질**. 상장회사는 재무와 주요 경영정보를 적기에 상세히 공시할 것을 요구받는다. 애널리스트들도 상장회사 경영진에게 고품질의 정보 제공을 요구한다. 하지만 비상장회사의 경우 재무와 경영정보가 제한적이기 때문에 주식 투자나 대출을 고려하는 잠재적 투자자들의 부담이 증가한다. 이러한 정보 격차는 상당한 불확실성을 유발하고 리스크에 영향을 미친다. 다른 조건이 동일하다면 리스크가 커질수록 가치평가에는 부정적 영향을 준다. 비록 당연해 보이긴 해도 M&A에서 공정성 보증의견(fairness opinion)을 작성할 때와 같이 비상장회사에 대한 특정 가치평가에서는 상장주식 애널리스트에게는 허용되지 않는 회사의 장부, 보고서, 계약, 기타 중요 정보 등에 대한 접근이 비상장회사 애널리스트에게 허용되기도 한다.
- **단기투자자의 압력**. 상장회사에게 이익의 지속성과 성장률은 주가수익률의 핵심 동인으로 여겨진다. 경영진 임기와 인센티브 보상이 종종 주가수익률에 연동되지만, 많은 투자자들의 관심은 트레이딩이나 단기 시세차익에 있을 수 있다. 이 경우 경영진은 단기적으로 주가를 부양할 동기를 부여받는다.[3] 일부 연구자들에 따르면 비상장회사는 일반적으로 주가 움직임의 압력을 받지 않기 때문에 이런 회사들은 장기 투자에 집중할 수 있다고 한다.
- **세무상 고려**. 과세표준액 축소와 법인세 절감은 소유주에게 직접적으로 큰 혜택이 되기 때문에 상장회사보다 비상장회사에서 중요한 목표가 된다.

2.1.2. 주식고유요인

기업고유요인에 더해 비상장회사의 주식은 상장회사의 주식과 상당히 다른 특성을 갖는다.

- **주식의 유동성**. 비상장회사 주식은 상장회사에 비해 유동성이 훨씬 떨어지는 것이 일반적이다. 비상장회사는 주주 수가 상대적으로 적다. 비상장회사 주식은 거래를 위해 주식시장에 등록되지도 않는다. 현재와 잠재적 주주 수의 제한은 비상장회사 주식가치에 부정적 영향을 미친다.
- **경영권의 집중**.[4] 비상장회사의 경영권은 한 명 또는 소수에 집중되기 쉽다. 경영권의 집중은 다수 주주의 비용으로 소수 주주가 혜택을 누리는 행위를 낳게 할 수 있다. 시장가격보다 고가에 경영권 주주와의 거래가 이루어지면 경영권이 없는 주주로부터 이들 경영권 주주로 부의 이전이 발생한다. 경영권 주주에게 시장가 이상을 보상하면 이는 전형적

---

3) *Breaking the Short-term Cycle*, CFA Institute Centre Publications(July 2006)를 참조하라.

4) 이 요인은 기업고유요인으로도 분류될 수 있다.

인 특혜(배임)가 된다.

- **유동성을 제약하는 계약사항**. 비상장기업에는 주주들 사이에 주식의 매각을 제한하는 주주간계약(shareholder agreement)이 있을 수 있다. 이러한 계약은 주식의 유동성을 제약한다.

일반적으로 주식고유요인은 비상장기업 가치에 부정적인 반면 기업고유요인은 긍정적일수도 부정적일수도 있다. 비상장회사의 스펙트럼이 넓은 만큼 리스크의 스펙트럼 또한 넓으며, 결과적으로 요구수익률의 스펙트럼 역시 상장회사에 비해 훨씬 넓다. 당연히 비상장회사에 적용되는 가치평가 방법론과 가정도 훨씬 다양할 수밖에 없다.

2.2. 가치평가의 목적

비상장회사와 그 지분의 가치를 평가하는 목적은 대체로 거래, 컴플라이언스, 분쟁 관련 등 세 가지 중 하나에 해당된다.

기업의 경영권이나 자본조달에 영향을 주는 여러 사건들이 포함되는 "거래"는 비상장회사 가치평가의 1차적 주요 영역이다. 다양한 유형의 거래가 존재한다.

- **사적 자금조달**. 성장기 기업에게 자본조달은 매우 중요하다. **벤처캐피탈 투자자(venture capital investors)**는 리스크를 줄이고 영향력을 유지하기 위해 일반적으로 주요 성장단계("마일스톤")에 따른 파이낸싱 라운드별로 분산해 투자하게 된다. 기대되는 미래 현금흐름의 불확성이 높기 때문에 회사와 투자자간에는 비공식적인 협상에 의한 가치평가가 이루어진다.
- **기업공개**(IPO). 기업공개(initial public offering)는 비상장회사에게 유동성을 제공하는 수단이다. 투자은행은 IPO 절차의 일부로 가치평가를 준비한다. 상장 추진 회사와 유사한 상장회사들을 찾는 것은 IPO와 관련된 가치평가에서 종종 중요한 과제가 된다.
- **인수**(**매각**). 성장기와 성숙기 기업에게 매각은 매력적인 유동성 확보 옵션이 된다. 인수(매각)와 관련된 가치평가는 인수기업과 대상기업의 경영진이 실행하고 협상을 진행한다. 소규모 기업의 매각에는 브로커가 개입하기도 한다. 대기업 매각은 투자은행이 거래를 중개하는 것이 일반적이다.
- **파산**. 파산보호 중에 있는 회사의 경우 사업이나 그 자산의 가치를 평가함으로써 이 회사가 계속기업으로 가치가 있는지, 아니면 청산해야 하는지 판단하게 된다. 파산보호 중에 있지만 존속이 가능한 기업의 경우 가치평가에서 얻은 이해는 재무구조 개선에 중요한 역할을 한다.
- **주식기반 보상**. 주식을 기반으로 한 보상은 회사와 종업원간의 거래로 볼 수 있다. 이러

한 거래는 회사나 종업원에게 회계와 세무상 함의를 갖는다. 주식기반 보상에는 스톡옵션과 제한주식그랜트가 대표적이며, 미국의 ESOP(우리사주신탁)와 기타 국가의 유사 제도도 있다. 이러한 보상 체계의 주요 목적은 우수 종업원에게 인센티브를 제공하는데 있다.

컴플라이언스에는 법령과 규정이 요구하는 행위들이 포함된다. 컴플라이언스 가치평가는 가치평가 실무에서 두 번째로 중요한 영역이라 할 수 있다. 재무보고와 세무보고는 이런 유형의 가치평가에서 두 가지 주요 관심사이다.

- **재무보고**(*financial reporting*). 재무보고를 위한 가치평가의 중요성은 점차 증가하고 있다. 영업권 상각은 주식 애널리스트가 접할 수 있는 가장 빈번한 재무보고 목적의 가치평가 중 하나이다.[5] 영업권 손상검사는 회사의 현금창출단위(IFRS)[6] 또는 보고단위(US GAAP)별로 사업의 가치평가를 요구한다. 근본적으로 상장회사의 사업부문에 대한 평가는 비상장회사 가치평가기법을 이용하게 된다. 비상장회사의 경우에도 스톡옵션의 평가가 종종 필요하다.[7]
- **세무보고**(*tax reporting*). 세무보고는 비상장회사의 가치평가에서 오래된 영역이다. 세무 목적의 가치평가에는 기업과 개인 세무보고가 포함된다. 기업구조조정, 이전가격, 재산세 문제 등 기업의 다양한 활동에 가치평가가 요구된다. 부동산세나 증여세와 같은 개인적 필요에 의해서도 비상장회사의 가치평가가 필요하다.

소송(손해배상, 상실이익, 주주 간 분쟁, 이혼 등과 관련된 일체의 법적 분쟁 해결 절차)에서도 가치평가가 요구된다. 소송은 상장 및 비상장회사에 영향을 미칠 수 있고, 회사에는 영향을 미치지 않아도 주주들 사이에는 영향이 있을 수 있다.

위에서 설명한 비상장회사 평가의 세 가지 주된 적용 분야 각각에는 전문적인 지식과 스킬이 요구된다. 이런 이유로 많은 투자 전문가들은 한 분야에 집중하게 된다. 예를 들어 거래에는 인베스트먼트 뱅커가 관여한다. 컴플라이언스 가치평가는 회계와 세무에 정통한 평가 전문가가 수행해야 한다. 소송 관련 가치평가는 법정에서 효과적인 프레젠테이션을 필요로 한다.

---

5) IFRS의 IAS 36 "Impairment of Assets" 및 IAS 38 "Intangible Assets", 그리고 US GAAP의 ASC 350(과거 SFAS No. 142)에서는 "Goodwill and Other Intangible Assets"에 관한 회계기준을 제시한다. IFRS의 IFRS 13 "Fair Value Measurements"와 US GAAP의 ASC 820(과거 SFAS No. 157) "Fair Value Measurements"는 공정가치 측정에 관한 세부 기준을 제시하고 있다.

6) IFRS 36 "Impairment of Assets"에서는 **현금창출단위(cash-generating unit)**를 다른 자산 혹은 자산 그룹의 현금흐름과 상당히 독립적인 현금흐름을 창출하는 식별 가능한 가장 작은 자산그룹으로 정의한다. ASC 350 "Goodwill and Other Intangible Assets"은 **보고단위(reporting unit)**를 영업세그먼트(business segment) 혹은 영업세그먼트보다 한 단위 낮은 단위(이를 "부문"이라고 한다)로 정의한다. 영업세그먼트의 부문(component)에 별도의 재무정보가 있고 영업부문 경영진이 정기적으로 부문의 영업성과를 점검하면 부문은 보고단위가 된다.

7) IFRS의 IFRS 2 "Share-Based Payment"와 US GAAP의 ASC 718(과거 SFAS No. 123R) "Share-Base Payment"는 관련된 회계기준을 제시한다.

이제까지는 비상장회사 가치평가 분야의 개요에 대해 살펴보았는데, 지금부터는 가치평가가 어떻게 진행되는지에 대한 논의를 진행한다. 논리적으로 보면 가치 추정치를 구하기 전에 평가자는 가치평가의 목적과 요구사항을 명확히 이해해야 한다. 이 과정에서 다음 절의 주제인 가치의 정의에 관한 지식은 매우 중요한 요소가 된다.

3. 가치의 정의

가치의 정의(definition of value) 혹은 **가치의 기준(standard of value)**은 가치가 어떻게 인식되는지를 밝히는 것이며 또한 가치의 유형을 정의하는 것이기도 하다. 가치평가에서 적용할 가치의 정의를 정확히 파악하는 것은 적절한 가치평가 추정치를 구하는데 핵심적인 단계이다. (회사가 계속기업을 가정할 수 있는지 아닌지의 관점에서)[8] 회사의 상태나 가치평가의 용도는 가치의 어떤 정의를 적용할지 결정하게 하는 중요 요소이다.

가치의 주요 정의를 아래와 같이 요약할 수 있다.[9]

- **공정시장가치**(*fair market value*). 이 용어는 거래 의향과 능력을 가진 가상의 매수자와 매도자가 공개적이고 제약이 없는 시장에서 "정상가격 거래원칙(arm's length)"에 따라 각자 매수와 매도 결정에 어떠한 압력도 받지 않고 거래 관련 사항에 대한 합리적인 지식을 가지고 자산을 매매할 때의 가격을 현금등가물로 표시한 것으로 정의된다.
- **시장가치**(*market value*). The International Valuation Standards Council(IVSC)[10]은 시장가치를 "가치평가일에 거래 의향이 있는 매수자와 매도자가 자산 혹은 부채를 적절한 마케팅을 거쳐 정상가격 거래원칙에 따라 양자 모두 제반의 사정을 이해하며 선량한 주의를 가지고 외부의 압력이 없는 상태에서 교환해야 할 것으로 추정된 금액"으로 정의한다.[11] 시장가치는 부동산이나 유형자산의 가치를 담보로 차입할 때 이들 자산의 평가에

8) 이 가정은 경우에 따라 **가치의 전제(premise of value)**라고도 불린다.

9) 공정시장가치, 투자가치, 내재가치의 정의는 국제 기업가치평가 용어집(International Glossary of Business Valuation Terms, IGBVT)에 포함되어 있다. IGBVT는 일관된 용어 사용을 통한 평가 프랙티스의 향상을 위해 미국 공인회계사회(American Institute of Certified Public Association), 미국 가치평가사협회(American Society of Appraisers), 캐나다 공인가치평가사회(Canadian Institute of Chartered Business Valuators), 전미 공인가치평가분석사회(National Association of Certified Valuation Analysts), 기업가치평가사협회(The Institute of Business Appraisers)가 공동으로 마련했다.

10) IVSC는 가치평가의 개발, 보고, 공시 기준을 마련하고 유지하는 국제단체이다. 투자자들과 기타의 이해관계자가 참여하고 있다.

11) 시장가치의 일부 정의는 근본적으로 현금등가물 기준의 가치를 말한다. 가령 실물자산은 경우에 따라 현금 혹은 시장금리와 차이가 있는 금리 조건의 매도자 금융(어음)으로 인수되기도 한다. 만일 시장이자율을 반영하여 어음의 가치를 조정한다면 거래의 현금등가 가치가 이 자산의 가치가 된다. 또 다른 이슈는 조건부 대가(contingent consideration)인데, 이는 특정 사건이나 조건이 발생 혹은 충족될 때 지급되는 지급액(보다 자세한 정의는 4.3.2절 참조)으로 인수대금 지급구조의 중요 부분을 구성하기도 한다. ASC 805는 기업 인수에 지급된 총액을 결정할 때 조건부 대가가 포함된 경우의 처리에 대해 규정한다.

사용되는 가치의 정의이다.

- **공정가치(재무보고 목적)**. 공정가치(fair value)는 재무보고에 적용되는 가치의 정의이다. 공정가치는 (공정)시장가치와 많은 유사점을 가진다. 공정가치의 정의는 (어느 일방도 외부의 압력 하에서 행동하지 않는) 정상가격 거래원칙과 당사자들이 거래의 제반 사정에 정통할 것을 전제로 한다. IFRS와 US GAAP에서는 공정가치를 "평가일에 시장참여자들 사이의 질서 있는 거래를 통해 자산을 매각하거나 부채를 이전함으로써 지급받게 되는 가액"으로 정의한다.[12] 이 정의에는 출구가격(exit price)의 정의가 수반되는데 유의하자. 이는 자산의 매각으로 지급받는 (혹은 부채의 이전으로 지급하는) 가격을 말한다.[13] 출구가격은 포지션 설정 시에 지불한 가격인 진입가격(entry price)보다 작거나 같아야 한다.
- **공정가치(소송 목적)**. 미국에서 공정가치는 소송 사무의 법령과 판례에 의해 정립된 가치평가의 정의이다. 비록 정의와 해석이 다양하지만 소송 사무에서 공정가치의 정의는 앞에서 본 재무보고상의 정의와 대체로 일치한다.
- **투자가치**(*investment value*). 투자가치는 투자자의 요구와 기대에 따른 투자자의 가치로 정의될 수 있다. 투자가치는 비상장회사를 매각할 때 중요하다. 회사나 자산의 가치는 미래 이익창출력과 위험 수준에 대한 투자자의 관점에 따라, 잠재적 투자자의 수익률 요구사항과 조달비용에 따라, 잠재적 투자자가 보유한 다른 자산과의 통합을 통한 잠재적 시너지에 따라 달라질 수 있다. 투자가치는 시장 맥락의 가치가 아닌 특정 투자자 중심의 가치라는 점에서 앞에서 설명한 가치의 정의들과는 차이가 있다.
- **내재가치**(*intrinsic value*). 내재가치는 투자분석에서 자주 사용된다. 내재가치는 투자자가 평가방법론과 가용 데이터를 바탕으로 "진짜(true)" 혹은 "실제(real)" 가치라고 간주하는 가치로 정의되며, 다른 투자자들이 같은 결론에 도달하면 이 가치는 시장가치가 된다. 이 정의는 자산이 고평가 혹은 저평가 된 것으로 인지되는 어떤 단기적 가격 일탈이 없는 상태에서의 자산의 가치를 포착하려 한다.

---

12) International Financial Reporting Standard No. 13, Fair Value Measurement and Accounting Standards Codification 820, Fair Value Measurement.

13) 2008 ~ 2009 글로벌 금융위기로 경매채권(auction rate securities)의 유동성이 급격히 감소했고 시장가격은 폭락했다. 일부에서는 SFAS No. 157(현재 ASC 820)의 출구가격 요건이 증권의 시가평가에 따른 상당한 자산 감액과 미실현손실의 보고를 가져왔다고 주장했다. SFAS No. 157에 따른 출구가격 요건의 함의와 자산가격 결정에서의 단기적 시장 비효율성에 대한 공개적 토론이 금융위기 이후 이루어졌다.

가치의 정의가 달라지면 가치 추정치도 달라질 수 있다. 간단한 예로 특정 투자자에게 어떤 자산의 투자가치가 €100이라고 하자. 이 금액이 자산의 공정시장가치, 시장가치, 공정가치와 일치할 필요는 없다. 몇몇 투자자들은 시너지나 다른 요인으로 인해 투자가치를 €150으로 보지만, 어떤 투자자도 €150 이상의 투자가치를 인정하지 않는다고 가정해보자. €150에 충분한 투자자들의 관심이 있다면 시장 매수자와 매도자의 수요와 공급 스케줄을 반영하여 공정시장가치 추정치는 €150이 될 수 있다.

감정평가(가치평가)는 당초에 의도한 목적 이외의 다른 목적에 사용되어서는 안 된다. 비상장회사 가치평가는 특정한 목적을 가지며, 다른 목적에는 적합하지 않은 가치의 정의와 평가일을 기준으로 한다. 잠재적인 사용자는 가치평가의 방법과 가치의 정의가 자신의 상황에 적합한지 항상 고려해야 한다.

이해를 돕기 위해 비상장회사의 경영권 지분을 인수하려는 한 투자자를 생각해보자. 이 투자자는 회사의 소수지분 거래 목적의 세무보고용 가치평가 결과를 접할 수 있다. 하지만 이 보고서의 가치 추정치는 이 투자자에게 적합하지 않은데, 회사 경영활동에 영향을 미칠 수 있는 대주주의 관점에서는 이 평가결과가 회사의 정상이익(normalized earnings)을 반영하지 않을 수 있기 때문이다.[14] 소규모 지분의 가치평가는 다른 용도에는 감안하지 않는 소수지분 할인이나 시장성 할인이 반영될 수 있다. 잠재적 인수자가 이런 가치평가 결과에 의존하면 비용의 조정 여지나 시너지를 고려하지 못해 매력적인 인수 기회를 놓칠 수 있다. 한편 세무 목적 가치평가의 가정은 재무보고 맥락에서 사용되는 것에 추가적이 조정이 요구될 수 있다.

4. 비상장회사 가치평가접근법

전문가들은 비상장회사의 가치평가를 위한 접근법을 크게 세 가지로 나눈다.

- **수익접근법**(*income approach*). 이 접근법은 자산에서 기대되는 수익의 현재가치 할인으로 자산의 가치를 평가한다. 수익접근법은 평가자의 가정에 따라 여러 형태로 변형이 가능하다.
- **시장접근법**(*market approach*). 이 접근법은 평가대상 자산과 유사한 자산으로 인식되는 자산의 거래에 적용된 가격배수를 기초로 자산가치를 평가한다. 이때 가격배수(pricing

14) 개략적으로 말하면 정상이익은 비교나 추정의 근거로서 이익 수치의 유용성을 떨어뜨릴 수 있는 항목의 효과를 조정한 이익이다. 정상이익에 대한 보다 정확한 정의는 4.1.1절을 참조하라.

multiples)는 1주당을 기준으로 계산할 수 있고 전체 가치를 기준으로도 계산할 수 있다.

- **자산기반접근법**(*asset-based approach*). 이 접근법은 실체(entity)의 기초자산의 가치에서 관련된 부채의 가치를 빼는 방식으로 비상장회사의 가치를 평가한다.

각 분야에서 전문가들이 붙인 명칭과 세부 적용상의 차이에도 불구하고 비상장회사의 가치평가접근법은 상장회사에 사용되는 접근법과 개념적으로 유사하다. 수익접근법은 주식 애널리스트들이 사용하는 현금흐름할인모형이나 현재가치모형에 대응된다. 자산기반모형과 마찬가지로 현금흐름할인모형은 절대가치평가모형으로 분류된다. 반면 애널리스트는 유사기업의 가치에 대비하여 주가배수나 기업가치배수를 적용하는 상대가치평가모형을 사용할 수도 있다.

애널리스트는 제반의 상황을 고려하여 가치평가접근법을 택하게 된다. 이때 영업활동의 본질과 수명주기단계는 중요한 고려사항이다. 성공적인 대규모 상장회사로 성장할 잠재력을 가진 성장기 회사의 경우 시점에 따라 가치평가기법도 달라진다. 성장 초기에는 가치의 계속기업 전제가 불확실하거나 미래 현금흐름을 예측하기 매우 어렵기 때문에 자산기반접근법을 이용해 회사의 가치를 평가하는 것이 최선이다. 고속 성장기로 성장단계가 진행되면 수익접근법으로 불리는 잉여현금흐름모형으로 비상장회사를 평가하게 된다. 안정적인 성숙기 회사는 시장접근법으로 가치를 평가하는 것이 최적이다. 회사의 사정과 상황에 따라 가치평가에 다른 접근법을 채택하는 것이다.

기업규모는 가치평가의 접근법과 방법을 선택하는 중요한 기준이 된다. 상장회사에 적용되는 주가배수는 성장 전망이 매우 제한된 소규모 성숙기 비상장회사에 적합하지 않을 수 있다. 위험과 성장 전망에 상당한 차이가 있다면 상장회사와의 비교는 비상장회사 가치평가에 좋은 근거가 될 수 없다.

상장과 비상장회사는 모두 다양한 영업자산(operating assets)과 비영업자산(nonoperating assets)으로 구성된다. 비영업자산은 회사의 계속적 영업활동에 반드시 필요하지 않은 자산으로 정의된다. 초과 현금과 단기금융상품은 비영업자산의 전형적인 예이다. 원칙적으로 기업의 가치는 영업자산과 비영업자산 가치의 합이다. 따라서 가치평가에 어떤 접근법이나 방법을 택하더라도 비영업자산의 가치도 전체 기업의 가치에 반영되어야 한다.

이 세 가지 비상장회사 가치평가 접근법을 적용해보기 전에 가치평가모형의 투입값과 관련된 전형적 이슈에 대해 먼저 살펴보기로 한다.

4.1. 이익정규화와 현금흐름 추정

다음은 비상장회사 가치평가의 이익정규화(earnings normalization)와 현금흐름 추정을 다룬다. 비상장회사의 잠재적 인수자는 미래의 이익 추정에 기준선을 점검할 때 새로운 소유주의 관점에서 현재 이익에 비효율과 중복이 있다는 사실을 발견할 수 있다. 이런 경우 회사가 인수될 때 미래 성과를 적절히 추정할 수 있도록 현재 이익을 조정 혹은 정규화해야 한다. 기본적으로 평가자는 기업이 효율적으로 인수되어 운영될 때 기업이 창출할 수 있는 전체 이익과 현금흐름 창출능력을 정확히 파악하려 노력한다.

4.1.1. 이익정규화

비상장회사를 정확히 평가하기 위해서는 회사의 정상이익을 추정해야 하는데, 이에는 상당한 조정이 요구된다. International Glossary of Business Valuation Terms[15]의 정의에 따르면 **정상이익(normalized earnings)**은 "이례(異例)를 제거하고 비교를 촉진하기 위해 일회성이거나 비경제적 혹은 예외적인 항목을 조정한 후의 경제적 편익"이다. 많은 비상장기업에서 경영권은 집중되어 있기 때문에 보고된 이익이 자의적이거나 정상거래에 따른 비용이 적절히 반영되지 않을 수 있다. 세무상 혹은 기타의 목적 때문에도 보고된 이익이 비상장회사의 정상이익에서 벗어날 수 있다. 비상장회사의 규모가 작을수록 자의적 비용이 가치에 미치는 상대적인 효과가 잠재적으로 커진다.

비상장화사와 상장회사 간 보고된 이익을 비교할 때 주된 차이를 보이는 영역 중 하나는 회사와 경영소유주 간 거래 혹은 회사와 지배주주가 경영권을 행사하는 다른 회사와 거래할 때의 잠재적 효과이다. 수익성 좋은 비상장회사의 보고된 이익을 축소할 수 있는 거래나 항목을 제거하여 이익을 정규화하기 위해서는 많은 조정이 요구된다. 경영권주주 혹은 단독주주는 회사에 적극적 역할을 하며 이사회를 통제하고 나아가 모든 정책과 의사결정에 관여하기도 한다. 시장가격을 초과하여 보상을 지급하거나 비용을 지출하면 기업수준에서 과세소득과 법인세가 축소되고, 경영권주주와 기타주주에게 (배당여력 감소에 따라) 배당에 수반되는 세금을 축소시킨다. 결국 시장가격 이상의 비용 지출은 기타주주에 비해 경영권주주에게 불균형적으로 높은 수익을 실현시키는 결과를 낳는다.

보상은 조정이 필요할 수 있는 주요 영역이다. 수익성이 좋은 비상장회사는 일반 종업원에 비해 소유주인 종업원에게 보다 많은 보상을 할 수 있다. 소유주의 가족 구성원이 회사의 종업원이 될 수 있는데, 이 경우 그들이 제공하는 서비스에 합당하는 시장가격 이상의 보상이 지급될 여지가 있다. 이익이 제한적이거나 손실을 기록한 비상장회사는 이익을 부풀리기

15) IGBVT는 미국 공인회계사회(American Institute of Certified Public Association), 미국 가치평가사협회(American Society of Appraisers), 캐나다 공인가치평가사회(Canadian Institute of Chartered Business Valuators), 전미 공인가치평가분석사회(National Association of Certified Valuation Analysts), 기업가치평가사협회(The Institute of Business Appraisers)의 공동 노력으로 개발된 비즈니스 가치평가 용어집이다.

위해 비용을 축소해 보고했을 수 있다. 경영에 적극적으로 참여하는 소유주는 유사한 활동을 하는 일반 종업원이 시장에서 요구하는 수준에 합당하지 않는 적은 보상을 지급받기도 한다.

그 밖에도 조정을 필요로 하는 영역은 많다. 비상장회사의 비용에는 사적인 비용이 포함될 수 있다. 개인 용도의 자산과 과도한 유흥비도 고려대상이다. 개인용 별장, 전용기, 고급 차량 등은 조정을 필요로 한다. 주주들에 대한 생명보험이나 대출에 대한 검토도 필요하다.

비상장회사가 보유한 부동산 역시 고려대상이다. 비상장회사가 부동산을 소유하고 있을 때 일부의 애널리스트는 이 부동산을 영업활동에서 분리한다. 회사의 손익계산서에서 이 부동산과 관련된 수익과 비용을 제거하는 것이다. 만일 회사가 자신의 영업활동에 필요한 부동산을 직접 소유하고 있다면 해당 부동산의 시장 임대료(사용대가)를 회사의 비용에 반영하면 영업활동에 따른 이익 추정치를 보다 정확히 산출할 수 있다. 보고된 이익에 제3자에게 지급할 부동산 임대료를 반영해 보고된 이익에서 부동산 보유 효과를 제거한다. 한편 부동산은 여전히 회사가 보유하기 때문에 이 부동산의 가치는 비영업자산으로 평가한다. 영업활동과 부동산은 위험의 정도와 성장에 대한 기대가 다르기 때문에 보유 부동산의 재무적 효과를 조정하는 것이 적절할 수 있다.

보고된 재무성과에서 보유 부동산의 영향을 제거하여 조정을 하지 않으면 비상장회사의 가치가 부정확하게 평가받을 수 있다. 보유 부동산의 사용에 대한 임대대가에는 투자회수와 투자수익의 부분이 포함된다. 감가상각비는 투자회수를 반영한다. 부동산을 보유하고 있다면 감가상각비는 현재의 대체원가가 아닌 역사적 취득원가를 반영하게 된다. 보유 부동산의 경우 임대대가의 투자수익 부문은 시장 수준의 임대료에 반영되지 않는다. 부동산 자체 보유 시에 발생하는 혜택이 포함된 이익 수치에 영업활동에 대한 자본환원율을 적용하면 비상장회사를 잘못 평가할 수 있다. 회사의 영업활동과 보유 부동산은 위험의 수준과 기대되는 미래 성장 전망이 다를 수 있기 때문에 이런 경우 별도의 가치평가가 요구된다. 만일 부동산이 관계 기업으로부터 임차한 것이라면 임대료를 시장 가격 수준으로 조정할 필요가 있다. 만일 제3자로부터 임차했지만 임대료가 적정하지 않으면 임대료를 정상 수준으로 조정해야 한다.

(EXAMPLE 1)은 비상장회사의 잠재적 인수자가 새로운 오너십 하에서 회사의 정상이익과 가치에 대한 보다 정확한 그림을 그리기 위해 보고된 재무성과를 어떻게 조정하는지 살펴보는 사례이다.

EXAMPLE 1 Able Manufacturing: 이익정규화 조정

John Smith는 Able Manufacturing, Inc.의 단독주주이자 CEO이다. Smith는 은퇴를 앞두고 Able을 매각하기로 했다. 어떤 상장회사의 벤처투자 책임자인 James Duvall은 Able의 매수를 검토 중이다. Duvall은 Able의 최근 회계연도 재무성과에 영향을 미치는 요인으로 다음 사항들을 제시했다.

- 이 해 Smith의 연봉은 $1,500,000이었다. Duvall의 임원보상 컨설턴트는 Able과 같은 회사의 CEO 연봉은 $500,000 수준이면 적절하다고 본다. 보상(급여)은 판매비와 일반관리비(SG&A)에 포함된다.
- Duvall의 판단으로는 목장과 콘도 등 일부 자산은 회사의 핵심 영업활동에 필요하지 않다. 이 해 목장과 콘도에 관련된 비용은 SG&A에 포함된 시설유지비, 재산세, 보험료 등 운영비용 $300,000과 감가상각비 $100,000을 포함해 총 $400,000이다. (현금을 포함하여) 모든 다른 계정 잔액은 현재의 영업활동을 지원하는데 필요한 보통 수준이라고 판단한다.
- Able의 부채는 $2,000,000(이자율 7.5%)이며, 이는 회사가 기대하는 최적 부채 규모보다 적은 수준이다. 보고된 이자비용이 적정 비용을 반영하지 않았기 때문에 Duvall은 모든 이자비용을 뺀 이익 수치, 특히 세후영업이익을 사용하는 것이 Able의 평가를 촉진한다고 믿고 있다.

Duvall은 아래와 같이 보고된 세후영업이익을 보여주는 손익계산서를 가지고 있다.

Able Manufacturing, Inc.
세후영업이익

2013년 12월 31일 기준	보고된 수치
매출	$50,000,000
제조원가(COGS)	30,000,000
매출총이익	20,000,000
판관비(SG&A)	5,000,000
EBITDA	15,000,000
감가상각비와 무형자산상각비	1,000,000
이자 및 세금 지급전 영업이익	14,000,000
예상 법인세율 (@40%)	5,600,000
세후영업이익	$8,400,000

이상의 주어진 정보를 바탕으로 다음 질문에 답하라.

1. Duvall이 정규화된 세후영업이익, 즉 Duvall의 회사가 Able을 인수한 후의 세후영업이익을 추정하기 위해 어떤 조정이 필요한지 파악하라.

2. <질문 1>의 답변에 기초하여 Able의 정상 세후영업이익을 보여주는 손익계산서를 작성하라.

Solution 1

첫째, 시장의 보상 수준에 따라 전문경영인의 연봉을 반영하면 SG&A가 $1,500,000 - $500,000 = $1,000,000만큼 줄어든다. 둘째, 목장과 콘도는 영업활동에 필요없는 비영업자산이기 때문에 이들 항목은 (매각 등을 통해) 조정되어야 한다. 결국 손익계산서 항목인 SG&A와 감가상각비가 각각 $300,000과 $100,000 감소해야 한다.

Solution 2

정상 세후영업이익을 보여주는 추정 손익계산서는 다음과 같다.

Able Manufacturing, Inc.
정규 세후영업이익

2013년 12월 31일 기준	추정 수치
매출	$50,000,000
제조원가(COGS)	30,000,000
매출총이익	20,000,000
판관비(SG&A)	3,700,000
EBITDA	16,300,000
감가상각비와 무형자산상각비	900,000
이자 및 세금 지급전 영업이익	15,400,000
추정 법인세 (@40%)	6,160,000
세후영업이익	$9,240,000

이상에서 살펴 본 조정사항 외에도 상장 및 비상장회사의 가치평가에 비슷하게 적용되는 조정 영역들(즉, 재고자산 회계처리방법, 감가상각비 가정, 비용의 자산화나 비용화 등과 관련된 조정사항)이 존재한다. 비상장회사는 외부감사인의 감사를 받은 재무제표가 아닌 검토만 받은 재무제표를 제시할 수 있다. 이러한 **검토재무제표(reviewed financial statements)**는 **감사재무제표(audited financial statements)**보다 적은 수의 항목을 검토 받아 감사인으로부터 진술과 보증에 관한 의견을 제공받는다. 감사보고서가 아닌 검토보고서가 제시되었다는 것은 애널리스트에게 비상장회사의 보고된 재무수치를 조정할 필요성이 크다는 것을 시사한다. 감사인의 의견서가 첨부되지 않는 **편찬재무제표(compiled financial statements)**라면 분석을 위한 조정이 더 많이 필요하다는 것을 나타낸다.

4.1.2. 현금흐름 추정

이익의 정규화와 함께 현금흐름 추정도 가치평가 절차의 중요 요소이다. 이런 맥락에서는 잉여현금흐름(FCF)이 현금흐름의 적절한 개념이 된다. 기업잉여현금흐름(FCFF)은 기업 전체 수준의 잉여현금흐름을 나타내며, 기업가치의 추정을 통해 간접적으로 주식가치를 구하는데 사용된다.[16] 대안적으로 주식가치를 직접 평가하는 데는 주주잉여현금흐름(FCFE)이 사용된다.

비상장회사의 현금흐름 추정에는 평가대상 지분의 본질적 제약, 미래 영업활동의 불확실성, 경영진이 추정에 개입하는 문제 등 여러 어려움이 존재한다.

현금흐름 추정에 적용되는 가정의 본질은 다양한 요인에 의해 결정된다. 평가대상인 주식지분과 평가의 목적은 특정 가치평가에서 가치의 적합한 정의를 결정하는 핵심 요인이다. 만일 전체 지분이 아닌 소수지분을 평가하는 것이라면 현금흐름 추정치에 적용된 가정이 달라질 수 있다. 예를 들어 투자가치 기준에서는 재무보고 가치평가 목적의 공정가치 기준과 다른 현금흐름 추정치를 도출할 수 있다.

미래 현금흐름을 추정함에 있어 현금흐름이 잠재적으로 넓은 범위에 분포하는 불확실성은 FCF 가치평가를 어렵게 만든다. 다수의 성장기 기업은 물론 일부의 성숙기 기업도 미래의 영업활동과 현금흐름에 불확실성을 가진다. 이런 경우 하나의 해결책은 미래의 여러 가능한 시나리오를 추정해보는 것이다. 성장기 비상장회사에게 가능한 시나리오에는 기업공개, 인수, 비상장회사로 남기, 파산 등이 있을 수 있다. 대규모 성숙기 비상장회사의 경우에는 미래의 성장률과 수익성 수준을 달리하여 시나리오를 작성할 수 있다.

개별 시나리오에서 가치를 평가할 때 선택된 할인율은 해당 시나리오에서 추정된 현금흐름을 달성할 때 수반되는 위험을 반영해야 한다. 각 시나리오의 발생확률 역시 추정해야 한다. 회사의 전체 가치 추정치는 회사의 시나리오별 가치 추정치의 발생확률에 따른 가중평균이 된다. 이런 방법 대신 시나리오에 따라 작성된 기대되는 미래 현금흐름을 전통적인 단일 할인율로 할인하여 전체 가치 추정치를 구할 수도 있다. 비록 현재의 추세는 논리적 강건성이 강화되는 방향으로 가고 있지만 실무상 비상장회사 가치평가에서는 명시적으로 여러 시나리오를 분석하기보다 평균적이거나 가장 가능성이 높은 시나리오를 고려하기도 한다.

비상장회사의 경영진은 일반적으로 외부의 애널리스트보다 자신의 회사에 대해 보다 많은 정보를 가지고 있다. 경영진은 평가자의 투입값을 가지고 가치평가에 사용되는 현금흐름 추정치를 개발하거나, 평가자들이 자체적으로 추정하지만 경영진과 상의 과정에서 필요한 추정치를 개발할 수도 있다. 이때 평가자는 경영진의 개입에 의한 오류가 있을 수 있음을

16) 관련하여 여러 변형된 명칭이 존재한다. 순현금흐름(net cash flow)이나 무부채순현금흐름(debt free net cash flow)도 기업잉여현금흐름(FCFF)의 다른 명칭이다.

인식해야 한다. 즉 영업권 손상검사에서 가치를 부풀리거나 인센티브 스톡옵션 그랜트의 가치를 축소하는 등이 이에 해당한다. 평가자는 미래 추정이 자본 소요를 적절히 포착하고 있는지에 대해서도 주의를 기울여야 한다.

FCFF와 FCFE를 추정하는 절차는 상장 여부에 관계없이 비슷하다. 매출과 비용은 비상장회사의 정상이익 역량을 반영하여 조정한다. FCFF의 추정을 위해서는 먼저 부채에 대한 이자비용을 제거하고 영업이익에 추정 법인세를 고려하여 세후영업이익(정상EBIT에서 추정 법인세를 차감)을 추정한다. 감가상각비는 비현금비용이기 때문에 다시 가산한다. 현재의 영업활동을 지원해야 하기 때문에 기존 자산을 대체하는데 필요한 자본적 지출은 잉여현금흐름에서 제외한다. 미래 성장동력 발굴에 필요한 추가적인 자본적 지출도 제외해야 한다. 미래 매출성장에 필요한 운전자본의 증분 역시 FCFF 계산에서 제외한다. FCFF에서 세후이자비용을 빼고 신규 순차입액을 더하면 FCFE를 구할 수 있다.

평가자들은 평가대상의 상황에 따라 FCFF와 FCFE접근법을 선택하게 된다. 애널리스트는 상당한 자본구조의 변동이 예상되는 경우 FCFE보다 FCFF를 이용한 가치평가가 적절하다고 본다. 이는 재무레버리지가 변동하더라도 FCFF접근법에 사용되는 할인율인 가중평균자본비용(WACC)이 FCFE접근법에 사용되는 할인율인 자기자본비용보다 덜 민감하기 때문이다. 이런 고려에 더하여 대기업 내부평가자와 인베스트먼트 뱅커들은 FCFF를 선호하고, 중소기업 내부평가자는 FCFE를 선호하는 경향이 있다.

EXAMPLE 2 Able Manufacturing: 기업잉여현금흐름(FCFF) 추정

(EXAMPLE 1)에서 소개된 벤처투자 책임자인 Duvall은 Able Manufacturing의 입찰에 참여하기로 했다. Duvall은 Able의 가치평가를 위해 수익접근법을 사용하기로 한다. (EXAMPLE 1)에서 언급한바와 같이 Able의 부채는 $2,000,000이다. Able의 사업 본질, 규모, 경쟁자들의 재무레버리지 등을 고려하여 Duvall은 Able이 자신의 역량에 비해 부채를 적게 사용하고 있어, Able 인수에 성공하면 최적 수준으로 부채를 더 사용해야 한다는 결론을 내렸다. 이처럼 레버리지의 변동이 예상되기 때문에 Duvall은 Able의 가치평가에 FCFE보다 FCFF접근법을 사용하기로 했다.

가용한 정보를 바탕으로 Duvall은 다음과 같은 가정을 수립했다.

- 매출과 세후영업이익의 장기적 성장률은 연 3%이다.
- 매출총이익률은 40%로 유지될 것이다.
- 감가상각비는 매출의 1.8%를 유지한다.
- SG&A는 최소 2년간 전년도 수준인 $3,700,000을 유지할 수 있다.
- 매출 증가액의 10%에 해당하는 운전자본이 필요하다. (즉, 매출액이 전년대비 $X 증가했다

면, 0.10 × $X의 운전자본이 추가로 필요하다.)

- 자본적 지출은 추정된 감가상각비(현재 영업활동 지원)에 매출 증가액의 5%(미래 성장 지원)를 더한 규모로 예상된다.

1. Duvall은 Able의 FCFF를 추정할 때 보고된 이익과 정상이익 중 어느 것을 사용해야 하는가?
2. 적격의 지식을 가진 매수자의 관점에서 다음해 Able의 FCFF를 추정하라.

Solution 1

인수 목적의 가치평가를 위해서는 FCFF 추정에 Able의 정상이익을 사용해야 한다. 정상이익은 보고된 이익보다 Able의 잠재적 인수자가 예상하는 이익을 보다 정확히 반영할 수 있기 때문이다.

Solution 2

Duvall은 예측 가능한 미래기간 동안의 장기적 성장률을 3%로 가정한다. 전년도 기초 매출이 $50백만이고 매출이 3% 증가하면, 작년대비 올해 매출은 $1.5백만 증가한다. 감가상각비는 $927,000로 추정되며, 매출이 $1,500,000 증가했으므로 가정에 따라 자본적 지출 추정치는 $927,000 + 0.05($1,500,000) = $927,000 + $75,000 = $1,002,000이 된다. 매출 증가액의 10%에 해당하는 $150,000의 추가 운전자본도 잉여현금흐름에서 제외된다. 이러한 가정을 바탕으로 다음해 FCFF는 아래와 같이 $9,358,800으로 계산된다.

Able Manufacturing, Inc.

다음해 기업잉여현금흐름(FCFF) 추정치 도출

매출($50,000,000 × 1.03 =)	$51,500,000
제조원가(0.60 × 매출 =)	30,900,000
매출총이익(매출 − 제조원가 =)	20,600,000
판관비(SG&A)(13년 수준 유지)	3,700,000
추정 EBITDA	16,900,000
감가상각비와 무형자산상각비(0.018 × $51,500,000 =)	927,000
추정 이자 및 세금 지급전 이익	15,973,000
추정 법인세율(40%)	6,389,200
세후영업이익	9,583,800
Plus: 감가상각비와 무형자산상각비	927,000
Less: 자본적 지출[a]	1,002,000
Less: 운전자본 증가액[b]	150,000
기업잉여현금흐름(FCFF)	$9,358,800

[a] $927,000 + 0.05($1,500,000)

[b] 0.10($51,500,000 − $50,000,000)

4.2. 수익접근법

수익접근법은 가치가 미래 수익과 현금흐름에 의해 결정된다고 가정한다는 점에서 개념적인 지지를 받는다. 수익접근법은 미래의 경제적 편익을 등가인 현재가치로 전환한다. IFRS와 US GAAP에서는 자산을 잠재적인 미래의 경제적 편익으로 정의한다. 이러한 정의로 인해 상장이나 비상장회사의 주식가치평가에 수익접근법은 강력한 지지를 받는다.

수익접근법에는 현금흐름할인법이라고도 불리는 **잉여현금흐름법(free cash flow method)**, **자본화현금흐름법(capitalized cash flow method)**, 실무에서 **초과이익법(excess earnings method)**이라고도 불리는 **잔여이익법(residual income method)** 등 세 가지 유형이 있다.[17)]

- **잉여현금흐름법**. 미래의 현금흐름 추정치를 관련된 위험을 반영한 할인율로 할인하여 구한 현재가치로 자산의 가치를 평가한다. 계속기업의 경우 이 방법은 개별적 현금흐름 시리즈를 추정한 후 추정기간 말 계속기업 가정에 따른 기업의 가치 추정치(즉, 영구가치)를 고려하게 된다.
- **자본화현금흐름법**. **자본화수익법(capitalized income method)** 혹은 **이익자본화법(capitalization of earnings method)**으로 불리며, 경제적 편익의 단일 대표 추정치를 적절한 자본환원율(capitalization rate)로 나누어 현재가치로 표시하는 방식으로 비상장회사를 평가한다.
- **초과이익법**. 기업가치를 평가하기 위해 먼저 회사의 운전자본 및 고정자산에 대한 요구수익을 초과하는 미래 이익을 자본화하여 회사의 모든 무형자산의 가치를 추정한다. 이렇게 구한 무형자산의 가치에 운전자본과 고정자산의 가치를 더해 전체 기업의 가치를 구한다.

한편 어떤 수익접근법을 사용하더라도 기대되는 미래 현금흐름의 할인을 위해서는 적절한 요구수익률 추정치가 필요하다.

4.2.1. 요구수익률: 모형과 추정

다양한 요인들이 비상장회사의 요구수익률 추정을 어렵게 한다.

- **규모 프리미엄의 적용**. 평가자들은 비상장회사 평가를 위한 주식 요구수익률 추정에 규모 프리미엄을 종종 사용한다. 이런 고려는 상장회사 가치평가에서는 일반적이지 않은 것으로 보인다.[18)] 심지어 가장 작은 소형주 세그먼트의 상장회사 자료에 근거한 규모 프리미엄 추정치를 적용하더라도 평가대상 비상장회사의 재무나 영업상 곤경을 적절히 포착하

17) 초과이익모형은 경우에 따라 자산접근법으로도 분류되는데, 이 접근법이 유형자산을 시가로 평가하고 영업권을 포함한 무형자산의 가치를 추정하려 하기 때문이다.

18) 규모 프리미엄과 할인율 결정에 관련된 기타의 이슈에 대한 심도 있는 논의는 Pratt and Grabowski(2014) Chapter 14를 참조하라.

지 못할 수 있다.

- **CAPM의 사용**. 일부에서는 자본자산 가격결정모형(CAPM)이 소규모 비상장회사의 가치평가에 필요한 할인율을 찾는데 적절한지에 의문을 제기한다. 미국의 경우 상장회사와 같이 운영될 것으로 기대하기 어려운 비상장회사와 관련된 조세법원 소송에서는 CAPM의 사용을 인정하지 않는다. 이는 대형 상장회사와 소규모 비상장회사 간에 인지된 차이가 주된 이유이다. 상장될 가능성이 낮거나 상장회사에 의해 인수될 가능성이 있는 소규모 회사는 시장 자료 기반의 베타 추정치를 활용할 수 있는 상장회사와 동일 선상에서 비교될 수 없다는 것이다.
- **확장**CAPM(*expended CAPM*).[19] CAPM에 규모와 기업고유위험에 따른 프리미엄을 더해 확장한 CAPM이다.
- **집적법**(*build-up method*)**의 구성요소**. 집적법에 대해서는 수익률 개념을 다루는 장에서 살펴보았다. 평가대상 비상장회사에 대하여 상장된 유사회사인 **가이드라인 상장회사 (guideline public companies)**가 없거나 비교 가능성이 의문스러운 경우 평가자는 CAPM 등의 모형보다 직접법을 활용할 수 있다. 집적법은 확장CAPM과 유사하지만 주식위험프리미엄에 베타를 적용하지는 않는다. 많은 이들이 베타가 1.0을 벗어나면 산업위험 요인이 상당히 반영된 것으로 보며, 따라서 확장CAPM에서는 별도의 산업위험 프리미엄을 반영하지 않는다. 반면 암묵적으로 베타가 1이라고 가정하는 직접법 모형에서는 산업위험 조정치 추정의 어려움에도 불구하고 산업위험(industry risk)의 조정(프리미엄 또는 디스카운트 적용)을 포함해야 한다는 주장이 있다. 우리는 직접법 모형의 적용에 산업위험을 조정하는 모형을 채택한다.
- **상대적 부채 수용력과 부채비용**. 비상장회사에 대한 정확한 부채 수용력 추정도 비상장회사 가치평가의 또 다른 어려움이다. FCFF접근법을 위해 WACC를 추정할 때 애널리스트는 비상장회사가 유사한 상장회사에 비해 차입을 통한 자금조달이 쉽지 않다는 점을 인식해야 한다. 차입시장에 접근이 어렵다는 것은 자기자본 조달에 더 의존해야 하며, 이는 결국 WACC를 끌어올리는 결과를 낳는다. 나아가 비상장회사의 규모가 작은 것도 영업위험(operating risk)을 증가시켜, 부채의 자본비용을 증가시킨다.
- **인수 맥락에서의 할인율**. 재무이론은 인수 타당성 평가에서 자본비용에 인수대상 회사의 자본구조와 현금흐름의 위험을 반영하라고 한다. 이는 적용되는 할인율이 인수자의 자본비용과는 관련이 없다는 것이다. 성숙기 대기업이 위험이 큰 소규모 회사를 인수하려할 때 인수자의 자본비용이 인수대상에 비해 낮을 것으로 예상할 수 있다. 인수자가 자신의

19) 더 자세한 사항은 Pratt and Grabowski(2014) Chapter 10을 참조하라. 여기서는 수정CAPM(modified CAPM)이란 용어를 사용한다.

자본비용을 사용해 산출한 가치를 매도자에게 지급하면 인수자로부터 매도자로 가치의 이전이 발생하게 된다.[20)]

- **추정 위험에 따른 할인율 조정**. 상장회사에 비추어 비상장회사의 영업활동이나 비즈니스 모델에 대한 정보가 부족하기 때문에 추정의 불확실성을 유발하고, 결과적으로 요구수익률을 높이는 결과를 가져온다. 또한 비상장회사의 경영진이 미래 재무성과 추정에 경험이 부족하다는 것도 우려 사항이다. 추정에는 과도한 낙관이나 비관이 반영될 수 있다. 추정 위험과 경영진의 추정 경험부족을 설명할 수 있도록 할인율을 조정하는 것은 고도의 판단력을 필요로 한다.

EXAMPLE 3 비상장회사의 할인율 결정

Duvall과 그의 자문관은 Able Manufacturing의 가치평가에 수익접근법을 사용하기로 했다. 수년간 영업성과가 우수했고 소유주인 Smith의 보수적인 경영관으로 인해 Able은 부채를 거의 사용하지 않았다. Smith는 전체 자본비용을 낮추면서 Able을 경영하기 위해 다양한 차입금 조달방안을 고려했다. Able의 산업 내 상장회사들에 대한 분석에서 Able의 할인율 추정에 적합한 몇몇 가이드라인 상장회사들을 찾았다. Duvall과 그의 자문관은 다음 추정치에 동의했다.

- 무위험이자율: 4.8%로 추정.
- 주식위험프리미엄: 5%가 적정하다는데 의견 일치.[21)]
- 베타: 동일 산업 내 유사 상장회사들에 기초하여 베타를 1.1로 추정.
- 소형주 프리미엄: 규모가 작고 분산이 덜 된 영업활동은 Able의 위험이 상장회사보다 크다는 것을 암시한다. 이러한 위험을 반영하기 위해 주가수익률 계산에 3%의 규모 프리미엄을 반영한다.[22)]
- 기업고유위험 프리미엄: Able의 분석에 따르면 회사가 CEO인 Smith에 지나치게 의존한다는 것을 제외하면 특별히 추가적인 리스크 요인은 없는 것으로 나타났다. 따라서 1%의 기업고유위험 조정치만 반영한다.[23)]

---

20) Damodaran(2002) 참조.

21) 주식위험프리미엄에 대한 자세한 사항은 수익률 개념을 다룬 3장과 Pratt and Grabowski(2014) Chapter 8을 참조하라.

22) 주식의 요구수익률 추정에 CAPM을 사용하고 소규모의 평가대상 비상장회사와 비슷한 위험을 가진 가이드라인 상장회사를 사용한다면 소형주 프리미엄은 필요하지 않을 수 있다. 언급한바와 같이 위험은 가이드라인 상장회사의 베타에 포착될 수 있다.

23) 기업고유위험 추정치는 가치평가 절차에서 매우 주관적인 요소였다. 몇몇 가치평가 전문가들이 기업고유위험의 계량적 추정치 개발을 위한 방법론을 제시하기도 했다. 이러한 방법들은 현재 가치평가 업계에서 검증 중에 있다.

- 산업위험 프리미엄(집적법에만 적용): 어떤 산업관련 요인도 주식에 대한 전체 요구수익률 추정치에 중요한 영향을 미치지 않기 때문에 산업위험 프리미엄은 0%이다.
- 부채의 세전자본비용: 7.5%로 추정.
- 동일 산업 내 상장회사의 부채대총자본비율: 20%로 추정
- 최적 부채대총자본비율: 다양한 자본조달 수단에 대해 논의한 결과 이 비율을 10%로 추정한다. Able은 상장회사에 비해 규모가 작고 단독회사로 운영의 위험도 크기 때문에 산업평균 자본구조를 따라갈 수는 없다.
- 현재 부채대총자본비율: Able의 실제 이 비율은 2%이다.
- 결합 법인세율: 40%로 추정

이상의 정보를 이용하여 다음 질문에 답하라.

1. CAPM을 이용하여 Able 주식의 요구수익률을 계산하라.
2. 확장CAPM을 이용하여 Able 주식의 요구수익률을 계산하라.
3. 집적법을 이용하여 Able 주식의 요구수익률을 계산하라.
4. Able의 가중자본비용 계산에 어떤 자본구조 가중치를 사용하는 것이 타당한지 논하라.
5. 현재의 자본구조와 14%의 자기자본비용을 가지고 Able의 WACC를 계산하라.
6. 최적 자본구조와 14%의 자기자본비용을 가지고 Able의 WACC를 계산하라.

Solution 1

CAPM에 따른 주식 i의 요구수익률 = 현재 기대무위험이자율 + β_i(주식위험프리미엄) = 4.8% + 1.1(5%) = 10.30%

Solution 2

다음 표에서 보는 바와 같이 확장CAPM에 의한 요구수익률은 14.3%이다.

Able Manufacturing, Inc. 확장CAPM: 주식 요구수익률	
무위험이자율	4.8%
Plus: 베타조정 주식위험프리미엄[a]	5.5
Plus: 소형주프리미엄	3.0
Plus: 기업고유위험 조정	1.0
주식요구수익률 추정치	14.3%

[a] 베타 1.1 × 주식위험프리미엄 5% = 5.5%

Solution 3

집적법에 따른 요구수익률은 13.8%이다. 이때 베타의 조정은 없다는데 유의하자. 또한 1.1인

추정 베타가 1.0과 가깝다는 것은 산업위험의 조정이 거의 필요하지 않다는 것을 나타낸다.

Able Manufacturing, Inc. 집적법: 주식 요구수익률	
무위험이자율	4.8%
Plus: 주식위험프리미엄	5.0
Plus: 소형주프리미엄	3.0
Plus: 산업위험프리미엄	0.0
Plus: 기업고유위험 조정	1.0
주식요구수익률 추정치	13.8%

Solution 4

Able의 잠재적 매각을 위한 가치평가에서 WACC를 계산할 때 인수자가 최적 자본구조를 달성하려는 의사와 능력이 있다면 예상되는 최적 자본구조의 가중치를 가정하는 것이 타당하다. Able의 현재 자본구조는 최적 자본구조보다 부채를 적게 사용한다. 따라서 Able의 현재 WACC는 최적 수준보다 높다. 하지만 유사한 대규모 상장회사의 부채 비중이 Able의 최적 부채 비중보다 높다는데 유의하자. 대규모 상장회사는 공개 부채시장에 접근이 더 용이하다고 봐야 하기 때문이다. 또한 Able의 작은 규모는 대규모 비상장회사에 비해 Able의 위험을 증가시킨다. 이러한 두 요인은 대규모 상장회사에 비해 Able의 타인자본비용을 증가시키고 유사한 상장회사와 비교해 최적 부채 비중을 낮추는 결과를 낳는다.[24)]

Solution 5

현재 자본구조에 기초한 Able의 자본비용은 다음과 같다.

Able Manufacturing, Inc. 현재 자본구조에 따른 WACC 계산		
세전부채자본비용	7.5%	
법인세 효과: (1 - 세율)	0.60	
세후타인자본비용	4.5%	
가중치	× 0.02	
가중평균 타인자본비용		0.1%
가중치	14.0%	
자기자본비용	× 0.98	
가중평균 자기자본비용		13.7%
가중평균 자본비용		13.8%

Solution 6

Able의 최적 자본구조에 따른 전체 자본비용은 높아진 부채의 자본조달 비중을 반영하게 된다. WACC는 다음과 같이 계산된다.

Able Manufacturing, Inc. 최적 자본구조에 따른 WACC 계산		
세전부채자본비용	7.5%	
법인세 효과: (1 − 세율)	0.60	
세후타인자본비용	4.5%	
가중치	× 0.10	
가중평균 타인자본비용		0.5%
가중치	14.0%	
자기자본비용	× 0.90	
가중평균 자기자본비용		12.6%
가중평균 자본비용		13.1%

초기 성장기 회사들의 할인율 추정에는 어려움이 따른다. 예를 들어 기업고유위험이 매우 높아 CAPM을 사용하면 문제가 될 수 있다. 각 성장 단계별로 회사에 대한 절대 요구수익률 추정치는 상당히 넓은 범위의 값을 가지게 된다. 나아가 어떤 회사를 특정 성장단계로 분류하는데도 불확실성이 존재한다.[25)]

4.2.2. 잉여현금흐름법

비상장회사에 대한 잉여현금흐름(FCF) 가치평가는 상장회사의 경우와 상당히 비슷하다. 예를 들어 Able Manufacturing의 경우 FCF 가치평가는 추정기간 동안 잉여현금흐름의 개별적 추정, 추정된 잉여현금의 할인을 통한 현재가치 도출, 추정기간 말 영구가치의 현재가치 계산이 필요하다. 원칙적으로 현금흐름이 일정한 성장률로 안정될 때까지 개별적인 잉여현금흐름에 대한 추정이 필요하다. 실무에서는 5개년의 개별적인 현금흐름 추정이 많이 사용된다.

---

24) AICPA의 실무 지침인 *Valuation of Privately-Held-Company-Company Equity Securities Issued as Compensation*(앞으로는 "Stock Practice Aid(주식 프랙티스 가이드)"라고 함)은 스톡옵션과 기타의 주식기반 보상과 관련된 주식의 가치평가를 위한 기술적 지침을 제공한다. Paragraph 19는 "상장회사가 되려는 목적과 상장회사의 혜택 중 하나는 주식과 부채 자본을 저렴한 비용으로 조달할 수 있는 공개 자본시장에 접근할 수 있는 능력을 확보하는 것"이라고 적시하고 있다.

25) AICPA의 실무지침인 *Assets Acquired in a Business Combination to Be Used in Research and Development Activities: A Focus on Software, Electronic Devices, and Pharmaceutical Industries*(앞으로는 "IPRD Practice Aid"라고 함)와 "Stock Practice Aid"는 개발 초기 기업의 여러 단계에 대한 개략적 정보와 요구수익률 추정치를 제공한다.

최초 추정기간 말의 기업가치 평가에는 지속가능성장률을 적용한 자본화현금흐름법이 이론적으로 선호된다. 하지만 일부 평가자들은 시장접근법에 따라 개발된 주가배수를 사용해 영구가치를 구하기도 한다. 고성장 산업에 속한 회사의 경우 시장 주가배수가 가까운 미래의 고성장과 영구적인 정상 성장을 포착할 수 있을 것으로 기대된다. 다만 초과이익법을 사용할 때 영구가치 추정에 이러한 주가배수를 사용하면 고성장이 중복 계산되기 때문에 적절하지 않을 수 있다. 고성장 가정이 한 번은 추정기간 동안 현금흐름 추정치에 반영되고 또 한 번은 초과이익 계산에 사용된 주가배수에 반영되기 때문이다.

4.2.3. 자본화현금흐름법

자본화현금흐름법(capitalized cash flow method, CCM)은 영구연금의 가치평가 수식을 기초로 하는 1단계 잉여현금흐름모형이다.[26] CCM은 비상장회사 가치평가에서나 가끔 보게 된다. 특히 소규모 비상장회사의 평가에 이용된다. CCM은 상장회사나 대규모 비상장회사 평가 또는 인수나 재무보고 목적으로는 거의 사용되지 않는다. 하지만 미래 추정치가 존재하지 않고 장래의 성과가 안정적일 것으로 예상되면 비상장회사 가치평가에 CCM이 적절할 수 있다. 상장회사나 시장에서의 프라이싱 사례가 많지 않다면 CCM 가치평가가 타당한 대안이 될 수 있다.

성장률이 일정할 것으로 예상되지 않는 회사의 경우에는 개별적으로 잉여현금흐름을 추정하는 FCF 가치평가가 이론적으로 CCM보다 선호된다. CCM은 시장접근법에 내재된 할인율이나 성장에 대한 적용 가정을 점검할 때 도움이 된다.

기업자본화현금흐름(capitalized cash flow to the firm)을 이용해 기업 전체 수준에서 회사의 가치를 평가하는 수식은 다음과 같다.

$$V_f = \mathrm{FCFF}_1/(\mathrm{WACC} - g_f) \tag{1}$$

V_f = 기업가치
FCFF_1 = 향후 12개월 동안의 기업잉여현금흐름
WACC = 가중평균자본비용
g_f = FCFF의 지속가능성장률

주식가치는 기업가치에서 부채의 시장가치를 뺀 V_f − (부채의 시장가치)로 구한다. 수식 (1)에서 FCFF의 할인에 WACC를 사용할 때 암묵적 가정은 시장가치를 기준으로 계산된 현재의 자본구조가 미래에도 유지된다는 것이다.

---

26) 보다 자세한 내용은 Pratt and Grabowski(2014)의 Chapter 4를 참조하라.

자본화현금흐름법은 주식가치를 직접 평가하는데도 적용될 수 있다. 이 경우 잉여현금흐름은 FCFE가 되고 WACC는 자기자본 요구수익률로 대체된다.

$$V_f = \text{FCFE}_1/(r - g) \tag{2}$$

여기서 r은 주식의 요구수익률이고, g는 FCFE의 지속가능성장률이다. 수식 (1)과 (2)의 분모는 자본환원율(capitalization rate)이라 부른다. 결국 가치 추정치는 1차년도 FCF 추정치를 자본환원율로 나누어 계산한다. (EXAMPLE 4)는 CCM의 적용 사례를 설명한다.

EXAMPLE 4 자본화현금흐름법을 이용한 가치평가

Duvall과 그의 팀은 Able의 정상이익, 성장률, 할인율 추정치에 큰 문제가 없다고 생각한다. Able 경영진은 상세한 예측치를 내놓지 않았다. (EXAMPLE 2)의 $9,358,800인 기업잉여현금흐름이 향후 연간 3%씩 증가할 것으로 가정하자.

1. 이 사례에서 자본화현금흐름법 사용에 대한 합리성을 설명하라.
2. 최적 자본구조에서의 WACC 13.1%와 자본화현금흐름법을 이용해 Able의 주식가치를 계산하라.
3. 현재 자본구조에서의 WACC 13.8%와 자본화현금흐름법을 이용해 Able의 주식가치를 계산하라.
4. 추정된 주식가치의 차이를 발생시키는 요인들에 대해 설명하라.

Solution 1

기업잉여현금흐름이 3%의 일정한 성장률로 증가한다는 가정이 맞는다면 자본화현금흐름법이 적정하다. 그렇지 않으면 이 방법은 잘해야 개략적 가치 추정치를 제공할 뿐이다.

Solution 2

추정된 FCFF에 따른 기업 전체의 가치 추정치를 구하는 자본환원율은 10.1%(= 13.1% - 3.0%)이다. 이렇게 구한 기업가치에서 Able의 부채 잔액을 빼면 아래와 같이 주식가치를 구할 수 있다.

Able Manufacturing, Inc.
자본화현금흐름법 - 최적 자본구조

기업잉여현금흐름(FCFF)		$9,358,800
가중평균자본비용	13.1%	

Able Manufacturing, Inc. 자본화현금흐름법 - 최적 자본구조		
장기성장률	3.0%	
자본환원율		10.1%
투자자본의 가치(기업가치) 추정치		92,661,386
Less: 부채자본(시장가치로 가정)		2,000,000
주식가치 추정치		$90,661,386

Solution 3

자본환원율이 10.8%(= 13.8% − 3.0%)라를 것을 제외하면, <질문 2>와 동일한 방식으로 주식가치 추정치를 계산할 수 있다.

Able Manufacturing, Inc. 자본화현금흐름법 - 현재 자본구조		
기업잉여현금흐름(FCFF)		$9,358,800
가중평균자본비용	13.8%	
장기성장률	3.0%	
자본환원율		10.8%
투자자본의 가치(기업가치) 추정치		86,655,556
Less: 부채자본(시장가치로 가정)		2,000,000
주식가치 추정치		$84,655,556

Solution 4

현재 자본구조에서는 부채가 최적 수준에 비해 적어 WACC가 높아지기 때문에 최적 자본구조에서와 비교할 때 Able의 가치가 작게 추정된다.

4.2.4. 초과이익법

기업평가에서 **초과이익법(excess earnings method, EEM)**은 운전자본과 고정자산(즉, 유형자산)에 대한 요구수익을 차감한 후 남는 초과이익을 추정하는 방식을 사용한다. 무형자산의 가치를 추정하기 위해서는 이렇게 구한 초과이익을 CCM의 영구연금 계산 수식으로 자본화한다. 일반적으로 EMM은 시장접근법이 적합하지 않을 때 무형자산과 매우 작은 기업의 가치평가에 사용돼왔다. 이렇게 구한 무형자산의 자본화된 가치에 운전자본과 고정자산의 가치를 합산하면 전체 기업가치가 도출된다.

전체 기업가치를 평가하기 위해 EEM을 적용하는 절차는 다음과 같은 단계를 밟는다.

1. 운전자본과 고정자산의 가치(가능하면 공정가치 추정치 사용)를 추정한다. 각각 €200,000와 €800,000이라고 가정한다.
2. 회사 전체의 정상이익을 결정한다. 가장 최근에 종료된 연도의 정상이익을 €120,000로 가정한다.
3. 운전자본과 고정자산의 할인율을 결정한다. 운전자본의 요구수익률은 가장 낮은데, 위험이 가장 낮고 유동성은 높은 자산으로 인식되기 때문이다. 고정자산에는 다소 높은 요구수익률이 적용된다. 유동성이 제한적이고 위험이 큰 무형자산은 가장 높은 수익률이 요구된다. 운전자본과 고정자산의 요구수익률을 각각 5%와 11%로 가정한다.
4. 운전자본과 고정자산의 요구수익률을 계산하고, 회사 전체의 정상이익에서 운전자본과 고정자산에 대한 요구수익을 차감해 초과이익을 추정한다. 초과이익이 존재하면 이는 무형자산과 관련된 가치를 반영하는 것이다. 이 사례에서 초과이익은 €120,000 − 0.05(€200,000) − 0.11(€800,000) = €22,000이 된다. 초과이익은 연 3%씩 증가한다고 가정한다.
5. 무형자산의 가치평가에 필요한 할인율과 자본환원율을 추정한다.[27] 이 추정치는 모든 무형자산을 대표할 수 있어야 한다.[28] 이에 대한 자세한 계산 과정은 이 책의 논의 범위를 넘어서는 것인바, 여기서는 할인율을 12%로 가정한다.
6. 영구연금의 가치평가 수식을 이용하여 회사 전체 무형자산의 가치를 평가한다. 무형자산의 전체 가치는 (1.03)(€22,000)/(0.12 − 0.03) ≈ €251,778로 추정된다. (€22,000은 최근 연도의 정상이익을 바탕으로 계산된 것이어서 다음해 초과이익 추정치는 3%의 성장률을 반영한다.)
7. 운전자본과 고정자산의 가치에 회사 전체의 무형자산 가치를 합하면 기업가치가 구해진다. 따라서 EEM에 따른 기업가치는 €200,000 + €80,000 + €251,778 = €1,251,778로 추정된다.

언급한바와 같이 비상장회사의 가치 추정에는 EEM이 잘 사용되지 않고, 소규모 비상장

---

27) 이러한 추정치에는 상당한 조정이 필요할 수 있다. 만일 기업 전체에 대한 가중평균자본비용이 계산된다면, 무형자산에 대한 할인율을 추정할 수 있다. 운전자본과 고정자산 가치의 경우 이들 자산의 시장수익률 수준과 차입비용 등의 요인을 감안하여 개별적인 할인율을 결정한다. WACC가 알려져 있고 운전자본과 고정자산에 대한 할인율이 주어진 경우 무형자산에 대한 할인율은 운전자본, 고정자산, 무형자산의 가치 가중치에 따라 WACC를 같게 만들어주는 요구수익률이 된다. 세부 절차에 대한 자세한 사항은 이에 관한 베스트 프랙티스 가이드인 The Identification of Contributory Assets and Calculation of Economic Rents를 참조하라.

28) ASC 805와 IAS 3R에 따른 가치평가에서는 고객관계, 기술, 상호, 인적자원 등 개별적인 무형자산의 평가를 고려한다. 다만 전형적으로 한두 개 무형자산이 초과이익으로 평가된다. 또한 인수된 무형자산은 영구연금보다는 해당 무형자산의 경제적 수명을 기초로 가치를 평가한다. 비록 시간이 지나면서 전체적인 고객관계가 강화되더라도, 인수 시점에 확보된 고객은 줄어들 수 있기 때문이다.

회사 평가에만 주로 사용된다. 일부에서는 운전자본과 유형자산에 대한 특정 요구수익과 무형자산에 대한 초과이익을 즉시 측정 가능하다고 보지 않는다.[29)]

재무보고에서 초과이익의 개념은 무형자산 가치평가의 중요한 요소이며 또한 널리 사용되고 있다. IFRS 3R 또는 ASC 805(과거 SFAS No. 141R)에 따라 무형자산의 인수가격배분(purchase price allocation) 가치평가를 수행하는 평가자들 사이에서 초과이익은 중요한 논의 대상이다.[30)] 무형자산 상각이나 영업권 감액을 고려하는 애널리스트가 초과이익 개념을 이해하면 가치평가에 도움을 얻을 수 있다. 이에 대해 흥미가 있는 독자들은 초과이익을 활용한 무형자산에 대한 가치평가의 개념과 평가방법을 자세히 소개한 Appraisal Foundation의 "The Identification of Contributory Assets and the Calculation of Economic Rents"와 "IPRD Practical Aid"를 참조하라.

4.3. 시장접근법

시장접근법(market approach methods)은 비상장회사 지분의 공정가치를 추정하기 위해 평가대상 비상장회사를 유사한 상장회사 혹은 인수된 회사의 사례와 직접 비교한다. 시장접근법에는 세 가지 중요한 세부 접근법이 있다.

- **가이드라인 상장회사 비교법**(*guideline public company method, GPCM*). 평가대상 비상장회사에 대해 합리적인 비교대상으로 간주되는 상장회사들 중 거래가 활발한 주식의 주가배수를 기초로 비상장회사의 주식가치를 평가한다. 비교대상 상장회사의 주가배수는 평가대상 비상장회사의 상대적 위험과 성장전망을 반영하여 조정한다.
- **가이드라인 거래 비교법**(*guideline transactions method, GTM*). 경영권 전체가 인수된 상장회사 혹은 비상장회사의 거래에 적용된 거래배수를 바탕으로 주식가치 추정치를 얻는다.
- **기존 거래 비교법**(*prior transaction method, PTM*). 평가대상 비상장회사 주식의 과거 실제 거래를 고려한다. 이 방법에서는 실제 지불된 주식가격이나 과거 해당 주식의 거래에 적용된 거래배수가 사용된다.

시장접근법은 실제 시장 거래에서 생성된 데이터에 의존하기 때문에 일부에서는 수익접근법이나 자산기반접근법보다 이 접근법을 개념적으로 선호한다. 미국의 조세법원은 비상장

---

29) IAS 38 혹은 ASC 805에 따라 무형자산의 가치평가를 수행하는 가치평가 전문가들은 종종 기업 전체의 여러 자산에 대해 개별적인 요구수익률을 추정한다. 각 자산군에 대한 개별적 할인율을 기업 전체의 WACC와 비교하면 개별자산에 대한 할인율 추정치가 합리적인지 확인할 수 있다. 세부 논의는 Appraisal Foundation의 베스트 프랙티스 가이드인 *The Identification of Contributory Assets and Calculation of Economic Rents*를 참조하라.

30) Appraisal Foundation에 의해 조직된 Best Practices for Valuations for Financial Reporting: Intangible Asset Working Group이 발간한 2010년 5월 31일자 프랙티스 가이드인 *The Identification of Contributory Assets and the Calculation of Economic Rents*를 참조하라.

회사의 가치평가에 대해 예외적으로 수익접근법을 수용하긴 해도 일반적으로 시장거래(매매사례)에 기초한 가치평가가 우선한다는 입장을 고수하고 있다. ASC 820도 공정가치 우선순위에서 시장 거래에서 입증된 가격을 최우선 순위에 둔다.[31] 시장접근법의 일차적 가정은 가격 증빙을 제공하는 거래가 평가대상 회사에 합리적으로 비교 가능하다는 것이다.

시장접근법 사용의 주요 과제는 적절한 비교대상을 파악하고 그의 정확한 가격을 책정하는 것이다. 앞에서 언급한 모든 기업고유요인은 상장회사에 대비해 비상장회사의 위험과 성장에 다른 영향을 미칠 수 있다. 주가배수는 기대 위험과 성장전망 모두를 반영해야 한다. 위험과 성장에 대한 가정이 추출되면 선택된 유사기업과의 차이를 반영하여 주가배수를 조정해야 한다. 비상장회사와 관련된 주식고유위험도 위험과 성장 전망과 관련된 추가적인 불확실성을 만들 수 있다.

상장회사 주식의 프라이싱은 부분적으로나마 주식의 시장성에 따른 주식가치의 변동성을 반영한다. 상장회사 주가의 급격한 변동은 비상장회사 가치평가에 기초가 되는 주가배수의 변동을 초래할 수 있다. 비상장회사 주식의 시장성은 훨씬 더 제한적이어서 매각을 종료하는데 상장회사보다 긴 시간이 필요하다. 지분을 모두 처분하는데 긴 시간이 필요하다는 것과 주가배수의 변동 가능성은 주가배수의 결정뿐 아니라 나아가 최종적으로 가치평가 결론에 불확실성을 만든다.

가이드라인 회사를 파악하는 핵심 요소는 상장회사와 비상장회사 모두에서 비슷하다. 핵심 요소로는 소속 산업, 운영 형태, 트렌드, 현재의 영업 상황 등을 들 수 있다. 앞에서 언급한바와 같이 수명주기와 규모의 차이는 시장접근법 적용에 상당한 장애가 될 수 있다.

평가 절차에 사용되는 재무지표들은 상장회사와 비상장회사가 다를 수 있다. 주가수익비율은 다른 재무지표들과 함께 상장회사 가치평가에 빈번히 인용되는 지표이다. 대규모 성숙기 비상장회사의 경우 EBITDA나 EBIT에 기초한 주가배수가 더 많이 사용된다. EBITDA는 가치평가 지표를 만들 때 부채와 주식의 시장가치로 정의되는 **투하자본 시장가치(market value of invested capital, MVIC)**[32]와 가장 잘 어울린다. 비상장회사의 MVIC를 계산한 후

31) ASC 820에서는 "공정가치 측정치와 관련 공시의 일관성과 비교가능성을 제고하기 위해 공정가치의 우선순위체계는 공정가치 측정에 사용되는 가치평가기법에 대한 투입값을 세 단계로 우선 순위화한다. 공정가치 체계는 동일한 자산이나 부채가 시장에서 활발히 거래될 때 이 고시가격을 최우선 순위(Level 1)에 두며, 관측 불가능한 투입값을 가장 후순위(Level 3)에 둔다."라고 쓰고 있다. ASC 820은 또한 "특정 자산이나 부채와 관련된 투입값의 가용성과 이 투입값의 상대적 신뢰성은 가치평가기법의 선택에 영향을 미칠 수 있다. 그러나 공정가치의 우선순위체계는 가치평가기법이 아닌 가치평가의 투입값을 우선 순위화한다."고 적고 있다. 마지막 문장은 적절한 가치평가접근법은 특정 가치평가에만 존재하는 사실과 상황에 의존한다는 것을 말해준다.

32) MVIC 외에 비슷한 용어로 기업가치(enterprise value, EV 또는 firm value)와 사업가치(business enterprise value, BEV)가 있다. EV의 정의는 다양하지만 가장 빈번히 사용되는 것은 "MVIC에서 현금과 현금등가물을 뺀 것"으로 정의된다. BEV는 일반적으로 EV의 동의어이다.

부채의 가치를 빼면 주식가치 추정치를 구할 수 있다. 많은 경우 부채의 현재 거래 가격은 존재하지 않기 때문에 부채의 시장가치 추정이 필요하게 된다. 부채가 전체 자본조달에서 작은 부분을 차지하고 영업이 안정적이면 많은 경우 부채의 액면가가 시장가치로 인정될 수 있다. 레버리지가 상당히 높거나 미래 재무성과에 상당한 변동성이 예상되는 경우 기업의 전체가치에서 부채의 액면가를 뺀 잔여분으로 주식가치를 평가하는 것은 적절하지 않은 경우가 많다.[33] 이 경우에는 매트릭스 가격(matrix price)으로 알려진 부채의 특성에 따른 시장가치 추정치가 대안이 된다.

자산 기반이 제한적인 아주 소규모의 많은 비상장회사들에 있어서는 EBITDA배수보다 순이익 기반의 주가배수를 사용하는 것이 더 일반적이다. 극단적으로 작은 회사의 경우에는 매출의 배수가 사용되기도 한다. 이런 평가 관행은 영세한 회사들에는 의미 있는 재무자료가 존재하지 않고 소유주 보상과 같은 항목에 관련된 재무자료의 영향과 주관성이 크다는 사실이 반영한데 따른 것이다.

산업에 따라서는 비재무지표가 가치평가의 적절한 수단이 될 수 있다. 비재무지표가 재무지표와 함께 사용될 때 가장 효과적이다. 이런 지표에 의존하는 것은 비재무지표가 일반적으로 산업 내에서 받아들여지는 경우에 한해 적절하다. 케이블TV의 경우 가입자당 가격, 병원의 경우 병상당 가격이나 요양시설당 가격 등은 대표적인 비재무지표 기반의 가치평가 사례이다.

4.3.1. 가이드라인 상장회사 비교법

이미 언급한바와 같이 비상장회사 가치평가에서 비슷한 상장회사의 주가배수를 기초로 한 가치평가를 가이드라인 상장회사 비교법(guideline public company method, GPCM)이라 부른다. 먼저 가이드라인 상장회사 피어그룹을 파악하고 이들을 대상으로 적절한 주가배수를 구한다. 가이드라인 상장회사에 대비해 평가대상 비상장회사의 상대적 위험과 성장 전망을 반영하여 가이드라인 상장회사에서 구한 주가배수를 조정한다. 비상장회사의 경우 이 접근법을 적용하면 가치평가의 결론을 도출할 수 있다. 상장회사의 경우에는 특정 시점의 비교대상 가이드라인 상장회사들에 비해 평가대상 회사가 저평가되었는지 고평가되었는지를 평가하는데 도움을 얻는다.

---

33) “Stock Practice Aid”가 지적하고 자본시장에서 관측된 바에 따르면 조기상환위험(prepayment risk)으로 인해 부채가 항상 액면가의 가치를 갖는 것은 아니다. 레버리지가 높거나 재무성과의 변동성이 상당한 기업의 부채는 액면가보다 상당히 할인된 가격으로 평가될 수 있다. 이 경우 옵션가격결정이론(option pricing theory)이 BEV에 대한 개별적 콜옵션으로써 부채와 자기자본의 가치를 개별적으로 평가하는데 사용될 수 있다. 부채는 액면가와 미지급이자까지 기업이 우선적으로 지급해야하는 선순위 콜옵션이 된다. 우선주, 보통주, 옵션 등은 EV에 대해 각기 다른 콜옵션을 대표한다. “Stock Practice Aid”는 이런 개념에 대해 자세히 설명하고 있다.

이 평가법의 가장 큰 장점은 애널리스트나 평가자가 활용할 수 있는 잠재적인 유사기업의 풀(pool)이 크고 상당한 수준의 기업정보, 재무정보, 거래정보가 존재한다는 것이다. 단점으로는 비교가능성과 주가배수 적용의 주관성이 문제가 될 수 있다.

경영권 행사가 가능한 지분의 가치평가에는 경영권 프리미엄이 고려되기도 한다. IGBVT에 따르면 **경영권 프리미엄(control premium)**은 경영권을 확보함으로써 회사의 비경영권 지분의 비례적 가치를 초과하는 경영권 지분의 비례적 가치 혹은 그 비율로 정의된다. 경영권 지분의 가치를 평가할 때 종종 GPCM으로 도출한 가치에 경영권 프리미엄을 더해주는 방식이 사용된다. 상장회사의 시장거래 지분은 경영권이 없는 소규모 지분이다. 많은 이들은 이 경우의 주가배수는 경영권 지분의 가치를 반영하지 못한다고 믿고 있다.[34)]

특정 사실과 상황에 따라 경영권 프리미엄을 조정하는 것은 적절할 수 있다. 역사적으로 경영권 프리미엄은 상장회사를 인수하는 거래에서 측정되어 왔다. 경영권 프리미엄을 추정할 때는 여러 요인들을 신중히 고려해야 한다.

- **거래 유형**. 거래 관련 일부 데이터베이스는 인수를 재무적 거래와 전략적 거래로 분류한다. **전략적 거래(strategic transaction)**는 인수대상 기업을 소유하여 시너지를 얻으려는 인수자에 의한 거래이다. 시너지에는 매출 증대와 비용 절감 등의 수혜가 있을 수 있다. **재무적 거래(financial transaction)**는 인수대상과는 근본적으로 중요한 시너지를 갖지 않는 인수자에 의한 거래이다. 재무적 거래와 비교해 전략적 거래는 기대 시너지로 인해 인수자가 지불하는 경영권 프리미엄이 커진다.
- **산업 요인**. 인수가 일어나는 산업 섹터는 가치평가일에도 계속 변화가 있는 상태라고 보아야 한다. 즉 이러한 섹터에 속한 상장회사의 프라이싱은 주가에 경영권 프리미엄의 일부만 반영할 수 있다. 가치평가일로부터 상당히 이전에 측정된 경영권 프리미엄은 가치평가일의 경영권 프리미엄과는 다른 산업 환경을 반영할 수 있다.
- **거래대금의 지급 형태**. (전액 현금 거래와 비교할 때) 상당부분을 주식으로 지급하는 거래의 경우 경영권 프리미엄이 덜 중요할 수 있다. 이는 인수회사 경영진이 시장에서 자신의 회사 주가가 고평가되었다고 인식되는 시점에 거래를 하려는 경향이 있기 때문이다.

상장회사로부터 추출된 주가배수에 경영권 프리미엄을 적용해 조정한 주가배수는 합리적

34) 2013년 중순 Appraisal Foundation은 이 분야 평가자들 사이에서 보다 일관된 프랙티스를 정립하기 위한 큰 변화를 제안하기 위해 “The Measurement and Application of Market Participant Acquisition Premiums”란 문건을 준비했다. 문건은 초안에서 어떠한 경영권 프리미엄도 인수후의 추정된 현금흐름 분석으로 정당화되어야 하며, 경영권 프리미엄이 정당화되더라도 경영권 프리미엄은 주식(자기자본) 수준이 아닌 MVCI(기업가치) 수준에서 계산되어야 한다고 제안했다. 이 분야에서 새로운 용어들이 논의되고 있다.

이어야 한다.[35] 평가대상인 비상장회사와 유사한 기업으로 인식되는 어떤 상장회사가 8x의 거래배수에 인수되었다고 가정해보자. 이 거래배수는 전 주가를 기준으로 30%의 경영권 프리미엄이 포함된 것이다. 하지만 가치평가일에 가이드라인 상장회사의 주가배수가 10x로 변동했다면, 30%의 경영권 프리미엄을 적용하면 가치평가일 가격배수는 13x가 되어야 한다. 이와 같이 8x의 거래배수와 13x의 가격배수를 적용하는데 따라 엄청난 가치 추정치의 변동이 있다는 것은 13x의 가격배수를 수용하기 전에 반드시 추가적인 검토가 필요하다는 것을 나타낸다. 비교가능성의 문제와 급격한 프라이싱의 변동은 가치 추정치의 중요한 차이를 만드는 원인이 된다.

EXAMPLE 5 가이드라인 상장회사 비교법을 이용한 가치평가

Duvall은 FCF 추정치와는 별개로 Able의 가치평가에 GPCM을 사용하기로 했다. Duvall은 많은 인수기업들이 Able이 속한 산업 내 기업의 가치평가에 투하자본 시장가치(MVIC)에 대한 EBITDA의 배수를 사용한다고 믿고 있다. 유사 상장회사의 확인을 통해 Able의 가치평가에 가이드라인이나 벤치마크로 사용될 몇 개 기업들이 파악되었다. Duvall의 가이드라인 상장회사 분석 내용은 다음과 같다.

- 이들 유사 상장회사들의 평균 MVIC/EBITDA 배수는 7.0이다.
- 가이드라인 상장회사들과 비교하여 Able의 상대적 위험과 성장전망 특성을 종합적으로 감안해 유사 상장회사 평균 MVIC/EBITDA를 15% 하향 조정하면 Able에 적용할 MVIC/EBITDA 배수는 5.95, 반올림하여 6.0이 된다.
- 수년전 한 건의 전략적 거래에서 20%의 경영권 프리미엄이 보고된바 있다. 이 거래는 현금 지급 없이 주식교환 방식으로 이루어졌다.
- Duvall은 Able의 가치평가에 시너지를 고려할 수 있는 전략적 인수자를 알지 못한다.
- 정규화한 정상EBITDA는 $16,900,000이다.
- 부채의 시장가치는 $2,000,000이다.

1. Able의 주가배수 계산에 감안해야 할 요소들을 설명하라.
2. 경영권 프리미엄을 고려할 때 Able의 적절한 가격배수를 구하라.
3. 가이드라인 상장회사 비교법을 이용해 Able의 가치를 추정하라.

35) 비상장회사 가치평가를 수행하는 평가자는 다양한 방식으로 경영권 프리미엄을 반영한다. 많은 평가자들은 경영권 프리미엄을 주가배수에 반영하지 않는다. 대신 평가자들은 종종 가이드라인 상장회사 비교법으로 얻는 주가배수를 사용하여 가치를 추정한 후 별도의 경영권 프리미엄 추가해 최종적으로 가치 추정치를 구한다. 경영권 프리미엄을 반영하여 주가배수를 조정하는 접근법은 상장회사의 주가배수와 관측된 거래의 주가배수 간 대사를 촉진한다.

Solution 1

잠재적 인수 거래와 관련된 Able의 가치가 요구된다. 가이드라인 상장회사 비교법에 따른 가이드라인 상장회사의 주가배수가 출발점이 된다. GPCM으로 구한 주가배수를 가이드라인 상장회사들에 대한 Able의 위험과 성장 기대치의 차이를 반영하여 조정한다. 마지막으로 가격배수에는 Able의 매각 시 요구되는 경영권 프리미엄의 추가 여부가 감안되어야 한다.

Solution 2

전략적 인수자가 없다는 것을 고려하면 현재 상태에서는 경영권 프리미엄이 없다고 보는 것이 합리적이다. 수년 전에 상장회사의 전략적 인수 사례가 한 건 있기는 했다. 하지만 이는 과거의 일로 경영권 프리미엄 추정치로 사용되는 것이 적절한지 의문이다.
주어진 정보를 기초로 할 때 Able에 적용할 MVIC/EBITDA 배수는 경영권 프리미엄을 조정하지 않은 약 6x가 적정하다고 본다.

Able Manufacturing, Inc.
가이드라인 상장회사 비교법에 따른 가격배수 도출

상장회사로부터 도출된 기초 MVIC/EBITDA		7.0
Able의 위험과 성장 전망 조정	−15%	(1.05)
경영권 프리미엄 반영 전 배수		5.95
경영권 프리미엄 조정*	0%	0
경영권 프리미엄 조정 후 배수		5.95
반올림한 MVIC/EBITDA		6.00

* 경영권 프리미엄은 인수 전후 상장회사의 자기자본이나 MVIC 가치에 의해 측정된다. 주식의 경영권 프리미엄이 추정될 때 MVIC를 기초로 한 가치평가에는 경영권 프리미엄의 조정이 요구된다. 이 사례에서는 경영권 프리미엄을 포함하지 않는 것이 적절하다. 다른 사정으로 인해 30%의 주식 경영권 프리미엄이 적절하다고 가정할 때, 가이드라인 상장회사로부터 MVIC 배수 기반 가치가 적용되면 부채가 1/3이고 주식이 2/3인 정규화된 자본구조에서는 (30%의 2/3인) 20%의 경영권 프리미엄이 적합해 보인다. 경영권 프리미엄 자료는 상당한 다양하며, 가치평가 영역에서 실무적으로 다양한 적용방법이 존재한다.

Solution 3

Able Manufacturing, Inc.
GPCM을 이용한 가치평가

정상EBITDA	$16,900,000
가격배수	6.0
투하자본 가치 추정치	101,400,000
Less: 부채 자본	2,000,000
주식가치 추정치	$99,400,000

4.3.2. 가이드라인 거래 비교법

가이드라인 거래 비교법(guideline transactions method, GTM)은 개념적으로 가이드라인 상장회사 비교법(GPCM)과 유사하다. GPCM과 다른 점은 GTM은 상장이나 비상장회사의 인수거래에서 적용되었던 주가배수를 사용한다는 점이다. 인수 거래의 당사자는 영국의 Financial Conduct Authority(금융감독청)이나 미국의 Securities and Exchange Commission (SEC, 증권거래위원회) 같은 증권당국을 통해 M&A 자료를 공시해야 한다. 하지만 공개된 정보가 제한적이고 내용을 즉시 확인하기도 어려워 평가자들은 이러한 공개 자료의 신뢰성에 의문을 가지기도 한다. 물론 모든 조건이 동일하다면 GTM 거래배수가 비상장회사 경영권 지분의 가치평가에 가장 적절한 근거가 될 수 있다.

과거 거래를 기반으로 하는 가격배수의 평가에는 여러 요소들이 고려되어야 한다.

- **시너지**. 전략적 인수 가격에는 기대되는 시너지에 대한 대가가 포함될 수 있다. 거래 사례의 시너지 대가에 대한 적절성 검토가 필요하다.
- **조건부 대가. 조건부 대가(contingent consideration)**는 사전에 합의된 일정 조건이 미래에 충족되면 매도자에게 추가적으로 지급하는 보상이나 대가를 말한다. 규제당국으로부터 특정한 승인을 얻거나 목표 EBITDA 수준을 달성할 때 조건부 대가를 지급하는 것은 대표적인 조건부 거래이다. 조건부 대가를 인수조건에 포함할 수도 있다. 기업 인수가격에 조건부 대가를 포함시키면 피인수회사의 미래 재무성과와 관련된 불확실성을 완화할 수 있다. ASC 805는 기업결합의 조건부 대가의 측정과 보고 요건을 개정한바 있다.
- **비현금 대가**. 인수대가로 주식이 사용될 수 있다. 거래가격에 상응하는 대규모 주식이 거래대가로 사용되면 거래가격의 불확실성이 발생한다. 예를 들어 2001년 America Online(AOL)과 Time Warner Corporation의 합병은 AOL 주식에 대한 투자자들의 성장 기대감이 크게 반영된 시점에 주식교환(stock swap) 방식으로 진행되었다. 2002년 합병회사는 두 건에 총 $990억에 달하는 영업권 상각을 보고했다. 이러한 대규모 영업권 상각으로 인해 시장에서는 합병 직전 AOL의 주가가 내재가치에 대비 일시적으로 과도히 고평가되었다는 논란이 확산되었다.
- **거래의 가용성**. 특정 비상장회사의 평가에 적합한 의미 있는 과거 거래는 제한적일 수 있다. 가치평가일로부터 상당히 오래전에 있었던 거래에 적용된 거래배수를 사용하는 것은 적절하지 않을 수 있다. 특히 거래일과 가치평가일 사이에 회사나, 산업 혹은 경제의 중요한 변화가 있었다면 더욱 그렇다.
- **거래일과 가치평가일의 차이**. 가치평가일 혹은 그에 인접한 일자의 주가를 기초로 주가배수를 구하는 GPCM과 달리 GTM은 과거 산업 내 기업들의 경영권 인수 거래에 적용된

거래배수를 사용한다. 많은 산업에서 경영권이 변동하는 거래는 많지 않으며 가치평가일로부터 수개월 혹은 그보다 훨씬 이전 기간의 거래를 감안해도 거래가 극히 제한적일 수 있다. 시장의 변화는 가격배수의 조정을 유발하는 위험과 성장전망의 변화를 가져온다.

EXAMPLE 6 가이드라인 거래 비교법을 이용한 가치평가

수익접근법과 가이드라인 상장회사 비교법에 더하여 가이드라인 거래 비교법의 적용도 고려하고 있다. Duvall과 그의 자문관은 다음과 같이 언급한다.

- 이 산업에서 있었던 다수의 최근 비상장회사 인수 거래에 적용된 MVIC/EBITDA 배수는 평균 6.0이다.
- 검토된 다수의 인수 건들은 매출 기반과 원천이 유사하기 때문에 Able에 적합한 것으로 보인다.

1. 가이드라인 거래 비교법(GTM)과 가이드라인 상장회사 비교법(GPCM)에 따른 가격배수의 차이를 설명하라.
2. GTM을 사용할 때 가격배수의 조정에 대해 설명하라.
3. Able에 적합한 가격배수를 계산하라.
4. GTM을 이용하여 Able의 가치를 추정하라.

Solution 1

GTM은 회사의 전체 지분 인수를 수반하는 시장거래를 고려한다. 따라서 가격배수는 전체 회사의 가치를 보다 정확히 반영한다. GPCM은 일반적으로 공개시장의 소규모 주식 거래를 반영한다. 결국 이 가격배수는 상장회사 전체 지분의 가치를 반영하지 못할 수 있다.

Solution 2

인수에 적용된 거래배수가 가격배수의 기본이 된다. 과거 인수된 회사와 평가대상 회사의 위험과 성장전망을 평가하여 조정 사항을 반영한다. 이 가격배수는 전체 주식의 인수를 반영하는 것인바, 전체 주식의 가치가 고려된 것이다. 따라서 경영권 프리미엄에 대한 조정은 필요하지 않다.

Solution 3

Able Manufacturing, Inc.
가이드라인 거래 비교법에 따른 가격배수 도출

유사거래로부터 도출된 기초 MVIC/EBITDA		6.0
Able에 대한 상대적 위험과 성장전망 조정	0%	0.0
가격배수 추정치		6.0
반올림한 MVIC/EBITDA 배수		6.0

Solution 4

가이드라인 거래 비교법의 의한 가치평가는 경영권 프리미엄이 거래배수에 이미 반영되었다는 점을 제외하면 가이드라인 상장회사 비교법의 가치평가와 큰 차이가 없다.

Able Manufacturing, Inc. 가이드라인 거래 비교법에 따른 가치평가	
EBITDA	$16,900,000
가격배수	6.0
투하자본의 가치(기업가치) 추정치	101,400,000
Less: 부채자본(시장가치로 가정)	2,000,000
주식가치 추정치	$99,400,000

4.3.3. 기존 거래 비교법

기존 거래 비교법(prior transaction method, PTM)은 평가대상 주식의 과거 거래 사례를 고려한다. 가치평가는 실제 지불된 가격이나 거래에 적용된 거래배수를 기초로 한다. PTM은 일반적으로 소수지분의 가치평가에 가장 적절하다. 다만 많은 비상장회사들이 주식의 거래 실적이 없거나 매우 제한적인 것은 적용상의 문제가 될 수 있다.

만일 가용한 정상거래(arm's length) 원칙에 따른 적기의 거래 사례가 있다면 PTM에 따른 가치 추정치는 의미 있는 평가근거가 될 수 있다. 반면 참고할 수 있는 거래가 빈번하지 않은 경우라면 PTM의 신뢰성은 제한될 수 있다. 또한 기존 거래에 특별한 거래의 동기나 배경이 있으면 PTM 자료의 신뢰성에 불확실성이 수반될 수 있다. 거래 시점의 차이도 상당한 조정 사유가 될 수 있다. 예를 들어 벤처 투자를 받은 초기 기업은 성공적인 개발계획이 실행되면 가치가 급격히 상승할 수 있다. 이렇게 가치가 높아지기 전에 이루어진 거래는 나중에 의미 있는 가치의 시사점을 제공할 수 없다.[36)]

4.4. 자산기반접근법

자산기반접근법(asset-based approach)의 기본 원리는 기업의 소유권 가치는 자산의 공정

36) 매출이나 현금흐름이 매우 의문스러운 경우 PTM은 개발단계 기업의 가치에 대한 시사점을 제공할 수 있다. 많은 개발단계 기업들은 개발 활동에 필요한 자본을 여러 단계의 파이낸싱 라운드에 걸쳐 조달한다. 이 경우 가치평가의 근거가 될 수 있는 다수의 기존 거래가 발생한다. 자본 조달에는 유동성을 확보에 유리하고 보통주로 전환할 수 있는 권리가 있는 우선주가 자주 활용된다. 개발단계 회사들은 종종 다양한 종류의 주식과 권리를 갖는 증권을 발행해 복잡한 자본구조를 가지기 때문에 PTM 사용 시 상당한 조정이 요구된다. 이 절차는 복잡하며 상당한 판단을 필요로 한다. 보다 자세한 내용을 알고 싶다면 AICPA의 관련 지침인 *Valuation of Privately-Held Equity Securities Issued as Compensation*을 참조하라.

가치에서 부채의 공정가치를 뺀 것과 같다고 보는 것이다. 업계 전문가들이 **비용접근법(cost approach)**이라고도 부르는 이 접근법은 가치평가의 세 가지 접근법 중 계속기업에 대한 가치평가의 개념적 관점에서 일반적으로 가장 취약하다는 평가를 받는다.

실제 자산기반접근법은 계속기업의 가치평가에는 거의 사용되지 않는다. 이러한 이유로는 무형자산의 가치를 직접적으로 평가할 수 있는 시장 정보가 제한적이라는 것, (특수 목적의 공장이나 장비 같은) 일부 유형자산의 가치평가에 어려움, 자산 전체를 포괄하는 사업전체의 가치를 평가한 정보는 즉시 가용한 경우가 많아도 자산별로 가치를 평가한 정보는 제한적이라는 점 등을 들 수 있다.

사용된 자산에 명목상의 이윤만 실현하면서 미래에 성과가 개선될 것으로 기대되지 않는 사업회사의 경우 회사의 해산을 가정한 자산기반접근법을 사용하는 것이 최선일 수 있다. 이 경우 계속기업으로서의 가치는 청산가치(자산의 청산을 통해 실현될 수 있는 가치)보다 작을 수 있다. 이는 인수자가 자산을 보다 많은 부가가치를 창출하는 용도에 재배치할 수 있기 때문이다. 자원기업과 금융회사는 자산기반접근법으로 평가될 수 있다. 은행과 금융회사의 자산은 주로 시가평가가 용이한 대출과 증권 포트폴리오로 구성된다. 이 경우 개별 자산의 가치 추정치를 합산하면 회사 전체 가치 추정치의 하한선을 구할 수 있다. 자산기반접근법은 또한 부동산투자신탁(REITs)과 폐쇄형투자회사(CEICs) 같은 집합투자기구의 가치평가에 적합할 수 있다. 이들 회사의 기초자산은 전형적으로 시장접근법이나 수익접근법으로 가치가 평가되는 부동산이나 증권으로 구성된다. 자산기반접근법은 무형자산이 적거나 초기 단계의 아주 작은 규모의 회사를 평가하는데 적절할 수 있다.

집합투자기구의 지분을 평가할 경우 특정 요인들로 인해 평가가치가 순자산가치(NAV)와 차이를 보일 수 있다. 투자자의 입장에서 운용보수나 성과보수는 유출액이기 때문에 이로 인해 가치 추정치는 NAV보다 작아질 수 있다.[37] 운용 전문성에 따른 상대적 성장과 수익의 정도에 따라서도 가치 추정치가 순자산가치에서 하향 혹은 상향 조정될 여지가 있다. 이월결손금 같은 법인세 효과, 분산, 전문 경영인(운용인력)의 역량 등도 가치에 영향을 미칠 수 있다.

(EXAMPLE 7)은 비상장회사 평가자가 상장회사의 금융서비스 자회사를 평가하는데 사용한 네 가지 가치평가 방법에 따른 가치의 정의에 대해 설명하고 있다.

---

37) **성과보수(carried interest)** 혹은 "캐리(carry)"는 투자펀드의 성과를 극대화하기 위해 사모펀드(PE)나 헤지펀드 같은 투자조합의 운용자인 무한책임사원(general partner, GP)에게 인센티브 형식으로 수익의 일부를 지급하는 것을 말한다. 운용자의 성과보수 배분은 운용자가 투자조합을 관리함으로써 얻게 되는 관리보수와는 별도로 주어진다. 성공보수를 받기 위해서는 일반적으로 운용자가 투자자들이 기여한 모든 자본에 대해 수익을 창출해주는 것이 우선이며, 경우에 따라서는 펀드가 투자자들과 사전에 약정한 수익률인 허들레이트(*hurdle rate*)를 달성해야 한다.

EXAMPLE 7 금융서비스회사의 가치평가

금융서비스회사의 가치평가를 위해 평가자는 네 가지 접근법에 따라 가치를 추정했는데, 그 내용은 다음과 같다.

1. **현금흐름할인 접근법**. 평가자는 향후 10년간 추정 FCFE의 현재가치에 11년차 현금흐름의 자본화된 가치의 현재가치를 합산하여 가치를 추정했다.
2. **시장접근법**. 평가자는 GPCM으로 주가현금흐름비율, 주가장부가비율, 주가수익비율을 구하여 위험과 성장전망의 차이를 반영해 조정한 후 각각을 이 회사의 현금흐름, 장부가치, 수익에 적용함으로써 가치를 평가했다.
3. **조정 장부가치 접근법(계속기업 기준)**. 평가자는 시장가치를 잘 반영할 수 있도록 자산과 부채의 장부가치를 조정하여, 이 접근법에 따른 가치 추정치인 자기자본의 조정된 장부가치를 얻었다. 이때 사용된 시장가치의 정의는 "시장가치는 공정한 거래를 위한 선행조건이 충족된 상황에서 자산이 경쟁적이고 공개적인 시장에서 유지되고, 매수자와 매도자가 각기 신중하게 행동하고 거래 관련 사항을 잘 이해하고 있으며, 가격이 충동적이거나 비이성적으로 영향을 받지 않는다는 가정 하에 가장 현실적인 가격"이다.
4. **조정 장부가치 접근법(청산 기준)**. 평가자는 자산과 부채의 장부가치가 질서 있는 청산가치를 더 잘 반영하도록 조정하여, 이 접근법에 따른 가치 추정치인 자기자본의 청산 장부가치를 얻었다. 이때 사용된 청산가치의 정의는 "질서 있는 청산가치는 매수자를 찾는데 합리적 시간이 주어지며 매수자와 매도자 모두 자산이 채택되어 사용되는 데에 대한 용도와 목적을 이해하고, 매도자는 매도를 강요받지만 매수자는 매수의 의사는 있으나 이를 강요받지 않는 공개된 시장에서의 거래에 주어진 가격"이다.

위의 네 가지 평가방법 중 가장 작은 가치 추정치를 산출할 것으로 예상되는 평가방법은 어떤 것인지 설명하라.

Solution

1~3번 방법은 계속기업 가치를 인식하지만 4번 방법은 그렇지 않기 때문에 이 방법의 가치 추정치가 가장 작아야 한다. 일반적으로 1번과 2번 방법에서 암묵적으로 가정하는 바와 같이 개별자산이 잘 조율된 방식으로 운영되면 (개별자산의 가치보다) 가치가 증가해야 한다. 3번과 4번 중에는 매도자가 매도를 강요받는 요인으로 인해 4번 방법에 따른 가치가 가장 작게 추정된다.

4.5. 가치평가의 할인과 할증

비상장회사 가치평가에는 경영권이나 시장성에 따라 가치를 조정하는 경우가 빈번히 발생한다. 이는 상장회사와 비교되는 비상장회사 가치평가의 중요한 차이점이다. Hitcher(2006)[38)] 에서 인용한 아래 도표는 여기서 논의되는 여러 개념들의 관계를 설명하고 있다. 도표가 나타내는바와 같이 할인(디스카운트)의 적용 여부는 가치평가의 출발점을 어디로 하느냐에 따라 결정된다.

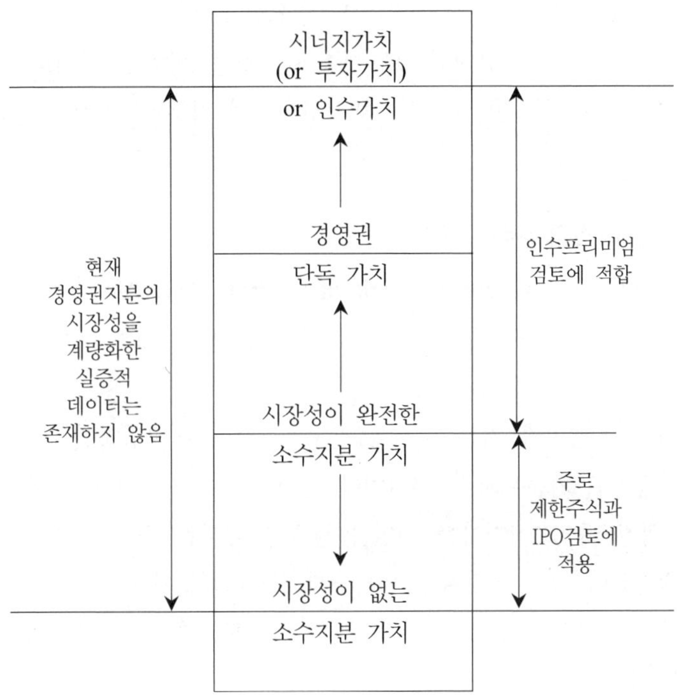

도표의 맨 위에서 출발하면 회사에 대한 가장 큰 가치 추정치는 최상의 시너지를 구현할 수 있는 최적 인수자의 투자가치(investment value)이다. 이 가치는 경영권 지분에 대한 거래를 가정하기 때문에 결과적으로 가치가 높게 평가된다. 전략적 인수자에 의한 경영권 가치 아래에는 독립적 (재무적) 인수자에 대한 기업의 가치가 위치한다. 이 경우에는 인수자에게 특별한 인수 시너지는 존재하지 않는다. "시장성이 완전한 소수지분 가치"는 즉각적 시장성을 갖는 비경영권 지분의 가치를 나타낸다. 이 가치는 대부분의 상장회사 주식이 시장에서 거래되는 가격과 등가를 이룰 수 있다. 가장 낮은 가치 추정치는 "시장성 없는 소수지

38) Hitcher(2006).

분 가치"이다. 이 가치는 비상장회사의 소수 지분과 관련되어 경영권과 시장성 부재에 따른 할인이 반영된 가치이다.

경영권 프리미엄이나 경영권과 시장성 부재에 따른 디스카운트는 사안에 따라 결정되며, 가치 추정치는 극단적으로 달라질 수 있다. 디스카운트나 프리미엄 추정치의 변동이 큰 것은 디스카운트의 계량화에 사용된 자료의 비교가능성 확보의 어려움과 관련된다. 디스카운트의 적용은 보유 지분의 중요성, 주식의 분산 정도, 당사자들의 관계, 소수주주권에 영향을 미치는 법규 등 여러 요인을 어떻게 해석하느냐에 따라서도 달라진다.

잠재적으로 유동성을 확보할 수 있는 시점도 중요한 고려사항이다. IPO나 전략적 매각을 추구하는 비상장회사의 지분은 상대적으로 보통 수준으로 할인된 가치로 평가된다. 하지만 배당을 지급하지 않고 유동화 전망도 없는 비상장회사의 지분에는 상당히 높은 할인이 요구된다.

4.5.1. 경영권 부재 디스카운트

경영권 부재 디스카운트(discount for lack of control, DLOC)는 전부 또는 일부의 경영권 부재를 반영하여 전체 100% 주식 지분의 비례적 지분에 대해 할인되는 금액이나 백분율을 나타낸다.[39)]

전체 지분의 가치가 경영권 지분을 전제로 도출되었다면 비경영권 지분의 가치평가에는 경영권 부재에 따른 디스카운트가 고려되어야 한다. 경영권이 없다는 것은 경영을 통제할 수 있는 이사, 경영진, 주요 직책자를 선임할 능력이 없다는 점에서 투자자에게 분명 불리하게 작용한다. 경영권이 없는 투자자는 투자가치, 가치 배분의 타이밍, 투자자의 최종 수익률에 영향을 미치는 현금과 자산의 배분, 자산의 양수도, 자금조달 등 회사의 중요한 경영활동에 참여할 수 없기 때문이다.

지분에 경영권이 없는 경우라도 경영권 부재가 가치에 미치는 영향은 확실하지 않다. 미국 SEC(증권거래위원회)는 경영권 부재 디스카운트 적용을 지지하기 위해서는 "불균형적 수익"의 증거가 중요하다고 권고한다. 불균형적 수익(disproportionate return)은 경영권 주주가 자신에게 시장 평균을 상회하는 보상을 지급하거나 소수주주에게 귀속될 수익을 줄이는 활동으로 자신의 수익을 증가시킬 때 발생한다. 주식의 IPO나 전략적 매각 등으로 유동성을 확보하려는 비상장회사의 경우에는 경영권 보유자들이 회사의 이익을 줄이려는 활동을 할 가능성이 줄게 된다.

경영권 부재 디스카운트를 측정할 수 있는 가용한 자료는 제한적이며 해석 또한 크게 다

---

39) International Glossary of Business Valuation Terms.

를 수 있다. 사업회사 지분의 경우 상장회사의 인수 사례에서 얻은 경영권 프리미엄 자료가 과거에는 빈번히 사용되었다. 앞서 경영권 프리미엄 논의에서 언급된 요소들은 경영권 부재 디스카운트 추정에도 고려되어야 한다. 경영권 부재에 따른 부정적인 재무적 영향 입증과 경영권 부재 디스카운트 측정을 위한 자료 확보의 불확실성을 감안해 다음과 같은 수식이 경영권 부재 디스카운트 계산에 자주 사용된다.

$$DLOC = 1 - [1/(1 + \text{경영권 프리미엄})]$$

예를 들어 경영권 프리미엄이 20%라면 DLOC는 1 − (1/1.20) = 16.7%가 된다.

아래 표는 가치평가접근법에 따른 DLOC의 일반적 적용 기준을 보여주고 있다.

평가방법	가치평가의 대상	DLOC 적용
GTM	경영권 지분	적용
GPCM	전형적으로 소수지분	적용
CCM/FCF	경영권 또는 소수지분	현금흐름에 따라 결정

경영권 지분을 대상으로 현금흐름과 할인율이 측정되면 수익접근법인 CCM과 FCF 평가법에 따른 가치평가 결과는 경영권 지분가치로 간주된다. 경영권 현금흐름이 사용되지 않거나 할인율이 최적 자본구조를 반영하지 않으면 평가 결과는 경영권이 반영되지 않은 것으로 인식된다.

일부 애널리스트들은 REITs(부동산투자신탁)와 CEICs(폐쇄형투자신탁)의 트레이딩은 경영권 부재 디스카운트 추정에 근거를 제공한다고 믿는다. 하지만 개별 REITs와 CEICs는 시점에 따라 순자산가치에 대해 할인 혹은 할증되거나 거의 순자산가치에 거래되기 때문에 경영권 부재를 계량화하기 위해 이러한 자료를 사용하는 것은 쉽지 않다 또한 이는 이 책의 논의 범위를 넘어서는 것이기도 하다.

4.5.2. 시장성 부족 디스카운트

시장성 부족 디스카운트(discount for lack of marketability, DLOM)란 (공개시장에서 거래되는 회사에 비해) 평가대상 회사의 주식에 대한 준비된 시장의 상대적인 부재로 인해 소유권 지분의 가치에서 차감되는 금액이나 가치의 백분율을 말한다.[40)]

DLOM은 비상장회사의 비경영권 지분의 가치평가에 종종 적용된다. 비록 DLOM이 DLOC와 차이가 있긴 해도 두 디스카운트는 밀접한 연관성을 가진다. 즉 가치평가가 비경

40) International Glossary of Business Valuation Terms.

영권 지분을 대상으로 하면 시장성 부족 디스카운트도 적용하는 것이 일반적이다. 시장성 부족 디스카운트에 영향을 미치는 주요 변수에는 유동성 전망, (매각제한과 같은) 시장성에 영향을 미치는 계약상 약정사항, 양도 제한, 잠재적 인수자의 풀(pool), 위험이나 변동성, 규모, 배분의 타이밍(자산의 듀레이션), 가치의 불확실성, 소유권의 집중 등이 있다.41) 최소한 시장성이 없는 지분의 경우 투자 자금의 재배치가 불가능하기 때문에 잠재적으로 관련된 기회비용이 가치평가에 감안된다.

양도제한주식(restricted stock)의 거래와 IPO는 시장성 부족 디스카운트를 계량화하는데 전형적으로 사용되는 두 유형의 자료이다. 비록 이러한 자료가 가치평가 전문가들 사이에서 디스카운트를 지지하는 최적의 가용한 자료로 받아들여지지만 이런 자료는 해석에 상당한 이견이 있을 수 있다.

미국의 경우 SEC Rule 144는 상장회사 비등록주식의 재매각을 제한한다. IPO 이전에 취득한 주식은 Rule 144에 따른 매각 제한을 받을 수 있다. 이 규정은 공개적으로 거래되는 주식에 대한 시장 질서를 유지하기 위해 주식의 재매각을 규제한다. 양도제한주식은 거래가 제한되는 것을 제외하고는 자유롭게 거래되는 상장회사의 주식과 기본적으로 같은 주식이다. 비상장회사의 지분과 달리 양도제한주식의 거래는 멀지 않은 미래에 시장성을 확보할 수 있는 주식의 거래로 본다.42)

IPO 이전 주식 매각에도 시장성 부족 디스카운트가 작동한다. IPO에 근접한 많은 기업(특히 초기 단계나 고성장기 기업들)은 개발이 진척되면서 위험 수준과 불확실성이 감소하고 가치는 증가한다. 예상되는 현금흐름의 실현 가능성과 관련된 위험이 감소하거나 가능한 미래 현금흐름의 변동 범위가 줄어들면서 할인율이 축소된다.43) 일부 연구에서는 이런 요인을 조정하려 노력해왔다.

시장성 부족 디스카운트 계량화에는 풋옵션이 포함된 여러 평가모형들이 사용돼왔다. 이 절차의 첫 단계는 등가격(at-the-money) 풋옵션의 가치를 평가하는 것이다. 어떤 DOLM도 반영되지 않은 주식가치의 백분율로 풋옵션의 가치를 표시하면 백분율 DOLM 추정치가 된다. 풋옵션을 이용한 DOLM 추정은 개발단계에 있는 기업의 평가에 가장 자주 사용된다. 이런 기

---

41) AICPA "Stock Practice Aid"의 p. 24 paragraph 56 참조.

42) 일부 해설자들은 시장에서 통상 거래되는 것을 상당히 초과하는 양도제한주식의 대량매도는 시장성 부족 디스카운트를 계량화하는데 최상의 비교 자료가 된다고 주장했다. 매각 물량이 통상의 거래량을 크게 초과하면 Rule 144 제한이 종료되어도 양도제한주식의 대규모 블록은 여전이 유동성이 부족할 수 있다. 이런 블록의 사적 매각은 보유에 따른 가격위험과 관련된 가치평가 디스카운트를 반영할 수 있다.

43) AICPA "Stock Practice Aid"에는 프리IPO와 IPO 기업의 위험 감소에 대해 다음과 같이 언급한다. 즉 paragraph 117 - "IPO 이전 비상장회사의 자기자본비용은 일반적으로 20%에서 35%이다." paragraph 119 - "반면 신규 상장기업의 자기자본비용은 15%에서 25%의 범위를 갖는다."

업들의 투자자들은 종종 중단기적으로 유동성을 확보하는 것을 투자 목적으로 하기 때문이다.

이 접근법의 핵심 가정은 유동성 사건(liquidity event)까지의 기간과 회사와 관련된 변동성 수준이다. 풋옵션 분석의 장점 중 하나는 변동성 추정치를 통해 비상장회사의 인지된 위험을 직접 설명할 수 있다는 것이다. 이 변동성 추정치는 디스카운트 정도를 결정하는 여러 변수들 중 하나에 불과한 양도제한주식이나 IPO 거래와 비교하면 주식의 위험을 비교적 잘 포착할 수 있다. 가치평가일의 변동성 추정치는 상장회사의 역사적 변동성이나 공개시장에서 거래되는 옵션 가격의 내재변동성 추정치로 도출될 수 있다. 풋옵션은 오직 가격보장(price protection)만을 제공한다. (가격보장은 옵션 만기까지 유지된다.) 그러나 풋옵션은 자산 보유에 대한 유동성을 제공하지는 않기 때문에 이를 이용해 DLOM 추정치를 구하는 방식에 의문이 제기된다. 또한 풋옵션은 기초자산의 보유자가 해당 증권의 가치 상승으로 혜택을 보는 것을 허용하기 때문에 시장성 부족을 정확히 모형화할 수 없는 문제도 있다.

경영권이나 시장성 디스카운트에 더해 잠재적으로 고려해야 할 디스카운트 요인은 더 있다. 핵심 인력 디스카운트, 포트폴리오 디스카운트(비균질적 자산 보유에 따른 디스카운트), 무의결권 주식에 대한 디스카운트 등이 이에 해당한다.

만일 경영권 부재 디스카운트와 시장성 부족 디스카운트를 모두 반영한다면 두 디스카운트를 가산해서 적용하지 않고 순차적이고 승식적으로 적용한다. 즉 경영권 부재 디스카운트를 적용한 후 시장성 부족에 따른 디스카운트를 적용한다. 가령 어떤 증권의 경영권 부재 디스카운트가 10%, 시장성 부족 디스카운트가 20%라고 해보자. 이 경우 전체 디스카운트는 30%(= 10% + 20%)가 아니라 28%[= 1 − (1 − 10%)(1 − 20%)]가 된다.

EXAMPLE 6 밸류에이션 디스카운트의 적용

Able의 지분은 Jane Doe가 10%를 가지고 있고, 나머지 90%는 CEO인 John Smith가 가지고 있다고 가정해보자. Smith는 Able을 제3자에게 매각하고자 한다. Smith는 Doe에게 Able이 매각되지 않으면 자신이 Doe의 지분 10%를 매입할 용의는 없다고 조언했다. 다음을 가정하라.

- 즉시 매각을 가정한 가치평가 디스카운트
  - 경영권 부재 디스카운트 = 0%
  - 시장성 부족 디스카운트 = 5%
- 비상장회사로 계속 운영되는 것을 가정한 가치평가 디스카운트
  - 경영권 부재 디스카운트: 정상이익이 아닌 보고된 이익에 포함되어 있음
  - 시장성 부족 디스카운트 = 25%

- 회사의 자기자본 가치 추정치
  - 매각 시나리오에서 $96백만
  - 비상장회사 유지 시나리오에서 $80백만[44)]

1. Able을 즉시 매각한다고 가정할 때 가치평가 디스카운트 적용의 적절성에 대해 설명하라.
2. 매각 가능성이 있을 때 어떤 주식가치 추정치를 사용해야 하는지 설명하고, Doe의 보유 지분가치를 계산하라.
3. Able이 비상장회사를 남는다고 가정할 때 가치평가 디스카운트의 적절성에 대해 논하라.
4. Able이 비상장회사로 계속 남는다면 어떤 주식가치 추정치를 사용해야 하는지 설명하고, Doe의 보유 지분가치를 계산하라.
5. 가치평가 결론을 비교하고 이러한 결론의 차이는 어떤 요인에 따른 것인지 설명하라.

Solution 1

Able의 매각은 Smith가 90%의 지분매각에 동의할 때만 종료될 수 있다. Able의 매각이 임박했다면 Dow의 10% 지분과 관련된 가치평가 디스카운트는 그다지 중요하지 않다. 경영권 주주인 Smith는 자신이나 다른 주주의 매각 대금을 극대화하려 한다. 따라서 소수지분과 관련된 경영권 부재는 고려 요인이 되지 않는다.[45)] 경영권 주주가 주도한 임박한 거래로 인해 비상장회사 지분의 시장성 제한에 따른 부정적 영향은 줄어들게 된다.

Solution 2

매각의 가능성이 높아 보이면 $96백만의 주식가치가 적절하다. 이 주식가치는 정상이익을 최적 자본구조에 따른 할인율로 자본화하여 추정한다.

Able Manufacturing, Inc. 회사의 매각 가능성이 높을 때 Doe 보유 10% 지분의 가치평가	
회사의 주식가치 추정치	$96,000,000
평가대상 지분	10%
10% 지분의 비례 가치	9,600,000
Less: 0%의 경영권 부재 디스카운트	0
즉각적 시장성을 가정한 가치	9,600,000
Less: 5%의 시장성 부족 디스카운트	480,000
Doe 보유 10% 지분의 가치 추정치	$9,120,000

44) 소수지분 가치평가에서 비영업자산의 처리방법은 다양하다. Able이 부동산으로 구성된 비영업자산을 보유하고 있다고 가정해보자. 매각 시점에 다수의 인수자들은 이 비영업자산에 관심이 없을 수 있다. Able은 이 비영업자산을 주식이 매각되기 전에 주주에게 처분할 수 있다. 반면 Able은 인수자에게 영업자산과 부채를 매각하여 현금을 수령하고 비영업자산을 보유한 회사가 될 수도 있다. 회사가 청산될 때 비영업자산의 가치가 포함되는 것이 타당하다. 비상장회사로 남을 것으로 기대되면 비영업자산으로부터 기대되는 소수주주의 편익은 매우 제한적일 수밖에 없다. 이 경우 일부 애널리스트들은 가치평가에서 이러한 비영업자산의 가치를 제외하기도 한다.

Solution 3

Smith가 회사를 매각할 의사가 없다면 시장 평균 이상의 비용이 계속 발생한다. 이러한 비용으로 인해 보고된 이익은 정상이익보다 작아진다. 정상이익보다 보고된 이익을 사용하는 것은 소수지분의 경영권 부재와 관련된 부정적 영향을 포착하는 방법 중 하나이다.
잠재적인 유동성 사건이 없고 시장 평균 이상의 비용이 발생하는 상황에서 주식의 시장성은 거의 제한된다. 이런 상황에서는 보다 높은 수준의 시장성 부족 디스카운트를 고려하는 것이 적절하다.

Solution 4

만일 비상장회사로 남을 가능성이 높으면 주식가치는 $80백만이 적절할 수 있다. 이 가치는 보고된 이익은 현재 자본구조에 따른 할인율로 자본화하여 추정한다. 이 경우 Doe가 보유한 지분가치는 $6백만이 된다.

Able Manufacturing, Inc.
비상장회사로 남을 가능성이 높을 때
Doe 보유 10% 지분의 가치평가

회사의 주식가치 추정치	$80,000,000
평가대상 지분	10%
10% 지분의 비례 가치	8,000,000
Less: 10%의 경영권 부재 디스카운트*	0
즉각적 시장성을 가정한 가치	8,000,000
Less: 25%의 시장성 부족 디스카운트	2,000,000
Doe 보유 10% 지분의 가치 추정치	$6,000,000

* 이 사례에서는 언급한 바와 같이 10% 지분가치는 정상이익이 아닌 보고된 이익을 사용해 포착된다고 가정한다. 또한 최적 자본구조가 아닌 실제 자본구조가 사용되었다. 비상장회사 소수지분의 경영권 부재를 처리에는 데는 여러 가지 실무적 방법이 존재한다.

Solution 5

두 시나리오에서 Doe의 10% 소수지분의 가치는 큰 차이를 보인다. 즉각적인 매각 시나리오에서 Doe의 지분가치가 높게 평가되는 것은 회사의 가치가 높게 평가되고 가치평가에 디스카운트도 적게 반영된 결과이다. 보고된 이익이 아닌 정상이익을 사용했기 때문에 회사의 가치가 커진다. (보고된 이익 사용으로) 주가배수는 낮아질 수 있다. 현재 자본구조보다 최적 자본구조를 사용하면 할인율이 낮아진다. 경영권 부재는 매각과 같은 즉각적 유동성 사건이 있는 경우 중요성이 축소된다. 소수지분의 시장성 부족 문제 역시 유동성 사건이 있으면 덜 중요해진다.

---

45) 경영권 주주가 자신의 지분을 매각할 때 항상 소수주주가 동일 가격에 지분을 매각하도록 권유받는 것은 아니다. 애널리스트는 이런 사실을 파악해야 한다. 파악해야 할 요소에는 경영권 주주의 의도, 회사 정관, 지배구조와 주주권 관련 규정 등이 포함된다.

지금까지 비상장회사의 가치평가에 사용되는 여러 형태의 평가기법에 대해 살펴보았는데, 추정치나 비즈니스의 가정에 따른 차이를 떠나 접근법과 추정치의 범위에 대한 논란이 있을 수 있다. 가치평가 프랙티스와 가치 추정치에 상당한 차이가 존재하기 때문에 가치평가를 표준화하는 것이 소비자의 편익을 도모할 수 있다는 인식도 존재한다. 다음 절에서는 이를 표준화하려는 노력에 대해 간단히 살펴본다.

4.6. 비즈니스 가치평가의 표준과 프랙티스

최근과 같이 재무보고에 공정가치 사용이 증가하기 이전에는 많은 비즈니스 평가자들이 세무, 이혼, 상업적 분쟁과 관련된 가치평가에 주력했다. 이들 평가자들은 고객의 권리 옹호자로 인식되었다. 1980년대 후반과 1990년대 초반 미국의 저축대부조합 위기와 IFRS 또는 US GAAP 재무보고에 공정가치 추정치 사용이 확대된 것은 제3자를 위한 가치평가 추정치의 중요성을 일깨운 계기가 되었다. 제3자들의 가치평가에 대한 의존성이 증가한 것은 다양한 이해관계자들의 가치평가 추정치, 관행, 표준(기준)에 대한 관심을 증폭시켰다.

가치평가 표준을 마련하는 것은 가치평가의 사용자, 그리고 크게 보면 사용자가 속한 커뮤니티를 보호하려는데 목적이 있다. 표준은 가치평가의 도출과 보고를 규정한다. The Uniform Standards of Professional Appraisal Practice(USPAP, 통일감정평가실무기준)는 미국의 저축대부조합 파산이 제3자에게 엄청난 영향을 미친데 따른 결과로 제정되었다. 부동산을 너무 비싸게 평가한 감정평가로 인해 심각한 모기지 디폴트가 발생했고, 이는 결국 다수 금융기관의 자본과 운영에 엄청난 타격을 미친 것으로 평가되었다.

USPAP는 미국의 준정부 기관인 Appraisal Foundation(감정평가재단)이 제정했다. Appraisal Foundation은 국회의 인정을 받은 가치평가 관련 표준, 프랙티스, 자격인증 기관이다. USPAP는 고정자산, 부동산, 비즈니스 가치평가에 대한 기준을 제시하고 있다.[46)]

비록 USPAP가 비즈니스 가치평가와 관련된 기준을 제시하긴 하지만 비즈니스 평가자들이 법령에 따라 이 기준을 준수할 것을 요구받는 것은 아니다.[47)] 비록 모기지 대출과 관련된 많은 감정평가가 USPAP 기반의 평가를 따를 것을 요구받지만 (상장회사의 재무보고에 사용되는 가치평가를 포함해) 비즈니스 가치평가가 USPAP나 기타의 전문적 기준을 의무적으로 준수할 필요는 없다.

International Valuation Standards Council(IVSC, 국제가치평가기준원)이 제정한 International

46) USPAP Standard 9와 10은 기업의 지분과 무형자산의 가치평가에 대해 다룬다. Standard 9는 가치평가 추정치의 도출에 대해 설명한다. Standard 10은 감정평가 분석 결과의 보고에 대해 다룬다.

47) 미국에서 USPAP의 준수는 "연방정부 관련 거래(federally related transactions)"에 한정된다. 연방정부 관련 거래에는 연방 금융 감독당국의 감독을 받는 금융기관 대출이 포함된다.

Valuation Standards(IVS, 국제가치평가기준)의 9차 개정판이 2012년 발효되었다. 세계 많은 나라와 가치평가 학회 및 연구기관들이 이 기준을 채택해왔다. 비록 이전까지는 부동산과 무형자산과 관련된 이슈가 기준의 중심을 이루었지만, 9차 개정판에서는 재무보고를 위한 가치평가를 위해 별도로 마련된 Application Standard(적용기준)을 통해 비즈니스와 그 지분 그리고 무형자산에 대한 평가기준이 추가되었다.

가치평가의 다양하고 동태적인 특성으로 인해 이러한 가치평가 기준들은 제한적이고 기술적인 가이드라인만 제공한다. 기술적 가이던스는 정기적으로 발간되는데, 재무보고를 위한 가치평가에 대해서는 특히 그렇다. 1990년대 후반 미국에서는 기업결합을 통해 획득된 기술에 대한 가치평가시 재무제표상 자산가치를 다시 기술하게 했다. 결과적으로 AICPA는 기술자산의 가치평가에 대한 가이던스를 제공하는 IRPD Practice Aid를 마련했다. 2011년 11월 공개적 의견 수렴을 위해 Practice Aid의 개정 초안이 공개되었다. 2013년 7월에는 Stock Practice Aid의 2차 개정판을 통해 스톡옵션 그랜트와 기타의 주식기반 보상과 관련된 주식의 가치평가에 대한 최신 기술적 가이던스가 제시되었다. Appraisal Foundation도 평가사들을 위한 기술적 가이던스 제공에 노력했다. 2010년 5월 Appraisal Foundation은 무형자산 가치평가에 대한 가이던스를 제공할 목적으로 *The Identification of Contributory Assets and the Calculation of Economic Rents*라는 문건을 발간했다. 2012년 6월에는 워킹그룹 작업을 통해 무형자산 가치평가 분야의 기준을 제시하기 위한 베스트 프랙티스 문건 초안인 *The Valuation of Customer-Related Assets*를 공개했다. 기타의 기술적 가이던스 문서들 역시 다수가 작성되었다. IVSC 역시 Guidance Note인 *Valuation of Intangible Assets*를 발행했다.

향후에도 가치평가 기준에 대한 계속적 발전이 예상된다. 가치평가 서비스의 사용자들은 적격 가치평가 서비스의 중요성을 빠르게 인식해가고 있다. 회계 및 감독당국과 교육자들도 이 분야에서 공정가치의 중요성을 인식하고 이 분야에 더 많은 노력을 경주하고 있다.

5. 요약정리

- 기업고유요인과 주식고유요인은 비상장회사에 적합한 가치평가의 방법과 가정의 선택에 영향을 미친다. 주식고유요인은 상장회사에 비해 비상장회사의 지분가치를 낮게 평가하는 결과를 만든다.
- 비상장회사와 상장회사가 차이를 보이는 주요 기업고유요인은 다음과 같다.
  - 수명주기단계

- 기업규모
- 주주와 경영진의 중복
- 경영진의 자질과 깊이
- 재무와 경영정보의 품질
- 단기 투자자들로부터의 압력
- 세무상 고려

• 비상장회사의 가치에 영향을 미치는 주식고유위험은 다음과 같다.
  - 주식 지분의 유동성
  - 경영권의 집중 정도
  - 유동성을 제약하는 잠재적 계약사항

• 비상장회사 가치평가의 전형적인 목적은 인수거래, (재무나 세무보고 관련) 컴플라이언스, 소송 등 세 가지이다. 인수와 관련된 가치평가와 재무보고상 가치평가는 상장회사 평가에서 가장 중요한 이슈이다.

• 여러 가지 가치의 정의가 존재한다. 가치평가의 용도와 평가대상 회사의 주요 특성을 이해하는 것은 가치의 적절한 정의를 결정하는데 도움이 된다. 가치의 주요 정의는 다음과 같다.
  - 공정시장가치(fair market value)
  - 시장가치(market value)
  - 재무보고상 공정가치(fair value for financial reporting)
  - 소송목적상 공정가치(fair value for litigation context)
  - 투자가치(investment value)
  - 내재가치(intrinsic value)

• 비상장회사의 가치평가에는 손익계산서의 조정을 통한 이익의 정규화가 필요하다. 이러한 조정은 비정상 요소를 제거하여 비교를 촉진하기 위해 일회성이거나 비경제적 혹은 비정상적 항목을 제거하는 것이다.

• 수익접근법(income approach) 중에서 대규모 성숙기 비상장회사의 가치평가에는 잉여현금흐름법이 사용된다. 소규모 회사나 특수한 상황이 있는 경우에는 자본화현금흐름법이나 초과수익법이 사용된다.

• 시장접근법(market approach)에서는 가이드라인 상장회사 비교법, 가이드라인 거래 비교법, 기존 거래 비교법 등 세 가지 방법이 통상 사용된다.

• 자산기반접근법(asset-based approach)이 비상장회사의 가치평가에 자주 사용되지는 않는다. 이 접근법은 계속기업보다 청산시 가치가 더 큰 기업의 가치평가에 적합하다. 이 접

근법은 또한 지주회사나 아주 소규모인 회사, 최근에 설립되어 업력이 일천한 회사 등에 적용될 수 있다.

- 경영권과 시장성 이슈는 비상장회사와 그 지분가치 평가에 중요한 역할을 하지만, 이를 평가하는 것이 쉬운 것은 아니다.
- 비상장회사 전체 지분의 가치 측정에 공개시장에서 거래되는 회사의 주가배수의 기초로 사용하면 경영권 프리미엄을 고려하는 것이 적절하다. 경영권 프리미엄은 경영권 부재 디스카운트 추정에도 사용된다.
- 경영권 부재 디스카운트(DLOC)는 경영권 지분가치를 비경영권 지분가치로 전환할 때 사용된다. 경영권 부재가 기업가치에 부정적 영향을 미친다는 증거는 디스카운트 평가에 중요한 고려사항이다.
- 시장성 부족 디스카운트(DLOM)도 비상장회사의 비경영권 지분가치의 평가에 자주 적용된다. 가까운 미래에 유동성 사건(liquidity event)이 발생할 가능성이 높으면 DLOM은 적절하지 않을 수 있다.
- 자료의 제한, 가용한 자료의 해석상 차이, 비상장회사의 시장성 부재 영향의 해석 차이 등으로 인해 DLOM을 계량화하는 것은 어려운 작업이다.
- DLOM은 1) 자유롭게 거래되는 주식에 대한 상장회사 매각제한주식의 사적 매각, 2) IPO 이전 주식의 사적 매각, 3) 풋옵션 프리이싱 등을 기초로 추정할 수 있다.
- 가치평가 기준의 제정은 가치평가의 사용자뿐 아니라 나아가 커뮤니티 전체를 보호하려는 목적이 있다. 가치평가 기준은 일반적으로 가치평가의 도출과 보고에 대해 규정한다.
- 여러 조직이 가치평가 기준을 제시해왔다. 하지만 어떤 하나의 가치평가 기준도 비상장회사 가치평가의 모든 것을 충족시킬 수는 없다.

참고문헌

Aggarwal, Raj, Cynthia Harrington, Adam Kobor, and Pamela P. Drake. 2008. “Capital Structure and Leverage.” *Corporate Finance: A Practical Approach*. Michelle Clayman, Martin Fridson, and George Troughton, eds. Hoboken, NJ: John Wiley & Sons.

Damodaran, Aswath. 2002. *Investment Valuation Tools and Techniques for Determining the Value of Any Asset*. Hoboken, NJ: John Wiley & Sons.

Hitchner, James R. 2006. *Financial Valuation: Applications and Models*, 2nd edition. Hoboken, NJ: John Wiley & Sons.

Pratt, Shannon P., and Roger J. Grabowski. 2014. *Cost of Capital: Applications and Examples*, fifth edition. Hoboken, NJ: John Wiley & Sons.

연습문제

1. 두 회사가 Target Company의 인수를 고려중이다. Buyer A는 전략적 인수자이고, Buyer B는 재무적 인수자이다. 다음은 Target Company에 관한 정보이다.

   - 매출액 = £28,000,000
   - 보고된 EBITDA = £4,500,000
   - 보고된 경영진 보상 = £1,000,000
   - 정규화한 경영진 보상 = £500,000
   - 일반관리 기능의 비효율 제거로 절감된 SG&A = £600,000

   Target Company의 인수 분석에서 전략적 인수자와 재무적 인수자가 사용할 예상 EBITDA 추정치를 계산하라.

2. 다음의 정보를 바탕으로 산업위험에 대한 조정을 필요로 하지 않는 집적법을 사용하여 소규모 회사의 주식에 대한 할인율을 계산하라.

   - 주식위험프리미엄 = 5.0%
   - 미드캡(중형주) 주식위험프리미엄 = 3.5%
   - 스몰캡(소형주) 주식위험프리미엄 = 4.2%
   - 장기 채권수익률 = 5.1%
   - 중기 채권수익률 = 5.3%
   - 기업고유위험 프리미엄 = 3.0%
   - 가치평가일 현재 20년물 국채수익률 = 4.5%

3. 다음 정보를 바탕으로 자본화현금흐름법(CCM)을 사용하여 어떤 가상 회사의 100% 지분의 공정시장가치를 계산하라.

   - 보고된 올해 주주잉여현금흐름(FCFE) = $1,400,000
   - 정규화한 올해 주주잉여현금흐름(FCFE) = $1,800,000
   - 장기 이자부 부채 = $2,000,000
   - 가중평균자본비용 = 15%
   - 주식의 할인율 = 18%
   - FCFE의 장기성장률 = 5.5%

4. 당신은 다음 정보를 바탕으로 초과이익모형을 이용해 Pacific Company의 가치를 평가하라는 지시를 받았다.

- 운전자본 잔액 = $2,000,000
- 고정자산의 공정가치 = $5,500,000
- 고정자산의 장부가치 = $4,000,000
- 회사의 정상이익 = $1,000,000
- 운전자본에 대한 요구수익률 = 5.0%
- 고정자산에 대한 요구수익률 = 8.0%
- 무형자산에 대한 요구수익률 = 15.0%
- 가중평균자본비용 = 10.0%
- 초과이익의 장기성장률 = 5.0%

이상의 정보를 바탕으로,

A. Pacific의 무형자산의 가치는 얼마인가?
B. 투하자본의 시장가치(MVIC)는 얼마인가?

5. 어떤 평가자가 한 비상장회사의 소수지분에 대한 종합적인 밸류에이션 디스카운트 수준을 결정하라는 지시를 받았다. 평가자는 적정 경영권 프리미엄이 15%라고 결론 내렸다. 시장성 부족 디스카운트는 25%로 측정되었다. 이러한 디스카운트 요소들이 주어졌을 때 종합적인 디스카운트는 얼마인가?

다음 정보를 바탕으로 질문 6 ~ 11에 답하시오.

Thunder Corporation의 CEO인 Alan Chin은 CFO인 Constance Ebinosa에게 회사를 한 사모펀드에 매각할 목적으로 회사의 가치평가를 준비하도록 지시했다. Thunder는 연 매출이 $200백만인 미국의 종합 가정용품 제조업체이다. 주요 고객은 미국 내 다수의 소매 유통체인들로 구성되어 있다. 경쟁자는 Procter & Gamble, Clorox, and Unilever 같은 대형 유통업체들이다. Thunder는 설립된 지 15년이 지났지만 여전히 설립 당시 주주들이 사적으로 소유하고 있으며, 이들은 아무도 회사에 고용되어 있지 않다. 회사의 현재 고위 경영진은 지난 15년 대부분 동안 회사의 운영을 책임져왔고, 매각 후에도 우수한 경영능력을 인정받아 계속 경영진에 남을 것으로 예상된다.

사모펀드는 Thunder에 대해 현재 주주와 경영진과 비슷한 기대를 가지고 있다. 이 투자자들은 중기적으로 상당기간 Thunder를 보유할 것으로 기대하며 시장상황이 현재보다 호전되면 기업공개를 추진할 생각이다.

Chin은 Thunder의 분석에서 어떤 가치의 정의가 사용되어야 하는지에 관심을 가지고 있다. 그는 최근 주식시장의 변동성이 매우 커졌다고 말했다. 그는 또한 가장 유사한 최근의 비상장회사 거래가 정상가격 원칙을 따르지 않았을 때 공정시장가치가 정말로 추정될 수 있는지에 대해 의문을 가지고 있다.

Chin은 Ebinosa에게 상장회사와 비교하여 Thunder와 같은 비상장회사의 가치평가 절차에 차이가 있는지 물었다. Ebinosa는 차이가 있다고 답하고 애널리스트가 고려해야 할 몇 가지 요소들에 대해 설명했다.

Ebinosa는 또한 비상장회사의 가치평가에 가용한 몇 가지 접근법을 설명했다. 그녀는 Thunder의 규모가 상대적으로 크고 효율적인 공장과 창고를 보유하고 있기 때문에 자산기반접근법을 가치평가에 우선적으로 고려할 수 있다고 말했다. 부동산 감정평가사에 따르면 이들 설비의 가치는 즉각적으로 평가될 수 있다고 한다. 두 번째로 고려할 수 있는 방법은 Procter & Gamble과 Clorox의 평균 주가배수를 이용하는 시장접근법이다. 세 번째 방법으로 현금흐름할인 접근법이다. 이 접근법은 지난 10년간 Thunder가 느리지만 점진적인 수익성 개선을 지속해왔다는데 관심을 갖는다.

이 사모펀드는 이들 방법 중 수익접근법을 사용하려 한다고 말해왔다. Ebinosa는 그들이 작성한 추정치의 타당성을 점검해야 한다. 그녀는 향후 12개월 동안 Thunder의 매출이 장기적 연평균 성장률인 3% 성장할 것으로 가정한다. 또한 그녀는 향후 12개월 기업잉여현금흐름(FCFF)을 계산하기 위해 다음과 같은 가정을 수립했다.

- 매출총이익률은 45%이다.
- 감가상각비는 매출액의 2%이다.
- 판관비(SG&A)는 매출액의 24%이다.
- 현재 매출 수준을 유지하기 위한 자본적 지출은 감가상각비의 125% 수준이다.
- 미래 성장을 위한 추가적인 자본적 지출은 매출액 증가액의 15% 수준이다.
- 운전자본 투자는 매출액 증가액의 8%이다.
- EBIT에 대한 한계세율은 35%이다.

Chin은 수익접근법을 사용하면 할인율의 선택에 따라 가치 추정치가 큰 영향을 받는다는 사실을 알고 있다. 그는 할인율 추정치와 관련해 다음 같이 진술했다.

1. 할인율을 추정하기 위해 Thunder와 비슷한 영업과 매출을 가진 상장회사의 베타 추정치를 CAPM 모형에 적용하려면 소규모 주식 프리미엄이 이 추정치에 가산되어야 한다.
2. Thunder의 가치평가에 사모펀드의 가중평균자본비용을 사용해야 한다.

Ebinosa는 자본화현금흐름법(CCM)을 사용해 Thunder 주식의 가치를 계산하기로 하고, Thunder 주식의 요구수익률 추정에는 집적법을 사용하기로 결정했다. 그녀는 다음과 같은 가정을 수립했다.

- FCFE의 증가율은 일정하게 연간 3%이다.
- 다음해 FCFE는 $2.5백만이다.
- 무위험이자율은 4.5%이다.
- 주식위험프리미엄은 5.0%이다.
- 규모 프리미엄은 2.0%이다.

6. Chin의 관심사와 관련해 Thunder에게 가장 적절한 가치의 정의는 무엇인가?
   A. 내재가치
   B. 투자가치
   C. 공정시장가치

7. 상장회사의 가치평가와 비교할 때 Thunder의 평가에 차이를 만드는 요인으로 보기 가장 어려운 것은?
   A. 공개 부채시장에 대한 접근
   B. 대리인 문제
   C. 회사의 규모

8. Ebinosa가 어떤 접근법을 사용할 때 Thunder의 가치를 가장 잘 평가할 수 있는가?
   A. 초과이익 접근법
   B. 자산기반 접근법
   C. 잉여현금흐름 접근법

9. 기업잉여현금흐름(FCFF)의 근사치는 얼마인가?
   A. $23,031,000
   B. $25,441,000
   C. $36,091,000

10. Chin의 할인율에 대한 두 가지 진술에 관해 맞게 평가한 것은 무엇인가?
    A. 소규모 주식 프리미엄을 가산해야 한다는 것과 가중평균자기자본에 관한 것 모두 맞다.
    B. 소규모 주식 프리미엄을 가산해야 한다는 것은 맞지만 가중평균자본비요에 관한 것은 맞지 않다.

C. 소규모 주식 프리미엄을 가산해야 한다는 것과 가중평균자본비용에 관한 것 모두 맞지 않다.

11. 집적법과 주주잉여현금흐름을 바탕으로 한 자본화현금흐름법(CCM)을 사용할 때 Thunder 주식의 가치 추정치는 얼마에 가장 가까운가?
    A. $29.41백만
    B. $38.46백만
    C. $125.00백만

다음 정보를 바탕으로 질문 12 ~ 17에 답하시오.

Northland Industries의 M&A 담당 수석 부사장인 Angela Lanton과 그녀의 수석 애널리스트인 Michael Powell은 여러 잠재적 투자안들을 평가하고 있다. Northland는 다수의 사업을 보유한 다각화된 지주회사이다. Northland의 사업부문 중 하나는 고급용지 제조부문인데, 이 사업부문의 관계자는 Lanton에게 인수 대상으로써 원자재 공급업체인 Oakstar Timber에 대한 관심을 환기해주었다. Oakstar의 단독 주주인 Felix Tanteromo는 현금과 Northland Industries 주식을 썩어 Oakstar의 지분과 교환하는데 관심을 보여 왔다.

Oakstar의 핵심 자산은 캐나다 서부 지역의 10,000 헥타르에 달하는 산림지역이다. 이 지역은 어린 미송과 다 자란 미송이 혼식된 곳이다. Oakstar가 이 지역을 매입한 이래 산림지의 가치는 지속적으로 상승해왔다. Oakstar는 이 땅을 영구적으로 목재생산이 가능한 지속가능한 상태로 관리하고 있고, 목재의 평가·벌목·판매는 외부 목재상에 위탁하고 있다. Oakstar의 수익은 로열티 수익으로 벌목된 목재 세제곱미터당 일정액의 수수료를 지급받는다. 2008년 12월 31일 현재 Oakstar의 대차대조표는 다음과 같다.

Oakstar Timber의 대차대조표 2008년 12월 31일 현재	
자산	
현금	$500,000
재고자산	25,000
매출채권	50,000
공장과 설비(감가상각비 누계액 차감)	750,000
토지	10,000,000
자산총계	$11,325,000
부채와 자기자본	
매입채무	$75,000
장기 은행 대출	1,500,000
보통주식	9,750,000
부채와 자기자본 총계	$11,325,000

재무제표와 더불어 Powell은 Oakstar의 가치평가에 도움이 될 자료를 수집하고 캐나다 서부지역 산림의 최근 매매 정보를 확인했다. 인접지가 아닌 벌목에 필요한 발달된 도로 시스템을 갖추지 못한 지역의 미송 자산 가격은 헥타르당 평균 $6,178이다. 이를 모두 갖춘 Oakstar 보유 지역 산림의 평균 가격은 헥타르당 $8,750이다. 도시 근교에 위치하고 주택지나 위락시설과 휴양지 개발 가능성이 있는 산림은 헥타르당 $20,000을 호가한다. Oakstar의 땅은 이런 잠재력은 부족하다. Lanton은 이러한 (시장)가치는 Oakstar에 대한 자산기반가치평가에 근거가 될 수 있으며, 대차대조표상의 다른 자산과 부채는 보고된 가치만큼은 가치가 있다고 믿고 있다.

Northland가 가치를 평가 중인 두 번째 회사인 FAMCO, Inc.는 연 매출 $120백만의 가족 소유 가전업체이다. 가족들은 추후 분산된 주식 포트폴리오에 투자할 목적으로 FAMCO의 지분을 현금화하고자 한다. Lanton은 Powell에게 수익기반 가치평가와 시장기반 가치평가를 위한 자료 수집을 지시했다. Powell은 최근 연도 손익계산서와 정상이익 계산에 필요한 자료를 수집했다.

FAMCO, Inc.
손익계산서
2018년 12월 31일 기준

매출액		$120,000,000
매출원가		85,000,000
판매비와 일반관리비		23,000,000
예상 EBITDA		$62,000,000
감가상각비와 감모상각비		3,500,000
예상 이자와 세금 차감전 이익		$58,500,000
Less: 이자비용		1,000,000
세전영업이익(EBT)		$57,500,000
EBT에 대한 예상 세금	40%	23,000,000
세후영업이익		$34,500,000

FAMCO에 대한 추가 자료는 아래 표와 같다. 주요 내용은 가족들에게 지급되는 보상과 Northland가 회사를 인수한 후 (가족 임원들에 지급한 보상이 시장 수준에 비춰 높다는 점을 고려해) 현재의 보상을 줄이는 내용을 담고 있다. 그는 FAMCO의 현재 부채를 더 낮은 이자율로 최적 부채 수준까지 늘릴 수 있을 것으로 믿는다. 이런 내용들은 정규화된 손익계산서에 반영될 수 있다.

FAMCO, Inc.	
현재 부채 수준	$10,000,000
현재 이자율	10%
고용된 가족들의 급여	$7,000,000
가족을 대체할 종업원의 급여	$5,400,000
새로운 부채 수준	$25,000,000
새로운 이자율	8%

Powell은 또한 특허와 기타의 무형자산으로 구성된 FAMCO의 무형자산 가치가 인식되어야 한다고 본다. Powell은 추가적으로 초과이익 추정치와 자본화현금흐름법을 사용해 무형자산 가치를 추정하기로 했다. 그는 무형자산 가치평가를 위해 2009년에 대해 다음과 같이 추정했다.

FAMCO, Inc. – 무형자산 가치평가 자료	
운전자본 잔액	$10,000,000
고정자산의 공정가치	$45,000,000
회사의 정상이익	$33,000,000
운전자본에 대한 요구수익률	8%
고정자산에 대한 요구수익률	12%
무형자산에 대한 요구수익률	20%
가중평균자본비용	14.5%
미래 성장률	6%

Lanton은 Powell에게 가치평가에 가이드라인 거래 비교법 중심의 시장접근법을 사용하라고 요구했다. Powell은 세 건의 최근 가이드라인 거래와 거래시점의 시장상황에 대한 관련 정보를 보여주는 아래와 같은 표를 작성했다. Powell은 FAMCO에 대해 고속 성장 전망과 보통 수준의 위험을 가정했다.

인수 대상	인수대상의 위험	인수대상의 성장	인수대가	시장상황
기업 1	높음	느림	현금	보통, 상승세
기업 2	보통	빠름	주식	가격이 고점에 도달
기업 3	보통	빠름	현금	보통, 상승세

비록 Northland가 FAMCO 주식 모두의 인수에 관심을 갖고 있지만 FAMCO의 지분 15%를 인수하는 것도 고려할 수 있다. Lanton은 Powell에게 비상장회사의 소수지분 가치평가에 대해 묻고 경영권이나 시장성이 소규모 지분의 가치평가에서 조정사항을 만드는 중요한 요인이라는 사실을 환기했다. Powell은 분석에 사용된 가장 비슷한 유사기업에 지불된 경영권 프리미엄으로부터 보면 경영권 부재 디스카운트는 20%라고 말했다. 시장성 부족 디

스카운트는 15%로 추정했다.

12. Oakstar에 적용된 자산기반 가치평가와 관련된 진술 중 가장 정확한 것은 무엇인가?
    A. 가치평가에 참고할 가이드라인 상장회사가 없을 때만 이 접근법의 적용이 가능하다.
    B. 시장가치를 결정할 수 있는 자연자원이 Oakstar의 전체 가치의 대부분을 구성하기 때문에 이 접근법이 적용 가능하다.
    C. 로열티의 수동적 징수자로서 Oakstar는 의미 있는 자본적 지출이 없고 잉여현금흐름은 무관하기 때문에 이 접근법의 적용이 가능하다.

13. 자산기반접근법에 따른 (부채를 차감한) Oakstar의 가치는 얼마인가?
    A. $62,250,000
    B. $87,250,000
    C. $199,750,000

14. FAMCO의 정규화한 세후영업이익은 얼마인가??
    A. $32,940,000
    B. $34,260,000
    C. $34,860,000

15. 초과이익법을 사용할 때 무형자산의 가치는 얼마로 추정되는가?
    A. $144.0백만
    B. $205.7백만
    C. $338.8백만

16. FAMCO에 가장 잘 적용될 수 있는 가이드라인 거래는 어떤 회사의 사례인가?
    A. 기업 1
    B. 기업 2
    C. 기업 3

17. 경영권과 시장성 부재에 따른 전체 디스카운트는 얼마인가?
    A. 15%
    B. 32%
    C. 35%

용어해설

Abnormal earnings (비정상이익) See *Residual income.*

Abnormal return (비정상초과수익률) The return on an asset in excess of the asset's required rate of return; the risk-adjustedreturn.

Absolute valuation model (절대가치평가모형) A model that specifies an asset's intrinsic value.

Accounting estimates (회계 추정치) Estimates used in calculating the value of assets or liabilities and in the amount of revenue and expense to allocate to a period. Examples of accounting estimates include, among others, the useful lives of depreciable assets, the salvage value of depreciable assets, product returns, warranty costs, and the amount of uncollectible receivables.

Acquisition (인수) The purchase of some portion of one company by another; the purchase may be for assets, a definable segment of another entity, or the purchase of an entire company.

Adjusted present value (APV) (수정현재가치) As an approach to valuing a company, the sum of the value of the company, assuming no use of debt, and the net present value of any effects of debt on company value.

Agency issues (대리인 문제) Conflicts of interest that arise when the agent in an agency relationship has goals and incentives that differ from the principal to whom the agent owes a fiduciary duty. Also called *agency problems or principal–agent problems.*

Alpha (알파) The return on an asset in excess of the asset's required rate of return; the risk-adjusted return.

American Depositary Receipt (미국주식예탁증서) A negotiable certificate issued by a depositary bank that represents ownership in a non-US company's deposited equity (i.e., equity held in custody by the depositary bank in the company's home market).

Asset-based approach (자산기반접근법) Approach that values a private company based on the values of the underlying assets of the entity less the value of any related liabilities.

Asset-based valuation (자산기반 가치평가) An approach to valuing natural resource companies that estimates company value on the basis of the market value of the natural resources the company controls.

Basic earnings per share (EPS) (기본주당순이익, 기본EPS) Net earnings available to common shareholders (i.e., net income minus preferred dividends) divided by the weighted average number of common shares outstanding during the period.

Benchmark value of the multiple (벤치마크 주가배수) In using the method of comparables, the value of a price multiple for the comparison asset; when we have comparison assets (a group), the mean or median value of the multiple for the group of assets.

Bill-and-hold basis (빌앤드홀드방식) Sales on a bill-and-hold basis involve selling products but not delivering those products until a later date.

Blockage factor (블록케이지 팩터) An illiquidity discount that occurs when an investor sells a large amount of stock relative to its trading volume (assuming it is not large enough to constitute a controlling ownership).

Bond indenture (채권발행계약) A legal contract specifying the terms of a bond issue.

Bond yield plus risk premium method (위험프리미엄 가산 채권수익률 접근법) An estimate of the cost of common equity that is produced by summing the before-tax cost of debt and a risk premium that captures the additional yield on a company's stock relative to its bonds. The additional yield is often estimated using historical spreads between bond yields and stock yields.

Book value (장부가치) Shareholders' equity (total assets minus total liabilities) minus the value of preferred stock; common shareholders' equity.

Book value of equity (자기자본 장부가치) Shareholders' equity (total assets minus total liabilities) minus the value of preferred stock; common shareholders' equity.

Book value per share (주당장부가치) The amount of book value (also called carrying value) of common equity per share of common stock, calculated by dividing the book value of shareholders' equity by the number of shares of common stock outstanding.

Bottom-up approach (상향식 접근법) With respect to forecasting, an approach that usually begins at the level of the individual company or a unit within the company.

Bottom-up investing (상향식 투자) An approach to investing that focuses on the individual characteristics of securities rather than on macroeconomic or overall market forecasts.

Breakup value (분할가치) The value derived using a sum-of-the-parts valuation.

Brokerage (브로커리지) The business of acting as agents for buyers or sellers, usually in return for commissions.

Buy-side analysts (바이 사이드 애널리스트) Analysts who work for investment management firms, trusts, and bank trust departments, and similar institutions.

Capital charge (자본사용대가) The company's total cost of capital in money terms.

Capitalization of earnings method (이익자본화법) In the context of private company valuation, valuation model based on an assumption of a constant growth rate of free cash flow to the firm or a constant growth rate of free cash flow to equity.

Capitalization rate (자본환원율) The divisor in the expression for the value of perpetuity. In the context of real estate, the divisor in the direct capitalization method of estimating value. The cap rate equals net operating income divided by value.

Capitalized cash flow method (자본화현금흐름법) In the context of private company valuation, valuation model based on an assumption of a constant growth rate of free cash flow to the firm or a constant growth rate of free cash flow to equity. Also called *capitalized cash flow model.*

Capitalized cash flow model (자본화현금흐름모형) In the context of private company valuation,

valuation model based on an assumption of a constant growth rate of free cash flow to the firm or a constant growth rate of free cash flow to equity. Also called *capitalized cash flow method.*

Capitalized income method (자본화수익법) In the context of private company valuation, valuation model based on an assumption of a constant growth rate of free cash flow to the firm or a constant growth rate of free cash flow to equity.

Carried interest (성과보수) A share of any profits that is paid to the general partner (manager) of an investment partnership, such as a private equity or hedge fund, as a form of compensation designed to be an incentive to the manager to maximize performance of the investment fund.

Cash-generating unit (현금창출단위) The smallest identifiable group of assets that generates cash inflows that are largely independent of the cash inflows of other assets or groups of assets.

Catalyst (촉매) An event or piece of information that causes the marketplace to re-evaluate the prospects of a company.

Clean surplus accounting (순수잉여금회계) Accounting that satisfies the condition that all changes in the book value of equity other than transactions with owners are reflected in income. The bottom-line income reflects all changes in shareholders' equity arising from other than owner transactions. In the absence of owner transactions, the change in shareholders' equity should equal net income. No adjustments such as translation adjustments bypass the income statement and go directly to shareholders equity.

Clean surplus relation (순수잉여금관계) The relationship between earnings, dividends, and book value in which ending book value is equal to the beginning book value plus earnings less dividends, apart from ownership transactions.

Company analysis (기업분석) Analysis of an individual company.

Comparables (유사자산) Assets used as benchmarks when applying the method of comparables to value an asset. Also called *comps, guideline assets, or guideline companies.*

Competitive strategy (경쟁전략) A company's plans for responding to the threats and opportunities presented by the external environment.

Compiled financial statements (편찬재무제표) Financial statements that are not accompanied by an auditor's opinion letter.

Comprehensive income (포괄손익) All changes in equity other than contributions by, and distributions to, owners; income under clean surplus accounting; includes all changes in equity during a period except those resulting from investments by owners and distributions to owners; comprehensive income equals net income plus other comprehensive income.

Comps (컴스) Assets used as benchmarks when applying the method of comparables to value an asset.

Conglomerate discount (복합기업 디스카운트) The discount possibly applied by the market to the stock of a company operating in multiple, unrelated businesses.

Contingent consideration (조건부 대가) Potential future payments to the seller that are contingent on the achievement of certain agreed-on occurrences.

Continuing earnings (계속이익) Earnings excluding nonrecurring components. Also referred to as *core earnings, persistent earnings, or underlying earnings.*

Continuing residual income (계속초과이익) Residual income after the forecast horizon.

Continuing value (계속가치) The analyst's estimate of a stock's value at a particular point in the future.

Control premium (경영권 프리미엄) An increment or premium to value associated with a controlling ownership interest in a company.

Core earnings (핵심이익) Earnings excluding nonrecurring components. Also referred to as *continuing earnings, persistent earnings, or underlying earnings.*

Cost approach (비용접근법) Approach that values a private company based on the values of the underlying assets of the entity less the value of any related liabilities. In the context of real estate, this approach estimates the value of a property based on what it would cost to buy the land and construct a new property on the site that has the same utility or functionality as the property being appraised.

Cost of debt (타인자본비용) The cost of debt financing to a company, such as when it issues a bond or takes out a bank loan.

Cost of equity (자기자본비용) The required rate of return on common stock.

Cyclical (경기순환기업) See *Cyclical businesses.*

Cyclical businesses (경기순환기업) Businesses with high sensitivity to business- or industry-cycle influences.

Definition of value (가치의 정의) A specification of how "value" is to be understood in the context of a specific valuation.

Diluted earnings per share (diluted EPS) (희석주당순이익, 희석EPS) Net income, minus preferred dividends, divided by the weighted average number of common shares outstanding considering all dilutive securities (e.g., convertible debt and options); the EPS that would result if all dilutive securities were converted into common shares.

Dilution (희석) A reduction in proportional ownership interest as a result of the issuance of new shares.

Discount (디스카운트) To reduce the value of a future payment in allowance for how far away it is in time; to calculate the present value of some future amount. Also, the amount by which an instrument is priced below its face value.

Discount for lack of control (경영권 부재 디스카운트) An amount or percentage deducted from the pro rata share of 100 percent of the value of an equity interest in a business to reflect the absence of some or all of the powers of control.

Discount for lack of marketability (시장성 부족 디스카운트) An amount of percentage deducted from the value of an ownership interest to reflect the relative absence of marketability.

Discount rate (할인율) Any rate used in finding the present value of a future cash flow.

Discounted abnormal earnings model (비정상이익할인모형) A model of stock valuation that views intrinsic value of stock as the sum of book value per share plus the present value of the stock's expected future residual income per share.

Discounted cash flow method (현금흐름할인법) Income approach that values an asset based on estimates of future cash flows discounted to present value by using a discount rate reflective of the risks associated with the cash flows. In the context of real estate, this method estimates the value of an income-producing property based by discounting future projected cash flows.

Discounted cash flow model (현금흐름할인모형) A model of intrinsic value that views the value of an asset as the present value of the asset's expected future cash flows.

Divestiture (기업분할) The sale, liquidation, or spin-off of a division or subsidiary.

Dividend discount model (DDM) (배당할인모형) A present value model of stock value that views the intrinsic value of a stock as present value of the stock's expected future dividends.

Dividend displacement of earnings (이익의 배당대체) The concept that dividends paid now displace earnings in all future periods.

Dividend rate (배당액) the annualized amount of the most recent dividend.

Due diligence (실사) Investigation and analysis in support of a recommendation; the failure to exercise due diligence may sometimes result in liability according to various securities laws.

Duration (듀레이션) A measure of an option-free bond's average maturity. Specifically, the weighted average maturity of all future cash flows paid by a security, in which the weights are the present value of these cash flows as a fraction of the bond's price. A measure of a bond's price sensitivity to interest rate movements.

Earnings surprise (어닝서프라이즈) The difference between reported EPS and expected EPS. Also referred to as *unexpected earnings.*

Earnings yield (이익수익률) EPS divided by price; the reciprocal of the P/E ratio.

Economic profit (경제적 이윤) Equal to accounting profit less the implicit opportunity costs not included in total accounting costs; the difference between total revenue (TR) and total cost (TC). Also called *Abnormal profit or Supernormal profit. See also Residual income.*

Economic sectors (경제섹터) Large industry groupings.

Economic value added (EVA®) (경제적 부가가치) A commercial implementation of the residual income concept; the computation of EVA® is the net operating profit after taxes minus the cost of capital, where these inputs are adjusted for a number of items.

Economies of scale (규모의 경제) A situation in which average costs per unit of good or service produced fall as volume rises. In reference to mergers, the savings achieved through the consolidation of operations and elimination of duplicate resources.

Edwards–Bell–Ohlson model (에드워드-벨-올슨모형) A model of stock valuation that views intrinsic value of stock as the sum of book value per share plus the present value of the stock's expected future residual income per share.

Enterprise value (EV) (기업가치) Total company value (the market value of debt, common equity, and preferred equity) minus the value of cash and investments.

Enterprise value multiple (기업가치배수) A valuation multiple that relates the total market value of all sources of a company's capital (net of cash) to a measure of fundamental value for the entire company (such as a pre-interest earnings measure).

Entry price (진입가격) The price paid to acquire an asset.

Equilibrium (균형) The condition in which supply equals demand.

Equity charge (자기자본대가) The estimated cost of equity capital in money terms.

Excess earnings method (초과이익법) Income approach that estimates the value of all intangible assets of the business by capitalizing future earnings in excess of the estimated return requirements associated with working capital and fixed assets.

Exit price (출구가격) The price received to sell an asset or paid to transfer a liability.

Expanded CAPM (확장CAPM) An adaptation of the CAPM that adds to the CAPM a premium for small size and company-specific risk.

Expected holding-period return (기대보유기간수익률) The expected total return on an asset over a stated holding period; for stocks, the sum of the expected dividend yield and the expected price appreciation over the holding period.

Experience curve (경험곡선) A curve that shows the direct cost per unit of good or service produced or delivered as a typically declining function of cumulative output.

Factor betas (요인베타) An asset's sensitivity to a particular factor; a measure of the response of return to each unit of increase in a factor, holding all other factors constant.

Factor risk premium (요인위험프리미엄) The expected return in excess of the risk-free rate for a portfolio with a sensitivity of 1 to one factor and a sensitivity of 0 to all other factors. Also called *factor price.*

Factor sensitivity (요인민감도) See *Factor betas.*

Fair market value (공정시장가치) The market price of an asset or liability that trades regularly.

Fair value (공정가치) The amount at which an asset (or liability) could be bought (or incurred) or sold (or settled) in a current transaction between willing parties, that is, other than in a forced or liquidation sale; as defined in IFRS and US GAAP, the price that would be received to sell an asset or paid to transfer a liability in an orderly transaction between market participants at the measurement date.

Financial transaction (재무적 거래) A purchase involving a buyer having essentially no material synergies with the target (e.g., the purchase of a private company by a company in an unrelated industry or by a private equity firm would typically be a financial transaction).

Fixed-rate perpetual preferred stock (고정배당영구우선주) Nonconvertible, noncallable preferred stock with a specified dividend rate that has a claim on earnings senior to the claim of common stock, and no maturity date.

Forward dividend yield (전방배당수익률) A dividend yield based on the anticipated dividend during the next 12 months.

Forward P/E (전방P/E) A P/E calculated on the basis of a forecast of EPS; a stock's current price divided by next year's expected earnings.

Free cash flow method (잉여현금흐름법) Income approach that values an asset based on estimates of future cash flows discounted to present value by using a discount rate reflective of the risks associated with the cash flows.

Free cash flow to equity (주주잉여현금흐름) The cash flow available to a company's common shareholders after all operating expenses, interest, and principal payments have been made, and necessary investments in working and fixed capital have been made.

Free cash flow to equity model (주주잉여현금흐름모형) A model of stock valuation that views a stock's intrinsic value as the present value of expected future free cash flows to equity.

Free cash flow to the firm (기업잉여현금흐름) The cash flow available to the company's suppliers of capital after all operating expenses (including taxes) have been paid and necessary investments in working and fixed capital have been made.

Free cash flow to the firm model (기업잉여현금흐름모형) A model of stock valuation that views the value of a firm as the present value of expected future free cash flows to the firm.

Fundamentals (펀더멘털) Economic characteristics of a business such as profitability, financial strength, and risk.

Going-concern assumption (계속기업 가정) The assumption that the business will maintain its business activities into the foreseeable future.

Going-concern value (계속기업가치) A business's value under a going-concern assumption.

Goodwill (영업권) An intangible asset that represents the excess of the purchase price of an acquired company over the value of the net identifiable assets acquired.

Gross domestic product (국내총생산) A money measure of the goods and services produced within a country's borders over a stated time period.

Growth capital expenditures (성장적 자본지출) Capital expenditures needed for expansion.

Growth cyclical (성장순환) A term sometimes used to describe companies that are growing rapidly on a long-term basis but that still experience above-average fluctuation in their revenues and profits over the course of a business cycle.

Guideline assets (가이드라인 자산) Assets used as benchmarks when applying the method of comparables to value an asset.

Guideline companies (가이드라인 회사) Assets used as benchmarks when applying the method of comparables to value an asset.

Guideline public companies (가이드라인 상장회사) Public-company comparables for the company being valued.

Guideline public company method (가이드라인 상장회사 비교법) A variation of the market approach; establishes a value estimate based on the observed multiples from trading activity in the shares of public companies viewed as reasonably comparable to the subject private company.

Guideline transactions method (가이드라인 거래 비교법) A variation of the market approach; establishes a value estimate based on pricing multiples derived from the acquisition of control of entire public or private companies that were acquired.

Harmonic mean (조화평균) A type of weighted mean computed by averaging the reciprocals of the observations, then taking the reciprocal of that average.

Holding period return (보유기간수익률) The return that an investor earns during a specified holding period; a synonym for total return.

Human capital (인적자본) The accumulated knowledge and skill that workers acquire from education, training, or life experience.

Hybrid approach (하이브리드 접근법) With respect to forecasting, an approach that combines elements of both top-down and bottom-up analysis.

Illiquidity discount (유동성 부족 디스카운트) A reduction or discount to value that reflects the lack of depth of trading or liquidity in that asset's market.

Impairment (손상) Diminishment in value as a result of carrying (book) value exceeding fair value and/or recoverable value.

Income approach (수익접근법) Valuation approach that values an asset as the present discounted value of the income expected from it. In the context of real estate, this approach estimates the value of a property based on an expected rate of return; the estimated value is the present value of the expected future income from the property, including proceeds from resale at the end of a typical investment holding period.

Income trust (소득신탁) A type of equity ownership vehicle established as a trust issuing ownership shares known as units.

Industry (산업) A group of companies offering similar products and/or services.

Industry analysis (산업분석) The analysis of a specific branch of manufacturing, service, or trade.

Industry structure (산업구조) An industry's underlying economic and technical characteristics.

Initial public offering (IPO) (기업공개) The initial issuance of common stock registered for public trading by a formerly private corporation.

Internal rate of return (IRR) (내부수익률) Rate of return that discounts future cash flows from an investment to the exact amount of the investment; the discount rate that makes the present value of an investment's costs (outflows) equal to the present value of the investment's benefits (inflows).

Intrinsic value (내재가치) The value of an asset given a hypothetically complete understanding of the asset's investment characteristics; the value obtained if an option is exercised based on current conditions. The difference between the spot exchange rate and the strike price of a currency.

Inverse price ratio (역의 주가배수) The reciprocal of a price multiple, e.g., in the case of a P/E ratio, the "earnings yield" E/P (where P is share price and E is earnings per share).

Investment value (투자가치) The value to a specific buyer, taking account of potential synergies based on the investor's requirements and expectations.

Justified (fundamental) P/E (적정P/E, 펀더멘털P/E) The price-to-earnings ratio that is fair, warranted, or justified on the basis of forecasted fundamentals.

Justified price multiple (적정주가배수) The estimated fair value of the price multiple, usually based on forecasted fundamentals or comparables.

Lack of marketability discount (시장성 부족 디스카운트) An extra return to investors to compensate for lack of a public market or lack of marketability.

Law of one price (一物一價의 법칙) Hypothesis that (1) identical goods should trade at the same price across countries when valued in terms of a common currency, or (2) two equivalent financial instruments or combinations of financial instruments can sell for only one price. The latter form is equivalent to the principle that no arbitrage opportunities are possible.

Leading dividend yield (선행배당수익률) Forecasted dividends per share over the next year divided by current stock price.

Leading P/E (선행P/E) A P/E calculated on the basis of a forecast of EPS; a stock's current price divided by next year's expected earnings.

Leveraged buyout (LBO) (차입매수) A transaction whereby the target company management team converts the target to a privately held company by using heavy borrowing to finance the purchase of the target company's outstanding shares.

Life-cycle stage (수명주기 단계) The stage of the life cycle: embryonic, growth, shakeout, mature, declining.

Liquidation value (청산가치) The value of a company if the company were dissolved and its assets sold individually.

Look-ahead bias (전방주시편향) A bias caused by using information that was not available on the test date.

Maintenance capital expenditures (보완적 자본지출) Capital expenditures needed to maintain operations at the current level.

Market approach (시장접근법) Valuation approach that values an asset based on pricing multiples from sales of assets viewed as similar to the subject asset.

Market efficiency (시장효율성) A finance perspective on capital markets that deals with the relationship of price to intrinsic value. The **traditional efficient markets formulation** asserts that an asset's price is the best available estimate of its intrinsic value. The **rational efficient markets formulation** asserts that investors should expect to be rewarded for the costs of information gathering and analysis by higher gross returns.

Market value (시장가치) The estimated amount for which a property should exchange on the date of valuation between a willing buyer and a willing seller in an arm's-length transaction after proper marketing wherein the parties had each acted knowledgeably, prudently, and without compulsion.

Market value of invested capital (투하자본 시장가치) The market value of debt and equity.

Mature growth rate (성숙기 성장률) The earnings growth rate in a company's mature phase; an earnings growth rate that can be sustained long term.

Merger (합병) The absorption of one company by another; two companies become one entity, and one or both of the pre-merger companies ceases to exist as a separate entity.

Method based on forecasted fundamentals (추정 펀더멘털 평가법) An approach to using price multiples that relates a price multiple to forecasts of fundamentals through a discounted cash flow model.

Method of comparables (유사비교법) An approach to valuation that involves using a price multiple to evaluate whether an asset is relatively fairly valued, relatively undervalued, or relatively overvalued when compared to a benchmark value of the multiple.

Minority Interest (비지배지분) The proportion of the ownership of a subsidiary not held by the parent (controlling) company.

Mispricing (가격괴리) Any departure of the market price of an asset from the asset's estimated intrinsic value.

Molodovsky effect (몰로도브스키효과) The observation that P/Es tend to be high on depressed EPS at the bottom of a business cycle, and tend to be low on unusually high EPS at the top of a business cycle.

Momentum indicators (모멘텀 지표) Valuation indicators that relate either price or a fundamental (such as earnings) to the time series of their own past values (or in some cases to their expected value).

No-growth company (무성장기업) A company without positive expected net present value projects.

No-growth value per share (주당무성장가치) The value per share of a no-growth company, equal to the expected level amount of earnings divided by the stock's required rate of return.

Non-cyclical (경기비순환기업) A company whose performance is largely independent of the business cycle.

Nonearning assets (무수익자산) Cash and investments (specifically cash, cash equivalents, and short-term investments).

Normal EPS (정상EPS) The EPS that a business could achieve currently under mid-cyclical conditions. Also called *normalized EPS.*

Normalized earnings (정상이익) The expected level of mid-cycle earnings for a company in the absence of any unusual or temporary factors that affect profitability (either positively or negatively).

Normalized EPS (정상EPS) The EPS that a business could achieve currently under mid-cyclical conditions. Also called *normal EPS.*

Normalized P/E (정상P/E) P/E based on normalized EPS data.

NTM P/E (향후 12개월 P/E) Next twelve months P/E: current market price divided by an estimated next twelve months EPS.

Opportunity cost (기회비용) The value that investors forgo by choosing a particular course of action; the value of something in its best alternative use.

Orderly liquidation value (순위청산가치) The estimated gross amount of money that could be realized from the liquidation sale of an asset or assets, given a reasonable amount of time to find a purchaser or purchasers.

Other comprehensive income (기타포괄손익) Changes to equity that bypass (are not reported in) the income statement; the difference between comprehensive income and net income.

Pairs trading (페어 트레이딩) An approach to trading that uses pairs of closely related stocks, buying the relatively undervalued stock and selling short the relatively overvalued stock.

Peer group (피어그룹) A group of companies engaged in similar business activities whose economics and valuation are influenced by closely related factors.

PEG (주가수익성장비율) The P/E-to-growth ratio, calculated as the stock's P/E divided by the expected earnings growth rate.

Perpetuity (영구연금) A perpetual annuity, or a set of never-ending level sequential cash flows, with the first cash flow occurring one period from now.

Persistent earnings (지속이익) Earnings excluding nonrecurring components. Also referred to as *core earnings, continuing earnings, or underlying earnings.*

Premise of value (가치의 전제) The status of a company in the sense of whether it is assumed to be a going concern or not.

Present value model (현재가치모형) A model of intrinsic value that views the value of an asset as the present value of the asset's expected future cash flows.

Present value of growth opportunities (성장기회의 현재가치) The difference between the actual value per share and the nogrowth value per share. Also called *value of growth.*

Price momentum (가격 모멘텀) A valuation indicator based on past price movement.

Price multiples (주가배수) The ratio of a stock's market price to some measure of value per share.

Principal business activity (핵심사업활동) The business activity from which a company derives a majority of its revenues and/or earnings.

Prior transaction method (기존 거래 비교법) A variation of the market approach; considers actual transactions in the stock of the subject private company.

Private market value (사적시장가치) The value derived using a sum-of-the-parts valuation.

Prospective P/E (전망P/E) A P/E calculated on the basis of a forecast of EPS; a stock's current price divided by next year's expected earnings.

Quality of earnings analysis (이익의 질 분석) The investigation of issues relating to the accuracy of reported accounting results as reflections of economic performance; quality of earnings analysis is broadly understood to include not only earnings management, but also balance sheet management.

Rational efficient markets formulation (합리적인 효율적 시장 형성 이론) See *Market efficiency.*

Real options (실물옵션) Options that relate to investment decisions such as the option to time the start of a project, the option to adjust its scale, or the option to abandon a project that has begun.

Relative valuation models (상대가치평가모형) A model that specifies an asset's value relative to the value of another asset.

Relative-strength indicators (상대강도지표) Valuation indicators that compare a stock's performance during a period either to its own past performance or to the performance of some group of stocks.

Reporting unit (보고단위) For financial reporting under US GAAP, an operating segment or one level below an operating segment (referred to as a component).

Required rate of return (요구수익률) The minimum rate of return required by an investor to invest in an asset, given the asset's riskiness.

Residual income (초과이익) Earnings for a given time period, minus a deduction for common shareholders' opportunity cost in generating the earnings. Also called *economic profit or abnormal earnings.*

Residual income method (초과이익접근법) Income approach that estimates the value of all intangible assets of the business by capitalizing future earnings in excess of the estimated return requirements associated with working capital and fixed assets.

Residual income model (RIM) **(초과이익모형)** A model of stock valuation that views intrinsic value of stock as the sum of book value per share plus the present value of the stock's expected future residual income per share. Also called *discounted abnormal earnings model or Edwards–Bell–Ohlson model.*

Return on capital employed (총투하자본이익률) Operating profit divided by capital employed (debt and equity capital).

Return on invested capital (투하자본이익률) A measure of the after-tax profitability of the capital invested by the company's shareholders and debt holders.

Reviewed financial statements (검토재무제표) A type of non-audited financial statements; typically provide an opinion letter with representations and assurances by the reviewing accountant that are less than those in audited financial statements.

Scaled earnings surprise (표준어닝서프라이즈) Unexpected earnings divided by the standard deviation of analysts' earnings forecasts.

Scenario analysis (시나리오 분석) Analysis that involves changing multiple assumptions at the same time.

Screening (스크리닝) The application of a set of criteria to reduce a set of potential investments to a smaller set having certain desired characteristics.

Sector (섹터) A group of related industries.

Sell-side analysts (셀 사이드 애널리스트) Analysts who work at brokerages.

Sensitivity analysis (민감도 분석) Analysis that shows the range of possible outcomes as specific assumptions are changed; involves changing one assumption at a time.

Shareholders' equity (자본총계) Total assets minus total liabilities.

Spin-off (분사) A form of restructuring in which shareholders of a parent company receive a proportional number of shares in a new, separate entity; shareholders end up owning stock in two different companies where there used to be one.

Standard of value (가치의 기준) A specification of how "value" is to be understood in the context of a specific valuation.

Standardized unexpected earnings (SUE) (표준비기대이익) Unexpected earnings per share divided by the standard deviation of unexpected earnings per share over a specified prior time period.

Strategic analysis (전략분석) Analysis of the competitive environment with an emphasis on the implications of the environment for corporate strategy.

Strategic groups (전략적 그룹) Groups sharing distinct business models or catering to specific market segments in an industry.

Strategic transaction (전략적 거래) A purchase involving a buyer that would benefit from certain synergies associated with owning the target firm.

Sum-of-the-parts valuation (부분합산 가치평가) A valuation that sums the estimated values of each of a company's businesses as if each business were an independent going concern.

Supernormal growth (초고속성장) Above average or abnormally high growth rate in earnings per share.

Survivorship bias (생존편의) Bias that may result when failed or defunct companies are excluded from membership in a group.

Sustainable growth rate (지속가능성장률) The rate of dividend (and earnings) growth that can be sustained over time for a given level of return on equity, keeping the capital structure constant and without issuing additional common stock.

Tangible book value per share (주당유형자산장부가치) Common shareholders' equity minus intangible assets reported on the balance sheet, divided by the number of shares outstanding.

Technical indicators (기술적 지표) Momentum indicators based on price.

Terminal price multiples (영구주가배수) The price multiple for a stock assumed to hold at a stated future time.

Terminal share price (영구주가) The share price at a particular point in the future.

Terminal value of the stock (주식의 영구가치) The analyst's estimate of a stock's value at a particular point in the future. Also called *continuing value of the stock.*

Tobin's *q* (토빈의 *q*) The ratio of the market value of debt and equity to the replacement cost of total assets.

Top-down approach (하향식 접근법) With respect to forecasting, an approach that usually begins at the level of the overall economy. Forecasts are then made at more narrowly defined levels, such as sector, industry, and market for a specific product.

Top-down investing (하향식 투자) An approach to investing that typically begins with macroeconomic forecasts.

Total invested capital (총투하자본) The sum of market value of common equity, book value of preferred equity, and face value of debt.

Trailing dividend yield (후행배당수익률) Current market price divided by the most recent annualized dividend.

Trailing P/E (후행P/E) A stock's current market price divided by the most recent four quarters of EPS (or the most recent two semi-annual periods for companies that report interim data semi-annually.) Also called *current P/E.*

Underlying earnings (근원이익) Earnings excluding nonrecurring components. Also referred to as *continuing earnings, core earnings, or persistent earnings.*

Unexpected earnings (비기대이익) The difference between reported EPS and expected EPS. Also referred to as an *earnings surprise.*

Valuation (가치평가) The process of determining the value of an asset or service on the basis of variables perceived to be related to future investment returns, or on the basis of comparisons with closely similar assets.

Value of growth (성장가치) The difference between the actual value per share and the no-growth value per share.

Venture capital investors (벤처캐피탈 투자자) Private equity investors in development-stage companies.

Visibility (가시성) The extent to which a company's operations are predictable with substantial confidence.

Weighted harmonic mean (가중조화평균) See *Harmonic mean.*

Write-down (감액) A reduction in the value of an asset as stated in the balance sheet.

찾아보기

편집자와 저자 소개

Matthew Coffina, CFA, is editor of the *Morningstar StockInvestor* monthly newsletter. Previously, Mr. Coffina served as Morningstar's valuation methodology developer and a senior equity analyst covering health-care services companies. He designed the discounted cash flow model used by Morningstar's 100 equity analysts to assign fair value estimates to more than 1,500 global companies.

Patrick W. Dorsey, CFA, is the founder of Dorsey Asset Management. Prior to starting Dorsey Asset Management, he was Director of Research for Sanibel Captiva Trust, an independent trust company with approximately $1 billion in assets under management serving high net worth clients. From 2000 to 2011, Mr. Dorsey was Director of Equity Research for Morningstar, where he led the growth of Morningstar's equity research group from 10 to more than 100 analysts. He developed Morningstar's economic moat ratings, as well as the methodology behind Morningstar's framework for analyzing competitive advantage. Mr. Dorsey is also the author of two books—*The Five Rules for Successful Stock Investing and The Little Book that Builds Wealth*—and has been quoted in publications such as the *Wall Street Journal, Fortune*, the *New York Times*, and *BusinessWeek*. Mr. Dorsey holds a master's degree in Political Science from Northwestern University and a bachelor's degree in government from Wesleyan University. He is a CFA charterholder.

Anthony M. Fiore, CFA, is a Senior Vice President at Silvercrest Asset Management Group and a research analyst for the firm's equity portfolios. Prior to joining Silvercrest, Mr. Fiore was a senior equity analyst at Standard & Poor's, where he covered the machinery, industrial conglomerates, and diversified commercial services industries. Previously, Mr. Fiore was a generalist equity analyst and portfolio manager at State Street Global Advisors in the firm's Global Fundamental Strategies group. He received a BS in Business Administration from the University of Vermont with a concentration in Finance. Mr. Fiore is a member of CFA Institute and the New York Society of Security Analysts.

Elaine Henry, PhD, CFA, is a Clinical Associate Professor of Accounting at Fordham University. Previously, she taught at the University of Miami from 2005 to 2012. Courses have included financial accounting, financial statement analysis, international financial reporting standards, and equity valuation. Dr. Henry's research areas include international accounting, computational linguistics in financial analysis, restatements, and related party transactions. She has published articles in a number of journals, including *Journal of International Accounting Research, Journal* *of Emerging Technologies in Accounting, Accounting Horizons, and Journal of Business Finance & Accounting.* Dr. Henry served as project team leader for the PCAOB(Public Company Accounting Oversight Board) research synthesis project on related party transactions in 2006 and 2007. She serves on the editorial board of the *Financial Analysts Journal.*

Prior to her academic career, Dr. Henry worked in corporate finance at Lehman Brothers, strategy consulting at McKinsey & Company, and corporate banking at Citibank (Athens, London, and New York). She received her BA and BBA from Millsaps College, her MBA with high distinction from the Harvard Business School, and her PhD from Rutgers University. Dr. Henry has been an active volunteer at CFA Institute, CFA Miami, the Harvard Business School Club of London, and the American Accounting Association.

Ian Rossa O'Reilly, MA, CFA, has 38 years' experience as an investment analyst specializing in real estate, hotels, transportation, and conglomerates. He was a managing director of Institutional Equities Research at Canadian imperial Bank of Commerce (CIBC), a Director of Wood Gundy & Co. (an investment dealer acquired by CIBC), and a Vice-president of Dominion Securities (a predecessor firm of RBC Capital Markets). He is a past Chair of CFA Institute, a past President of CFA Society Toronto, a past member of the Accounting Standards Committee of the Canadian Institute of Chartered Accountants, and a Director of Canadian Foundation for Advancement of Investors' Rights. In addition to the CFA charter, he holds an MA in mathematics and economics from Trinity College Dublin and is a Fellow of the Canadian Securities Institute.

Jerald E. Pinto, CFA, has been at CFA Institute since 2002 as Visiting Scholar, Vice President, and now Director, Curriculum Projects, in the Education Division for the CFA and CIPM Programs. Prior to joining CFA Institute, he worked for nearly two decades in the investment and banking industries in New York City, including as a consultant in investment planning. He was an assistant professor at NYU's Stern School from 1992 to 1994, where he taught MBA and undergraduate investments and financial institution management and received a Schools of Business award for teaching. He was a co-author of *Quantitative Investment Analysis and Equity Asset Valuation*, a co-editor and co-author of chapters of the third edition of *Managing Investment Portfolios: A Dynamic Process,* and co-editor of *Investments: Principles of Portfolio and Equity Analysis* (2011) and *Economics for Investment Decision Makers* (2013) (all published by John Wiley & Sons). He holds an MBA from Baruch College, a PhD in finance from the Stern School, and is a member of CFA Virginia.

Raymond Rath, ASA, CFA, is a Managing Director at Globalview Advisors LLC. He specializes in the valuation of business enterprises, securities interests, and intangible assets for transactions and financial and tax reporting. Mr. Rath received his BS in Finance from the University of Kansas Cum Laude and his MBA from the University of Southern California.

Mr. Rath is very active in financial reporting valuation issues. He organized and moderated ten one-day conferences for the American Society of Appraisers (ASA) on fair value issues including SEC, FASB, and PCAOB staff presentations. The ASA awarded Mr. Rath the Accredited Senior

Appraiser designation. He has served on the ASA's Business Valuation Committee and is past President of the ASA's Los Angeles Chapter. Mr. Rath led the development of the ASA's two three-day courses, *Valuation of Intangible Assets for Financial Reporting* and *Special Topics in the Valuation of Intangible Assets*. He has presented and instructed on valuation topics internationally.
Mr. Rath has participated in meetings of the American Accounting Association and FASB to discuss fair value education in business and intangible asset valuations. He has served CFA Institute in a number of capacities and has authored several articles in valuation topics.

Thomas R. Robinson, CFA, is president and CEO of AACSB International—The Association to Advance Collegiate Schools of Business (AACSB). Prior to joining AACSB in March 2015, Dr. Robinson served as Managing Director of the Americas at CFA Institute, where he led a cross-functional team that participated in the development of education and engagement strategies. He also provided vision and leadership for a global team that produced and delivered educational content and programs for candidates, members, investment professionals, and universities. Previously, Dr. Robinson served as a tenured faculty member and director of the Master of Professional Accounting and Personal Financial Planning programs at the University of Miami. Throughout his academic career, Dr. Robinson won several teaching awards, published regularly in academic and professional journals, and authored or co-authored many books. As a CFA charterholder, a Certified Public Accountant (CPA), a Certified Financial Planner® (CFP®), and a Chartered Alternative Investment Analyst (CAIA), Dr. Robinson practiced public accounting and financial planning for 10 years. He also served as a consultant and investment advisor in the areas of wealth management, financial statement analysis, and valuation. Dr. Robinson holds a bachelor's degree in economics from the University of Pennsylvania and a master's and doctorate from the Weatherhead School of Management at Case Western Reserve University.

John D. Stowe, PhD, CFA, is the JPMorgan Professor of Finance at Ohio University. Prior to joining Ohio University, he was Head, Curriculum Development, at CFA Institute and also a Director of Exam Development. Before joining CFA Institute in 2003, he was finance professor, department head, and associate dean at the University of Missouri-Columbia. In addition to *Equity Asset Valuation*, he is coauthor of *Corporate Financial Management*. He has published professional and academic articles in finance journals such as the *Financial Analysts Journal, Journal of Finance, Journal of Financial and Quantitative Analysis, Financial Management, Journal of Portfolio Management, Journal of Corporate Finance,* and others. He received his BA degree from Centenary College and his PhD from University of Houston. He became a CFA charterholder in 1995 and has since served the CFA Program in a number of volunteer capacities. He has been a member of the St. Louis and Columbus CFA societies.

Antonius J. van Ooijen, CFA, is a senior portfolio manager at APG Asset Management, responsible for the consumer staples sector within the fundamental stock selection team. Prior to APG, he was a senior equity analyst for food retail and beverages at Kepler Capital Markets(six

years) and an independent European broker. Prior to that he worked as a staples analyst at the Dutch broker SNS Securities (five years) and at FDA (three years), a Dutch independent investment research provider. Mr. van Ooijen also worked as an account manager for ATC Trustees, a leading independent Dutch trust company. He started his career at NW&H accountants and tax advisors in the accounting department.
Mr. van Ooijen earned his master's degree in Economics at Vrije Universiteit in Amsterdam. He holds the Chartered Financial Analyst designation and obtained CMA/CFM certification from the Institute of Management Accountants (IMA).

Stephen E. Wilcox, PhD, CFA, is a Professor of Finance at Minnesota State University, Mankato, and former Chair of the Department of Finance. He has significant experience teaching investment and corporate finance courses to both undergraduate and MBA students.
Dr. Wilcox's research focuses primarily on valuation, and he has published in the *Financial Analysts Journal, Journal of Investing, and The AAII Journal.* He has also written a literature review for the CFA Institute Research Foundation titled "Equity Valuation and Inflation: A Review." Dr. Wilcox is also a consultant for CFA Institute, most recently devoting his time to the creation of curriculum materials for the CFA and CIPM exams. He has consulting experience in the development of defined contribution retirement plans and has served as an expert witness for the valuation of privately-held companies. He is a member of CFA Institute and CFA Society of Minnesota.

역자 소개

현재 현대중공업 재정부문 상무로 재직 중이며 회사의 건전한 기업가치 제고와 투자자 커뮤니케이션에 노력하고 있다. 지난 10여 년간 신규 사업 타당성 검토와 M&A 업무를 담당했고, 투자자산 관리와 성과평가 그리고 재무자원 관리 업무를 수행한바 있다.

성균관대학교 행정학과와 동 대학원을 졸업하고, 미국 시라큐스대학교와 성균관대학교 경영대학원에서 경영학(재무관리) 석사와 박사학위를 취득하였다. 관심분야는 기업재무와 지배구조 분야이다.

2003년 CFA 시험에 최종 합격하였으며, 그 외에도 FRM, CMA, CFM, CISA 같은 다양한 국제적 전문 자격을 취득한바 있다. 현직 이전에는 금융투자회사와 컨설팅회사에서 가치평가 및 기업재무와 관련된 실무 경력을 쌓았으며, 연구자로서 기업재무 분야의 논문을 발표한바 있다. 2008년에는 CFA Institute Investment Series 중 "주식가치평가(Equity Asset Valuation)" 초판을, 이듬해인 2009년에는 "기업재무: 실무적 접근(Corporate Finance: A Practical Approach)"를 번역 출간하였다.

About the CFA Program

If the subject matter of this book interests you, and you are not already a CFA Charterholder, we hope you will consider registering for the CFA Program and starting progress toward earning the Chartered Financial Analyst designation. The CFA designation is a globally recognized standard of excellence for measuring the competence and integrity of investment professionals. To earn the CFA charter, candidates must successfully complete the CFA Program, a global graduate-level self-study program that combines a broad curriculum with professional conduct requirements as preparation for a career as an investment professional.

Anchored by a practice-based curriculum, the CFA Program Body of Knowledge reflects the knowledge, skills, and abilities identified by professionals as essential to the investment decision-making process. This body of knowledge maintains its relevance through a regular, extensive survey of practicing CFA charterholders across the globe. The curriculum covers 10 general topic areas, ranging from equity and fixed-income analysis to portfolio management to corporate finance—all with a heavy emphasis on the application of ethics in professional practice. Known for its rigor and breadth, the CFA Program curriculum highlights principles common to every market so that professionals who earn the CFA designation have a thoroughly global investment perspective and a profound understanding of the global marketplace.

www.cfainstitute.org